陝西師範大學國際長安學研究院

長安學研究

| 第四輯 |

黃留珠　賈二强　主編

科学出版社

北京

内 容 簡 介

《長安學研究》爲陝西師範大學國際長安學研究院主辦的專業學術集刊，此爲第四輯。本輯分爲"長安學與長安學者""墓誌碑石與寺廟文獻研究""歷史文化探討""中外文化交流""《陝西經濟通史》樣稿選刊"五個欄目，對於促進"長安學"學術探索與發展具有重要意義。

本書可供中國史、考古學及古代文化研究等領域的學者及本科生、研究生閱讀與參考。

圖書在版編目（CIP）數據

長安學研究. 第四輯 / 黃留珠，賈二强主編. —北京：科學出版社，2019.1
　ISBN 978-7-03-060602-0

　Ⅰ. ①長… Ⅱ. ①黃… ②賈… Ⅲ. ①長安（歷史地名）-文化史-文集 Ⅳ. ①K294.11-53

中國版本圖書館 CIP 數據核字（2019）第 033912 號

責任編輯：范鵬偉 / 責任校對：韓 楊
責任印製：師艷茹 / 封面設計：黃華斌
聯繫電話：010-64011837
電子郵箱：fanpengwei@mail.sciencep.com

科 学 出 版 社 出版
北京東黃城根北街 16 號
郵政編碼：100717
http://www.sciencep.com
中國科學院印刷廠 印刷
科學出版社發行　各地新華書店經銷
*
2019 年 1 月第 一 版　開本：787×1092　1/16
2019 年 1 月第一次印刷　印張：25 1/2
字數：400 000
定價：108.00 元

目 录

長安學與長安學者

長安學研究與大西安建設 ························· 黃留珠 3

斯維至先生雜憶 ······························ 郭政凱 9

長安學者冉昭德先生 ·························· 何 夫 16

深切緬懷史學理論家朱本源先生 ·············· 王成軍 21

墓誌碑石與寺廟文獻研究

西安新出隋大業十年《童真法師墓誌》疏證 ······· 周曉薇 31

新出《薛萬備墓誌》所見唐初邊疆史事考釋 ······· 董永強 38

《代國長公主碑》考釋 ················ 郭海文 遠 陽 61

隋唐之際墓誌所見隋煬帝親征高句麗——兼論唐初君臣對隋亡事件的詮釋 ······ 拜根興 77

讀神德寺文獻劄記 ·························· 景新強 92

歷史文化探討

蕭梁皇族對北朝後期關隴地區文化之影響 ········· 黃壽成 111

疾病與政治——高宗"風疾"與"二聖"政治格局的形成 ········ 張維慎 121

唐代登科記研究述論 ·························· 韓 濤 131

試論唐代君主專制下的尚書都堂集議——兼析君臣共同體的話語權 ………… 胡寶華 139

試論中晚唐時期京兆府的兩稅 ……………………………………………… 吳樹國 164

唐代對都城人口的管理策略 ………………………………………………… 張春蘭 174

唐代兵器管理律令管窺 ……………………………………………………… 賈志剛 190

唐代在室女的家庭教育及其影響——以唐代士族階層墓誌爲中心 …… 胡　娜　焦　傑 200

神禾鬱鬱正相望——隋唐間長安"神和原"與"神禾原"名稱的沿革

　　及其人文地理 …………………………………………………………… 王其禕 215

唐長安城南郊何將軍山林的園林要素及布局 …………………………… 李令福 235

唐代高僧移配試探 …………………………………………………………… 王蘭蘭 251

"黃家日月"：黃齊政權制度考 …………………………………………… 胡耀飛 261

中外文化交流

試論唐代的中外飲食文化交流 …………………………………………… 劉樸兵 289

唐詩見證的中日關係與交流 ……………………………………………… 石雲濤 297

《陝西經濟通史》樣稿選刊

論秦漢時期陝西的商業 …………………………………………………… 張維慎 317

唐朝後期關中農田水利建設事功述論 ………………………………… 穆渭生 328

明代陝西民間手工業的發展 ……………………………………………… 劉景純 349

北洋時期陝西的農業與農村經濟 ………………………………………… 黃正林 362

南京國民政府時期陝西的水利（1927—1937）………………………… 溫　豔 384

《長安學研究》徵稿啓事 …………………………………………………………… 401

長安學與長安學者

長安學研究與大西安建設

黃留珠

長安學的名稱，首見於 2000 年 4 月《人文雜志》座談會上一位西北大學研究者的書面發言①。三年後，北京大學榮新江教授在所辦的《唐研究》第 9 輯上再次提出了"長安學"的問題②。至 2005—2006 年間，時任陝西文史研究館館長的李炳武又一次提出了"長安學"的問題③，並利用他手中掌握的行政資源，於 2009 年成立了"陝西省文史研究館長安學研究中心"，自任主任，首批推出"長安學叢書" 8 册④。説來湊巧的是，就在這一年，《唐研究》也推出了"長安學研究專號"（第 15 輯），刊發有關論文 19 篇⑤。這兩件事交相輝映，形成了長安學研究的第一次高潮。

作者簡介：黃留珠，男，西北大學歷史學院教授。

① 參見何夫：《"長安學"概念的首次提出——長安學學術史的一則重要史料》，《長安學研究》第二輯，北京：科學出版社，2017 年。

② 榮氏在《關於隋唐長安研究的幾點思考》中説："筆者研究隋唐史和敦煌學的過程中，不斷在思考一個問題，即長安是興盛的大唐帝國的首都，敦煌是絲綢之路上的邊陲重鎮，由於特殊的原因，敦煌藏經洞敦煌石窟保留了豐富的文獻和圖像資料，引發了一個多世紀以來的敦煌學研究熱潮；相反，雖然有關長安的資料並不少於敦煌，但因爲材料分散，又不是集中發現，所以有關長安的研究遠不如敦煌的研究那樣豐富多彩，甚至也没有建立起像'敦煌學'那樣的'長安學'來。"

③ 李炳武在 2005 年 12 月三秦出版社出版之《唐代歷史文化研究·代序》中講："一部《紅樓夢》能夠衍生出風靡全國乃至世界的'紅學'；一處敦煌石窟能夠形成獨立一派的'敦煌學'；那麼在創造了周秦漢唐燦爛文明的長安大地上，完全有條件、也應該建立一門'長安學'。"

④ 8 册書分別是《長安學叢書》之《綜論卷》《政治卷》《經濟卷》《文學卷》《藝術卷》《宗教卷》《歷史地理卷》《法門寺文化卷》。

⑤ 19 篇文章分別是"隋唐長安的寺觀與環境""城門與都市——以長安通化門爲主""唐代長安的旅舍""文本的闡釋與城市的舞臺——唐宋筆記小説中的城市商業與商人""論長安城的營建與城市居民的税賦""唐代都市小説叙事的時間與空間——以街鼓制度爲中心""想像中的真實——隋唐長安的冥界信仰與城市空間""唐代長安的宦官社群——特論其與軍人的關係""唐長安大清觀與《一切道經音義》的編纂""從宫廷到坊里——玄肅代三朝政治權力嬗變分析""中唐文人官員的'長安印象'及其塑造——以元白劉柳爲中心""張彦遠筆下的長安畫家與畫迹""長安：禮儀之都——以圓仁《入唐求法巡禮行記》爲素材""禮展奉先之敬——唐代長安的私家廟祀""貝葉與寫經——唐代長安的寺院圖書館""唐初密教佛經的翻譯與貴族供養""記智首、玄琬與唐初長安的守戒運動——兼論唐太宗崇重律僧與四分律宗之崛起""《兩京新記》新見佚文考——兼論《兩京新記》複雜的可能性""隋唐長安史地叢考"。

2013 年，"陝西省文史館長安學研究中心"實現華麗轉身，開始由政府文化部門主辦變爲高校主辦，"陝西師範大學國際長安學研究院"正式成立。這是由四所高校（陝西師範大學、西北大學、長安大學、西安文理學院）和陝西省文物局、陝西省政府參事室（省文史館），以及日本學習院大學、韓國忠南大學共同組建的一個研究機構，院址設在陝西師範大學。次年，由西安市社科院、西安市絲路經濟帶研究院和韓國慶州新羅文化遺產研究院聯合召開的"長安學與新羅學關係研究學術會議"，由西安文理學院長安歷史文化研究中心召開的"第九屆西安歷史文化國際學術研討會"，由陝西師範大學國際長安學研究院召開的"長安學與古代都城國際學術研討會"，相繼在古城西安舉行。尤其陝西師範大學國際長安學研究院召開的會議，實現了"京源"和"陝源"長安學學者的勝利會師，意義重大。如此多的長安學學術會議的集中召開，加上陝西長安學研究陣地的華麗轉身，形成了第二次長安學研究的高潮。

此後，《長安學研究》年刊於 2016 年 1 月由中華書局出版創刊號，接著，2017、2018 年又由科學出版社相繼出版了第二、第三輯，長安學研究步入常態發展。

總之，在世界的東方，長安學的勃興發展，已經是不爭的事實。現在的問題是，這樣一種勃興發展起來的學科，對當前正在進行的大西安建設能提供哪些歷史的理據呢？換言之，也就是說長安學研究對大西安建設有何意義呢？在我看來，至少有以下四個方面的內容。

（一）大西安建設體現了較早的"秦地""關中"概念，是對古義的一種回歸

西安，周曰"豐鎬"，秦曰"咸陽"，漢、唐曰"長安"。西安名稱的確立，設府是在明洪武二年（1369 年），設市是在 20 世紀 20 年代，都比較晚。歷史上，較早的概念只有"秦地""關中"而無"西安"。例如，當年婁敬勸劉邦遷都的一番話使用的是"秦地"。原來劉邦打下天下後，最先準備把首都定在洛陽，認爲歷史上周（實際是東周）以洛陽爲都長達數百年之久，而秦以咸陽爲都祇有十幾年時間。劉邦的手下多是山東人[①]，也都主張定都洛陽，這樣離家鄉近一些。後來一名叫婁敬的戍卒建議遷都，他說：

> 且夫秦地被山帶河，四塞以爲固，卒然有急，百萬之衆可具也。因秦之故，

---

① 秦漢時，把函谷關、殽山以東叫"山東"，也叫"關東"；殽、函以西叫"山西"，也叫"關西"。這裏，是一種特指概念。

資甚美膏腴之地，此所謂天府者也。陛下入關而都之，山東雖亂，秦之故地可全而有也。夫與人鬥，不搤其亢，拊其背，未能全其勝也。今陛下入關而都，案秦之故地，此亦搤天下之亢而拊其背也。①

而謀臣張良勸劉邦遷都時使用的則是"關中"：

夫關中左殽函，右隴蜀，沃野千里，南有巴蜀之饒，北有胡苑之利，阻三面而守，獨以一面東制諸侯。諸侯安定，河渭漕輓天下，西給京師；諸侯有變，順流而下，足以委輸。此所謂金城千里，天府之國也。②

司馬遷《史記》、班固《漢書》在敘述此事時使用的也是"關中"，即"西都關中"③。

劉邦西都關中後，先駐足櫟陽，然後找了個未被項羽燒毀的秦興樂宮，改建爲長樂宮，作爲漢朝廷都城的基址，又把長安鄉之名改成新都城之名，新建了未央宮，立東闕、北闕、前殿、武庫、太倉。劉邦見這些建築十分壯麗，甚怒，就批評蕭何"治宮室過度"④。蕭何用"天子以四海爲家，非令壯麗無以重威"作回答，使劉邦轉怒爲喜，於是"自櫟陽徙都長安"⑤。從此，長安就正式揭開了它作爲西漢首都的歷史。

從上述可以清楚地看到，在西漢初人們的心目中，祇有"秦地""關中"這類概念，尚沒有"長安"，更談不上"西安"了。我們現在的大西安建設，就是要跳出西安城牆的圈子，回歸到原來的"秦地""關中"概念，回歸它的古義。

（二）大西安建設是在恢復漢唐長安城規模的基礎上，與時俱進地、進一步地更大飛越

西安城是在唐末韓建縮城基礎上經歷代修葺，至明初基本奠定。其東城牆長 2886 米，西城牆長 2708 米，南城牆長 4256 米，北城牆長 4262 米，全城面積 11.9 平方千米（含牆體周邊）。後來的西安市大致在這樣一個範圍之内，城圈内是市區，城圈外是市郊。目前的漢長安城遺址保護總面積達 65 平方千米，城垣内面積 35 平方千米。這

---

① 《史記》卷九九《劉敬列傳》，北京：中華書局，1959 年。
② 《史記》卷五五《留侯世家》。
③ 分見《史記》卷五五《留侯世家》、《史記》卷九九《劉敬列傳》、《漢書》卷四〇《張良傳》、《漢書》卷四三《劉敬傳》。
④ 《漢書》卷一《高帝紀》。
⑤ 《漢書》卷一《高帝紀》。

就是説，漢長安城面積約有 35 平方千米之多，舊西安的市區僅占 1/3 左右。

唐長安城平面呈横長距形，東西寬 9721 米，南北長 8652 米，面積一般説是 83.1 或 84 平方千米，但這不含大明宮在内；如包含大明宮，則應爲 87.27 平方千米，是漢長安的 2.5 倍，是舊西安市的 7 倍多（網上有説 9 倍或 10 倍者）。很明顯，唐長安要大得多。

1949 年以來，西安市規模隨著建設的發展滚雪球似地不斷擴展。現今的西安[1]，下轄 11 區（新城、碑林、蓮湖、雁塔、灞橋、未央、閻良、臨潼、長安、高陵、鄠邑）、2 縣（藍田、周至）和 1 個功能區（西咸新區），總面積 1 萬平方千米以上，相當於上海、深圳、澳門及香港面積總和。這不僅恢復了漢、唐長安城的規模，而且大大有所超越。

西安市 16 屆人大常委會第 11 次會議審議的 2020—2035 城市總體規劃中規定，將來的西安總面積爲 1.76 萬平方千米。這是整個關中平原的一半。也就是説，未來八百里秦川有 1/2 將是西安市。像這樣體量的城市，應該説世界少有。所以，現今的大西安建設，是在西安市現有規模上，與時俱進地、進一步地更大飛越。

（三）周秦漢唐治理國家的經驗、漢唐帝國對國際化大都市長安的管理，都給大西安建設提供了歷史的啓示和借鑒

《史記·貨殖列傳》有一段論述全國各地風俗的話，後録入《漢書·地理志》，被進一步完整化。文中雖然寫的是“漢興”以來，但實際表明中國這塊土地自古以來各地就存在習俗方面的差異。對於這樣一塊土地進行卓有成效的治理，周、秦、漢、唐各代各有其方法。周實行的是分封制，秦是郡縣制，漢是郡國並行，唐是更複雜的州縣制。這些，各有利弊得失。各代在治理國家的過程中，都積累了豐富的經驗，可供我們借鑒。

漢、唐長安不僅是首都，而且都是國際化的大都市。尤其唐長安城，國際化的程度更高。唐代，與唐有交往的邦國達 70 餘（或説 300 多）個，唐前期實行積極的外交政策，帝國以其繁榮的經濟、强盛的國力、燦爛的文化，以及海納百川的胸懷吸引著全世界的商人、學者、僧人和一切對唐有興趣的人們。據美國學者愛德華·赫策爾·謝弗的研究，唐時的外來物計有“人”“家畜”“野獸”“飛禽”“毛皮和羽毛”“植物”“木材”“食物”“香料”“藥物”“紡織品”“顔料”“工業用礦石”“寶石”

---

[1] 本統計截至 2016 年底。

"金屬製品""世俗器物""宗教器物""書籍"等 18 類近 200 種之多[①]。這是何等廣泛的文化交流啊！來自世界各地的外交人員和其他人員給長安城注入別樣的新鮮血液，多元文化在這座城市中交流碰撞。長安城多彩多姿的文化氣氛與兼容並蓄的包容精神還成爲宗教傳教士的天堂，袄教、基督教、摩尼教、伊斯蘭教等外來宗教的傳教士在長安的自由天空下傳播自己的宗教思想，長安成爲世界各國人民所嚮往的精神聖地。對如此國際化的城市進行有效的管理，是很不容易的。帝國在這方面的經驗，也給我們以有益的啓示。

總而言之，無論周秦漢唐的治國經驗，抑或漢唐對國際化大都市的管理，對我們大西安建設來説，都值得重視。

（四）長安學研究的某些内容，可直接供大西安建設參考

一般而論，長安學研究分爲三個層次：第一層次的長安學，局限於漢、唐長安城的研究；第二層次的長安學，研究範圍擴大到關中地區，時間則爲周、秦、漢、唐；第三層次的長安學，研究整個陝西，不僅包括它的古代，而且包括其近代、現代、當代，乃至未來[②]。在第三層次的長安學研究中，不少内容是可以直接供大西安建設參考的。

例如，20 世紀 30—40 年代的西京建設，大張旗鼓轟轟烈烈，但這一活動有何經驗需要發揚，有何教訓值得吸取，都是長安學研究的重要内容，也都可以直接供大西安建設參考。

再如，著名水利專家李儀祉先生在陝期間的水利建設活動對今天有何意義、對今天有何寶貴的經驗教訓，無疑是長安學重要的研究内容之一，同時也直接可以供大西安建設參考。

又如，中華人民共和國成立後，西安市作爲西北大區最發達的城市，先後製定了四次城市總體規劃和城市定位：即 1953—1972 年的首輪總體規劃和定位，1980—2000 年的第二輪總體規劃和定位，1995—2010 年的第三輪總體規劃和定位，2008—2020 年的第四輪總體規劃和定位。2009 年，國務院批復通過《關中—天水經濟區發展規劃》，將西安定位爲國際化大都市。2012 年，西安市啓動建設渭北工業區。2013 年，

---

① 詳見［美］謝弗：《唐代的外來文明》，吳玉貴譯，北京：中國社會科學出版社，1993 年。
② 長安學研究三層次説與本人早年提出的小、中、大長安學之説（《長安學之我見》，載《長安學叢書·綜論卷》，西安：陝西師範大學出版社、三秦出版社，2009 年，第 117—118 頁）略有不同。原來的小長安學研究即擴展至周、秦、漢、唐，而忽略了漢唐長安城本身的研究，在邏輯上講是不妥當的。本人將另外專門擬文，作出説明。

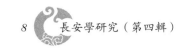

國務院批准西安市對第四輪總體規劃進行修改。2014 年，國務院批復建設西咸新區。這一系列宏偉的規劃和城市定位，是如何與時俱進的，有何特點及可取之處，又有怎樣的時代局限性，顯然是我們長安學研究必不可少的内容，同時亦可供大西安建設直接參考。

　　長安學研究與大西安建設，是一個全新的課題，牽扯的問題很多。以上四點内容，僅是舉舉大者，或有不妥，希望得到讀者的指教！

2018 年 9 月 20 日寫訖於望山居

同年國慶期間修改

斯維至先生雜憶

郭政凱

作者按： 斯維至（1916—2015 年），浙江諸暨人。乳名贊鈴，又名斯全。家貧，以叔舅資助，1931 年浙江紹興越材中學畢業。因家貧輟學，以後刻苦自學。1940 年至 1949 年間，曾在四川圖書館、成都中國"工合"（宋慶齡、艾黎主辦）工作，編輯《活路》刊物，任華陽實中、國立六中、華英女中等校文史教師。1947 年由著名學者蒙文通、徐中舒兩先生推薦，任華西大學講師兼中國文化研究所助理研究員，從此走上先秦史研究道路。1948 年首次發表《兩周金文職官考》，爲海內外學者所稱道。1949 年後，先後任西北大學、陝西師範大學講師、副教授、教授，先秦史學會第一屆至第四屆副會長。陸續發表了關於殷周土地所有制問題等論文 60 餘篇。著有《史學常談》《周代的方國》《西周史》《中國古代社會文化論稿》《姓名的故事》《斯維至史學論集》等。

每當讀書疲倦時，一閉目養神，腦子裏總能出現一幅清晰的畫面：滿頭華髮的老人斜倚籐椅，用與年齡不相符的豐潤雙手捧著書本雜誌，湊到光亮的窗前燈下，整張臉貼近去，眼鏡幾乎觸到紙張，仿佛不是在讀書，更像是用鼻子嗅紙，並深自陶醉於書香。它不同於關雲長夜讀《春秋》的神武，卻盡顯一代文人手不釋卷的癡迷。這是我去斯維至老師家求學問道時常見的情景。它永遠保留在我的頭腦中，珍貴無比，是世上最令我感動的畫面之一。

我在前半生曾幸運地追隨了幾位難得的良師。其中對我影響至深至巨、關係也至親至密的非斯維至老師莫屬。

1976 年底，乘著工農兵學員的末班車，我進入陝西師範大學歷史系。說來很是荒

作者簡介：郭政凱，男，現定居美國。

唐，下鄉時我被稱爲知識青年，聽上去似乎即使沒有學富五車的闊氣，也該有一二車的小本錢了。及至上大學身份大變，接受了八年"再教育"，不但沒有增加知識含量，反而連原有的千瘡百孔的知識外衣也被雨打風吹去，換了頂剽悍的大老粗帽子——工農兵學員，雄赳赳地攻掠了高等學府。不錯，若論學歷，我是班上最低的，僅受過六年小學和半年初一的正規教育。在陝北插隊時，爲彌補先天不足，四處搜羅所能找到的各種書籍。不過，千萬別誤會我已博覽群書，事實上許多書到我手上都是殘缺不全的，如《論語》被人撕得只剩八章半。古人用半部輾轉抄來的孔丘閑話就能治天下，我熟讀小半部好像什麼都幹不成，還是被當作芸芸衆生中的農二哥。由於文化底子超薄，在窰洞裏悶頭自學，對所讀的東西往往似懂非懂，我是硬著頭皮把它們生吞活剝裝進腦子裏。那時真想能像《論語》中寫的那樣，侍坐於名師身旁，聽他老人家用孔子的語氣招呼著：凱，爾何如？

十年失學造成的極度精神饑渴，使我一進入夢寐以求的大學便昏天黑地猛讀起來。除了上課讀書，我還挨個拜訪了系裏所有名聲在外的中老年教師。當時雖說"文革"已經結束，但是"工農兵學員上大學管大學"的口號仍在喊著。因此，看到我這個開口京腔、頂著滿腦袋小米皮子、玉米鬚子的四不像漢子居然恭敬拜訪和虛心求教，讓不少老師由惶惶不安而戒備而驚喜。我贏得了他們的信任，都願推心置腹與我交談，點撥疑難。

斯老師沒有給我們上過課。聽中國古代史主講趙文潤老師介紹，他是國內數得上的先秦史專家，很有學問。於是打聽了住址，冒昧登門。初次見面，斯老師正在翻檢一部綫裝大書。師母輕推他說有學生來訪，他纔抬起頭，放下書，起立點頭示意，狀極和藹客氣。後來斯老師告訴我，開始並未特別留意，以爲是學生禮節性拜訪。知道我是在陝北插隊的北京知青纔有了點興趣，因爲根據前幾屆學生中北京知青的表現，認爲我們的基礎比其他學生要好。再一交談，終覺"孺子可教也"。而我一看斯老師雪白而濃密的頭髮和高度近視的厚片眼鏡，頓生敬仰之心、親近之情。再看有些凌亂的案頭攤開著郭沫若的《兩周金文辭大系》，更讓我覺得神秘高深。心想，研究這種學問的人纔是夢中的名師。本來我對現代史極有興趣，插隊時曾著手編排"文革"大事記，想寫一部"文革"史。可是這個領域裏荆棘叢生，陷阱密布，不由人不將此視爲畏途。上學時翻雲覆雨的政治已經讓我徹底厭倦了。先秦史是我所能接觸到的離現代政治最遠的專業，它豐富多彩的内容也强烈吸引著我。如此一來，我們師生彼此都感覺十分投緣，來往日漸頻繁起來。

熟悉之後，斯老師就不再客氣，與我無話不談了。一見我來，立刻高興地泡上兩杯家鄉的毛尖。興發縱論天下事，閑來幾句家常話。這種聊天式的"教學"在古代是師生之間傳授知識的重要方式，我覺得好處很多。它的形式活潑，能夠擺脫束縛，啓發靈智，尤其適合斯老師和我這樣的人。斯老師不喜歡墨守成規、正襟危坐、不苟言笑、一板一眼、照章宣講；我則久居山野，閑散慣了，不耐課堂氣氛，上課時常常以手支頤，貌似作深刻哲學思索狀，實則夢蝶、夢周公去了。然而和斯老師聊天時，我始終精神百倍，並從中獲益匪淺。

斯老師是浙江諸暨人，鄉風崇儒尚文，自幼薰陶，終生沉浸學問。他少小離家，幾十年鄉音不改，曾自嘲爲"南蠻鴃舌之人"。不少學生感到難懂，我却覺得字字清晰。越音的抑揚頓挫，蘇杭的低吟淺唱，從他的口中迸發流瀉出來，充滿誦詩般的魅力。在校期間，幾日聽不到，我會悵然若失。老師也習慣了與我對講。讀研究生時，幾日不見，他會蹣跚著走到我的宿舍，坐在床上，半倚被垛，不等呼吸調匀，便滔滔不絕，海闊天空。興盡起身，我攙扶老師回家。一路上，他靠著我的肩膀兀自順著思路開講，全然不睬路人投來的各種眼神。我有時想，魏晉名士大概就是這個樣子吧。

斯姓在中國是個小姓，國人多有未聞者。有一年，老師到四川大學拜會當時的圖書館館長趙衛邦先生。我在門口報上老師姓名，一位年輕人狂奔急告趙老，有個外國人來找您。待到會面，趙老笑得一部美髯亂抖亂飄。那個年輕人不完全是少見多怪，斯老師的祖先可能真不是漢人。他自認是山越人的後裔，據說康有爲曾給斯氏宗祠寫過山越考。看老師一派儒雅，很難把他與斷髮文身的老祖先們聯在一起。我揣測，斯老師以山越人自詡，有返璞歸真之意。

返璞歸真，說起來容易，做起來很難。現代社會各種污染源太多，歷經滄桑，不改赤子之心，不失純真本性，保持璞玉美質，堅守渾然天成，既無世故的羈絆，又無矯飾的偽裝，發乎内心，順乎自然，不違良知，滿天下能有幾人？山越人維至吾師做到了！

人常說字如其人，斯老師是書法家，有人這樣評論：他"說話直爽，不假雕飾，心口如一，激昂高亢。性格的這些特點都充分反映於其書作中"。"綜觀斯維至先生的書作，蒼鬱勁直，有金石之氣；挺拔奔放，有豪士之氣；隨和自然，有書卷之氣；筆墨秀逸，有山林之氣，數端融會，別開生面，是其獨具的風采。"這是公正之論！

斯老師年輕時和大多數小知識分子一樣，思想激進。同時，又受到他堂兄的特殊影響。堂兄是中共早期黨員之一，爲革命不避艱險，長年累月通宵達旦勤奮工作。斯老師耳濡目染，對革命和馬列主義有了一定認識，雖未入黨，心嚮往之。誰知世事難料，堂兄努力的結果是既被國民黨所仇視，列入通緝對象，也不見容於共產黨，被定爲"托派"，遭到開除。我的老師極度惶惑，百思不解。自忖愚鈍，難識政黨政治，遂負笈東渡日本求學。從此，他的人生道路徹底改變了，由一個可能出現的社會鬥士，轉爲安守書齋的寂寞學者。有人曾爲之惋惜，老師却終生不悔。我覺得這一改變實在是件好事，它保住了"山越人"率真的本性，爲中國史學界增添了一名頗有成就的先秦史學家，也爲我安排了一位亦師亦友、半世親人的導師。人生真似有天意主宰，我感謝上蒼！

有一次，我感歎上學少，學歷殘缺不全。斯老師安慰説他還不如我，自初中畢業後，再没有作爲學生進過校門。他是自學出身，孤身在茫茫書海中挣紮，手抄筆録，不舍晝夜。濃霜染了頭髮，昏燈弱了視力，幸有著名學者蒙文通、徐中舒等人的指點與提携，加快了成長速度，躋身於一代大師的行列。

有眼前榜樣的激勵，我讀書更加刻苦。當然，問題也越來越多。有一次，我提出"走捷徑"的想法，也就是由斯老師預設幾個題目，然後我去按圖索驥，或許事半功倍。斯老師摇頭説我把事情搞顛倒了。帶著問題讀書，容易有先入爲主的偏見，走上斷章取義的歪路，知識系統會攪得支離破碎。不如漫無目的地讀書，在深厚累積的基礎上，水到渠成地産生問題，然後再進行反復研究。他特别强調走捷徑是浮躁的表現，急功近利是學術研究的大敵。一盆冷水澆得我清醒了許多。

以後我又偏向了熱衷訓詁小學，專鑽牛角尖，發掘"微言大義"的治學老路。沾沾自喜於"活字典"的綽號，張口許慎，閉口段玉裁，自以爲有本事"點竄堯典舜典字，塗改清廟生民詩"。斯老師一杯清茶，微呷一口，輕吐梗葉，仿佛隨意閑聊説他讀書經常不求甚解。對每個字、每個詞、每句話都詳加考證，會影響整體把握。只管一路讀去，"俯而讀，仰而思"，盡情享受順達暢意，如此而已。若作個"尋章摘句老雕蟲"，他會很難受。我遽然而驚，知所警惕。

"文革"後，史學界中的年輕一代不滿於史學研究現狀，紛紛將目光轉向西方，引入各種理論，希望改變研究方法。斯老師儘管將届古稀之年，却有著和年輕人一樣奔騰的革新思想。他認爲自乾嘉學派衰落後，王國維以二重證法使史學研究面目焕然一新，打開了現代史學研究大門，出了一批成果。"五四"後，顧頡剛爲首的古史辨派與郭沫若等人的馬克思主義學派，進一步刺激了史學研究的發展，從不同角度充實了研究内容，提高了研究水準。時至今日，如果不能識衆家之短，集衆家之長，采用新的科學研究方法，歷史研究就無法進步。爲此，他多次與我討論各家的優劣與今後的發展方向。爲了拓展新路，引進民族學的成果，用"活化石"比較研究古代史，斯老師不顧年事已高，毅然走出書齋。1980 年，與四川大學趙衛邦先生、吉林大學趙錫元先生、雲南省博物館趙學謙先生、陝西師大趙文潤老師結伴赴雲南西雙版納地區考察，我亦陪同前往。我們共舉斯老師爲"召片領"（傣語，原意爲"領主"，這裏取"首領"意），他堅辭不就，認爲凡事大家協商決定，不必設什麼領導。我們陽奉陰違，處處把他推到前面。結果他的華髮和趙老（衛邦）的美髯成了我們的招牌，所到之處吸引了無數充滿敬意的目光。一路上，老少師生，志趣相投，相互扶持，彼此照顧。白天走村串寨，訪問座談；夜晚圍坐旅館，討論總結。每個人都覺得眼界大開，收穫頗豐。一時在先秦史界傳爲美談。不少中年學者紛紛效仿，掀起一陣新實證比較史學的高潮。

斯老師性格率真，推崇獨立人格，講求文人風骨。我曾陪他在昆明拜訪過雲南大學方國瑜教授。說起方先生的老師陳垣老，方先生謙恭自省，縮頸低頭，連連檢討："人家嘛進步，我落後！"這話在當時極普通，入我耳後，只覺得方先生的神態真誠，並未在心中激起絲毫波瀾。返回旅館，斯老師感慨萬端，認爲"左"傾路綫把知識分子整得只會糟蹋自己，連朋友間交談也會習慣地動輒低頭認罪，實在讓人感覺悲哀！如今回想起來，一股巨大的震顫終於傳到了心房。1949 年後對知識分子不斷敲打改造，捏塑出的是低眉順目、俯首貼耳、背負沉重原罪包袱的機器人。斯老師在"文革"剛剛結束就有如此膽識，真乃吾師也！

斯老師説話直爽，胸無城府，難免得罪一些人。然而對學生後輩總是盡力呵護，寬容溫和、保留情面，從未見他當面斥責過誰。有位師弟曾陪老師外出開會，光顧做自己的事，把年邁的老師孤零零丟在旅館，結果還是其他學校的人護送回家。我知道後很生氣，要去批評師弟，斯老師卻大度地説，算啦，誰沒有點私事。竟不追究。斯老師對我就更加和顏悅色，從未稍露疾屬之形。有時我們意見相左，他也不以爲忤，笑言"盍各言爾志"。有一次，他眼疾發作，讓我謄抄一篇文章。我按照自己的意思改動了幾處文字。他淡淡一笑説，謝謝，不過文章還是自己的好。待發表後，我看他還是遵從了兩處我改動的文字。由此知老師並未責怪我，而且虛懷若谷。

斯老師對我情逾骨肉。當年在雲南思茅，我感冒發燒，昏睡在招待所。迷糊中總覺有隻溫暖的手在額頭摸索，耳邊傳來似從雲端發出的焦急呼喚。第二天醒來，纔知是老師心中掛念，夜間前來探視。心頭一暖，病情一下好了大半。見我恢復精神，老師興奮地話語不斷。

我戀愛結婚較晚，年過三十尚未婚配。每隔一段時間，斯老師都會關心地問起。當我把未婚妻帶到他面前時，他高興得就像得了兒媳婦一樣。

有件事讀研時的同學至今提起仍稱羨不已。研究生入學的第一天，我放下行李就去拜望老師。他一見我，喜不自禁，問寒問暖，關懷備至。留我共進晚餐，不僅特意增加了兩個菜，用他愛喝的紹興酒爲我接風，還吩咐師母燒水讓我洗澡。同學們得知此事，都說導師如此厚待學生，聞所未聞。

老師待我厚，我自然更加感恩戴德。讀研期間，從不讓老師過於操心。陪同他外出開會，總是細心安排，盡心照顧。師母說有我陪同，她放心，老師也高興。老師高興的原因之一是我能“慣”著他，由他的性子吃些喜愛的食物。每次外出差旅費都由我掌管，老師一看到當地著名的小吃，或者一聞到香味，師母的囑咐立刻拋到腦後，不斷積極建議：咱們吃吃這個吧，咱們吃吃那個吧！看著他流露出的孩童般熱切的央求眼神，真不忍心拒絕。於是老師興高采烈了，我卻在欣喜中夾雜一絲對師母的歉疚。老師眼睛不好，腿脚不濟，夜間走路，像孩子一樣信任地拉著我的衣袖，拽著我的胳膊。這時，輪到我指點他：這兒有個坑，那兒橫塊磚。老師緊跟著我，亦步亦趨。那情景在我心中浸潤出温馨的親情，從旁人眼中一定也會引發這樣的感慨：“瞧這一家子！”

在斯老師的心中，並不把我當學生看，他更願意是一種忘年交的關係。因此他總是平等待我，從不擺出居高臨下的師尊架子。他在研究中遇到新問題，有了新想法，常常和我商量探討，徵求我的意見。他寫信必稱“政凱老弟”，遇人則隆重介紹：這是郭政凱先生。用得隨意，說得自然，絕無虛套客氣。老師說當年蒙文通、徐中舒等人就是這樣對待他的。記得開第一届先秦史年會時，斯老師和徐中舒兩位老前輩，一個叫我郭先生，一個呼我老郭，完全視爲平輩。弄得我始則大窘，後學小子豈能與泰山北斗比肩？繼而釋然，兩位通碩大儒，境界非凡，誠懇待人，出於自然。我若矯情，豈不大煞風景！這樣一想，便恢復常態，談笑自若了，心中也越發敬仰兩位大佬。

研究生畢業後，原本留校給斯老師做助手。但由於兒子降生，住房問題凸顯，我想轉到別的單位。老師完全理解，並主動跟校、系領導打招呼，同意放行。至今想起，仍感有負老師。

出國後，因環境、語言等限制，盡棄所學，終日蠅營狗苟爲稻粱謀。老師雖略顯失望，却無一語責怪。人寂月夜，我習慣遙望故國方向。“總爲浮雲能蔽日，長安不見使人愁”。長安城裏有我終生難忘的恩師，不能朝夕趨前問候，怎不令人惆悵。我愧對老師，心中更加思念。山海懸隔，我時時托人殷勤相問，我爲老師高齡著書而感動欽佩，爲九十大壽虔心祝禱。斯老師也記掛著我，常常惦念，以致有同學去看他，老師熱情地起立握手，衝口而出的却是我的名字。聞聽此事，兩行熱淚奪眶滾落。

　　我在異國他鄉有許多夢，其中之一是：侍坐老師身旁，恭敬就教，親聆越音。老師教我解讀"三墳五典八索九丘"，揭發古史奧秘。笑談傳經，片言解惑。我則心領神會，胸中疑雲應聲而散。師生之間交相融匯，有巍巍道義在，有濃濃情誼生，樂莫大焉！再飲一口黃酒助興，文武周公、共和烽火、周原灃鎬、盂鼎牆盤，種種家珍，一一數來，何等暢意，何其快哉！老師頷首扶鏡，語多慰勉，"盍各言爾志"！

長安學者冉昭德先生

何　夫

　　冉昭德（1906—1969 年），字晉叔，祖籍山東曹縣，出生於一個書香世家。20 世紀 30 年代伊始，考入國立青島大學（今山東大學前身）中國文學系，在聞一多指導和推薦下，完成、發表小説、論文多篇，還與臧克家、許星園、李貴生等一起創辦了《勵學》雜志。1934 年畢業，先後在山東省立惠民師範學校和濟南中學任教。抗戰全面爆發後，隨山東聯合中學師生輾轉河南、湖北、四川等地，並參加了教育部組織的教育服務團。

　　在四川三臺時，適逢東北大學歷史系丁山教授受服務團資助，成立"國史研究部"，編寫《中國圖書志》，他被任命爲一個專題的負責人。這樣，他系統閱讀了"十三經""諸子百家"和"二十四史"，重點抄録許多資料，做了大量讀書卡片和筆記，受到了史學方法的嚴格訓練，奠定了從事歷史研究的良好基礎。1938—1941 年間他相繼撰寫了《三輔黃圖考》《漢西京宫殿圖考》《水碓小史》等學術論文，深受丁山教授的賞識，於是把他推薦給好友史學家顧頡剛。顧在 1941 年 8 月 6 日致丁的信中説，冉昭德"好學力行，弟所極愛"，"此間研究所亦可羅致，以敝所整理廿四史，正缺中古史方面人才也"[①]。顧對冉的高度讚譽，正是對冉的學術功底和治史成就的肯定。

　　同時，冉昭德也受到著名學者陸懋德的青睞，於 1941 年冬被其延聘至西北大學歷史系任教。入西北大學後，冉昭德曾就《群書治要》中所收《晉書》作者問題致函胡適。後此函與胡的復信同時刊登在 1948 年 5 月 29 日《申報·文史副刊》上。從丁山、顧頡剛、陸懋德、胡適等名家對冉昭德的評價來看，他的學術成就已得到學界廣

　　作者簡介：何夫，男，自由撰稿人。
　　①　見《顧頡剛書信集》卷三，《顧頡剛全集》，北京：中華書局，2011 年，第 138 頁。

泛認可，已成爲史學名家。

中華人民共和國成立後，他任西北大學歷史系中國古代史教研室主任，撰成專著《秦漢史》及論文多篇。按照他的設想，要把西北大學歷史系辦成秦漢史研究的中心。正當他奮力工作、大展宏圖之際，"文革"爆發，他被當作反動學術權威受到迫害，手稿《秦漢史》也丟失，最後逝世，享年 63 歲。

總觀冉先生的一生，其最成熟的階段，全貢獻給了祖國大西北的高等教育事業，是典型的長安學者。冉先生治學，有如下特點。

1. 自覺接受馬克思主義，運用唯物史觀研究歷史

冉先生較早認識到運用馬克思主義唯物史觀指導史學研究是合乎時代需要的正確選擇。1948 年 1 月 8 日發表的《評呂、翦兩先生的秦漢史》一文指出："翦先生是站在唯物史觀的立場，用社會經濟的變動來說明他的主張……這種做法是新穎的，也合乎時代的需要。"這種見識成爲中華人民共和國成立後冉先生自覺接受馬克思主義唯物史觀的內在基礎。從現存的《冉昭德日記》來看，他對理論的學習不遺餘力，幾乎遍覽了當時已經出版的所有馬列著作，並將其中與中國歷史有關的典型語句作了重點摘抄。理論的學習使冉先生在學術實踐上結出了累累碩果。他先後發表重量級論文多篇，從具體事實入手，對重大歷史理論問題作出解釋和說明。冉先生所撰之文，史料翔實，考證精密，蘊含著以小見大的著述旨趣，做到了唯物史觀指導與中國歷史實際相結合，推動歷史研究不斷取得新成果。

2. 不迷信"權威"，敢於向"名家"商榷

冉先生從來不迷信"權威"，敢於同"名家"進行討論。前述他那篇《評呂、翦兩先生的秦漢史》即一篇與名家商榷之作。當時冉氏纔 42 歲，就敢於同比自己年紀大且成名早的史學名家呂、翦二先生商討問題，指出其所作存在公式化和史料錯誤與不足，這是需要有點膽氣的。再如前述他給胡適寫信那件事，也同樣如此。試想，胡適是何等的權威人物，但"智者千慮，必有一失"；祇要是錯誤，就一定得指出，毫不客氣。冉先生這種風格，值得提倡。而冉先生之所以有這樣的膽量，也是他基本功扎實、充滿自信的反映。

3. 勇於創新，"自成一風格"

冉先生認爲，寫文章要做到理論觀點、材料、形式三者的統一，但最重要的還是勤學苦練，"自成一風格"①。他不僅在著述形式上力求形成自己的特色，而且在實

---

① 見冉氏 1960 年 8 月 12 日《日記》。

際研究中常常提出獨到的見解。例如，在 20 世紀五六十年代，他運用唯物史觀指導，立足中國傳世文獻和出土資料，以商鞅變法的性質爲切入點，寫出了《試論商鞅變法的性質》一文。文中在深入研究的基礎上，指出"商鞅變法是奴隸制國家的法，它的作用是促進奴隸制的發展"，進而提出了"東漢時期是奴隸制向封建制過渡階段"的看法。這些觀點的提出，表明他不盲從輕信，勇於通過實事求是的研究，發表對重大歷史問題的獨立創見。

再如學者普遍認爲《史記·游俠列傳》中所描寫的郭解、劇孟等人物處於受壓迫的社會下層，他們反對封建勢力，爲被統治人民抱打不平。針對此説，冉先生撰成《關於〈史記·游俠列傳〉人物評價問題》一文，對學界流行的觀點提出質疑。他運用階級分析的方法，以游俠的生活狀況作爲剖析點，説明游俠不是代表人民利益的，更不可能反對封建勢力。該文發表後，立刻在學術界引起强烈反響，相關重要刊物相繼發表文章，對《史記·游俠列傳》展開商討。大家從多角度收集史料進行自由討論，深化了對於研究對象的認識。

再如 1949 年後學界普遍認爲，司馬遷的《史記》具有人民性，與之相比，班固的《漢書》在歷史觀上是倒退的。其實，歷史上關於《史》《漢》優劣的爭論一直存在，而且聚訟不一。認爲《史》勝於《漢》的觀點，本身就是偏激的。冉先生以唯物史觀爲指導，先後撰寫《班固與〈漢書〉》《班固的首創精神與進步思想》諸文，指出班固斷漢爲史，開創了歷史編纂的新格局，後來各個朝代的正史，基本上都是按照《漢書》的編纂法寫成的。他又系統揭示了《漢書》十志的價值，認爲十志擴大了歷史研究的領域，是後世典志體之濫觴。尤其難能可貴的是，對於後人詬病頗多的《五行志》，冉先生理性地、一分爲二地給予分析，認爲班固並非五行迷信的説教者，而是持以反對態度。另外，冉氏對班固進步的民族觀、發展的歷史觀、以人民利益衡量統治得失的政治觀、辯證的學術觀，都予以了深入闡發。這在當時貶低班固與《漢書》的學術背景下，尤顯珍貴。

20 世紀 50 年代末，西北大學受中國科學院哲學社會科學學部（今中國社會科學院）委托標點《漢書》，受中華書局委托編寫教材《漢書選》，是件特大的事①。對冉先生來説，也是其學術生涯的巔峰。當時標點《漢書》固然由系領導全面負責，師生聯手共同搞，但具體任務落實到中國古代史教研組，作爲教研室主任的他，自然責任

---

① 詳見黄留珠：《一件被誤傳的學術往事——1959 年西北大學標點《漢書》始末》，《西北大學學報》（哲學社會科學版）2008 年第 3 期。

重大。這從現存的冉氏《日記》中即可看出。那時候，講究所謂的“大躍進速度”，標點《漢書》，28 天便告完成。後中華書局又請傅東華先生整理，不知怎麼搞的，竟然把西北大學使用的標點底本“殿本”改爲王先謙的“補注本”，出版後遭到學界非議。但不管怎麼説，西北大學在標點二十四史的文化工程中，是有貢獻的。標點本《漢書》在日後大家的使用中，受到了廣大讀者的歡迎。這之中，不能不説凝聚著冉先生的心血。

編寫《漢書選》是比標點《漢書》更能顯示水準的一件事。這是中華書局首批出版的由著名史學家鄭天挺主編的六種“中國史學名著選”之一，供高等院校歷史專業課程史學名著選讀使用。如果説《漢書》標點還能夠搞師生聯手大兵團作戰的話，那麼編寫《漢書選》祇能是少數精英小規模的雕琢了。對此，西北大學校、系兩級領導都非常重視，選派了冉昭德、陳直、陳登原、李之勤、李家翰、蔡爾軌六人組成編寫組，由冉昭德、陳直二人負責，完成此事。冉氏被選爲第一負責人，顯然與他是中國古代史教研室主任、秦漢史專家有關；陳直當選則與他剛剛出版《漢書新證》、爲專門研究《漢書》的學者有關。新編《漢書選》計録入“高帝紀上”“高帝紀下”“武帝紀（存目）”“百官公卿表序（存目）”“食貨志上”“食貨志下”“藝文志序”“蕭何傳”“賈誼傳”“晁錯傳”“蘇武傳”“董仲舒傳”“公孫弘卜式兒寬傳贊”“張騫傳（存目）”“霍光傳”“趙充國傳（存目）”“貢禹傳”“鮑宣傳”“趙廣漢傳”“揚雄傳”“劉歆傳”“儒林傳序”“龔遂傳”“咸宣傳”“嚴延年傳”“原涉傳”“匈奴傳贊”“西域傳序贊”“外戚傳序”“李夫人傳”“王莽傳（存目）”等篇。編選的標準，首先注意在西漢經濟文化的發展方面，並能反映班固的史學思想；其次是各階層代表人物和情文並茂的文章，並極力避免與《史記》重複。“存目”皆書中名篇，因種種原因而不能録入原文者，作爲存目，供讀者查閱。書前有以“西北大學歷史系《漢書選》編寫組”名義寫的《説明》，其實文中完全貫徹了冉先生關於《漢書》的認識和思想。應該説，在六種名著選中其品質是上乘的。因此，冉先生的聲望大爲提高，名噪一時。從某種意義上説，冉氏當年打算把西北大學歷史系辦成秦漢史中心的設想，已經初步實現了。

然而福禍相依，也正是這篇《説明》，給冉先生帶來了彌天橫禍。“文革”前夕，極左思想肆虐，冉先生突然受到批判。那時節，學術討論完全變了味，無限上綱上綫，欲加之罪何患無詞，雞蛋裏面也能挑出骨頭來。先生關於《漢書》的一系列學術觀點，無端遭受攻擊。“文革”中，這也成爲他的重要罪狀之一，受到批判和迫害。

　　不過，是金子總會發光的，冉先生的學術成就被研究者所關注。北京師範大學陳其泰的博士楊倩如最先注意到了他，不僅寫出一系列關於冉氏的文章，而且搜尋其遺作，包括部分《日記》，編成《冉昭德文存》，於 2014 年 10 月由山東大學出版社出版。説起該書的出版，還有一段往事值得一提。原來楊博士編成此書後，最早謀求在西北大學出版，然而陰差陽錯沒能實現，後偶然一個機會，楊博士遇見《文史哲》主編王學典教授；王教授慧眼識珠，毅然把書稿推薦給山東大學出版社，以山東大學校友的名義予以出版，終於促成了這件好事①。冉先生大學畢業後不久即離開家鄉到外地工作和生活，身後他的著作竟由其母校山東大學出版社出版，頗符合人們所謂的"魂歸故里"的旨蘊，這一切豈非天意！

　　張峰博士是另位注意到冉先生的研究者。他撰有《冉昭德：運用唯物史觀進行學術研究》一文，發表在《中國社會科學報》上②。這是張博士承擔的國家社科基金項目的階段性成果。張博士現任職於西北大學歷史學院，由他來寫冉先生，是得體的。本文寫作中多處引用了楊、張博士的研究成果，在此特別致謝！

　　願冉先生地下安息！凡是在學術上有所作爲有所貢獻的人，學界是不會忘記他們的！歷史的發展不管如何曲折，珠璧終將要綻放出異彩！

2018 年國慶前夕草訖於西安

---

① 參見《冉昭德文存》黃留珠《序》，済南：山東大學出版社，2014 年。
② 該文除了見諸紙媒外，又見《中國社會科學網》2017 年 11 月 23 日。

深切緬懷史學理論家朱本源先生

王成軍

朱本源先生（1916—2006 年）是我國著名史學理論家、陝西師範大學歷史文化學院教授、陝西省文史館館員。他從事史學理論研究六十餘年，爲我國的史學，特別是史學理論的發展作出了突出的貢獻，在我國的史學界有著廣泛的影響，先生雖已駕鶴西去，但其突出的人格魅力和學術成就一直爲學界所稱道，其思想更是一筆重要的精神遺產，需要我們去學習、研究，以發揚光大。

一、生 平 簡 介

朱本源先生 1916 年 10 月出生於湖北省武漢市，1942 年畢業於國立中央大學政治學系，1942 至 1945 年在重慶國立中央大學研究生院文科研究所哲學部學習，師從當時以研究中國和西方的文化及其哲學而名震全國的方東美教授、享有國際聲譽的希臘哲學專家陳康教授，1945 年，獲得文學碩士。1947 年初，到南京國立編譯館任副編審。1947 年底，朱本源先生考取公費赴美留學，在紐約大學學習政治學。1949 年夏中華人民共和國即將建立，他積極回應中國共產黨的號召，毅然決定中斷在美國的學習，返回祖國，投身社會主義新中國的建設事業。1950 年初，在華北人民革命大學政治研究院學習班學習。1951 年學習期滿，留校任馬列主義研究室研究員。1953 年春，服從國家分配到西安師範學院（後改稱陝西師範大學）歷史系（今歷史文化學院）任教授，直到 1989 年離休。1991 年獲得國家人事部"早期回國定居專家"待遇。

朱本源先生不僅是我國著名的歷史理論家，而且是我校的資深教授。在長達 40 年的執教生涯中，朱本源先生爲教書育人耗費了巨大心血。20 世紀 70 年代至

作者簡介：王成军，男，陝西師範大學歷史文化學院教授。

80 年代，朱先生擔任陝西師範大學歷史系世界古代史和蘇聯史專業碩士研究生導師組組長，兼任世界史教研室主任，與其他教師共同培養了 6 屆研究生。他先後給研究生和本科生講授《馬克思主義經典著作選讀》《史學理論與方法論》等 5 門基礎課與專門課。朱先生學識淵博，課程內容豐富，備課細緻認真，講授深入淺出，具有豐富的教學經驗和高超的授課水準。在耄耋之年，他不顧年老體衰，還親自爲研究生講授史學理論。在授課中，朱先生注意理論聯繫實際，特別注意運用中西比較的方法來闡明西方思想文化和歷史學的特點和方法，深受歷屆學生的尊敬和愛戴。

朱本源先生離休後仍然關心國家大事，關心學院和學校事業的發展，並用餘熱爲壯大我校的歷史學作出了他自己的努力。他對陝西師範大學歷史學科的不斷進步由衷高興，他用"長江後浪推前浪，一代更比一代強"來肯定我校歷史學科同仁所做出的成績，並鼓勵陝師大歷史文化學院的全體教工百尺竿頭，更進一步。

朱本源先生早在 1986 年就被陝西省政府聘爲陝西省文史館館員。他非常珍惜省政府給予他的這一榮譽，並把這一榮譽轉化爲對陝西文史事業的積極投入。他熱心陝西地方文史資料的搜集和整理，對陝西文史事業的發展積極獻言獻策，尤其是，他不顧自己年邁體弱，積極配合文史館的工作計劃，對一些重大課題進行針對性的深入研究，並發表了多篇有重大影響的文章。他的努力和成果得到文史館工作人員的廣泛讚譽。朱本源先生爲陝西的文史事業也作出了自己的貢獻。

先生爲人樸素，心胸坦蕩。若與先生閑談，先生則訥然也似不能語，有問纔答，頗爲拘謹；若討論學術問題，先生則口若懸河，滔滔雄辯，旁若無人。前後迥然不同，令人感慨時代造化的魔力。然若有事煩勞，先生則有求必應，不遺餘力，古道熱腸，盡善盡美，其童真般的赤子之心又令人爲之感動不已。

先生之內心，如其文章一般，大氣縱橫，萬馬奔騰，先生之外表，則靜如秋水，了然無痕。所以，朱本源先生的生平簡介中有這樣的評價："先生志行高潔，寬厚平和，淡泊名利，榮辱不驚，有恂恂儒者之風。他學而不厭，誨人不倦，獎掖後學，甘爲人梯，有仁者風範。"著名史學家劉家和先生在唁電中稱讚朱先生："先生爲人真摯而謙和，不輕易推崇權威，而待後學則平等如朋友，實爲難能可貴。"復旦大學張廣智先生對朱本源先生的評價是這樣的："像本源先生那樣，深諳馬克思主義經典文獻、深知西方學術源流，又有深厚的國學根底，集三者於一身的學人，在當今也確實是鳳毛麟角了。"楊存堂先生在爲朱先生撰寫的挽聯中説："勤勞伴終生，學貫中西；豁達對諸事，德高望重。"這些評價正是朱先生一生的真實寫照。

二、突出的學術貢獻

在學術研究領域，朱先生兼通史哲，學貫中西，造詣深厚，精通英語和俄語，又可參閱德語和法語，在多個研究領域成就卓著。從 1953 年任陝西師大歷史系教授以後，朱本源先生即以歷史學理論方法作爲自己主要的研究對象，因而他的史學成就也最集中地體現在史學理論研究這一學術領域。他孜孜不倦，探頤鈎深，鍥而不舍，正本清源。堅實的語言功底，深厚的國學積澱，精深的馬克思主義理論修養，嚴格的西方哲學思維方式的訓練與薰染，使他具有淵博的學識和廣闊的學術視野，並對中外政治制度、思想文化的歷史演變及現狀變化具有深邃的洞察力，因而能夠及時掌握當代馬克思主義歷史理論的研究現狀以及西方各國歷史理論的發展趨勢，"他的論文既重視將經典作家的立論置於西方國家具體的歷史場景中作探源溯流的分析，又能以解釋學的方法通過不同文體的對比揭示經典著作中的微言大義，並指出中譯本中的失當之處"①。科研碩果累累，受到學術界的廣泛推重。其成就主要表現在：

其一，對馬克思主義的歷史學理論和方法論進行了持久而深入的科學探討，成果卓著。早在青年時代，朱先生就開始學習馬克思主義經典著作，大學圖書館中的英國共產黨機關刊物《今日馬克思主義》是他最愛讀的雜志之一。中華人民共和國成立後，他始終堅持用馬克思主義的立場、觀點和方法指導教學和科研工作，即使在被錯劃爲右派的二十年間，仍然矢志不移。改革開放以後，朱先生煥發出新的活力，著重研究馬克思主義重要理論與歷史和現實相關的重大問題，並取得了突出的成就。在《歷史研究》《世界歷史》和《史學理論研究》《世界歷史研究動態》等有重大影響力的學術期刊上發表了《論世界歷史的統一性》《近兩個世紀來西方史學發展的兩在趨勢》《西方歷史認識論的形成和馬克思恩格斯在該學科中的劃時代的作用》《馬克思的社會形態更替理論是科學假說》《馬克思主義歷史理論和基本論題》等一系列重要論文，對在新形勢下如何全面理解和發展馬克思主義的史學理論，如何正確地在唯物史觀的指導下進行史學理論的研究，以推進中國的史學理論建設等方面，提出了富有價值的觀點，在學界引起很大反響。如朱本源先生在《馬克思主義歷史理論和基本論題》這篇文章的結尾這樣說："馬克思主義本身是開放的，發展的，所以在我們探討歷史理論的基本問題時，把各家各派的馬克思主義本身作爲參照系（'轉益多師'）最後去僞存真（'別

---

① 《陝西師大學報》1991 年第 1 期。

裁偽體'），皈依於馬克思主義奠基人的真諦。"^①所以，朱本源先生半個世紀以來研究馬克思主義哲學和歷史學理論的經驗，表現在不斷吸收新學科理論的基礎上，運用歷史的、辯證的和邏輯的相統一的方法，將馬克思主義史學置於西方歷史思維的不斷的發展過程中，並從方法論高度闡明了馬克思主義怎樣對西方的舊史學進行"批判性的改造"，以及今天我們對西方史學應持的科學態度，這爲我們全面正確理解馬克思主義史學理論，並在實踐中發展馬克思主義史學理論作出了表率。

其二，朱先生堅持將西方史學發展的脉絡同中國的史學傳統參互比較，用中西比較的方法來研究史學理論和方法，發表了多篇重要文章，在中西史學比較研究領域也作出了突出的貢獻。特別是 20 世紀 90 年代，在《史學理論研究》上連續發表了三篇長文：《"'詩'亡然後'春秋'作"論》《孔子史學觀念的現代詮釋》《孔子歷史哲學發微》，以大量的歷史事實和深入的理論分析，探討了孟子的中國史學起源論和孔子的史學思想，有力地批駁了長期以來西方對中國史學的偏見，弘揚了中華民族的史學精髓。文章一經刊出，學界爲之震動，李洪岩先生指出："北京史學理論研究季刊是報導外國史學理論研究成果的主要陣地，代表了中國學者的水準。其中何兆武、朱本源等先生的論文運用了中西比較方法，具有明顯的歷史哲學色彩，爲史學領域的理論思考提供了參照坐標。"^②蔣大椿先生說："近幾年來中外史學的專題研究日漸展開……其中如何兆武對西方史學理論……的介紹和探索，朱本源對孔孟史學觀念的開掘，都顯示出了相當的深度和功力。"^③張廣智先生認爲朱先生這一系列論文的旨趣"既在於開展中西古代史學的比較研究，也藏深意，即批駁如巴特費爾德之類的西方學者的皮相之見。即他們認爲中國古代史學缺乏近代西方科學中的理論思維……以細微而又透徹的分析，駁斥了這種武斷之言……朱文立論的大氣，釋論的精微，堪稱爲當代大陸學者從事中西史學比較研究的典範"^④。值得稱道的是，朱先生以上重要文章都被陝西師大歷史文化學院結集爲《朱本源史學文集》。

其三，先生傾畢生精力，苦心研究，最終撰成了以中國學者的觀點研究西方史學的壓卷巨著——《歷史學理論與方法》，此書已在人民出版社問世多年，這是朱本源先生將馬克思主義史學理論、觀點、方法同中西史學比較思想相結合而產生的巨大的學術成果，已獲得學界的廣泛好評。這一成果緣起於 1986 年朱先生承擔的國家文科博士

① 朱本源：《馬克思主義歷史理論的基本問題》，《史學理論研究》1987 年第 4 期，第 78 頁。
② 李洪岩：《史學理論史研究爭議》，《光明日報》1996 年 6 月 11 日。
③ 蔣大椿：《史學理論研究現狀及其深入點》，《史學理論研究》1995 年第 3 期。
④ 張廣智：《西方史學史》，上海：復旦大學出版社，2000 年，第 375 頁。

生教材項目，歷時十年而最終完成，它集中體現了朱先生的歷史觀念。《歷史學理論與方法》共分爲前後兩編共十一章①，這一專著的突出特色在於：第一，從唯物史觀出發，以理論聯繫實際的方法論爲依據，在深入研究歷史哲學和歷史編纂學的内涵和特徵的基礎上，在國内又第一次將歷史哲學和歷史編纂學，即歷史學的理論和方法結合起來進行了全面而深刻的闡述，實開國人研究這一領域方法之先河；第二，從歷史理論的最新成果和國際前沿的角度對歷史學的理論和方法進行了全面的總結和闡述，它集中體現了國際史學理論和方法界研究的最新趨勢，集國内學者研究這一領域成果之大成；第三，釋論中明顯地表現著比較史學（中西史學比較）的觀點，並運用哲學詮釋學的方法，對中西歷史學的理論和方法進行了系統的梳理和極具歷史哲學深度的詮釋。在此要稍加説明的是，朱先生並不拘泥於詮釋學通過"視界融合"（Horizontverschmelzung）所構成的古今的整體視界，並在這一過程中獲得中西史學更高、更具普遍性的意義，而是在歷史實踐中對詮釋學的觀點進行再詮釋，將中西歷史學的普遍性和中國史學的獨特性有機地結合起來，歸根結底以尋求中國史學所應遵循的發展道路和中國史學理論研究者所應具有的基本態度爲落脚點，其旨高而意遠。這就是爲什麽從該書的内容和重心而言是研究西方史學的理論和方法，但却以"歷史學理論和方法"冠名之的原因所在。先生用心之良苦，可見一斑。

其四，該專著不僅是朱先生對西方自希臘羅馬以來西方史學思維範式的全面而深刻的總結，同時也是對自己 60 餘年的學術成果和學術規範進行深刻的總結和反思，極具教育意義，同樣具有範式的作用。當代最著名的歷史理論家何兆武先生給該書寫的序中評價道："老友朱本源教授以耄耋之年竟能窮十載之力完成自己晚年的此一壓卷大作，而我則有幸成爲本書的第一個讀者。我於解讀了全書之後不禁喟然歎道：這正是多年來我所期待於我國史學界的第一部完整的、全面的有關史學理論的著作。""先生早歲即學習馬克思主義，於馬克思經典歷史如數家珍，每每信手拈來均成妙諦，同時又潛心於古今中西之歷史哲學與史學理論的研究，及至晚歲乃薈萃精力於本書，我於拜讀之後，深感一個學人爲學之不易，乃至於窮畢生之精力纔能達到一種比較成熟的定論，至於本書之體大思精、龐徵博引，於中國古代、西方現代以及前蘇聯的有關著作均有精闢的論斷，其體例與闡述之允當是值得每一個讀者仔細咀嚼的。本

①　第一編"緒論：歷史，它的理論和方法"共三章：第一章《歷史的定義和"歷史"術語的語義學的演變》；第二章《歷史方法論及其研究对象》；第三章《歷史理論及其研究对象》。第二編"西方史學史中主要的歷史思維模式"：第一章《什麽是歷史思維和怎樣研究它》；第二章《近代西方歷史思維的四個主要取向》；第三章《古典時代的歷史思維範型》；第四章《基督教的—中世紀的歷史思維模式》；第五章《文藝復興時期的歷史思維範型》；第六章《啓蒙時代的歷史思維範型》；第七章《浪漫主義的歷史思維範型》；第八章《實證主義的歷史思維模式》。

書並不采取簡單機械的非此即彼的兩分法思路，而能實事求是地評論各家的得失，允宜成其爲一種真正的學術規範。"張廣智教授在該書序中認爲："本源先生的傳世之作《歷史學理論和方法》，如我們復旦大學老校長陳望道先生的《修辭學發凡》那樣，一經行世，可望成爲中國史學理論著述中的經典之作。""他的書出版澤惠於當代學人，他的書影響將在後來人身上延續，成爲他們不可繞開的史學理論的必讀書。"

三、學術成就的原因及其啓示

毫無疑問，朱本源先生的史學思想具有重要的歷史意義，它對中國史學的發展，特別是中西史學理論發展作出了突出的貢獻，那麽，朱本源先生能夠在西方思想文化和史學理論方面取得卓越成就的原因是什麽呢？

在我看來，究其要者，有三個方面：

其一，博古通今，古今交匯。朱先生在其文集序中說："我生平最大幸事就是在方、陳二位老師指導下研究西方近代哲學，而以古代希臘哲學爲源頭活水。"[①]如年鑒派學者費弗爾所說的："歷史是關於過去的科學，也是關於現在的科學。"二位老師淵博的學識和所具有的古今一體的學術眼光，也就是運用在前後相繼的歷史過程中探討歷史發展真諦的歷時性研究方法，深深地啓發並影響了朱本源先生一生的治學理念。

其二，學貫中西，中西交融。朱先生對此方法的解釋是："取西方近代的歷史科學（包括馬克思主義史學）的發展的趨勢與我國固有的史學材料（即由孔孟開其端到司馬遷而集大成的中國史學著作）相互參證。"[②]也就是在上述歷時性方法的基礎上，進一步用共時性的研究方法來研究中西史學理論的不同特點，顯示了朱本源先生寬闊而豐富的歷史研究視域。

其三，深沉而崇高的學術目的。朱本源先生在其文集序中所談到的他所始終具有的明確的治史目的："學貫中西而歸結爲本民族史學傳統之改造與發揚光大。"[③]朱本源先生認爲這一方法成爲他治學的座右銘，貫穿在他一生的研究活動中。這一思想不僅高度濃縮了中國老一代知識分子憂國憂民的民族情懷，也是朱先生人格魅力的最集中的體現，更是我們後輩史學研究者所應遵循的正確的史學思想和方法。正是在這一正確的史學思想和方法的指導下，朱本源先生以振興、光大中華史學爲己任，將西

---

① 《〈朱本源史學文集〉自序》，西安：陝西師範大學出版社，2005年，第1頁。
② 《〈朱本源史學文集〉自序》，西安：陝西師範大學出版社，2005年，第6頁。
③ 《〈朱本源史學文集〉自序》，西安：陝西師範大學出版社，2005年，第5頁。

方史學的研究同中國優秀的史學傳統緊密聯繫起來，去粗取精，推陳出新，爲我國的歷史學作出了突出的成就，也爲我們留下了珍貴的史學思想遺産。這纔是朱本源先生史學成就的最根本的價值。

那麼，現在的問題就是我們應該如何正確地理解朱本源先生史學思想所蘊藏的重要意義呢，換言之，成就朱本源先生史學成果的原因對我們有哪些啓示呢？

按照伽達默爾的詮釋學理論，中西史學的比較問題就其本質而言是中西主體間性的問題，一種文化主體與另一種文化主體之間的一種對話與相互理解。不言而喻，伽達默爾的這一理論有其相當的合理性，他不但揭示了對話與理解是世界文化發展的客觀發展趨勢，同時也表達西方文化願意通過對話與理解達到與世界不同文化共同發展的意願。但還要看到，伽達默爾的這種對話與理解的前提是相互具有獨特品質的文化主體，祇有具備了這一文化主體性，纔能使對話和理解這一過程真正進行，而且更重要的是，也纔能使這一中西比較的結果建立在真正平等的基礎上，而獲得更廣泛的歷史意義。即如利科看來，“爲了面對自我之外的另一個人，首先要有一個自我”[1]，“只有忠實於自己的起源，在藝術、文學、哲學和精神性方面有創造性的一種有生命力文化，纔能承受與其他文化的相遇，不僅能承受這種相遇，而且也能給予這種相遇一種意義”[2]。因而對文化主體性的構建不僅是前提，而且也是文化交流的目的，因爲這種主體文化交流的結果並不會消融文化的主體性，而祇會加强文化的主體性，從而更進一步增强世界文化的多樣性和豐富性。因而對我國博大精深的歷史寶庫加以挖掘，並對優秀的史學傳統加以弘揚，以彰顯我們的文化主體性則是當務之急，更是我們義不容辭的歷史責任，如果以此來看待朱先生的史學方法論的話，我們就不僅會爲其所著的篇篇妙筆生花的論文而折服，而更多的則是爲其自覺而承擔的厚重而深遠的道義而感動。

---

① ［法］保羅·利科（Paul Ricoeur）：《歷史與真理》，羅薑志輝譯，上海：上海譯文出版社，2004 年，第286 頁。
② ［法］保羅·利科（Paul Ricoeur）：《歷史與真理》，羅薑志輝譯，上海：上海譯文出版社，2004 年，第286 頁。

墓誌碑石與寺廟文獻研究

西安新出隋大業十年《童真法師墓誌》疏證*

周曉薇

　　"釋氏之葬，起塔而繫以銘，猶世法之有墓誌也"[①]，即所謂塔銘、塔記、方墳記、石室銘之類。因爲"僧尼及居士不事棺葬而火葬，焚屍後入骨灰塔，故不曰墓誌而曰塔銘"[②]。細究此理，大抵如斯。然考察中古時期僧尼葬石，實則亦不盡然，即釋氏喪葬刻石也有個別稱爲墓誌者，如 1923 年於河南省洛陽城東山嶺頭村東南五里出土的北魏正光五年（524 年）《比丘尼統慈慶墓誌銘》[③]，1929 年於河南省洛陽城東北蟠龍塚村出土的北魏永熙三年（534 年）《昭玄沙門大統僧令法師墓誌銘》[④]。可知僧尼以墓誌爲名而與世法無殊的葬石大約出現在北魏晚期，然綿歷齊周以迄於隋，猶如星鳳，直到唐代始漸趨多見焉。緣近年致力於隋代墓誌整理，於逾八百種隋誌中僅得一種釋氏刻石而名爲墓誌者，即新近出土於西安南郊之大業十年（614 年）《大隋大禪定道場主童真法師之墓誌銘》（圖 1、圖 2）[⑤]，遂澄心命筆，爲之疏證。

　　《童真法師墓誌》刊葬於大業十年三月十三日，誌石高寬均 45.5 釐米，誌蓋爲覆斗形，盝頂高 40 釐米、寬 39 釐米。誌文 14 行，滿行 14 字，楷書，有方界格。蓋題"大隋大禪定道場主童真法師之墓誌銘" 16 字，4 行，行 4 字，陽文篆書，有方界格。墓誌文云：

　　作者簡介：周曉薇，女，陝西師範大學歷史文化學院教授。

　　* 本文係國家社科基金重點課題"新出隋代墓誌銘整理與研究"（批准號：14AZS004）階段成果之一。

　　① （清）葉昌熾撰，王其禕校點：《語石》卷四"塔銘二則"，瀋陽：遼寧教育出版社，1998 年新世紀萬有文庫本，第 105 頁。

　　② 黃永年：《古文獻學四講》之"碑刻學"，福州：鷺江出版社，2003 年，第 219—220 頁。

　　③ 羅振玉舊藏，1945 年石毀。趙萬里：《漢魏南北朝墓誌集釋》卷五，北京：科學出版社，1956 年，圖版二三九。

　　④ 于右任舊藏，今存西安碑林博物館。趙萬里：《漢魏南北朝墓誌集釋》卷六，北京：科學出版社，1956 年，圖版二八八。

　　⑤ 劉文：《陝西新見隋朝墓誌》，西安：三秦出版社，2018 年，第 97 頁。

粵以大隋大業十年歲次甲戌三月己亥朔，大禪定道場主沙門童真法師，春秋七十有一。是知四節若馳，瞥逾隟馬；百年如幻，脆甚藏舟。加以遘疾彌隆，遂登大漸。其月九日遷神於大禪定伽藍。法師俗姓李氏，隴西燉煌人也。後居河東之虞鄉縣焉。可謂哲人繼軌，道播神州，開士傳風，名流振旦。即以其月十三日葬於京兆郡大興縣義陽鄉之原。弟子法該千餘人等，慕情罔極，嗟重奉之難期；孝思逾深，痛還諮之無日。今乃勒此貽銘，永惟玄範；庶使池灰屢起，海水頻移。刊德迹而無窮，記芳猷而不絕。

圖 1　隋大業十年《童真法師墓誌》蓋拓本

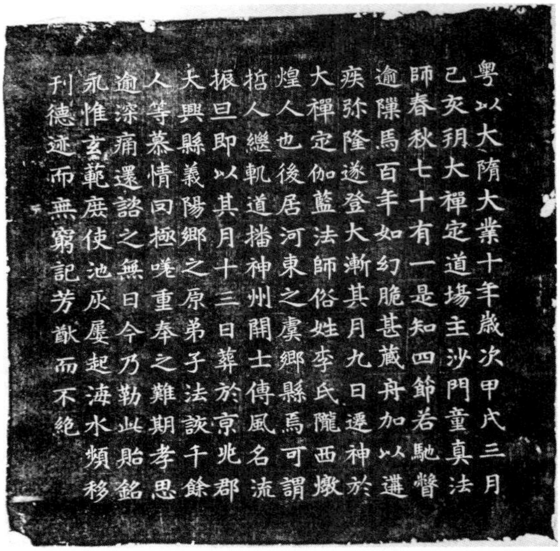

圖 2　隋大業十年《童真法師墓誌》拓本

　　案：童真法師，《續高僧傳》卷一二有傳，適可與墓誌互爲補證。本傳曰："釋童真，姓李氏，遠祖隴西，寓居河東之蒲阪焉。"墓誌云："法師俗姓李氏，隴西燉煌人也。後居河東之虞鄉縣焉。"則本傳與墓誌均載童真法師祖籍爲隴西，誌更具體爲燉煌人。又皆云其寓居河東，所異者一爲蒲阪縣，一爲虞鄉縣。檢《隋書》卷三〇《地理志》，虞鄉、蒲阪均屬河東郡。河東縣小注云："舊曰蒲阪縣，置河東郡。開皇初郡廢，十六年析置河東縣。大業初置河東郡，併蒲阪入。"虞鄉縣小注云："後魏曰安定，西魏改曰南解，又改曰綏化，又曰虞鄉。"①以墓誌撰作於當時，則或當以墓誌所言"虞鄉縣"爲確。墓誌對童真法師一生事迹記載甚簡，僅泛泛而言"可謂哲人繼軌，道播神州，開士傳風，名流振旦"。據本傳則知其"少厭生死，希心常住，投曇延法師爲其師範，綜掇玄儒，英猷秀舉。受具已後，歸宗律句，晚涉經論，通明大小，尤善《涅槃》，議其詞理。恒處延興，敷化不絕，聽徒千數，各標令望"②。曇延法師自齊歷周而入於隋，名爲世重，道爲帝師，嘗著《涅槃大疏》，並創建京師延興寺，開皇八年卒於寺所，爲其送葬的號爲"一代名流"的弟子沙門中爲首者即童真法師，可知童真乃是曇延門人弟子中能夠"紹緒厥風""尤善《涅槃》"的佼佼者③。正因爲如此，童真亦爲隋代帝王所器重，開皇十二年，文帝敕召童真於大興善寺"對翻梵本"，開皇十六年，又"別詔以爲《涅槃》衆主，披解文義，允愜衆心"。仁壽元年，文帝下敕在全國修建佛舍利靈塔，同年十月更敕令童真"送舍利於終南山仙游寺"。大業元年，隋煬帝營建大禪定道場，"下敕召童真爲道場主"，"存撫上下，有聲僧綱。又以《涅槃》本務，常事弘獎，言令之設，多附斯文"④。本傳云童真禪師在"大業九年，因疾卒於住寺，春秋七十有一"⑤，此與墓誌所記大業十年三月"遘疾彌隆"，其月九日遷神於大禪定伽藍"的記叙，在時間上相差一年，而墓誌撰刻於下葬之時，或當以大業十年爲準。

　　《續高僧傳》卷十二《釋童真傳》云："仁壽元年，下敕率土之内普建靈塔，前後諸州一百一十一所，皆送舍利，打刹勸課，繕搆精妙。真以德王當時，下敕令往雍州

---

　　①　《隋書》卷三〇《地理志》，北京：中華書局，1973 年校點本，第 850 頁。

　　②　（唐）道宣撰，郭紹林點校：《續高僧傳》卷一二《隋西京大禪定道場釋童真傳》，北京：中華書局，2014 年，上册第 411 頁。

　　③　（唐）道宣撰，郭紹林點校：《續高僧傳》卷八《隋京師延興寺釋曇延傳》，北京：中華書局，2014 年，上册第 278 頁。

　　④　（唐）道宣撰，郭紹林點校：《續高僧傳》卷一二《隋西京大禪定道場釋童真傳》，北京：中華書局，2014 年，上册第 411—412 頁。

　　⑤　（唐）道宣撰，郭紹林點校：《續高僧傳》卷一二《隋西京大禪定道場釋童真傳》，北京：中華書局，2014 年，上册第 412 頁。

創置靈塔，遂送舍利於終南山仙游寺，即古傳云秦穆公女名弄玉習仙昇雲之所也。初，真以十月內從京至寺，路逢雨雪，飛奔滂注，淹漬人物，唯舍利興上獨不霑潤，同共異之。寺居衝谷，日夕風震，自靈骨初臨，迄於藏瘞，怗然恬靜，燈耀山谷。兼以陰雲四塞，雨雪俱零，冀得清霽見日，有符程限。真乃手執熏爐，興發大願，恰至下期，冬日垂照，時正在午，道俗同慶。及安覆訖，還復雲合。大眾共歎真心冥感之所至也。"①值得慶幸的是，1998 年 10 月，隋仁壽元年瘞埋佛舍利時所刻仙游寺舍利塔銘在周至縣仙游寺遺址的法王塔地宮出土，則與童真傳所記適可互證。此仙游寺《舍利塔下銘》文字不長，茲迻錄之："維大隋仁壽元年歲次辛酉十月辛亥朔十五日乙丑，皇帝普爲一切法界幽顯生靈，謹於雍州盩厔縣仙游寺奉安舍利，敬造靈塔，願太祖武元皇帝、明元皇后、皇帝、皇后、皇太子、諸王子孫等，並內外群官，爰及民庶、六道三塗、人非人等，生生世世，值佛聞法，永離苦空，同昇妙果。"（圖 3）而更爲奇妙的是，在此隋代塔銘的背面，還刻有一篇唐開元十三年（725 年）《仙游寺舍利塔銘》，銘文云："竊聞天宮敞而七寶明，舍利現而千光徹。八國爭立，育王創迹。而先置萬塔，齊秀優填，憶而寫容，寔大雄之盛德，即衆聖之醫王者歟。無得而稱，無言而述，此塔即大隋仁壽元年十月十五日置也。大唐開元四年重出舍利，本寺大德沙門敬玄，道門苦節，遠近謝其精誠；神機肅朗，合寺欽其高行。乃眷彼前修，情深仰止，謹捨衣鉢之資，用崇斯塔。奉爲開元神武皇帝、太子諸王、文武百官、爰及含識，並同沾勝福，共結妙因。至開元十三年歲次乙丑十二月十五日甲子朔，莊嚴事畢，重入靈塔。其塔乃瑩以丹青，餙以朱柒，致使固齊天地，歸然獨存。其銘曰：絳臺搆畢，雁塔休工。天花隨喜，地塔崇封。"②（圖 4）這個發現，無異於爲仙游寺舍利塔在建立百餘年以後又接續了一段被歲月遺忘的妙因法緣。

大禪定寺爲京師大寺，其遺址當今西安市西南郊木塔寨。據《續高僧傳》卷十"釋靖玄傳"、卷十二"釋靈幹傳"、卷十八"釋靜端傳"，及《大方廣佛華嚴經感應略記》"慧悟"傳記載，知諸位高僧皆嘗被詔駐錫於"隋西京大禪定道場"（唐改大總持寺），所謂"天下伽藍之盛，莫與爲比"。寺址位於大興城西南角的和平坊與永陽坊之間。韋述《兩京新記》卷三"永陽坊"曰："半以東，大莊嚴寺。"小注云："隋初置宇文敻別館於此，仁壽三年，爲獻后立爲禪定寺。宇文愷以京城西有昆明池，地勢微下，乃奏於此建木浮圖。高三百卅尺。周匝百廿步。寺內復殿重廊，天下

① （唐）道宣撰，郭紹林點校：《續高僧傳》卷一二《隋西京大禪定道場釋童真傳》，北京：中華書局，2014 年，上冊第 411—412 頁。

② 王其褘等編：《中國珍稀碑帖叢書·仙游寺隋唐塔銘兩種》，西安：陝西人民出版社，2005 年。

圖3　隋仁壽元年《仙游寺舍利塔下銘》拓本

圖4　唐開元十三年《仙游寺舍利塔銘》拓本

伽藍之盛，莫與於此。大業末，此寺有僧智興，次當鐘役。……武德元年，改爲莊嚴寺。"①又曰："半以西，大總持寺。"小注云："隋大業元年，煬帝爲父文帝立。初名大禪定寺，制度與莊嚴同。亦有木浮圖，高下與東浮圖不異。武德元年，改爲總

① （唐）韋述撰，辛德勇輯校：《兩京新記》卷三，西安：三秦出版社，2006年，第69—70頁。

持寺。今莊嚴、總持，即隋文、獻后宫中之號。二寺門額並少詹事殷令名所題。《竹林傳》云隋代所賜，至今儼然。"①由是可知，大禪定寺位於永陽坊西部，乃大業元年煬帝爲文帝追冥福所立，童真即爲第一任道場主，直至大業十年圓寂。

誌云童真禪師有"弟子法該千餘人等"，法該，釋傳無載。唯《續高僧傳·釋轉明傳》有以提及。其云唐西京化度寺釋轉明，來去無蹤，頗爲神異，尤其善陳徵應，皆有靈驗。唐武德三年八月一天，轉明"行至總持，顧僧衆曰：'不久此寺當流血矣。宜共慎之'。時以爲卓異，共怪輕誕，及遭法該等事，尋被簿録，戮之都市，方悔前失"②。所謂"遭法該等事"，是指因爲童真的弟子法該私度了僞鄭王世充的兒孫③，在唐朝犯了大逆之罪，大總持寺僧亦因此而遭朝廷屠戮。唐大總持寺亦即隋大禪定寺在初唐以後的衰微，或亦與此次屠戮有關。

《童真法師墓誌》出土地信息不詳，而墓誌云大業十年三月"十三日葬於京兆郡大興縣義陽鄉之原"，大興縣義陽鄉，隋大業三年（607 年）《陳叔興墓誌》亦云"葬於大興縣義陽鄉貴安里高陽之原"④。從高陽原的範圍可以推知義陽鄉應位於大興縣西南，《陳叔興墓誌》1992 年 8 月於西安市長安縣韋曲鎮民間徵集，出土地不詳，但應在今長安區韋曲街道範圍或距韋曲不遠。2005 年 12 月於西安市長安區郭杜街道茅坡村一帶（今韋曲西側的智慧城小區）長建 M37 號墓出土的隋開皇十年（590 年）《宋胤妻李寶艷墓誌》云"遷窆塋於義陽鄉高原"⑤，此地確實東臨韋曲街道。隋開皇十五年（595 年）《韋總妻達奚氏墓誌》亦云"權瘞於大興城南義陽鄉貴安里"⑥。因此《童真法師墓誌》的出土地或亦在今長安區韋曲街道偏西一帶。又，唐代亦有義陽鄉，《長安志》載長安縣所轄"義陽鄉在縣西南二里，管布政里"⑦，可知唐代義陽鄉屬長安縣，具體地理位置據武伯倫《唐萬年、長安縣鄉里考》附"唐長安郊區萬年、長安縣鄉里位置示意圖"所標，唐義陽鄉位於唐長安城西南⑧，隋義陽鄉似在都城正南。再以 2002 年西安市長安區郭杜街道茅坡村南出土唐開元二十四年（736 年）《孫承嗣

① （唐）韋述撰，辛德勇輯校：《兩京新記》卷三，西安：三秦出版社，2006 年，第 70 頁。

② （唐）道宣撰，郭紹林點校：《續高僧傳》卷一二《唐京化度寺釋轉明傳》，北京：中華書局，2014 年，下册第 1019—1020 頁。

③ 參見（唐）釋道世撰，周叔迦、蘇晉仁校注：《法苑珠林校注》卷第二八《雜異部第五》，北京：中華書局，2003 年，第 2 册第 877 頁。

④ 王其禕、周曉薇：《隋代墓誌銘匯考》，北京：綫裝書局，2007 年，第 3 册第 238 頁。

⑤ 林一珊：《新出〈李寶艷墓誌〉所見李唐皇室郡望、家世與婚姻集團考論》，載《唐研究》第 23 卷，北京：北京大學出版社，2017 年，第 71—84 頁。

⑥ 石存陝西省考古研究院。

⑦ （宋）宋敏求撰，辛德勇、郎潔點校：《長安志》卷一二，西安：三秦出版社，2013 年，第 381 頁。

⑧ 武伯倫：《唐萬年、長安縣鄉里考》，《考古學報》1963 年第 2 期，第 98 頁。

誌》"祔葬於長安縣義陽鄉高陽原"[1]爲證，唐之義陽鄉確屬長安縣，即城南偏西，但其地理範圍應該與隋大興縣義陽鄉基本一致，故隋代大興縣所轄的義陽鄉應該爲唐代長安縣所轄的義陽鄉所沿承。

---

[1] 張全民、劉呆運等：《唐孫承嗣夫婦墓發掘簡報》，《考古與文物》2005年第2期，第18頁。

新出《薛萬備墓誌》所見唐初邊疆史事考釋*

胡戟先生著《珍稀墓誌百品》中收録之《唐故鴨淥道行軍副總管薛君墓誌銘》爲西安地區新近出土的唐河東薛氏家族成員墓誌，誌文中涉及玄武門事變後對東宮舊將政策、太宗和高宗二朝的邊疆用兵、房遺愛案的影響等許多重大軍政史實，史料價值極高。該墓誌方形，高 58.5 釐米，寬 58 釐米，楷書 39 行，滿行 40 字，個別字迹漫漶難辨，蓋佚失，基本保存完好①。關於唐代河東薛氏，學界關注較早，已有深入研究②。但對《薛萬備墓誌》極少措意。筆者不揆樗昧，現將《珍稀墓誌百品》所收該誌誌文迻録並考釋如下：

> 唐故鴨淥道行軍副揔管薛君墓誌銘並序
>
> 公諱萬備，字百周，河東汾陰人也。昔奚以車正事夏，卹以左相翼商。遠系高門，詳諸史諜。在於博約，可得略之。曾祖宵，隱居不仕，魏明帝特徵爲國子

作者簡介：董永强，男，西安電子科技大學人文學院關中歷史文化研究中心副教授。

　*　本文係教育部人文社科基金青年項目"唐代西州基層社會與民族治理研究"（編號：14YJC770006）階段性成果，又得到西安電子科技大學中央高校基本科研業務費"關中歷史文化信息化研究"（20106185642）專項資金資助。

　①　胡戟：《珍稀墓誌百品》，西安：陝西師範大學出版社，2016 年，第 68—71 頁。筆者録文時將碑中常見異體字徑改爲正字，並重新標點，文中不再一一出注。

　②　關於河東薛氏，現有研究多集中在祖源世系、家族播遷、文學成就、個案研究等方面，參見陳寅恪：《魏書司馬叡傳江東民族條釋證》，收入氏著《金明館叢稿初編》，北京：生活·讀書·新知三聯書店，2001 年，第 78—119 頁；唐長孺：《論北魏孝文帝定姓族》，收入氏著《魏晋南北朝史論拾遺》，北京：中華書局，1983 年，第 79—91 頁；毛漢光：《晋隋之際河東地區與河東大族》，原刊於"中央研究院"第二屆國際漢學會議論文集，後收入氏著《中國中古政治史論》，上海：上海書店出版社，2002 年，第 105—147 頁；劉淑芬：《北魏時期河東蜀薛》，黄寬重、劉增貴主編：《中國臺灣學者中古史論叢——家族與社會》，北京：中國大百科全書出版社，2005 年，第 259—281 頁；侯紀潤：《河東薛氏研究——以南北朝時期河東薛氏世系房分爲主》，陝西師範大學碩士學位論文，2006 年；許蓉生、林成西：《河東薛氏研究——兩晋南北朝時期地方豪强的發展道路》，《西南民族大學學報》2004 年第 11 期；孟樂：《安史之亂前後河東薛氏南祖房研究》，中央民族大學碩士學位論文，2010 年；李晶：《隋唐時期河東薛氏家族研究》，山西師範大學碩士學位論文，2014 年；張晶：《中古時期河東薛氏研究》，西北大學碩士學位論文，2015 年。薛氏成員的文學成就與個案研究與本文主旨無涉，研究現狀從略。

祭酒。學總丘墳，智周舒卷。始則丹山鳳戢，接光景於瑤林；終乃碣石鴻騫，振
羽儀於璧沼。祖迴，周驃騎大將軍，開府儀同三司，涇州、扶州總管，舞陰郡
公。志略高奇，儀表魁岸。任居上將，儀比中臺，功烈盛於一時，聲猷播於千
載。父雄，隋左御衛大將軍，涿郡留守，長江公。材稱柱石，咸著折衝。屬隋綱
不經，四溟鯨駭，方欲盡臣節於昏主，延天祿於衰期，而運促道長。有志不遂，
豈直事光乎史錄，固亦聲溢乎氓謠。公即長江公之第七子也。流祥二合，勝秀五
行，挺磊落之材，苞深沉之量。稜稜嚴氣，與霜冰而等烈；肅肅高情，共風飆而
俱上。襟神儵徹，理識淹通。馳騁百家，優游六義。瓊敷玉藻，既紛霸於辭條，
馬笛蔡琴，亦鏗鏘於文律。搖筆則鷟鷟燕峙，彎弓則鴻雁猨吟。固以魏帳晉臺，
推工惡妙；楚尹漢將，浮美条名。炎行運否，羣凶競逐。塵飛五嶽，霧塞三精。
太祖武皇帝爰創霸畾，言謀王室。建旗晉野，誓衆秦郊。隋武賁羅藝保據燕垂，
未識真主。公兄弟深達天命，勸藝歸款。於時厄運初遘，盜賊方殷。黃龍白騎之
徒，彌山跨谷；略地侵邊之寇，倏來忽往。公年始弱冠，即預驅馳。摑甲推鋒，
所向無敵。積勛至大將軍。及謳歌異適，曆數有歸。息隱太子，登貳春坊，旁求
時彥，徵爲千牛備身。既而儲後虧良，自貽伊戚。凡在寮寀，咸從左降。授匡道
府校尉。貞觀八年，敕授通事舍人。尋丁太夫人憂，水漿不入於口，有過禮制。
並剪髮以爲母髢。及葬，廬於墓側，負土成墳。孺慕嬰號，柴毀骨立。皇帝屢遣
中使存問，並令旌表門閭。昔高柴泣血三年，未嘗見齒；曾条絕漿七日，殆至滅
性。方斯二賢，猶加一等。貞觀□□年，授朝散大夫，守尚輦奉御。高麗據有遼
東，不肅王命。懷遠地居要害，境接寇戎。朝廷方事經營，彌難其選。以公文不
犯順，武不違敵，敕以本官檢校懷遠鎮。公德禮既敷，權奇閒出，是以革面者獸
馴於素旃，遁心者鳥駭於朱旗。十八年，文帝親御戎軒，問罪遼左，公爲馬軍總
管。宏謨上略，屢簡帝心。斬馘搴旗，獨高諸將。軍還，蒙授上柱國，汾陰縣
公。廿二年，以公爲崑丘道行軍長史。龜茲王聞官軍過磧，遂拔城西走。大總管
使公領輕騎數千，星言追躡。舉懸師以深入，策疲兵而轉戰。途將千里，日逾十
合，至撥換城，其屯勢蹙道窮，嬰城自守。大軍後至，竟以擒獲。在此行也，功
冠諸軍。于闐憑阻，荒遐未嘗朝貢。公遂將左右冊人，便往招慰。其王遂隨公入
朝。蒙賞物五百段，轉左衛翊二府中郎將。頃之，遷左驍衛將軍。其年，授弓月
道行軍副總管。永徽四年，以兄犯罪，緣坐配交州爲百姓。顯慶五年，恩敕追
還，授鴨淥道行軍副總管。行至萊州，忽遘時疾，以龍朔元年五月十一日卒於官
第，春秋六十。惟君行爲人則，孝從天經，學靡不窺，道無不洽。加以狎池菀，

樂文酒，每至朝花夜月，春麗秋明，湛文舉之，罇置當時之驛。東閣開之，躡珠
芳而摠萃；北堂絲竹，迥綺席而長羅。巫嶺行雲，拂舞衣而容與；洛濱明月，映
歌扇而□□。申之□□□，聞之以談謔。諒以宗黨光輝，遠近傾慕。既而兄弟相
緣垂翼遠逝，戀主之情彌切，憂國之□□□。□□封表，多蒙采納。及恩敕追
還，授以偏帥，方欲立奇功於希世，以答朝恩。享榮位□餘□，重降家祚。□懷
未遂，遽與時違。人之云亡，邦國殄瘁。是以冤疏悼惜，士友傷嗟。夫人楊氏，
吏部尚書、觀國公恭仁之孫女也。天情婉順，率性幽閒。六行聿修，異言告於師
氏；四德斯備，非受教於公宮。洎有□□族，克恭內政。逮下無妬嫉之心，事上
盡屈從之道。螽斯之祐既被於諸姬，鳲鳩之仁無偏於眾子。以顯慶元年十一月十
五日薨於交州之交阯縣，春秋冊有三。粵以龍朔二年六月二日合葬於雍州長安縣
福陽鄉之高陽原。將恐川竭谷虛，山飛海變，勒貞石於泉戶，庶英風之永扇。其
辭曰：

> 靈源起夏，盛業開殷。銀黃照耀，纓冕紛綸。舞陰環傑，是曰偉人。長江忠
> 毅，爲國虎臣。惟公載德，鳳標英美。志識弘深，牆宇高峙。事親竭力，徇義忘
> 己。雅善六文，彌工四始。駿足高聘，逸羽曾逝。陪奉輦輿，典司禁衛。龍庭効
> 績，馬韓忝計。爵賞綢繆，聲徽照晰。屬茲家□，遠播閩方。沉淪壯志，悽恨他
> 鄉。絆驥既釋，籠鳥還翔。庶期遐舉，奄歎朝霜。猗猗淑令，蘭芬玉映。顧史爲
> 箴，陳圖作鏡。瑟琴相合，松蘿俱盛。靈釖兩沉，神龍並泳。卜其宅兆，言歸泉
> 室。丹旐並引，素輀雙出。松愴秋風，雲沉落日。空餘芳篆，飛聲勝實。

一、墓誌所見薛萬備家族世系及事迹

根據誌文，誌主薛萬備卒於唐高宗龍朔元年（661 年），時年 60 歲。按虛歲計
算，他應生於隋仁壽二年（602 年），主要生活在唐高祖、太宗、高宗三朝，兩"唐
書"無傳，有事迹略見於《舊唐書·薛萬徹傳》和《新唐書·薛萬鈞傳》。誌文記其先
祖事略："奚以車正事夏，虺以左相翼商。"關於薛氏的來源，《世本·氏姓篇》云：
"薛，任姓。夏奚仲封薛，周有薛侯，其後爲氏。宋有薛居州，趙有薛公。"①《元
和姓纂》卷十"薛"條亦云："黃帝二十五子，一爲任姓，裔孫奚仲居薛，至仲虺爲
湯左相，代爲侯伯。歷三代，凡六十四世，周末爲楚所滅。分子登仁楚，懷王賜沛

① （漢）宋衷注，（清）秦嘉謨等輯：《世本八種》之《秦嘉謨輯補本》卷七，北京：商務印書館，1957 年，第
246 頁。

邑，爲大夫，遂以國爲氏。”《新唐書・宰相世系表》薛氏篇云：“薛氏出自任姓。黃帝孫顓頊少子陽封於任，十二世孫奚仲爲夏車正，禹封爲薛侯，其地魯國薛縣是也。奚仲遷於邳，十二世孫仲虺，復居薛，爲湯左相。”① 由此可知，薛氏出自任姓，其始祖爲皇帝後裔，以國爲氏，後世子孫以奚仲爲薛氏始祖，並以此爲榮，即誌文所謂“遠系高門，詳諸史諜”。

誌文追述薛萬備曾祖時稱：“曾祖甯，隱居不仕，魏明帝特徵爲國子祭酒。”國子祭酒是魏晉南北朝時期學官，多爲歷代沿用。晉武帝咸寧二年（276 年）於太學之外始設國子學。四年，置國子祭酒、博士各一人，助教十五人，以教生徒②。薛甯事迹不見於史書。初，隱居不仕，即誌文所謂“始則丹山鳳戢，捿光景於瑤林”。後以“學總丘墳，智周舒卷”，被北魏孝明帝元詡特徵爲國子祭酒，即誌文所謂“終乃碣石鴻騫，振羽儀於璧沼”。

誌文云：“祖迴，周驃騎大將軍，開府儀同三司，涇州、扶州總管，舞陰郡公。”薛回正史無傳，事迹略見於《北史》及《隋書》中的《薛世雄傳》，記載也基本相同，其文曰：“父回，字道弘，仕周，官至涇州刺史。開皇初，封舞陰郡公，領漕渠監。”比對兩段史料發現，誌文對薛回的戎號、散官、職務、爵位記載更爲詳細。驃騎大將軍，北周戎號之首，正九命，位在三司之上③。開府儀同三司是北周以勛酬勞設置的散官之一。北周建德四年（575 年），驃騎大將軍、開府儀同三司改爲開府儀同大將軍。這意味著薛回的戎號與勛官是在建德四年以前獲得的。薛回的實際職務是涇州、扶州總管。《魏書・官氏志》載：都督府州諸軍事，從第一品上。都督三州諸軍事，從第一品中。《通典》曰：“後周改都督諸軍事爲總管，則總管爲都督之任也。”北周明帝武成元年（559 年）春正月，初改都督諸州軍事爲總管。總管一般是由擁有將軍衔職的官員擔任。總管府承擔著重要區域防禦與戰爭的重任。宇文氏西據關隴，東與北齊抗衡，南攻梁、雍、漢中，又派軍入蜀，盡有梁、益諸州，後平齊，統一北方。總官府軍隊在北周與北齊、梁、陳等局部戰爭中發揮著不可忽視的作用。涇州屬舊安定郡，治安定，在今甘肅涇川縣北。後魏太武帝時置，北周天和四年（569 年）六月，又築涇州東城。涇州地處宇文泰創建北周基業的關隴要地，其總管均是宇文氏倚重的親信大將。正史所見北周時先後擔任涇州總管者有王雄、楊忠、尉遲綱、長孫覽、王傑等五人，今據誌文，可補薛回。扶州，據《周書・武帝紀》云：“天和元年

---

① 　《新唐書》卷七三下《宰相世系表》“薛氏”條，北京：中華書局，1975 年，第 2989 頁。
② 　《晉書》卷二四《職官志》，北京：中華書局，1974 年，第 736 頁。
③ 　王仲犖：《北周六典》卷九《戎號》，北京：中華書局，1979 年，第 593 頁。

五月，吐谷渾龍涸王莫昌率部落內附，以其地爲扶州。”治嘉誠，在今四川松潘縣東南。北周取吐谷渾地置扶州。可知，至遲到北周天和四年時，薛回任官涇州、扶州總管。舞陰郡，按《魏書·地形志》載：“襄州舞陰郡，孝昌中置。領縣二，舞陰、安陽。”北魏襄州舞陰郡，治舞陰，在今河南泌陽縣西北六十里。西魏廢襄州後，襄州舊郡縣隸屬廣州。北周時，舞陰郡屬廣州，直至隋初。薛回封舞陰郡公，史傳繫年在開皇初，誌文無載。薛回以舞陰郡公終老，最早當卒於開皇元年（581 年）。

誌文言誌主“父雄，隋左御衛大將軍，涿郡留守、長江公”。此處“雄”，原名“世雄”，避李世民諱略去“世”字。薛世雄爲誌主薛萬備之父，《隋書》《北史》中有傳。薛世雄“材稱柱石，威著折衝”，戎馬一生，戰功卓著。年十七隨北周武帝滅齊。因功拜爲帥都督。隋開皇時，以戰功漸升任儀同三司、右親衛車騎將軍。煬帝時，因平叛番禺夷、僚之亂，遷右監門郎將。又隨煬帝征討吐谷渾，進位通議大夫。後越級拜爲右翊衛將軍。又任玉門道大將軍，與突厥啓民可汗連兵攻打伊吾，孤軍沙漠，迫降伊吾。以此功進位正議大夫。後任沃沮道軍將與宇文述征遼東，被圍白石山，損失慘重而歸。次年，煬帝再征遼東，拜爲右候衛將軍，軍到烏骨城，因楊玄感之亂班師。煬帝回至柳城（今遼寧朝陽），命薛世雄爲東北道大使，代理燕郡太守，鎮守懷遠。大業十年（615 年），又隨煬帝征遼東，遷左御衛大將軍，仍任涿郡留守。不久，李密逼攻東都洛陽，中原騷動，詔令薛世雄率幽州、薊州精兵前來討伐，途徑河間，紮營於郡城南邊，結果夜間被竇建德率軍偷襲，大敗。薛世雄與左右數十騎逃回河間城，因羞愧惱怒而發病，回到涿郡，不久死去。“屬隋綱不經，四溟鯨駭，方欲盡臣節於昏主，延天禄於衰期，而運促道長”。左御衛大將軍，涿郡留守是薛世雄生前最後的戎號與職官，誌文所記與史傳相合，唯獨“長江公”不見諸史籍。長江公應指長江縣開國公，薛世雄去世後，被追封爲長江公。長江縣，屬遂州懷化郡，縣治在今四川蓬溪縣長江壩。《隋書·地理志》云：“長江，舊曰巴興，西魏改名焉。”《元和郡縣圖志》亦云：“長江縣，本晉巴興縣，魏恭帝改長江縣。”

特別需要指出的是，誌文對這支薛氏先輩的遷移未作説明，而史傳中雖有所交待，但互有出入。《隋書·薛世雄傳》中稱“其先寓居關中”[①]，而《北史·薛世雄傳》則稱“其先寓居敦煌”[②]。《舊唐書》載薛世雄之子薛萬徹“雍州咸陽人，自敦煌徙焉”，又云“萬徹少與兄萬鈞隨父在幽州”[③]。《新唐書》載薛世雄之子薛萬鈞“本

①　《隋書》卷六五《薛世雄傳》，北京：中華書局，1973 年，第 1533 頁。
②　《北史》卷七六《薛世雄傳》，北京：中華書局，1974 年，第 2606 頁。
③　《舊唐書》卷六九《薛萬徹傳》，北京：中華書局，1975 年，第 2517 頁。

敦煌人，後徙京兆咸陽。父世雄，大業末爲涿郡太守，萬鈞與弟萬徹因客幽州"①。綜合各傳記載推斷，薛世雄先祖曾寓居敦煌，其後又遷入關中，最晚到薛回時已經在涇州爲官。至世雄時客居幽州，任隋涿郡留守②。

誌文云："公即長江公第七子也。"可知，薛萬備是薛世雄第七子，萬徹的季弟。據《北史》載，薛世雄七子中，萬淑、萬鈞、萬徹、萬述、萬備五子，都以驍武知名。其他二子缺載。今結合史籍對薛氏諸子事迹述略如下：

薛萬淑，誌主長兄。貞觀初，任右領軍將軍、營州都督、檢校東夷校尉，封梁郡公。唐武德元年（618年），在營州設總管府，治柳城（今遼寧朝陽）。武德七年（624年），"改總管曰都督"③。在"緣邊鎮守及襟帶之地"④設立都督府。營州總官府改爲營州都督府，最高長官即營州都督。貞觀二年（628年），契丹首領摩會率其部落來降。唐王朝在營州增設東夷校尉府以管轄內附契丹等部落。東夷校尉府長官爲東夷校尉，由營州都督兼任，職掌契丹松漠都督府、奚饒樂都督府及其下屬羈縻府州事務。貞觀四年（630年），"突厥既亡，營州都督薛萬淑遣契丹酋長貪没折説諭東北諸夷，奚、霤、室韋等十餘部皆內附"⑤。唐朝將這十餘部東北諸夷安置在營州，並由營州都督薛萬淑擔任首位東夷校尉。史載薛萬淑"貞觀初，至營州都督，檢校東夷校尉"⑥。營州都督府和東夷校尉府在唐初穩定東北邊疆過程中發揮了一定積極作用，薛萬淑也功不可没。

薛萬鈞，誌主二哥。隋末，其父薛世雄任涿郡留守。薛萬鈞與其弟薛萬徹隨父客居幽州，因武藝才略出衆，受到涿郡守將羅藝賞識。後與羅藝歸唐。唐高祖授萬鈞上柱國、永安郡公。武德二年（619年）和武德五年（622年），在消滅河北割據勢力竇建德、劉黑闥的作戰中，萬鈞屢立戰功，被李世民引爲右二護軍，"恩顧甚至"⑦。貞觀初，朝廷任他爲殿中少監，隨柴紹討伐梁師都。

在唐太宗用兵邊疆的戰爭中，薛萬鈞參與了李靖平吐谷渾之戰和侯君集滅高昌之戰。

貞觀八年（634年），吐谷渾可汗伏允依其臣天柱王之謀，寇廓州（今青海化隆西

① 《新唐書》卷九四《薛萬鈞傳》，第3830頁。
② 《北史》《隋書》云：大業十年，薛世雄從隋煬帝再征遼東，遷左御衛大將軍，領涿郡留守。該記載與此誌文相合。而《新唐書·薛萬鈞傳》《舊唐書·薛萬徹傳》在追述其父歷官時均稱"涿郡太守"，誤。
③ 《新唐書》卷四九下《百官志》，第1315—1316頁。
④ 《舊唐書》卷三八《地理志一》，第1384頁。
⑤ 《資治通鑑》卷一九三，唐太宗貞觀四年條，北京：中華書局，1956年，第6082頁。
⑥ 《舊唐書》卷六九《薛萬徹傳》，第2519頁。
⑦ 《舊唐書》卷六九《薛萬徹傳》，第2517頁。

南）、蘭州，又扣留唐使者趙德楷，使通往西域的咽喉河西走廊受到威脅。十一月，吐谷渾軍復掠涼州（今甘肅武威），唐太宗決定大舉進擊。十二月，起用已退休的右僕射李靖爲西海道行軍大總管，統轄諸路兵，征討吐谷渾。萬鈞任沃沮道行軍副總管，隨李靖、李大亮由北道出曼頭山，過赤水進軍。萬鈞與萬徹敗天柱王於赤水源。赤水之戰中，萬鈞兩兄弟爲前鋒，與吐谷渾遭遇，被圍中槍，後被契苾何力率軍所救。當時，吐谷渾軍在蜀渾山、居茹川等地被唐軍所敗。伏允西走突倫川，欲奔于闐。於是，契苾何力率先軍直撲突倫川，萬鈞引兵從之，"率輕銳追奔，入磧數百里，及其餘黨，破之"[①]。伏允牙帳被破，妻子被俘，伏允敗走。以此功，萬鈞升左衛大將軍。

貞觀六年（630年），唐在伊吾設伊州，欲恢復焉耆通往內地的大磧道。此舉威脅到高昌的政治和經濟利益。爲控制中西貿易通道，維護自身安全，高昌王麴文泰依附西突厥，與唐對抗。阻遏西域各國通過其境向唐入貢，並發兵襲擾內附的伊吾（今新疆哈密）、焉耆（今新疆焉耆）等國。貞觀十三年十二月初四，萬鈞以交河道行軍副大總管同侯君集率十多萬番漢合軍出擊高昌。"鐵騎亘原野，金鼓動天地，高旌蔽日，長戟彗雲。自秦漢出師以來，未有如斯之盛也"[②]。唐軍分兵兩路，一路進攻西突厥可汗浮圖城，一路進攻高昌王國。唐軍至磧口，文泰死。其子麴智盛繼立。高昌城之戰，"麴智盛堅守未下，萬鈞麾軍進，智盛懼，乃降"[③]。以此功進封爲潞國公。薛萬鈞驍勇善戰，並有謀略。作戰常單騎突入敵陣，擊其要害，有"勇蓋三軍"之譽，爲唐王朝建國立下卓越戰功。貞觀十五年（641年），"帝幸芙蓉園，坐清宮不謹下獄，憂憤卒"[④]，太宗爲之舉哀，命陪葬昭陵。

薛萬徹，誌主三哥。薛家猛將，一生戰功卓著，破竇建德，戰劉黑闥，北征突厥，西征吐谷渾，大敗薛延陀，從征高麗。

隋末，薛萬徹與其兄薛萬鈞隨其父薛世雄寄居幽州，爲涿郡守將羅藝所重。後追隨羅藝降唐，授車騎將軍、武安縣公。後被李建成引置於左右。李建成深知薛萬徹勇猛，引爲心腹。

武德九年（626年）玄武門政變時，薛萬徹時爲東宮副護軍，與翊衛將軍馮立、

---

① 《資治通鑒》卷一九四，唐太宗貞觀九年條附《考異》，第6112頁。

② 參見《大唐左屯衛將軍薑行本勒石紀功碑》，戴良佐編著：《西域碑銘錄》，烏魯木齊：新疆人民出版社，2013年，第41頁。

③ 《新唐書》卷九四《薛萬鈞傳》，第3830—3831頁。

④ 《新唐書》卷九四《薛萬鈞傳》，第3831頁。

屈咥直府左車騎謝叔方聞訊後，率東宮、齊府精兵兩千馳援玄武門。與守門兵"力戰良久"，殺中郎將呂世衡、云麾將軍敬君弘，"萬徹鼓噪欲攻秦王府，將士大懼。尉遲敬德持建成、元吉首示之，宮府兵遂潰。萬徹與數十騎亡於終南山"①。事態平息後，萬徹多次被李世民派人招安，最終歸順，被任命爲右領軍將軍。

貞觀二年（628 年），趁突厥内亂，太宗派遣右衛大將軍柴紹、殿中少監薛萬鈞征討依附於突厥的梁師都，薛萬徹作爲副將隨軍出征。在朔方（今陝西靖邊東北白城子）數十里外，唐軍被突厥兵所圍。"萬鈞與萬徹横出擊之，斬其驍將，虜陣亂，因而乘之，殺傷遍野。鼓行而進，遂圍師都。俄而師都見殺，城降，突厥不敢來援"②。唐以此地置夏州，成爲反擊突厥的前沿基地。薛萬徹因此功被授爲靈州大都督。貞觀三年（629 年）十一月至貞觀四年二月，在唐攻滅東突厥頡利可汗的戰爭中，靈州大都督薛萬徹被命爲暢武道行軍總管③。薛萬徹跟隨李靖作戰，一直進軍到塞北而還，最終滅掉東突厥汗國。薛萬徹因功授統軍之職，後進爵郡公。

貞觀九年（635 年）十二月，李靖率軍出擊吐谷渾，特徵調薛萬徹兄弟同往。赤水源之戰，薛萬徹與其兄薛萬鈞率輕騎先行，被吐谷渾軍圍困。"兄弟皆中槍，失馬步鬥，從騎死者什六七，左領軍將軍契苾何力將數百騎救之，竭力奮擊，所向披靡，萬鈞、萬徹由是得免"④。此戰，唐軍經積石山（今青海阿尼瑪卿山）、河源（黃河源），到且末，大敗吐谷渾軍。伏允可汗逃奔突倫川，契苾何力、薛萬鈞率軍追擊，破其牙帳。此後，吐谷渾天柱王被斬殺，伏允自縊而亡，吐谷渾成爲唐朝屬國。

貞觀十五年（641 年）十一月，薛延陀真珠可汗聞唐太宗將東封泰山，以爲唐邊境空虛，命其子大度設徵發同羅、僕骨、回紇、靺鞨、霫等部落兵，共二十萬，渡漠南下，屯兵白道川（今内蒙古呼和浩特西北），據善陽嶺（今山西朔縣北）進攻突厥。俟利苾可汗無法抵禦，率部進入長城，退保朔州（治善陽，今山西朔縣），遣使告急。

---

① 《資治通鑑》卷一九一，唐高祖武德九年六月庚申條，第 6010—6011 頁。
② 《舊唐書》卷六九《薛萬徹傳》，第 2518 頁。
③ 關於暢武道行軍總管，史籍中有薛萬淑和薛萬徹兩說。有兩條史料支持前者，一條見於《新唐書》卷二《太宗紀》："十一月庚申，並州都督李世勣爲通漠道行軍總管，華州刺史柴紹爲金河道行軍總管，任城郡王道宗爲大同道行軍總管，幽州都督衛孝節爲恒安道行軍總管，營州都督薛萬淑爲暢武道行軍總管，以伐突厥。"另一條見於《新唐書·薛萬鈞傳》："萬淑亦以戰功顯。歷右領軍將軍、梁郡公、暢武道行軍總管。"同樣也有兩條史料支持後說，一條見於《資治通鑑》卷一九三，"太宗貞觀三年條"："庚申，以行並州都督李世勣爲通漠道行軍總管，兵部尚書李靖爲定襄道行軍總管，華州刺史柴紹爲金河道行軍總管，靈州大都督薛萬徹爲暢武道行軍總管，衆合十餘萬，皆受李勣節度，分道出擊突厥。"另一條見於《舊唐書·薛萬徹傳》載："萬徹後從李靖擊突厥頡利可汗於塞北"。《資治通鑑》此條記載胡三省注："暢武，非地名也。營州邊於東胡，故命萬徹爲總管，使之宣暢威武，以美名寵之耳。"據以上材料及胡注，再參考薛萬徹此後又從李靖出擊吐谷渾的史事，筆者認爲，貞觀三年任暢武道行軍總管的更有可能是薛萬徹。
④ 《資治通鑑》卷一九四，唐太宗貞觀九年條，第 6112 頁。

於是，唐太宗命李勣爲朔州道行軍總管、薛萬徹爲副總管，率士卒 6 萬、精騎 1200人，與其他諸道出擊薛延陀。雙方在諸真水（今内蒙古艾不蓋河）相遇，薛延陀軍萬箭齊發，唐軍馬匹多被射死。李勣命士卒下馬，手執長稍迎戰，薛延陀軍大敗。此時薛萬徹率數百騎爲先鋒，迂回到薛延陀軍背後發起進攻，薛延陀軍心大亂，李勣乘勢率軍猛攻，斬獲甚多。朝廷因功封薛萬徹一子爲縣侯。

貞觀十八年（644 年），薛萬徹任左衛將軍，娶唐太宗的妹妹丹陽公主爲妻，加封爲駙馬都尉。不久，薛萬徹遷右衛大將軍，轉杭州（治錢塘，今浙江杭州市）刺史，遷代州（治雁門，今山西代縣）都督，又召拜右武衛大將軍。唐太宗李世民曾經與人議論：“當今名將，唯李勣、道宗、萬徹三人而已。李勣、道宗不能大勝，亦不大敗；萬徹非大勝，即大敗。”[1]

貞觀十九年（645 年）十二月己未，薛延陀多彌可汗又發兵進犯夏州。唐太宗詔令道宗、薛萬徹、阿史那社爾等率十州兵鎮勝州。薛延陀軍入塞後，見唐軍已有防備，未敢貿然進攻。二十年六月，唐太宗詔令薛萬徹等分兵幾路，進攻薛延陀。八月，道宗率軍追擊薛延陀餘部，遇阿波達官據戰，擊破之。道宗又與萬徹遣使招諭敕勒諸部，其酋長入朝。薛延陀覆滅後，唐北部邊境暫時得到安定。

貞觀二十二年（648 年）正月二十五日，唐太宗命薛萬徹爲青丘道行軍大總管，右衛將軍裴行方爲副總管，率三萬大軍乘樓船戰艦從萊州（治掖縣，今屬山東）渡海擊高麗。入鴨綠水（即鴨綠江），至泊汋城（今遼寧丹東東北）。高麗各城震懼，多棄城逃遁。唯泊汋城主所夫孫率步騎萬餘拒戰。薛萬徹遣裴行方領步卒跟進，親率騎兵衝擊敵陣，高麗軍混亂潰逃。唐軍追奔百餘里，斬殺所夫孫，進圍泊汋城。該城倚山設險，又以鴨綠水爲屏障，易守難攻，唐軍久攻不下。高麗遣將高文率烏骨、安地諸城兵三萬餘人分兩路前來救援，薛萬徹亦分兵迎戰。雙方交戰伊始，高麗軍即大敗潰退。九月初五，薛萬徹凱旋還朝。薛萬徹在軍中，恃才傲物，盛氣凌人，於是有人上書，狀告薛萬徹。當他班師回京後，唐太宗對他説：“上書者論卿與諸將不協，朕録功棄過，不罪卿也。”説完便拿出告狀書信燒毀。不久，薛萬徹即被副將、右衛將軍裴行方告他對朝廷有怨言。英國公李勣也説：“萬徹職乃將軍，親惟主婿，發言怨望，罪不容誅。”唐太宗據此將他免官，流放象州，後遇赦歸還。

唐高宗永徽二年（651 年），薛萬徹被授寧州（治安定，今甘肅甯縣）刺史。永徽三年，薛萬徹入朝，因與房遺愛等密謀擁立荆王李元景，事泄下獄。永徽四年二月，

① 《舊唐書》卷六九《薛萬徹傳》，第 2518 頁。

被處斬。

二、玄武門政變後薛氏兄弟的政治命運

玄武門事變後，對於唐太宗如何處置原東宮舊部，孟憲實先生認爲"絕不能衹用一個原則去看待"，李建成舊部有的被任用乃至重用，"既不是全部任用，更不是大面積重用"[①]，有的被"降授"，但絕不是《張弼墓誌》强調的"前宮寮屬，例從降授"[②]。從薛氏兄弟此後的政治命運來看，這種認識是可信的。

玄武門政變前，薛萬鈞、薛萬徹、薛萬備三兄弟的政治立場有所不同，薛萬鈞爲秦王府右二護軍。而薛萬徹是東宮副護軍，薛萬備爲東宮千牛備身。政變後，三人的政治生命也有重大轉變，這種轉變是君臣易代的必然結果，也反映著當上皇帝後的唐太宗處置東宮舊部的用人政策。

從現有史料來看，薛萬鈞在秦王劉黑闥的戰事中，有勇有謀，深得李世民器重，至遲到武德五年進入秦王府，任爲右二護軍。據《舊唐書》記載，右二護軍是秦王府所置右二護軍府的長官，正四品下[③]。玄武門政變時，薛萬鈞是否參與其中，史無名言。貞觀初，薛萬鈞歷遷殿中少監。據《舊唐書》的記載，殿中少監是殿中省的次官，分掌天子服御等親要之事，從四品上[④]。從官階上來看，薛萬鈞在玄武門政變後是被降職使用的。但從上述薛萬鈞在貞觀時期的事迹來看，在討伐梁師都、平定吐谷渾、攻滅高昌的征戰中，薛萬鈞勇猛異常，戰功卓著，累官至正三品的左屯衛將軍，封爵潞國公，死後陪葬昭陵。兩《唐書》中也記載了一件唐太宗賜貘皮之事，足可窺見太宗與薛萬鈞間的君臣之情。《舊唐書·薛萬徹傳》曰：太宗嘗召司徒長孫無忌等十餘人宴於丹霞殿，各賜以貘皮，萬徹預焉。太宗意在賜萬徹，而誤呼萬均，因愴然曰："萬均朕之勛舊，不幸早亡，不覺呼名，豈其魂靈欲朕之賜也。"因令取貘皮，呼萬均以同賜而焚之於前，侍坐者無不感歎[⑤]。薛萬鈞自秦王時就追隨李世民，前後近二十年，是當之無愧的"勛舊"。這些史事表明，作爲秦王府的成員，

① 孟憲實：《論玄武門事變後對東宮舊部的政策——從〈張弼墓誌〉談起》，榮新江主編：《唐研究》第 17 卷，北京：北京大學出版社，第 199—220 頁。

② 《張弼墓誌》，西安大唐西市博物館藏。墓誌録文見胡戟、榮新江主編《大唐西市博物館藏墓誌》，北京：北京大學出版社，2012 年，第 102 頁。相關研究參見胡空塈《有關玄武門事變和中外關係的新資料——唐張弼墓誌研究》，《文物》2011 年第 2 期，第 70—74 頁；吳繼剛《唐〈張弼墓誌〉釋文校正》，《西華師範大學學報》2013 年第 4 期，第 101—104 頁。

③ 《舊唐書》卷四二《職官志》，第 1810 頁。

④ 《舊唐書》卷四二《職官志》，第 1793 頁。

⑤ 《舊唐書》卷六九《薛萬徹傳》，第 2518 頁。

薛萬鈞在政變後的仕途是順暢的，核心原因應不在於他屬於秦王陣營，而在於他自身的累累戰功。

相比而言，在政變現場的薛萬徹事後却受到唐太宗的重用。武德九年（626 年）六月四日，在李建成被誅殺後，時爲東宫副護軍的薛萬徹，反應迅速，率領兩千宫府兵攻擊北門，繼而打算攻打秦王府，潰敗後逃匿終南山①。事態平息後，薛萬徹多次被李世民派人招安，最終歸順，被任命爲右領軍將軍。薛萬徹以從四品下的東宫副護軍，連升四階，任從三品的右領軍將軍。唐太宗認爲薛萬徹“忠於所事”，不但不追罪於他，反而提拔任用。

薛萬徹，自武德九年七月六日（壬辰）任右領軍將軍開始，遷升數官。貞觀二年，隨柴紹征討梁師都，因功授從二品的靈州大都督。三年至四年，爲暢武道行軍總管，“從李靖擊頡利可汗於塞北，以功授統軍，進爵郡公”②。八年，丁母憂。不久，起爲右衛將軍，蒲州刺史。九年，被李靖徵調，在赤水源大敗吐谷渾。十五年，任朔州道行軍副總管，隨李勣出擊薛延陀，因功封一子爲縣侯。十八年，授左衛將軍，尚丹陽公主，拜駙馬都尉。不久，遷右衛大將軍，轉杭州刺史，遷代州都督，復召拜右武衛大將軍。二十年，又出擊薛延陀。二十二年，爲青丘道行軍大總管，渡海征高麗，大獲全勝。這些史事充分説明，唐太宗對薛萬徹這個昔日敵對分子十分重用，並没有門户之見。不但讚賞有加，親口稱其與李勣、道宗爲當時三大名將，而且十分信任。唐太宗曾當其面焚毀參奏他的告狀書。這也是得到重用的表現。永徽二年，授甯州刺史。三年，因房遺愛案下獄。四年，被處斬。

武德九年，薛萬備二十五歲，以門蔭被徵爲千牛備身，禁衛東宫。誌文稱，玄武門政變前，“息隱太子，登貳春坊，旁求時彦，徵爲千牛備身”。關於貳春坊，《大唐京師道德寺故禪師（善惠）大法師（玄懿）之碑》載：“（隋）元德太子作貳春坊，搜選賢能，恢張儀則。”③可知，太子建成“登貳春坊，旁求時彦”，是效法楊昭故事。此後，唐置太子詹事府，以統衆務；左右二春坊，以領諸局。李建成四處招攬當世俊傑，置於東宫南面的左春坊和右春坊，薛萬備以千牛備身起官，事建成。唐代的千牛備身是門蔭入仕之職，官階爲正六品下，《唐六典》卷五《尚書兵部》載：“凡千牛備身、備身左右及太子千牛，皆取三品以上職事官子孫，四品清官子，儀容端正，武藝可稱者充。”千牛備身的主要職責是“執弓箭以宿衛，主仗守戒服器物。凡受朝

---

① 《資治通鑒》卷一九一，高祖武德九年六月庚申條，第 6010—6011 頁。
② 《舊唐書》卷六九《薛萬徹傳》，第 2517—2518 頁。
③ 吴鋼主編：《全唐文補編》第七輯，西安：三秦出版社，2000 年，第 229 頁。

之日，則領備身左右升殿而侍，列於御座之左右"①。他是否直接參與政變之中，史無明載，墓誌也未提及。

誌文云："既而儲後虧良，自貽伊戮。凡在寮寀，咸從左降。"按誌文口吻，玄武門之變，李建成"自貽伊戮"，是因爲自己"虧良"。誌主因先事建成，也受到牽連，在"左降"之列。政變後，誌主被貶官"授匡道府校尉"。匡道府是京兆府境内折衝府之一。《新唐書・地理志》載："京兆府京兆郡，本雍州，開元元年爲府……有府百三十一，曰真化、匡道、水衡、仲山、新城、寶泉、善信、鳳神、安業、平香、太清，餘皆逸。"②《長安志》卷一〇載：金城坊"西南隅匡道府即漢思園"。李健超先生研究認爲匡道府實際上在金城坊西北隅③。匡道府校尉爲從七品下衛官④。誌主從政變前的千牛備身變成政變後的匡道府校尉，官階從正六品下降爲從七品下，屬於降級使用。誌文如此措辭，目的無非要表達建成被誅殺是罪有應得，迫不及待要與之撇清關係，爲自己尋找政治正確的立足點。在皇權至高無上的時代，這種做法可以理解。但歷史事實恐怕並非如此。

三、墓誌所見薛萬備用兵邊疆的史實

1."檢校懷遠"和"問罪遼左"

誌文曰："貞觀八年，敕通事舍人。"通事舍人爲從六品上職官，掌呈遞奏章、傳達詔命，或朝見引納殿庭等事。唐以善詞令者爲之。隸四方館，又屬中書省⑤。從武德九年（626 年）到貞觀八年（634 年）的七年間，唐統一全國，攻滅東突厥，征服各地叛亂，在國内和邊疆用兵不斷。誌文對這七年間誌主的事迹從略。不過，從誌主的武將出身和匡道府校尉任職來推測，誌主很可能是參與到這些戰事之中，並以戰功被提拔，敕授通事舍人。誌文接著説："尋丁太夫人憂，水漿不入於口，有過禮制。並剪髮以爲母髢。及葬，廬於墓側，負土成墳。孺慕嬰號，柴毀骨立。皇帝屢遣中使存問，並令旌表門閭。"關於薛萬備的孝行和太宗的旌表，兩唐書中的《薛萬鈞傳》和《薛萬徹傳》也有簡略記載。誌文從四個方面詳細記載誌主的孝行：首先是"水漿

① （唐）李林甫等撰，陳仲夫點校：《唐六典》卷二五《諸衛府》，北京：中華書局，2014 年，第 641 頁。

② 《新唐書》卷三七《地理一》，第 961 頁。

③ 參見李健超：《〈長安志〉糾謬》，《歷史地理》編輯委員會編：《歷史地理》第 19 輯，上海：上海人民出版社，2003 年，第 388—397 頁；後收入氏著《漢唐兩京及絲綢之路歷史地理論集》，西安：三秦出版社，2007 年，第 275—290 頁。

④ 《舊唐書》卷四二《地理志》，第 1799 頁。

⑤ （元）馬端臨：《文獻通考》卷五一《職官考五》，北京：中華書局，1986 年影印本，第 465—466 頁。

不入與口"；其次是"剪髮以爲母髻"，髻者，意爲假髮。此句是指太夫人年老髮少，誌主剪己髮爲母親做假髮；再次"廬於墓側，負土成墳"；最後"孺慕嬰號，柴毀骨立"。甚至不惜筆墨，比與高柴和曾參。"昔高柴泣血三年，未嘗見齒；曾參絶漿七日，殆至滅性。方斯二賢，猶加一等。"對於誌主"有過禮制"的孝行，唐"太宗降璽書弔慰，仍旌表其門"①。《册府元龜》記其事在十月②。今據誌文可知當在貞觀八年。

誌文云："貞觀□□年，授朝散大夫，守尚輦奉御。"守是唐代官制的一種規定和現象③。由誌文可知，薛萬備的文散官"朝散大夫"的品級爲從五品下，而他的職事官"尚輦奉御"的品級爲從五品上④，職事高於散位一階，故以"守"表示。誌文所載與唐制相合。"高麗據有遼東，不肅王命。懷遠地居要害，境接寇戎。朝廷方事經營，彌難其選。以公文不犯順，武不違敵，敕以本官檢校懷遠鎮。公德禮既敷，權奇間出，是以革面者獸馴於素旗，遁心者鳥駭於朱旗"。

誌文"高麗據有遼東，不肅王命"事涉高麗不從太宗"戢兵"之命，攻打新羅。遼東即遼河以東地區及朝鮮半島北部。貞觀初，高麗與突厥結盟，據有遼東。"東北自扶餘城，西南至海，千有餘里"⑤。突厥破滅後，高麗沿遼河西岸築長城以防唐軍。貞觀十六年（642年）十一月，高麗內亂。高麗東部大人泉蓋蘇文弑其王武，立七武弟子藏爲王，自爲莫離支。貞觀十七年九月，"庚辰，新羅遣使言百濟攻取其國四十餘城，復與高麗連兵，謀絶新羅入朝之路，乞兵救援。上命司農丞相里玄奬齎璽書賜高麗曰：'新羅委質國家，朝貢不乏，爾與百濟各宜戢兵；若更攻之，明年發兵擊爾國矣！'"⑥等相里玄奬到平壤時，莫離支已經攻破新羅兩城，也不服勸諭。貞觀十八年（644年）二月，相里玄奬返京具言其狀後，太宗曰："蓋蘇文弑其君，賊

---

① 《舊唐書》卷六九《薛萬徹傳》，第2519頁。

② （北宋）王欽若編：《册府元龜》卷一三八《帝王部·旌表二》，北京：中華書局，1960年影印本，第1672頁。

③ 據《通典》卷三四《職官典·文散官》載："《武德令》：職事高者解散官欠一階不至者爲兼，職事卑者不解散官。貞觀十一年改令，以職事高者爲守，職事卑者爲行。其欠一階依舊爲兼，與當階者皆解散官。官階相當，無行無守。"又《舊唐書》卷四二《職官志》云："《武德令》：職事高者解散官，欠一階不至者爲兼，職事卑者不解散官。《貞觀令》：以職事高者爲守，職事卑者爲行，仍各帶散位。其欠一階，依舊爲兼，與當階者，皆解散官。永徽已來，欠一階者，或爲兼，或帶散官，或爲守，參而用之。"

④ 據《舊唐書》卷四二《職官志》，尚輦奉御爲從五品上階，朝散大夫爲從五品下階，第1794頁。

⑤ 《舊唐書》卷一九九上《高麗傳》，第5321頁。

⑥ 《資治通鑒》卷一九七，唐太宗貞觀十七年九月條，第6204頁。關於百濟聯合高麗攻打新羅，又見《三國史記》卷五《新羅本紀第五·善德王》載：貞觀十二年"秋九月，遣使大唐上言：'高句麗、百濟侵凌臣國，累遭攻襲數十城。兩國連兵，期之必取，將以今茲九月大舉，下國社稷必不獲全，謹遣陪臣歸命大國，願乞偏師，以存救援。'"又見《新唐書》卷220《百濟傳》載：貞觀十六年，百濟"與高麗連和伐新羅，取四十餘城。發兵守之，又謀取党項城，絶貢道。新羅告急，帝遣司農丞里玄奬齎詔書諭解"，第6199頁；又見《舊唐書·百濟傳》載：百濟王"義慈興兵伐新羅四十餘城，又發兵以守之，與高麗和親通好，謀欲取黨項城以絶新羅入朝之道。新羅遣使告急請救。太宗遣司農丞相里玄奬齎書告諭兩蕃，示以禍福。"第5330頁。

其大臣，殘虐其民，今又違我詔命，侵暴鄰國，不可以不討。"①因此，纔有唐太宗"方事經營"，決心征討高麗之事。

懷遠鎮是隋唐時期遼西地區的重要軍鎮，位於營州（治柳城縣，今遼寧朝陽市）至遼東的交通要道上，"境接寇戎"，是隋唐進軍遼東的主要集結地。大業七年（611年），隋煬帝籌備東征，徵"發民夫運米，積於瀘河、懷遠二鎮"②。大業十年（614年），煬帝三征高句麗，"秋七月，癸丑，車駕次懷遠鎮。……八月己巳，帝自懷遠鎮班師"③。貞觀十七年（643年）六月，"丁亥，太常丞鄧素使高麗還，請於懷遠鎮增戍兵以逼高麗"④。爲做好充分的戰前準備，太宗派遣薛萬備以本官（尚輦奉御）檢校懷遠鎮。之所以派遣薛萬備，是因爲他不僅有"文不犯順、武不違敵"的氣度，而且"德禮既敷，權奇閒出"，能夠使"革面者"心悅賓服，"遁心者"鳥驚獸散。

誌文曰："十八年，文帝親禦戎軒，問罪遼左，公爲馬軍總管。宏謨上略，屢簡帝心。斬馘搴旗，獨高諸將。軍還，蒙授上柱國，汾陰縣公。"貞觀十八年（644年）十一月，以刑部尚書張亮爲平壤道行軍大總管，太子詹事、左衛率李世勣爲遼東道行軍大總管率十多萬大軍征遼東，兩軍集於營州。次年春，唐太宗從洛陽出發，御駕親征高麗。薛萬備以馬軍總管從征。馬軍總管是馬軍的主官。唐代行軍實行七軍制⑤，據孫繼民先生研究，行軍中的騎兵和騎兵部隊通稱爲馬軍，馬軍是行軍中機動性最強、戰力最強、地位最重要的兵種⑥。薛萬備能以馬軍總管身份出征，足見唐太宗對他的信任與重用。其地位堪比老將尉遲敬德。此次遼東之征，尉遲敬德也被任命爲左一馬軍總管⑦。在行軍時，"左右廂四軍"，即前、後、左、右四軍又稱爲左一軍、左二軍和右一軍、右二軍。因此，尉遲敬德應是前軍中的馬軍總管。薛萬備不負厚望，文治方面，獻出的宏謀良策，多次"簡於帝心"；武功方面，殺敵奪旗，異常勇猛，在諸將中功勞"獨高"。班師後，薛萬備被授勳上柱國，賜爵汾陰縣（治今山西萬榮縣榮河鎮）公。

2.討伐龜茲，招慰于闐

誌文云："廿二年，以公爲昆丘道行軍長史。龜茲王聞官軍過磧，遂拔城西走。

---

① 《資治通鑒》卷一九七，唐太宗貞觀十八年二月條，第6207頁。
② 《資治通鑒》卷一八一，隋煬帝大業七年條，第5655頁。
③ 《資治通鑒》卷一八二，隋煬帝大業八年條，第5691頁。
④ 《資治通鑒》卷一九七，唐太宗貞觀十七年六月條，第6198頁。
⑤ 《通典》卷一四八"立軍"條引《李靖兵法》載："諸大將出征，且約授兵二萬人，即分爲七軍。……中軍四千人，左右虞候各一軍，每軍各二千八百人。……左右廂各二軍，軍各二千六百人。"
⑥ 孫繼民：《唐代行軍制度研究》，臺北：文津出版社，1995年，第254—260頁。
⑦ 《資治通鑒》卷一九七，唐太宗貞觀十九年條，第6217頁。

大總管使公領輕騎數千，星言追躡。舉懸師以深入，策疲兵而轉戰。途將千里，日逾十合，至撥換城，其屯勢蹙道窮，嬰城自守。大軍後至，竟以擒獲。在此行也，功冠諸軍。于闐憑阻，荒遐未嘗朝貢。公遂將左右冊人，便往招慰。其王遂隨公入朝。蒙賞物五百段，轉左衛翊二府中郎將。頃之，遷左驍衛將軍。其年，授弓月道行軍副總管。"這段記載是關於誌主從征西域的史實。

關於"行軍長史"，行軍長史是行軍總管府僚佐之首僚，地位僅次於行軍總管，其職掌史籍缺載，據孫繼民先生研究，行軍長史掌領兵、倉、騎、胄四曹和文簿典職、虞料請給、卒伍名數、器械糧儲等①。《唐六典》卷五"兵部郎中"條稱："凡將帥出征，兵滿一萬人以上，置長史、司馬、倉草、胄曹、兵曹參軍各一人，五千人以上減司馬。"

昆丘道行軍是唐初用兵西域的重大事件，平龜茲、定于闐，反唐的西突厥勢力退出西域。關於貞觀二十二年"昆丘道行軍"的原因及前後過程，吳玉貴先生有過系統研究②。孫繼民先生從吐魯番文書中輯出唐代三次行軍的資料，但並沒有昆丘道行軍③。王素先生以華文弘墓誌爲例，考釋了昆丘道行軍時楊弘禮曾矯詔誅殺焉耆宗親薛婆阿那支並送回長安的史實④。傅清音先生利用武思元墓誌探討過昆丘道行軍的軍司僚佐的構成與來源問題⑤。最近，王慶衛先生再次利用楊弘禮墓誌討論了昆丘道行軍的軍將問題⑥。

貞觀二十一年（647年）十二月，唐朝正式發動征龜茲之役。"戊寅，詔使持節·昆丘道行軍大總管·左驍衛大將軍阿史那社爾、副總管·右驍衛大將軍契苾何力、安西都護府郭孝恪等將兵擊之，乃命鐵勒十三州、突厥、吐蕃、吐谷渾連兵進討"⑦。《册府元龜》卷九八五外臣部征討四載：此次討伐龜茲詔書稱"可遣使持節、昆丘道行軍大總管、左驍衛大將軍阿史那社爾，副大總管、左驍衛大將軍契苾何力，金紫光禄大夫、行安西都護府郭孝恪，司農卿、清河郡公楊弘禮，行軍總管、左武衛

① 《唐代行軍制度研究》，第203頁。

② 吳玉貴：《乙毗咄陸系西突厥的衰落與昆丘道行軍》，見氏著《突厥汗國與隋唐關係史研究》，北京：中國社會科學出版社，1998年，第341—374頁。

③ 孫繼民：《吐魯番文書所見唐代三次行軍》，氏著《敦煌吐魯番所出唐代軍事文書初探》，北京：中國社會科學出版社，2000年，第121—131頁。

④ 王素：《唐華文弘墓誌中有關昆丘道行軍的資料——近年新刊墓誌所見隋唐西域史事考釋之一》，《西域研究》2013年第4期，第81—89頁。

⑤ 傅清音：《新見武則天堂兄〈武思元墓誌〉考釋》，《文博》2014年第5期，第66—72頁。

⑥ 王慶衛：《唐貞觀二十二年昆丘道行軍再探討：以新出〈楊弘禮墓誌〉爲中心》，武漢大學中國三至九世紀研究所編：《魏晉南北朝隋唐史資料》第35輯，上海：上海古籍出版社，2017年，第138—151頁。

⑦ 《資治通鑑》卷一九八，唐太宗貞觀二十一年十二月條，第6250—6251頁。

將軍李海崖等"①討伐龜茲。可知，此次昆丘道行軍的大總管是阿史那社爾，契苾何力、郭孝恪、楊弘禮都是副大總管，李海崖是行軍總管，薛萬備爲阿史那社爾的行軍長史。此次昆丘道行軍可分三個階段：

首先，擊破西突厥處月、處密部。

貞觀十四年，高昌國滅後，在西突厥的拉攏下，焉耆與唐疏遠，臣服於西突厥。貞觀十八年八月，安西都護兼西州刺史郭孝恪率軍伐焉耆，龜茲遣軍援助，唐因此派昆丘道行軍征討龜茲。這些表層原因，《伐龜茲詔》中已有體現②。此外，昆丘道行軍還有討伐西突厥處月和處密部的目的。貞觀二十二年三月，太宗曾對侍臣説："今昆丘行師，處月、處密二部及龜茲用事者羯獵顛、那利每懷首鼠，必先授首，駑失畢其次也。"③吳玉貴先生也認爲太宗的話概括了這次戰役的主要目標。貞觀二十二年春，唐軍過磧。此次行軍使西域震駭，諸部降服。如同年四月，西突厥泥伏沙鉢羅葉護阿史那賀魯率部落內屬，願爲唐軍討龜茲嚮導④。七月，西突厥乙毗咄陸可汗原國相，監統焉耆的屈利啜降唐，並率所部從討龜茲⑤。賀魯舊部處月、處密部在乙毗射匱可汗控制下，與唐爲敵。行軍沿絲路北道進發。九月，"庚辰，昆丘道行軍總管阿史那社爾擊處月、處密，破之，餘衆皆降"⑥。處月、處密部在天山北，西州西北附近，輪台縣以東，金滿縣以西，今柏格達山北麓，靠近烏魯木齊地方。《新唐書·沙陀傳》云："處月處金娑山之陽，蒲類之東，有沙磧，名沙陀，故號沙陀突厥云。"⑦《新唐書·地理志》亦載："金滿洲都督府。（原注）永徽五年以處月部落置爲州，隸輪台。龍朔二年爲府。"⑧按敦煌石室所出《西州圖經》記載，西州通往天山以北的西突厥處月、處密部有一道："白水澗道。右道出交河縣界，西北向處月已西諸蕃，足水草，通車馬。"⑨顯然，唐軍是以西州爲基地⑩，經白水澗道，出擊處月、處密部的。

其次，攻陷焉耆，戰多褐城，破伊邏盧城，下撥換城。

---

① 《册府元龜》卷九八五《外臣部》征討四，第 11572 頁。

② （清）董誥等編：《全唐文》卷九《太宗皇帝》伐龜茲詔，北京：中華書局，1983 年影印本，第 101—102 頁。"初，龜茲國既臣於西突厥，安西都護郭孝恪之伐焉耆也，龜茲遣軍援助，自是藩禮漸缺。帝大怒，故有是詔。"

③ 《資治通鑒》卷一九八，唐太宗貞觀二十二年條，第 6253 頁。

④ 《舊唐書》卷四〇《地理三》，北庭都護府，第 1645 頁；《新唐書》卷二一五下《突厥下》，第 6060 頁。

⑤ 《册府元龜》卷九七三《外臣部》助國討伐，第 11432 頁。

⑥ 《資治通鑒》卷一九九，唐太宗貞觀二十二年條，第 6261 頁。

⑦ 《新唐書》卷二一八《沙陀傳》，第 6153 頁。

⑧ 《新唐書》卷四三下《地理志》，第 1131 頁。

⑨ 唐耕耦、陸宏基：《敦煌社會經濟文獻真迹釋録》第 1 輯，北京：書目文獻出版社，1986 年，第 55 頁。

⑩ 昆丘道行軍中，安西都護兼西州刺史郭孝恪、伊州刺史韓威、沙州刺史蘇海政都參與，西州地處絲綢之路天山南北兩道的交匯處，西北可達天山以北，西突厥處月、處密部；西南可達焉耆、龜茲等地。原本就是唐經營西域的前沿基地，平高昌，立西州的目的也在於此。

　　唐軍攻破處月、處密後，進逼龜茲。乙毗射匱可汗扶植的焉耆王薛婆阿那支"棄城奔龜茲，保其東城"①。貞觀二十二年十月，唐軍自焉耆之西趨龜茲北境，擒獲阿那支並斬之。社爾率大軍進屯距龜茲王都伊邏盧城（今新疆庫車縣皮郎故城）三百里的磧口（阿羯田山山口）。唐軍前鋒進抵多褐城（今新疆庫車縣東的塔汗其故城）時，與龜茲王布失畢率領的五萬軍隊接戰，龜茲軍大敗，退保王都。阿史那社爾進軍，攻破龜茲都城，布失畢倉皇西走，保撥換城（在今新疆阿克蘇）。薛萬備墓誌云："龜茲王聞官軍過磧，遂拔城西走。"此處所拔之城當是指龜茲王城，應發生在唐軍連破多褐城與王都兩城之後，並非如誌文所云發生在"龜茲王聞官軍過磧"之後，這與史實稍有偏差，有意誇大唐軍軍威。阿史那社爾派遣沙州刺史蘇海政、尚輦奉御薛萬備追擊布失畢②，誌文所云"公領輕騎數千，星言追躡。舉懸師以深入，策疲兵而轉戰。途將千里，日逾十合，至撥換城"，與史籍記載基本相合③。布失畢困獸猶鬥，"其屯勢蹙道窮，嬰城自守"。十二月，阿史那社爾"大軍後至，竟以擒獲"。據《資治通鑒》載，布失畢據撥換城，負隅頑抗，"社爾進軍攻之四旬，閏月，丁丑，拔之，擒布失畢及羯獵顛"④。此次追擊並擒獲布失畢及羯獵顛，完成昆丘道行軍的主要目標，薛萬備"在此行也，功冠諸軍"。龜茲國相那利率眾遁逃，又引西突厥萬餘殘眾，反攻龜茲王城，殺郭孝恪，旋即被擊潰。龜茲國人擒獲那利，獻給唐軍。社爾立龜茲王弟葉護爲王，勒石紀功而還。

　　最終，班師之際，招慰于闐。

　　貞觀二十年（646 年），西突厥乙毗射匱可汗徹底擊敗乙毗咄陸可汗，迫使其逃往吐火羅，成爲真正控制西域大片地區的突厥汗國實際統治者。乙毗射匱可汗在西域的崛起與唐經略西域的矛盾開始顯現，但仍是臣屬關係。同年射匱可汗遣使向唐請婚，太宗令其割讓龜茲、于闐等西域五國爲聘禮。榮新江先生認爲，這反映了唐朝希求占領西域的意向⑤。射匱可汗請婚的結果是"不克婚"⑥，再加上之前如何處置焉耆、處

----

①　《資治通鑒》卷一九九，太宗貞觀二十二年，第 6262 頁。

②　薛萬備率精騎孤軍深入，追擊龜茲王布失畢六百里，將其困於撥換城。其事見於《舊唐書》卷一九八《西戎》龜茲國，第 5303—5304 頁；又見《冊府元龜》卷九八五《外臣部》征討四，第 11573 頁；又見《新唐書》卷二二一上《西域上》龜茲，第 6231 頁；又見《資治通鑒》卷一九九，第 6264 頁。

③　薛萬備以昆丘道行軍長史出征龜茲也得出土資料的證實。詳見吳疆《"薛行軍"陶罐考》，《新疆社會科學》1986 年第 1 期，第 76—84 頁。

④　《資治通鑒》卷一九九，唐太宗貞觀二十二年，第 6264 頁。又見《新唐書》卷一一〇《阿史那社爾傳》載："王據大撥換城，嬰險自固。社尒攻凡四十日，入之，禽其王，並下五大城。"

⑤　參見榮新江：《唐代于闐史概説》，中國新疆文物考古研究所、日本佛教大學尼雅遺址學術研究機構編：《丹丹烏里克遺址——中日共同考察研究報告》第一章第二節，北京：文物出版社，2009 年，第 5—31 頁。

⑥　《新唐書》卷 215 下《西突厥傳》，第 6060 頁。

月、處密等部，雙方矛盾加深。吳玉貴先生認爲"不克婚"的原因是射匱可汗拒絕割讓西域五國給唐，其後果是直接導致唐對龜茲用兵①。因此，昆丘道行軍的真實目的是唐爲吞並整個西域，打擊西突厥乙毗射匱可汗勢力的快速崛起。

這時的于闐、龜茲等西域五國實際上是乙毗射匱可汗的屬國，受其統轄，與唐關係疏遠。誌文"于闐憑阻，荒遐未嘗朝貢"即是對其處境的真實反映。于闐夾在西突厥與唐兩個强大勢力中間，"不兩屬無以自安"②，導致其國策必定會在兩國間左右搖擺。射匱不願以此五國爲聘禮請婚，唐廷惱怒，興師來伐。當昆丘道行軍征伐龜茲取得不斷勝利時，于闐王見西域局勢朝有利於唐的方向發展，伏闍信大懼，急於與唐修復親好，遣其子獻三百匹駝馬饋軍③。薛萬備見于闐王攝於唐朝軍威，主動請纓，稱"今者既破龜茲，國威已振，請因此機，願以輕騎羈取于闐之王"④。於是，在大軍班師之際，阿史那社爾派遣薛萬備前去招撫。即誌文所謂"公遂將左右卅人，便往招慰。其王遂隨公入朝"。此時，太宗去世，唐高宗即位，貞觀二十三年七月，"于闐王伏闍信入朝"。此次昆丘道行軍，薛萬備率軍追擊龜茲王布失畢，又招撫于闐王伏闍信，功勞卓著，"蒙賞物五百段，轉左衛翊二府中郎將"。此後不久，約於永徽元年，"遷左驍衛將軍"，從三品。

值得一提的是薛萬備招慰于闐的行走路綫。據《舊唐書·于闐傳》記載，薛萬備請招慰于闐是在"即將旋師"時，也就是昆丘道行軍攻破龜茲大撥換城之後。《新唐書·地理志》記載撥換城至于闐的路綫和里程："自撥換南而東，經昆崗、渡赤河，又西南經神山、睢陽、咸泊，又西南經疏樹，九百三十里至于闐鎮城。"⑤另據陳國燦先生研究，"神山路"是撥換城通往于闐的官道。大體是按照"撥換城—昆崗—赤河—草澤—欣衡—連衛—謀常—神山—睢陽—咸泊—疏樹—三叉—于闐鎮"等館驛排列的。"神山路"基本是傍于闐河（今和田河）而行的⑥。昆丘道行軍戰事結束後，薛萬備出使于闐，是去宣示大唐國威的，必定要走官道。官道沿途有館驛相連，便於補充水草和糧食。因此，筆者推斷薛萬備是經"神山路"往于闐招

---

① 吳玉貴：《西突厥汗國與隋唐關係史研究》，第 358 頁。

② 《漢書》卷九六上《西域傳上》，北京：中華書局，1962 年，第 3877 頁。

③ 《册府元龜》卷四二六《將帥部》招降，第 5079 頁。另見兩《唐書》之《于闐傳》。

④ 《舊唐書》卷一九八《西戎》于闐國，第 5305 頁。又《資治通鑑》卷一九九，唐太宗貞觀二十三年，第 6268—6269 頁載："阿史那社爾之破龜茲也，行軍長史薛萬備請因兵威説于闐王伏闍信入朝，社爾從之。秋，七月，己酉，伏闍信隨萬備入朝，詔入謁梓宮。"

⑤ 《新唐書》卷四三下《地理志》，第 1150 頁。

⑥ 陳國燦：《唐代的"神山路"與撥換城》，武漢大學中國三至九世紀研究所編：《魏晉南北朝隋唐史資料》第 24 輯，上海：上海古籍出版社，2008 年，第 197—205 頁。

慰的。

誌文曰："其年，授弓月道行軍副總管。"弓月道行軍事關唐征討阿史那賀魯叛亂。永徽二年（651 年）春，左驍衛將軍、瑤池都督阿史那賀魯"召集離散，廬帳漸盛，聞太宗崩，謀襲取西、庭二州"。此後不久，賀魯"擊破乙毗射匱可汗，並其衆，建牙於雙河及千泉，自號沙缽羅可汗，咄陸五啜、弩失畢五俟斤皆歸之，盛兵數十萬，與以毗咄陸可汗連兵，處月、處密及西域諸國多附之"。據蘇北海先生研究，唐弓月城在伊黎河北岸，今新疆伊寧縣吐魯番圩孜附近。阿史那賀魯以處月、處密、姑蘇、葛邏禄、卑失五部在此叛亂，此地處伊黎河、楚河流域，因此，征討賀魯的行軍稱弓月道①。同年秋七月，"西突厥沙缽羅可汗寇庭州，攻陷金嶺城及薄類縣，殺略數千人"。唐高宗"詔左武候大將軍梁建方、右驍衛大將軍契苾何力爲弓月道行軍總管，右驍衛將軍高德逸、右武侯將軍薛孤吳仁爲副，發秦、成、岐、雍府兵三萬人，及回紇五萬騎以討之"②。從以上史事來看，賀魯叛亂發生在永徽二年七月，唐以弓月道行軍征討。薛萬備永徽元年遷左驍衛將軍，一年後，任弓月道行軍副總管。因此，誌文中"其年"當作"期年"解。薛萬備在此次弓月道行軍中擔任副總管，可補史籍之缺。

3. 再征高麗，卒於官第

誌文言："永徽四年，以兄犯罪，緣坐配交州爲百姓。顯慶五年，恩敕追還，授鴨淥道行軍副總管。行至萊州，忽遘時疾，以龍朔元年五月十一日卒於官第，春秋六十。"

永徽四年（653 年）春正月，駙馬都尉房遺愛、荆王李元景、吳王李恪、駙馬都尉薛萬徹、駙馬都尉柴令武"謀反"。二月甲申，"詔遺愛、萬徹、令武皆斬，元景、恪、高陽、巴陵公主並賜自盡"③。房遺愛案實質上是晋王李治和魏王李泰爭奪皇位繼承權鬥爭的餘波。李治繼位後，對李泰舊黨心存芥蒂，借此案中的謀反罪清除異己，消滅潛在威脅勢力。此案對高宗朝初期的政局影響深遠，不僅有衆多官僚牽扯

① 蘇北海：《弓月城及弓月部落考》，氏著《西域歷史地理》（第二卷），烏魯木齊：新疆大學出版社，2000 年，第325—328 頁。關於弓月之名及弓月城的位置，還可參見[日]松田壽男《弓月考》，松田壽男著：《古代天山地理學研究》，陳俊謀譯，北京：中央民族學院出版社，1987 年，第 387—421 頁；岑仲勉《弓月今地及其語源》，氏著《西突厥史料補闕及考證》，北京：中華書局，2004 年，第 186—193 頁；王小甫《"弓月"名義考》，氏著《唐、吐蕃、大食政治關係史》，北京：北京大學出版社，1992 年，第 224—243 頁；薛宗正：《噶爾家族與附蕃西突厥諸政權——兼論唐與吐蕃的西域角逐》，氏著《中亞内陸：大唐帝國》，烏魯木齊：新疆人民出版社，2005 年，第 53—55 頁；姜付炬：《弓月與伊麗——伊犁史地論札之一》，《伊犁師範學院學報》2009 年第 1 期，第 28—36 頁。
② 《資治通鑒》卷一九九，高宗永徽二年條，第 6273—6274 頁。
③ 《資治通鑒》卷一九九，唐高宗永徽四年條，第 6280 頁。

其中，而且諸多皇族成員受到牽連無辜被殺。薛萬徹是該"謀反"案的主犯之一，作爲弟弟，薛萬備"以兄犯罪"，按《唐律》中兄弟緣坐的規定，也要負連帶責任。即流放至少三千里之外，配爲百姓。

按《唐律疏議·賊盜律》（總第二百四十八條）規定："諸謀反及大逆者，皆斬；父子年十六以上皆絞，十五以下及母女、妻妾、祖孫、兄弟、姊妹若部曲、資財、田宅並没官，男夫年八十及篤疾、婦人年六十及廢疾者並免；伯叔父、兄弟之子皆流三千里，不限籍之同異。"這是對謀反、大逆犯罪行爲的嚴厲懲罰，誅及父子，連坐母女、妻妾、祖孫、兄弟姊妹等親屬，資財、部曲要没官，對於關係稍遠的伯叔父、兄弟之子要流放三千里。即使對於謀反未成者，親屬緣坐的處罰同樣非常嚴厲："即雖謀反，詞理不能動衆，威力不足率人者，亦皆斬；父子、母女、妻妾並流三千里，資財不在没限。其謀大逆者，絞。"有關謀反罪的兄弟緣坐條款，在太宗朝有過幾次反復修改[1]。直至貞觀二十一年（647年）改定，刑部奏稱："准律：謀反大逆，父子皆坐死，兄弟處流。此則輕而不懲，望請改重法。"太宗下令百官集議，最終采納太子司議郎敬播的意見[2]，謀反大逆，兄弟緣坐，不宜改回重刑。因此，薛萬備受房遺愛案牽連，"緣坐配交州爲百姓"。交州，治今越南河内。屬三千里外的"邊惡之州"，這與《唐律》相合。

誌文曰："顯慶五年，恩敕追還，授鴨渌道行軍副總管。行至萊州，忽遘時疾。"

顯慶五年（660年），高宗分別於二月丙戌幸並州、八月癸未平百濟和十一月戊戌朔受百濟俘三次恩赦[3]。蘇定方征高麗大軍在萊州集結是在該年六月，薛萬備被徵召爲鴨渌道行軍副總管當在恩赦之後，故此推斷他應是在二月丙戌恩赦時被"恩敕追還"的。《舊唐書·高宗紀》載此次恩赦時曰：顯慶"五年春正月甲子，幸並州。二月辛巳，至並州。丙戌，宴從官及諸親、並州官屬父老，賜帛有差。曲赦並州及管内諸州。義旗初職事五品已上身亡殁墳墓在並州者，令所司致祭。佐命功臣子孫及大將軍府僚佐已下今見存者，賜階級有差，量才處分。起義之徒職事一品已下，賜物有差。年八十已上，版授刺史、縣令。佐命功臣食別封身已殁者，爲後子孫各加兩階。賜酺

---

① 石冬梅：《唐代的謀反罪》，《燕山大學學報》2007年第2期，第98—101頁。

② （宋）王溥：《唐會要》卷三九"議刑輕重"，北京：中華書局，1955年，第708—709頁。

③ 分別參見《舊唐書》卷四《高宗紀》，第80頁；《舊唐書》卷四《高宗紀》，第81頁；《資治通鑒》卷二〇〇，唐高宗顯慶五年十一月條，第6322頁。關於唐代的恩赦制度，可參見陳俊强：《皇權的另一面——北朝隋唐恩赦制度研究》，北京：北京大學出版社，2007年。

三日。"薛萬備緣坐配交州之前，曾任昆丘道行軍總管府長史、弓月道行軍副總管，屬於"佐命功臣子孫及大將軍府僚佐以下今見存者"，顯然在恩赦範圍。適值唐欲征高麗，被流放七年的薛萬備被"追還"並"量才處分"，"授鴨涤道行軍副總管"，率軍出征。

誌文云"授鴨涤道行軍副總管"，可補顯慶五年征高麗"鴨涤道"行軍之缺。據兩《唐書》本紀及《蘇定方傳》《高麗傳》等可知，顯慶五年（660年）三月，唐應新羅之請，命左武衛大將軍蘇定方爲神丘道行軍大總管，率水陸十萬大軍進攻百濟。八月，蘇定方引兵自成山（今山東榮成）濟海，直逼熊津江口（今錦江口），與新羅聯兵擊滅百濟①。另據建立於同年八月十五日的《大唐平百濟國碑銘》記載，左武衛大將軍蘇定方的官職是"使持節神丘、嵎夷、馬韓、熊津等一十四道大總管"②。拜根興先生根據此碑和《含資道總管柴將軍精舍草堂之銘》，考證出十四道大軍中的七道分別是神丘、嵎夷、馬韓、熊津、含資、加林、唐山③。據薛萬備墓誌可知，鴨涤道也是十四道大軍之一。另外，《唐故左武威衛將軍上柱國張掖郡公馮府君碑》記載，"顯慶四年，雞林道大總管蘇定方受制專征，聊由薄伐。知公英略冠衆，奏請同征"④。據此可補雞林道之名。由此，顯慶五年唐羅兩國征百濟、高麗的十四道大軍中，又增加鴨涤道和雞林道兩路，已清楚九道名稱。

百濟被滅後，蘇定方率軍返回唐朝，劉仁願率軍留守。顯慶五年十一月，高麗進攻新羅七重城。唐高宗詔令蘇定方準備征伐高麗。《資治通鑒》載其事云：顯慶五年十二月"壬午，以左驍衛大將軍契苾何力爲浿江道行軍大總管，左武衛大將軍蘇定方爲遼東道行軍大總管，左驍衛將軍劉伯英爲平壤道行軍大總管，蒲州刺史程名振爲鏤方道總管，將兵分道擊高麗"⑤。龍朔元年（661年）正月，"壬午，以鴻臚卿蕭嗣業爲扶餘道行軍總管，帥回紇等諸部兵詣平壤"⑥《新唐書·高麗傳》記載大體相同。至龍朔元年四月，唐朝出動水陸、番漢軍隊總計三十五軍征高麗。唐軍突破浿江後，攻占馬邑山，圍困平壤城⑦，於次年二月不克而返。據史籍可知，唐軍於顯慶五年十二

① 《資治通鑒》卷二〇〇，唐高宗顯慶五年條，第6321頁。
② 《大唐平百濟國碑銘》，許興植主編：《韓國金石全文（古代）》，首爾：亞細亞文化社，1984年，第53—60頁。
③ 拜根興：《〈大唐平百濟國碑銘〉關聯問題考釋》，杜文玉主編：《唐史論叢》第8輯，西安：三秦出版社，2006年，第133—150頁；拜根興：《韓國新發現的唐〈含資道總管柴將軍精舍草堂之銘〉考釋》，榮新江主編：《唐研究》第8卷，北京：北京大學出版社，2002年，第347—356頁。
④ 董國柱編著：《高陵碑石》，西安：三秦出版社，1993年，第107—110頁。
⑤ 《資治通鑒》卷二〇〇，唐高宗顯慶五年十二月條，第6322頁。
⑥ 《資治通鑒》卷二〇〇，唐高宗龍朔元年，第6323頁。
⑦ 《新唐書》卷二二〇《東夷·高麗傳》，第6196頁。

月至龍朔二年二月，分浿江、遼東、平壤、鏤方、扶餘、沃沮等道征高麗。鴨淥道歷來是渤海國向中原王朝朝貢之道，也是征討高麗時的行軍之道。乾封年間（666—667年）唐軍再征高麗的戰爭中，在各路行軍中仍沿用鴨淥道之名。乾封元年（666 年）九月"又以李勣爲遼東道行軍大總管兼安撫大使，與契苾何力、龐同善並力。詔獨孤卿雲由鴨淥道，郭待封積利道，劉仁願畢列道，金待問海谷道，並爲行軍總管，受勣節度"①。同年十二月，"李勣爲遼東道行臺大總管，率六總管兵以伐高麗。"②六道中鴨淥、積利、畢列、海谷四道總管見載於《新唐書·高麗傳》，其餘兩道不詳。

薛萬備爲何前往萊州，並在此病逝？這與蘇定方統領的十四道大軍的集結地密切相關。按韓國《三國史記》卷五《新羅本紀·太宗武烈王》記載唐軍集結地點、渡海時間、返唐時間甚爲詳細：（顯慶五年）六月十八日"定方發自萊州，舳艫千里，隨流東下"，六月二十一日，新羅太子金法敏、大將軍金庾信率百艘兵船在西海德物島接應唐軍，雙方約定在七月十日聯兵進軍百濟義慈都城。九月三日，蘇定方"自泗沘乘船返唐"。據此可知，唐軍是六月從萊州出發，進攻百濟的。而據《資治通鑒》記載蘇定方大軍是從山東半島的成山（今山東榮成）渡海的。成山，屬唐河南道登州，在縣東北一百八十里。由墓誌記載可知，薛萬備也是以鴨淥道行軍副總管的身份，行至大軍集結地萊州時"忽遘時疾"，並未隨軍渡海作戰，又於次年五月"卒於萊州官第"，因此，在顯慶五年八月十五日刊立的《大唐平百濟國碑銘》上記載有 11 位唐軍將領，唯獨沒有薛萬備之名。

四、結　語

綜上所述，薛萬備墓誌可以印證和補充史書記載之缺，主要有以下幾點：

其一，玄武門政變後，唐太宗對待前東宮舊部時，基本遵循"拔人物則不私於黨，負志業則咸盡其才"③的政策，有選擇地唯才是用。作爲宮府兵，薛萬備是否參與玄武門政變，史無明載，但事後仍從正六品下的千牛備身降授爲從七品下的匡道府校尉。而直接參與政變的薛萬徹則由從四品下的副護軍連升四階，變成從三品的右領軍將軍。顯然，太宗處置建成舊部時，斷然不是一律貶官或者降授，誌文所謂"凡在寮寀，咸從左降"與史實不合。

---

① 《新唐書》卷二二〇《東夷·高麗傳》，第 6196 頁。
② 《新唐書》卷三《高宗紀》，第 65 頁。
③ 《舊唐書》卷三《太宗本紀》，第 63 頁。

其二，在征高麗前，薛萬備曾奉命檢校懷遠鎮，爲戰爭做準備。貞觀十八年，唐太宗"親御戎軒，問罪遼左"，薛萬備以馬軍總管隨軍出征，因功加官進爵。

其三，昆丘道行軍是唐與西突厥爲爭奪整個西域控制權的開邊之戰。貞觀十四年，高昌被平後，西突厥拉攏焉耆，焉耆成爲其屬國。貞觀十八年八月，安西都護兼西州刺史郭孝恪率軍伐焉耆，龜茲和西突厥遣軍援助，唐因此派昆丘道行軍征討龜茲。表面上是爲征討龜茲，其次是爲打擊西突厥處月、處密部的勢力，而真實目的則是爲了吞並整個西域，打擊西突厥乙毗射匱可汗勢力的快速崛起。貞觀二十二年春，唐軍過磧，西域震駭，諸部降服。九月，行軍從西州出發，經白水澗道，首先擊破處月、處密部。十月，唐軍自焉耆之西趨龜茲北境，擒獲並斬殺焉耆王薛婆阿那支。行軍大總管阿史那社爾又率軍連拔多褐城與龜茲都城，龜茲王駕失畢西逃。作爲行軍長史，薛萬備身先士卒，"舉懸師以深入，策疲兵而轉戰"，追擊布失畢"途將千里，日逾十合"，將其困於撥換城，並最終擒獲。臣屬於西突厥乙毗射匱可汗的于闐，此前與唐關係疏遠。當昆丘道行軍征伐龜茲取得不斷勝利時，于闐王見西域局勢朝有利於唐的方向發展，伏闍信大懼，急於與唐修復親好。薛萬備見于闐王攝於唐朝軍威，主動請纓，從撥換城出發，走龜茲至于闐的官道——"神山路"，招慰于闐。貞觀二十三年七月，于闐王伏闍信隨薛萬備入朝。墓誌記載豐富了我們對昆丘道行軍部分細節的認識。

其四，永徽二年七月，阿史那賀魯大舉叛唐，唐朝發弓月道行軍征討，命梁建方和契苾何力爲弓月道行軍總管，此事見載於兩《唐書》和《通鑒》。史籍所載，此次弓月道行軍的副總管有兩位，一個是右驍衛將軍高德逸，另一個是右武侯將軍薛孤吳仁。據墓誌可知，時任左驍衛將軍的薛萬備也是弓月道行軍副總管，可補史籍之缺。

其五，永徽四年，因薛萬徹是房遺愛案主犯之一，薛萬備"以兄犯罪，緣坐配交州爲百姓"，長達七年。顯慶五年二月，59 歲的薛萬備遇恩赦被追還，授"鴨淥道行軍副總管"。鴨淥道行軍是蘇定方率唐羅聯軍征伐百濟的十四道行軍中的一道，不見載於史籍。

（附記：本文是 2018 年 6 月"唐都長安 1400 年國際學術研討會"參會論文，會上得知拜根興先生即將發表薛萬備墓誌的考釋文章，10 月見其文後，發現與本文有很大不同。可參見拜根興《新見唐初名將薛萬備墓誌考釋》，杜文玉主編：《唐史論叢》第二十七輯，西安：陝西人民出版社，2018 年，第 275—294 頁。）

《代國長公主碑》考釋

郭海文　遠　陽

引　言

代國長公主是唐睿宗的第四女。《新唐書·諸帝公主》裏有關她的信息主要有三點：第一，"代國公主名華，字華婉"；第二，"劉皇后所生"；第三，"下嫁鄭萬鈞"。[①]

《代國長公主碑》介紹了公主的生平概況及人生經歷，具有極高的史料價值。

代國長公主碑位於蒲城縣城西北十里的雙廟村西南，此碑高約四米，螭首，題額爲隸書"大唐代國長公主碑"八字。碑文 1800 餘字，大多清晰，保存較好。碑後有塚，保存基本完好。董誥《全唐文》卷二七九録有此文，此外，王昶輯《金石萃編》卷七八[②]亦有此銘文的收録。現以《全唐文》本爲底本，與《金石萃編》本進行對校，將碑銘録文於此。

代國長公主碑

鄭萬鈞

（上闕三字）天[③]（闕一字）我（闕一字）唐（闕二字）聖爲[④]（闕一字）天下（闕二字）睿宗有[⑤]（闕十字）我[⑥]（闕四字）二後（闕一字）地中（闕三字）誕（闕二字）一爲王二爲主[⑦]。公主諱華，字花婉，世祖神堯皇帝之元孫，睿宗

作者簡介：郭海文，女，陝西師範大學歷史文化學院教授；遠陽，女，陝西師範大學歷史文化學院碩士研究生。

① 《新唐書》卷八三《諸帝公主》，北京：中華書局，1975 年，第 3656 頁。
② （清）王昶輯：《金石萃編》卷七八，江蘇：江蘇古籍出版社，1998 年，第 556—560 頁。
③ 《金石萃編》本無"天"字。
④ 《金石萃編》本無"爲"字。
⑤ 《金石萃編》本無"有"字。
⑥ 《金石萃編》本無"我"字。
⑦ 《金石萃編》本無"一""王""二""主"四字。

大聖真①皇帝之第四女，今上之仲妹也。母曰肅明皇后劉氏。肇開湯沐，冊號永昌，後乃相攸，降歸②於鄭，時年一十有七③。（闕一字）猶④（闕三字）既嫁（闕一字）象歸妹（闕一字）作嬪之養⑤築以外館，錫之美邑，食封一千四百戶，置邑⑥官焉。開元初，加崇代國長公主。植性而智，因心則靈，道亮於懷，色溫於貌。美髮可鑒，素（闕三字）惠聲（闕二字）仁澤潛揚⑦，言有餘味，情無近屬，服慈友，敦孝敬。昔在諒闇，殆將毀滅，聰明銳澈，韻清慮遠。耳目所經，無不諷誦，簡謐恬□，融融如也。每楔蒲籤⑧（闕一字）碁⑨（闕一字）於⑩盡得妙微⑪。至於箜篌笛琴搊琵琶七弦阮咸箏，隔簾（闕一字）之，隨手便合，有若天與，寔同生知。冰碧在躬，學無不通，聰捷若神，聲皆絕倫。騁蕙心以（闕一字）巧⑫，（闕一字）變⑬（闕一字）而添（闕一字）《內範》一部，尤皆⑭精煉。晝恒不寐，留情翰墨，書薦福寺經柱三百餘言，拂石雲散，垂鉤露凝。兔轉仙毫，初從夜月；麝霏煙墨，盡落天花。初則天太后御明堂宴，聖上年六歲，為楚王，舞長命（闕三字）年十二，為皇孫，作《安公子》；岐王年五歲，為衛王，弄《蘭陵王》，兼為行主詞曰："衛王入場⑮咒願⑯聖神皇萬歲，孫子成行。"公主年四歲，與壽昌公主⑰對舞《西涼》，殿上群臣咸呼萬歲。蒙自奉朱顏，卅餘載，洎乎暑月，衣服如賓，謙婉之情，不以天⑱（闕一字）見棄（闕二字）何幸⑲恩遇彌深。男二女四⑳，教之以德㉑。長子左贊善大

---

① 《金石萃編》本無"真"字。
② 《金石萃編》本無"歸"字。
③ 《金石萃編》本無"一""七"兩字。
④ 《金石萃編》本無"猶"字。
⑤ 《金石萃編》本"養"作"義"。
⑥ 《金石萃編》本無"邑"字。
⑦ 《金石萃編》本"揚"作"暢"。
⑧ 《金石萃編》本無"籤"字。
⑨ 《金石萃編》本無"碁"字。
⑩ 《金石萃編》本無"於"字。
⑪ 《金石萃編》本"妙微"作"微妙"。
⑫ 《金石萃編》本無"巧"字。
⑬ 《金石萃編》本無"變"字。
⑭ 《金石萃編》本"皆"作"加"。
⑮ 《金石萃編》本無"場"字。
⑯ 《金石萃編》本此處多一"神"字。
⑰ 《金石萃編》本無"主"字。
⑱ 《金石萃編》本無"天"字。
⑲ 《金石萃編》本無"何幸"二字。
⑳ 《金石萃編》本無"男二女四"四字。
㉑ 《金石萃編》本無"德"字。

夫聰①，聰爲吾耳；次子右贊善大夫明，明爲吾目。明使海内見，聰使天下聞，於國忠，於家孝，合則雙美，（闕一字）爲（闕二字）傳云："以德命爲義也②。"聰爲駙馬都尉，恨未親迎。長女（闕一字）范陽盧氏，有肅邕之譽；二女璙，博陵崔氏，資明豔之容；三女璜，范陽盧氏，多慈孝之美；四女（闕一字）太原王氏③，（闕一字）純粹之行。晸之曰："玉以比德，四合天則，洵醔瑤彩，式昭供事，懋乃衷潔，作吾女儀。"逮乎晚年，歸心聖域，六齋蔬食，二時静念。（闕一字）誦《金剛經》兩部（闕一字）《華嚴》八（闕一字）卷④、《寶積》一百廿、《大般若》六百、《法華》、《藥師》、《大集》等經，領晤了然，色空不著，撤聲樂，投珠屬，十有餘年矣。又於僧義福跪受禪觀，又於金剛三藏⑤受陀羅尼灌⑥頂⑦。是相非相，以心照心，逍遥真宗，寂歷虛景。去年，忽謂蒙曰："昨夜夢念珠（闕一字）斷，急手自拾，一個不得，是不祥。"他日，又夢入法堂，見一空座，有人指之，此四公主座⑧。恐⑨明年（闕二字）乃後數月，偵其儀刑，稍稍憔悴。以開元廿二年六月廿（闕一字）日，慇然不食，安寢不起，神氣晏如，有同入定。聖上愛切同生⑩，倍⑪（闕二字）念内⑫（闕三字）中人饋藥，朝觀夕察，有加無瘳，蒙泣而諭之。久作兜率天業，正念莫散，勿顧男女。答蒙自解，在也未去。莫不（闕一字）又向尼梵海云："生則有死，不如不⑬（闕三字）失⑭（闕一字）奴⑮每讀經徹卷，（闕一）發⑯願願生⑰第四天（闕一字）和先許奴不（闕一字）罪。"翌日，敕使來問，口自附奏："在上千萬⑱珍重，深憶在上

---

① 《金石萃編》本無"聰"字。
② 《金石萃編》本無"也"字。
③ 《金石萃編》本無"太原王氏"四字。
④ 《金石萃編》本無"卷"字。
⑤ 《金石萃編》本無"藏"字。
⑥ 《金石萃編》本無"灌"字。
⑦ 《金石萃編》本"頂"作"像"。
⑧ 《金石萃編》本無"座"字。
⑨ 《金石萃編》本無"恐"字。
⑩ 《金石萃編》本無"同生"二字。
⑪ 《金石萃編》本無"倍"字。
⑫ 《金石萃編》本無"念内"二字。
⑬ 《金石萃編》本無"不"字。
⑭ 《金石萃編》本無"失"字。
⑮ 《金石萃編》本無"奴"字。
⑯ 《金石萃編》本無"發"字。
⑰ 《金石萃編》本無"生"字。
⑱ 《金石萃編》本無"萬"字。

爲人^①時孝順（闕一字）業^②。"精神錯亂，言語不得，合掌奉辭。至其日^③（闕一字）衆忽云有敕使（闕一字）索香水頮浴，於正寢而寐，齋時炯然開目，告別諸王、公主及諸親等。相^④府（闕一字）大内^⑤（闕一字）及^⑥一切總放，不情願者於諸莊安置，先是司農小兒亦准此，家生者不在此限。品官給使，放歸上臺，封分一半施寺觀家，余平分與女。請陪葬橋陵，不得厚葬，莫著金銀銅器。執蒙手曰："恩愛斷也，有不是處莫怪，更枉^⑦辛苦屋裏人去去，年少在莫更請出家。"蒙送奉一杯水別，飲畢長逝，詞采^⑧清明，宛若真訣^⑨。以其月廿九^⑩日，薨於河南修業里第，享年廿八^⑪。初，公主禮導^⑫善寺尼慈^⑬和者，因說彌勒宮事云："阿婆未成，更十年不知。"計至薨日，今正十年。嗚呼！報應之兆有期，（闕一字）眼^⑭之言何驗？下生輪王^⑮之室，還上天宮；嬉游正遍之門，是登圓^⑯（闕一字）。皇帝輟朝三日，使尚宮弔祭，賜衣五十副，所緣喪葬官供^⑰。（闕一字）作（闕四字）監護^⑱永穆公主及駙馬王繇同安王洵送往，並爲寫一切經。以其年十二月三日，陪葬橋陵，孝也。天常與善，兹言妄作，曷殞濃華，遽凋繁萼^⑲。（闕二字）宵傾，嚴霜夏落，（闕一字）縈^⑳紆其如慕，悲輾轉其奚（闕一字）嗚呼！月辭天闕兮星没皇宮，翟服褻衣不可逢；花飄粉田兮葉萎沁水，油軒畫（闕一字）長已矣。嗟乎！蒙^㉑（闕二字）脣（闕一字）門流涕容儀既（闕一

---

① 《金石萃編》本無"爲人"二字。
② 《金石萃編》本無"業"字。
③ 《金石萃編》本無"日"字。
④ 《金石萃編》本無"相"字。
⑤ 《金石萃編》本無"大内"二字。
⑥ 《金石萃編》本無"及"字。
⑦ 《金石萃編》本"枉"作"住"。
⑧ 《金石萃編》本無"采"字。
⑨ 《金石萃編》本無"真訣"二字。
⑩ 《金石萃編》本無"九"字。
⑪ 《金石萃編》本"廿八"作"卅八"。
⑫ 《金石萃編》本"導"作"遵"。
⑬ 《金石萃編》本無"慈"字。
⑭ 《金石萃編》本無"眼"字。
⑮ 《金石萃編》本無"王"字。
⑯ 《金石萃編》本"圓"作"云"。
⑰ 《金石萃編》本無"緣""官"二字。
⑱ 《金石萃編》本無"監護"二字。
⑲ 《金石萃編》本無"遽凋""萼"三字。
⑳ 《金石萃編》本無"縈"字。
㉑ 《金石萃編》本無"蒙"字。

字）錦茵期憑①夏屋（闕一字）封②（闕二字）儼設楚挽③齊引，驪駒啓行，丹旐
豔空，素衣皓野，撫靈軒而增慘，仰空山而泣血。夫叙德必近④（闕一字）親，
議賢（闕一字）崇乎直，既親且直，蒙何愧諸？敢述流芳，悲題翠玉。其詞曰：

於爍有唐，系乎天光。承天者帝，嗣帝稱皇。猗□昭（闕一字）作皇之對。
厥生貴主，爲天之妹。天妹伊何？窈窕如玉⑤。浹洽恩被，綢繆禮縟。道貴⑥娥
英，德光宵燭。其行成軌，其言可服。烝烝孝敬，抑抑威儀。九族敦叙，百禮罔⑦
□。學非從傅，書乃臨池。歸眞舍逸，了静絶爲。曰仁者壽，天何不諒？指座先
徵，遺珠見相。殷勤自勉，諈諉無忘。（闕一字）匪⑧愁留，罔⑨然遠⑩颾。帝心悼
惻，傾家殯喪。大匠監供⑪，（闕一字）王⑫送葬。蒙也何罪，忍⑬奪天人？借如可
贖，願百其身。穠李萎曉，□華秘春。金剛罷熖，玉座生塵。馬鬣成封，龍輀即
路。畫翣扶⑭轂，丹旌指墓。（闕一字）薤挽於霜飆，（闕一字）笳簫於隴霧。霜
飆隴霧相披紛，薤挽笳簫咽不聞。珠襦玉匣盡元夜，軒後陵邊皇女墳。

一、生平簡考

像所有的碑銘一樣，代國長公主的碑銘的開題是一些溢美之詞，記録的是碑主的
家世背景、生平等。

（一）生卒年、排行及食邑

關於代國長公主的生卒年，碑銘記載："以開元廿二年六月廿（闕一字）日……
以其月廿九日，薨於河南修業里第，享年廿八。"開元廿二年即公元 734 年，去世時
爲 28 歲，由此可知公主出生於 706 年，爲唐中宗神龍二年。這是不符合史實的。公主
生母肅明順聖皇后劉氏於長壽二年（693 年）爲武則天所殺，所以公主必生於 693 年

---

① 《金石萃編》本無"憑"字。
② 《金石萃編》本無"封"字。
③ 《金石萃編》本無"挽"字。
④ 《金石萃編》本無"近"字。
⑤ 《金石萃編》本無"玉"字。
⑥ 《金石萃編》本無"貴"字。
⑦ 《金石萃編》本"罔"作"岡"。
⑧ 《金石萃編》本無"匪"字。
⑨ 《金石萃編》本無"罔"字。
⑩ 《金石萃編》本"遠"作"退"。
⑪ 《金石萃編》本無"供"字。
⑫ 《金石萃編》本無"王"字。
⑬ 《金石萃編》本"忍"作"忽"。
⑭ 《金石萃編》本無"扶"字。

之前。此外碑銘記載："初則天太后御明堂宴，聖上年六歲，爲楚王……公主年四歲，與壽昌公主對舞《西涼》。"這裏的聖上指唐玄宗李隆基，唐玄宗有明確記載出生於 685 年，公主比他小兩歲，故應生於 687 年，爲則天順聖皇后垂拱三年。所以筆者合理推測碑銘中所記載的"享年廿八"爲誤，此處當以《金石萃編》所記爲准，公主應爲四十八歲去世，正好也符合公主 687 年出生。

至於公主的排行，碑銘記載："公主諱華，字花婉，世祖神堯皇帝之元孫，睿宗大聖真皇帝之第四女，今上之仲妹也。"而據《新唐書·諸帝公主》記載："睿宗十一女。"[①]其中代國公主排行第五，與碑銘記載有出入，據筆者推測應是因爲睿宗第二女安興昭懷公主早薨的緣故，碑銘沒有將其計算在内，所以應以《新唐書》的記載爲准，代國公主應爲睿宗第五女。

關於代國長公主的食邑，開元初年，重新確定封户數，"皇妹爲公主者，食封一千户，中宗女亦同"[②]。代國長公主進封是在開元初年，按例應食封一千户。而據《代國長公主碑》記載"錫之美邑，食封一千四百户，置邑官焉"。這就與開元初年的規定不符。對比同期的公主食邑，《大唐故金仙長公主（無上道）誌石銘並序》記載"曁主上嗣升大寶，仁先友愛，進封長公主，加實賦一千四百户焉"[③]，《新唐書·諸帝公主》記載："鄎國公主，崔貴妃所生……開元初，封邑至千四百户。"[④]由此可以推測玄宗初期的長公主食封應爲一千四百户，所以代國長公主的食封應以碑銘的記載爲准，爲一千四百户。

（二）代國長公主的父系與母系情況

《代國長公主碑》記載："公主諱華，字花婉，世祖神堯皇帝之元孫，睿宗大聖真皇帝之第四女，今上之仲妹也。母曰肅明皇后劉氏。肇開湯沐，册號永昌，後乃相攸，降歸於鄭，時年一十有七。（闕一字）猶（闕三字）既嫁（闕一字）象歸妹（闕一字）作嬪之養築以外館，錫之美邑，食封一千四百户，置邑官焉。開元初，加崇代國長公主。"從中可看出：

1. 父親

公主的父親爲唐睿宗。"睿宗玄真大聖大興孝皇帝諱旦，高宗第八子也"[⑤]。可知代國長公主爲高宗與武則天之孫女，睿宗之女，玄宗李隆基同父異母的妹妹。據碑

① 《新唐書》卷八三《諸帝公主》，北京：中華書局，1975 年，第 3656 頁。
② 《舊唐書》卷一〇七《玄宗諸子》，北京：中華書局，1975 年，第 3267 頁。
③ 吴鋼主編：《全唐文補遺》第一輯，西安：三秦出版社，1994 年，第 135 頁。
④ 《新唐書》卷八三《諸帝公主》，北京：中華書局，1975 年，第 3656 頁。
⑤ 《新唐書》卷五《睿宗玄宗》，北京：中華書局，1975 年，第 115 頁。

銘記載："肇開湯沐，册號永昌，後乃相攸，降歸於鄭，時年一十有七。"由此可知公主最初被册封爲永昌縣主。通過前文可知公主出生於公元687年，故公主17歲時爲公元704年，即則天順聖皇后長安四年，此時唐睿宗身份爲相王，據《舊唐書·職官二》："凡外命婦之制，皇之姑，封大長公主，皇姊妹，封長公主，皇女，封公主，皆視正一品。皇太子之女，封郡主，視從一品。王之女，封縣主，視正二品。"①相王之女可封爲縣主，所以代國長公主初封永昌縣主。及至玄宗即位，"錫之美邑，食封一千四百戶，置邑官焉。開元初，加崇代國長公主"。

2. 母親

公主的母親爲肅明皇后劉氏。據《舊唐書·后妃上》記載："睿宗肅明順聖皇后劉氏，刑部尚書德威之孫也。父延景，陝州刺史，景雲元年，追贈尚書右僕射、沛國公。儀鳳中，睿宗居藩，納后爲孺人，尋立爲妃，生甯王憲、壽昌代國二公主。文明元年睿宗即位，册爲皇后；及降爲皇嗣，后從降爲妃。長壽中，與昭成皇后同被譖，爲則天所殺。景云元年，追諡肅明皇后，招魂葬於東都城南，陵曰惠陵。睿宗崩，遷祔橋陵。以昭成太后故，不得入太廟配饗，常別祀於儀坤廟。開元二十年，始祔太廟。"②《新唐書》對肅明皇后的記載並無多大出入。

唐睿宗與肅明皇后劉氏共有兩子一女，據《舊唐書·后妃傳》記載："睿宗肅明順聖皇后劉氏……生甯王憲、壽昌、代國二公主。"③可知公主的同母兄長爲李憲，"讓皇帝憲，始王永平。文明元年，武后以睿宗爲皇帝，故憲立爲皇太子；睿宗降爲皇嗣，更册爲皇孫，與諸王皆出閤，開府置官屬。長壽二年，降王壽春，與衡陽、巴陵、彭城三王同封，復詔入閤。中宗立，改王蔡，固辭不敢當。唐隆元年，進封宋……帝以憲實推天下，有高世之行，非大號不稱，乃追諡讓皇帝"④。李憲爲睿宗長子，後辭太子之位，去世後被唐玄宗追諡爲讓皇帝。同母姐姐爲壽昌公主，是睿宗長女，《新唐書·諸帝公主》記載其"下嫁崔真"⑤。

（三）品行才華

1. 公主的品行

碑銘記載："植性而智，因心則靈，道亮於懷，色温於貌。美髮可鑒，素（闕三

---

① 《舊唐書》卷四三《職官二》，北京：中華書局，1975年，第1821頁。
② 《舊唐書》卷五一《后妃上》，北京：中華書局，1975年，第2161頁。
③ 《舊唐書》卷五一《后妃上》，北京：中華書局，1975年，第2161頁。
④ 《新唐書》卷八一《三宗諸子》，北京：中華書局，1975年，第3596頁。
⑤ 《新唐書》卷八三《諸帝公主》，北京：中華書局，1975年，第3656頁。

字）惠聲（闕二字）仁澤潛揚，言有餘味，情無近屬，服慈友，敦孝敬。"這是對公主的一個總的評價。具體可分爲三點：第一，代國長公主"敦孝敬"，孝順父母，尊敬親長；第二，代國長公主"色溫於貌"，"服慈友"，待人慈和友善；第三，代國長公主恪守原則，其處事"情無近屬"。

碑銘除了記載代國長公主美好的品性以外，還記載了公主在藝術上和文學上非凡的造詣。

2. 公主在文學和藝術上的才華

自唐代完善科舉取士制度以來，教育更加得到重視，皇室更是如此。在唐代，太子與諸王都有專人負責教育，公主也不例外。《唐大詔令集》有關公主封號的章節中，就有諸如"訓以師氏""遵師氏之訓"之類的記載。此外，"宮中還有通曉詩文、德才兼備的女官教授公主以才藝及婦德"[1]，所以代國長公主很小就能接受良好的教育。碑銘中記載："耳目所經，無不諷誦，簡謐恬□，融融如也。每樗蒲簸（闕一字）棊（闕一字）於盡得妙微。至於箜篌笛琴搊琵琶七弦阮咸箏，隔簾（闕一字）之，隨手便合，有若天與，寔同生知。冰碧在躬，學無不通，聰捷若神，聲皆絕倫。騁蕙心以（闕一字）巧，（闕一字）變（闕一字）而添（闕一字）《內範》一部，尤皆精煉。晝恒不寐，留情翰墨，書薦福寺經柱三百餘言，拂石雲散，垂鉤露凝。兔轉仙毫，初從夜月；麝霏煙墨，盡落天花。"從中可看出六點：第一，公主有過目不忘的本事，擅長詩詞；第二，公主精通音律，箜篌、笛、琴、搊琵琶、七弦阮咸、箏等各種樂器隨手便能彈奏，如同生而知之；第三，公主擅長書法，留情翰墨；第四，公主善屬文，文筆精煉；第五，公主了悟佛經；第六，公主擅長跳舞。據碑銘記載："初則天太后御明堂宴，聖上年六歲，爲楚王，舞長命（闕三字）年十二，爲皇孫，作《安公子》；岐王年五歲，爲衛王，弄《蘭陵王》，兼爲行主詞曰：'衛王入場咒願聖神皇萬歲，孫子成行。'公主年四歲，與壽昌公主對舞《西涼》，殿上群臣咸呼萬歲。"公主四歲時就可以與姐姐壽昌公主於明堂宴對舞，足見公主舞藝精湛。

二、婚 姻 生 活

《新唐書·諸帝公主》記載代國長公主："下嫁鄭萬鈞。"[2]而《代國長公主碑》則

---

① 郭海文：《唐代公主的家庭生活》，《陝西師範大學學報》（哲學社會科學版）2011 年第 2 期，第 71—78 頁。
② 《新唐書》卷八三《諸帝公主》，北京：中華書局，1975 年，第 3656 頁。

由鄭萬鈞親自撰寫，足見代國長公主與駙馬的感情之深，可見公主的婚姻生活美滿。

（一）公主的駙馬

據碑銘記載："肇開湯沐，冊號永昌，後乃相攸，降歸於鄭，時年一十有七。"古代女子的婚禮一般在成年之後，即笄禮之後。《禮記·內則》："十有五而笄。"鄭玄注："謂應年許嫁者，女子許嫁，笄而字之。其未許嫁，二十則笄。"[1] 可見，古代笄禮的時間特指的是女子年滿十五歲的時候。所以代國長公主是在笄禮之後兩年嫁給鄭萬鈞的。通過前文推測可知公主出生於公元 687 年，故公主 17 歲時爲公元 704 年，即則天順聖皇后長安四年。

鄭萬鈞其人，據《新唐書·宰相世系表》[2] 記載：滎陽鄭氏先祖可追溯到周宣王分封的鄭國，鄭國滅亡後以國爲氏。東漢末年，以鄭當時一脉的鄭渾、鄭泰等人爲開始，逐漸發展爲高門望族。北魏時與范陽盧氏、清河崔氏、太原王氏並稱爲四姓，到了唐朝，鄭姓在中國北方的滎陽已經發展到了鼎盛時期。鄭姓家族出現了 22 名進士，6 名狀元，8 位駙馬，9 位宰相，家族地位和聲望十分顯赫。鄭萬鈞即其中的八駙馬之一，在《舊唐書》與《新唐書》中均無相關列傳記載，詳細家世生平已不可考，在《全唐文》卷二二五《石刻般若心經序》中有相關記載："秘書少監駙馬都尉滎陽鄭萬鈞，深藝之士也。學有傳癖，書成草聖，揮灑手翰，鐫刻《心經》，樹聖善之寶坊，啓未來之華葉。佛以無依相而說，法本不生；我以無得心而傳，今則無滅：道存文字，意齊天壤。國老張說，聞而嘉焉，讚揚佛事，題之樂石。"[3] 由此可知鄭萬鈞極擅書法，甚至很得張說賞識。也可知鄭萬鈞時任秘書少監，拜駙馬都尉，據《新唐書·百官二》記載："秘書省設監一人，從三品；少監二人，從四品上……監掌經籍圖書之事，領著作局，少監爲之貳。"[4] 唐杜佑《通典》記載："大唐駙馬都尉從五品，皆尚主者爲之。開元三年八月，敕：駙馬都尉從五品階。"[5] 據《張說集校注》[6] 考證，張說撰寫此序時應爲開元十七年（729 年），此時鄭萬鈞爲從四品官，官職不是很高。這一年公主四十三歲，五年後公主就去世了，所以大致可以推測公主婚後的生活應該還是很平靜的，駙馬是文官，官職並不高，也沒有領任何要職，基本不會被捲入政治

---

① 《禮記正義》卷二八《內則》，《十三經注疏整理本》，北京：北京大學出版社，第 1014 頁。
② 《新唐書》卷七五上《宰相世系五上》，北京：中華書局，1975 年，第 3258 頁。
③ （清）董誥：《全唐文》卷二二五《石刻般若心經序》，北京：中華書局，1983 年，第 2271 頁。
④ 《新唐書》卷四七《百官二》，北京：中華書局，1975 年，第 1214 頁。
⑤ （唐）杜佑：《通典》卷二九《職官十一》，北京：中華書局，1984 年，第 170 頁。
⑥ （唐）張說著，熊飛校注：《張說集校注》，北京：中華書局，2013 年，678 頁。

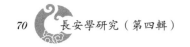

鬥爭之中，這也是一種幸運。

（二）公主的子女

至於代國長公主與鄭萬鈞的子女，碑銘中記載："男二女四，教之以德。長子左贊善大夫聰，聰爲吾耳；次子右贊善大夫明，明爲吾目。明使海內見，聰使天下聞，於國忠，於家孝，合則雙美，（闕一字）爲（闕二字）傳云：'以德命爲義也。'聰爲駙馬都尉，恨未親迎。長女（闕一字）范陽盧氏，有蕭邕之譽；二女琇，博陵崔氏，資明豔之容；三女璜，范陽盧氏，多慈孝之美；四女（闕一字）太原王氏，（闕一字）純粹之行。"由此可知公主與鄭萬鈞一共有六個孩子，兩男四女。

（1）長子鄭聰：又名鄭潛曜，據《新唐書·諸帝公主》記載："臨晉公主，皇甫淑妃所生。下嫁郭潛曜。薨大曆時。"[1]而根據碑銘可知"聰爲駙馬都尉"，且鄭聰又名鄭潛曜，由此可知"郭潛曜"當爲"鄭潛曜"之誤，鄭聰娶了臨晉公主。據北宋錢易《南部新書》卷甲記載："駙馬都尉鄭潛曜，睿皇之外孫，尚明皇第十二女臨晉長公主，母即代國長公主也。開元中，母寢疾，曜刺血濡奏章，請以身代。及焚章，獨'神道許'三字不化。翌日主疾間，至哉，孝子也。"[2]其時任左贊善大夫。《新唐書·百官四》記載：左春坊設"左贊善大夫五人，正五品上；掌傳令，諷過失，贊禮儀，以經教授諸郡王"[3]。

（2）次子鄭明：在《舊唐書》與《新唐書》中均無相關列傳記載，詳細家世生平已不可考，祇根據碑銘知其爲右贊善大夫。《新唐書·百官四》記載：右春坊設"右贊善大夫五人……品皆如左春坊"[4]。

（3）長女：名不詳，"有蕭邕之譽"，由碑銘可知其嫁於范陽盧氏，據《新唐書·宰相世系表》[5]記載，范陽盧氏出自姜姓，齊國後裔，因封地盧邑而受姓盧氏，秦有博士盧敖，子孫遷居至涿水（今涿州）一帶之後，定居涿地，以范陽爲郡望，後世遂稱范陽人。唐初，李唐政權打擊山東士族，范陽盧氏暫時沉寂，直至唐代中期復又崛起，先後有八位范陽盧氏成員官至宰相，進入政事堂議事。在婚姻上，范陽盧氏注重門第婚姻。在文化方面，范陽盧氏以儒學傳家。由此可知代國長公主爲女兒擇偶的標準應爲世家大族子弟。

① 《新唐書》卷八三《諸帝公主》，北京：中華書局，1975 年，第 3656 頁。

② （宋）錢易：《南部新書》卷甲，北京：中華書局，2002 年，第 9 頁。

③ 《新唐書》卷四九《百官四上》，北京：中華書局，1975 年，第 1293 頁。

④ 《新唐書》卷四九《百官四上》，北京：中華書局，1975 年，第 1296 頁。

⑤ 《新唐書》卷七三上《宰相世系三上》，北京：中華書局，1975 年，第 2884 頁。

（4）次女鄭琇："資明豔之容"，由碑銘可知其嫁於博陵崔氏。據《新唐書·宰相世系表》①記載，博陵崔氏，中國漢朝至隋唐時期的北方著名大族。博陵崔氏在東漢躋身名門，在北齊北周時期全面上升，成爲一流士族。在唐朝，博陵崔氏一共誕生了 15 位宰相。在崔玄暐時期達到鼎盛，其曾因參與"神龍政變"，逼迫武則天退位，迎立中宗李顯復位，恢復唐國號而被封爲博陵郡王，時稱"五王"之一。此一時期正處於代國長公主生活的時代，所以公主之女鄭琇嫁入博陵崔氏門當户對。

（5）三女鄭璜："多慈孝之美"，由碑銘可知其嫁於范陽盧氏，與其長姐相同。

（6）四女：名不詳，"（闕一字）純粹之行"，由碑銘可知其嫁於太原王氏。據《新唐書·宰相世系表》②記載，太原王氏，起源於山西省太原市，從魏晋到唐朝都非常顯赫，與隴西李氏、趙郡李氏、清河崔氏、博陵崔氏、范陽盧氏、滎陽鄭氏等七族並列爲五姓七族高門。由此可知其擇偶標準也爲世家大族。

三、宗 教 信 仰

據碑銘記載："騁蕙心以（闕一字）巧，（闕一字）變（闕一字）而添（闕一字）《内範》一部，尤皆精煉。晝恒不寐，留情翰墨，書薦福寺經柱三百餘言，拂石雲散，垂鈎露凝"，本段因爲缺字較多，已很難通曉其含義，但據留存下來的部分，《内範》指佛經，薦福寺則是武則天爲唐高宗李治祈福所建的佛寺，公主在薦福寺的經柱上書寫了三百餘言，也必爲佛教相關内容，所以可知公主信仰佛教。

（一）崇佛原因

代國長公主出生於 687 年，爲則天順聖皇后垂拱三年。此時正是武則天當政的時期，爲了與李唐皇室大力推崇的道教相抗衡，武則天在當政後大肆修建佛寺，將佛教的地位擡高至道教之上，所以童年時期生活在武則天統治下的代國長公主，應該也會更多地接觸到佛教，從而選擇佛教作爲自己的宗教信仰；且據《新唐書·后妃上》記載："睿宗肅明順聖皇后劉氏……長壽二年，爲户婢誣與竇德妃挾蠱道祝詛武后，並殺之宮中，葬秘莫知。"③公主的生母肅明皇后劉氏曾於長壽二年（693 年）遭人陷害，以巫蠱之罪被武則天所殺，此時公主 6 歲，所以年幼的公主應是時時生活在恐懼

---

① 《新唐書》卷七二下《宰相世系二下》，北京：中華書局，1975 年，第 2773 頁。
② 《新唐書》卷七二中《宰相世系二中》，北京：中華書局，1975 年，第 2632 頁。
③ 《新唐書》卷七六《后妃上》，北京：中華書局，1975 年，第 3489 頁。

不安之中，選擇佛教作爲自己的宗教信仰也是對其祖母女皇武則天的一種討好行爲。此外，公主信佛可能也有爲早逝的母親祈福之意，不過這就不能表現出來了。

（二）宗教生活

據前文可知公主在未出嫁時就已經信仰了佛教。而出嫁之後的一件事應該讓她更加堅定了佛教信仰。據《太平廣記》卷九七《異僧十一》記載：“唐代國公主適滎陽鄭萬鈞，數年無子，時有僧和和者，如狂如愚，衆號爲聖，言事多中，住大安寺，修營殿閣，和和常至公主家，萬鈞請曰：‘吾無嗣，願得一子，惟師降恩，可得乎？’師曰：‘遺我三千疋絹，主當誕兩男。’鈞如言施之，和和取絹付寺，云修功德，乃謂鈞曰：‘主有娠矣，吾令二天人下爲公主作兒’。又曰：‘公主腹小，能並娠二男乎？吾當使同年而前後耳。’公主遂娠，年初、歲終各誕一子，長曰潛耀、少曰晦明，皆美丈夫，博通有識焉。”①公主嫁給鄭萬鈞之後多年無子，駙馬便求助了當時的聖僧和和，以三千疋絹爲約做了功德，果然當年公主就生下了兩個男孩，這應該讓公主更加堅定了佛教信仰。

到了晚年，公主禮佛之心更加虔誠。據碑銘記載：“逮乎晚年，歸心聖域，六齋蔬食，二時静念。（闕一字）誦《金剛經》兩部（闕一字）《華嚴》八（闕一字）卷、《寶積》一百廿、《大般若》六百、《法華》、《藥師》、《大集》等經，領晤了然，色空不著，撤聲樂，投珠璣，十有餘年矣。又於僧義福跪受禪觀，又於金剛三藏受陀羅尼灌頂。”日常生活中，公主開始食素，又“撤聲樂，投珠璣”，不讓自己沉迷享樂，時時誦經，領晤了然。宗教生活中，公主徹底以佛教信徒身份自居，“於僧義福跪受禪觀，又於金剛三藏受陀羅尼灌頂”。據《太平廣記》記載，僧義福爲唐開元年間高僧，“禪觀”指依禪理參究修行，公主跟隨義福參究修行佛理②。又《中華佛教人物大辭典》記載：“金剛三藏爲獅子國僧人，唐時來華，擅畫西域佛像，運筆持重非常。”③“灌頂”則爲梵語的意譯，原爲古印度帝王即位的儀式，佛教密宗效此法，凡弟子入門或繼承阿闍梨位時，必須先經本師以水或醍醐灌灑頭頂，公主接受了金剛三藏的灌頂儀式，以示正式成爲佛門弟子。

臨去世之前，代國長公主還和比丘尼持續來往，留下遺願“封分一半施寺觀家，余平分與女。請陪葬橋陵，不得厚葬，莫著金銀銅器”，作爲公主，願將一半家産分

---

① （宋）李昉：《太平廣記》卷九七《異僧十一》，北京：中華書局，1961 年，第 647—648 頁。
② （宋）李昉：《太平廣記》卷九七《異僧十一》，北京：中華書局，1961 年，第 645—646 頁。
③ 張志哲主編：《中華佛教人物大辭典》，合肥：黃山書社，2006 年，第 254 頁。

給寺觀，又要求不得厚葬，説明公主信仰佛教的因果報應、轉世輪回之説，不是很看重身後之事。

總之，公主的佛教信仰貫穿了其一生，生活在那個政治動蕩的時代，經歷了母親被殺，父親幾次退讓皇位，武周王朝的建立及神龍政變後李唐皇室的恢復，以及韋后之亂和太平公主之亂，公主應該從佛教中獲得了難得的内心安寧與平静。此外，公主的佛教信仰應該也是公主的一層護身符，幼時可以讓她得到武則天的歡心，以求自保；出嫁後又可以佛教信徒的身份遠離政治鬥争的中心，保護自己和家人。

四、公主的喪葬禮

（一）死亡原因

據公主碑銘記載："以開元廿二年六月廿（闕一字）日……以其月廿九日，薨於河南修業里第，享年廿八。"通過前文可知公主出生於公元 687 年，去世時爲開元廿二年（734 年），公主去世年齡爲 48 歲。那麽是什麽原因導致了代國長公主逝世？正史中對其並無相關記載。碑銘對其死因的記載也並不詳細，只有"去年，忽謂蒙曰：'昨夜夢念珠（闕一字）斷，急手自拾，一個不得，是不祥。'他日，又夢入法堂，見一空座，有人指之，此四公主座。恐明年（闕二字）乃後數月，偵其儀刑，稍稍憔悴。以開元廿二年六月廿（闕一字）日，慇然不食，安寢不起，神氣晏如，有同入定"一句記載與公主的去世相關。因代國長公主信仰佛教，所以此一句先記載了公主去世前一年的兩個夢，一爲念珠斷，却拾而不得；另一個爲有人稱法堂空座爲四公主座，兩個夢皆不祥。開元廿二年六月廿（闕一字）日，公主突然不思飲食，安寢不起，却神氣安然，如同入定一樣，却無法醫治，以其月廿九日，薨於河南修業里第。碑銘與正史均未記載公主究竟得了什麽病，又因公主信仰佛教，其説法也多佛教中因果報應、預兆一類玄之又玄的東西。但公主因什麽原因得病？具體得了什麽病？今天的我們已經不得而知了。

（二）喪葬禮

《論語·學而》載：曾子曰："慎終，追遠，民德歸厚矣！"[①]唐朝提倡以孝治國，喪葬禮儀滲透著親情，培育了感恩心。人性就是這樣被呵護，文明由此而弘揚[②]。代國

---

① 張燕嬰譯注：《論語》，北京：中華書局，2006 年，第 6 頁。
② 胡戟：《大唐西市博物館藏墓誌·前言——走進隋唐人的精神世界》，胡戟：《大唐西市博物館藏墓誌》，北京：北京大學出版社，2012 年，第 17 頁。

長公主作爲玄宗的妹妹，去世時又正值開元盛世之時，國力强盛，玄宗自然要爲代國長公主舉行一場隆重的喪葬禮。

1. 輟朝三日

據碑銘記載，代國長公主逝世於常樂坊之私第，唐玄宗"輟朝三日"，據《禮記·曲禮下》："輟朝而顧，不有異事，必有異慮，故輟朝而顧，君子謂之固。"鄭玄注："心不正，志不在君。輟，猶止也。"孔穎達疏："臣於朝矜莊儼恪，視不流目。若忽止朝而回顧，此若非見異事，則心有異慮也，此由不先習也。"①這説明在古禮中認爲輟朝是不合適的行爲，但玄宗却爲代國長公主輟朝三日，很顯然，玄宗用"輟朝"這種方式來表達對妹妹早逝的哀傷。且在唐代的喪禮制度中，死後獲得皇帝輟朝哀悼是最高級別的哀榮，由此可見，玄宗對妹妹代國長公主葬禮重視之程度。

2. 官員護喪

唐代公主薨亡後，朝廷不僅會派人前往弔祭，還會專門派遣官員監護喪事。鴻臚寺便是負責重要人物喪葬事務的機構之一，至於承詔負責協助亡者家屬辦理喪事的大臣，則是根據逝世者的品級來派遣："一品則鴻臚卿護其喪事，二品則少卿，三品丞。人往皆命司儀示以制。"②據碑銘記載："（闕一字）作（闕四字）監護永穆公主及駙馬王繇同安王洵送往，並爲寫一切經。"據《舊唐書·方伎》記載："開元十年，永穆公主出降，敕有司優厚發遣，依太平公主故事。一行以爲高宗末年，唯有一女，所以特加其禮。又太平驕僭，竟以得罪，不應引以爲例。上納其言，遽追敕不行，但依常禮。"③由此可知玄宗對永穆公主的喜愛，其出嫁時竟打算以太平公主的舊例操辦。據《新唐書·諸帝公主》記載："永穆公主，下嫁王繇。"④王繇是唐中宗第三女定安公主和駙馬王同皎的兒子，於開元十年（723 年）娶唐玄宗長女永穆公主爲妻。

據《新唐書·百官一》記載："皇姑爲大長公主，正一品；姊妹爲長公主，女爲公主，皆視一品；皇太子女爲郡主，從一品；親王女爲縣主，從二品。"⑤由此可知玄宗女永穆公主爲正一品，且據前文可知駙馬王繇爲從五品。唐玄宗以永穆公主及其駙馬監護代國長公主喪事並爲寫一切經，足見玄宗對妹妹代國長公主葬禮的重視。

---

① 《禮記正義》卷五《曲禮下第二》，《十三注疏整理本》，北京：北京大學出版社，2000 年。
② （宋）王溥：《唐會要》卷三八《葬》，北京：中華書局，1988 年，第 691 頁。
③ 《舊唐書》卷一九一《方伎》，北京：中華書局，1975 年，第 5112 頁。
④ 《新唐書》卷八三《諸帝公主》，北京：中華書局，1975 年，第 3657 頁。
⑤ 《新唐書》卷四六《百官一》，北京：中華書局，1975 年，第 1188 頁。

3.尚宮弔祭，賜衣五十副，所緣喪葬官供

據《新唐書·百官二》記載："尚宮二人，正五品。六尚皆如之。掌導引中宮，總司記、司言、司簿、司闈。凡六尚事物出納文籍，皆涖其印署。有女史六人，掌執文書。"[1]玄宗派遣正五品的尚宮前去弔祭，並賜衣五十副，且所需喪葬品皆由官供，由此也可見，玄宗對妹妹代國長公主葬禮重視之程度。

4.陪葬於橋陵

橋陵是唐睿宗李旦的陵寢，位於蒲城縣西北約十五公里處的豐山（唐時稱爲"橋山"，又稱"蘇愚山"）西南。橋陵以豐山爲陵，在山腹開鑿地宮，並在四周建造陵牆。豐山氣勢雄偉，蜿蜒如巨龍盤峙，登頂南眺，平野遼闊，一望無垠。陵穴高出周圍平地 250 米左右，四周諸峰環繞，山勢巍峨，蔚爲壯觀。唐睿宗李旦有 6 個兒子，11 位公主，但能陪葬橋陵的據《唐會要》記載却祇有 7 人，分別爲惠宣太子李業、惠莊太子李撝、惠文太子李範、金仙長公主、涼國長公主、鄎國長公主和駙馬李思訓[2]。代國長公主去世後可以陪葬橋陵，足見玄宗對妹妹代國長公主葬禮的重視。

5.撰者書人

《代國長公主碑》碑文系其夫駙馬都尉鄭萬鈞撰文，其子駙馬都尉、左贊善大夫鄭聰書。鄭萬鈞爲唐代文豪兼書法家。前文提及鄭萬鈞書法極佳，甚至很得張說的賞識，鄭聰書法源於家學，名在其父之上。此碑行楷兼備，瀟灑婉麗，有顏真卿書法之神韻。時橋陵諸碑銘書丹均出於名臣或玄宗之手，唯此碑係夫爲妻撰文，子爲母書碑，在歷史上實爲少見，此碑除顯示代國長公主與駙馬鄭萬鈞夫妻感情深厚，其子鄭聰孝順之心外，也從側面顯示了玄宗對代國長公主的重視之程度。

五、結　語

綜上所述，代國長公主出生於則天順聖皇后垂拱三年，年幼失母，又經歷了其父的幾次退讓皇位，神龍政變、韋后之亂和太平公主之亂等，一直到開元盛世年間去世。如此看來，她的一生應該是時時處於動蕩不安之中的，但因爲其碑銘爲丈夫所撰寫，所以這些並沒有體現，而是側重於記述公主的才華品行、婚姻生活、宗教信仰以及其隆重的喪葬儀式，並由其子鄭聰親書碑銘，可見公主婚後的家庭生活應是很美滿的。因爲駙馬的資料幾乎不可考，所以我們現在也很難得知政治因素對公主的影響，

---

① 《新唐書》卷四七《百官二》，北京：中華書局，1975 年，第 1226 頁。
② （宋）王溥：《唐會要》卷二一《陪陵名位》，北京：中華書局，1988 年，第 415 頁。

但據僅有的資料推測駙馬的政治參與度應該不高，所以公主的婚姻生活應該是比較平靜的。但生活在這樣一個政局動蕩，朝代變更的時期，大的政治環境一定會影響到公主的生活，包括其擇偶的標準及喪葬的規模等。

總之，《代國長公主碑》不僅讓我們瞭解了公主的生平，糾正了正史記載中的一些錯誤，補充了正史記載的不足，豐富了代國長公主的人物形象，還讓我們對公主所生活的時代有了一定的瞭解，史料價值頗高。

隋唐之際墓誌所見隋煬帝親征高句麗

——兼論唐初君臣對隋亡事件的詮釋

拜根興

引　言

　　大業八年（612 年），隋煬帝首次親征高句麗，隨後的大業九年、十年，隋煬帝連續東向親征，直到全國範圍内亂兵四起，仍有再次征伐之心的隋煬帝纔不得不罷手。這場動用舉國之力、費時數年，成爲隋朝滅亡導火綫的征戰，自唐初以來無論是政府還是民間，均予以鞭撻和劣評，這從唐人編撰《隋書》，以及五代和北宋出現的《舊唐書》《新唐書》《資治通鑒》等史書及筆記小説均可看到。顯然，這些記載傾向，對於繼隋而立的唐朝來説，無疑是再正常不過的事情。然而，翻檢近年來公布的親歷征戰者的墓誌史料，重温戰爭的蕭殺氛圍和征戰者的爲國捐軀事迹，或許能對歷來的看法有所矯正。本文即在此前海内外學界研究的基礎上[①]，利用親歷征戰者墓誌等史料，探討隋末煬帝三次親征涉及的諸多問題，並對唐初過度詮釋隋亡原因提出看法，以就教於諸師友方家！

一、親歷者墓誌所見隋煬帝親征

　　關於隋煬帝大業年間親歷征伐高句麗之戰的隋人墓誌，筆者從天津古籍出版社出

──────────

　　作者簡介：拜根興，男，陝西師範大學歷史文化學院教授。

　　①　岑仲勉：《隋唐史》（上册），北京：高等教育出版社，1982 年，第 66—71 頁；金寶祥等：《隋史新探》，蘭州：蘭州大學出版社，1989 年。胡戟：《隋煬帝新傳》，上海：上海人民出版社，1996 年；劉健明：《隋代政治與對外政策》，臺北：文津出版社，1999 年，第 312—330 頁；喬鳳岐：《隋唐皇朝東征高麗研究》，北京：中國社會出版社，2010 年，第 72—89 頁；藍文徵著，馬躍才選編：《藍文徵文存》，南京：江蘇人民出版社，2012 年。

版的《隋唐五代墓誌彙編》（1991 年）；三秦出版社出版的韓理洲編《全隋文補遺》（2004 年）；王其禕、周曉薇編著《隋代墓誌銘匯考》（綫裝書局，2007 年）；羅新、葉煒《新出魏晉南北朝墓誌疏證》（中華書局，2017 年），周紹良、趙超主編《唐代墓誌彙編》《唐代墓誌彙編續集》等書，以及發表於文博雜志、網路公布等近年來新出的墓誌中檢出 36 件[①]。當然，可能還有一些珍貴墓誌沒有檢出。另外，西安、洛陽每年均出土一定數量的隋唐墓誌，其中這一時段的墓誌可能還有，並陸續公布面世。本稿所論即是以這些石刻墓誌史料爲重點，探討涉及的問題。

1. 病殁於開戰前夕

在古代，一場大的出征事件，無論是皇帝親征，還是將帥掛印征伐，行前祭祀昊天大地，不僅可討到好的彩頭，而且能提高士氣。正因如此，隋煬帝大業八年正月到達涿郡，"宜社於南桑乾水上，類上帝於臨朔宮南，祭馬祖於薊城北"[②]，舉辦了一系列有助於征伐、爲自己親征壯膽、爲出征將士祈福、爲征戰勝利張目的活動，但在此前後發生的諸多事件，可能令已經出征的隋煬帝心情鬱悶！具體來説，先是自詡已三百歲、號稱能合煉金丹、欺騙皇帝建造嵩陽宮的道士潘誕，因煉丹藥不成惹怒隋煬帝，被械送涿郡斬殺。而合水令庾質、右尚方署監事耿詢苦苦上諫煬帝勿要親征，引起煬帝極度不快，以至於要斬殺耿詢。

煬帝君臣浩浩蕩蕩到達涿郡，但從上到下，從年輕到年老的臣僚，或許長途北上不服水土，或許臨戰心情緊張，更可能不大習慣關外氣候，一連串的重臣將帥臨陣夭亡，爲出征埋下了不祥的預兆。

凡此種種，現存墓誌記載了這些還未來得及征戰就死於前方的隋朝官僚軍將。

（1）出身蕭梁皇族，官拜秘書監左光禄大夫蕭瑒。墓誌載云：

> （大業）四年，守秘書監。五年，即真秘書監。六年，封陶丘侯。七年，行幸幽燕，有事遼碣，詔檢校左驍衛將軍，余並如故。以其年十二月十七日，構疾薨於涿郡薊縣之燕夏鄉歸善里，春秋卅有九。[③]

（2）金紫光禄大夫梁郡太守劉德。其墓誌云：

> 大業三年，朝議改大將軍，授金紫光禄大夫，改宋州刺史，授梁郡太守，膺

---

① 參見文後附表。

② 《資治通鑒》卷一八一，隋煬帝大業八年正月條，北京：中華書局，1985 年，第 5660 頁。

③ 《隋唐五代墓誌彙編》洛陽卷，天津：天津古籍出版社，1991 年，第 1 册，第 82 頁。

茲革命，再加隆重。七年，被追涿郡，方應受詔遼海，綏誘邊戎，天不憖遺，山頹木壞。以大業八年正月九日壬子，遘疾終於涿郡，時年六十有七。①

（3）右驍衛司騎參軍尉仁弘墓誌曰：

仁壽二年，以勳門隆重，擢任皇右挽郎，敕授游騎尉。大業三年，任漢東郡司功書佐。至七年，聖皇念舊，別詔追集，補右驍衛司騎參軍。不余旬日，除驍衛司倉。以大業八年二月一日，春秋三十有二，薨於燕薊。其月二十二日，祔殯大墳東北。嗚呼哀哉，實可傷悲。②

（4）左禦衛大將軍，隋宗室觀德王楊雄墓誌云：

（大業）七年，敕兼左御衛大將軍。八年，韓貊九種，負阻弗賓，貔虎百萬，致茲天討，授左第七軍遼東道。受賑以出，成師言邁。方當紀迹封山，棱威截海；而緯舛中階，氛臨左角，凱樂未旋，虞哥遽反。大業八年三月十日遘疾薨於遼西郡，春秋七十有三。乘輿輟朝興悼，不聽政者三日。飾終之典，禮數兼常；儀重加襚，恩深去蒿。有詔遣鴻臚丞崔君德監護送至東都，喪事所須，隨由資給。諡曰德王，禮也。③

除過墓誌資料記載之外，《隋書》卷六三，《資治通鑒》卷一八一還記載了內史令（正三品）元壽大業八年正月甲辰薨於涿郡④，左候衛大將軍段文振（正三品）三月辛卯死於南蘇道進軍途中⑤。可以看出，戰鬥還沒有打響，隋煬帝君臣從遙遠的關中，先到達東都洛陽，隨後乘船沿大運河永濟渠到達涿郡；而一般的軍將兵士，以及後勤民夫等隊伍則循序進發北上，綿延千里，其中勞煩辛苦可想而知。從上引墓誌史料看，觀德王楊雄、大將軍劉德、內史令元壽、左候衛大將軍段文振等可能因年齡偏大，長途跋涉難受其累患病死亡尚可理解，而驍衛司倉尉仁弘、秘書監左光祿大夫蕭瑒正值三十餘歲壯年，而且司職隋征伐軍統帥部御營，可能擔當使命重大，身心疲

---

① 韓理洲主編：《全隋文補遺》，西安：三秦出版社，2004年，第271頁。
② 《隋唐五代墓誌彙編》河北卷，天津：天津古籍出版社，1991年，第1冊，第19頁。
③ 張應橋：《隋觀德王楊雄及其妃王氏墓誌》，《中國國家博物館館刊》2016年第6期。
④ 《隋書》卷六三《元壽傳》，北京：中華書局，1973年，第1498頁；《資治通鑒》卷一八一，隋煬帝大業八年正月條。
⑤ 《資治通鑒》卷一八一，隋煬帝大業八年三月辛卯條。載段文振爲左候衛大將軍，出南蘇道。北京：中華書局，1985年。

憊，他們突然"遘疾"身亡，其造成的影響可能更大。首先，作爲隋朝征伐高句麗的前沿陣地涿郡、遼西郡，隋煬帝親臨這裏，隨行的政府機關、軍事人員齊聚於此，雖然現在不能準確計算來到這裏的具體人數，但車馬輻輳、人數衆多當是自然。這樣，在農曆正月、二月仍然寒冷異常的塞北涿郡，隨行臣僚或者年老體弱，或者觸發本身已有疾病，當地簡陋的醫療條件，疾病得不到很好的治療，命喪於此也不是什麼稀奇的事情①。好在這個季節祇是寒冷，除過現在都瞭解的感冒、肺病可置人於死地之外，夏天一些令人畏懼的疫病應不會發生。因爲開皇十八年（598 年）六月隋文帝發三十萬軍馬征伐高句麗之時，淫雨經月不停，餉運不濟軍中乏食，導致疫病盛行，造成很大的困惑②。隋煬帝選擇這個季節聚兵於涿郡，是否汲取了隋文帝開皇十八年出征教訓？段文振在出征途中患病彌留之際，曾上諫隋煬帝云：

> 竊見遼東小丑，未服嚴刑，遠降六師，親勞萬乘。但夷狄多詐，深須防擬，口陳降款，詭伏多端，毋得便受。水潦方降，不可淹遲。唯願嚴勒諸軍，星馳速發，水陸俱前，出其不意，則平壤孤城，勢可拔也。若傾其本根，餘城自克；如不時定，脫遇秋霖，深爲艱阻，兵糧既竭，強敵在前，靺鞨出後，遲疑不決，非上策也。

引文中提到"水潦方降，不可淹遲"等字樣，可見當時人已注意到出兵時間優劣選擇問題③。其次，上述六人死亡時間分別爲大業七年十二月，大業八年正月、二月、三月，即隋煬帝到達涿郡，隋軍發起進攻前後，而戰争還没有全面展開，統帥部及其主要軍道却頻繁出現非正常減員，雖然現有記載没有隋煬帝對如此事態的感受，但上至親王，下到統帥部主要執事官的突然離世，是否也引起自幼感情細膩，力主親征的隋煬帝心情不快，是否影響他對整個戰役的總領指揮？不僅如此，這些人的突然離世，在一千四百餘年前人們普遍迷信的年代，其是否也對隋統帥部幕僚人員、軍事將領，乃至隋煬帝本人心理産生疑慮？在此後戰役進行過程中，這種心理暗示對戰争進程施加的影響到底有多少？這些都是值得關注的事情。第三，雖已七十三歲，但作爲左第七軍，觀王楊雄生前擔當遼東道出征重任，他突然離世，誰是繼任者？這支部隊在隨後的征伐戰鬥中表現如何？左候衛大將軍段文振進軍南蘇道途中死亡也存在類

① 陳寅恪曾指出遼東地域氣候嚴寒對隋唐兩代征伐高麗所造成的困惑。參陳寅恪：《唐代政治史述論稿》，上海：上海古籍出版社，1981 年。
② 《資治通鑒》卷一七八，隋文帝開皇十八年六月條，第 5561 頁。
③ 《隋書》卷六〇《段文振傳》。

似的問題。總之，從現在公布的墓誌及文獻資料，可以看出隋煬帝親征高句麗，雖然到達涿郡前後采取了一些措施，以此想告慰上天、提高士氣，但隨後征伐軍統帥部及重要統帥人員的患病身亡，以及可以預見的普通士兵的非戰鬥減員，可能對作爲統帥的隋煬帝造成影響，他發布嚴厲的 "凡軍事進止，皆須奏聞待報，毋得專擅" 等鉗制前方將領的非專業的敕令，是否與此有關，值得深究。

　　2. 隋軍出征涉及的軍種及組織

　　有關隋軍出動軍隊的數量，此前熊義民、寧志新、喬鳳岐等人進行過探討，特別是喬鳳岐在分析已有研究和現存史料的基礎上，認同寧志新的觀點，即認爲《隋書》《資治通鑒》兩書對大業八年出征人員損失的記載有誇張的成分①，對此，筆者在下文中將予以論證。

　　至於隋朝出動軍隊 "九軍" "二十四軍" 如何解釋？文獻記載較爲籠統②。依據《隋書》卷二《煬帝紀》記載，當時出兵涉及左右兩軍：

　　左十二軍進軍方向有鏤方道、長岑道、海冥道、蓋馬道、建安道、南蘇道、遼東道、玄菟道、扶餘道、朝鮮道、沃沮道、樂浪道。

　　右十二軍進軍方向有黏蟬道、含資道、渾彌道、臨屯道、候城道、提奚道、踏頓道、肅慎道、碣石道、東暆道、帶方道、襄平道③。

　　藍文徵依據《隋書》人物傳記等，考出隋軍出征高句麗共十三軍道，還有上述《隋書·煬帝紀》中沒有記載，《資治通鑒》提及的 "遂城道" "增地道"，藍氏認爲當是新增的道④。喬鳳岐依據《隋書》人物傳記，以及《資治通鑒》卷一八一記載，標示出其中可考的十七軍主要將領名諱，即比上述藍文徵多出了平壤道、踏頓道、東暆道，也包括增地道，但沒有提及遂城道，實爲可貴⑤。應當説明的是，上述 "道"，似乎祇是進出道路的意味，其很好地利用了自漢以來遼東乃至朝鮮半島的古地名，指明每一軍進軍的大體目標和路綫，以壯出征隋軍之聲威。而有的則是專門的交通通道，如左軍中提及的 "南蘇道" 就是如此，到唐朝征伐高句麗之時，亦是沿此道路進軍⑥。這種編排出征軍隊的做法，唐太宗、唐高宗父子征伐高句麗時亦是如此。如

---

　　① 參喬鳳岐《隋唐皇朝東征高麗研究》，北京：中國社會出版社，2010 年，第 81—83 頁。
　　② 《隋書》卷六五《周法尚傳》載有隋煬帝與内史令元壽、周法尚的一次談話，元壽曾提及 "御營之外，請分爲二十四軍，日别遣一軍發，相去三十里……"，雖隋煬帝認同周法尚的建議，但可能在親征高句麗之時，最終采納了元壽的提議。
　　③ 《隋書》卷二《煬帝紀》，第 80—81 頁。
　　④ 藍文徵著，馬躍才選編：《藍文徵文存》，南京：江蘇人民出版社，2012 年，第 92—93 頁。
　　⑤ 喬鳳岐：《隋唐皇朝東征高麗研究》，北京：中國社會出版社，2010 年，第 84—85 頁。
　　⑥ 參王綿厚：《新城、南蘇、木底道與高句麗南北二道的關係》，《社會科學戰線》1996 年第 5 期，第 140—146 頁。

顯慶五年（660 年）蘇定方出征百濟當時就是發十四道兵，因爲主攻方向轉到朝鮮半島西南的百濟，故而就有新出現的“神丘道”“熊津道”“嵎夷道”“馬韓道”等名稱[①]，當然也有薛萬備擔當副總管的“鴨涤道”，筆者認爲“鴨涤道”可能是爲防禦高句麗南下救援百濟而設[②]。這樣，隋煬帝出兵高句麗，史書記載號稱“九軍”，其實應是二十四支發往遼東等廣大地域不同進攻目標的軍隊；當然，還有從海路進擊的隋軍，這些理應計算在征討大軍之内。史書所載“九軍”，祇是説明當時出兵軍隊數量之多，當非實指。

至於墓誌中出現的進軍路綫涉及的道有：

（1）遼東道（楊雄墓誌、唐直墓誌、楊恭仁墓誌）

（2）海冥道（豆盧寔墓誌）

（3）建安道（蔣慶墓誌）

（4）扶餘道（宇文述墓誌）

（5）滄海道（王安墓誌）

雖然隋人墓誌中提及的征伐目的地少於文獻史料所及，對我們論證“九軍”或“二十四軍”難能提供牢靠的佐證，影響本稿的立意延伸，但墓誌史料中多處有“六軍”“六師”的記載，其史實亦應得到重視，不妨徵引史料予以説明。

隋豆盧寔墓誌載：

> 於是，六軍臨遼，七萃同奮，克殄夷醜，預有其勳。

隋長孫汪墓誌載：

> 八年，從駕倍蹙，問罪遼竭。聖上君臨天下，包括區宇，日月所出，風雨所沾，並梯山架海，綱弗來庭。而蕞爾高麗，獨隔聲教，躬行弔伐，親御六軍。而彼島夷，尚懷小姜，帥領兇黨，抗我王師。

隋王德備墓誌載：

> 煬帝親董六軍，遠出遼左，任屬心膂，近侍帷帳，朝夕宿衛，備盡勤誠，蕢

①　拜根興：《韓國新發現〈含資道總管柴將軍精舍草堂銘〉考釋》，《唐研究》第 8 卷，北京：北京大學出版社，2002 年，第 347—356 頁。

②　拜根興：《新見初唐名將薛萬備墓誌考釋》，杜文玉主編：《唐史論叢》第 27 輯，西安：三秦出版社，2018 年，第 275—294 頁；拜根興：《唐高宗時代朝鮮半島劇變與高麗的應對——兼論高麗滅亡的原因》，《陝西師範大學學報》（哲學社會科學版）2014 年第 4 期，第 100—106 頁。

銳貫勇，固敵是求，簡在帝心，特加褒尚，以先鋒陷陣，拜朝請大夫。

隋觀德王楊雄妃王氏墓誌載：

> 至於大業八年正月廿八日，六師電發，濯征遼浿。以王爲左御衛大將軍，出遼東道。方肆貔虎，掃清虺蜮，而英略未振，厥疾先侵。以其年三月十日薨於遼西郡。

唐孟府君買墓誌之銘記載：

> 君諱買，字先長，河南洛陽人也。……大業八載，東夷未賓，隨主親總六師，弔民遼碣，君陪奉鑾輅，宿衛鈎沉，體國忘家，身先士卒，金鼓既作，犀象飛馳，□□□□，直截玄菟，驅曳棄本，手仗懸門，□穀臣於車上，縛郭最於麾下，以戰功第一，乃授建節尉。仍除同州建安府司馬，左�右轅，魚麗鶴□，甲堅戈銳，弓勁馬肥，□威關中，人百其勇。囑隨運漸終，火德將改。八紘崩沸，萬姓不安，豺狼滿途，梟境蔽野。……[1]

按：“六軍”或者“六師”，據《隋書》記載，有左右衛、左右武衛、左右武候府等[2]，其與上述文獻資料中提及的“九軍”“二十四軍”應有區別，即專指隨皇帝左右擔任安全及隨時調遣的軍隊，當然也是隋軍精銳中的精銳。上述王德備、孟買兩人應該就是隋煬帝禁衛軍，即御營中的一員。也就是説，出征的隋朝軍隊，除過上述的諸多奮戰陸海前綫，和高句麗軍隊浴血奮戰的各個參戰部隊外，還有保衛隋煬帝，隨時可派往前綫的禁衛軍。而且禁衛軍無論從組成人員、人員類別、到軍隊數量、戰鬥力等，均在整個征伐戰中起到重要的震懾統領作用。

二、隋煬帝三次征伐高句麗再探討

1.隋煬帝親征高句麗的原因

對於隋煬帝出兵征伐高句麗的原因，以及因此導致隋朝滅亡，學界評價紛紜，其中就有以“好大喜功”籠而統之之蓋棺定論。而傳統史家對隋煬帝征伐高句麗的評述值得深究，不妨徵引如下：

---

① 趙文成等編：《秦晉豫新見墓誌蒐佚續集》，北京：國家圖書館出版社，2013 年。
② 《隋書》卷二八《百官志下》。

自高麗撫有周余，惠此中國，開皇之末，方事遼左，天時不利，師遂無功。二代承基，志包宇宙，頻踐三韓之地，屢發千鈞之弩。小國懼亡，敢同困獸，兵連不戢，四海騷然，遂以土崩，喪身滅國。兵志有之曰"務廣德者昌，務廣地者亡"。然遼東之地，不列於郡縣久矣。諸國朝正奉貢，無缺於歲時，二代震而矜之，以爲人莫若己，不能懷以文德，遽動干戈。内恃富强，外思廣地，以驕取怨，以怒興師。若此而不亡，自古未之聞也。然則四夷之戒，安可不深念哉！

無疑，上述評述是唐初史家對前朝滅亡的直接感應和看法，因魏徵其人主持《隋書》的編纂事業，可以認定魏徵對這種看法亦應認同。與此同時，唐太宗在與臣僚的時事對話中，以隋煬帝作爲治理國家的反面參照物，其中魏徵多次參與這種君臣對話，談到隋煬帝生活的奢侈，用人、賞罰的隨意，對臣下的無端猜忌等，唐太宗君臣相互勉勵，其中也牽涉對隋煬帝征伐高句麗的評論。

> 貞觀九年，太宗謂侍臣曰："往昔初平京師，宮中美女珍玩，無院不滿。煬帝意猶不足，徵求無已，兼東西征討，窮兵黷武，百姓不堪，遂致亡滅。此皆朕所目見，故夙夜孜孜，惟欲清浄，使天下無事。遂得徭役不興，年穀豐稔，百姓安樂。夫治國猶如栽樹，本根不搖，則枝葉茂榮。君能清浄，百姓何得不安樂乎？"[1]

> 貞觀四年，房玄齡奏言："今閲武庫甲仗，勝隋日遠矣。"太宗曰："飭兵備寇雖是要事，然朕唯欲卿等存心理道，務盡忠貞，使百姓安樂，便是朕之甲仗。隋煬帝豈爲甲仗不足，以至滅亡？正由仁義不修，而群下怨叛故也。宜識此心。"[2]

> 貞觀十八年，太宗以高麗莫離支賊殺其主，殘虐其下，議將討之。諫議大夫褚遂良進曰："陛下兵機神算，人莫能知。昔隋末亂離，克平寇難，及北狄侵邊，西蕃失禮，陛下欲命將擊之，群臣莫不苦諫，唯陛下明略獨斷，卒並誅夷。今聞陛下將伐高麗，意皆熒惑。然陛下神武英聲，不比周、隋之主，兵若渡遼，事須克捷，萬一不獲，無以威示遠方，必更發怒，再動兵衆，若至於此，安危難測。"太宗然之。[3]

> 貞觀十九年，太宗將親征高麗，開府儀同三司尉遲敬德奏言："車駕若自往

---

[1] （唐）吴兢著，謝保成集校：《貞觀政要集校》卷一《君道》，北京：中華書局，2005年，第41頁。
[2] 《貞觀政要集校》卷五《論仁義》，第252頁。
[3] 《貞觀政要集校》卷九《議征伐》，第481頁。

遼左，皇太子又監國定州，東西二京，府庫所在，雖有鎮守，終是空虛，遼東路遙，恐有玄感之變。且邊隅小國，不足親勞萬乘，若克勝，不足爲武，儻不勝，翻爲所笑。伏請委之良將，自可應時摧滅。"太宗雖不從其諫，而議者是之。[①]

可以看出，唐太宗君臣對隋煬帝親征高句麗導致隋朝滅亡很是認同，而且從語言到談論風格在當時來說包含十足的正能量，但對隋煬帝乃至隋朝征伐高句麗的評價，是否有言過其實或者臉譜化傾向？從唐太宗爲樹立自我完美形象的傾向性看，這種可能顯然不能排除。當然，這無疑就影響了評論事件的諸多客觀性。如他一再鞭撻鄙夷的隋煬帝親征，到了貞觀十八年，他也走向親征高句麗之路途，祇是其説辭稍有改變而已。就是説，雖然出兵時間相差四十年，出兵原因可能有所差異，但兩人都是不光彩取得帝位、都是親征、都是勞民傷財、都是無功而返，祇是後代對隋煬帝與唐太宗征遼的評價卻有天壤之別，爲什麼如此？筆者認爲，隋朝確是因隋煬帝親征高句麗所引起的一系列連鎖反應而滅亡，但上述唐初編撰史書，以及這一時期君臣對話，初唐朝野社會思潮均將隋煬帝的負面信息無限擴大化，以至於後世編撰的各種文字，對隋煬帝連篇累牘的污名化，都是以這些記載爲據，進而使隋煬帝完全成爲暴戾亡國之君的典型。且不説傳統史家對隋煬帝的極端評論，中外學者呂思勉、韓國磐、宮崎市定等人亦是如此。雖然此後有中國學者萬繩楠、胡戟、楊永安，日本學者布目潮渢，英國學者崔瑞德[②]等采取較爲客觀公正的態度，對隋煬帝的評價有所改觀[③]，但其運用的史料仍然以初唐時代編撰的史書或者文獻爲據。隋朝末年當時出現的第一手史料，即當時人撰寫的墓誌，在上述學者的論述中並未得到很好的利用，此無疑是頗爲遺憾的事情。當然，墓誌史料也有其本身的短板，這就是學界常説的諛墓文問題，但一般墓誌序文中對死者的生平及官職升遷，這些令墓主及其家屬感到榮耀無比的事件記述，其信憑度還是值得信賴的；更重要的是具體問題具體分析，對於涉及的墓誌史料的甄別探討工作不可缺失。同時，我們並非要給隋煬帝摘掉亡國之君的帽子，他的一系列失當的舉措，確實造成隋朝富裕強悍的國運走向崩潰，但這一時期的一些史實性的東西，應該回歸歷史真實，不能囫圇吞棗式一筆帶過。

上述隋煬帝親征高句麗的原因問題，原香港學者劉健明援引金毓黼、萬繩楠、岑仲勉、王連昇、趙儷生、余又遜、金寶祥等人的論述，先從高句麗的立場出發，綜合

---

① 《貞觀政要集校》卷九《議征伐》，第 482 頁。
② （英）崔瑞德：《劍橋中國隋唐史》，北京：中國社會科學出版社，1990 年，第 144—145 頁。
③ 參梁克敏：《關於唐人對隋煬帝的評價》，西安：陝西師範大學碩士學位論文，2015 年。

探討上述問題，認爲隋朝統一中國後，要維護東亞宗主地位，高句麗則要擺脫中原王朝束縛，統一半島，兩者發展方向發生衝突。而隋朝的强大，也使高句麗感到威脅；隋文帝出兵高句麗，頗多損失，已爲隋煬帝征伐埋下伏筆；高句麗因隋文帝征伐不克，助長了堅決對抗中原王朝的信心，如此就出現隋軍和高句麗間的衝突戰爭，此爲難能避免的事情①。而胡戟則從隋唐兩朝長時段對朝鮮半島的政策入手，認爲隋唐兩朝連續對東北方向用兵，是一場收復故土和反包圍的鬥爭②。對此，筆者比較認同胡戟的觀點，即雖然隋唐兩代皇帝親征高句麗的具體原因有所差異，但從較長時段探討這一問題，可能會看得更清楚些。

　　2. 墓誌石刻所見大業八年親征

　　衆所周知，學界對隋煬帝三次親征高句麗均以失敗告結沒有異議，在現存《隋書》《舊唐書》《新唐書》《資治通鑒》等書都有明確記載。特別是對大業八年（612年）第一次親征高句麗，隋軍出動三十萬軍馬，但"將帥奔還至者二千餘騎"，"二千七百人"③，喬鳳岐認爲史書對大業八年出征人員損失的記載有誇張的成分，確實道出問題的實質，但具體狀況如何，難能知曉。爲説明方便起見，引用九方關聯墓誌史料如下：

　　（1）《隋故禮部侍郎通議大夫陳府君之墓誌銘》載：

　　　　大業七年，東巡檢校右御衛虎賁郎將。八年，授朝散大夫，其年，以臨遼勛例授通議大夫，尋攝判吏部侍郎事。九年，檢校左屯衛鷹揚郎將。卿寺增輝，郎曹切務。越遼浦而陞侍，奉旌門而轂立。大業七（？）年④，凱旋西旆，禮畢東轅，其年十二月廿七日還屆洛川，奄然暴殞，終於河南縣思順里之宅，春秋五十三。

　　（2）《大隋故金紫光禄大夫豆盧公墓誌銘並序》載：

　　　　天子問罪東夷，陳兵朔野，以公爲左第二軍海冥道副將，猶典禁兵。公蒙犯

---

① 劉健明：《隋代政治與對外政策》，臺北：文津出版社，1996年，第278—282頁。
② 胡戟：《隋煬帝新傳》，上海：上海人民出版社，1995年，第181—182頁。
③ 《隋書》卷四《煬帝紀》，《隋書》卷六一《宇文述傳》。以往論者均以《隋書》煬帝紀"九軍並陷，將帥奔還至者二千餘騎"，宇文述傳中"初，渡遼九軍三十萬五千人，及還至遼東城，唯兩千七百人"爲據，《隋書》之後諸史書多依此論爲據。
④ 此墓誌紀年可能有誤，衹是王其禕引用《漢魏南北朝墓誌集釋》，以及王氏附考均未提及此事。誌文中先述"大業七年"記事，後述及"大業八年""大業九年"墓主參與征伐高句麗事宜，但隨後又及"大業七年"墓主"凱旋西旆，禮畢東轅。於其年十二月廿七日還屆洛川，奄然暴殞"。顯然，誌文紀年有問題，其"大業七年"或爲"大業九年"之誤。參《隋代墓誌銘匯考》，北京：線裝書局，2007年，第5册，第110—113頁。

霜露，率先士卒。軍井不飲，將蓋靡張，撫而勉之，人思效節。於是，六軍臨遼，七萃同奮，克殄夷醜，預有其勛。以平遼功，詔授金紫光祿大夫[1]。

（3）《隋故正議大夫虎賁郎將光祿卿田公墓誌》載：

皇上問罪遼東，貔虎百萬，雖承廟略，亦寄英奇，又拜公行軍總管。師旋，改授左武衛虎賁郎將[2]。

（4）《王世琛墓誌》載：

以公子貴游，早入宿衛。起家勛侍，值王師薄伐，陪駕遼東，始預前驅，一發便中，蒙授奮武尉。九年，重從平遼，即授朝散大夫。[3]

（5）《隋故正議大夫左武侍鷹揚郎將長孫君墓誌》載：

八年，從駕倍蹕，問罪遼竭。聖上君臨天下，包括區宇，日月所出，風雨所沾，並梯山架海，網弗來庭。而蕞爾高麗，獨隔聲教，躬行弔伐，親御六軍。而彼島夷，尚懷小姜，帥領兇黨，抗我王師。於是，白羽一揮，旌旗蹔動，賊從潰散，一舉而滅。君任尻心膂，倍奉髦輪，持簡帝心，恩光榱衆。授君通議大夫，領右武侍效節府鷹揚郎將[4]。

（6）《隋故左禦衛府長史通議大夫宋君墓誌銘》載：

八年，天子親臨遼隧，問罪燕郊，分命方叔，長驅被練，四網周設，一彀而摧。以勛進授通議大夫，長史如故[5]。

（7）《大唐故左光祿大夫蔣國公屈突府君墓誌銘》載：

七年，東夷不賓，職貢時愆。天子把旄杖鉞，風馳電逝，乘六龍以大討，詔七萃以長驅。公董帥貔貅，爰陪軍幕，摧鋒却敵，公有力焉。遷右光祿大夫，授

[1] 《隋代墓誌銘匯考》，北京：綫裝書局，2007年，第4冊，第349—350頁。
[2] 《隋代墓誌銘匯考》，北京：綫裝書局，2007年，第5冊，第315—316頁。
[3] 《隋代墓誌銘匯考》，北京：綫裝書局，2007年，第5冊，第331—332頁。
[4] 《隋代墓誌銘匯考》，北京：綫裝書局，2007年，第5冊，第354頁。
[5] 《隋代墓誌銘匯考》，北京：綫裝書局，2007年，第5冊，第386—387頁。

左候將軍①。

（8）《王德備墓誌銘》載：

  煬帝親董六軍，遠出遼左，任屬心膂，近侍帷帳，朝夕宿衛，備盡勤誠，蓄銳貫勇，固敵是求，簡在帝心，特加褒尚，以先鋒陷陣，拜朝請大夫②。

（9）《蔣慶墓誌銘》載：

  至大業八年，預涉戎行，遼東伐罪，前驅執銳，得第一，勛轉爲奮武尉。後向建安道行兵，擒獲兇徒，轉授建節尉。又選爲領驍果校尉，任行軍長史③。

上引九方隨隋煬帝出征高句麗隋軍將士墓誌，相對於現存文獻史料，具有一定的特點。其一，這些誌文的共同點爲大業八年墓主返回洛陽後，都不同程度受到嘉獎或升職。如（1）（2）（6）（9）爲以功勛例授官職，（3）（7）爲返回後改授、遷授官職，（4）（5）（8）作爲隋煬帝御營軍將，因功授予官職。其二，墓主多爲隋煬帝御營的中級官員，而御營雖然亦參與整個戰役的指揮及緊急部署作戰，但與上述“九軍”或“二十四軍”參戰境遇或許還有頗多不同之處，至少可以説明隋煬帝御營在整個征伐戰中的損失並不大。其三，授予的官職爲“通議大夫”“金紫光禄大夫”“右光禄大夫”“朝請大夫”“奮武尉”“建節尉”等。查閱《隋書》《通典》等書，其中通議大夫、金紫光禄大夫、右光禄大夫、朝請大夫均爲散官，而奮武尉、建節尉兩職位雖然品級不高，但卻是隋煬帝專爲前方立功將士所設立，能夠獲得如此稱號，一者説明被授予者在前綫建有功勛，二者表示獲得隋煬帝的寵愛。可以看出，除過豆盧寔以平遼功，獲授“金紫光禄大夫”④之外，其餘諸人因本來官位較低，故雖因戰功獲獎授官職，但官品並不高。無論如何，依據誌文，這些人不僅沒有打敗仗，而且確實在前方建有戰功，所以纔受到隋煬帝的嘉獎；而在墓誌序文中，對於並非大富大貴者，一般記載墓主一生最爲閃光和值得誇耀的東西，而因戰功獲得官職升遷、受到嘉獎則是最好的素材；墓主死亡距離建立戰功官職升遷的時間十分接近，排除記憶模糊或無端阿諛之嫌疑，故而記載的真實性當能保證。正因如此，如以現存文獻史料爲據的話，這

① 周紹良主編，趙超副主編：《唐代墓誌彙編》貞觀 007，上海：上海古籍出版社，1992 年。
② 吴鋼等主編：《全唐文補遺》，西安：三秦出版社，1998 年，第 93 頁。
③ 黄林納：《隋代蔣慶墓誌考釋》，《中原文物》2014 年第 3 期。
④ 隋代散官“金紫光禄大夫”的品級難能知曉，而隋代將其定爲正三品，唐沿襲隋官職，故隋代的品級應該也很高。

些當事人墓誌記録信息當作何解釋？除此之外，上述《煬帝紀》《宇文述傳》中記載隋軍敗亡的具體情形亦應重新探討！如《隋書》卷六三《衛玄傳》就有不同的記載：

> 大業八年，轉刑部尚書。遼東之役，檢校右御衛大將軍，帥師出增地道。時諸軍多不利，玄獨全衆而還。拜金紫光禄大夫。

當時隨煬帝親征參戰的一些將領返回後亦獲得嘉獎。如《隋書》卷六四《王辯傳》載"遼東之役，以功加通議大夫，尋遷武賁郎將"；《隋書》卷六五《王仁恭傳》載隋煬帝稱讚其"往者諸軍多不利，公獨以一軍破賊"。吐萬緒率步騎兵數萬直指蓋馬道，參與隋煬帝親征，似並未受到損失，故而留鎮懷遠，並獲得嘉獎，進位左光禄大夫[①]。即就是對上述王辯、王仁恭、吐萬緒諸人在大業八年立功疆場，九方墓誌墓主立功返回洛陽受到隋煬帝嘉獎視而不見，而按照隋軍的兵員建制核算，上述衛玄增地道步騎軍隊"全衆而還"，其人數也不至於祇有二千七百人。總之，現存《隋書》《資治通鑒》對大業八年隋煬帝親征隋軍的損失誇大記載，顯示初唐時代唐朝君臣爲鞏固新政權，人爲豎立對立面，並想從鞭撻前朝窮兵黷武、國破家亡提醒自己。然而，隋唐東北方向的險惡形勢，以及不斷增強的威脅決定了中原王朝無論是誰家當政，經營東北均刻不容緩，故而唐太宗在以隋煬帝作爲暴戾亡國參照物的同時，也不能免俗，最終同樣走向親征高句麗之路途。當然，唐太宗有隋煬帝親征前車之鑒，在處理一些關鍵問題上避免犯同樣的錯誤，所以親征雖然沒有達到預期目的，但總體來説並未出現直接危害新生政權存亡之結果。解決高句麗問題，在唐高宗時代各種條件臻於完備，唐朝與新羅聯合最終滅亡高句麗，實現了朝鮮半島三國的統一[②]。

三、結　語

本文利用 36 方隋末唐初曾隨隋煬帝親征高句麗的隋朝軍將墓誌，結合現有文獻史料的記載，探討了大業八年隋煬帝親征高句麗涉及問題，如戰爭爆發前後隋朝統帥部頻發的官員死亡事件的出現及其危害，隋煬帝親征高句麗的原因，動用的軍隊組織結構和人數。唐初君臣在談論朝政得失過程中，將隋煬帝人爲樹立爲治理國家的反面參照物，無限誇大隋煬帝自身以及親征高句麗涉及問題的危害，導致此後史家的連鎖反

---

① 《隋書》卷六五《吐萬緒傳》，第 1538 頁。
② 參拜根興：《七世紀中葉唐麗與新羅關係研究》，北京：中國社會科學出版社，2003 年；《唐朝與新羅關係史論》，北京：中國社會科學出版社，2009 年；《唐代高麗百濟移民研究》，北京：中國社會科學出版社，2012 年；《石刻墓誌與唐代東亞交流研究》，北京：科學出版社，2015 年等書論述。

應，影響學界對一些問題的評價。無疑，唐人編撰《隋書》當時，這些當事人的墓誌深埋地下，墓誌中涉及的人物事迹，對於學界探討隋煬帝親征諸多問題可提供證據。當然，正如古代東亞史研究著名學者高明士教授所言："墓誌對於功勛的記叙，不免溢美，但至少可説明大業八年之役，尚有若干戰績，不致於一敗塗地。唐初對煬帝一朝的資料，既然需要靠（唐人）采訪來補全，對於《隋書》兩《唐書》《資治通鑒》《册府元龜》等史籍所載，不能盡信，同時也要留意唐人對隋煬帝的偏見。初唐所見墓誌，可有補充史實作用，但仍須批判使用。這是研究煬帝一朝歷史的盲點，治史者當引以爲戒。"[①]期待有更多的隋唐之際關聯石刻墓誌出土，使得對上述問題的探討更加客觀，推動七世紀東北亞歷史研究走向深入。

附表　隋煬帝親征高句麗關聯石刻墓誌

墓主	墓誌銘名稱	征戰時間	死亡時間	備註
楊恭仁	大唐故特進觀國公墓誌	大業 11 年	639	《唐代墓誌彙編》
陳叔明	隋故禮部侍郎通議大夫陳府君之墓誌銘	大業八年	612	《隋代墓誌銘匯考》
張　壽	隋故光禄大夫右翊衛大將軍張公墓誌	大業九年	614	《隋代墓誌銘匯考》
豆盧寔	大隋故金紫光禄大夫豆盧公墓誌銘並序	大業八年	613	《全隋文補遺》
馬稱心	馬稱心墓誌	大業十年	614	《全隋文補遺》
元　智	大隋故朝請大夫夷陵郡太守太僕卿元公之墓誌銘	大業九年	613	《全隋文補遺》
范安貴	隋故左候衛大將軍右光禄大夫范公墓誌銘	大業八年	615	《隋代墓誌銘匯考》
田行達	隋故正議大夫虎賁郎將光禄卿田公墓誌	大業八年？		《隋代墓誌銘匯考》
王世琛	王世琛墓誌	大業八年、九年	615	《隋代墓誌銘匯考》
長孫汪	隋故正議大夫左武侍鷹揚郎將長孫君墓誌	大業八年		《隋代墓誌銘匯考》
宋永貴	隋故左御衛府長史通議大夫宋君墓誌銘	大業八年	614	《隋代墓誌銘匯考》
宇文述	宇文述墓誌	大業八年、九年	617	《碑林集刊》
韋匡伯	鄭故大將軍虞（韋？）公之墓誌銘	大業八年	617	《全隋文補遺》
屈突通	大唐故左光禄大夫蔣國公屈突府君墓誌銘	大業八年	628	《唐代墓誌彙編》
王德備	王德備墓誌銘	大業八年	618	《全唐文補遺》
段　師	隋故銀青光禄大夫殷州刺史段君墓誌銘	大業九年		《唐代墓誌銘彙編附考》
鄧寶明	□□□虎賁郎將朝請大夫南陽鄧君墓誌銘	大業九年	614	《隋唐五代墓誌彙編》
蕭　瑒	隋故秘書監左光禄大夫陶丘蘭侯蕭君墓誌銘並序	大業七年	611	《隋唐五代墓誌彙編》
□永貴	□永貴造像記	大業九年		《全隋文補遺》
劉　德	隋金紫光禄大夫梁郡太守劉府君墓誌銘並序	大業八年	612	《隋唐五代墓誌彙編》
尉仁弘	尉仁弘墓誌	大業八年	612	《全隋文補遺》
楊　雄	隋觀德王楊雄及其妃王氏墓誌	大業八年	612	《中國國家博物館館刊》
楊　續	唐楊續墓誌	大業八年	652	《李小勇網路發布》
蔣　慶	蔣君（慶）墓誌	大業八年、九年	615	《中原文物》
柳　則	隨故導官署令柳君之墓誌銘[②]	大業八年	615	《洛陽新見墓誌》2015

---

① 高明士：《從軍禮論隋唐皇帝親征》，收入劉曉、雷聞主編：《隋唐遼宋金元史論叢》第 8 輯，上海：上海古籍出版社，2018 年。

② 墓誌記載導官署令柳則其人曾奉詔出使高句麗，但途中患病返回，並於大業十一年病亡。至於隋朝是否另派他人出使，不得而知。由此可見隋煬帝親征之際，其與高句麗間的使節來往並未間斷。筆者推測出使當在大業八年隋軍退兵之後。參拜根興：《隋唐時代出使高句麗三使者墓誌考釋》，《陝西歷史博物館館刊》第 24 輯，西安：三秦出版社，2018 年。

续表

墓主	墓誌銘名稱	征戰時間	死亡時間	備註
李 禎	大唐故司隸刺史李君墓誌	大業八年	629	《西安晚報》
孟 買	隋故孟君墓誌之銘記	大業八年	617	《秦晋豫新見墓誌蒐佚續集》1
侯 敬	大唐故處士侯君（彪）墓誌銘並序	大業八年？		《全唐文補遺卷》6
索 玄	唐故開府索君（玄）墓誌並序	大業八年？	643	《全唐文補遺》6
張孝緒	大唐故大將軍張府君（孝緒）墓誌	大業五年？	643	《全唐文補遺》6
王 安	唐故蒲州虞鄉縣丞王君（安）之誌	大業八年	636	《全唐文補遺》1
张 渊	大唐故鄭州滎陽縣令上騎都尉張府君（楚賢）墓誌	大業		
周 护	大唐故輔國大將軍荊州都督上柱國嘉川襄公周公墓誌	大業八年		《全唐文補遺》1
独孤开远	唐左衛將軍上開府考城縣開國公獨孤府君墓誌銘	大業八年		《全唐文補遺》3
張 伽	大唐故張君（伽）墓誌之銘	大業八年	657	《全唐文補遺》3
史善應	大唐故左衛將軍弓高侯史公墓誌銘	大業年中	643	《新見隋唐墓誌集釋》

讀神德寺文獻劄記[*]

景新强

　　神德寺是一所隋唐古刹，位於今陝西省銅川市耀州區北步壽原下，現存磚塔一座，巍峨聳立。2004 年 9 月文物部門在維修該塔時，在塔第四層拱券内發現一批古代寫經卷子。2010 年學者黃征、王雪梅著手整理研究這批文獻，發表初步成果[①]，並於 2012 年以《陝西神德寺塔出土文獻》之名全文出版[②]，計有 306 個獨立卷號。這批文獻的發現過程，黃征在該書《前言》中有詳細介紹，兹不贅述。筆者在拜讀《神德寺文獻》和上述大作時，偶有疑惑，隨手劄記，略綴文字，以就教方家。

一、《神德寺文獻》的整理特點

　　古代塔刹出土紙本文獻，往往多有，著名的如應縣木塔出土遼代刻本、寫本佛經，震驚學界。此次神德寺文獻出土，令人矚目，整理爲 300 餘卷號，堪稱大宗。整理者以"藏經洞"呼之，且處處比附於敦煌莫高窟第 17 窟藏經洞[③]，實際爲磚塔拱券也，呈半開放狀，故爲鳩雀占據，糞土堆積，腐蝕嚴重。總體觀之，該批文獻也與莫高窟第 17 窟所出性質迥乎不同，不必掠美自矜。《神德寺文獻》是這批經卷的整理成果，整理者説，整理内容包含録文、標點、解題、斷代、校勘、考證、注釋術語、辨

　　作者簡介：景新强，男，西北大學歷史學院講師。

　　* 本文爲西北大學"學分制改革下版本目録學小班授課改革研究"項目（編號 JX18064）資助成果。

　　① 黃征、王雪梅：《陝西神德寺塔藏經洞出土文獻 Y0001 金光明經卷第二爲唐人寫經考》，《中華文史論叢》2011 年第 2 期，第 357—377 頁；黃征、王雪梅：《陝西神德寺塔出土文獻編號簡目》，《敦煌研究》2012 年第 1 期，第 46—51 頁；王雪梅、黃征：《陝西神德寺塔出土文獻 Y0067 佛説隨願往生經校録考訂》，《西華師範大學學報》（哲學社會科學版）2012 年第 3 期，第 6—11 頁。

　　② 黃征、王雪梅主編：《陝西神德寺塔出土文獻》，南京：鳳凰出版社，2012 年。以下簡稱《神德寺文獻》。

　　③ 《神德寺文獻·前言》，第 5—7 頁。

析字形等 8 個方面①；全書彩色圖版，精裝四册，整理者爲此付出了艱辛的勞動，應
予肯定。

《神德寺文獻》整理的第一個特點是未予分類編排。整理者的大致意圖是以經卷殘
損程度編列，完整者居前，殘破者居後，最後是佛畫、木軸等雜件。鄙意以爲，既然
均爲佛經，應以佛經目録分類結構編排，以類相從，可以有"讀者友好"的界面，甚
至相同經卷、一卷裂出者，其義互見，燦然明白，省却許多前後翻檢之勞。當然，編
列的辦法已經不能用《開元釋教録》及其衍生目録等古典藏經目録體系，因爲神德寺
所出比較特殊，夠不上體系化的佛教文獻（詳後）；鄙意可用《大正藏》《卍續藏》等
近代調整後的分類結構予以體現，因其目録結構對佛教經典的覆蓋較全面，疑僞經等
均能統攝之故。

《神德寺文獻》整理的第二個特色是，圖版之外，全文録文標點，並補足了原卷腐
爛缺損部分的所有文字，整理者稱之爲"校勘"。"校勘"的辦法，其實是以寫卷上的
殘存文字，檢索《大正藏》《卍續藏》《藏外佛經》等叢書的相應經典，來比定殘卷名
稱、內容後，以之補足"缺失"文字。近年來，由於 CBETA（"中華電子佛典"）數
據庫的上綫，爲這類工作提供了極大便利，整理者應是以此按圖索驥而來。繼而所作的
録文、解題、校勘、考證等，均與此相聯繫，實爲一體。但是，用晚近時代形成的佛典
文本檢索比定中古時期的寫卷文本②，並爲之定名、補文，如此工作難免流於粗疏，如
學界即有對神德寺出土《十王經》文本比定失誤的批評③，已經觸及了中古寫本經卷整
理研究的深層次問題，即忽視佛經文本流變脉絡，忽視佛經文本的歷史形態與信仰變遷
之間的聯繫，機械地以晚出文本來比定早期文本，實際上掩蔽了出土文本的時代價值。

《神德寺文獻》整理的第三個特色是爭取爲每一件經卷斷代。由於 300 餘號經卷純
粹爲佛經，祇有 2 件卷末有年款，其他的或因爲殘損，或原本就没有年款，也無可供
參照的紙背內容，所以整理者以負責任的態度爲這些經卷斷代，應該説具有很高的學
術勇氣。筆者梳理了《神德寺文獻》約前三分之一經卷（以《神德寺文獻》編例，前
列的經卷往往是殘存文字紙張較多的，屬精華部分）的斷代依據，發現整理者斷代的
思路頗有特點，茲不煩冗長，列爲表 1：

---

① 《神德寺文獻·校録整理條例》，第 17 頁。
② CBETA 是以《大正藏》《卍續藏》《漢譯南傳大藏經》等近世佛教典籍叢編，予以校勘、標點並數字化的一個佛
教典籍數據庫，詳見《CBETA 電子佛典集成版權宣告》。
③ 張總：《〈十王經〉新材料與研考轉遷》，載《敦煌吐魯番研究》第 15 卷，上海：上海古籍出版社，2015 年，第
53—93 頁。

表 1　《神德寺文獻》部分經卷斷代情況表

卷　號	斷　代	依　據
Y0001	唐寫本	世多見①，葉（從云），滔、民缺筆
Y0002	印本，宋太祖	世（一見），光作本字
Y0003	唐五代寫本	世多見，故不可能入宋
Y0004	唐五代寫本	有世字，滔（缺筆）
Y0005	高宗—憲宗元和元年	治作理，有世字，滔缺筆
Y0006	晚唐—宋太祖	有世字，光作本字
Y0007	宋太祖時	世作本字，光、敬、義作本字
Y0008	五代宋初	治作里（理），世作本字，故底本爲唐本
Y0009	唐五代	世多見，滔缺筆，
Y0010	唐五代	有世字
Y0011	宋初太宗之前	世、民、治作本字
Y0012	宋初太宗之前	世作本字，無宋太宗諱
Y0013—1	唐之後宋太宗之前	世、民不缺筆②
Y0013—2	唐五代宋太祖	世、敬、義作本字
Y0014—1	印本，宋太祖太宗	刻印本在宋代纔流行，故入宋
Y0014—2	宋太祖太宗	世作本字，故
Y0015	宋太祖	世、講作本字，故入宋；無宋諱
Y0016	唐五代	無諱字可據
Y0017	入宋，太祖	世作本字
Y0018—1	剛入宋	世與世同見③
Y0020	宋太祖	世作本字，無宋太宗諱字④
Y0021	宋太祖太宗	世或世均有
Y0022	入宋	世作本字
Y0023	唐五代	有世字
Y0024	唐五代宋初	殘存 5 字，無依據⑤
Y0025	唐五代宋初	殘存 3 行，無依據
Y0026	宋太祖	世、世均有⑥
Y0027	宋太祖太宗之際	世、民、治作本字，不避宋太宗諱⑦
Y0028	唐五代	世，滔缺筆⑧
Y0029	唐五代	世，滔缺筆⑨
Y0030	宋太祖	世作本字，義、議、光、敬等作本字
Y0031	宋太祖	世作本字；民加點，不缺筆；滔缺筆⑩
Y0033	唐五代宋初	無避諱字可據⑪

---

①　由於世字形常見，爲排版方便，下文世字形一律寫爲"世"，不一一截圖，敬請讀者悉知。

②　整理者："又説明是唐後而非唐前的"，《神德寺文獻》，第 196 頁。

③　整理者："唐五代人寫字，要麼都缺筆，要麼都不缺筆，但不會一下子缺筆一下子又不缺筆"，故入宋。《神德寺文獻》，第 255 頁。

④　按：此件爲摘抄本《大乘大集地藏十輪經》，脱漏嚴重。

⑤　按：可與 Y0077 綴合，書法一致，順序爲 Y0024＋Y0077。

⑥　整理者："在同一個人抄的經卷中，同一個世字，一會兒缺筆，一會兒不缺筆，這種奇特的現象衹有剛剛入宋不久的時候纔會出現。"《神德寺文獻》，第 308 頁。

⑦　按：可與 Y0007 綴合。

⑧　按：可與 Y0004 綴合，Y0028 在卷首，接 Y0004，應題《佛説隨願往生經》，不應以大正藏定名。

⑨　整理者："民字多加一點似乎也有避諱作用。"《神德寺文獻》，第 330 頁。

⑩　按：與 Y0011《金光明經卷三》爲一人所寫。

⑪　按：殘存 3 行，可與 Y0009 綴合，Y0033 在前。

续表

卷　號	斷　代	依　據
Y0034—1	唐五代宋初	無避諱字可據
Y0034—2	宋太祖太宗	世作本字①
Y0036—1	宋太祖太宗	世作本字。
Y0036—2	未斷代	殘存 3 行計 10 字
Y0038—1	唐五代	有丗字
Y0038—2	唐五代宋初	無避諱字可據
Y0038—3	唐五代宋初	無避諱字可據
Y0038—4	唐五代宋初	無避諱字可據
Y0039—1	印本，宋太祖太宗	世作本字。
Y0039—2、Y0039—3	均爲印本，宋太祖太宗	無避諱字可據
Y0039—4	印本，唐五代宋初	無避諱字可據
Y0040	唐五代	潛缺筆
Y0042	唐五代宋初	無避諱字可據②
Y0043	印本，晚唐五代宋初	殘存 3 字，無避諱字可據
Y0044	唐五代宋初	殘存 3 行計 7 字，無避諱字可據。按此爲《佛説續命經》： □□□□願聖□□□□罪者□□□□如影隨刑願□ □□□□舍利西方阿□□□□③
Y0045	唐五代宋初	殘存 2 字
Y0046	唐五代宋初	殘損 3 行，無避諱字可據
Y0047	宋太祖太宗	世作本字，非唐五代習慣
Y0048—1	印本，宋太祖	民、光作本字，首書寫“郭家經一卷”
Y0048—2	印本，晚唐五代	有丗字
Y0049	唐五代	有丗字；義作本字④
Y0050	宋太祖太宗	世、治均作本字
Y0051	宋太祖	世、民均作本字
Y0052	宋太祖	世、光、義、敬均作本字⑤
Y0053	宋太祖太宗之際	潛缺筆，沿襲唐諱；民、世、敬作本字；光、義未見
Y0054	唐五代宋初	無避諱字可據⑥
Y0055—1	宋太祖太宗	世、丗均有，爲入宋不久
Y0055—2	印本，唐五代宋初	殘存 9 字，無可據⑦
Y0056	印本，宋太祖	世、丗均有，民、光不缺筆
Y0058	印本，唐五代宋初	講從“云”，唐諱
Y0059	印本，宋太祖	世、光不缺筆
Y0060	唐五代宋初	殘存 4 行 10 餘字，世泐損，別無避諱字⑧
Y0061	宋太祖太宗	世不缺筆⑨

---

① 按：可與 Y0031 綴合，Y0034—2 在前。

② 按：可與 Y0038—2 綴合，Y0042 在前。

③ 按：原卷抄寫極爲草率，“形”誤作“刑”，“離”誤作“利”，殘剩“刂”旁。

④ 按：可與 Y0037—2、Y0073 綴合，順序爲 Y0037—2+Y0073+Y0049，三件書法獨特、一致。而 Y0073 斷爲唐五代宋初，Y0037—2 未斷代。

⑤ 按：此件可與 Y0151 綴合。Y0151 殘片原位置在圖版 Y0052—3 斷爛處（《神德寺文獻》451 頁上），因 Y0151 殘片無所謂避諱字，故被斷爲“唐五代宋初”（《神德寺文獻》，第 690 頁），與 Y0052 斷代矛盾。另《神德寺文獻》第 455 頁“注 6”已經補出 Y0151 殘剩文字，但 454 頁録文中誤標“注 6”爲“注 7”，應是手民之誤。

⑥ 按：殘存 4 行 10 餘字，可與 Y0020 綴合，Y0054 居前。而 Y0020 被斷爲宋太祖時。

⑦ 按：“世”泐損；可與 Y0002 綴合，Y0055—2 居前；而 Y0002 被斷爲宋太祖時。

⑧ 按：似可與 Y0034—1 綴合，Y0034—1 居首。

⑨ 按：可與 Y0096、Y0192 綴合，順序爲 Y0061+Y0192+Y0096。Y0061 和 Y0096 兩件中“切”“功”右半、“不可”筆法一致，Y0192 書法紙色與上述兩件一致；文意均連屬少缺。Y0096 被斷爲宋太祖時，矛盾。

续表

卷　號	斷　代	依　據
Y0062	唐五代	有世字
Y0064	未斷代	殘存"□齊毀？" ①
Y0067	唐代	有世字，民、淵缺筆②
Y0068	無斷代	以"校注考證"所舉例，應定宋初③
Y0069	宋太祖	世、光作本字
Y0072	唐五代宋初	儀不缺筆
Y0074	印本，唐五代宋初	無避諱字可據
Y0075	唐五代	有世字，淵缺筆
Y0076	五代	"十王經"爲五代造僞經
Y0077	五代	"十王經"爲五代造僞經
Y0078	唐五代	棄，缺筆
Y0079	唐五代宋初	無避諱字依據④
Y0082	宋太祖太宗	世作本字⑤
Y0085	唐五代宋初	無避諱字可據⑥
Y0099	唐五代宋初	無避諱字可據⑦
Y0112	唐五代	無避諱字可據⑧

據上表可知，《神德寺文獻》整理者對經卷斷代的類型，分爲以下幾種：

（1）是原卷有明確年款者，衹有 Y0041《北斗七星護摩法》"開寶九年六月"、Y0032《佛說解百冤家經》"雍熙二年正月八日"兩條，即以款識定年。其實 Y0041《北斗七星護摩法》爲刻本，卷末手寫題記云："亡過長男在生之日有誓修寫消災經壹 ▢▢▢ 散施與人誦持，伏望 ▢▢▢ 三界，開寶九年六月日記"，是散施該經的時間，並非刊刻時間。推測此件應爲經坊印製售賣品，而施主爲亡子請經散施祈福，故而題記另行手寫，題記與正文末尾也並非一紙，黏貼痕迹明顯⑨；不像敦煌出土的王玠爲二親敬造的《金剛經》（咸通九年，868 年）那樣事先規劃一體印製了，因爲王玠是專門出資不惜工本地雕造該經的。上述經卷的年代先後符合印刷術發展的基本邏

---

① 殘件似"齊毀"二字，若是，可推定爲有偈贊的"十王經"文本（參考《卍續藏》第 1 册第 408 頁中）。

② 按：此件可與 Y0087 綴合，兩件"得""生""苦""方"等字筆法一致，Y0087 居前有殘，Y0067 居末。而 Y0087 被斷爲唐五代宋初，矛盾。

③ 按：原寫本略去 2000 餘字，爲《佛爲首迦長者說業報差別經》的簡化本，題《佛說解百生冤業報經》。

④ 按：此件可與 Y0145 綴合，隨 Y0145 之後，書法一致，文意連屬。而 Y0145 因世字被斷爲宋太祖時。

⑤ 按：此件爲數十殘片，由整理者拼擺爲一號。審視書法則可分爲 2 件不同的《大乘大集地藏十輪經卷九》，其中圖版 Y0082—2、Y0082—4 爲一件，與 Y0020 爲同一人書寫，其書法"出""世""爲""間"等高度一致；但不能綴合，因爲圖版 Y0082—2 文字又見圖版 Y0020—11。

⑥ 按：此件可與 Y0009 綴合，Y0085 居前，Y0009 接後，書法一致，斷爛形態一致，當爲一卷裂出。而 Y0009 以世多見、淵缺筆，斷爲唐五代，矛盾。

⑦ 按：此件可與 Y0149 綴合，書法一致，如"復""能""或""有"等字；Y0149 居首，後殘，接 Y0099。而 Y0149 斷爲唐五代，也無避諱字可據。

⑧ 按：此件可與 Y0148 綴合，書法一致，如"得""報"等字；Y0112 居前，接 Y0148；抄寫有漏句。而 Y0148 斷爲唐五代宋初，也無避諱字可據。

⑨ 《神德寺文獻》，第 402 頁圖版 2。

輯，即經坊印刷者晚於王玠捐造者①。

（2）是原寫卷無明確年款，也没有整理者認爲的明顯"避諱字"字形，無"據"可依，故全部斷代爲"唐五代宋初"。這種經卷爲數不少②。

（3）是原寫卷有整理者認爲的"避諱字"字形，則據避諱斷代。此類爲數衆多。如認爲"卋"是"世"的缺筆第四筆字形③，"葉""講""棄"等從"世"構件之字，改從"云"或缺筆；"民""滑"缺筆，"滑"上半部作"改"，甚至認爲"民"字多寫一"丶"也有避諱意味④；"治"缺末筆，或作"理"；等等。

（4）是刻印本經卷，若無整理者認爲的避諱字依據，則斷爲宋初，並以爲印本現象多爲入宋立論⑤。但也有例外，如 Y0039-4、Y0043、Y0055-2 是印本，且無所謂唐諱，但定爲（晚）唐五代宋初。這又是法外之例。

（5）是刻印本經卷，若有整理者認爲的唐諱、宋諱，則據避諱斷代。如 Y0048-2 有"卋"字，定爲晚唐五代；Y0039-1"世"作本字，故不能在唐，要入宋；Y0048-1"民""光"作本字，故定宋太祖時。諸如此類，多據唐諱定爲唐五代，不避宋太宗諱則在太宗之前。但也有例外，如 Y0002"卋"一見，是所謂唐諱，定爲宋太祖時；Y0058"講"右上從"云"，是唐諱，定爲唐五代宋初⑥；又如第（4）條所舉 3 則印本斷代寬泛例。總之，讀者若想弄清楚整理者對刻印本經卷的斷代依據，很難。

（6）是所謂唐諱的避諱不嚴、正字諱字互見例，整理者認爲是"入宋不久"的特殊現象⑦，可據以斷代。如：Y0013-1"卋""民"同見；Y0008"治"作"里（理）"，"世"作本字；Y0018-1、Y0026"卋""世"同見，被認爲是避諱不嚴互見之例，是去唐以後、宋初的時代特徵。這是令人耳目一新的意見，以其判斷之精微，若成立，將爲中古寫本斷代奠定一條可以信據的例法。

---

① 印刷術的誕生與佛教有密切的關係，已是學界共識，相關文獻與研究史探討，可參辛德勇《中國印刷史研究·上篇》（北京：生活·讀書·新知三聯書店，2016 年）。早期佛教印刷品多爲單品單葉的經咒、佛畫等物，大篇幅卷軸經文印製應稍晚，商業化的佛經印製則更晚。

② 此類爲數不少的原因，已見筆者所加按語，多爲整理者不事綴合、孤立斷代之故。

③ 黄征、王雪梅：《陝西神德寺塔藏經洞出土文獻 Y0001 金光明經卷第二爲唐人寫經考》，《中華文史論叢》2011年第 2 期，第 366—368 頁；王雪梅、黄征：《陝西神德寺塔出土文獻 Y0067〈佛説隨願往生經〉校録考訂》，《西華師範大學學報》（哲學社會科學版）2012 年第 3 期，第 7 頁。

④ 《神德寺文獻》，第 330 頁。但此民字加"丶"，整理者在他處又不提及有諱意，似底氣不足。其實已有學者指出民字加"丶"是一個俗寫字形而已。參見竇懷永：《敦煌文獻避諱研究》，杭州：浙江大學博士學位論文，2007年，第 31 頁。

⑤ 《神德寺文獻》，第 223 頁。

⑥ 此件斷代連帶"宋"，筆者猜測是第（4）條刻印本多在宋的規則，左右了整理者的決定。

⑦ 《神德寺文獻》，第 255 頁，第 308 頁。

那麼，《神德寺文獻》的整理者提出的斷代意見，是否成立，又是否能夠援例爲中古佛經寫卷斷代的範式呢？對此還需要檢討。

二、對《神德寺文獻》斷代的檢討

能與神德寺文獻斷代研究相比擬的是敦煌遺書的斷代研究。海内外敦煌學界對其斷代方法已有長期的、廣泛的、深入的討論和實踐，學術史和方法歸納見張秀清《敦煌文獻斷代方法綜述》①、陳國燦《略論敦煌吐魯番文獻研究中的史學斷代問題》②等，本文從略。綜合起來，不外乎寫卷内部的和外部的證據兩個路徑，以文字特徵斷代（如避諱字③、書法、筆迹等）只是其中内證之一④。總之，因爲産生歷史綿長、數量巨大、紙背内容豐富、書法字迹隨時代流變等條件，敦煌遺書的斷代基礎要比神德寺文獻"好"一些；其斷代方法也具有參考意義。

但總的來説，《神德寺文獻》整理者采用了避諱字斷代法，特別是斷代依據中非常多的以"世""卋"的判斷，認爲"卋"是"世"本字的一個避諱字形。由於"世界""世尊"等佛教用語，"世"字幾乎是佛經中頻率最高的單字之一，又涉唐太宗名諱，以之斷代，可謂便利。那麼是否真的如此呢？

先説"卋"字形。唐以前碑石如《隋張儉墓誌》⑤《隋龍藏寺碑》⑥均有"卋"形。唐以後繼續使用，宋代寫本、刻本中觸目皆是，如北宋《金粟山大藏經》寫本⑦、溫州慧光塔出土五代北宋寫經刻經⑧，甚至南宋黄善夫本《史記》的"卋家"等，均如是。筆者還稍微翻閲了國家圖書館"北敦"敦煌遺書，有明確紀年的佛經寫卷如

---

① 《敦煌學輯刊》2008 年第 3 期，第 8—17 頁。

② 《敦煌研究》2006 年第 6 期，第 124—129 頁

③ 竇懷永等對敦煌文獻避諱字斷代研究有較深入探討，除《敦煌文獻避諱研究》專著外，另有《敦煌寫本的避諱特點及其對傳統寫本抄寫時代判定的參考價值》（《敦煌研究》2004 年第 4 期，第 52—56 頁）等專文，强調不能拘泥某避諱字强行斷代，而要注意其歷史變遷。

④ 另外，施安昌提出了"遞變字群"斷代的概念，本質上是對俗寫字體流變的統計學考察，以期得出斷代認識。但或因缺乏大數據支持，或因還有内在矛盾難以解決，此一方法響應不多。施著見《敦煌寫經斷代發凡——兼論遞變字群的規律》（《故宫博物院院刊》1985 年第 4 期，第 58—66 頁）、《論漢字演變的分期——兼談敦煌古韻書的書寫時間》（《故宫博物院院刊》1987 年第 1 期，第 65—86 頁）、《敦煌寫經的遞變字群及其命名》（《故宫博物院院刊》1988 年第 4 期，第 66—71 頁）。

⑤ 秦公、劉大新：《碑別字新編》，北京：文物出版社，2016 年，第 14 頁。

⑥ 按：《龍藏寺碑》"世""枻（從世）"並存。

⑦ 國家圖書館編：《第一批國家珍貴古籍名録圖録第二册》00849 號，北京：北京圖書館出版社，2008 年，第 12 頁。

⑧ 溫州博物館編：《白象慧光》，北京：文物出版社，2010 年，第 208—248 頁。

BD01032 號《維摩經義記》（537 年北朝寫本）、BD03272 號《净名經》（825 年蕃占期）、BD03390 號《涅槃義記》（615 年隋寫本）等均作"卋"；BD03272 號、BD06040 號（開元十六年）還"卋"和"世"並用。這些例子都是與《神德寺文獻》性質相同、且有明確紀年的佛教經卷①。相反，有些初盛唐時期的佛經寫本，"世"本字却十分普遍，隨手查出若干②，如表 2：

表 2　"世"本字在部分初盛唐寫本中的用例

編號	BD00024	BD02095	BD02602	BD04074	BD04716	BD05520	BD05671—2	BD06040
卷名	金剛經	大佛名略出懺悔	金剛經	迴向輪經	金剛經	無上秘要	法華經	阿彌陀經
紀年	710	905 或 965	景龍二年 708	905	7 世紀，有武周新字	718	天寶三載 744	開元十六年 728
政治	盛唐	歸義軍	盛唐	歸義軍	初唐	盛唐	盛唐	盛唐

上述寫卷，除歸義軍時期外，大部分書法精美、一絲不苟，具備盛唐官寫經的風貌，難道也不知道避"世"字嗎？

文字避諱是歷史上十分突出的一種文化現象，當然可以爲據。但根本的問題在於，《神德寺文獻》的整理者誤認"卋"爲"世"的避諱字形，妄下結論。其實，"卋"（寫本、碑刻、刻本中作 **卋** "卋"），爲漢字楷化過程中的別體俗寫，爲一筆之省，而不涉避諱。"世"字的缺筆避諱形作"卋"，"卋"的缺筆避諱形作"卋"，從"世"之構形改從"云"等③。上述紀年文獻舉例也能支持這一結論。那麽，《神德寺文獻》中大部分以"卋""世"字形來判斷時代的做法，就必然動搖了。再説"民""涽""治""葉"等缺筆、改字之例，在 Y0001、Y0005 等寫卷中很突出。這些當然是確定無疑的唐諱，以之斷代，似乎稱善。但陳垣在《史諱舉例》中早已申明"翌代仍諱"，並舉了淵"淵"、世"卋"、民"戶"等在唐後仍存的例子，稱不能據此定其年代④。竇懷永也舉出敦煌遺書 S.2973"開寶三年八月　日節度押衙知上司書手馬文斌牒"，其"牒"字右上角作"云"，是承襲唐諱。《竇文》還專闢"敦煌避諱的承沿性"一節，詳盡論述，來説明後世保留唐諱的現

---

① 國家圖書館藏"北敦"敦煌遺書僞造者絶少，本文所舉寫卷款識應屬可靠。參見方廣錩：《國家圖書館藏敦煌遺書北敦 00337 號小考》，《文獻》2006 年第 1 期。

② 本文僅僅查閲少數"北敦"寫卷舉例言之；對敦煌避諱字篩查嚴密者，當推竇懷永《敦煌文獻避諱研究》第三章第二節"敦煌有紀年文獻避諱情況總覽"、第五章"敦煌文獻避諱方法研究"等章節，用力稱勤，結論的實。

③ 參見竇懷永：《敦煌文獻避諱研究》，第 32、34、211、251 頁。另，《神德寺文獻》的整理者以"敦煌俗字"研究名家，其視"卋"字若此，庶不敢從。

④ 陳垣：《史諱舉例》，北京：中華書局，1997 年，第 80 頁。

象①。這實際是説，既然是一種文化現象，而不是政治現象（雖然是由政治引起的文化現象），避諱就有一定的遲滯特徵，特別是以書寫爲主要文字傳播複製方式的環境下，習慣表現得更穩定。

論者或謂：敦煌不同於耀州神德寺，彼地去神都遥遠，又陷於吐蕃，別立歸義軍，實際獨立，避諱不嚴或避諱遲滯，是中原政治文化不能遥及之態。亦即是説，神德寺所出文獻理應避諱嚴密、緊隨政治之變遷而變遷。但看來也並不如此。從表 1 可知，神德寺經卷中也有避諱不嚴的情形，這被整理者解釋爲"入宋不久"的特殊現象。這種觀點十分突兀，也很新鮮，却無統計意義的支撑。這種現象依然不出寫本時代避諱字有承沿性（遲滯）的特徵這一邏輯。這裏還可分析一例即 Y0005，有"丗"字，"潛"缺筆，"治"作"理"，整理者認爲這是唐高宗至唐憲宗元和元年之間的寫卷，依據是憲宗即位後遷高宗神主出七廟，已祧不諱②。但更可以解釋爲："潛"缺筆、"治"作"理"是書寫者受底本所帶來的唐舊諱影響，習慣地寫成的。因爲可以想見的是，唐代佛經寫本不會大面積出現"改字諱"的避諱辦法③，那樣做會掩蔽經典原文造成大量校勘疑難，令後世佛教學者整理教典時回改不盡。後世佛教經典特別是大藏經本，基本都受《開寶藏》血緣影響④，並不見因改字而致的校勘問題⑤。所以，佛經寫本中的改字諱應是個例，是書手受當時文字環境影響而書寫。實際上，中古寫本（含刻石）避諱，大致上分爲對正字形的避諱和對俗字形的避諱兩路。正字即現代人接受的漢字規範字形，避諱辦法有缺筆、改字等。俗字是漢字發展史中楷化不規範的另一形態，俗字的靈魂在於俗而不在於正，俗字形也發生了避諱現象⑥。古代並無强制性規範去約束俗字形的應用，衹在後起的經典化（楷書石經）、印刷術（楷書版印）、科舉試等文化力、傳播力的作用下，俗字（不規範字形）纔趨於減少，字形走向規範，但也衹是相對的。明乎此，對"丗""菁""葉"等結構件的改形沿用成爲"俗字"也就好理解了⑦。

---

① 《敦煌文獻避諱研究》，第 192 頁。
② 若真如此，此件乃盛唐中唐時期寫本，又神德寺地處長安近畿，必將十分珍貴。但或許是覺得避諱字太少或依據不那麼充分，整理者並未看中此卷單獨作文論證，衹在"校注考證"中加以斷定。實際是此卷書法潦草，筆迹狹促，毫無盛中唐時期寫本那樣的端雅方正、一絲不苟。
③ 如唐高宗認爲佛經"既是聖言，不須避諱"，在實踐中也表現爲佛經避諱並不如儒家經典嚴格。參見竇懷永：《敦煌文獻避諱研究》，第 202—203 頁。
④ 何梅：《歷代漢文大藏經目録新考》，北京：社會科學文獻出版社，2014 年，第 1553 頁。
⑤ 試以"治""潛""民"等字檢索 CBETA，結果均極多，如"潛"字 20000 餘次，而"惷"（常被認爲是"潛"的避諱代用字形）衹有 500 餘次。
⑥ 參見竇懷永：《敦煌文獻避諱研究》第六章第二節。
⑦ 參見竇懷永：《敦煌文獻避諱研究》第六章第一節。

另外，即便是以整理者的避諱字斷代的邏輯爲每一件經卷斷代，也失之魯莽。因爲若殘卷殘片能夠綴合，而入綴部分若有所謂"避諱字"字形者，當以整理者之"避諱字"斷代邏輯予以處理，所以應先予綴合爲是，但整理者並未措意於綴合。對此筆者所作按語已經揭示。總之，整理者所製定的"避諱字"斷代原則，根本上有較大缺陷，不能作爲此類經卷斷代的依據，應另尋出路。

三、認識神德寺文獻時代的幾個思路

對於出土文獻，當然要看它自身的内容屬性；也要看它出土地的歷史和環境。這是認識它、研究它的應有思路。《神德寺文獻》的整理者也注意到了這些方面，在整理前言中大篇幅談及了神德寺的歷史變遷、塔的歷史建造，也簡單討論了經卷的内容屬性，作了一些推論，有些觀點也很有見地[1]。鑒於此，筆者更深入一步思考神德寺文獻的性質和歷史，試圖在以下幾個方面作一些討論。

1. 看它有什麼，没有什麼

其一，神德寺出土文獻幾乎全部是佛教經卷，雖然腐爛嚴重，但根據殘片觀察，完全没有紙背内容及其迹象，没有世俗文書和社會經濟文書，這和敦煌莫高窟 17 窟所出遺書性質完全不同[2]，絶不能相比附。没有紙背文書，而印本比例較高，這顯然是印刷術比之敦煌稍有發展、此地紙張不缺（不必重複利用）、産生時段相對集中的反映。前述整理者斷代爲"唐五代宋初"者不少，若以宋真宗爲屆，唐五代宋初達 400 年，近畿古刹在如此長時段内累積經卷不當纔 300 之數。

其二，既然是佛經，寫本多、刻本少，但其中没有經録，没有經帙。經録，即佛經的目録，不管是寺院點勘經卷的登記目録，還是編造藏經的工作目録，還是從藏經中傳抄出寫本經録，都能反映出該寺院當時的經典狀態和宗教環境，所以經録的意義十分重要。例如《神德寺文獻》Y0153 定名《西天大小乘經律論並在唐都數目録》[3]，如圖 1，録文如下：

---

① 如認爲這批經卷是神德寺當地百姓在一次祈福禳災的活動中供奉的。參見《神德寺文獻·前言》，第 13 頁。
② 對第 17 窟遺書的屬性，筆者讚同方廣錩的"廢棄説"。參見方廣錩：《敦煌藏經洞封閉原因之我見》，載《方廣錩敦煌遺書散論》，上海：上海古籍出版社，2010 年，第 1—27 頁。
③ 圖版見《神德寺文獻》第 692 頁。另，劉鐵《如是無量事如今但略説陝西耀州區神德寺塔藏經》（載《收藏》2014 年第 19 期，第 114—117 頁）有更爲清晰的圖片，且殘存字較多，本文以此爲據。

圖 1　Y0153《西天大小乘經律論並在唐都數目録》（選自《收藏》2014 年第 19 期）

（前缺）

　　　　　五佰廿□　　

　　　　　西天，廿二卷在唐　　

　　　　故一千七佰三十卷　　

　　　　千七百卷在西天，□十卷在唐土

（後缺）

這是以敦煌遺書 S.3565、P.2987 爲參考定名的。此類雖名爲目録，但並非典型意義上的經録，而"是一種修功德的工具"，與學術性、理論性佛教文獻編録無涉①。是中土撰作的疑偽文獻，其時代在晚唐②。具體到 Y0153，因殘存字迹不多，試與方廣錩所輯録兩件敦煌遺書和兩件明代文本對照，唯"千七百卷在西天，□十卷在唐土"似乎與"佛藏經"卷數相仿佛，"五佰廿□"似乎與"瑜伽論經"在西土卷數相仿佛，但前後文參差巨大③。或因此類文本的經卷數字本身均爲虛數，難以究詰；或因

①　方廣錩對此類"經録"有深入的研究，參見氏著《敦煌佛教經録輯校》（南京：江蘇古籍出版社，1997 年，第267—294 頁）、氏著《中國寫本大藏經研究》（上海：上海古籍出版社，2006 年，第296—316 頁）。最近，劉波、林世田《〈西天大小乘經律論並及見在大唐國内都數目録〉的流變》（載《"寫本學國際學術研討會"會議論文集》，南充：中國敦煌吐魯番學會西華師範大學，2018 年 7 月，第 303—317 頁）對此録的後世文本的流傳綫索進行了梳理、討論。另外，陸揚在倫敦發表對《西天大小乘經律論並在唐都數目録》的研究成果，惜未見大作（參見：https://baijiahao.baidu.com/s?id=1611121799813091402&wfr=spider&for=pc）。

②　任繼愈主編：《佛教大詞典》，南京：鳳凰出版社，2002 年，第 469—470 頁。按此條反映方廣錩的觀點。方氏認爲 S.3565、P.2987 均爲十世紀寫本（《敦煌佛教經録輯校》第 268 頁），與認爲此録產生時代在晚唐並不矛盾。

③　參見《敦煌佛教經録輯校》，第 275、277、282 頁；又見《中國寫本大藏經研究》表二十四，第 300 頁。

Y0153 又是一摘抄簡省過甚的本子，與敦煌本難以核正。另外，Y0153 文中將"在西天""在唐土"並舉，與敦煌本單列"在唐（國）"者不同，爲別本的可能性更大。總之，這也是一件功德性的佛教文獻。

經帙即包裹經卷的包袱皮，體現在與經卷、經録的關係上，即寺院管理大批經卷乃至大藏的計量單位。經帙能夠反映該寺院所藏經典的規模、編次、點勘及貯藏狀態，反映其宗教發展形態，也很有意義①。神德寺文獻出土時雖腐蝕斷爛嚴重，但可見的報道並沒有經録和經帙，其總數量 300 件左右也不能支持一部大藏的規模，故而其存藏狀態（即塔上的拱券）就不能以佛教典籍收藏、貯存處視之，性質當然與敦煌所出不同。

其三，神德寺出土文獻中，沒有史傳，沒有律藏，沒有論部，沒有完整的大部經，也沒有經疏，這都折射出了這一批經卷被安置時的狀態和用途，即哲學化、理論化的佛教形態在退縮。有的是密宗教典（如《十王經》《灌頂經》《尊勝陀羅尼》等），大部經的摘抄本（《金剛》《法華》《光明》等流行經典），大量的"疑僞經"等，還基本都是卷帙不大、選擇摘抄的本子，這是一種用於信仰、供奉的佛典拼盤，而不是寺院用來貯存經卷的專門處所。

其四，有供奉題記者。其中有紀年的兩卷，Y0041《北斗七星護摩法》爲刻本而手寫題記，其性質已如前揭示。還有一卷 Y0048—1 也是印本，但在卷首書"郭家經一卷"，其意爲郭家供奉，而不是郭家雕印，也是經坊印本；寫在卷首（書法潦草率意），便於法事活動中識別登記，有很明顯的供奉意圖。

其五，印本的特徵。較完整且紙數較多的印本是 Y0002《三十二分金剛經》，此本首殘尾全，有上下欄，無行格，每紙 30 行 17 字，存 8 紙。仔細觀察它是一紙一版，印好後粘接的；在每版開頭或中間的空白處刻有版號（往往在小標題下），可見五、六……十一，最後一版有尾題者，沒有版號。本卷也似經坊雕印，因爲爲了省料，若上一分（"分"即《金剛經》的一個小節）的末尾多出三五字必須另占一行，那麼下一分的小標題就接在這一行排版，而不單獨再起一行②，頗有節約的意味。版號是非常重要的信息，它往往出現在印刷技術發展到一定程度（而不是初起階段）、文字較長、板片較多，印製時需要管理、排序的複雜工藝的時期。這件金剛經有版號，且最後一版因爲有標題就省略了版號，工匠們可以嫻熟地識別其順次，這顯示了較高的印

① 參見史樹青：《蘇州虎丘雲岩寺塔發現的經袱和經帙》，《文物參考資料》1958 年第 3 期，第 64 頁；方廣錩：《敦煌經帙》，載《方廣錩敦煌遺書散論》，第 58—76 頁。
② 《神德寺文獻》圖版 Y0001—11、Y0002—12，第 21 頁。

裝工序水準。方廣錩專門報道過幾件早期印本佛經卷子（不含陀羅尼、版畫等），認爲這類單刻本有版號的卷裝佛經，都比較早，是晚唐五代之物①。神德寺的 Y0002《三十二分金剛經》書法古拙，多方筆、頓挫，有濃厚的寫經意味，書法上要比方氏報道的第六種《妙法蓮華經》（山西高平文管所藏②）神采飛揚者，古老一些。我認爲 Y0002 應是晚唐五代版刻。《神德寺文獻》中其他殘破過甚的印本，經觀察字體特徵與 Y0002 近似，應刊刻於同一時段內。

其六，寫本內容簡省嚴重，以整理者用後世藏經本子"校勘"看，掉字、掉句（不是單純省略某些偈讚）比較突出，有些已經不能用別本來解釋。可以推測是當時抄寫供奉，並不那麼"認真嚴肅"，形式感強。

2. 寺與塔的歷史

經卷雖然放在拱券中，但很有可能是早期經卷放在晚期建造的佛塔中，這種例子不勝枚舉③。那麼，神德寺和塔的歷史情況如何呢？它們與經卷的時代關係是怎樣的？筆者想從以下幾個方面予以提示：

其一，這批文獻的時代不應早於"會昌滅佛"。唐武宗會昌年間（841—846 年）的排佛運動，是中國佛教史上最嚴重的一次"法難"，學界對其研究已經較多④，一致認爲，滅佛期間全國寺院、僧尼、經像等毀壞嚴重、掃地以盡。如《舊唐書·武宗紀》："（敕曰）上州合留寺，工作精妙者留之；如破落，亦宜廢毀……上都左街留慈恩、薦福；右街留西明、莊嚴。"⑤ "天下所謂節度、觀察、同、華、汝三十四治所得留一寺……其他刺史州不得有寺⑥。"刺史州中的上州，纔允許留寺一所（即精妙者）。神德寺所在爲唐京兆府華原縣，雖是上州，但是縣屬寺院是下寺⑦。縣所屬下

① 方廣錩：《九種早期刻本佛經小記》，《版本目錄學研究第六輯》，北京：北京大學出版社，2015 年，第 221—226 頁。

② 圖版見中國國家圖書館編：《第一批國家珍貴古籍名錄圖錄第四冊》，北京：北京圖書館出版社，2008 年，第 146 頁。

③ 如 1981 年陝西法門寺原明塔坍塌後發現宋刻《毗盧藏》零冊，參見西北大學歷史系扶風縣博物館聯合調查組：《法門寺調查簡報》，《文博》1985 年 6 期，第 5—16 頁。

④ 相關成果如方廣錩：《中國寫本大藏經研究》，第 317—327 頁；[美]斯坦利·威斯坦因著：《唐代佛教》，張煜譯，上海：上海古籍出版社，2010 年，第 126—149 頁；方勝：《唐武宗會昌滅佛中寺院及僧尼留存情況》，《史學月刊》2009 年第 11 期，第 129—131 頁。

⑤ 《舊唐書》卷一八，北京：中華書局 1975 年，第 605 頁。上都即長安。左街、右街，是唐憲宗元和二年後將全國僧道管理隸屬左街、右街功德使，不隸祠部；武宗滅佛期間（強制僧尼革除、還俗後）將剩餘寺僧歸屬主客；次年宣宗即位又立即恢復了左右街功德使（參見周奇：《唐代宗教管理研究》，復旦大學博士學位論文，2005 年，第 47—48 頁）。

⑥ （唐）杜牧《杭州新造南亭子記》，轉引自方廣錩：《中國寫本大藏經研究》，第 321—322 頁，標點有改動。

⑦ 關於唐代寺院等級的研究，參見周奇：《唐代宗教管理研究》，第 117—118 頁。

寺，在武宗滅佛的最嚴酷階段，均在廢毀之列①。若《神德寺文獻》Y0005 有唐高宗諱，即被斷爲高宗至憲宗元和前的寫本，難符史實。

其二，應考慮黃巢之亂和五代戰亂對耀州地區的影響。神德寺是一座歷經隋唐至宋金的古寺，有關該寺的歷史記載，王仲德《銅川舊志拾遺》搜羅較詳②。據南宋陳思《寶刻叢編》引歐陽棐《集古録目》，唐開元年間立有《神德寺碑》《神德寺彌勒閣碑》③，今已不存。晚唐以後，神德寺必然見證會昌滅佛、黃巢之亂、朱温廢唐、温韜割據等歷史事件。特別是黃巢擾亂關中、温韜割據華原，都對當地經濟文化造成巨大破壞，神德寺應失去往日光輝。

其三，塔的斷代。經卷出於佛塔第四層拱券，當然是先有塔，爾後再放置經卷，塔的斷代是經卷斷代的一個參照。《神德寺文獻·前言》極言其爲唐塔，並舉鄰近富平縣“唐塔”與神德寺塔風格一致；之所以定“宋塔”者，乃早年文物部門對缺乏文獻依據之古塔一律定以宋塔之故④。按這一推論是錯誤的。今陝西富平縣現存 3 座古塔，分別是法源寺塔、聖佛寺塔、萬斛寺塔，前二塔與神德寺塔相近，猶其以法源寺塔最相似，《前言》所説當指此塔⑤，如圖 2。

圖 2　左起：神德寺塔、法源寺塔、聖佛寺塔（選自《陝西古塔研究》）

① 〔美〕斯坦利·威斯坦因著：《唐代佛教》，張煜譯，第 138 頁：“全中國祇有四十九座寺院，容納大約 800 名僧人，可以合法地存在。”

② 王仲德：《銅川舊志拾遺》，北京：中國社會出版社，1997 年，第 7—14 頁。《神德寺文獻》書前冠李利安教授《序言》，對該寺的歷史及變遷作了全面的考察：唐宋神德寺位於北魏所建龍華寺故址，原龍華寺有隋代彌勒閣（大像閣）建築。序言有兩處筆誤：是神德寺遷建於北魏之龍華寺故址，而原作隋神德寺遷建於龍華寺故址；神德寺在金代改名明德寺，而非明代。

③ （宋）陳思：《寶刻叢編》卷十，清光緒歸安陸氏十萬卷樓叢書本，第 17a、19a 頁。

④ 《神德寺文獻》，卷首第 5 頁。整理者還聲言要另文考證該塔爲唐塔，但至今未見高論（見《陝西神德寺塔藏經洞出土文獻 Y0001 金光明經卷第二爲唐人寫經考》，《中華文史論叢》2011 年 2 期第 359 頁注②）。

⑤ 趙克禮：《陝西古塔研究》，北京：科學出版社，2007 年，第 260 頁，彩版 36 頁。

　　據研究，上述富平縣二塔分別爲明塔和清塔，均有顯著時代特徵或紀年依據①。神德寺塔與之不同，此前著録一致爲宋塔，並無唐塔之説②。據《神德寺文獻·前言》，出土經卷放置於塔第四層南側門券内，券洞口有二次封閉痕迹。一般古塔建成之際並不封閉門券③，這説明經卷不是建塔之際安放，而是塔建成若干時間之後二次放置並加封堵的，這對經卷的斷代也有參照價值。

　　其四，神德寺在宋代的情况。五代之後，神德寺罕有記載。北宋天聖五年（1027年），富言官耀州通判，子弼（1004—1083 年）隨侍④，富弼兩次登臨神德寺故隋彌勒閣⑤，詠詩二首：

　　　　《春日登大像閣》：拂衣瀟灑倦塵寰，走馬登臨未問禪。匼野亂流縈古壘，插雲高閣逼遥天。山含暮色連青稼，柳帶春容蠹翠煙。獨憑危欄不成句，敢同當日善游仙。

　　　　《再登大像閣》：萬古泥陽舊帝畿，苦教行客淚沾衣。舊游水石應牢落，落盡餘花猶未歸。⑥

　　以詩意看，富弼所見有匼野、亂流、古壘，古壘當是隋唐華原縣老城，宋代遷於原下。又耀州舊稱泥陽，此時道路艱苦，水石牢落，頗爲荒涼。詩人詠及插雲高閣，但未詠及寺塔，按此塔高 35 米，蔚爲壯觀，故頗懷疑該塔建在富弼游覽之後。畢仲游（1047—1121 年）於元祐末知耀州，時耀州大旱繼而久霖雨，仲游率衆先祈雨後祈晴，所祈禱的四方神祇中居然有嵯峨山（即温韜割據時的那座山）聖母這樣的地方淫

　　①　《陝西古塔研究》，第 259—261 頁。

　　②　筆者專門請教《陝西古塔研究》作者趙克禮先生，趙先生確認耀州神德寺塔爲宋塔。

　　③　也有古塔作實心門券，成一龕狀，安奉佛像於其中，形制與此不同。

　　④　（明）張璉《（嘉靖）耀州志》卷上 "富公亭" 條引紹聖四年二月十五日李注《富公亭記》，富言爲耀州倅，倅即州之通判。明嘉靖刻本，第 4a 頁。

　　⑤　按：北宋末兵火，閣毁於廢虜，金代重修，更名明德寺。見（明）喬世寧《喬三石耀州志》卷二，清乾隆二十七年刻本，第 16b 頁。按耀州方志，初有明嘉靖間張璉《耀州志》兩卷本；嘉靖三十六年喬世寧（三石）續撰《耀州志》十一卷，張璉之子張蒙訓作序，讚許世寧賡續之功，唯蒙訓序稱其父璉撰成舊志七卷，今存嘉靖刻本張璉《耀州志》纔二卷，不詳其故。今有乾隆二十七年知耀州府汪灝刻《喬三石耀州志》十一卷附《五臺山志》一本，汪灝刻書後記稱《喬志》嘉靖舊刻版面漫漶，故重刊之。2010 年中共銅川市耀州區委史志辦公室校本並影印乾隆本。原嘉靖三十六年本已不存，黄征、王雪梅《陝西神德寺塔藏經洞出土文獻 Y0001 金光明經卷第二爲唐人寫經考》（第 359 頁注①）引所謂 "嘉靖三十六年刊本" 當即此乾隆本，蓋以目録末喬世寧識語斷代耳。

　　⑥　弼詩見《（雍正）陝西通志》卷九六、卷九七。《喬三石耀州志》卷一一 "富弼登大像閣詩碑在儀門後壁上"（第 4b 頁）。（清）陸耀遹《金石續編》卷十七載 "富丞相登大像閣詩，大觀元年正月於巽書並記，在陝西耀州"（《石刻史料新編》第 1 輯 5 册，臺北：新文豐出版公司，1982 年，第 3375 頁）。則此碑清人尚見，今已失傳（參見耀生：《耀縣金石文字略志》，《考古》1965 年第 3 期，第 134—151 頁）。

祠，却不見神德寺①。北宋仁宗以後與西夏在陝西地區和戰不斷，耀州處關中向陝北的門户，錢糧、人員往來應稱繁盛，但以記載之罕，推測此時神德寺應是一座地方性寺院。

四、結　語

神德寺文獻的發現，是近年來出土佛教文獻的最大一宗，價值當然獨特。《陝西神德寺塔出土文獻》的整理出版，留下了諸多遺憾。通而觀之，整理者未能以佛教文獻學的方法來認識、研究、整理這些珍貴經卷，在避諱斷代、版刻風貌、文獻屬性、寺塔歷史等方面，所論或有缺。筆者認爲神德寺塔所出佛教經卷大多爲五代宋初遺物，若要與唐相聯繫，要加上一個"晚"字。它們是地方信衆做功德的産物，製作時段相對集中，反映了唐宋之際耀州地方佛教信仰的一段歷史狀態；後被安置在宋塔的拱券中，乃至今日重現。筆者淺陋，略陳數言，敬請批評。

① （宋）畢仲游撰，陳斌點校：《西臺集》卷一二《祝文》，鄭州：中州古籍出版社，2005 年，第 203 頁。

歴史文化探討

蕭梁皇族對北朝後期關隴地區文化之影響*

黄壽成

　　蕭梁皇族出自蘭陵蕭氏這一大士族家族，同時又是齊梁兩朝皇族，其家族成員偏寓的江左地區。而直至"侯景之亂"爆發之前，該地區社會相對安定，相對於中國北方來説戰亂較少。加之齊梁統治者特別是梁武帝蕭衍對文化的發展極爲重視，這就爲該家族成員奠定了深厚的文化底蘊。可是由於"侯景之亂"等發生在江左地區的大規模戰亂，使得該家族的一些成員或自願或被迫離開該地區，其中有的則遷徙到當時被西魏北周政權所割據的關隴地區，他們的到來必然會對關隴地區文化發展演變産生影響，而這種影響到底有多大，則需加以分析。

一

　　西魏北周政權統治的關隴地區學術情況如何？首先考述學者的學術淵源，《周書》卷四五《儒林傳》記載的學者有盧誕、盧光、沈重、樊深、熊安生、樂遜，《隋書》卷七五《儒林傳》還記載有元善、辛彥之、何妥、蕭該、房暉遠，卷七八《儒林傳》還記載有蕭吉。此外散記於其他傳記中的學者還有蘇綽、柳敏、唐瑾、蘇亮、柳虯、顔之儀、樂運、蕭撝、蕭濟、蕭世怡、蕭子寶、蕭圓肅、蕭大圜、宗懍、劉璠、劉祥，共計二十八人①。據相關傳記記載，以上二十八人其中學術淵源出自關隴地區僅辛彥之、蘇綽、唐瑾、蘇亮四人，占總數的 14%多；山東地區的有盧誕、盧光、樊深、熊安生、樂遜、房暉遠、柳敏、柳虯八人，約占總數的 29%；江左地區的有沈重、元

　　作者簡介：黃壽成，男，陝西師範大學歷史文化學院教授。

　　* 基金項目：國家社會科學基金項目"南北朝時期區域文化研究"（編號：18BZS048）階段性研究成果。

　　① 見《周書》卷二三《蘇綽傳》、卷三二《柳敏傳》《唐瑾傳》、卷三八《蘇亮傳》《柳虯傳》、卷四〇《顔之儀傳》《顔之儀附樂運傳》、卷四二《蕭撝傳》《蕭世怡傳》《蕭圓肅傳》《蕭大圜傳》《宗懍傳》《劉璠傳》

善、何妥、蕭該、蕭吉、顏之儀、樂運、蕭撝、蕭濟、蕭世怡、蕭子寶、蕭圓肅、蕭大圜、宗懍、劉璠、劉祥十六人，占總數的 57% 多。其中，在西魏北周統治的關隴區域內生活的齊梁皇族有蕭撝、蕭濟、蕭世怡、蕭子寶、蕭圓肅、蕭大圜、蕭該、蕭吉八人，而且他們在文化上多有建樹，下面對此略加考述。

蕭撝，據《周書》卷四二本傳所云，他字智遐，是梁武帝弟安成王蕭秀之子。"性溫裕，有儀表。年十二，入國學，博觀經史，雅好屬文"。"武成中，世宗令諸文儒於麟趾殿校定經史，仍撰《世譜》，撝亦預焉"。"撝善草隸，名亞於王褒。算數醫方，咸亦留意。所著詩賦雜文數萬言，頗行於世"。"及撝入朝，屬置露門學。高祖以爲與唐瑾、元偉、王褒等四人俱爲文學博士"。因此說，他還頗得北周最高統治者的賞識。

蕭濟，據《周書》卷四二《蕭撝傳》所云，他字德成，是蕭撝之子。"少仁厚，頗好屬文"。"孝閔帝踐祚，除中外府記室參軍"。因此他必然受到家庭的薰陶，有相當水準的學識。

蕭世怡，據《周書》卷四二本傳所云，他是梁武帝弟鄱陽王蕭恢之子。"幼而聰慧，頗涉經史"，學識亦不凡。

蕭子寶，據《周書》卷四二本傳所云，他是蕭世怡之子。"美風儀，善談笑，年未弱冠，名重一時"。既然他有很好的家庭薰陶，也必然具有一定的學識。

蕭圓肅，據《周書》卷四二本傳所云，他是梁武帝之孫，武陵王紀之子。"風度淹雅，敏而好學"。"建德三年，授太子少傅，增邑九百戶。圓肅以任當師傅、調護是職。乃作《少傅箴》曰：……" "有文集十卷，又撰時人詩筆爲《文海》四十卷，《廣堪》十卷，《淮海亂離志》四卷，行於世"。而且文化水準較高，頗有著述。

蕭大圜，據《周書》卷四二本傳所云，他字仁顯，梁簡文帝之子。"幼而聰敏，神情俊悟。年四歲，能誦《三都賦》及《孝經》《論語》"。"恒以讀《詩》、《禮》、《書》、《易》爲事。元帝嘗自問《五經》要事數十條，大圜辭約指明，應答無滯"。"性好學，務於著述。撰《梁舊事》三十卷、《寓記》三卷、《士喪儀注》五卷、《要決》兩卷，並文集二十卷"。可見他學識不凡，著述頗多。

蕭該，《隋書》卷七五本傳說他是蘭陵人，是梁鄱陽王蕭恢之孫，是士族。梁荊州陷落，與何妥同至長安。他"性篤學，《詩》、《書》、《春秋》、《禮記》並通大義，尤精《漢書》，甚爲貴游所禮"。"後撰《漢書》及《文選音義》，咸爲當時所貴"。可知他頗有學識，精通《漢書》，並有著述。

蕭吉，《隋書》卷七八本傳說他是"梁武帝兄長沙宣武王懿之孫也。博學多通，尤精陰陽算術。江陵陷，遂歸於周，爲儀同"。可知他是梁宗室，出身於蘭陵蕭氏，是士族，並且頗有學識，西魏平江陵後進入關中地區。

可見蕭撝等八位蕭梁皇族成員，學術水準頗高，至少有四人史籍中明確記載著述頗多。而這八人約占是時關隴地區二十八位元學者的 29%，也就是説接近 1/3。遠超過四位出自關隴本土學者的一倍，占遷徙至關隴地區的十六位元江左地區學者的一半。由此可以説明遷徙至關隴地區的蕭梁皇族對於該地區文化之恢復發展起到了較大的作用。

二

而在西魏北周統治區域内學者的各種著述情況，據《隋書》卷三二《經籍志》記載：

> 《毛詩箋傳是非》二卷，並魏秘書郎劉璠撰。
> 《樂律義》四卷沈重撰。
> 《五經大義》十卷後周縣伯中大夫樊文深撰。
> 《鮮卑號令》一卷周武帝撰。

卷三三《經籍志》記載：

> 《漢書音義》十二卷國子博士蕭該撰。
> 《後周太祖號令》三卷

卷三四《經籍志》記載：

> 《稱謂》五卷後周大將軍盧辯撰。
> 《墳典》三十卷盧辯撰。
> 《瓊林》七卷周獸門學士陰顥撰。
> 《兵書要略》五卷後周齊王宇文憲撰。
> 《金海》三十卷蕭吉撰。
> 《象經》一卷周武帝撰。
> 《集驗方》十卷姚僧垣撰。

卷三五《經籍志》記載：

後周《明帝集》九卷

後周《趙王集》八卷

後周《滕簡王集》八卷

後周儀同《宗懍集》十二卷並録。

後周沙門《釋忘名集》十卷

後周小司空《王褒集》二十一卷並録。

後周少傅《蕭撝集》十卷

後周開府儀同《庾信集》二十一卷並録。

吏部尚書《牛弘集》十二卷

《詔集區分》四十一卷後周歐門學士宗幹撰。

《後周雜詔》八卷

《周書》卷四《明帝紀》記載：

集公卿已下有文學者八十余人於麟趾殿，……又挖採衆書，自羲、農以來，託於魏末，叙爲《世譜》，凡五百卷云。

卷二三《蘇綽傳》記載：

綽又著《佛性論》、《七經論》，並行於世。

卷三八《蘇亮傳》記載：

所著文筆數十篇，頗行於世。

卷三八《薛寘傳》記載：

所著文筆二十餘卷，行於世。又撰《西京記》三卷……

卷四〇《顏之儀傳》記載：

有文集十卷行於世。

卷四〇《顏之儀附樂運傳》記載：

〔樂運〕錄夏殷以來諫諍事，集而部之，凡六百三十九條，合四十一卷，名曰《諫苑》。

卷四二《蕭撝傳》記載：

世宗令諸文儒於麟趾殿校定經史，仍撰《世譜》，撝亦預焉。

卷四二《蕭圓肅傳》記載：

有文集十卷，又撰時人詩筆爲《文海》四十卷，《廣堪》十卷，《淮海亂離志》四卷，行於世。

卷四二《蕭大圜傳》記載：

大圜性好學，務於著述。撰《梁舊事》三十卷、《寓記》三卷、《士喪儀注》五卷、《要決》兩卷，並文集二十卷。

卷四二《劉璠傳》記載：

著《梁典》三十卷，有集二十卷，行於世。

卷四七《藝術·姚僧垣傳》記載：

僧垣乃搜採奇異，參校征效者，爲《集驗方》十二卷，又撰《行記》三卷，行於世。

《隋書》卷六六《鮑巨集傳》記載：

周武帝敕宏修《皇室譜》一部，分爲《帝緒》、《疏屬》、《賜姓》三篇。

《隋書》卷七五《蕭該傳》記載：

後撰《漢書》及《文選音義》，咸爲當時所貴。

根據前文所述，還有沈重、樊深、熊安生、樂遜、辛彥之、何妥、蕭該等，但是熊安生、辛彥之、何妥、蕭該等，或入關中以前即已成名入隋後仍健在，或入隋後始成名，而且他們的著述時間又不詳，因此他們的這部分著述在此不計入。此外可算作西魏北周時期完成的著述共計四十八部，按四部劃分，經部五部，占 10% 多；史部十五部，占 31% 多；子部十一部，約占 23%；集部十七部，占 35% 多；其中集部最多，史部次之，子部再次之，經部最少。其中經部有蕭大圜《士喪儀注》五卷，史部有蕭該《漢書音義》（卷數不詳）、蕭大圜《梁舊事》三十卷、《寓記》三卷、蕭圓肅《淮海亂離志》四卷，《世譜》撰寫者中有蕭撝，子部有蕭大圜《要決》兩卷、蕭吉《金海》三十卷，集部有蕭該《文選音義》，蕭圓肅《文海》四十卷、《廣堪》十卷、蕭撝《蕭撝集》十卷、蕭圓肅文集、蕭大圜文集二十卷。這樣蕭梁皇族遷徙在關隴地區的學者著述中，分別在經部的五部著述中占 1/5，史部的十五部著述中約占 1/3，子部的五部著述中占 18% 多，集部的十七部著述中占 35% 多。説明蕭梁皇族——蘭陵蕭氏成員在經史子集中還是占有相當的比重。

還有在詩歌創作方面，據逯欽立輯校的《先秦漢魏南北朝詩》中所收的作者，屬於西魏北周統治區域的有周明帝宇文毓、李昶、高琳、宗懍、宗羈、蕭撝、王褒、楊文佑、周宣帝宇文贇、趙王宇文招、滕王宇文逌、庾信、孟康、徐謙、尚法師等人①。

二者相加共計有劉璠、沈重、樊文深、周武帝宇文邕、周太祖宇文泰、盧辯、陰顥、齊王宇文憲、蕭該、蕭吉、姚僧垣、周明帝宇文毓、趙王宇文招、滕王宇文逌、宗懍、王褒、蕭撝、庾信、牛弘、宗幹、蘇綽、蘇亮、薛寘、顏之儀、樂運、蕭圓肅、蕭大圜、鮑宏、李昶、高琳、宗羈、楊文佑、周宣帝宇文贇、孟康、徐謙、尚法師三十六人，其中宗羈、徐謙、尚法師共三人籍貫史書闕載，楊文佑的籍貫及來歷亦不可考。除此以外，籍貫或原居住地可考的有三十二人，其中出自蕭梁皇族的有蕭該、蕭吉、蕭撝、蕭圓肅、蕭大圜五人，約占 16%，而一個家族就占有這樣的比例實屬不易，因此説蕭梁皇族成員遷徙至關隴地區帶來了他們深厚的文化底蘊，這必然刺激了該地區文化發展速度。

三

而正是由於蕭梁皇族及其他自江左地區遷徙來的那批學者的努力，關隴地區文化發生了一些變化，據《周書》卷四五《儒林傳》所云：

> 及太祖受命，雅好經術。求闕文於三古，得至理於千載，黜魏、晋之制度，

---

① 見《先秦漢魏晋南北朝詩·北周詩》卷一、卷二、卷三、卷四、卷五、卷六，北京：中華書局，1983 年。

復姬旦之茂典。盧景宣學通群藝，修五禮之缺；長孫紹遠才稱洽聞，正六樂之壞。由是朝章漸備，學者向風。世宗纂曆，敦尚學藝。內有崇文之觀，外重成均之職。握素懷鉛重席解頤之士，間出於朝廷；圓冠方領執經負笈之生，著錄於京邑。濟濟焉足以逾於向時矣。洎高祖保定三年，乃下詔尊太傅燕公為三老。帝於是服袞冕，乘碧輅，陳文物，備禮容，清蹕而臨太學。袒割以食之，奉觴以酳之。斯固一世之盛事也。其後命輶軒而致玉帛，征沈重於南荊。……雖遺風盛業，不逮魏、晉之辰，而風移俗變，抑亦近代之美也。

案這中間記載的一些事是這批蕭梁皇族成員進入關中之後發生的，甚至"雖遺風盛業，不逮魏、晉之辰，而風移俗變，抑亦近代之美也"。再則據《周書》卷三《孝閔帝紀》所云：

> （元年春正月）壬寅，祠圓丘。
>
> 二月癸酉，朝日於東郊。……戊寅，祠太社。
>
> 八月戊辰，祠太社。

卷四《明帝紀》又云：

> （元年冬十月）乙酉，祠圓丘。丙戌，祠方丘。甲午，祠太社。
>
> 十一月庚子，祠太廟。丁未，祠圓丘。
>
> （二年春正月）辛亥，親耕籍田。
>
> 及即位，集公卿已下有文學者八十余人於麟趾殿，刊校經史。又捃采衆書，自羲、農以來，記於魏末，叙為世譜，凡五百卷云。

卷五《武帝紀》又云：

> （保定元年二月）甲午，朝日於東郊。
>
> （三年）二月庚子，初頒新律。
>
> （天和元年春正月）己亥，親耕籍田。
>
> 三月丙午，祠南郊。
>
> （秋七月）壬午，詔："諸胄子入學，但束脩於師，不勞釋奠。釋奠者，學成之祭，自今即為恒式。"
>
> （二年春正月）己亥，親耕籍田。

（三月）丁亥，初立郊丘壇壝制度。

三年春正月辛丑，祠南郊。

五月庚戌，祠太廟。

（八月）癸酉，帝御大德殿，集百僚及沙門、道士等親講禮記。

冬十月癸亥，祠太廟。

（冬十月）壬寅，上親率六軍講武於城南。

（建德）二年春正月辛丑，祠南郊。……乙卯，祠太廟。

夏四月己亥，祠太廟。

（建德二年）八月丙午，改三夫人爲三妃。關內大蝗。

（冬十月）甲辰，六代樂成，帝御崇信殿，集百官以觀之。

十一月辛巳，帝親率大軍講武於城東。

十二月癸巳，集群臣及沙門、道士等，帝升高座，辨釋三教先後，以儒教爲先，道教爲次，佛教爲後。

（建德三年六月）壬子，更鑄五行大布錢，以一當十，與布泉錢並行。

卷六《武帝紀》又云：

（建德五年）九月丁丑，大醮於正武殿，以祈東伐。

（十二月）壬戌，詔曰："……漢皇約法，除其苛政，姬王輕典，刑彼新邦。思覃惠澤，被之率土，新舊臣民，皆從蕩滌。可大赦天下。高緯及王公以下，若釋然歸順，咸許自新。諸亡入偽朝，亦從寬宥。官榮次序，依例無失。其齊偽制令，即宜削除。鄒魯縉紳，幽并騎士，一介可稱，並宜銓錄。百年去殺，雖或難希，期月有成，庶幾可勉。……"

（建德六年）三月壬午，詔山東諸州，各舉明經幹治者二人。若奇才異術，卓爾不群者，弗拘多少。

八月壬寅，議定權衡度量，頒於天下。其不依新式者，悉追停。

（宣政元年）夏四月壬子，初令遭父母喪者，聽終制。

從上面的記載來看，西魏北周的郊祀、籍田、講武制度以及刊校經史、胄子入學、舉明經幹治者、議定權衡度量等規定的出現都也是在這些蕭梁皇族成員來到關中之後，這就不能不説與他們有著某種聯繫。

另外西魏北周政權的統治者宇文氏制定國家正式郊祭慶典音樂的過程，如《隋書》卷一四《音樂志》所云：

> 周太祖迎魏武入關，樂聲皆闕。恭帝元年，平荊州，大獲梁氏樂器，以屬有司，……及閔帝受禪，居位日淺。明帝踐阼，雖革魏氏之樂，而未臻雅正。天和元年，武帝初造《山雲舞》，以備六代。南北郊、雩壇、太廟、禘祫，俱用六舞。南郊則《大夏》降神，《大護》獻熟，次作《大武》、《正德》、《武德》、《山雲之舞》。北郊則《大護》降神，《大夏》獻熟，次作《大武》、《正德》、《武德》、《山雲之舞》。雩壇以《大武》降神，《正德》獻熟，次作《大夏》、《大護》、《武德》、《山雲之舞》。太廟禘祫，則《大武》降神，《山雲》獻熟，次作《正德》、《大夏》、《大護》、《武德之舞》。時享太廟，以《山雲》降神，《大夏》獻熟，次作《武德之舞》。拜社，以《大護》降神，《大武》獻熟，次作《正德之舞》。五郊朝日，以《大夏》降神，《大護》獻熟。神州、夕月、籍田，以《正德》降神，《大護》獻熟。
>
> 建德二年十月甲辰，六代樂成，奏於崇信殿。群臣咸觀。其宮懸，依梁三十六架。朝會則皇帝出入，奏《皇夏》。皇太子出入，奏《肆夏》。王公出入，奏《驁夏》。五等諸侯正日獻玉帛，奏《納夏》。宴族人，奏《族夏》。大會至尊執爵，奏登歌十八曲。食舉，奏《深夏》舞六代《大夏》、《大護》、《大武》、《正德》、《武德》、《山雲》之舞。於是正定雅音，爲郊廟樂。創造鐘律，頗得其宜。宣帝嗣位，郊廟皆循用之，無所改作。

案平荊州即是指西魏平江陵之事，雖然所獲得樂器與平江陵有關，可是這些樂器要有人演奏，而這些蕭梁皇族成員至少也精於此道，因此説他們對於西魏政權正式郊祭慶典音樂的製定起了相當大的作用。

以上這些史實雖然沒有關於該地區文化發展與蕭梁皇族成員有關聯的明確記載，但是從西魏北周政權的禮樂、學校、選官等制度的製定實施主要在於宇文泰之後，特別是明帝宇文毓、武帝宇文邕時期。此外《隋志》有云"平荊州，大獲梁氏樂器，以屬有司"，這亦可看出一些端倪，而北周政權所製定實施的制度及一些較爲進步的舉措都在江左地區發生戰亂之後，蕭撝等蕭梁皇族也恰好是那一時期遷徙遷徙至關中的，因此二者之間當有著較爲緊密的關聯。

綜上所述，由於江左地區發生了大規模戰亂，文化造成了較大的破壞。但是對於西魏北周政權統治的關隴地區來説，由於戰亂等原因，蕭梁皇族成員以及一批學者儒士先後遷徙輾轉到關中，其中蕭撝、蕭大圜、蕭圓肅等人學識頗高，並頗有著述。他們的到來勢必將江南地區的先進文化帶到了以關中爲中心的關隴地區，對於該地區的文化產生巨大的影響。再加上其他遷徙來的學者以及此前已居住於此的學者的不懈努力，促進了關隴地區的文化進步和發展。而西魏北周的郊祀、籍田、講武制度以及刊校經史、冑子入學、舉明經幹治者、議定權衡度量等措施的出現當與此有著某種聯繫。因此就不能否定蕭梁皇族成員對於西魏北周統治的關隴地區文化發展所起的作用。

疾病與政治

——高宗"風疾"與"二聖"政治格局的形成

張維慎

高宗李治是唐代的第三位皇帝，他性格懦弱祇是假象，他是一個極有主見且敢做敢爲的人，"他在父親健在的時候就敢於跟庶母私通"[①]即是明證。其父太宗李世民開創了"貞觀之治"，他繼其父後又創"永徽之治"。顯慶以後，"他看重武則天的才能，更出於自己健康不佳需要幫手而信用武則天，讓她參決大政"[②]，倆人"在政治上是夥伴……在生活上是情侣"[③]，互相依靠，在高宗執政的 34 年裏創下了不菲的業績，僅征服高麗而在其地設安東都護府一事足見其一斑。唐高宗之所以讓武則天參決大政，主要原因是健康不佳，那麽，唐高宗患上了什麽病呢?

一、唐高宗的"風疾"考辨

貞觀二十三年（649 年），開創"貞觀之治"的大唐皇帝李世民駕崩，享年 53 歲。當年，太子李治在長孫無忌、褚遂良等大臣的擁戴下即皇帝位於長安，是爲高宗，年號永徽。史載，太子李治在太宗皇帝駕崩時便"哀毀染疾"，這裏的"疾"是指什麽病呢? 雷家驥先生認爲是"因哀傷而感染風瘵"[④]。所謂"風瘵"，也就是"風疾"，是因身體虛弱和勞累造成的。高宗的"風瘵"，在他執政的永徽六年間（650—655 年）尚不見發病記録，但到他執政的顯慶五年（660 年）冬十月，却發病了。

作者簡介: 張維慎，男，陝西歷史博物館科研管理處研究員。

① 孟憲實:《李治到底是一個什麽樣的人?》，載氏著《孟憲實讀史漫記》，南京: 鳳凰出版社，2009 年，第 124 頁。
② 胡戟:《武則天本傳》，北京: 北京大學出版社，2011 年，第 74 頁。
③ 趙文潤:《武則天與唐高宗新探》，西安: 三秦出版社，2008 年，第 286 頁。
④ 雷家驥:《武則天傳》，北京: 中華書局，2001 年，第 187 頁。

高宗的風眩，也叫頭眩，它相當於西醫中的腦血栓形成。

《舊唐書》卷六《本紀第六·則天皇后》載："帝自顯慶已後，多苦風疾，百司表奏，皆委天后詳決。"[1]

高宗的"風痺"，相當於西醫中的腦栓塞。可見，高宗的病在不斷加重，顯慶五年（660年）初發時主要爲陽性的"風眩"，纔過了一年半載，至龍朔二年（662年）已發展成陰陽俱病的"風痺"了。

二、唐高宗"風疾"的治療與"二聖"政治格局的形成

有學者認爲："武后能獲取實權乃因高宗李治御宇三十四年，史籍中稱他'苦風疾'，看來是高血壓防礙了他的視力。"[2]高血壓令高宗頭暈而防礙他的視力固然是不能排除的，但筆者竊以爲，高宗的"風眩（即頭眩）頭重""苦頭重不可忍"是腦癰（即"腦瘤"）造成顱壓過高而壓迫視神經造成的；秦鳴鶴於高宗頭頂的百會穴針刺出血使顱壓降低，視神經受顱壓的壓迫也隨之減輕，高宗頭重減輕進而目明就在情理之中了。

風疾（中風）是高宗疾病的總名，風眩（即"頭眩"）、風痺、腦癰是高宗疾病的具體名，也就是說，風眩（腦血栓形成）、風痺（腦栓塞）、腦癰（腦瘤）是高宗風疾的不同發展階段。高宗風疾的治療，采用了減負療法、"餌藥"靜養、避暑療養、溫泉療法、針刺放血療法等[3]，其中減負療法包括兩種情況：一是對皇后放權，讓她參與部分國政；二是對太子放權，讓他監國，處理部分朝政。雖然皇后參政與太子監國都是高宗因身體不佳所作出的選擇，但從高宗的內心深處來看，他是希望太子從監國開始熟悉政務並進而繼承大統的，而這是武則天不願看到的，因爲"二聖"政治格局將會被打破。

（一）"二聖"政治格局形成的時間及其標誌

1. "顯慶以後"說

顯慶五年（660年）冬十月，高宗皇帝"初苦風眩頭重，目不能視"，百司奏事，高宗"或使皇后決之"。皇后天性明敏，涉獵文史，處事"皆稱旨"[4]，由是處

---

[1] 《舊唐書》卷六《本紀第六·則天皇后》，北京：中華書局，1975年，第115頁。

[2] 黃仁宇：《中國大歷史》，北京：生活·讀書·新知三聯書店，2007年，第124頁。

[3] 張維慎：《唐高宗的"風疾"及其治療》，《陝西師範大學學報》（哲學社會科學版）2013年第6期。

[4] 《資治通鑒》卷二〇〇，高宗顯慶五年條，北京：中華書局，1956年，第6322頁。

理部分政務。由於高宗"自顯慶已後，多苦風疾，百司表奏，皆委天后詳決"，便形成了武則天"自此內輔國政數十年，威勢與帝無異，當時稱爲'二聖'"① 的局面。

2. "麟德元年（664 年）"説

史載："自誅上官儀後，上每視朝，天后垂簾於御座後，政事大小皆預聞之，內外稱爲'二聖'。"② 上官儀被殺是麟德元年十二月丙戌。雷家驥先生説："天后在顯慶五年開始參決朝政，至麟德元年以二聖的姿態臨朝。"③ 從形式或實際作用來説，麟德元年十二月丙戌後，"二聖"政治格局已形成。

3. "上元元年（674 年）"説

《新唐書》卷四《本紀第四·則天皇后》載："上元元年，高宗號天皇，皇后亦號天后，天下之人謂之'二聖'。"④ 黃仁宇先生説："公元 674 年她與李治稱爲'天皇天后'，又稱'二聖'，已有了'同等的國家主權最高人'（cosovereign）的名位。"⑤ 也就是説，有了天皇、天后的稱號，從法理上來説，"二聖"政治格局形成。淮南長公主李澄霞，深得高宗皇帝與武則天禮遇，"以上元二年，爰發廣府，赴洛三年"，在太平公主出嫁時曾充當莊母。後又侍宴奉上壽，作詩唱歌，"二聖歡娛"⑥。

（二）武則天爲維護"二聖"政治格局與高宗支持的皇太子的明争暗鬥

雷家驥先生指出：

> 現在要問：她引用北門學士著書教訓太子、王公、妃主和群臣，目的除了要建立她的"導師"地位之外，爲何還要他們參決奏議表疏以分宰相之權？她真正要競爭或對付的對象是誰？其實夫皇多病，常令已成長的太子代行君權，由於他的重要宮僚又多兼任宰相，而且太子也因多病常委權於宮僚宰相，所以分宰相權無異就有與太子爭權的意味。⑦

據此可知，武則天引用北門學士以分宰相之權，是在與太子爭權，看來她要真正對付

---

① 《舊唐書》卷六《本紀第六·則天皇后》，第 115 頁。
② 《舊唐書》卷五《本紀第五·高宗下》，第 100 頁。
③ 雷家驥：《武則天傳》，第 205 頁。
④ 《新唐書》卷四《本紀第四·則天皇后》，北京：中華書局，1975 年，第 81—82 頁。
⑤ 黃仁宇：《中國大歷史》，第 124 頁。
⑥ （唐）封言道：《淮南大長公主李澄霞墓誌銘》，劉蘭芳、劉秉陽編著：《富平碑刻》，西安：三秦出版社，2013 年，第 130—131 頁。
⑦ 雷家驥：《武則天傳》，第 211 頁。

的对象是未來國君的太子。

下面，我們就以太子監國爲綫索，來看看武則天爲維護"二聖"政治格局而與高宗皇帝支持的皇太子的明争暗鬥。

1. 皇太子弘監國及病死

據《新唐書》卷三《本紀第三·高宗》載，唐高宗因"風疾"的緣故，身體每况愈下，爲了健康，采取減負療法，除了讓皇后參政外，又讓皇太子監國，來處理國事。

> 永徽六年正月庚寅，封子弘爲代王。
>
> 顯慶元年（656年）正月辛未，廢皇太子爲梁王，立代王弘爲皇太子。
>
> 顯慶四年（659年）十月丙午，皇太子加元服，大赦，賜五品以上子孫爲父祖後者勛一轉，民酺三日。
>
> 顯慶四年（659年）十月（閏月）戊寅，如東都，皇太子監國。
>
> 龍朔二年（662年）十月丁酉，幸温湯，皇太子監國。丁未，至自温湯。
>
> 龍朔三年（663年）十月辛巳，詔皇太子五日一至光順門，監諸司奏事，小事決之。
>
> 乾封二年（667年）九月庚申，以餌藥，皇太子監國。[①]
>
> 總章元年（669年）二月丁巳，皇太子釋奠於國學。
>
> 咸亨二年（671年）正月乙巳，如東都，皇太子監國。
>
> 十月己未，皇太子監國。
>
> 咸亨四年（673年）八月辛丑，以不豫詔皇太子聽諸司啓事。[②]
>
> 十月乙未，以皇太子納妃，赦岐州，賜酺三日。
>
> 上元元年（674年）八月壬辰，皇帝稱天皇，皇后稱天后。
>
> 上元二年（675年）四月己亥，天后殺皇太子。
>
> 五月戊申，追號皇太子爲孝敬皇帝。

從上面的記載來看，高宗皇帝讓太子弘監國有兩種情况：一時"幸温湯"或餌藥"，這是"風疾"治療的需要；二是前往東都洛陽。武則天在治療高宗"風疾"時雖不時爲高宗著想，但在情感上對高宗管得很嚴，從而引起高宗不滿，而麟德元年（664年）高宗廢武后不成，上官儀成了替罪羊被殺，這也爲武則天敲響了警鐘，必須與高

---

① 《資治通鑒》卷二〇一，高宗乾封二年九月庚申條作："上以久疾，命太子弘監國。"第6352頁。

② 《資治通鑒》卷二〇二，高宗咸亨四年八月辛丑條作："上以瘧疾，令太子於延福殿受諸司啓事。"第6371頁。

宗和睦相處，因而在"二聖"政治格局中，高宗皇帝是起主導作用的。

高宗皇帝對太子弘寄予厚望。顯慶元年（656 年）李弘被立爲皇太子，中間多次監國。顯慶四年（659 年），太子弘命賓客許敬宗、右庶子許圉師、中書侍郎上官儀、中舍人楊思儉即文思殿摘采古今文章，號《瑶山玉彩》，凡五百篇。書奏，"帝賜物三萬段，餘臣賜有差"①。龍朔三年（663 年）高宗詔皇太子五日一至光順門，監諸司奏事，"小事決之"；咸亨四年（673 年）八月辛丑，高宗"以不豫詔皇太子聽諸司啓事"。要不是太子弘多病，高宗爲了減負療病而迫切傳位於太子弘就可能成功了。

《新唐書》說太子弘是其母親武則天殺害的。我們知道，李弘從顯慶元年（656 年）被立爲太子，到上元二年（675 年）去世，歷時 20 年，是高宗皇帝諸子中做太子時間最長的。之所以如此，恐怕與李弘的多病而不會改變"二聖"政治格局有關。如咸亨二年高宗駕幸東都而留太子弘於京師監國，"是時戴至德、張文瓘兼左庶子，與右庶子蕭德昭同爲輔弼"，因"太子多病"，"庶政皆決於至德等"②。在公務裏，"宮僚宰相——以東宮宮僚爲宰相或以宰相兼爲東宮宮僚者——支持太子，益增她的權利失落感"，這就是武則天要引用"北門學士"以分相權的原因③。太子雖然多病，但高宗皇帝還是"庶其痊復，以禪鴻名，及膝理微和，將遜於位"。由於李弘的身體不爭氣，高宗傳位於他的想法難以實現，而高宗與武則天"二聖"政治格局也就不能打破，這正是武則天所希望的，所以武則天殺太子弘的理由不充足。吕思勉先生也說："案：請降二公主，何至一怒而欲殺？武后是時欲圖臨朝，豈復弘所能沮？則謂后殺弘殆不足信也。"④ 既然李弘非其母武則天所殺，那麼他是如何死的呢？高宗詔曰："太子嬰沈瘵，朕須其痊復，將遜於位。弘性仁厚，既承命，因感結，疾日以加。宜申往命，諡爲孝敬皇帝。"⑤ 可見，李弘是"沈瘵"加劇而亡。那麼，李弘的"沈瘵"是什麼病呢？趙文潤、王雙懷先生認爲是肺結核，在當時醫學條件下難以治癒⑥。王靈善說："武則天沒有必要讓病殃子李弘死，李弘是死於肺結核。"⑦ 孟憲實先生也認爲李弘得的是肺結核，在當時是絕症⑧。大家的看法趨於一致。

① 《新唐書》卷八一《三宗諸子·孝敬皇帝弘》，第 3589 頁。
② 《舊唐書》卷八六《高宗中宗諸子·孝敬皇帝弘》，第 2829 頁。
③ 雷家驥：《武則天傳》，第 210 頁。
④ 吕思勉：《隋唐五代史》上，上海：上海古籍出版社，1984 年，第 137 頁。
⑤ 《新唐書》卷八一《列傳第六·三宗諸子·孝敬皇帝弘》，第 3589—3590 頁。
⑥ 趙文潤、王雙懷：《武則天評傳》，西安：三秦出版社，1993 年，第 98 頁。
⑦ 王靈善：《"二聖"共治時代武則天的政治作用》，趙文潤、辛加龍主編：《武則天與咸陽》，西安：三秦出版社，2001 年，第 107 頁。
⑧ 孟憲實：《唐高宗的真相》，北京：北京大學出版社，2008 年，第 202 頁。

2.皇太子賢監國及被廢、被殺

據《新唐書》卷三《本紀第三·高宗》載，太子弘去世後，高宗皇帝就把注意力轉到了李賢身上，並盡力加以培養。

> 上元二年（675 年）六月戊寅，立雍王賢爲皇太子，大赦。
> 調露元年（679 年）五月丙戌，皇太子監國。
> 永隆元年（680 年）八月甲子，廢皇太子爲庶人。

《舊唐書》卷五《本紀第五·高宗下》載：調露二年（680 年）八月甲子，"廢皇太子賢爲庶人，幽於別所。"因高宗改調露二年爲永隆元年，所以調露二年與永隆元年爲同一年。

從上面的記載來看，從上元二年（675 年）李賢被立爲皇太子，到永隆元年（680年）被廢爲庶人，歷時 6 年。與李弘的 20 年太子生涯相比，李賢的太子生涯還不到李弘的三分之一。李賢的皇太子生涯之所以短暫，與其自身密切相關。

李賢"榮止端重，少爲帝愛"，"讀書一覽輒不忘"，被高宗讚譽爲"夙敏"。

龍朔元年（661 年）九月壬子，徙封潞王賢爲沛王。"是日，以雍州牧、幽州都督、沛王賢爲揚州都督、左武候大將軍。牧如故。……是日，敕中書門下五品已上諸司長官、尚書省侍郎並諸親三等已上，並詣沛王宅設宴禮，奏九部樂。禮畢，賜帛雜彩等各有差"[1]。李賢在封爲沛王時，高宗就在其宅設宴，讓五品以上高官及親貴與李賢認識，可見高宗早就對李賢加以培養和扶持。

上元二年（675 年）六月李賢被立爲皇太子，俄詔監國，而李賢對於"處決尤明審"，因而"朝廷稱焉，帝手敕褒賜"[2]，獲得了廣泛的人緣。由於李賢小時候深爲高宗所愛，長大被立爲皇太子後，監國期間在張大安等人輔佐下"處決尤明審"，博得了皇帝和朝廷的讚譽，難能可貴的是李賢不像其兄太子弘一樣多病，而是身體健康，這樣發展下去，高宗勢必將皇位傳給李賢，更爲嚴重的是高宗加快了傳位太子賢的步伐，於八九月間對宰相班子進行了調整：

> 八月庚子，太子左庶子、同中書門下三品、樂成侯劉仁軌爲左僕射，依舊監
> 修國史；中書門下三品、大理卿張文瓘爲侍中；中書侍郎、同三品、甌山公郝處

① 《舊唐書》卷四《本紀第四·高宗上》，第 82 頁。
② 《新唐書》卷八一《列傳第六·三宗諸子·章懷太子賢》，第 3590 頁。

俊爲中書令，監修國史如故；吏部侍郎、檢校太子左庶子、監修國史李敬玄（爲）吏部尚書兼太子左庶子、同中書門下三品，依前監修國史。[①]

九月丙午，宰相劉仁軌、戴至德、張文瓘、郝處俊並兼太子賓客。[②]

雖然"太子弘的宮僚宰相此時僅作了職位上的調整，然後一并轉爲新太子李賢的宮僚宰相"，但這"就使天后與故太子和他的宮僚宰相的權利緊張關係，繼續延伸至新太子。這種權利競争關係，不久就從天皇想讓天后攝政之事可以看出來"[③]。

上元三年（676年）四月，天皇苦風疾而不能聽朝，於是想下詔令天后攝理國政。中書令兼太子賓客郝處俊諫阻，新任中書侍郎、太子右庶子、同三品李義琰附議，天皇稱是，此事遂止。而李賢又召集左庶子張大安，洗馬劉訥言，洛州司户參軍事格希玄，學士許叔牙、成玄一、史藏諸、周寶甯等儒生共注范曄《後漢書》也恰在此年完成，十二月丙申，"皇太子賢上所注《後漢書》，賜物三萬段"[④]。爲自己撈取了一筆不小的政治資本。

身體健康的太子賢的優良表現和其宮僚宰相的強有力支持，很有可能使高宗傳位太子賢的想法成爲現實，"二聖"政治格局會因而解體，這是武則天不願看到也不能接受的，因此，在儀鳳四年（679年）五月，武則天策劃了"明崇儼"事件，目的是廢李賢皇太子位[⑤]。

據《新唐書》卷八一《列傳第六·三宗諸子·章懷太子賢》可知，正諫大夫明崇儼以"左道"爲武后所信，他説"英王類太宗，而相王貴"顯然是受武后指使，意在挑撥李賢、李顯、李旦兄弟的關係，直接激怒李賢。果然，涉世未深的李賢上當了，對明崇儼懷恨在心（"惡之"）。

儀鳳四年（679年）五月壬午，"盜殺正諫大夫明崇儼"[⑥]。武則天懷疑是李賢謀劃，遣人發太子陰事[⑦]，詔薛元超、裴炎、高智周雜治之。雖然從東宮獲甲數百領，

---

① 《舊唐書》卷五《本紀第五·高宗下》，第100—101頁。

② 《舊唐書》卷五《本紀第五·高宗下》，第101頁。

③ 雷家驥：《武則天傳》，第212頁。

④ 《舊唐書》卷五《本紀第五·高宗下》，第102頁。

⑤ 此觀點是受雷家驥先生的啓發而來，他説："在此事件的整個過程中，從表面上看，下詔組三司庭審判的是父皇，確定太子賢之罪而下令執行刑罰的也是父皇；但是，是誰遣人告發他？是誰讓此行爲失檢的案件變成大案？是誰堅持要定他逆謀之罪？可憐的天皇，先前已經不能保護他的叔父、姑姑、前妻、愛妾、兄弟和庶子女們，如今連他與天后所親生的兒子也一樣難免於受到迫害。他雖然想保護太子賢，不過僅能讓他免於一死而已，仍逃不過被廢黜幽禁的命運。"見氏著《武則天傳》，第196頁。

⑥ 《舊唐書》卷五《本紀第五·高宗下》，第104頁。

⑦ 《資治通鑒》卷二〇二，高宗永隆元年載："太子頗好聲色，與户奴趙道生等狎昵，多賜之金帛，司議郎韋承慶上書諫，不聽。"第6397頁。

但高宗"素愛賢"，薄其罪，皇后說："賢懷逆，大義滅親，不可赦。"①乃廢賢爲庶人，焚甲天津橋，貶大安普州刺史，流訥言於振州，坐徙者十餘人。具體説來，除太子左庶子、同中書門下三品張大安左遷與劉訥言被判流刑外，蘇州刺史曹王明封零陵郡王而被安置於黔州，高宗把太子典膳丞高政（高士廉孫子）交由其父高真行管教，却慘遭家人殺害。太子党受到毀滅性打擊，高宗即將傳位太子賢的計劃流産，武則天與高宗共同執政的"二聖"政治格局保住了，這是武則天努力維護的結果，也是她與高宗皇帝暗鬥的結果。

永隆元年（680 年）八月甲子皇太子李賢被廢爲庶人後，遣右監門中郎將令狐智通送其至長安，幽於"別所"。開耀元年（681 年）十一月癸卯，"徙庶人賢於巴州"。巴州，今四川巴中市。弘道元年十二月丁巳，高宗皇帝駕崩，李賢失去了保護。文明元年庚申，武后"殺庶人賢於巴州"②。具體是幾月份呢？《舊唐書》記爲三月份③。死的經過如何？武后得政，"詔左金吾將軍丘神勣檢衛賢第，迫令自殺，年三十四。后舉哀顯福門，貶神勣疊州刺史，追復舊王。神龍初，贈司徒，遣使迎喪，陪葬乾陵。睿宗立，追贈皇太子及諡"④。

有學者認爲李顯與其二哥李賢關係不睦，推測李賢之死乃李顯與韋後合謀而爲⑤。我們不排除這種可能性，因爲武后的親信明崇儼說"英王類太宗，而相王貴"的話，就是要挑撥李賢、李顯、李旦兄弟的關係，引起他們内鬥。如果李賢之死果真是李顯與韋後合謀而爲，那是幫了武則天的大忙，同時也爲李顯自己被立爲太子鋪平了道路。但問題是，酷吏丘神勣雖逼死了李賢，但因是奉武則天旨意，所以衹受到了被貶的懲罰。如果李賢之死果真是李顯與韋後合謀而爲，那麼武則天"詔左金吾將軍丘神勣檢衛賢第，迫令自殺"的記載如何解釋？是武則天替其愛子李顯背上殺另一子的黑鍋嗎？以武則天的性格來看，顯然不可能。那麼，衹有一種可能，就是武則天殺了李賢。那麼，武則天爲什麼要殺李賢呢？關鍵是，李賢非武后親生。吕思勉先生説："然則謂賢爲韓國所生，其事或不誣也。"⑥胡明曌等先生不僅認爲李賢乃韓國夫人所生，而且提出了三個理由：一是李賢出生僅僅一個月，高宗便匆匆下詔爲這個未滿

① 《新唐書》卷八一《列傳第六·三宗諸子·章懷太子賢》，第 3591 頁。
② 《新唐書》卷四《本紀第四·則天皇后》，第 82 頁。
③ 《舊唐書》卷六《本紀第六·則天皇后》："文明元年三月，庶人賢死於巴州。"第 116 頁。
④ 《新唐書》卷八一《列傳第六·三宗諸子·章懷太子賢》，第 3591 頁。
⑤ 梁子、張鑫、程云霞：《唐章懷太子李賢真相》，樊英峰主編：《乾陵文化研究》（9），西安：三秦出版社，2015年，第 130—149 頁。
⑥ 吕思勉：《隋唐五代史》上，第 137 頁。

月的孩子封王；二是韓國夫人死時，"帝爲慟"，其傷感程度也非同一般；三是唐高宗與韓國夫人女兒的關係：韓國夫人死後，唐高宗把對她的一往情深轉移在其女賀蘭氏身上。①既然李賢非自己親生，又是自己與高宗"二聖"政治格局潛在的危脅，那麼武則天廢除李賢的皇太子是絲毫不會遲疑的。至於武則天殺李賢，目的是防患於未然，即在自己臨朝稱制時防止異己分子利用李賢的特殊身份來反對自己。果不出武則天所料，徐敬業在揚州反叛時，因李賢已死，祇好找一個相貌與李賢相似的人來號令天下，足見武則天有先見之明。

3.皇太子顯監國及被廢

據《新唐書》卷三《本紀第三·高宗》載，李賢於永隆元年八月甲子被廢爲庶人，當月乙丑，英王哲（李顯）就被立爲皇太子。

> 永隆元年（680 年）八月乙丑，立英王哲爲皇太子，大赦，改元，賜酺三日。
> 開耀元年（681 年）二月丙午，皇太子釋奠於國學。
> 　　　　（七月）閏月庚戌，以餌藥，皇太子監國。
> 永淳元年（682 年）四月丙寅，如東都，皇太子監國。
> 弘道元年（683 年）八月乙丑，皇太子朝於東都，皇太孫留守京師。
> 　　　　十一月辛丑，皇太子監國。
> 　　　　十二月丁巳，改元，大赦。是夕，皇帝崩於貞觀殿，年五十六。

據上面的記載，從英王李哲（顯）永隆元年（680 年）被立爲皇太子，到高宗弘道元年（683 年）去世，歷時 4 年，這期間因高宗"餌藥"或前往東都，皇太子李顯多次監國。

李顯在做周王時，其妃趙氏就被母后武則天殺害。李顯在被立爲皇太子至其父高宗去世期間，並不像其二位兄長那樣編書而爲自己撈取政治資本，這樣其母后武則天纔少找其麻煩而平安度過了四年。

弘道元年（683 年）十二月丁巳，高宗崩，"皇太子顯即位，尊天后爲皇太后。既將篡奪，是日自臨朝稱制"②。李顯即皇帝位後，武則天臨朝稱制，掌握實權，因爲高宗遺詔"軍國大事有不決者，取天后處分"③。可皇帝李顯不識時務，一上臺就

---

① 胡明曌、尹君、胡戟：《武則天的世界》，北京：中華書局，2012 年，第 55 頁。
② 《舊唐書》卷六《本紀第六·則天皇后》，第 116 頁。
③ 《舊唐書》卷五《本紀第五·高宗下》，第 112 頁。

急於給其岳父韋玄貞加官晋爵，不僅與宰相裴炎發生衝突，也引起了武則天的警覺。

嗣聖元年（684 年）二月戊午，皇太后"廢皇帝爲廬陵王，幽於別所，仍改賜名哲。己未，立豫王輪爲皇帝，令居於別殿。大赦天下，改元文明。皇太后仍臨朝稱制"①。豫王輪也就是李旦。他很聰明，頗懂韜光養晦之術，"自則天初臨朝及革命之際，王室屢有變故，帝每恭儉退讓，竟免於禍"②即是明證。垂拱二年（686 年）春正月，皇太后下詔，"復政於皇帝"。睿宗李旦"以皇太后既非實意"，乃固讓。皇太后"仍依舊臨朝稱制，大赦天下"③。可見，李旦對其母親的貪權是有清醒認識的。

嗣聖元年（684 年）二月，李顯被廢爲廬陵王，幽禁於東都洛陽的別所。夏四月丁丑，遷廬陵王哲於均州。垂拱元年（685 年）三月，遷廬陵王哲於房州。均州，治今湖北省丹江口市西北關門岩東舊均縣城④；房州，治房陵縣，今湖北房縣，轄境相當今湖北房縣、竹山、竹溪、保康等縣及神農架林區北部地⑤。

葛洲子指出："高宗、武后時期，武則天爲了自己能夠臨朝稱制，處心積慮削弱李唐王室的力量，將皇子們流放到山南加以管制。高宗 8 位皇子中，除了原（悼）王孝、代王弘早薨，豫王旦被立爲皇太子留在武則天身邊外，其餘 5 人均有流放山南的經歷。"⑥這 5 人就是燕王忠、許王素節、澤王上金、章懷太子賢和廬陵王哲（顯）。

直到聖曆元年（698 年），李顯纔被其母武則天從房州召回東都⑦。可見廬陵王李顯在外達 14 年之久，説明其母武則天是多麼貪權。

吕思勉先生指出："武后之廢中宗，非遂有意於變革也，然其爲人也，貪於權勢而不知止，而導諛貢媚之徒，復不惜爲矯誣以逢迎之，則推波助瀾，不知所止矣。"⑧吕先生説"武后之廢中宗，非遂有意於變革也"並不一定準確，但他説武后爲人是"貪於權勢而不知止"却是精闢之見。這從武則天爲了維護她和高宗的"二聖"政治格局而不斷與高宗支持的皇太子李弘、李賢、李顯的明争暗鬥中可以看出端倪。

---

① 《舊唐書》卷六《本紀第六·則天皇后》，第 116 頁。
② 《舊唐書》卷七《本紀第七·睿宗》，第 152 頁。
③ 《舊唐書》卷六《本紀第六·則天皇后》，第 118 頁。
④ 史爲樂主編：《中國歷史地名大辭典》上，北京：中國社會科學出版社，2005 年，第 1185 頁。
⑤ 史爲樂主編：《中國歷史地名大辭典》下，第 1707 頁。
⑥ 葛洲子：《山南：中古時期王朝版圖的重要拼圖——以唐代安業縣兩度改屬雍州（京兆府）的考察爲綫索》，中國唐史學會、浙江大學中國古代史研究所：《中國唐史學會第十三屆年會暨"唐代中國與世界"國際學術研討會會議論文集》中册，2018 年 11 月，第 597—598 頁。
⑦ 《舊唐書》卷六《本紀第六·則天皇后》，第 127 頁。
⑧ 吕思勉：《隋唐五代史》上，第 139 頁。

唐代登科記研究述論*

韓 濤

唐代科舉制度逐步完善，科目增多，科舉越來越成爲唐人進入仕途的主要途徑，而且隨著進士科地位日益凸顯，社會上出現了記錄登科人物的姓名、科目、登第時間以及知貢舉等資料信息的登科記。但唐代這些私家編録或官方編修的登科記已無一留存，後世依據其他文獻對其進行了搜集、整理與訂補，成果頗爲壯觀。關於唐代登科記的研究對於唐代政治史、教育史、社會史、文學史、學術文化史都具有重大學術意義。但由於種種限制，目前考訂出的登科人物仍不過唐代科舉陣容的一小部分，增補工作仍任重道遠。

一、唐代登科記源流略考

萌芽於隋的科舉制度發展到唐代逐漸完善起來，不僅制度趨於完備，而且科目增多，參加科舉並且應試及第的士人隊伍也顯得龐大起來。有唐一代，士人乃至朝廷皆重視科舉，於是出現了一種特殊的關於科第的文獻——登科記。

唐初就出現了進士的題名録，記録同榜者的姓名、郡望、年齡、行第等内容，後來有感興趣的人對這些題名録進行擴充、整理、分卷，便逐漸形成了記載科第資料的專書，即登科記。史載："故當代以進士登科爲登龍門，解褐多拜清緊，十數年間，擬迹廟堂。輕薄者語曰：'及第進士，俯視中黄郎；落第進士，揖蒲華長馬。'又云：'進士初擢第，頭上七尺焰光。'好事者紀其姓名，自神龍以來迄於兹日，名曰《進士登科記》，亦所以昭示前良，發起後進也。余初擢第，太學諸人共書余姓名於舊紀末。進士張繟，漢陽王柬之曾孫也，時初落第，兩手捧《登科記》頂戴之，曰：'此千佛名經也。'其企羨如此。"[①]

作者簡介：韓濤，男，南陽師範學院歷史系講師。

* 基金項目：2016 年度全國高校古籍整理研究規劃項目（1626）階段成果。

① （唐）封演撰，趙貞信校注：《封氏聞見記校注》卷三《貢舉》，北京：中華書局，2005 年，第 17 頁。

《唐摭言》記載："永徽已前，俊、秀二科猶與進士並列；咸亨之後，凡由文學一舉於有司者，競集於進士矣。繇是趙儋等嘗刪去俊、秀，故目之曰《進士登科記》。"①

登科記又稱科第録，如姚康所輯《科第録》。其序稱："漢元帝詔云：'歲以此科第郎從官'，遂題爲《科第録》。"②還有稱登科録的，命名不一，然實爲一物，後世一般名之曰登科記，其作用如封演所説"所以昭示前良，發起後進也"③。

最初的登科記都是私家編録，《新唐書・藝文志》較早地著録了三種私人編録的登科記，分別爲：①崔氏《唐顯慶登科記》五卷；②姚康《科第録》十六卷；③李奕《唐登科記》二卷。④後來登第者成爲官僚階層的重要政治力量，"位極人臣常十有二三，登顯列常有六七"⑤，科舉在唐代政治生活和社會中的地位也越來越重要，所以官方編修的登科記也隨之增多。宣宗時代，鄭顥奉敕編進由趙璘執筆編録的《諸家科目記》，始出現官書。《唐會要》："（大中）十年四月，禮部侍郎鄭顥進《諸家科目記》十三卷，敕付翰林，自今放榜後，仰寫及第姓名，及所試詩賦題目進入内，仍付所司，逐年編次。"⑥《唐語林》卷四載："宣宗尚文學，尤重科名。大中十年，鄭顥知舉，宣宗索《登科記》，顥表曰：自武德以後，便有進士諸科。所傳前代姓名，皆是私家記録。臣尋委當行祠部員外郎趙璘，采訪諸科目記，撰成十三卷，自武德元年至於聖朝。敕翰林，自今放榜後，仰寫及第人姓名及所試詩賦題目進入。仰所司逐年編次。"⑦宣宗皇帝尚文學，重科舉，對鄭顥進上的《諸家科目記》十分滿意，並命令朝廷有關部門負責這項工作，逐年編次，至此登科記成爲連續編録的官方檔案文獻。

不過令人遺憾的是，這些包括私家編録與官府統一編修的登科記隨著時間的流逝皆漸次失傳。唐人自作的登科記，據《玉海》載："自武德已來，登科名氏編紀凡十餘家，皆不備具。"⑧

至宋代，唐人所作的種種登科記已有不少散佚或殘缺，有鑒於此，宋人又進行了整理。見於書目記載的，有北宋樂史補作的《登科記》三十卷和南宋洪适重編《唐登科記》

① （五代）王定保：《唐摭言》卷一《述進士上篇》，北京：中華書局，1960 年，第 3 頁。
② （宋）王應麟：《玉海》卷一一五《唐進士舉》，上海、南京：上海書店、江蘇古籍出版社聯合出版，1987 年，第 2128 頁。
③ （唐）封演撰，趙貞信校注：《封氏聞見記校注》卷三《貢舉》，北京：中華書局，2005 年，第 17 頁。
④ 《新唐書・藝文志》，北京：中華書局，1975 年，第 1485 頁。
⑤ （宋）王讜撰，周勛初校證：《唐語林校證》卷二《文學》，北京：中華書局，1987 年，第 184 頁。
⑥ （宋）王溥：《唐會要》卷七六《貢舉中》，北京：中華書局，1955 年，第 1386 頁。
⑦ （宋）王讜撰，周勛初校證：《唐語林校證》卷四《企羨》，北京：中華書局，1987 年，第 371 頁。
⑧ （宋）王應麟：《玉海》卷一一五《唐進士舉》，上海、南京：上海書店、江蘇古籍出版社聯合出版，1987 年，第 2128 頁。

十五卷。明代僅陳第《世善堂藏書目録》著録有"《唐登科記》三十卷"，不著作者名。

時至今日，唐代原始登科記文獻已無一留存，《文獻通考》卷二九《選舉》以宋人晁公武《郡齋讀書志》、南宋陳振孫《直齋書録解題》二家書目爲藍本，保存了一份唐登科記總目，是如今關於登科記的最原始的文獻。

二、清代以來對登科記的四次大規模考訂增補

清代學者徐松有感於登科記的散佚和零亂，以《文獻通考》所載唐登科記總目爲綱，搜訪遺佚，傾半生精力致力於登科記及相關科舉資料的爬梳和搜集整理，終於在道光十八年（1838 年）編纂成《登科記考》三十卷，此乃登科記研究領域的開山之作，參考價值甚高。

徐松（1781—1848 年），字星伯，直隸大興人（今北京市大興）。25 歲應會試以殿試二甲一名成進士，朝考一等一名爲庶起士，28 歲授翰林院編修，入直南書房。總司南書房的大學士董誥十分欣賞徐松，嘉慶十四年，派 29 歲的徐松任全唐文館提調官，因此徐松得以大量閱讀大内藏書，爲一生的著述奠定了基礎。務實求新，擅於考證之功，著有《西域水道記》《漢書西域傳補注》《新疆識略》《唐兩京城坊考》。誠如趙守儼先生在《登科記考·點校説明》中說的那樣："徐松尤其長於做細緻的資料鈎稽排比，在他的著述中最能夠反映這一特色的就是《登科記考》。"趙先生概括了《登科記考》"取材宏富，而不傷於濫"，"注意反映有關科舉取士各方面的問題"，"考證和按語精闢"這三大特點，對該書的學術價值和主要特點給予高度評價，他説："本書的作用已遠遠超出登科記的範圍，實際上是一部相當詳備的、經過考訂的唐五代科舉史料編年，對於研究唐代的歷史、文學都是很重要的參考書。"[①]經過徐松的考證，《登科記考》著録進士凡 2087 人，其中編年者 1404 人，入附考者 683 人；諸科凡 48 人，其中編年者 24 人，入附考者 24 人；明經凡 303 人，其中編年者 45 人，入附考者 258 人；制科和宏詞、拔萃凡 562 人，其中編年者 486 人，入附考者 76 人。以上共計 3000 人，大約是唐代科舉人數的十分之一。如徐松《登科記考·凡例》所云"今所編輯，百不存一"[②]。

孟二冬先生《登科記考補正》是對唐人登科記的第二次大規模考訂增補，被公認爲近年來登科記研究領域的重大階段性成果。孟二冬（1957—2006 年），安徽宿縣人，曾任北京大學中文系教授。20 世紀 90 年代中期，孟二冬先生原本打算對唐代省

---

① （清）徐松撰，趙守儼點校：《登科記考》（上）《點校説明》，北京：中華書局，1984 年，第 5 頁。
② （清）徐松撰，趙守儼點校：《登科記考》（上）《凡例》，北京：中華書局，1984 年，第 2 頁。

試詩的發展演變作些比較系統的研究，徐松的《登科記考》無疑是支撐此課題研究的重要文獻依據，然而當利用此書整理資料時，孟先生便發現其中所存在的大量失誤、遺漏之處，於是放下手中的課題，從根本上做起，對《登科記考》做了全面整理、核實、訂正和補遺的工作①。孟先生利用近代以來出土的大量唐人墓誌和北大圖書館的豐富館藏文獻，夜以繼日，焚膏繼晷，積七年之功，終於完成了一百多萬言的《登科記考補正》。此書以中華書局 1984 年 8 月第一版趙守儼先生點校的徐松《登科記考》爲底本，廣泛吸收已有的登科研究成果，認真核查，詳加甄辨，對徐松所缺考失收者，予以新的考證和補充；對徐松所考有誤者，予以移正或删除，對徐松所未有注意到的更早更確切的史料，予以補充。《登科記考補正》增補進士凡 661 人，其中編年者 215 人，入附考者 446 人；明經凡 434 人，其中編年者 128 人，入附考者 306 人；諸科 65 人，其中編年者 13 人，入附考者 52 人，制科和宏詞（僅錄編年者）、拔萃（僅錄編年者）凡 302 人，其中編年者 96 人，入附考者 206 人；此外，還新增補上書拜官 8 人（僅錄編年者）、上封拜官 2 人（僅錄編年者）、武舉 22 人，其中編年者 3 人，入附考者 19 人，共計新增補各類登科士人 1494 人（孟二冬先生在《〈登科記考補正〉贅語》②一文中言及增補人數爲 1471 人，接近徐松《登科記考》登科人數的一半，後在《登科記考補正·自序》中更改爲 1527 人，超過徐松《登科記考》所記登科人數的一半。然重新計算，實乃 1494 人）。另外，還新增補和移正知貢舉者凡 33 人；補徐考缺名和改正姓名者凡 60 餘人；改正科目和移正科目年代者凡 200 餘處；新增補年代可考的應試詩賦策文等 90 餘篇。《登科記考補正》無疑是唐代科舉研究領域的重大成果，爲唐、五代文史研究提供了一個更加豐富、可靠的重要參考資料。

如果把徐松《登科記考》裏逐年標注的登科數字累加，可知唐五代進士的總數當在 7182 人以上，諸科當在 3125 人以上，因有些年份失載而不注人數，所以這祇是最爲保守的統計數字。明經科的人數，史無專門載記，其人數當倍於進士或更多，加之秀才、制科、上書拜官、上封拜官、賜及第等等，因此孟二冬先生估計唐五代科舉的基本陣容在 3 萬人以上③。而徐、孟二人所輯錄的登科人物相加也不過 4494 人，實爲唐五代登科人物之一隅。後來諸多學者陸續發文補正，然而除胡可先、張忱石二先生在《文史》上的文章小有規模外④，其餘皆爲零星增補，且疏誤之處甚多。加之近年來大量唐

---

① 孟二冬：《登科記考補正》（下）《後記》，北京：北京燕山出版社，2003 年，第 1681 頁。

② 《〈登科記考〉補正贅語》一文收入《孟二冬文存》（上卷），北京：高等教育出版社，2007 年。

③ 孟二冬：《登科記考補正》（上）《自序》，北京：北京燕山出版社，2003 年，第 12 頁。

④ 胡可先：《徐松〈登科記考〉補正》，載《文史》2003 年第 2 輯（總第 63 輯）；張忱石：《唐代登科人名錄拾遺》，載《文史》2008 年第 3 輯（總第 84 輯）。

人墓誌出土並整理出版，爲唐五代登科人物的整理和輯録再次提供了豐富的資料。

2010 年 1 月，王洪軍先生的著作《登科記考再補正》在廣西師範大學出版社出版，該書是繼徐松、孟二冬先生《登科記考補正》之後對唐代科舉人物又一次大規模的考訂增補，實爲及時之作，無疑是唐代科舉研究領域的又一重大成果。和孟二冬先生一樣，王先生也是在進行另一課題的研究時無意間發現了唐五代登科人物的寶藏，王先生在從事中古時期家族史研究時，發現一些家族中的人物應舉及第却不見徐松《登科記考》和孟二冬《登科記考補正》兩書記載，這引起了他對此問題的關注。此後數年，王先生在進行其他課題研究以及閱讀史書和碑刻墓誌時，每遇到此類人物，便列表輯録下來。日積月累，僅這一表格竟已形成了一個十多萬字的登科人物名録[①]。《登科記考再補正》共輯録徐松、孟二冬兩書缺載誤漏的唐代科舉人物 802 人，包括有確切紀年者 358 人，其中進士 136 人，明經 122 人，制科 52 人，秀才 6 人，諸科 15人，科目不詳者 26 人，知貢舉 1 人。登第年份不詳者共 444 人，其中進士 168 人，明經 134 人，制科 57 人，秀才 22 人，諸科 25 人，武舉 8 人，道舉 4 人，科目不詳者26 人。另，將鄉貢進士和鄉貢明經列入附考，凡 336 人。全書把登科人物分爲有確切紀年者、無確切紀年者和附録三大部分，對於應舉登第年份確切者，以年份先後爲順序，分爲上（武德至長安）、中（神龍至大曆）、下（建中至五代）三編，不單列進士、明經、諸科等科目；而對於無確切紀年者，則以科目標類，分爲進士、明經、制科、秀才、諸科、武舉、道舉等科，科目不詳者列於後。正因爲增補内容豐富，故作者原先步孟二冬後塵將增補訂正人物直接插入相關年份及相關科目的打算難以實施，祇好在徐考、孟補二人百萬言之外，單獨成書。與徐松《登科記考》、孟二冬《登科記考補正》相比，《登科記考再補正》鮮明體現出了社會史方面的内容，對於每一位元登科人物，一般標出其生卒年代、字型大小、郡望、應舉科目，而且注意收録了應舉者的世系、仕宦、婚姻、子女以及宗教信仰等方面的資料，這大大方便了社會史研究者對相關資料的查考和利用，可以説，這是一部以社會史的視角來編著的唐代科舉資料參考書。

2011 年，許友根先生又出版了一部關於登科記考訂補的專著《〈登科記考〉考補》（南京大學出版社，2011 年）。該書以孟二冬先生《登科記考補正》所使用史料的下限（2001 年）爲界，分遺漏史料增補和新見史料增補兩部分對《登科記考補正》進行增補。新增補科第人物 381 人，其中進士 110 人，繫年 31 人，附考 79 人；明經 159 人，繫年

---

① 王洪軍：《登科記考再補正·後記》，桂林：廣西師範大學出版社，2010 年，第 427 頁。

51 人，附考 108 人；制科 76 人，繫年 20 人，入附考 56 人；諸科 12 人，繫年 5 人，附考 7 人；武舉 2 人，繫年 1 人，附考 1 人；科目未詳 22 人，繫年 8 人，入附考 14 人。

另外還有許多單篇論文對唐代登科記也作了或多或少的增補訂正。正如趙守儼先生所指出的，任何著作都不會是完美無疵的，《登科記考》一書有許多長處，但也有不少缺點，疏漏錯誤也不少（清徐松撰，趙守儼點校：《登科記考·點校説明》，北京：中華書局，1984 年）。趙先生本人在點校《登科記考》時即做了許多考訂核查的工作。事實上，從 20 世紀 40 年代岑仲勉先生作《登科記考訂補》之後[①]，對登科記的考訂糾謬增補工作便已開始，六十餘年來，相繼有羅繼祖、卞孝萱、施子愉、傅璇琮、嚴耕望、陶敏、張忱石、胡可先、朱玉麒、陳尚君、楊希義、劉漢忠、吳在慶、富康年、黃震雲、陳冠明、王其褘、李志凡、周曉薇、彭萬隆、薛亞軍、周臘生、陳耀東、尹占華、金瀅坤、史廣超、魏娜、許友根、韓震軍、陳飛等諸位先生，皆有補正之文[②]。

---

① 岑仲勉：《登科記考訂補》，《歷史語言研究所集刊》第 11 本，1944 年 9 月。

② 羅繼祖：《登科記考補》，載日本《東方學報》京都第 13 册第 1 分，昭和十七年（1943 年）六月；卞孝萱：《登科記考》糾謬》，載《學林漫録》第 6 集，北京：中華書局，1982 年；施子愉：《登科記考》補正》，載《文獻》1983 年第 1 期；傅璇琮：《唐代詩人叢考》，北京：中華書局，1980 年；傅璇琮：《唐才子傳校箋》（1—5 册），北京：中華書局，1987—1995 年；嚴耕望：《唐僕尚丞郎表》，北京：中華書局，1986 年；陶敏：《全唐詩人名考證》，西安：陝西人民教育出版社，1996 年；張忱石：《登科記考》續補》上、下，載《文獻》1987 年第 1、2 期；張忱石：《唐代登科人名録拾遺》，載《文史》2008 年第 3 輯（總第 84 輯）；胡可先：《〈登科記考〉匡補》《〈登科記考〉匡補續編》，載《文獻》1988 年第 1、2 期；胡可先：《〈登科記考〉匡補三編》載《徐州師範學院學報》（哲學社會科學）1989 年第 4 期；胡可先：《徐松〈登科記考〉補正》，載《文史》2003 年第 2 輯（總第 63 輯）；朱玉麒：《〈登科記考〉補遺、訂正》，載《文獻》1994 年第 3 期；陳尚君：《〈登科記考〉正補》，載《唐代文學研究》第 4 輯，桂林：廣西師範大學出版社，1993 年；楊希義：《〈千唐誌齋藏誌〉中隋唐科舉制度史料輯釋》，《中原文物》1992 年第 1 期；劉漢忠《〈登科記考〉摭遺》，載《國家圖書館學刊》1993 年 Z2 期；吳在慶：《唐五代文史叢考·登科年考》，南昌：江西人民出版社，1995 年；吳在慶：《唐五代登科者考補》，載《鐵道師院學報》1998 年第 2 期；富康年：《〈登科記考〉補訂十則》，載《甘肅教育學院學報》（社會科學版）1996 年第 2 期；黃震雲：《〈登科記考〉甄補》，載《文教資料》1996 年第 4 期；陳冠明：《〈登科記考〉補名摭遺》，載《文獻》1997 年第 4 期；王其褘、李志凡：《〈登科記考〉補》，《臺大歷史學報》第 19 期，1996 年；王其褘、周曉薇：《〈登科記考〉補續》，《碑林集刊》2000 年；彭萬隆：《〈登科記考〉訂補八則》，載《阜陽師範學院學報》（社會科學版）2000 年第 1 期；薛亞軍：《〈登科記考〉正補》，載《古籍研究》2001 年第 1 期；薛亞軍：《〈登科記考〉訂補》，載《古籍整理研究學刊》2002 年第 5 期；薛亞軍：《〈登科記考〉拾補》，載《文獻》2003 年第 3 期；周臘生：《〈登科記考〉所載唐代状元正補》，載《孝感職業技術學院學報》2001 年第 1 期；陳耀東：《〈登科記考〉續考補》，載《浙江師範大學學報》2003 年第 4 期；尹占華《〈登科記考補正〉之再補》，載《甘肅廣播電視大學學報》2008 年第 2 期；金瀅坤：《〈登科記考〉再補正》，載《晉陽學刊》2008 年第 3 期；許友根：《〈登科記考補正〉進士史料新補》，載《宿州學院學報》2009 年第 1 期；許友根：《〈登科記考補正〉進士史料再補》，載《石河子大學學報》（哲學社會科學版）2009 年第 2 期；許友根：《〈登科記考補正〉進士史料三補》，載《鹽城師範學院學報》（人文社會科學版）2008 年第 4 期；許友根：《〈登科記考補正〉新增進士史料辨析》，載《晉陽學刊》2009 年第 1 期；許友根：《〈登科記考補正〉糾謬》系列十篇論文，皆發表於《江海學刊》2008 年第 5 期至 2010 年第 2 期；許友根：《〈登科記考補正〉新補》，載《江海學刊》2010 年第 3、4 期；許友根：《〈登科記考補正〉標點校勘錯誤》，載《鹽城師範學院學報》（人文社會科學版）2011 年第 2 期；許友根：《唐人登科名録再考》，《蘭台世界》2011 年第 22 期；史廣超：《〈全唐文補遺〉新見唐人進士科資料考》，載《鄭州航空工業管理學院學報》（社會科學版）2009 年第 5 期；史廣超：《新見唐人明經科資料考——以〈全唐文補遺〉（千唐誌齋新藏專輯）爲中心》，載《鄭州航空工業管理學院學報》（社會科學版）2010 年第 2 期；魏娜：《〈登科記考〉續補》，載《中國典籍與文化》2010 年第 1 期；韓震軍：《唐人登科名録新考》，載《蘭台世界》2011 年第 10 期；陳飛：《〈登科記考〉"光宅二年進士試策"辨略》，載《文獻》2011 年第 1 期。

科舉在唐代大盛，參加科第的舉子數量也極爲龐大，目前所考訂出的科第舉子群體不過冰山之一角，對此的研究仍需要不斷地積累充實。

三、唐代登科記研究述評

唐代科舉對政治、社會以及文化所産生的巨大影響早已爲學者所關注，因而對科舉制度的研究歷來是學界的熱點。然而就唐代登科記的研究來看，喜憂參半。一方面，登科記經過徐松以後歷代前賢學者的整理考訂，已形成了一個大致的印象和輪廓，並且較有規模地考證出了唐代登科人物群體之一部分；然而另一方面，登科記的研究尚屬少數人的行爲，還未引起學界足夠的重視，關於登科記的研究亟待向縱深處推進。

首先，關於登科記的基礎研究還亟需進一步走向深入。關於登科記的基礎研究，20 世紀 80 年代傅璿琮先生《關於唐代登科記的考索》①一文恐怕是開創性的研究成果，傅先生在該文中梳理了唐代登科記的來龍去脉，對唐代登科記文獻的散佚以及後世的輯録與流傳進行了考索與探究，這是關於唐代登科記研究的綱領性文獻，時至今日我們對登科記的認識仍未超出此文的觀點。近年來此方面的研究成果僅有南京大學中文系陳喆先生《唐宋登科記流傳述略》一文②。正如前文所示，目前大量對唐代登科記的成果較多地體現在對登科人物的增補考訂上，屬於微觀的研究，並且祇是量的積累。近年來鮮有學者進一步對唐代登科記本身的産生、版本、功能等基礎問題進一步探索。

其次，在資料方面，徐松《登科記考》主要取材於史籍、類書、筆記小説、碑誌石刻等，孟二冬先生更是站在時代的高度，大量運用了徐松等人所無緣見到的新資料，比如《千唐誌齋藏誌》《北京圖書館藏中國歷代石刻拓本彙編》《隋唐五代墓誌彙編》《唐代墓誌彙編》以及《全唐文補遺》的前七輯。孟二冬先生《登科記考補正》出版後又有很多資料問世，如中國社會科學院考古研究所編著的《偃師杏園唐墓》，楊作龍、趙水森編著的《洛陽新出土墓誌釋録》，吳鋼主編的《全唐文補遺》第八、九輯以及《全唐文補遺·千唐誌齋新藏專輯》，周紹良、趙超主編《唐代墓誌彙編續集》，趙君平主編《邙洛碑誌三百種》，趙君平、趙文成主編《河洛墓刻拾零》（上下册），西安碑林博物館整理出版的《西安碑林博物館新藏墓誌彙編》等，這些墓誌碑刻資料以及其他散見的相關資料啓動了唐代登科記的研究，王洪軍先生《登科記考再補正》及其

---

① 傅璿琮：《關於唐代登科記的考索》，《歷史研究》1984 年第 3 期。此文後經過修訂收入氏著《唐代科舉與文學》，西安：陝西人民出版社，1986 年。

② 陳喆：《唐宋登科記流傳述略》，《圖書與情報》2003 年第 2 期。

他衆多考證之專文即端賴於此。2010 年以後，又陸續有大量墓誌資料刊布，如趙君平、趙文成主編《秦晋豫新出墓誌蒐佚》（共 4 册），《秦晋豫新出墓誌蒐佚續編》（共 5 册），長安博物館編《長安新出墓誌》，吳敏霞主編《長安碑刻》（上下册），趙力光主編《西安碑林博物館新藏墓誌續編》（上下册），胡戟、榮新江主編《大唐西市博物館藏墓誌》（共 3 册），胡戟主編《珍稀墓誌百品》，李明、劉呆運、李舉綱主編《長安高陽原新出土隋唐墓誌》，齊運通主編《洛陽新獲七朝墓誌》《洛陽新獲墓誌 2015》，毛陽光、余扶危主編《洛陽流散唐代墓誌彙編》等，目前新出這一批墓誌資料應用於唐代登科記研究的成果尚爲稀少。

此外，由於作者個人實際情況各有偏重，由此也導致了在登科記的增補考訂中出現了很多問題。一是單篇文章、零星考證顯得零零散散，不成系統；二是由於對“弱冠”、“志學”、“既笄”、年齡的虛歲與周歲存在不同計算方法以及其他原因，許多考訂之文不十分嚴謹，登第年代錯誤、科目錯誤、引用資料錯誤等現象較爲常見，並且不同文章之間常常重複增補、重複考訂，甚至考訂結果還存在互相抵牾的現象，非但未能解決問題，反而增加了新的疑惑。謝思煒先生就指出了其中存在的不少問題，值得研究者認真反思[1]。三是近年來對出土墓誌碑刻十分倚重，對正史、類書、譜牒、方志等傳統資料的利用略顯不足，應將這些材料綜合利用，以擴大史料範圍，便於解決問題。

再次，登科記的研究需要與社會史、思想文化史相結合。關於登科記固然有許多基礎性的工作要做，但是在更深層更廣闊的歷史背景下對登科記進行研究也顯得十分有必要。從歷史上看，唐代統治者屢屢對士族實行打壓削弱的政策，士族門閥喪失了魏晋南北朝時期對選舉的壟斷地位，經濟、政治上的變化也促使士族階層適應形勢，尋求新的生機，依靠自身積澱深厚的家學傳統和文化優勢躋身科舉，科舉出身尤其是進士出身在官吏選拔和任用中的地位越來越重要，許多權要顯貴都是從科舉場上競爭考取而取得仕宦的成功。因此可以説，登科人物群體是當時社會最顯著最有代表性的知識分子，而且由於他們躋身仕途，所以又成爲政權的一部分，身兼學術、政治二重功能，他們對當時政治、教育、經濟、社會風尚、心態價值觀、學術文化等影響甚巨，因此對這一人物群體進行社會史、思想史、文化史的研究就具有十分深遠的學術意義。

---

① 謝思煒：《考史應嚴格依據第一手文獻——以〈登科記考〉爲例》，載《清華大學學報》（哲學社會科學版），2009 年第 1 期。

試論唐代君主專制下的尚書都堂集議

——兼析君臣共同體的話語權

胡寶華

在中國古代歷史的發展進程中，歷代王朝都有許多專門商討國家決策以及處理日常行政的例行會議，這些會議都是維持一個王朝的統治與解決社會重大問題的主要對策來源。有唐一代在這方面作出了許多值得關注的業績。大致説來，唐代中央政府在國家管理過程中，重要的會議主要有以下幾種類型：一是君主召見宰相商討軍國大事的會議，即所謂的御前會議[①]；二是中書門下在政事堂召開的宰相會議；三是尚書省舉行的都堂集議[②]。其中，第一種是君主提議召開的會議，參加者以宰相爲主，也有其他官員，會議内容隨時而定。第二種是宰相内閣的例行會議，主要商討決定國家大政方針方面的有關事項。第三種是在尚書省舉行的涉及國家行政制度、法律法規、禮儀風俗等内容的會議，參加者以尚書省六部官員爲主。目前，對於前兩種會議的研究成果已有很多，而對於第三種會議的研究略顯薄弱。其實，宰相政事堂會議與尚書省都堂集議，雖然參加者及目的與功能有所不同，但是這兩個會議在唐代國家管理方面，都發揮了不可替代的重要作用。考察尚書都堂集議的具體運作内容及其發展，對瞭解唐代君主政治的特色具有重要的參考價值；同時對考量中晚唐時期尚書省的存在價值也不無裨益。筆者撰寫這篇小文，僅僅是在這個方面進行的一個初步探討，敬請諸位同行批評指正。

作者簡介：胡寶華，男，南開大學歷史學院教授。

①　參见谢元鲁：《唐代中央政权決策研究》，臺北：文津出版社，1992 年；［日］松本保宣：《唐王朝の宫城と御前会議》，京都：晃洋書房，2006 年。

②　關於唐朝中央舉行會議的種類與冠名，以及都堂集議的相關問題，可參考葉煒《唐代集議述論》一文，載於王晴佳、李隆國主編《斷裂與轉型：帝國之後的歐亞歷史與史學》，上海：上海古籍出版社，2017 年。

一、唐代尚書都堂的位置與基本功能

唐尚書省都堂之稱謂[①]沿襲於前代。唐以前，都堂既是尚書省長官辦公之場所，也是宰相高官議政或舉辦講學、涉外等活動的場所。如《晋書》卷六七《溫嶠傳》載示：

> 是時，天下凋弊，國用不足。詔公卿以下詣都坐，論時政之所先。（溫）嶠因奏軍國要務，求以己邑俸粟，賑給征人，比至軍下。明帝許之。

《陳書》卷二六《徐孝克傳》也載：

> 開皇十年長安疾疫，隋文帝聞其名行，召令（徐孝克）於尚書都堂講《金剛般若經》，尋授國子博士。

唐代的都堂位於尚書省中心，其空間格局爲：

> 都堂居中，左右分司（注云：舊尚書令有大廳，當省之中，今謂之都堂）。都堂之東，有吏部、户部、禮部三行，每行四司，左司統之。都堂之西，有兵部、刑部、工部三行，每行四司，右司統之。凡二十四司，分曹共理，而天下之事盡矣。[②]

唐初武德年間，尚書令及左右僕射均爲宰相成員之一。貞觀以後，隨著尚書省長官淡出宰相圈，尚書省的分工也日益明確，最終成爲了唐中央的最高行政管理機構。檢索史料可以看出，記載尚書都堂的實例，唐以前袛有幾條零散的記録，唐宋時期開始大量湧現。根據這一現象可以推知的是，尚書都堂制度在唐代進入了一個重要的日趨完善的歷史階段，無論是規模還是功能，都遠遠超過了前代。這些從唐代尚書都堂的以下活動即可明顯看出：

其一，唐制，每年冬十月在尚書都堂例行地方朝集使彙報一年政績的活動。其儀式如蕭嵩《大唐開元禮》卷一二六《嘉禮》“朝集使於尚書省禮見並辭”所示：

> 其日奉禮預布版位於尚書省都堂之前，京官九品以上，位在東，每等異位，朝集使位在西，亦如之。皆以北爲上，京官及朝集使俱常服，謁者絳公服先引京

---

① 唐代文獻中，也記作都省、都座、都坐等，本文主要使用都堂一詞。
② 《通典》卷二四《職官四》，北京：中華書局，1988年，第590頁。

官入就位，又謁者引諸方朝集使等入就位，奉禮立於朝集使之北，差退贊者陪其後。京官及朝集使序立訖，奉禮曰：再拜；贊者承傳，朝集使等俱再拜，京官等逡巡揖避再拜訖，京官等俱答拜，朝集使等逡巡揖避再拜訖，謁者贊稱禮畢。群官等各以次退，朝集使亦退，其辭禮亦如之。

這是唐前期一百餘年從未間斷過的州府地方官向中央尚書省吏部彙報工作政績的禮儀過程。中央吏部核實朝集使提交的政績後，決定地方官員的升降遷轉。"安史之亂"以後，唐德宗曾經幾次試圖恢復這一制度，但因爲藩鎮體制的影響，最終這項制度失去了恢復的可能，中央也因此失去了一條監管地方吏治的重要途徑。

其二，都堂是舉薦官人的考試場所。《通典》卷一五《選舉三》"歷代制下"：

> 貞元四年正月制"春秋舉薦"。……至八年正月敕："比來所舉，人數頗多，自今以後，中書、門下兩省及御史臺五品以上，尚書省四品以上，諸司三品以上，應合舉人，各令每人薦不得過兩人。餘官，不得過一人。"至九年十一月敕："每年冬薦官，吏部准式檢勘，成者宜令尚書左右丞、本司侍郎引於都堂，訪以理術兼商量時務狀，考其理識通者及考第事，疏定爲三等，並舉主名錄奏。

唐代不僅實施春秋舉薦，冬季也有同樣的活動，被推薦者最後也要在尚書省都堂接受考試。《舊唐書》卷一三《德宗紀》載：

> （貞元九年十一月）甲辰制：以冬薦官宜令尚書丞郎於都堂，訪以理術試時務狀，考其通否，及歷任考課事迹，定爲三等，並舉主姓名。仍令御史一人爲監試，如授官後，政事能否，委御史臺、觀察使以聞而殿最舉主。

史料表明，被舉薦官員在都堂接受尚書省長官的面試與履歷的考核時，有御史在旁監考。任命職務後，還要繼續考察其在職政績表現，以決定對其推薦人的賞罰。

在都堂，類似的活動還包括官員銓選與科舉考試。

《通典》卷一五《選舉三》"歷代制下"：

> （天寶）十一載，楊國忠爲吏部尚書，以肺腑爲相，懼招物議，取悅人心，乃以選人非超絕當留及藍縷當放之外，其餘常選，從年深者率留，故蠢愚廢滯者咸荷焉。其明年，三銓注官，皆自專之，於尚書都堂與左相相偶唱注，二旬而畢，不復經門下省審，侍郎不得參其議。

《新唐書》卷四五《選舉下》也稱：

> 楊國忠以右相兼吏部尚書，建議選人視官資書判狀迹功優宜，對衆定留放，乃先遣吏密定員闕，一日會左相及諸司長官，於都堂注唱以誇神速，由是門下過官三銓注官之制皆廢，侍郎主試判而已。

唐代官員的任命必須經歷三次銓選過程，本來是一個複雜細緻的審查過程，吏部尚書楊國忠獨攬大權後，爲了收買人心，隨意簡化程式，在尚書都堂主持這一活動，僅用二旬時間即結束了三銓考核任命官員的過程。

都堂還是唐代科舉考試與放榜的場所，如《唐音癸簽》卷一八載：

> 試場在都省，亦稱都堂，及稱東堂。試夜，給燭三條，韋承貼都堂紀事三條：燭盡鐘初動九轉丹成鼎未開。

《唐摭言》卷一〇"李濤"條：

> 溫飛卿任太學博士，主秋試，濤與衛丹、張郃等詩賦，皆榜於都堂。

《大唐傳載》：

> 開元中進士第唱於尚書省。其策試者，並集於都堂，唱其第於尚書省。

其三，都堂還是中央舉行重要外交活動場所之一。例如，《册府元龜》卷一〇九《帝王部》"宴享第一"：

> （貞觀）二十一年正月，鐵勒回紇部拔野古部、同羅部思結部、渾部斛薛部、奚結部、阿跋部、契苾羽部、白霤部、其渠帥各率所部歸附，及還，帝御天成殿陳十部樂宴而遣之。……又詔文武五品以上，令外廚給酒饌於尚書都堂，以餞之。

《法苑珠林》卷五三：

> 高麗、百濟、新羅三國使者將還，各請一舍利於本國起塔供養。詔並許之。詔於京師大興善寺起塔，先置舍利於尚書都堂，十二月二日旦發焉。（文帝仁壽元年）

其四，都堂是中央舉辦盛大宴會的場所。《舊唐書》卷九六《宋璟傳》：

（開元）十七年，（宋璟）遷尚書右丞相，與張説、源乾曜同日拜官，敕太官設饌，太常奏樂，於尚書都省大會百僚。玄宗賦詩褒述，自寫與之。

《册府元龜》卷六六五《内臣部》：

乙未，（李）輔國於尚書省上詔，内廚造食，自宰臣已下朝臣畢集於都堂，送之太常列樂，酣宴竟日。

其五，都堂是祭祀活動舉行的場所。據《册府元龜》卷五四《帝王部》“尚黄老二”載：

乾元元年二月旱，於曲江池投龍祈雨。又令道士何智通於尚書省都堂醮土神，用特牲設五十餘座。右僕射裴冕及尚書侍郎官並就位如朝儀。

凡此種種，大致可以看出隋唐時期的尚書都堂不僅是尚書省長官的辦公地點，同時也是一個多功能集會的公共場所，其内容涉及政務、外交、宗教、科舉、考課、慶典與祭奠等多種重要活動。終唐一代，除去唐後期朝集使活動退出之外，其他功能基本没有中斷。不僅如此，唐代的尚書都堂還有一項更重要的功能，這就是下面將要討論的都堂集議。

二、唐代的尚書都堂集議與内容

通過官員的集體商議來解決朝廷遇到的重大問題，是中國歷代王朝不可缺少的一個重要環節。如《史記》卷一〇一《晁錯傳》載云：

（晁錯）遷爲御史大夫，請諸侯之罪過，削其地，收其枝郡。奏上，上令公卿列侯宗室集議。

唐代涉及“集議”的記載有很多，這些在前揭葉煒的論文中已有詳細的考察。筆者認爲，在唐代，凡稱作百官集議或在京文武若干品階以上的集議活動，應該都是指尚書都堂集議，因爲衹有尚書省都堂纔具有召開集議的空間。唐代官員朝參君主的朝堂固然很大，但是那裏主要是例行國家慶典儀式的場所，並不是專門集中百官商討處理問題的地方。唐代每逢現行制度或法規需要修訂或有些重要事項難於決定之時，尚書省會奉君主及宰相之命，直接召集相關部門的官員在都堂舉行集體商議，最後將結

果上奏中書門下或君主，這個過程就是文獻所說的都堂集議。

唐代的尚書都堂集議是在前代的基礎上，發展並完善起來的。在歷史文獻中明顯地留下了前代的痕迹。例如，唐代除了都堂集議的稱謂外，還可以看到都省集議、或都座（坐）集議等①。其中，都座的稱謂至少源於漢代。據《漢官儀》卷上載：

> 漢制，八座丞郎初拜，並集都座交禮，遷又解交。

漢代八座是指尚書六曹與尚書令、僕射而言，其任命之初與改遷之時，都要在都座舉行一些禮節性儀式。另據《史記》卷一一八《淮南王傳》記載：

> 衡山王賜淮南王弟也，當坐收，有司請逮捕衡山王。天子曰："諸侯各以其國爲本，不當相坐。與諸侯王列侯會肆丞相諸侯議。"《集解》引徐廣曰："詣都座，就丞相共議也。"

《晋書》卷六《肅宗明帝紀》：

> （太寧三年）夏四月，詔曰："大事初定，其命惟新。宜令太宰、司徒已下，詣都坐參議政道，諸所因革，務盡事中。"②

《魏書》卷四八《高允傳》：

> 宗愛之任，勢也；威振四海，嘗召百司於都坐，王公以下望庭畢拜，高子獨升階長揖。

同條史料，司馬光《資治通鑑》卷第一二八孝武帝大明二年（458 年）三月條也引用：

> 宗愛方用事，威振四海。嘗召百官於都坐，王公巳下皆趨庭望拜。（胡注：魏之都坐，猶唐之朝堂也。或曰都坐尚書，都坐即唐之政事堂。）

根據上引史料可以明顯看出，漢晋以來，都坐是尚書省官員召開會議的地方，同

---

① 關於唐代都堂集議的理解，學界有各種解釋，葉煒在《唐代集議述論》中指出都省集議的"都省"，有集議的組織者和場所地點的兩種含義，對此，筆者完全同意。

② 《册府元龜》卷五八《帝王部·勤政》，第 646 頁，記載詔令時間在明帝大寧二年四月，待考。北京：中華書局，1960 年。

時也是一個參政議政的地方。至於胡注所云北魏時期的都坐相當於唐之朝堂，令人困惑，類似的注解未見有其二。然而，其後所云 "都坐即唐之政事堂"，則直指要害，因爲當時的都坐活動確與朝政緊密相關，類似唐代政事堂的作用。

唐貞觀以來，隨著尚書省長官脫離宰相決策圈的變化，尚書省都坐的性質也發生了轉變。《通典》卷二一《職官三》"宰相" 條載稱：

> 大唐侍中、中書令是真宰相。其餘以他官參掌者，無定員，但加同中書門下三品、及平章事、知政事、參知機務、參與政事及平章軍國重事之名者，並爲宰相。

在杜佑上述宰相中已經不再包括尚書省長官。尚書八座之官也隨之脫離了直接參與政事的職能。對此，史書有云：

> 皇朝武德中，太宗初爲秦王，嘗親其職（尚書令），自是闕不復置。其國政、樞密皆爲中書，八座之官，但受其成事而已。[①]

唐代尚書省機構從此成爲名副其實的中央最高行政機構，然而漢晉以來都坐舉行八座會議的形式被唐尚書省所沿用，並進一步改稱尚書都堂或都省集議。此後，唐代尚書省都堂集議的内容主要集中在以下幾個方面。

其一，法律制度方面。《唐律疏議》卷一一《職制》：

> 諸稱律令式不便於事者，皆須申尚書省議定奏聞。若不申議，輒奏改行者，徒二年。疏議曰：稱律令及式條内有事不便於時者，皆須辯明不便之狀，具申尚書省，集京官七品以上於都座議定，以應政張之議奏聞。若不申尚書省議輒即奏請改行者，徒二年。

《大唐六典》卷六《尚書刑部》：

> 凡斷獄之官，皆舉律令格式正條以結之。若正條不見者，其可出者，則舉重以明輕，其可入者，則舉輕以明重。凡獄因應入議請者，皆申刑部，集諸司七品已上於都座議之（注曰：若有别議所司料簡具狀以聞，若衆議異常，堪爲典則者，録送史館）。

---

① 《大唐六典》卷一《尚書都省》，第 12—13 頁。[日] 廣池學園出版部，平成元年（1989 年）再版。

《唐律疏議》卷二《名例》條：

> 凡屬八議者判罪與律條有出入，需經過都堂集議後，纔能裁決。諸八議者，犯死罪，皆條所坐及應議之狀，先奏請議，議定奏裁；（注：議者，原情議罪，稱定刑之律而不正決之。）
>
> 【疏】議曰：此名"議章"。八議人犯死罪者，皆條録所犯應死之坐及録親、故、賢、能、功、勤、賓、貴等應議之狀，先奏請議。依令，都堂集議，議定奏裁。

上述所謂"八議"，是指"有議請減贖當免之法"的八類人："一曰議親，二曰議故，三曰議賢，四曰議能，五曰議功，六曰議貴，七曰議賓，八曰議勛。八議者，犯死罪者皆條所坐及應議之狀奏請，議定奏裁。" 如《唐會要》卷三九《議刑輕重》所載一例：

> 太和四年十二月，刑部員外郎張諷、大理少卿崔圮等奏，議親議貴事。……近者，絳州刺史裴鋭，所犯贓罪至深。陛下乙太皇太后之親，下尚書省集議。此乃陛下知刑賞之理重，與衆共之。伏請今後，親有任刺史監臨主守，犯贓罪，得蒙減死者，必重其過，直以贓罪爲汙累，定刑流決外，其後子孫，並不得任理人官及爲監臨主守，庶得家知其恥，人革非心。……今後刺史非在朝文武職事三品官任者，於所部犯贓抵死罪，並不得以刺史品秩議貴，徵司議條，免所犯罪。如先任在朝三品，合在議條者，即准議親條決流外，子孫者未得任理人官及監臨主守。如有法官及本官推官，不詳官品，妄有引議，請科違敕罪。其功勤賓故等，有犯贓罪同者，並請准親貴之法。敕："官必任親賢貴，無宜輕授，罰不及嗣，經訓具有明文。若坐子孫，慮傷事理。此一節且仍舊，餘依。"

史料記載了文宗太和四年（830 年），絳州刺史裴鋭犯贓罪，因其爲太皇太后之親，文宗遂按照唐代"八議"法律程式，先將案件交尚書省集議，經過刑部員外郎張諷、大理少卿崔圮等人商議後，文宗一方面沿用罪不連坐子孫的舊制，同時也接受了張諷等人提言：凡八議親貴中有任刺史者，犯贓罪雖可減死，但必重罰其過，除判刑流決外，其後代子孫並不得任用爲親民官，從而"庶得家知其恥，人革非心"。

唐制還規定，官員因違反禮儀受到彈劾後，處罰與否，也需要經過都省集議後決定。《舊唐書》卷一三六《盧邁傳》：

　　將作監元互當攝太尉享昭德皇后廟，以私忌日不受誓誡，爲御史劾奏。<u>詔尚書省與禮官、法官集議</u>。（尚書右丞盧）邁奏狀曰：“臣按《禮記》，大夫士將祭於公，既視濯而父母死，猶奉祭。又按唐禮，散齋有大功之喪，致齋有周親喪，齋中疾病，即還家不奉祭事，皆無忌日不受誓誡之文。雖假寧令忌日給假一日，《春秋》之義，不以家事辭王事。今直以假寧常式，而違攝祭新命，酌其輕重，誓誡則祀事之嚴。校其禮式，忌日乃尋常之制，詳求典據，事緣薦獻，不宜以忌日爲辭。”由是互坐罰俸。

不僅如此，一些民間刑事案件在傳統禮法觀念上與法律發生衝突時，也需要借助都省集議來幫助裁定。如憲宗元和六年（811 年）秋九月，富平人梁悅報父仇，殺秦杲，之後自己去縣衙自首請罪。事發後，因爲法律沒有處罰復仇罪的條文，社會上乃至司法官員出現了完全不同的爭論，憲宗下令曰：

　　復仇，據禮經則義不同天；徵法令則殺人者死。禮、法二事，皆王教之（大）端，有此異同，必資論辯。宜令都省集議聞奏者。①

即根據《禮經》，復仇者無罪；但是徵引法令則殺人者抵命。針對這一矛盾，憲宗命令舉行都省集議。時任職方員外郎韓愈在他的議狀中指出：

　　伏以子復父仇，見於《春秋》，見於《禮記》，又見《周官》，又見諸子史，不可勝數，未有非而罪之者也。最宜詳於律，而律無其條，非闕文也，蓋以爲不許復仇，則傷孝子之心，而乖先王之訓。許復仇，則人將倚法專殺，無以禁止其端矣。……今陛下垂意典章，思立定制，惜有司之守，憐孝子之心，示不自專，訪議群下。臣愚以爲復仇之名雖同，而其事各異。或百姓相仇，如《周官》所稱，可議於今者。或爲官所誅，如《公羊》所稱，不可行於今者。又《周官》所稱，將復仇，先告於士則無罪者，若孤稚羸弱，抱微志而伺敵人之便，恐不能自言於官，未可以爲斷於今也。然則殺之與赦，不可一例，宜定其制曰：“凡有復父仇者，事發，具其事中尚書省，尚書省集議奏聞，酌其宜而處之。”則經律無失其指矣，謹議。②

---

① 《舊唐書》卷五〇《刑法志》，北京：中華書局，1975 年，第 2153 頁。
② 《舊唐書》卷五〇《刑法志》，第 2153—2154 頁。

這次集議的結果，"梁悦杖一百，流循州"。以上所舉事例共同表明，唐代在涉及法律方面的問題上，處理態度很慎重，不論事發者是皇親貴戚還是一般官僚乃至百姓，如在量刑上意見有分歧，都要通過都省集議這個環節拿出最後的處理意見。梁悦復仇案一例更顯示出，在禮和法發生衝突、官員的意見有所分歧之時，仍然也要通過尚書省都堂集議的方式，尋求解決的方案。而且韓愈建議此後如再有類似事件發生，仍需采用集議方式酌情處理。

上述可見，都堂集議雖然不具有司法職能，但是對於司法裁決却有不容忽視的發言權，其集議的結果可以影響案件處理的導向。梁悦復仇事件的處理過程再次表明唐代社會不是嚴格意義的法治社會，因此當法制與禮制出現矛盾之後，儒家傳統道德觀念對法律的執行具有很强的影響作用。

其二，軍事方面。

《舊唐書》卷一六五《殷侑傳》載：

> 文宗初即位，滄州李同捷叛，而王廷凑助逆，欲加兵鎮州，詔五品已上都省集議。時上銳於破賊，宰臣莫敢異議。獨侑以廷凑再亂河朔，方徇招懷，雖附凶徒，未甚彰露，宜且含容專討同捷。其疏末云："伏願以宗社安危爲大計，以善師攻心爲神武，以含垢安人爲遠圖，以網漏吞舟爲至誠。"文宗雖不納，深所嘉之。

史料揭示出雖然文宗銳意增兵平叛，但並未倉促下達命令，而是讓五品以上高官於都省集議此事。在幾位宰相都不敢持有異議的場面下，時任衛尉卿的殷侑單獨一人上疏提出了與文宗不同的方案。儘管文宗表面上没有采納他的建議，但在内心給予了嘉許。

《李文饒集》卷一五《論用兵》三"論昭義三軍請劉積勾當軍務狀"中也有如下一段記載：

> 陛下以澤潞元宗歷試舊地，有上黨故風俗，和平人心忠義。艱難以後，多用儒臣，又以劉悟功著先朝，欲全其宗族，特令供奉官薛士幹宣諭示以聖情，而將校繼有表章未從，明命臣等伏思，劉悟以師道之逆，親自梟夷，誠合示一，軍大順。源置子孫於無過之地，而乃繼師道覆車之軌，襲怙亂之風，此而可容，孰不可忍。固須廣詢廷議，以盡群情。臣等商量，望令兩省御史臺並文官四品以上、武官三品以上於尚書省集議。奏未審。

同條内容，還見於《資治通鑒》卷二四七武宗會昌三年四月條：

> 李德裕言於上曰："議者皆云劉悟有功，（劉）稹未可亟誅，宜全恩禮。請下百官議，以盡人情。"上曰："悟亦何功，當時迫於救死耳，非素心徇國也。籍使有功，父子爲將相二十餘年，國家報之足矣，（劉）稹何得復自言！朕以爲凡有功當顯賞，有罪亦不可苟免也。"德裕曰："陛下之言，誠得理國之要。"

這條史料記載的是武宗會昌三年（843 年）發生的一段故事。先是，穆宗朝澤潞節度使、拜檢校司徒兼太子太傅同平章事劉悟之孫劉稹，擁兵叛亂，會昌四年被平定。在如何處置劉稹問題上，朝臣意見出現了分歧，宰相李德裕請走尚書集議的程式集體協商決定。

上舉文宗和武宗兩朝的事例，暫不論其結果如何，事情的經過均顯示出尚書都堂集議是唐後期中央決策形成過程中的一個重要環節。事例表明，文宗朝出席集議者爲宰相與五品以上高官；武宗朝出席集議者則限於在京武官三品、文官四品以上者。可見，兩次集議的參加者同屬中央高級官僚。

從以上兩次集議的內容看，均與藩鎮的處理意見有關。本來，派遣增兵或平定藩鎮及賞罰軍將等方面的決定權，是由中書門下政事堂所掌控的。然而，上述事例揭示出，唐中央在處理這些問題時，都沒有離開尚書都堂集議這個環節。不僅如此，都堂集議的結果往往多被中央采納，最後成爲正式頒布的政令。安史亂後，但凡朝廷遇到重要事件與棘手的疑難問題，君主和宰相都會首先選擇舉行都堂集議來徵求官員的意見與對策。由此觀之，尚書省及都堂集議在中晚唐時期的政治地位與存在價值是顯而易見的。

其三，財政經濟方面。

《舊唐書》卷一〇五《宇文融傳》：

> 時天下戶口逃亡，免役多僞濫，朝廷以爲患。融乃陳便宜，奏請檢察僞濫，搜括逃戶。玄宗納其言，因令融充使推勾。無幾，獲僞濫及諸役甚衆。……陽翟尉皇甫憬上疏曰：臣聞智者千慮，或有一失；愚夫千計，亦有一得。且無益之事繁，則不急之務衆；不急之務衆則數役；數役則人疲；人疲則無聊生矣。是乙太上務德，以靜爲本；其次化之，以安爲上。……左拾遺楊相如上書，咸陳括客爲不便。上方委任融，侍中源乾曜及中書舍人陸堅皆贊成其事，乃貶憬爲盈川尉。於是諸道括得客戶凡八十余萬，田亦稱是。……融使還具奏。乃下制曰："人准邦本，本固邦寧，必在安人，方能固本，永言理道，實獲朕心思。所以康濟黎

庶，寵綏華夏，上副宗廟，乾坤士寄，下答宇縣，貢獻之勤。……<u>遂命百司長吏，方州嶽牧，僉議都堂，廣徵異見。</u>"

這是一段有關唐前期著名的括戶運動的史料。開元時期，唐玄宗針對日益嚴重的逃戶問題，任命宇文融爲十道勸農使，檢括天下戶口，結果獲得了八十萬戶的巨大成就。雖然如此，官員中對於括戶之舉的褒貶看法並不一致，反對的呼聲始終存在。括戶運動取得一定成績後，唐玄宗命令州府地方長官與中央百司官員齊聚尚書省都堂，廣泛徵求大家對括戶的意見。這次集議的結果，肯定了括戶的成績，宇文融因此得到了玄宗的賞識與重用。

此外，唐前期在謀求解決貨幣改型出現的問題方面，都堂集議也是一個重要的環節。《唐會要》卷八九《泉貨》：

> 乾封元年五月二十三日，盜鑄轉多，遂改鑄新文曰乾封泉寶。……至二年正月二十九日詔："比以僞濫斯起，所以采乾封之號，改鑄新錢。靜而思之，將爲未可。"……至三年十二月詔："頃屬權臣，變法非良。遂使貨物相沿，穀帛騰踴。求之輿議，弊實由斯。今欲仍從舊貫，漸罷新錢。又慮權行，轉資艱急。如或猶循所務，未塞其源。實恐物價虛騰，黎元失業，靜言體要，用藉良圖。宜令文武百官九品以上，並於尚書省集議，委中書門下詳議聞奏。
>
> 至上元元年六月七（日）詔：其重棱五十價錢，宜減作三十文行用，其開元舊錢宜一錢十文行用，乾元當十錢宜依前行用。仍令京中及畿縣內依此處分，諸州待後進止。至七月二十五日敕，先造重棱五十價錢，先令畿內減三十價。

唐高宗在位時期，因爲貨幣改革不力，引起物價飛騰，經濟混亂。如何糾正這一局面，是否恢復舊幣？高宗下令九品以上官員參加尚書省集議，並委托中書門下詳議後，將其結果奏上。這個事例表明中央在處理金融貨幣問題上，采取了尚書省集議與中書門下詳議的遞進方式。其後，中央做出的相關決策，依據的就是這次尚書集議的討論結果。據此可知，尚書省集議在國家金融政策製定方面，也有重要的參與權和話語權。

其四，科舉方面。

唐後期的國家教育與科舉制度，因爲"安史之亂"的影響發生了嚴重的紊亂。史稱：

> 自至德後，兵革未息，國學生不能廩食，生徒盡散，堂墉頹壞，常借兵健

居止。①

當時，一些不支持詩賦取士的官員借機提出了增加經學内容與地方舉孝廉相結合的科舉選士建議：

> 禮部侍郎（楊綰）上疏條奏貢舉之弊曰：“國之選士，必藉賢良。蓋取孝友純備，言行敦實，居常育德，動不違仁。……煬帝始置進士之科，當時猶試策而已。至高宗朝，劉思立爲考功員外郎，又奏進士加雜文，明經填帖，從此積弊，浸轉成俗。幼能就學，皆誦當代之詩；長而博文，不越諸家之集。遞相黨與，用致虛聲，《六經》則未嘗開卷，《三史》則皆同掛壁。况復徵以孔門之道，責其君子之儒者哉！……凡國之大柄，莫先擇士。自古哲後，皆側席待賢；今之取人，令投牒自舉，非經國之體也。望請依古制，縣令察孝廉，審知其鄉閭有孝友信義廉恥之行，加以經業，才堪策試者，以孝廉爲名，薦之於州。刺史當以禮待之，試其所通之學，其通者送名於省。”②

對此，代宗寶應二年（763年）六月：

> 敕令州縣每歲察秀才孝廉，取鄉閭有孝悌廉恥之行薦焉。委有司以禮待之，試其所通之學。《五經》之内，精通一經，兼能對策，達於理體者，並量行業授官。其明經、進士並停。國子學道舉，亦宜准此。因楊綰之請也，詔下朝臣集議。中書舍人賈至議，請依綰奏。有司奏曰：“竊以今年舉人等，或舊業既成，理難速改，或遠州所送，身已在途，事須收獎。其今秋舉人中有情願舊業舉試者，亦聽。明年已後，一依新敕。”後綰議竟不行。③

在這場因爲楊綰奏議而舉行的朝臣集議中，既有支持楊綰提議的官員，也有禮部官員根據當年舉人準備應考的實際情況，提出了科舉考試内容的改變，可在來年以後按照新敕實施的意見，最終沒有采用楊綰的提案。然而，通過這次舉行集議的過程可以看出，在試圖收拾與解決安史亂後科舉考試出現混亂局面的問題上，代宗首先考慮讓朝臣集議，然後在官員集體商議的基礎上，選擇最佳處理方案。

其五，宗教方面。

---

① 《舊唐書》卷二四《禮儀四》，第922頁。
② 《舊唐書》卷一一九《楊綰傳》。
③ 《舊唐書》卷二四《禮儀四》

僧人道宣《廣弘明集》卷二"叙朝宰會議沙門致拜君親事九並序"中，記載了下面這段著名的歷史故事：

> 龍朔二年五月十五日，大集文武官僚九品已上並州縣官等千有餘人，總坐中臺都堂將議其事。時京邑西明寺沙門道宣、大莊嚴寺沙門威秀、大慈恩寺沙門靈會、弘福寺沙門會隱等三百餘人，並將經文及以前狀陳其故事以伸厥理。時司禮太常伯隴西郡王博，又謂諸沙門曰："敕令俗官詳議，師等可退。"時群議紛紜，不能畫一。隴西王（博）曰："佛法傳通，帝代既遠，下敕令拜君親，又許朝議。今衆人立理未可通遵，司禮既曰，職司可先建議，同者署名，不同則止。"時司禮大夫孔志約執筆，述狀如後。令主事大讀訖，遂依位署，人將太半，左肅機崔余慶曰："敕令司別立議，未可輒承司禮，請散，可各隨別狀送臺。時所送議文抑駁雜今，謹依所司上下，區以別之。先列不拜之文，次陳兼拜之狀，後述致拜之議，善惡咸錄，件之如左焉"。①

這是發生在高宗龍朔二年（662 年）五月十五日的一個事件。當天，在中臺（當年二月百官改稱，尚書省爲中臺）都堂聚集了上千人的文武百官，集體討論唐初以來佛道不拜君親、不敬君主的風俗問題。其實，在此之前唐代君臣即展開過多次討論，也曾幾次下令廢止其習俗。例如《貞觀政要》卷七《禮樂》載：

> 貞觀五年，太宗謂侍臣曰："佛道設教，本行善事，豈遣僧尼道士等，妄自尊崇，坐受父母之拜？損害風俗，悖亂禮經。宜即禁斷，仍令致拜於父母。"

但是，太宗的這道命令，頒布兩年後就收回了，因爲僧尼對此發起了相當規模的抵抗運動。其後，上述龍朔二年發生的事件仍然是這一運動的繼續，其規模堪稱空前絶後。道宣、威秀爲首的僧人陳述並遞交了他們的反對意見，聚集在都堂的百官也展開了激烈的討論。最後的結果：主張僧尼不拜君親的有大司成（國子祭酒）令狐德棻等 539 人；主張僧尼拜君親的有司平太常伯（工部尚書）閻立本等 354 人。這一結果改變了高宗當初的意圖，其後，頒布了"停沙門拜君詔"：

> 前欲令道士女冠僧尼等致拜，將恐振駭恒心，爰俾詳定。有司咸引典據，兼陳情理，沿革二塗，紛綸相半。朕商攉群議，沈研幽賾，然箕穎之風，高尚其

---

① 《廣弘明集》卷二五，四部叢刊景明版電子版，第 344 頁。

事，遐想前載，故亦有之。今於君處，勿須致拜。其父母之所，慈育彌深，祗伏斯曠，更將安設？自今已後，即不宜跪拜，主者施行。①

這個事件的過程不僅顯示出都堂集議的重要作用，群臣集議的結果可以改變君主的初衷，同時也讓我們看到了唐代君臣對待佛、道宗教所持有的開明態度的一面。

其六，君臣諡號的決定。

唐代君主與三品以上高官死後，需加封諡號，用今天的話說蓋棺定論。對此，唐代有一套嚴格的評價規則與審議過程，而尚書集議也是決定諡號的一個重要環節。《大唐六典》卷二《考功郎中》稱：

> 其諡議之法，古之通典，皆審其事，以爲不刊。注云：諸職事官三品已上散官二品已上身亡者，其佐史録行狀，申考功。考功責歷任勘校，下太常寺擬諡記，覆申考功於都堂，集省内官議定，然後奏聞。

不難看出，唐代的諡議之法是很嚴格的。制度如此，在唐人的心目中，諡號的取舍也是字字斟酌，十分看重。《舊唐書》卷一七一《張仲方傳》：

> 古者，易名請諡，禮之典也。處大位者，取其巨節，蔑諸細行，垂範當代，昭示後人，然後書之，垂於不朽。善善惡惡，不可以誣，故稱一字，則至明矣，定褒貶是非之宜，泯同異紛綸之論。

關於這一原則的具體運用，《唐會要》卷八〇"諡法下"有一事例即可證明：

> 贈工部尚書馬暢（諡爲縱）。太常博士林寶議諡曰敬。工部郎中崔備駁議曰："謹按諡法，敬字之義，與馬暢始終名迹不同。考行之義尚乖，憂名之典未正，事須更牒禮院，請重議者。且馬暢墳土猶濕，物議尚存，皆可徵言，盡堪覆視。在春秋隱惡之義可也，加史册廢美之命難乎。況尚書都堂下議攸重，奉常禮院考行須詳，責實當究其是非，易名宜存乎褒貶。夫國之禮法，懸在不刊。而文士多病於愧詞，史臣或許其佳傳，舊章既失，後世何觀？雖以禮之愛久無，而亂名之責豈絶。幸稽前士，用示後人。其馬暢所諡爲敬，請更參議。"尚書兵部員外郎章奕駁曰："太常考馬暢之行，舉夙就事廉方經正之敬，以易其名，異乎無所苟於言也。比建

---

① 《廣弘明集》卷二五《停沙門拜君詔》，第351頁。

中、興元間，暢以父有征討之勳，推恩而受爵位。父薨，家富於財，以酒色自娛。貞元中，嘗傾產交結中官，因獻田宅以求幸。德宗薄其人，而終不信用。生前與孤姪寡婦分居析財，醜聲聞於時。歿後使孽子媵妾被奸挾訟，公言盈於庭。此皆章著於視聽者，何以諡爲敬乎？議者云……請下太常，復位其議。”博士崔韶改諡曰縱。議曰：“馬暢承籍故業，歷居通顯，家富於財。以奢縱自處，不能撫安嫂姪，使之離析。其干進也，趨利如轉圜。其居家也，揉下如束濕。故時論鄙之。謹按國史，宇文士及居家侈縱，議諡爲縱。暢之行已同於士及，請以縱爲諡可也。”

馬暢爲德宗朝重臣馬燧之子，上述記載表明，薈聚都堂的各部官員對其諡號的取舍一點不馬虎，幾位官員根據其生前表現與諡法原則發表了不同的看法，經過激烈的辯論，最後決定贈馬暢諡號爲“縱”字，其字義與馬暢生前表現是吻合的。

唐代不僅三品以上官員所贈諡號需要尚書省集議決定，追加君主諡號也要經過同樣的程式。《舊唐書》卷二五《禮儀志五》：

> 大中三年十一月，制追尊憲宗、順宗諡號，事下有司。太常博士李稠奏請別造憲宗、順宗神主，改題新諡。上疑其事，詔都省集議。右司郎中楊發、都官員外郎劉彥模等奏：“考尋故事，無別造神主改題之例。”事在《楊發傳》。時宰臣奏：“改造改題，並無所據，酌情順理，題則爲宜。况今士族之家，通行此例，雖尊卑有異，而情理則同。望就神主改題，則爲通允。”依之。

這段故事的緣由如下：

> 宣宗追尊順宗、憲宗等尊號，禮院奏廟中神主已題舊號，請改造及重題，詔禮官議。（楊）發與都官郎中盧搏獻議曰：“臣等伏尋舊典，栗主升祔之後，在禮無改造之文，亦無重加尊諡、改題神主之例。求之曠古，瓊無其文。周加太王、王季、文王之諡，但以德合王周，遂加主號，未聞改諡易主。且文物大備，禮法可稱，最在兩漢，並無其事。光武中興，都洛陽，遣大司馬鄧禹入關，奉高祖已下十一帝后神主祔洛陽宗廟，蓋神主不合新造故也。自魏、晉迄於周、隋，雖代有放恣之君，亦有知禮講學之士，不聞加諡追尊、改主重題。書之史策，可以覆視。”……時宰相覆奏就神主改題，而知禮者非之，以發議爲是。[1]

---

[1] 《舊唐書》卷一七七《楊發傳》。

上述史料揭示出，因宣宗欲"追尊憲宗、順宗諡號"，太常博士李稠上奏提出了"別造憲宗、順宗神主，改題新諡"的方案。宣宗對這一方案有所疑慮，遂下令都省集議。在集議中李稠的提案遭到楊發等人的反對，其理由爲歷史及經典中均無先例。宰臣則認爲雖無先例可循，但酌情順理，且當時士族之家已有類似作爲，因此支持神廟改題。這件事情的發展過程顯示出，都省集議絕不是一個形式上的過程，參加集議的官員也不會簡單迎合君主的意志、走走過場而已，而是引經據典，提出對神廟改題、君主改諡的反對意見。楊發的意見最終未能被采納，但在那些精通禮法的士人群體中獲得了好評。

其七，傳統禮儀方面。

文獻記載：

> （光啓三年二月）僖宗自興元還京，夏四月，將行禘祭，有司引舊儀，禘德明、興聖二廟，及懿祖、獻祖神主祔興聖、德明廟，通爲四室。黃巢之亂，廟已焚毀，及是將禘，俾議其儀。博士殷盈孫議曰："臣以德明等四廟，功非創業，義止追封，且於今皇帝年代極遐，昭穆甚遠。可依晉韋弘'屋毀乃已'之例，因而廢之。"<u>敕下百僚都省會議</u>。禮部員外薛昭緯奏議曰："伏以禮貴從宜，過猶不及，祀有常典，理當據經。……其興聖等四室，請依禮院之議。"奉敕敬依典禮，付所司。①

衆所周知，僖宗光啓三年（887 年），唐王朝已明顯進入漸行漸衰的最後階段，然而當君臣在祭祖活動上出現意見分歧的時候，仍然絲毫不敢怠慢，僖宗仍需命令百官聚於都省集議。從史料記載看，這次都堂集議是因太常博士（從七品）殷盈孫的奏議所引起的，禮部員外郎（從六品）薛紹緯是集議過程的另一個主要人物，這兩位官員的品階雖然不高，但是因爲他們都是這次集議主題的專家，所以集議過程的主角也由他們扮演，這也是都堂集議的一個應該注意的地方，即在話語權上體現的平等。最後，薛氏的奏議被僖宗所采納。

再如，當君主的某些行爲與傳統觀念發生抵牾之時，也需要通過都省集議來作出糾正。《舊唐書》卷二四《禮儀四》記載：

> 太和二年八月，監察御史舒元輿奏："七月十八日，祀九宮貴神，臣次合監

---

① 《舊唐書》卷二五《禮儀五》。

祭，職當檢察禮物。伏見祝版九片，臣伏讀既竟，竊見陛下親署御名及稱臣於九宮之神。臣伏以天子之尊，除祭天地、宗廟之外，無合稱臣者。……陛下尊爲天子，豈可反臣於天之子男耶？臣竊以爲過。縱陰陽者流言其合祀，則陛下當合稱皇帝遣其官致祭於九宮之神，不宜稱臣與名。……伏乞聖慈，異日降明詔，禮官詳議……"<u>詔都省議，皆如元輿之議</u>。乃降爲中祠，祝版稱皇帝，不署。

不僅如此，官員在日常人際關係中如果發生禮節上的衝突，都堂集議還要充當判斷是非的仲裁角色。例如《唐會要》卷六八《河南尹》記載：

> 開成五年四月東都奏：河南尹高銖與知臺御史盧罕街衢相逢，高銖乘肩輿無所避，二人各引所見，臺府喧競。上乃下詔曰："尹正官重，臺憲地高，道路相逢，儀制不定，各執詞理，每有紛爭。勝負取決於一時，參詳未申於久制，委有司斟酌典故聞奏。"都省議："臺府相避，本無明令。按前後例，知雜御史與京兆尹相逢，京尹回避。今東都知臺御史即一員，兼得行中丞公事，若不少加嚴重，即恐人不稟承。今據東臺所由狀，從前河南尹皆回避，請依上都知雜御史例爲制。其上都御史，人數稍衆。若令京兆尹悉皆回避，事恐難行。請自今已後，京兆尹若逢御史，即下路駐馬。其隨從人亦皆留止，待御史過，任前進，其東都知臺御史亦請准此爲例。其京兆尹若趨朝及遇宣朝，不可留滯，即任分路前進。"制可。

類似的事例還有很多，這裏就不一一例舉了。

其八，抑止佛、道二教的政策方面。

唐代政府對待佛、道二教雖有開明的一面，但是因爲每年都有不少爲逃避賦稅而流入佛門者，對唐後期國家財政收入產生了不能忽視的影響。因此，有關整理、淘汰佛道教徒的措施經常可以看到，代宗時期就有過一次。據《唐會要》卷四七《議釋教上》載：

> 大曆十三年四月，劍南東川觀察使李叔明奏請澄汰佛、道二教，下尚書省集議。都官員外郎彭偃獻議曰："王者之政，變人心爲上，因人心次之，不變不因，循常守故者爲下。故非有獨見之明，不能行非常之事。今陛下以維新之政，爲萬代法。若不革舊風，令歸正道者，非也。當今道士，有名無實，時俗鮮重，亂政猶輕，惟有僧尼，頗爲穢雜。……況今出家者，皆是無識下劣之流。縱其戒行高潔。在於王者。已無用矣。今叔明之心甚善，然臣恐其奸吏詆欺。而去者未

必非，留者不必是。無益於國，不能息奸。既不變人心，亦不因人心。強制力持，難致遠耳。臣聞天生蒸民。必將有職。游行浮食。王制所禁。故有才者受爵祿。不肖者出租稅。此古之常道也。今天下僧道，不耕而食，不織而衣，廣作危言險語，以惑愚者。一僧衣食，歲計約三萬有餘。五丁所出，不能致此。舉一僧以計天下，其費可知。陛下日旰憂勤，將去人害，此而不救，奚其爲政？臣伏請僧道未滿五十者，每年輸絹四疋。尼及女道士未滿五十者，輸絹二疋，其雜色役，與百姓同。有才智者令入仕，請還俗爲平人者聽。但令就役輸課，爲僧何傷？臣竊料其所出，不下今之租賦三分之一，然則陛下之國富矣，蒼生之害除矣。……上深嘉之。

彭偃的奏議得到了代宗的嘉許，但不巧的是，第二年代宗就因患病而駕崩。德宗即位後，沒有停止抑制佛、道二教的活動，繼續下令舉行尚書集議，重新討論李叔明上奏的問題，史書記載：

> 時劍南東川觀察使李叔明上言，以"佛、道二教，無益於時，請粗加澄汰。其東川寺觀，請定爲二等：上寺留僧二十一人；上觀留道士十四人，降殺以七，皆精選有道行者，余悉令返初。蘭若、道場無名者皆廢"。德宗曰："叔明此奏，可爲天下通制，不唯劍南一道。"下尚書集議。[1]

可以看出，德宗也非常支援李叔明的奏議。其後在尚書集議中，都官員外郎彭偃又進一步指出：

> 當今道士，有名無實，時俗鮮重，亂政猶輕。唯有僧尼，頗爲穢雜。……出家者皆是無識下劣之流，縱其戒行高潔，在於王者，已無用矣，況是苟避徵徭，於殺盜淫穢，無所不犯者乎！……臣伏請僧道未滿五十者，每年輸絹四匹；尼及女道士未滿五十者，每年輸絹二匹；其雜色役與百姓同。有才智者令入仕，請還俗爲平人者聽。

當時"議者是之，上頗善其言"。可是，因爲"大臣以二教行之已久，列聖奉之，不宜頓擾，宜去其太甚，其議不行"[2]。就這樣，歷經代宗、德宗兩朝欲在全國推行對佛、道二教實行裁員甚至部分廢除的方案，因爲大臣以唐代信奉佛道由來已久，從未有過類似舉措

---

① 《舊唐書》卷一二七《彭偃傳》，第 3579 頁。
② 《舊唐書》卷一二七《彭偃傳》，第 3580 頁。

爲由，提出反對，導致了無果而終。儘管如此，通過這場抑止佛、道二教的發展過程，我們同樣可以清楚地感覺到尚書集議的客觀存在價值。事實再次表明，這種都堂集議的方式，在中央處理許多重大問題時，都是君臣不容無視也不能繞過的一個重要環節。

三、唐後期尚書都堂集議的發展趨勢

通觀以上史實可知，有唐一代，尚書都堂集議功能始終存在，即便進入中晚唐時期，尚書都堂的地位也未發生任何動搖。這種認識從以下的史料中也可進一步得到印證。

《新唐書》卷二〇七《宦者·魚朝恩傳》記載：

> 凡詔會群臣計事，（魚）朝恩怙貴，誕辭折愧坐人出其上，雖元載辯强亦拱默，唯禮部郎中相里造、殿中侍御史李衙酬詰往返，未始降屈，朝恩不懌，黜衙以動造。又謀將易執政以震朝廷，乃會百官都堂，且言："宰相者，和元氣，輯群生。今水旱不時，屯軍數十萬，饋運困竭，天子臥不安席，宰相何以輔之？不退避賢路，默默尚何賴乎？"宰相俯首，坐皆失色。（相里）造徙坐從之，因曰："陰陽不和，五穀踴貴，皆軍容事，宰相何與哉！且軍孥不散，故天降之沴。今京師無事，六軍可相維鎮，又屯十萬，饋糧所以不足，百司無稍食，軍容爲之，宰相行文書而已，何所歸罪？"朝恩拂衣去，曰："南衙朋黨，且害我。"

魚朝恩是"安史之亂"以後勢力與影響最大的宦官之一，甚至以專權著稱的宰相元載，面對魚朝恩强勢表現，也不敢明顯反對。應該注意的是，魚朝恩陰謀更換宰相，掌控政局，仍需在尚書都堂會見百官，當眾羞辱宰相。而這一切恰好表明，中晚唐時期的尚書都堂仍舊是一個召集百官、發表政見的重要場所。

類似的證明還有《舊唐書》卷十四《憲宗紀》所示：

> （三年夏四月）丁丑，以荆南節度使裴均爲右僕射判度支。……己卯，裴均於尚書省都堂上僕射，其送印及呈孔目唱案、授案，皆尚書郎爲之。文武三品已上升階列坐，四品五品及郎官、御史拜於廳下。然後召御史中丞、左右丞、侍郎升階答拜。雖修故事行之，議者論其太過。①

---

① 根據憲宗朝中書舍人李肇著《唐國史補》卷下記載可知，裴均的就任儀式與故事相比，已經簡化了不少。其曰："南省故事：左右僕射上，宰相皆送，監察御史捧案，員外郎捧筆，殿中侍御史押門，自丞郎、御史中丞皆受拜。而朝論以爲臣下比肩事主，儀注太重，元和已後，悉去舊儀，惟乘馬入省門如故。"

這條史料揭示了憲宗朝尚書右僕射裴均上任儀式仍然按照禮儀制度在都堂進行。這裏需要注意的是，雖然儀式根據舊制而行，却引起了部分官員的不滿。針對上述現象，嚴耕望早就注意到並指出：“蓋中葉以後，僕射雖有師長之名，而其權其位皆無師長之實，用人又非重望者，故前期隆崇禮數自難再行，群議革之，是矣。”①認爲這種有名無實的職位是受到輕視的一個重要原因。但是，如果我們從另外一個方面看，僕射上任儀式簡化與唐後期經濟不景氣也有不可分割的密切關係。據史書記載：

> 貞元二年……三月三日敕：“尚書郎除休暇，宜每日視事。”自至德以來，諸司或以事簡，或以餐錢不充，有間日視事者，尚書省皆以間日。先是，宰相張延賞欲事歸省司，恐致稽擁，准故事，令每日視事。無何，延賞薨，復間日矣。②

> （開成）三年七月敕：“尚書省自長慶三年賜本錢後，歲月滋久，散失頗多，或息利數重經恩放免，或人户逋欠，無處徵收。如聞尚書丞郎官入省日，每事關供，須議添助，除舊賜本錢徵利收及吏部告身錢外，宜每月共賜一百貫文，委户部逐月支付。”③

可見，因爲餐錢不足已經引發了尚書省官員拒絶每日出勤、丞郎入省日缺乏供需的經濟問題，那麼，簡化僕射上任儀式的程式也應該是這種經濟拮据形勢的必然選擇。無獨有偶，類似的現象一直到五代時期依然可以看到。後唐明宗長興四年（933 年）十一月，新任尚書右僕射盧質上奏稱：

> 臣忝除官，合赴省上，事若准舊例，左右僕射上事儀注，所費極多，欲從權務簡，祇取尚書丞郎上事例，止集南省屬僚及兩省官送上，亦不敢輒援往例，有廢官中。自量力排比，兼不敢自臣驟廢舊規，他時任行舊制。從之。④

史料表明，後唐明宗時期因爲經濟窘迫，右僕射盧質上奏提議上任儀式可比照丞郎的格式，一切從簡。由此可知，唐代後期僕射上任儀式的簡化背景，不僅有政治上的原因，更重要的恐怕與財政入不敷出密切關聯。

---

① 嚴耕望：《論唐代尚書省之職權與地位》，載黃清連主編：《制度與國家》，北京：中國大百科全書出版社，2005 年，第 148 頁。
② 《唐會要》卷五七《尚書省》，第 1157 頁。
③ 《册府元龜》卷五〇七《邦計部》“俸禄第三”，第 6091 頁。
④ （宋）王溥：《五代會要》卷十四《左右僕射》，上海：商務印書館，1941 年，第 178 頁。

此外，還有一個現象應該注意，根據文獻記載，平定"安史之亂"以後，唐中央經常用"八座"，即左、右僕射與六部尚書這些三品以上的官職來賞賜酬謝、安撫那些有功之臣與藩鎮節帥。李肇《唐國史補》卷下有如下記載：

> 國初至天寶，常重尚書，故房梁公言李緯好髭須，崔日知有望省樓，張曲江論牛仙客，皆其事也。兵興之後，官爵浸輕，八座用之酬勛不暇，故今議者以丞郎爲貴。

既然中央動用了尚書八座等高層職位，那麼，作爲這種策略的補充與調整，中央必然會將原屬這些高官的職能轉給下屬四品丞郎去掌控，因此，唐後期丞郎成爲了尚書省的實際掌門人，其地位也愈加顯赫。唐代的丞郎是指尚書左、右丞與六部侍郎。其實，丞郎自唐初以來，屬於清要之官，始終爲士大夫群體所重。其社會地位，正如唐人劉肅在《大唐新語》十一"褒錫第二十四"中所記載：

> 賀知章，自太常少卿遷禮部侍郎，兼集賢學士，一日並謝二恩。特源乾曜與張說同秉政，乾曜問說曰："賀公久著盛名，今日一時兩加榮命，足爲學者光耀。然學士與侍郎，何者爲美？"說對曰："侍郎自皇朝已來，爲衣冠之華選，自非望實具美，無以居之。"

需要指出的是，唐後期的社會動蕩給尚書省帶來了上述各種不利的影響，但是，這並不意味著尚書省機構陷入全面崩潰的程度。因爲，國家最高行政管理的職責依然由尚書省掌握，而且中央也沒有因爲動亂而降低尚書丞郎人選的標準。如唐文宗時，宰相鄭覃曾上奏說："丞郎闕人，臣欲用張仲方。"張仲方是玄宗朝名相張九齡的後代。文宗答曰："中臺侍郎，朝廷華選。仲方作牧守無政，安可以丞郎處之？"①唐武宗會昌年間，牛僧孺上奏稱讚中央爲提高諫議大夫的聲望，多用丞郎補充的做法，其曰："今陛下方啓納諫之門，俾崇品秩，迭用丞郎，蓋千年一時之盛美也。"②可以看出，有唐一代，丞郎始終處於士林華選的顯赫位置，任用者必須有一定的政績方可。丞郎能夠獲得社會讚譽，除了本身素質高以外，也與中央對丞郎給予的重視與期待密不可分。據此，我們有理由認爲，唐後期尚書省的丞郎群體仍然是一個高素質、可信賴的政要群體。事實上，中晚唐時期儘管社會大趨勢景氣不再，但是後期有爲的

---

① 《舊唐書》卷一七一《張仲方傳》，第 4445 頁。
② 《唐會要》卷五五《諫議大夫》，第 1122 頁。

君主在位期間，無不渴望恢復昔日中央集權的強勢局面，整頓恢復中央各部門尤其是尚書省健全的職能，應該是他們始終爲之努力的一個目標。《唐會要》卷五七《尚書省》的以下的幾段記載則揭示了這個發展過程：

（代宗）大曆五年三月二十六日敕：令僕以綜詳朝政，丞郎以彌綸國典……九卿之職，亦中臺之輔，大小之政，多所關決。自王室多難，内外經費，徵求調發，皆迫於國計，切於軍期，率以權便裁之。……其度支使及諸道轉運、常平鹽鐵等使宜停。國之安危，不獨注於將相，政之治亂，固亦在於庶官。尚書侍郎、左右丞，參領要重，朕所親倚，固當朝夕進見，以之匡益也。又省寺之務，多有所分，簡而無事，曠而不接。今大舉綱目，重頒憲章。並宜詳校所掌，明徵典故。十四年六月敕：天下諸使及州府，須有改革處置事，一切先申尚書省，委僕射以下商量聞奏，不得輒自奏請。

（德宗）建中三年正月，尚書左丞庾准奏："省内諸司文案，准式併合都省發付諸司判訖，都省句檢稽失。近日以來，舊章多廢，若不由此發句，無以總其條流。其有引敕及例不由都省發句者，伏望自今以後，不在行用之限。庶絶舛繆，式正彝倫。"從之。

（憲宗元和）六年十月。御史中丞竇易直奏："臣謹案唐禮，諸册拜官與百僚相見，無受拜之文。又諫議大夫至拾遺，御史中丞至殿中侍御史，並爲供奉官，不合異禮。今僕射初上之日，或答拜階上，合拜庭中。因循踳駁之制，每致沸騰之議。伏請下尚書太常禮院詳議，永爲定制，使得遵行。"於是太常卿崔邠召禮官等參議。禮官議曰：按開元禮，有册拜官上儀。初上者，咸與卑官答拜。今左右僕射，皆册拜官也，令准此禮爲定。伏尋今之所行儀注，其非典禮之文，又無格敕爲據，斯乃越禮隨時之法，有司尋合釐正，豈待議而後革也。伏以開元禮者，其源太宗創之，高宗述之，元宗纂之曰開元禮。後聖於是乎取則，其不在禮者，則有不可以傳。今僕射初上，受百僚拜，是舍高宗元宗之祖述，而背開元之正文，是有司失其傳……於是修改舊儀，送都省集衆官詳議。

（武宗）會昌五年六月敕，漢魏以來，朝廷大政，必下公卿詳議，博求理道，以盡群情。所以政必有經，人皆向道。比事深關禮法，群情有疑者，令本司申尚書省，下禮官參議。如是刑獄，亦先令法官詳議，然後申刑部參覆。如郎官、御史有能駁難，或據經史故事，議論精當，即擢授遷改以獎之。如言涉浮華，都無經據，不在申聞。

綜合以上各個歷史時期的君臣議論可以看出，中晚唐時期的君臣在整頓中央機構與文書上奏程式，恢復國家禮儀制度等方面，都有很多積極的表現，而且尚書都堂集議的活動一直沒有停止。筆者認爲，安史亂後的確出現過唐人陸長源所説的政治局面：

兵部無戎帳，户部無版圖，虞水不管山川，金倉不司錢穀，光禄不供酒，衛尉不供幕，秘書不校勘，著作不修撰；官曹虛設，禄俸枉請。[1]

但是，如果從尚書都堂集議的歷史發展來看，尚書省並沒有喪失其基本職能，唐後期依然可以看到一個正常運轉的機構存在。陸長源所描寫的情況應該是安史亂後某個時期的表現，而不是中晚唐時期的整體表現。

四、小　結

通觀唐代近三百年的歷史發展，尚書都堂集議始終位於中央政府的權力高端，在唐帝國的決策過程中扮演了不可替代的重要角色。這裏，不由想起錢穆曾説過的一段話：中國自秦漢以來，歷代王朝都是通過士人政府來治理國家的，這個士人政府是通過教育制度、考試制度、選舉制度產生的。皇帝雖是政府的最高領袖，但也得遵循這些制度而行使其職權。因此，錢穆認爲中國没有君主專制[2]。如果説中國古代没有君主專制，筆者不敢苟同，但是錢穆所説的士人政府及其作用，確實是客觀存在的。尤其是唐代的歷史，君臣共治是其主要特徵，尚書都堂集議正是這種君臣共治的具體體現。無論尚書都堂集議的每一次活動，是源於君主還是宰相或其他官員，其過程基本體現的是一種集體協商的精神。唐人李德裕曾稱："漢魏以來，朝廷大政，必下公卿詳議，博求理道，以盡群情。所以政必有經，人皆向道。"[3]宋人蘇東坡也説："自祖宗以來，推擇元勛重望始終全德之人以配食列聖。蓋自天子所不敢專，必命都省集議，其人非天下公議所屬，不在此選。"[4]這些唐宋時期的士大夫所言，應該是他們對漢魏唐宋時期君主政治的一種感悟。據此可以推知的是，在正常的政治生態環境下，君主政治的主要表現應該是和諧與發展。反之，君主政治一旦走上獨裁、走向以專制爲特徵的極端時期，雖然上述會議機構仍然存在，但是在專制的淫威下，正能量

---

① 參見拙文《讀陸長源"上宰相書"劄記》，刊於《長安學研究》第二輯，北京：科學出版社，2017年。
② 錢穆：《國史新論》，北京：生活·讀書·新知三聯書店，2001年，第120—128頁。
③ 《唐會要》卷五七《尚書省》，第1156頁。這份敕令係李德裕起草，以武宗敕發表。
④ （宋）蘇軾：《蘇文忠公全集》卷五《奏議》"論周穜擅議配享自劾劄子二首"，明成化本電子版，第857頁。

的釋放必然會受到最大的遏制，國家原有的各種權力制衡機制日益蒼白無力，朝政與國家也勢必走向衰敗直至滅亡。大量史實證明，作爲君主專制的獨裁特徵，在唐代政治舞臺上的表現是有時空限度的，而在整個國家機構運作過程中，主要行使權與絕大部分決定權掌握在士大夫官僚集團手中，他們在君臣共同體中享有充分的話語權。都堂集議正是這方面的最好證明。在唐代近三百年的歷史長河中，雖不乏宰相專權、藩鎮割據、宦官干政等暗礁急流，但是之所以能夠將國家道統、中央集權體制維持發展下來的主要原因，絕不是君主專制使然。筆者認爲唐代君主政治的基本特徵不是專制獨裁①，而是君臣共治②。專制獨裁在唐代君主政治中的表現，並没有像經典著作中對"專制"所下定義那樣殘酷，尤其是盛唐時期以及唐代社會的各個主要發展階段，時代的主旋律應該是君臣共治與君臣道和。

---

① 關於"專制"一詞，馬克思定義爲："專制制度的唯一原則就是輕視人類，使人不成其人。獨裁者就是整個制度；在那裏獨裁者是唯一的政治人物。總之，一切制度都由他一個人決定。"（見《馬克思恩格斯全集》，北京：人民出版社，1956年，第一卷，第411頁）

周予同理解爲："（中央集權制確立之後）政權遂集中於君主掌握，官吏變爲君主的僕從，而確定二千餘年來的君主專制的基石。"（見氏著：《開明本國史教本》上册，第三編"中古史—中央集權制的確立與平民革命的爆發"，轉引自侯旭東《近觀中古史——侯旭東自選集》，上海：中西書局，2015年，第336頁）

劉澤華認爲："中國古代的人文思想從總體上不是把人引向個性解放和人格平等，而是引向個性泯滅，使大多數人不成其人。"（見氏著：《中國政治思想史集》，北京：人民出版社，2007年，第三卷，第17頁）

② 對此，渡邊信一郎的解釋比較讓人容易接受。他認爲，中國古代國家最高意志完成於皇帝的裁決，但不應該視爲皇帝個人或任意的結果，而是形成於國家核心的各類會議之中，以口頭或文書辯論等方式形成官僚的集體意志，最後通過皇帝裁決，成爲國家核心的集體意志。本質上，各項會議是皇帝的諮詢會議，最終仰賴皇帝的獨斷（渡邊信一郎著：《中國古代的王權與天下秩序》，徐沖譯，北京：中華書局，2012年，第185頁）。

試論中晚唐時期京兆府的兩稅

吳樹國

京兆府是唐朝首都所在，也是其政治、經濟中心。儘管中唐以後優勢有所下降，但仍然保持著特殊的地位。目前，關於中晚唐時期京兆府的研究已經取得了一些成果，但有關稅制的研究相對不足[①]。鑒於此，本文選取中晚唐時期京兆府的兩稅作爲研究對象，以期釐清其制度的内容、變遷及歷史地位，進而透視兩稅在唐宋之際的整體變遷趨勢。

一、京兆府兩稅的内容及運行特徵

兩稅法正式頒布於唐德宗建中元年（780 年）。據《唐會要》卷八三租稅上云：

> 建中元年正月五日敕文，宜委黜陟使與觀察使及刺史、轉運所由，計百姓及客户，約丁産，定等第，均率作年支兩稅。如當處土風不便，更立一限。其比來徵科色目，一切停罷。至二月十一日起請條請，令黜陟觀察使及州縣長官，據舊徵稅數，及人户土客定等第錢數多少，爲夏秋兩稅……其應科斛斗，請據大曆十四年見佃青苗地額均稅。夏稅六月内納畢，秋稅十一月内納畢。其黜陟使每道定稅訖，具當州府應稅都數，及徵納期限，並支留合送等錢物斛斗，分析聞奏。

文中所説的定等第錢數就是户稅錢，這裏明確了兩稅法夏秋兩限徵納的時間。在以後的户稅錢徵納中，的確執行了兩限的規定。如文宗太和四年，西川青苗稅“徵斂

作者簡介：吳樹國，男，福建師範大學社會歷史學院教授。

① 相關成果有渡邊信一郎：《唐代後半期的地方財政——州財政與京兆府財政爲中心》，《中國專制國家與社會統治》，文理閣，1990 年；張榮芳：《唐代京兆尹研究》，臺北：學生書局，1987 年；張豔雲：《試論唐代京兆府的司法權》，《唐都學刊》2002 年第 2 期。此外，李錦繡的《唐代財政史稿（下卷）》（北京大學出版社，2001 年）也有較多探討。

不時，煩擾頗甚”，遂令依照“省稅名目，一切勒停，盡依諸處爲兩限，有青苗約立等第，頒給戶帖”①。此青苗錢被歸入“約立等第”的戶稅中，即是按省稅例分兩限徵收。既然戶稅錢在初定兩稅法時被分爲夏秋兩限徵收，那麼，如何分配稅錢呢？對國家來説，戶稅錢的基本交納單位是州。根據前引建中定稅的敕文來看，每州都由黜陟使、觀察使及州縣長吏確立徵稅總數，這就是一州的兩稅原額。因此，戶稅錢在夏秋兩限中的分配中州是基本單位。這裏須注意的是，在頒布兩稅法的詔敕中曾談到“均率作年支兩稅”。這裏的“均率”②，含有按戶等平均分配稅錢的意思。那麼，能否也理解爲一州戶稅錢總額也是在夏秋兩限中平均分配呢？

這方面京兆府留下了一些夏秋兩稅錢的具體記載。

《唐會要》卷九〇《和糴》云：

> 其年（貞元二年）十一月，度支奏：請於京兆府折明年夏稅錢二十二萬四千貫文，又請度支給錢，添成四十萬貫，令京兆府今年内收糴粟麥五十萬石，以備軍倉，詔從之③。

又《唐大詔令集》卷八六《政事·恩宥四》“咸通七年大赦”稱：

> 京畿之内，蝗旱之災，稼穡不收，凋殘可憫。其京兆府今年青苗地頭及秋稅錢，悉從放免。仍並出内庫錢二十四萬五千三百六十餘貫，賜官府司，充填諸色費用。

以上兩條史料分別記載了京兆府的夏秋稅錢，衹是時間不同。貞元三年（788年）的夏稅錢是 22.4 萬貫，咸通七年（866 年）補充青苗地頭及秋稅錢 24.536 萬貫。這裏咸通七年的記載需進一步分析，從財政上講京兆府上供和留府稅錢額是固定的，而國家和京兆府對這部分稅錢也有固定的支出項目，因此，放免以後衹有用其他經費補充纔能維持財政的正常運轉。但青苗地頭錢則稍有不同，它屬兩稅附加稅，主要用於京師手力課。京師手力課每年所費僅 50 餘萬貫，而青苗上供錢可達 160 餘萬貫，收支之間有較大的餘額。也正因爲如此，青苗錢一直成爲唐後期國家放免的對象。不過，唐後期，青苗錢有了地方留用。至於這筆錢出自原青苗錢額内還是外，學界有不同認識④。筆者認爲，正因爲青苗錢收支有較大餘額，所以，纔允許府司占留一些。

---

① （宋）王欽若：《册府元龜》卷四八八《邦計部·賦稅二》，北京：中華書局，1960 年，第 5837 頁。

② 日本學者古登賀曾注意“均率”問題，並試作了解釋。參見《建中初年の年支兩稅と兩稅斛鬥·兩稅錢》，栗原先生古稀紀念文集《中國古代の法と社會》，東京：汲古書院，1988 年，第 381 頁。

③ （宋）王欽若：《册府元龜》卷四八四中爲“夏秋稅錢”，見第 5786 頁，本文取王溥《唐會要》的説法。

④ 參見李錦繡：《唐代財政史稿》（下卷），北京：北京大學出版社，2001 年，第 690 頁。

這部分錢由於關係地方財政運轉，所以，遇災荒國家蠲免後要補給地方。如果是國家青苗錢額外加徵，那麼，國家沒有理由這麼做。由此可以推測，咸通七年內庫錢回填諸色費用 24.536 萬貫比貞元三年（788 年）夏稅錢 22.4 萬貫多出 2.136 萬貫，應該是京兆府占用的那部分青苗地頭錢。如果這樣理解，那麼，把京兆府的夏、秋戶稅錢看作等量並且是總額的平均分配是解釋得通的。

但《册府元龜》卷四八四《邦計部·經費》另有一條記載："（開成元年二月）畿內百姓，每年納兩稅見錢五十萬貫，約以粟麥二百餘萬貫（石）糴之。是度支糴以六十，而百姓糴以二十五……今請：以度支貴糴錢五十萬貫送京兆府，充百姓一年兩稅。"這裏開成元年（837 年）兩稅見錢 50 萬貫，如果前面論述正確的話，京兆府的年戶稅錢額應是 44.8 萬貫。爲什麼有差額呢？筆者認爲，這部分差額錢是青苗錢。而 44.8 萬貫是純戶稅錢，這從前面它與青苗錢分別記載能看得出。京兆府的秋青苗錢從元和八年九月開始折糴 25 萬石粟①，所以，青苗現錢衹有夏青苗錢，元和十五年它是 8.356 萬貫②。因此，京兆府的兩稅見錢總共應有 50 多萬貫。由於 50 萬貫本身是個虛數，所以，這條史料並不影響前面的結論。

既然京兆府戶稅錢在夏秋之間平均分配，那麼，對個體兩稅戶來說，戶稅錢是否也在夏秋之間平均分配呢？《唐大詔令集》卷八六載："（咸通七年十一月十一日）河南及同華陝虢，遭蝗食損田苗，除放免本色苗子外，乃於本戶稅錢上每貫量放三百文。如去年秋稅已納，放來年夏稅。"同華陝虢與京兆府相鄰，由此推知，京兆府的兩稅戶戶稅錢也是分爲夏秋兩季繳納。既然戶稅錢在一州之內分爲夏秋兩次均率交納，而下派到兩稅戶時，也是分兩次徵收，那麼，兩稅戶的戶稅錢衹能是夏秋兩季均率交納，纔能形成一州兩稅的夏秋均率。關於這方面，京兆府地區尚缺乏直接的史料佐證。不過，從其他地區個體兩稅戶的戶稅錢繳納形式能夠發現這一點。如在開成二年三月，揚州、楚州和浙西管內諸郡遭遇旱災，中央政府下蠲免令稱："宜委觀察使於兩稅戶內不支濟者量議矜減今年夏稅錢，每貫作分數蠲放，分析速奏，仍於上供及留州使額內相均落下。"③引文中的一些兩稅戶既然遭遇了旱災而無法承擔賦稅，那麼夏稅錢必然全部蠲放。但又爲何每貫作分數蠲放呢？這就涉及個體兩稅戶的戶稅錢在夏秋之間平均分配的問題。唐代要免除 50%的稅一般稱"量放一半"，不説"分數

① （宋）王欽若：《册府元龜》卷五〇二《邦計平糴》，第 6014 頁。
② （宋）宋敏求：《唐大詔令集》卷七七《景陵優勞德音》，上海：商務印書館，1959 年，第 435 頁。
③ （宋）王欽若：《册府元龜》卷四九一《邦計部·蠲復三》，第 5876 頁。

釃放"。而"分數"這個詞有時與兩税三分有關①，引文中針對單户的每貫税錢，因此與其無關。所以，實際上是個體兩税户的户税錢在夏秋之間進行平均分配，由於祇免夏税錢，因而祇能在每户每貫税錢上分數釃放。由此可知，户税錢的夏秋均率在兩税法實行前後是一貫的。

相對於户税一年兩次徵税的夏秋均率來説，京兆府的地税却是一年一次徵税的夏秋分徵。關於這一點，日本學者船越泰次先生根據《元氏長慶集》卷三八《同州奏均田》"夏税地"和"秋税地"進行了解析②。這裏再補充兩則史料。唐德宗貞元六年閏四月，因遇旱災，下詔稱："京兆府諸縣田合徵夏税者，除水利地外一切放免，其回種秋苗者亦不在收税限。"③文中提到了"合徵夏税"的田地，就是夏税地，正常情況下祇徵收夏税，即使因受災回種秋苗也不在收税的範圍，説明土地根據生産作物的成熟特徵分爲夏税地和秋税地，每一塊土地一年一税。另《文苑英華》卷四二二《元和十四年七月二十三日上尊號赦》中有："其京畿諸縣今年秋税户青苗及秋冬季榷酒錢，每貫量收四百文。從元和五年已前，諸縣百姓欠負錢物草斛斗等共一十三萬五千一百一十三貫石，速委京兆府疏理，具可枚數聞奏。"由於青苗、榷酒錢隨土地加徵，所以，文中的秋税户應該是具有秋税地的人户。可見，京兆府地税的夏秋分徵，不僅影響了土地的分類，也導致了户口的區別。

除了户税和地税外，還有附加在土地税的雜税。主要包括青苗錢、榷酒錢和税草等。税草出現在唐太宗貞觀時期。據《新唐書》記載："貞觀中，初税草以給諸閑，而驛馬有牧田。"④可見，附加於義倉地税之上。兩税以後被保留下來。青苗錢始於代宗廣德二年正月，"税天下地畝青苗錢給百官俸料，起七月給"⑤。兩税法掃租庸之陳規，別立新條，其中明確規定"比來徵課色目，一切停罷"⑥，青苗錢也應包括在内，但實際並未消彌。京兆府的青苗錢記載出現最多，不僅有"京畿"和"京兆府"整個範圍的記載，還有關於屬縣青苗錢的記録。如貞元十二年十月詔："京兆府所奏奉先等八縣旱損秋苗一萬頃，計米三萬六千二百石，青苗錢一萬二千八百貫。"⑦又"其富平縣，今年夏税除折諸色價及已徵納青苗錢除已捐外並宜放免"⑧。

① （宋）李昉：《文苑英華》卷四二九《會昌五年正月三日南郊赦文》，北京：中華書局，1966 年，第 2173 頁。
② ［日］船越泰次：《唐代兩税法研究》，東京：汲古書院，1996 年，第 123 頁。
③ （宋）王欽若：《册府元龜》卷四九一《邦計部·釃復三》，第 5870 頁。
④ 《新唐書》卷五一《食貨一》，北京：中華書局，1975 年，第 1343 頁。
⑤ （宋）王欽若：《册府元龜》卷五〇六《俸禄二》，第 6073 頁。
⑥ （宋）王溥：《唐會要》卷八三《租税上》，北京：中華書局，1955 年，第 1535 頁。
⑦ （宋）王欽若：《册府元龜》卷四九一《釃復三》，第 5870 頁。
⑧ （宋）宋敏求：《唐大詔令集》卷七七《莊憲皇太后山陵優勞德音》，第 434 頁。

榷酒錢最初是專賣稅，《舊唐書》記載：“建中三年，初榷酒，天下悉令官釀，斛收直三千，米雖賤，不得減二千，委州縣綜領，醨薄私釀罪有差，以京師王者都，特免其榷。”①但在貞元年間，已經隨兩稅徵收。貞元十四年正月詔：“諸道州府應欠負貞元八年、九年、十年兩稅及榷酒錢，總五百六十萬七千餘貫，在百姓腹內一切並免。”②但元和六年六月，京兆府奏：“榷酒錢除出正酒戶外，一切隨兩稅青苗據貫均率，從之。”③從京兆府榷酒錢的徵收來看，榷酒錢實際隨青苗錢據貫加入，成爲田稅附加稅的附加了。

二、京兆府兩稅的制度變遷

兩稅法自建中定稅以後，歷經晚唐、五代十國至宋初，其制度本身發生了重大變化。突出表現是：兩稅之中，財產稅性質的戶稅在徵稅對象、徵稅物品上逐漸與田稅趨同；隨著稅種自身的萎縮，戶稅漸趨融入到田稅中，最終形成宋代二稅即田畝稅的局面。京兆府兩稅清晰地反映出這一趨勢，而且在具體變遷過程中體現出自己的特點。

首先是折糴與和糴，它促使京兆府兩稅向夏錢秋米形式轉化。

折糴是將戶稅錢折成穀物繳納，和糴則是政府出錢購買農民的剩餘糧食，主要實行於軍隊駐紮集中的北方地區。德宗貞元二年十月度支奏：“京兆、河南、河中、同華、陝虢、晉絳、鄜坊、丹延等州府秋夏兩稅、青苗等錢物，悉折糴粟麥，所在儲積，以備軍食……詔可其奏，自是每歲行之，以贍軍國。”④從“自是每歲行之，以贍軍國”可以看出，折糴成爲以後上述地區戶稅錢與青苗錢改變徵稅物品形態的經常性制度。白居易曾論折糴之利云：“折糴者，折青苗、稅錢，使納斛斗，免令賤糴，別納見錢，在於農人，亦甚爲利。”⑤但是，既然爲供軍而折糴就不可避免存在强制性，且不可能兼顧百姓種食是否豐盈，故不能說完全屬便民措施。如果折糴不能滿足軍需，就會出現和糴。折糴與和糴大體有一個固定量。以京兆府爲例，貞元二年十一月度支上奏言：“請於京兆府折明年夏稅錢二十二萬四千貫文，又請度支給錢，添成四十萬貫。令京兆府今年內收糴粟麥五十萬石，以備軍倉。”⑥那麼，京兆府折糴及

① 《舊唐書》卷四九《食貨下》，北京：中華書局，1975 年，第 2130 頁。
② （宋）王欽若：《册府元龜》卷四九一《蠲復三》，第 5879 頁。
③ 《舊唐書》卷四九《食貨下》，第 2130 頁。
④ （宋）王欽若：《册府元龜》卷五〇二《平糴和糴》，第 6013 頁。
⑤ （唐）白居易：《白氏長慶集》卷五八《今年和糴折糴利害事宜》，文淵閣四庫全書本，臺北：商務印書館，1986 年，第 1080 册，第 630 頁。
⑥ （宋）王溥：《唐會要》卷九〇《和糴》，第 1636 頁。

和糴粟麥的五十萬石是否爲固定量呢？元和六年十月放免了"京兆府每年所配折糴粟二十五萬石"[①]，又元和八年九月，度支王紹上奏："請折糴粟京兆府二十五萬石。"[②]這裏的二十五萬石折糴非常穩定，而五十萬石的數字中包括麥。由此可以推斷，京兆府在貞元、元和時期每年有五十萬石固定折糴量，其中一半爲粟、一半爲麥。最初五十萬石粟麥占用了 22.4 萬貫的夏稅錢，中央財政又貼了 17.6 萬貫纔完成該數額。按此量計算，當時的粟麥均價將達到每斗 80 文，事實上也的確如此。據《資治通鑒》記載："（貞元三年十二月）自興元以來，是歲最爲豐稔，米斗直錢百五十、粟八十。"[③]由於京兆府隸屬中央直轄，故財政兩分，這也是中央祇能占用其中一半戶稅錢的原因。可見，此時完成折糴數額還不充裕。但這種局面隨著穀價回落便得到改善。元和時期的粟價，按李翺《進士策問》的記載，一斗不過二十文[④]，比貞元初跌了近四倍。這樣秋季折糴粟二十五萬石祇需五萬貫，不用戶稅錢，青苗錢就能解決[⑤]。因此，王紹在奏請京兆府折糴粟二十五萬石時說："准舊仍各於本州島處中旬時估，每斗加饒五之一，京兆府量加五之二，以當府秋稅青苗錢折納。"[⑥]以此推之，夏青苗錢折糴了另外的二十五萬石麥。儘管戶稅錢暫且擺脫了折糴粟麥，但到文宗開成時期，又重新被和糴以粟麥。據《册府元龜》卷四八四《邦計部·經費》載：

> （開成元年）二月，度支奏："每年供諸司並畿內諸鎮軍糧等，計粟麥一百六十餘萬石，約以錢九十六萬六千餘貫糴之；畿內百姓每年納兩稅見錢五十萬貫，約以粟麥二百餘萬貫糴之。是度支糴以六十而百姓糴以二十五，農人賤糴利歸商徒，度支貴糴賄行黔吏。今請以度支貴糴錢五十萬貫送京兆府，充百姓一年兩稅，勒二十三縣代繳輸粟八十萬石，小麥二十萬石，充度支諸色軍糧，則開成三年以後似每歲放百姓一半稅錢，又省度支錢一十萬貫……"詔付京兆府，夏季以前先造戶帖，務使平允。

從上文可以看出，京兆府夏秋戶稅錢又被重新和糴粟麥，而且將稅錢和糴情况造

①　《舊唐書》卷一四《憲宗上》，第 438 頁。
②　（宋）王欽若：《册府元龜》卷五〇二《平糴和糴》，第 6014 頁。
③　《資治通鑒》卷二三三，德宗貞元三年，北京：中華書局，1956 年，第 7508 頁。
④　李翺：《李文公集》卷三《進士策問》，文淵閣四庫全書本，第 1078 册，第 114 頁。
⑤　李錦繡認爲秋青苗錢爲京兆府 1030 萬畝，再乘以每畝 18 文，爲 18.54 萬貫。（《唐代財政史稿》下卷，第 698 頁）但筆者認爲，青苗錢隨地徵收，但地畝有夏稅地和秋稅地之分，不能重徵，所以，18.54 萬貫是夏、秋兩季青苗錢。如果籠統計算，秋青苗錢祇有 9.27 萬貫。
⑥　（宋）王欽若：《册府元龜》卷五〇二《平糴和糴》，第 6014 頁。

成户帖，説明這一制度被固定並加以推行。但從具體和糴分配來看，輸粟八十萬石，小麥二十萬石，説明和糴的重心偏重秋糧。隨著糧食的豐歉和具體和糴任務的調整，京兆府秋税錢和糴粟的做法被保存下來。如會昌五年正月南郊赦文中談到，京兆府諸縣應欠開成五年終已前青苗、榷酒、秋夏品送府倉正税地租、百官職田、資百姓種糧、户部和糴變色粟、驛蓄、科稈草等並放免①。這裏的户部和糴變色粟就是户税錢的和糴，由於折粟，故主要是秋税錢。唐後期京兆府的折糴與和糴對兩税流變的影響很大。秋税錢通過和糴或折糴融入田畝税中，改變了兩税的徵收方式，秋税漸趨脱去錢額，走向單一税米，這使税錢向夏税傾斜。關於這一點，日本學者船越泰次已經有所揭示②。一般認爲五代時期已經形成，實際上，夏錢秋米的制度劃一到宋初纔真正完成。

其次，苗税的出現，反映出京兆府户税與地税的融合趨勢。

苗税在五代、兩宋時期使用普遍，主要是指按地徵斂的税錢。但其出現卻在唐後期，是隨地青苗錢和原按户徵收的户税錢的重合產物。苗税的出現是地方在實際徵税中已經將青苗錢和户税錢一并據地徵收的信號。

兩税法以後，青苗錢和户税錢成爲税收中兩個中央的納錢税種，因而常被一并提及。然而，二者區別極其明顯。如京兆府地區，元和十一年詔稱：“其京畿百姓所有積欠元和九年、十年兩税及青苗、並折糴折納斛斗及税草等，除在官典所由復内者，並宜放免。”③可見，青苗錢和兩税錢或户税錢被分得很清楚。然而，唐後期在面對人口、土地流轉頻繁的社會環境下，作爲户税徵税對象的“户”開始弱化，土地在兩税徵納中地位上升，從而讓原本徵税方式各異的户税和地税在徵税對象上出現了重合的趨勢。

大中六年，宣宗賜其舅舅鄭光京兆府下轄的鄠縣及雲陽縣莊各一所，並免除府縣所有兩税。結果被大臣們以“據地出税，天下皆同”爲由制止④。再聯繫大中四年詔書中的“青苗兩税，本繫田土，地既屬人，税合隨去”⑤的提法，可以看出，青苗錢與兩税錢的區別開始模糊，從而爲苗税的出現準備了條件。最早出現苗税的詔令是大中十三年唐懿宗即位詔，“諸道州府有遭水損甚處，其今年合納苗税錢等，委長吏酌

---

① （宋）李昉：《文苑英華》卷四二九《會昌五年正月三日南郊赦文》，第 2173 頁。
② ［日］船越泰次：《唐代兩税法研究》，東京：汲古書院，1996 年，第 192—195 頁。
③ （宋）王欽若：《册府元龜》卷四九一《蠲復三》，第 5873 頁。
④ （宋）王溥：《唐會要》卷八四《租税下》，第 1545 頁。
⑤ （宋）王溥：《唐會要》卷八四《租税下》，第 1544 頁。

量蠲放"①。以後苗稅開始在國家詔令中頻繁出現。咸通七年十一月的大赦文稱："江淮諸州百姓，祇合輸本分苗稅，不合分外差科，多爲所在長吏權立條流，臨時差配，或強名和市，都不給錢。自今除納本分苗稅外，一切禁斷。"②百姓祇輸苗稅，禁斷其他一切徵科，透露出戶稅與地稅融合的信息。僖宗《乾符二年正月七日南郊赦》中也稱："其逃亡人戶産業田地，未有人承佃者，其隨田地苗稅、除陌、榷酒錢及斛斗等，並權放三年，勒常切招召人戶，三年後再差官勘覆，據歸復續却收稅。"另"諸道州府，或有遭水旱甚處，去年夏稅合納苗稅等錢，委本州島島府長吏酌量蠲放"③。京兆府地區苗稅的記載也很多，如唐昭宗《改元天復赦文》中載："自今已後，但每年芟薙之時，委京兆府於本縣苗稅錢數内，酌量功價，支付陵令，遣自和雇人夫，委拜陵官常加點檢。"又"其京兆府每月合差赴飛龍掌閑，雖是輪差諸縣，不免長撓疲人。宜令府司於苗稅錢内，每月據所差人數目，每人支錢送付飛龍司，仰自和雇人夫充役"④。

但苗稅的出現祇能説明中央乃至地方政府對青苗錢和兩稅錢（確切地説爲戶稅錢）的重合趨勢有了一個被部分認同的稱謂，此時，苗稅的出現並沒有取代青苗錢和兩稅錢的稱謂。京兆府的青苗錢在上述大中五年、大中十三年、咸通七年甚至乾符二年的詔敕中都曾出現過。咸通七年的詔敕還言："其京兆府今年青苗地頭及秋稅錢，悉從放免。仍並出内庫錢二十四萬五千三百六十餘貫，賜官府司充填諸色費用。河南及同華陝虢等州，遭蝗蟲食損田苗，奏報最甚，除合放免本色苗子外，仍於本戶稅錢上，每貫量放三百文，如今年秋稅已納，即放來年夏稅。"⑤這裏不僅出現了青苗地頭及秋稅錢，還出現了苗子和本戶稅錢。而這些都與苗稅的稱謂一并使用。由此不難發現，晚唐時期京兆府戶稅和地稅趨向融合，青苗錢和戶稅錢向苗稅發展，但這一切並沒有將其上升爲中央的統一制度。

三、京兆府兩稅在中晚唐稅制變遷中的歷史地位

京兆府是唐代中央的直轄區，又是都城所在地，這種得天獨厚的地理優勢決定了其稅制在整個國家稅制中的獨特歷史地位。

---

① （清）董誥：《全唐文》卷八五《即位敕文》，北京：中華書局，1983 年，第 892 頁。
② （清）董誥：《全唐文》卷八五《大敕文》，第 898 頁。
③ （清）董誥：《全唐文》卷八九《乾符二年正月七日南郊赦》，第 931 頁。
④ （清）董誥：《全唐文》卷九二《改元天復赦文》，第 961 頁。
⑤ （清）董誥：《全唐文》卷八五《大敕文》，第 897 頁。

　　兩税法中地税斂以夏秋之制就與京兆府税制有關。地税在唐前期是秋季徵税，如《通典》卷一二《輕重·義倉》中云："今請自王公以下，爰及衆庶，計所墾田稼穡頃畝，每至秋熟，准見田苗，以理勸課。""安史之亂"以後，國家正丁之租收入鋭減。而地税由於以青苗簿徵收，税收對象明確，難於規避，故在國家税制中的地位逐漸上升。京兆府由於是唐中央所在地，國家在斛斗需求大增的情況下，自然加大了對地税的徵收力度。永泰元年五月，"京畿表大稔，京兆尹第五琦奏請每十畝官税一畝，效古十一之義，從之"①。此時的京兆尹是第五琦，但值得注意的是，第五琦此職屬兼任，他主要是户部侍郎判度支，兼諸道鹽鐵轉運等使。由此觀之，第五琦徵夏麥，不僅僅是京兆府的税制行爲，同時還是國家的税制改革嘗試。

　　這次地税改革實行僅一年，到大曆元年十一月制中明確，"其什一之税，宜停"②。不過，其主旨是停止重税，對夏季徵税的形式却保留下來。如稍後的大曆三年六月《減徵京畿夏麥制》中稱改革後的地税"儘管謂之什一，其實太半"，主張"量沃瘠之差，寬賦斂之重。今邦畿之内宿麥非稔，去秋墾田又減常歲。昨者徵税，其數頗多……其京兆府今年所率夏麥，宜於七萬石内五萬石放不徵，二萬石容至晚田熟後取雜色斛斗續納。"③此後，在大曆四年十月、十二月和大曆五年三月的詔書中，明確了"夏税"和"秋税"。據李錦繡考證，地税分兩次徵税不僅在京兆府地區，在西北的沙州和西州都有存在，説明"安史之亂"以後，地税兩次徵税在全國各地普遍存在。不過，沙州地税是在原有地税上加徵"别税"，而西州形成"春秋税子"。從制度形式上看，京兆府地税中的夏税和秋税之稱無疑與兩税中的"夏税無過六月，秋税無過十一月"最爲契合。因此，京兆府地税的夏秋兩徵的確定對兩税法的地税模式具有決定性的影響。

　　除此之外，户税改革對京兆府税制大概也有所參照。如杜佑《通典》卷六《食貨六·賦税下》中云："按天寶中天下計帳，户約有八百九十餘萬，其税錢約得二百餘萬貫。大約高等少，下等多，今一例爲八等以下户計之。其八等户所税四百五十二，九等户則二百二十二。今通以二百五十爲率。"文中八、九等户税錢額如此具體，應該是某一地區的實際户税率，而筆者估計這一地區應該是中央政府所在的京兆府地區。因爲杜佑本身就是京兆萬年人，生於開元二十三年（735 年），十八歲以父蔭補官，即天寶十一載（752 年），以近天寶末年，所以，對天寶中期京兆府的户税税率應

---

① （宋）王欽若：《册府元龜》卷四八七《邦計部·賦税》，第 5831 頁。
② （宋）王欽若：《册府元龜》卷四八七《邦計部·賦税》，第 5831 頁。
③ （宋）李昉：《文苑英華》卷四三四《減徵京畿夏麥制》，第 2197 頁。

該非常熟悉，從而進入統計中。至大曆四年，重訂並增加戶稅稅率，下中戶七百文，下下戶五百文，估計參照了原有京兆府的標準。

因此，在兩稅形成過程中，京兆府稅制起到了特殊的參照借鑒作用。不僅如此，在兩稅運行過程中，京兆府稅制也表現出有別於其他地區的特點。

《唐會要》卷八三《租稅上》稱："其黜陟使每道定稅訖，具當州府應稅都數，及徵納期限，並支留合送等錢物斛斗，分析聞奏。"這裏所謂的"支留合送"是將兩稅分爲留州、送使、上供三部分，即兩稅三分。如貞元三年閏五月，"度支奏，河南、河中府及同、華、晉、絳、陝、虢、鄜、坊、丹、延等州，今年夏稅各送上都及留州留都府錢八十一萬貫"[1]。上述州府在京兆府周邊地區，看來都執行了兩稅三分制度。但京兆府由於特殊的地理位置和行政直轄體制，它實際上是兩稅兩分，也就是說，衹有留府和上供。因沒有送使的掣肘，故能看到中央對京兆府稅制的直接規制較多，特別是蠲免的大量存在，而且對所免的兩稅斛斗"委戶部以實錢支填"[2]。此外，在榷酒上，京兆府也有別於其他地區，如元和六年，京兆府纔上奏將榷酒改爲徵錢，並"一切隨兩稅、青苗錢據貫均率"[3]，但仍保留正酒戶的納稅方式。對此，李錦繡先生已經有所揭示，故不贅述。

總之，京兆府兩稅在中晚唐稅制變遷中處於獨特的歷史地位。一方面它成爲國家推行新稅制的試驗區和制度樣板，另一方面它也保留了特殊的稅收政策，從而成爲有別於中央稅制的特殊區域。

---

① （宋）王欽若：《册府元龜》卷五〇二《邦計部平糴門》，第 6013 頁。
② （宋）宋敏求：《唐大詔令集》卷一三〇《平黨項德音》，第 709 頁。
③ （宋）王溥：《唐會要》卷八八《榷酤》，第 1607 頁。

唐代對都城人口的管理策略

張春蘭

人口管理是城市管理的重點和核心。唐代是中國傳統城市發展的重要階段，城市人口增多，人口結構越發複雜，與之相應的職業分類也更加多元。唐代城市人口管理問題的研究，多涉及對人口數量的統計、居民結構的劃分、以户籍制度爲主的管理制度等諸多方面，還有不少學者對該時期流動人口的狀況進行了考察。最集中的研究成果見凍國棟的著作，作者以 70 余萬字的篇幅，全面論述了這一時期人口數量的變動過程、人口分布、人口遷移、人口結構等，將隋唐五代人口史的研究大大推進了一步[①]。張澤咸《唐代城市構成的特點》[②]、《唐代工商業》[③]下編《商業一·國内商業》等著作對唐代城市的構成、城市發展的特點、城市居民結構及變化等進行了深入研究。寧欣研究了長安流動人口中的舉選人群體[④]；史少卿對唐中後期揚州城工商業流動人口的大致情況進行了叙述，概括了揚州城與出入其中的工商業群體之間的關係[⑤]。本文擬在上述研究基礎上，研究唐朝政府對都城人口的管理策略，從中體現出政府管理城市生活與規劃居民生計的職能。

一、分　類　管　理

唐代都城人口的行業、地位、生活習慣等各不相同，因而政府要進行分類管理。所謂分類管理，就是按户籍進行管理。鄭樵《通志》卷二五《氏族序》有言：

作者簡介：張春蘭，女，河北大學宋史研究中心副教授。

① 凍國棟：《中國人口史》第 2 卷《隋唐五代時期》，上海：復旦大學出版社，2002 年。

② 張澤咸：《唐代城市構成的特點》，《社會科學戰線》1992 年第 2 期。

③ 張澤咸：《唐代工商業》，北京：中國社會科學出版社，1995 年。

④ 寧欣：《唐代長安流動人口中的舉選人群體——唐代長安流動人口試析之一》，《中國經濟史研究》1998 年第 1 期。

⑤ 史少卿：《簡析唐中後期揚州城市工商業流動人口》，《常德師範學院學報》2001 年第 9 期。

自隋唐而上，官有簿狀，家有譜系。官之選舉必由於簿狀，家之婚姻必由於譜系。歷代並有圖譜局，置郎令史以掌之，仍用博通古今之儒，知撰譜事。凡百官族姓之有家狀者，則上之，官爲考定詳實，藏於秘閣，副在左戶。若私書有濫，則糾之以官籍，官籍不及，則稽之以私書。此近古之制，以繩天下，使貴有常尊，賤有等威者也。所以人尚譜系之學。家藏譜系之書，自五季以來，取士不問家世，婚姻不問閥閱，故其書散佚，而其學不傳。[1]

這種分籍管理的思想基礎，乃是魏晉以來士庶有別的階級觀念的延續。

（一）分籍管理

唐代都城人口按其社會地位的不同，大致可概括爲良人與賤民兩類。良人指城市中的一般平民，而賤民則分爲官賤民和私賤民：官賤民包括官戶、工樂戶、雜戶官奴婢和太常音聲人等；私賤民包括奴婢、部曲、隨身等[2]。另外，唐代寺觀中還存在著一類寺觀奴婢，也屬於賤民的範疇。唐律規定，凡反逆相坐，沒其家爲官奴婢，一免爲番戶（官戶），再免爲雜戶，三免爲良人[3]。據法令，雜戶遇赦應即免爲良人。由此可見，雜戶的身份高於官奴婢及番戶，其籍附州縣，而番戶却屬本司。番戶、雜戶都需要上番服役，後也可納資代役。雜戶雖籍附州縣，但屬於賤民，也祇能當色（同類）爲婚[4]。唐代雜戶的社會地位低於良人，高於奴婢，在賤民階層中略高於官戶，與太常音聲人相等，接近良人，而官戶則接近奴婢[5]。

唐代有完整的籍帳制度對各類人戶進行管理，如兵籍、民籍、匠籍、市籍、樂籍、僧尼籍等[6]。其中手工業者入匠籍，商人入市籍，工商處於“四民”之末，社會地位低下，設匠籍與市籍也是爲了體現這種階級差別。唐政府規定在商品交易場所內經營的工商業者，要錄入市籍。市籍詳細記錄了在籍者的身份、財產數量，作爲徵收資產稅的依據。入市籍者受到各種限制，從授田、衣著、仕途以至服役都與一般平民不同。這在唐代典章制度中都有所體現。但隨著城市經濟的發展，到唐代中後期，政府對工商業者的控制逐漸鬆弛。

---

① （宋）鄭樵：《通志》卷二五《氏族略》“氏族序”條，北京：中華書局，1987 年。
② 劉章璋：《唐代長安的居民生計與城市政策》，臺北：文津出版社，2007 年，第 203 頁。
③ （唐）李林甫等撰，陳仲夫點校：《唐六典》卷六《刑部都官》，北京：中華書局，1992 年，第 193 頁。
④ 參見李志生：《唐代非良人群體通婚探析》，《唐研究》第 8 期，北京：北京大學出版社，2002 年。
⑤ 參考業師寧欣：《中國古代城市社會建設》，未刊稿。
⑥ 關於唐代的籍帳制度，日本學者池田溫先生進行了細密而周詳的論證，可茲參考（［日］池田溫：《中國古代籍帳研究》，北京：中華書局，2007 年）。

另外，至遲在唐代中後期，作爲城市居民中與鄉村户相對稱的"坊郭户"業已出現，這表明唐代市籍制的衰落①。

這種分類入籍的管理辦法是適應城市發展與城市經濟進步的舉措。都城長安的官府對人户的管理實行了分片分類管理，郭城内居民，由京兆府下屬兩畿縣長安縣和萬年縣管轄；皇城内的皇室成員及附屬人員則分别單獨列籍，有專門的管理機構；工匠、商人、僧道、士兵等各有所屬。隨著城市商品經濟的發展，外來人口和流動人口不斷增加，他們往往成爲官府户籍管理的盲點②，正所謂"浮寄流寓不可勝記"。這就需要官府加强對流動人口和外來人口的管理。

（二）流動人口和外來人口的管理

唐代都城中流動人口與外來人口的增加，産生了許多社會問題。比如，流動人口中有許多貧困人口，無法謀生時便以乞討爲生，造成了城市秩序的混亂。玄宗朝曾"至（開元）二十二年，斷京城乞兒，悉令病坊收管，官以本錢收利給之"③。到德宗朝，都城的流動人口不斷上升，"京師游手墮業者數千萬家，無土著生業，仰宫市取給"④。流動人口中有部分貧困者寄居在病坊⑤中，這體現出唐政府對流動人口管理的重視。

對外來人口的管理，則體現爲專門管理機構的設立。唐代管理外來人口的機構見諸史籍的有兩類：

一爲禮賓院。禮賓院是隸屬鴻臚寺、接待入朝胡客的機構，設置於憲宗元和九年（814 年）。史籍記載"唐有禮賓院，凡胡客入朝，設宴於此。元和九年，置禮賓院於長興里之北。宋白曰：屬鴻臚寺"⑥。

二爲蕃坊。至遲在文宗大和末年，唐政府在外商聚集的廣州、泉州等地設置蕃坊，方便管理⑦。蕃坊有蕃長、都蕃長，可能由外商推舉，再由唐政府認可，或由政府直接任命，要對政府負責。唐代的蕃長或都蕃長掌管藩坊公事，包括管理坊内商品交易、處理坊内違法事件，主持宗教活動⑧。

---

① 姜伯勤：《從判文看唐代市籍制的終結》，《歷史研究》1990 年第 3 期。
② 寧欣：《中國古代城市社會建設》，未刊稿。
③ （宋）王溥：《唐會要》卷四九《病坊》，北京：中華書局，1955 年，第 863 頁。
④ （後晋）劉昫：《舊唐書》卷一四〇《張建封傳》，北京：中華書局，1975 年，第 3831 頁。
⑤ 關於病坊的研究很多，成果集中體現於馮金鐘《唐代病坊芻議》，《西域研究》2004 年第 3 期，第 1—8 頁。
⑥ （宋）司馬光撰，（元）胡三省注：《資治通鑑》卷二四〇"憲宗元和十四年（819 年）"條下注，北京：中華書局，1956 年，第 7758 頁。
⑦ 范邦瑾：《唐代蕃坊考略》，《歷史研究》1990 年第 4 期，第 149—154 頁。
⑧ 張澤咸：《唐代工商業》，北京：中國社會科學出版社，1996 年，第 475 頁。

流動人口與外來人口的管理是唐代城市管理的盲點與重點，對流動人口與外來人口的管理影響著城市社會經濟發展、城市秩序的維護和市容市貌的治理，因此有著重要意義。流動人口與外來人口管理的重要性在都城管理中體現得更加明顯。在都城發展過程中，流動人口的增多爲都城社會帶來了很多問題，引起了都城社會生活的變化，因而政府必須加強對都城流動人口與外來人口的管理。不過，需要説明的是，儘管唐政府對都城和其他城市中的流動人口與外來人口實行嚴格的管理，但並未形成完備的制度。

二、分 區 管 理

中國古代城市區劃管理是一個突出特點，由此也形成了城市社會發展具有分區的特點。中小城市區劃比較簡單，大城市尤其是都城，分區及區劃功能成爲城市管理的重要方面①。

隋朝建大興城，城區先期規劃，劃爲宮城、皇城和外郭城三重，宮城內爲皇帝辦公和皇室成員居住區，皇城爲中央官署集中區，官民住宅和市場都在外郭。長安城的宮城、皇城居北部正中，坊設在宮城、皇城東西南三面的郭城內。外郭城的坊市都是封閉式管理，坊門市門定期開閉。外郭城形成坊、市、街三個功能區，城市區劃管理的重點已經向外郭區傾斜，古典城市封閉式區劃管理已到極致②。這種區劃管理突出地體現在唐政府對都城人口的分區管理上。

（一）坊區人口管理

唐代都城里坊的內部結構更加完善，坊內的十字街道分稱爲東街、南街、西街、北街，由此劃分出的四個區域內，再設小十字街，形成了十六個區塊，也分別有專稱③。雙重十字街區劃法分割成的十六個區塊，面積約 255 米×255 米，作爲基本居住面積顯然太大，其實其間還有“巷”“曲”相隔，最後的空間纔是一般人的居住區，雙重十字街加“巷”“曲”相隔，構成了長安里坊的細部格局④。這樣的格局便於管理坊內人口。每一個坊就是一個完整的居民社區。坊內有嚴格的管理制度⑤。

①　參寧欣：《中國古代城市社會建設》，未刊稿。

②　參寧欣：《中國古代城市社會建設》，未刊稿。

③　宿白：《隋唐長安城和洛陽城》，《考古》1978 年 6 期，第 409—425 頁。

④　齊東方：《魏晉隋唐城市裏坊制度——考古學的印證》，《唐研究》第九卷，北京：北京大學出版社，2003 年，第 65 頁。

⑤　雍際春：《隋唐都城建設與六朝都城之關係》，《中國歷史地理論叢》1997 年第 2 輯，第 1—13 頁。

1. 坊正負責制

唐代都城長安棋盤式的設計方便管理坊內人口，實行坊正負責制。坊是爲治安管理而産生的區域。《舊唐書》卷四三《職官二》記其制曰：

> 百戶爲里，五里爲鄉。兩京及州縣之郭内，分爲坊，郊外爲村。里及坊村皆有正，以司督察。①

《唐六典》卷七記載："皇城之南，東西十坊，南北九坊；皇城之東、西各一十二坊，兩市居四坊之地；凡一百一十坊。"②這一百一十個坊各設坊正一人，見《通典》卷三《食貨三》：

> 大唐令：諸户以百户爲里，五里爲鄉，四家爲鄰，五家爲保……在邑居者爲坊，別置正一人，掌坊門管鑰，督察奸非，並免其課役。在田野者爲村，別置村正一人。其村滿百家，增置一人，掌同坊正。③

坊正主管坊門的啓閉、坊内治安與賦役，是坊的直接領導；坊正有特權，可以豁免課役。坊正以外，還有里正，里正主要管理户籍、田籍、賦税、徭役等行政事務。《唐律疏議》卷一二曰："里正之任，掌案比户口，收手實，造籍書。"④同書卷一三又曰："若應受而不授，應還而不收，應課而不課，如此事類違法者，失一事，笞四十。"⑤

唐代行政規定，每一百户爲一里，設里正一人，里正數目以人口多寡決定，不受地區限制。《通典》卷三《食貨三》記載：

> 大唐令：諸户以百户爲里，五里爲鄉，四家爲鄰，五家爲保。每里置正一人，（若山谷阻礙，地遠人稀之處，聽隨便量置。）掌按比户口，課植農桑，檢察非違，催驅賦役。⑥

當時都城長安的坊，據估計，一般有一二千户，多的有五千户以上。因此，除了有坊正一人外，還有多個里正。也有些坊因建大型廟宇、官署、園林及高官府第，人口不

---

① 《舊唐書》卷四三《職官二》，第1825頁。
② （唐）杜佑撰，王文錦等點校：《唐六典》卷七《尚書工部》"工部郎中"條下注，北京：中華書局，1988年，第216頁。
③ 《通典》卷三《食貨三》，第63頁。
④ （唐）長孫無忌等：《唐律疏議》卷一二《户婚》，北京：中華書局，1983年，第233頁。
⑤ 《唐律疏議》卷一三《户婚》，第249頁。
⑥ 《通典》卷三《食貨三》，第63頁。

到百户，祇設一里，甚至可能由其他坊内的里正管轄。①

2. 鄰保制度

唐代都城各坊由坊正、里正負責治安與民事，坊内之人違反法律，坊正、里正都要連坐。《唐律疏議》指出：

> 諸部内有一人爲盜及容止盜者，里正笞五十，（坊正、村正亦同）三人加一等；縣内，一人笞三十，四人加一等。②
>
> 諸造畜蠱毒及教令者，絞；造畜者同居家口雖不知情，若里正（坊正、村正亦同）知而不糾者，皆流三千里。③

不但坊正、里正，城坊有人涉案而坊人不報，鄰里有時也要受罰。《唐六典》曰：

> 四家爲鄰，五家爲保，保有長，以相禁約。④

《唐令拾遺》記開元二十五年（737 年）：

> 諸户皆以鄰聚相保，以相檢察，勿造非違。如有遠客，來過止宿，及保内之人，有所行詣，並語同保知。⑤

唐初，政府已擅長於用鄰里互相監察，加强人口管理。永淳元年（682 年），對私人鑄錢，處以重罰：

> 私鑄者抵死，鄰、保、里、坊、村正皆從坐。武后時，錢非穿穴及鐵錫銅液，皆行用之，熟銅、排斗、沙澀之錢皆售，自是盜鑄蜂起，江淮游民依大山陂海以鑄，吏莫能捕。⑥

中宗神龍年間（705—707 年），政府再製定格文，對私鑄判以嚴刑，鄰里也要連坐，如《唐神龍年代散頒刑部格》卷中指出：

> 私鑄錢人，堪當得實，先決杖一百，頭首處盡，家貨没官，從者配流，不得

---

① 楊寬：《中國古代都城制度史研究》，上海：上海人民出版社，2003 年，第 250 頁。
② 《唐律疏議》卷二〇《賊盜》，第 379 頁。
③ 《唐律疏議》卷一八《賊盜》，第 337 頁。
④ 《唐六典》卷三《尚書户部》，第 73 頁。
⑤ ［日］仁井田陞：《唐令拾遺》（中譯本），長春：長春出版社，1989 年，第 138 頁。
⑥ （宋）歐陽修、宋祁撰：《新唐書》卷四四《食貨志》，北京：中華書局，1975 年，第 1384 頁。

官爲蔭贖。有官者，仍除名。勾合頭首及居停主人，雖不自鑄，亦處盡，家資亦没官。若家人共犯，罪其家長，資財並没；家長不知，坐其所由者一房資財。其鑄錢處，鄰保處徒一年，里正、坊正各決杖一百。若人有糾告，應没家資，並賞糾人。同犯自首告者，免罪，依例酬賞。[①]

中唐以後，朝廷置官店酤酒，增加收入，對於私酤處罰"過於嚴酷，一人違犯，連累數家，閭里之間，不免謠怨"。所以武宗會昌六年（846 年）敕令：

> 宜從今以後，如有人私沽酒及置私麴者，但許罪止一身，並所由容縱，任據罪處分。鄉井之內，如不知情，並海里追擾。其所犯之人，作用重典，兼不得没入家產。[②]

這表明唐中後期政府對坊內人口管理的逐漸鬆弛。

3. 建築規格

唐政府按坊內居民的不同身份，規定了房屋建築的規格，從住宅、門、廳大小、間數、架數以至裝飾與色彩都有嚴格規定。都城長安居民的房屋要按身份建造，禁止違章建築，建宅應納一定的稅。《營繕令》中有詳細記載：

> 諸王公以下，舍屋不得施重栱、藻井。三品以上不得過九架，五品以上不得過七架，並廳廈兩頭。六品以下不得過五架。其門舍，三品以上不得過五架三間，五品以上不得過三間兩廈，六品以下及庶人不得過一間兩廈。五品以上仍連作烏頭大門。父、祖舍宅及門，子孫雖蔭盡，仍聽依舊居住。諸公私第宅，皆不得起樓閣，臨視人家。"[③]

《唐會要》亦載：

> 庶人所造堂舍，不得過三間四架。門屋一間兩架，仍不得輒施裝飾。又准律，諸營造舍宅，於令有違者，杖一百。[④]

"安史之亂"後，吐蕃入侵，破壞長安民居，王公貴戚、文臣武將大興土木，互相攀

---

①　轉引自劉玉峰：《唐代工商業形態論稿》，濟南：齊魯書社，2002 年，第 235—236 頁。

②　《舊唐書》卷四九《食貨下》，第 2130—2131 頁。

③　中國社會科學院歷史研究所：《天一閣藏明鈔本天聖令校證》（下）卷二八《營繕令》，北京：中華書局，2006年，第 344 頁。

④　《唐會要》卷三一《雜錄》，第 575 頁。

比，豪宅美第、池塘別館比比皆是。正如《舊唐書》卷一五二《馬璘傳》記載 "及安
史之亂之後，法度隳弛，内臣戎帥，競務奢豪，亭館第舍，力窮乃止"，當時人稱之
爲 "木妖"①。代宗朝元載 "城中開南北二甲第，室宇宏麗，冠絕當時"，當元載獲
罪時，其大寧里、安仁里二宅均被毀，以 "充修百司廨宇"②。德宗朝扶風郡王馬璘
"在京師治第舍，尤爲宏奢"，僅中堂就 "費錢二十萬貫，他室降等無幾"③；政府
再申令禁止違規建築，王涯《准敕詳度諸司制度條件奏》曰：

> 准律，諸營造舍宅於今有違者，杖一百，雖會赦皆令改正之，其物可賣則聽
> 賣。若經赦後百日不改去及賣，論如律。又准大曆六年十二月十一日敕，京城内
> 坊市宅舍，輒不得毀拆，今若頓令改去，恐爲倍費，其已成者，許不毀拆，自今
> 已後，宜令禁斷。④

隨著都城發展，外來人口和流動人口增加，需要拓展空間，解決住房問題。部分居民
開始在坊市邸店加起樓閣，增加居住空間。大曆十四年（779 年）六月一日又敕：
"諸坊市邸店樓屋，皆不得起樓閣，臨市人家，勒百日内毀拆。至九月二十日，京兆
尹嚴郢奏：坊市邸店舊樓，請不毀。"⑤唐文宗即位之後，下詔按《儀制令》的規
定，根據官員的品秩和勛勞，對其住宅的規模重新作出了詳細的規定：

> 王公之居，不施重栱、藻井。三品堂五間九架，門三間五架；五品堂五間七
> 架，門三間兩架；六品、七品堂三間五架，庶人四架，而門皆一間兩架。常參官
> 施懸魚、對鳳、瓦獸、通栿乳梁。⑥

在此基礎上，唐文宗太和六年（832 年）六月敕准《營繕令》，並規定 "近者或有不守
敕文，因循製造，自今以後，伏請禁斷"，又准《律》：

> 諸營造舍宅，於令有違者，杖一百。雖會赦令，皆令改正。其物可賣者聽
> 賣，若經赦百日不改去，及不賣者，論如律。⑦

① 《舊唐書》卷一五二《馬璘傳》，第 4067 頁。
② 《舊唐書》卷一一八《元載傳》，第 3411、3414 頁。
③ 《舊唐書》卷一五二《馬璘傳》，第 4067 頁。
④ （清）董誥等編：《全唐文》卷四四八，王涯《准敕詳度諸司制度條件奏》，北京：中華書局，1983 年，第 4579 頁。
⑤ 《唐會要》卷五九《工部尚書》，第 1037—1038 頁。
⑥ 《新唐書》卷二四《車服志》，第 532 頁。
⑦ 《唐會要》卷三一《雜錄》，第 575 頁。

坊市邸店起樓屢禁不止，説明起樓是普遍現象。然而長安以外的其他城市，並没有嚴格實行商業不得起樓的禁令。

（二）市區人口管理

唐代都城市場内店肆林立，貨賄山積，人煙稠密，商旅衆多。因此唐政府對城市市區人口的管理非常重視，以兩京諸市設市令一人、官位從六品上，市丞二人、官位正八品上。兩京市署直屬太府市，負責掌財貨交易、度量器物，分辨物件的真偽，判其輕重，對違反規定進行不法交易的市區人口進行處罰等①。唐政府對都城市區人口的管理主要體現在以下幾方面。

1. 時間限制

唐代對市區人口入市與出市的時間有嚴格限制。《唐六典》規定爲：

> 凡市以日午，擊鼓三百聲而衆以會；日入前七刻，擊鉦三百聲而衆以散。②

《唐會要》卷八六《市》亦記載日午爲市③。《新唐書》卷四八《百官三》載："凡市，日中擊鼓三百以會衆，日入前七刻，擊鉦三百而散。"④《册府元龜》卷五〇四同樣記載日中爲市⑤。"日中"與"日午"指同一時間，可見唐代規定中午開市。唐代規定閉市的時間爲"日入前七刻"，也就是夕陽西下的時候。《全唐文》卷七六五李遠《日中爲市賦》有"雜錯相酬，而豈畏日之將夕；貿遷以退，寧夏其室信遠而"⑥等語，其中"日之將夕"亦指下市時間爲夕陽西下。由上述記載可知，唐代日中爲市，夕陽西下的時候閉市。之所以作如此規定，乃是因爲唐代實行禁夜制度，夜間不允許出行，坊、市的關閉時間均爲黄昏。劉禹錫《觀市》曰："雞鳴而爭赴，日午而駢闐。萬足一心，恐人我先。交易而退，陽光西徂。"⑦描繪的是早晨起來即爲入市做準備、中午時開市、黄昏時下市的情景。罷市後不得有任何交易，形成唐前期"六街鼓絶行人歇"的情形。對於不按時啓閉市門的市令，《唐律疏議》規定：

---

① 《新唐書》卷四八《百官志三》，第1264頁。

② 《唐六典》卷二〇《太府寺》"兩京諸市署"條，第543—544頁。

③ 《唐會要》卷八六《市》記載："其市當以午時擊鼓二百下，而衆大會，日入前七刻，擊鉦三百下，散其州縣領務少處，不欲設鉦鼓。"第1581頁。

④ 《新唐書》卷四八《百官志三》，"太府寺·兩京諸市署"條，第1264頁。

⑤ （宋）王欽若等編：《册府元龜》卷五〇四《邦計部·關市》曰："《易·繫辭》稱：庖羲氏没，神農氏作，以日中爲市，致天下之人，聚天下之貨交易，而退各得其所。"北京：中華書局，1960年，第6048頁。

⑥ 《全唐文》卷七六五，李遠《日中爲市賦》，第7950頁。

⑦ 《全唐文》卷六〇八，劉禹錫《觀市》，第6143頁。

州、縣、鎮、戍等長官主執鑰者，不依法式開閉，與越罪同。其坊正、市令非時開閉坊、市門者，亦同城主之法。①

即政府要處以嚴厲的懲罰。

然而，中唐以後工商業發展迅速，商品交易頻繁，交易範圍漸漸突破"市"的藩籬，交易時間延長，出現了夜市，長安崇仁坊"晝夜喧呼，燈火不絕"②，一派繁榮景象。這表明唐政府對市內人口活動時間上的限制逐漸放寬。

2. 空間限制

唐政府對城市市場控制嚴格，市民出入坊市，必須經過坊門，不得由市内外溝渠偷渡入市③。《唐律疏議》卷八《越州鎮戍垣城》指出：

> 越官府廨垣及坊市垣籬者，杖七十。侵壞者，亦如之。〔疏〕議曰：官府者，百司之稱。所居之處，皆有廨垣。坊市者，謂京城及諸州、縣等坊市。其廨院或垣或籬，輒越過者，各杖七十。④

對於不遵守規定、擅自攀坊市垣籬者，律令上有明確的懲辦條例：

> 從溝瀆內出入者，與越罪同。越而未過，減一等。餘條未過，准此。〔疏〕議曰：溝瀆者，通水之渠。從此渠而入出，亦得越罪。"越而未過"，或在城及垣籬上，或在溝瀆中間，未得過者，從"越州城"以下，各得減一等。餘條未過准此者，謂越皇城、京城、宮殿垣及關、津應禁之處未過者，各得減罪一等。⑤

唐中期，出現了在市內正鋪加建偏鋪的現象。唐政府嚴禁在市內私自亂建店鋪，兩京諸行，自有正鋪者，不得於鋪前更造偏鋪，如若諸街市坊街曲有侵街打牆、接簷造舍等，"先處分，一切不許，並令毀拆"⑥。大曆十四年（779 年）六月，朝廷再次敕令：坊市邸店樓屋，不得建置樓閣。臨市人家，必須在百日內毀拆⑦。然而，此令終究未能發揮效用。隨著商品經濟的發展，原來的市場已經不能適應需要，都城市場突破了政府規

---

① 《唐律疏議》卷八《衛禁》，第 172 頁。
② 《長安志·長安志圖》卷八"崇仁坊"條，第 275 頁。
③ 據考古發掘，這種溝渠在街兩側，均與街平行。溝壁沒有砌磚，兩壁上附有木板，木板外有立柱，防止溝壁倒塌（中國科學院考古研究所西安唐城發掘隊：《唐代長安城考古紀略》，《考古》1963 年第 11 期，第 595—610 頁）。
④ 《唐律疏議》卷八《衛禁》，第 170 頁。
⑤ 《唐律疏議》卷八《衛禁》，第 171 頁。
⑥ 《唐會要》卷八六《街巷》，第 1576 頁。
⑦ 《唐會要》卷五九《工部尚書》，第 1037—1038 頁。

定的空間。長安的坊與坊之間，出現了不少小商販。他們不分地點進行交易，店鋪出現在東、西市附近的坊與坊之間，甚至進入坊內，如餅鋪、餛飩曲、茶肆、酒肆等，旅舍、旅邸、僦舍也在東西市附近的各坊大量出現①。唐末的長安崇仁坊，更是"工賈輻湊，遂傾兩市……京中諸坊，莫之與比"②。唐政府對市區人口活動的空間限制漸被打破。

3. 秩序維護

在市區活動的人群，有部分人口擾亂市場、破壞治安，嚴重者可致人喪命。因此，唐政府非常注重對市場秩序的維護。《唐律疏議》中規定：

> 諸在市及人衆中，故相驚動，令擾亂者，杖八十；以故殺傷人者，減故殺傷一等；因失財物者，坐贓論。其誤驚殺傷人者，從過失法。〔疏〕議曰：有人在市內及衆聚之處，"故相驚動"，謂詭言有猛獸之類，令擾亂者，杖八十。若因擾亂之際而失財物，坐贓論；如是衆人之物，累並倍論，並倍不加重於一人，失財物者即從重論。因其擾亂而殺傷人者，"減故殺傷一等"，驚人致死，減一等流三千里；折一支，減一等徒三年之類。其有誤驚，因而殺傷人者，從"過失"法收贖，銅入被傷殺之家。③

從中可以看出唐政府對擾亂市場秩序和驚動衆人、破壞社會治安的人處罰非常嚴厲。中唐以後，名義上政府還在進行市場管制，但實際效用已大不如前，宣宗大中二年（848年）九月敕：

> 比有無良之人，於街市投匿名文書，及於箭上或旗旛，縱爲奸言，以亂國法。此後所由潛加捉搦，如獲此色，便即焚瘞，不得上聞。④

唐政府對擾亂市場秩序者的管理之鬆弛由此可見一斑。

4. 中介管理

唐中後期的市場交易，出現了一種新型的職業門類，即牙人⑤。牙人是交易中介人，大約在八九世紀之交，即唐德宗及其以後的一段時期，長安諸市的交易中介人活

---

① 何一民：《中國城市史綱》，成都：四川大學出版社，1994 年，第 117 頁。
② （宋）宋敏求，（元）李好文：《長安志·長安志圖》卷八"崇仁坊"條，西安：三秦出版社，2013 年，第 275 頁。
③ 《唐律疏議》卷二七《雜律》，第 504 頁。
④ 《唐會要》卷八六《市》，第 1583 頁。
⑤ 關於牙人，已有學者作過專門研究。見張弓先生《唐五代時期的牙人》一文（《魏晋隋唐史論集》第 1 輯，北京：中國社會科學出版社，1981 年）。

動增多了。長安市上有兩類商人在活動，一類是坐商，一類是客商。長安兩市開設的許多邸店專爲客商服務。客商希望自己的貨物及早脫手，却又往往一時與買主不相溝通，這種情況下，牙人的斡旋對於客商的確十分必須。買賣雙方找到牙人溝通雙方，叫"引領"或"招致"。雙方接頭後，有時雙方自議價格，有時牙人評量確定，叫作"著價"，根據官方頒布的沽價標準酌定。最後，牙人按交易額的一定比例抽收牙錢[①]。

爲了防止中間人在交易中隱匿價錢，政府一方面禁止牙人控制物價，錢物需要兩交，另一方面以連帶方法，規定牙人與邸店店主，以至牙人間要互相保證，互相監察，確保交易合理[②]。《五代會要》追記唐元和五年（810 年）十一月敕：

> 周廣順二年十二月開封府奏，商賈及諸色人訴稱：被牙人店主引領百姓，賒買財貨，違限不還。甚亦有將物去後，便與牙人設計，公然隱没……今後欲乞明降指揮：應有諸色牙人店主人，引致買賣，並須錢物交相分付。或還錢未足，祇仰牙行人店主明立期限，勒定文字，遞相委保。如數内有人前却，及違限，別無抵當，便仰連署契人同力填還。如諸色牙行人内，有貧窮無信行者，恐已後誤累，即却衆狀集出。如是客旅，自與人商量交易，其店主人牙行人，並不得邀難遮占，稱須依行店事例引致。如有此色人，亦加深罪。[③]

此敕文對牙人的限制非常明確，體現了政府對交易中介的管理。

唐代對都城市區人口的管理並不僅限於上述内容，但值得關注的是，唐中後期對市區人口活動的時間和空間限制逐漸鬆弛。

（三）街區人口管理

街是打通坊市的主要通道。都城長安的街，以朱雀大街爲界，分爲東西兩個街區[④]。這種分區意識體現在所居人口結構上，就表現爲生活在街東和街西人口身份、地位和從事的職業都有所不同。《長安志·長安志圖》卷八：

---

① 張弓：《唐五代時期的牙人》，第 255—256 頁。
② 陶希聖：《唐代管理"市"的法令》，《食貨半月刊》（第 4 卷）1936 年第 8 期。
③ （宋）王溥：《五代會要》卷二六《市》，北京：中華書局，1998 年，第 318—319 頁。
④ "街區"的概念，借用業師寧欣的論述：以街作爲分區管理的區域概念，即我們現在的城區概念，唐朝應該是城市以區劃分的濫觴。街是打通坊市的管道。御史臺和金吾衛在涉及外城内管理許可權時，往往也以街和坊劃分，宗教寺院管理也是以街分區，設兩街功德使（《唐長安的街——綫形空間在突破坊市制度過程中的作用》）。

又，公卿以下居止，多在朱雀街東，第宅所占略盡，由是商賈所湊，多歸西市。[①]

岑參《秋夜聞笛》詩曰："天門街西聞搗帛，一夜愁殺湘南客。"[②]《太平廣記》卷一五六《崔潔》："太府卿崔公名潔，在長安與進士陳彤同往街西尋親故。"[③]梁鉉作《天門街西觀榮王聘妃》詩，其中有"十里道鋪筵，羅綺明中識"[④]之句。都是這種人口結構差異的反映。

唐政府對街區人口的管理，主要體現爲：

1. 禁止夜行

唐代都城夜晚嚴格實行宵禁，坊、市門的開閉以鼓聲爲令，因此街區人口的活動也必須遵守街鼓制度[⑤]。一直到唐中期，坊、市之門還是按規定聽街鼓而定時開閉。人們在街上活動，一定要注意街鼓何時響。《太平廣記》記載，天寶十二載（753 年）冬，司戈張無是出行街中，"夜鼓絶門閉，遂趨橋下而蜷"[⑥]。

又記唐穆宗時人裴通遠，因觀憲宗葬景陵晚歸至天門街，"夜鼓時動，車馬轉速，嫗亦忙遽"[⑦]，夜鼓動時，車馬加速，行人也加快步伐，説明實行夜禁還是比較嚴格的。但到唐後期，對街區人口活動的時間限制已經開始被打破。《唐會要》卷八六《街巷》記載：

> 太和五年七月，左右巡使奏：伏准令式及至德長慶年中前後敕文，非三品以上及坊内三絶，不合輒向街開門各逐便宜無所拘限，因循既久，約勒甚難，或鼓未動即先開，或夜已深猶未閉，致使街司巡檢，人力難周，亦令奸盜之徒易爲逃匿。[⑧]

至德時，長安爲安史叛軍占領，夜禁之破壞當與之有關。從此條材料看，街上行人增多，夜間活動豐富，給都城的治安帶來了隱患。唐末，夜禁已經不能嚴格執行了。

---

① 《長安志·長安志圖》卷八"次南東市"條，第 291 頁。街東與街西居民結構的差異，有不少學者論及，此不贅述。
② （清）彭定求等編：《全唐詩》卷二〇一，岑參《秋夜聞笛》，北京：中華書局，1960 年，第 2107 頁。
③ （宋）李昉：《太平廣記》卷一五六《崔潔》，引《逸史》，北京：中華書局，1961 年，第 1125 頁。
④ 《全唐詩》卷五〇五，梁鉉《天門街西觀榮王聘妃》，第 5747 頁。
⑤ 關於街鼓制度，學界已有專論，如林立平：《試論鼓在唐代市場管理中的作用》，《中華文史論叢》1987 年第 2、3 期；趙貞：《唐代長安城街鼓考》，《上海師範大學學報》2006 年第 3 期，第 94—99 頁等。筆者亦在《唐代都城治安管理制度》（《南都學壇》2010 年第 3 期，第 39—43 頁）一文中集中論述街鼓制度在唐代都城治安管理中所發揮的作用。
⑥ 《太平廣記》卷一〇〇《張無是》，引《紀聞》，第 673 頁。
⑦ 《太平廣記》卷三四五《裴通遠》，引《集異記》，第 2734 頁。
⑧ 《唐會要》卷八六《街巷》，第 1576 頁。

2. 禁止商業活動

唐代都城居民生活與商業活動都限制在一定範圍内，街作爲聯繫坊和市的公共空間受到嚴格管理，坊内住户不准向街開門，商業活動不准在街上進行，即不准"侵街"。但到唐中後期，這種限制不再能完全生效。唐人文學作品中對此多有反映。如《太平廣記》卷四八四《李娃傳》所描繪的是天寶年間（742—756 年）的故事，其中有東西兩凶肆各派代表在天門街表演歌藝、開展商業競争的情節[①]。同書卷一五六《崔潔》曰：

> 太府卿崔公名潔在長安，與進士陳彤同往街西尋親故。陳君有他見知，崔公不信。將出，陳君曰："當與足下於裴令公亭飡鱠。"崔公不信之，笑不應。過天門街，偶逢賣魚甚鮮。[②]

此故事年代不詳，但據街上已有商業活動可推知大約是在唐中後期。段安節《樂府雜録》中也記載了一則貞元年間（785—805 年）東西兩市鬥聲樂的故事[③]，之所以鬥聲樂，也是意在進行商業廣告。以上幾則故事反映出唐中後期長安街區已出現商業活動的社會現實。

3. 禁止"侵街"

唐代都城嚴禁坊内人口向街打牆或接簷造舍，早在唐高宗永徽年間（650—655 年）頒布的《唐律疏議》中即有"諸侵巷街、阡陌者，杖七十"[④]的規定。隨著侵街現象的增多，政府頒布了一系列敕令加以禁止，如坊牆有破壞，政府還會維修。如

---

① 其原文爲："初，二肆之備兇器者互争勝負，其東肆車輿皆奇麗，殆不敵，唯哀挽劣焉。其東肆長知生（鄭）生妙絶，乃釀錢二萬索顧焉。其黨耆舊共較其所能者，陰教生新聲而相贊和，累旬，人莫知之。其二肆長相謂曰：我欲各閱所備之器於天門街，以較優劣，不勝者罰直五萬，以備酒饌之用，可乎？二肆許諾，乃邀立符契，署以保證，然後閱之。士女大和會聚至數萬，於是里胥告於賊曹，賊曹聞於京尹，四方之士盡赴趨焉，巷無居人。自旦閱之，及亭午，歷舉輦輿威儀之具，西肆皆不勝，師有慚色，乃置層榻於南隅，有長髯者擁鐸而進，翊衛數人，於是奮髯揚眉，扼腕頓顙而登，乃歌白馬之詞，恃其風勝，顧眄左右，旁若無人，齊聲讚揚之，自以爲獨步一時，不可得而屈也。有頃，東肆長於北隅上設連榻，有烏巾少年左右五六人，秉翣而至，即生也，整衣服俯仰甚徐，申喉發調，容若不勝，乃歌薤露之章，舉聲清越，響振林木。曲度未終，聞者歔欷掩泣。西肆長爲衆所誚，益慚恥，密置所輸之直於前，乃潛遁焉，四座愕眙，莫之測也。"（《太平廣記》卷四八四《李娃傳》引《異聞集》，第 3988 頁）

② 《太平廣記》卷一五六《崔潔》，引《逸史》，第 1125 頁。

③ （唐）段安節：《樂府雜録》"琵琶"條，《叢書集成初編》第 1659 册，第 22—23 頁。其文曰："貞元中，有康崑崙第一手，始遇長安大旱，詔移兩市祈雨，及至天門街，市人廣較勝負，及鬥聲樂。即街東有康崑崙琵琶最上，必謂街西無以敵也。遂請崑崙登彩樓，彈一曲新翻羽調《録要》（即《緑腰》也）。其街西亦建一樓，東市大誚之。及崑崙度曲，西市樓上出一女郎，抱樂器，先云：'我亦彈此曲，兼移在楓香調中。'及下撥，聲如雷，其妙入神。崑崙即驚駭，乃拜請爲師。女郎遂更衣出見，乃僧也。蓋西市豪族，厚賂莊嚴寺僧善本，以定東廛之勝。翌日，德宗召入，令陳本藝，異常嘉獎，乃令教授崑崙。"

④ 《唐律疏議》卷二六《雜律》，第 488 頁。

《唐會要》卷八六《街巷》載：

> 大曆二年五月敕：諸坊市街曲，有侵街打牆接簷造舍等，先處分一切不許，並令毀拆。①
>
> 貞元四年二月敕：京城內莊宅使界諸街坊牆，有破壞，宜令取兩稅錢和雇工匠修築，不得科斂民戶。
>
> 太和五年七月，左右巡使奏：伏准令式，及至德長慶年中前後敕文，非三品已上及坊內三絕，不合輒向街開門，各逐便宜，無所拘限，因循既久，約勒甚難……伏見諸司所有官宅，多是雜賃，尤要整齊。如非三絕者，請勒坊內開門，向街門戶，悉令閉塞。②

這些材料説明唐中後期一些坊內人口開始向街開門，政府嚴令閉塞。但令雖行而侵街現象未止，更有甚者，還有人將設在城門坊角作爲治安設施的街鋪占爲己有，用作商業或民用用途。《唐會要》卷八六《街巷》記載太和五年七月左街使奏：

> 伏見諸街鋪近日多被雜人及百姓諸軍諸使官健起造舍屋，侵占禁街，切應停止奸人，難爲分別。今除先有敕文，百姓及諸街鋪守捉官健等舍屋外，餘雜人及諸軍諸使官健舍屋，並令除拆，所冀禁街整肅，以絕奸民。敕旨：所拆侵街舍，宜令三個月限移拆，如不礙敕文者，仍委本街使看便宜處分。③

同書同卷亦載：

> （宣宗）大中三年六月右巡使奏：義成軍節度使韋讓、前任宮苑使日固違敕文，於懷真坊西南角亭子④西侵街造舍九間。敕旨：韋讓侵街造舍，頗越舊章，宜令毀拆。⑤

對街鋪的侵占説明侵街現象已非常嚴重，而政府的管理已漸鬆弛。

唐代都城結構封閉，實行以坊市制爲核心的封閉管理策略。但這種封閉是相對而非絕對的，特別是到唐中後期，商業活動在坊與坊之間的空地上、在坊內甚至在街上

---

① 《唐會要》卷八六《街巷》，第 1576 頁。
② 《唐會要》卷八六《街巷》，第 1576 頁。
③ 《唐會要》卷八六《街巷》，第 1576 頁。
④ 據業師寧欣考證，此亭子應該是指街鋪所屬的亭子。
⑤ 《唐會要》卷八六《街巷》，第 1577 頁。

都有發生，都城人口的活動超越了坊市界限。在這樣的前提下，唐政府分區管理的策略也在隨之發生變化。

三、結　語

唐代是中國古代城市發展的重要時期，經濟的發展、商業的繁榮，爲城市社會的發展創造了條件。城市的發展催發了新型的城鄉關係，大量農村人口進入城市，尤其是進入都城長安，爲城市的發展提供了更多勞動力。都城人口數量增多，結構複雜，職業分類更加多元，人口管理成爲唐政府不得不重視的社會問題。

唐政府對都城人口的管理策略是：分類管理與分區管理相結合。以戶籍爲標準的分類管理體現了唐代統治者重視階級、身份的管理理念，重本抑末的思想意識下，工商業者地位低下。到唐後期，商品經濟快速發展，國家財政也對商業産生了更多的依賴，商人地位因此得到提高。尤其值得關注的是，唐中後期城市人口中出現了與鄉村戶相對稱的"坊郭戶"，這與中國古代戶籍制度的變化相關聯，更是城市經濟日漸發展的反映。分區管理則是中古時期城市管理的一個顯著特點，唐代的這種坊、市、街分區管理的策略，爲宋代打破坊市界限、形成更接近現代意義的分區管理奠定了基礎。

（本文已收入筆者專著《城市發展與權力運作：唐代都城管理若干問題研究》，人民出版社，2018年）

唐代兵器管理律令管窺

賈志剛

隋唐時期，隨著國家統一的完成，隋唐政府逐漸確立了一套國家治理的制度和法令，其爲法則精而密，其施於事則簡而易行。其中，唐代兵器問題在兵制變化的背景下略顯複雜，相關問題已頗多討論[①]，然而圍繞唐代武器管理律令之實施和修改，存在一些疑惑，有繼續研究的必要。如唐代武器管理法令如何既設範立制，又禁違正邪，還要遇弊變通？不僅有學術價值，也有明顯的現實價值。同時，武器管理與立法牽涉很多領域，是觀察在律令制社會中，唐代兵器管理如何在征戰守禦與安全穩定之間平衡，即甲仗管理中怎樣體現危則用之能戰，安則藏之生威？諸如此類，既是研究唐代律令體系的内容，也是社會管理知古鑒今的領域，值得充分重視。或許通過本專題的探討，可爲瞭解唐代社會管理提供一些新認識，不當之處，望不吝賜教。

作者簡介：賈志剛，男，西北大學歷史學院副教授。

① 陳仲安：《唐府兵隨身七事辨》，《中國唐史學會論文集》，西安：三秦出版社，1989 年，183—187 頁，討論府兵自備九物亦可稱隨身七事。孫繼民：《吐魯番文書所見唐代府兵裝備》，唐長孺主編：《敦煌吐魯番文書初探二編》，武漢：武漢大學出版社，1990 年，第 104—142 頁，涉及府兵官器仗領受和驗收問題。黃正建：《敦煌文書與唐代軍隊衣裝》，《敦煌學輯刊》1993 年第 1 期，第 11—15 頁；張國剛：《唐代藩鎮行營制度考》，《紀念楊志玖先生八十華誕中國史論集》，天津：天津古籍出版社，1994 年，第 76—92 頁，關注行營兵士的裝備情況。張澤咸：《唐代工商業》，北京：中國社會科學出版社，1995 年，第 61—70 頁，分門別類探討"兵器製造業"之概況。李錦繡：《唐代財政史稿》（上卷），北京：北京大學出版社 1995 年，第 1194—1209 頁，從軍需供給和來源予以分析。李錦繡：《陌刀與大唐帝國》，《唐代制度史略論稿》，北京：中國政法大學出版社，1998 年，第 295—308 頁；王援朝：《唐初甲騎具裝衰落與輕騎兵興起之原因》，《歷史研究》1996 年第 4 期，第 50—58 頁；古怡青：《唐代府兵制度興衰研究：從衛士負擔談起》，臺北：新文豐出版公司，2002 年，第 206—218 頁，注意到政府提供的器仗種類和管理制度。賈志剛：《唐代甲仗庫史事尋蹤》，《西夏研究》2010 年第 2 期，關注唐代甲仗庫職能的變化。常彧：《稍之成藝：魏晉南北朝的騎稍戰鬥及軍事文化的形成》，《中華文史論叢》2014 年第 4 期，第 257—287 頁，探討由戟到稍之變化對騎戰的影響。雖說兵仗問題已經得到學界重視，但唐代甲仗管理律令之體制衍變及其社會根源問題仍值得深思。

一、禁兵器與收甲仗

隋唐時期，兵器也稱爲甲仗、器械，其分類比較複雜，此處不擬贅言。戰争中兵器有攻擊性、防禦性之分，法律上却將其分成私家聽有和私家不合有，如唐律規定："甲、弩、矛、槊、具裝等，依令私家不合有。若有矛、槊者，各徒一年半。……其旌旗、幡幟及儀仗，並私家不得輒有，違者從不應爲，重杖八十。"①甲、弩、矛、槊、具裝等殺傷性和防禦性重武器，旌旗、幡幟、儀仗等象徵軍方的器仗均列入私家禁止持有之列。與此相對，也有私家聽有者，如《唐律疏議》卷十六《擅興律》補充説："弓、箭、刀、盾、短矛者，此上五事，私家聽有。"這説明弓、箭、刀、盾、短矛雖也屬兵器，私人却可以持有。如唐初府兵制時代，每名府兵番上宿衛時，皆自備弓一、矢三十、橫刀等戎具介胄，如果弓箭之類輕型武器加以禁止，府兵就難以自備弓刀了。還有，唐人戴孚所撰《廣異記》記有人耕地得劍，磨洗詣市，胡人以十千買之而去②。按《唐律》闌得禁兵器需輸官，不然與私有兵器同罪，而此例中所得之劍可以入市交易，説明劍也屬私家聽有之列。孟彦弘據天一閣所藏明鈔本天聖令復原之唐令："諸造弓矢長刀，官爲立樣，仍題工人姓名，然後聽鬻之。"③説明弓矢刀依《關市令》可以入市交易。再如敦煌出土天寶二年（743 年）交河郡市估案載有鑌橫刀、鋼橫刀、梓霸刀、角霸刀、鋼食刀、□□劍等在市場的價格④，也説明非重型兵器之刀具可以買賣。也有將愛刀示人供觀賞者，如杜甫《荆南兵馬使太常卿趙公大食刀歌一首》："白帝寒城駐錦袍，玄冬示我胡國刀。……大食寶刀聊可比。"稱大食寶刀爲胡國刀，説明此物爲外來之刀，荆南兵馬使趙某向人炫耀寶刀之事見諸於詩作，説明與律令無違。

在後府兵制時代，弓箭、刀劍是否仍不加禁限呢？事實上，唐代武器之禁日趨嚴格，後府兵制時代，弓箭等輕型兵器也逐漸加以限制，如唐玄宗時，"天子以中原太平，修文教，廢武備，銷鋒鏑，以弱天下豪傑，於是挾軍器者有辟，蓄圖讖者有誅，習弓矢者有罪"⑤。雖説練習弓矢不能與挾帶軍器同樣處罰，但政府對此類行爲多加

---

① 劉俊文：《唐律疏議箋解》卷一六《擅興律》私有禁兵器條，北京：中華書局，1996年，第 1217 頁。

② 《太平廣記》卷二三二，"破山劍條"，出《廣異記》，第 1776 頁。

③ 孟彦弘：《唐關市令復原研究》，《天一閣藏明鈔本天聖令校證（附唐令復原研究）》，北京：中華書局，2006年，第 536 頁。

④ ［日］池田温著，韓昇譯：《中國古代物價初探：關於天寶二年交河郡市估案斷片》，《日本學者研究中國史論著選譯》（第四卷，劉俊文主編），北京：中華書局，1992年，第 445—513 頁。

⑤ （宋）王溥撰：《唐會要》卷七二《軍雜錄》，北京：中華書局，1955年，第 1300 頁。

以干涉，直到中唐以後也是如此。首先，挾帶器仗者有禁，即使是特殊情況也不例外。如代宗寶應元年（762 年）敕令：“駱谷、金牛、子午等路，往來行客所將隨身器仗等，今日以後，除郎官、御史、諸州部統進奉事官，任將器仗隨身。自餘私客等，皆須過所上具所將器仗色目，然後放過，如過所上不具所將器仗色目數者，一切於守捉處勒留。”①駱谷、金牛、子午三條路穿越秦嶺，林深路險，需要帶上隨身防衛之器仗，屬於特殊情況，但敕文嚴正聲明不得携帶過所之外的隨身器仗，而過所是經過刑部司門司嚴格審查的，可以有效禁斷私客持兵之情況。其次，蓄藏兵器者有誅。如“大理卿馬曙任代北水運使，代北出犀甲，曙罷職，以一二十領自隨。故事，人臣家不得蓄兵器，曙既在朝，乃瘞而藏之”②。後馬曙被人以蓄兵器有異謀告發，減死貶嶺外。又武宗會昌四年（844 年），左神策軍中尉仇士良死後，“中人於其家得兵仗數千件，兼發士良宿罪”，因此追削其先授官和贈官，其家財並籍没③。仇士良生前曾任左軍中尉，但私藏兵仗也難逃其咎。再次，調整兵杖嚴禁買賣之範圍。如德宗貞元三年（787 年）禁商人以兵械市於黨項④，兵械禁止列入互市。值得一提的是，貞元九年，德宗詔禁賣劍⑤，説明此前劍能入市交易，但從此劍就列入禁令。持劍入市從聽任到禁止，也是對戎器不鬻於市的重新詮釋。再次，習練弓矢者有罪。如《唐會要》記憲宗元和元年（806 年），京城長安“無故有人於街衢中帶戎仗及聚射，委吏執送府縣科決”。無獨有偶，文宗太和元年（827 年），“如聞京城百户，多於坊曲習射，宜令禁斷”。在京城街道上執仗習射要禁止，在野外可以嗎？答案是否定的，如元和六年詔：“諸縣軍鎮放牧人等，不得帶弓箭、刀劍、器仗。”野外放牧也禁止持弓帶劍。甚至於唐人喜歡的捕獵從禽，也下詔：“禁京畿持兵器捕獵。”⑥雖説不一定能夠完全禁絕，但唐前期律令上所規定弓箭、刀劍之類私家聽有的輕兵器，後府兵制時代也逐漸收入禁限之列。

　　觀察唐政府不遺餘力地限制兵器私有，關注弓箭、刀劍等兵器由私家聽有變成私家不合有的前後變化，是一個很好的視角。同時，持有者身份變化也是一個切入點。如律令一再強調“槍甲之屬，不蓄私家”之私家，前期主要指普通民家（當然各級官

---

① 《唐會要》卷八六《關市》，第 1580 頁。《册府元龜》卷五〇四《邦計部·關市》，第 6050 頁。記駱谷、荆襄、子午等路往來行客，稍有不同。

② （唐）裴庭裕：《東觀奏記》卷中，北京：中華書局 1994 年，第 111 頁。《舊唐書》卷一七六、《新唐書》卷九七《魏謨傳》，也都提及此事，略有異同。

③ 《舊唐書》卷一八上《武宗紀》會昌四年六月條，第 600 頁。

④ 《舊唐書》卷一二《德宗紀上》貞元三年十一月，第 358 頁。

⑤ 《舊唐書》卷一三《德宗紀下》貞元九年正月條，第 376 頁。

⑥ 《唐會要》卷七二《軍雜録》，第 1300—1301 頁。

員也在其中），漸漸地，私家也包括非武器貯藏機構，於是兵器不蓄私家之令變成了不蓄於非藏之所，以此擬構建一種“無器則無患”之安穩狀態。如中唐以後，諸司諸使也不得藏有弓箭長刀，文宗開成元年（836 年），皇城留守請求收回諸司衛的陌刀利器，理由是：“前件司衛，皆有刀槍防虞。所管將健，並無寸刃。其諸司衛所有陌刀利器等，伏請納在軍器使。如本司要立仗行事，請給儀刀，庶無他患。”①皇城留守以守兵無兵器，而諸司衛却有陌刀爲由提出奏請，但出人意料的是，他並非要求給其守兵發兵器，而要求收繳諸司衛之兵器，以求達到無器而安。又如宣宗大中六年（852 年），京兆府提出：“坊市諸車坊、客院，不許置弓箭、長刀，如先有者，並勒納官。百姓所納到弓箭、長刀等，府縣不合收貯，宜令旋納弓箭庫。”②車坊、客院多與長途遠行有關，弓箭長刀可作爲防身之用，但京兆府認爲不符合兵器禁私有之法，自然就須收繳入庫，而收繳之弓箭、長刀諸州府縣也無權收藏，須交納弓箭庫。由此可知，唐代武器管理通過重新詮釋律令，其管理由松漸緊，先是槍甲之屬，不蓄私家。之後是弓箭、刀劍之屬，不蓄私家。再後來是戎器之屬，不蓄庫外，形成武器管理中一個重要原則，即無器則無患，少械多安。

二、兵器製造法令與管理

唐代律令不僅禁約私家兵器甲仗的持有權，其製造權也收歸政府，但兵器甲仗繕造應歸政府哪個部門，是歸中央政府還是歸地方政府，不同時期會有所變化，而這些問題有時會超出律令的範疇，甚至關係到中央與地方藩鎮的權力博弈。

隋代武器製造由少府監之鎧甲、弓弩署所領，唐朝前期，兵器甲仗由唐政府統籌安排，“開元以前，軍器皆出（少府監）右尚署”③，開元年間，武器製造呈現分別鑄造的格局，由少府監之右尚署製刀劍、斧鉞、甲胄④；由將作監之中校署製舟車、兵械、雜器，左校署供仗床、戟架、柤械之屬⑤；由軍器監之甲坊和弩坊分掌甲、鎧、弩的製造⑥。武器由少府、將作和軍器監各有所管，形成刀劍、舟車、甲弩分別製造的格局，從設制立防的角度看，這種格局有利於形成競爭和制衡格局。各類甲仗

---

① 《唐會要》卷七二《軍雜錄》，第 1301 頁。
② 《唐會要》卷七二《軍雜錄》，第 1301 頁。
③ 《新唐書》卷四八《百官志三》，第 1275 頁。
④ 《唐六典》卷二二《少府軍器監》，第 575 頁。
⑤ 《唐六典》卷二三《將作監》，第 596 頁。
⑥ 《唐六典》卷二二《少府軍器監》，第 577—578 頁。

在製作完成後，都要輸入武庫保管。衛尉寺總領武庫和武器署，凡天下兵器之入京師者，武庫令皆辨其名數，以備國用。武器署令掌在外戎器，辨其名物，會其出入①。此外，各軍州戎器之分配權屬庫部郎中，"諸軍州之甲仗，皆辨其出入之數，量其繕造之功，以分給焉"②。各軍州又設兵曹、司兵參軍事掌兵仗器甲③，每歲由比部行使對諸州軍資糧仗之勾稽權④。故軍州兵甲器仗出入之數有辨，繕造之功有量，使用之情有稽。在兵器甲仗之繕造、貯藏、管理、稽查上形成既制衡又依賴的局面，借此實現設官分治的管理原則。

唐代律令對甲仗製造也有專門規定，特別體現在限制私造和明確鑄造責任方面。關於限制私造兵器，唐律規定："私造甲弩及禁兵器，各加私有罪一等。"⑤私有禁兵器要嚴懲，私造兵器則罪加一等。另外，唐律對私造罪之已造成和未成也加以區分，有"造未成者減二等"之條款，律令規定弛張有度。關於明確鑄造責任，唐將作監之職有："凡營軍器，皆鑴題年月及工人姓名，辨其名物，而閱其虛實。"⑥牛來穎據天一閣藏天聖令復原唐《營繕令》之條："諸營造軍器，皆須依樣，鑴題年月及工匠姓名。若有不可鑴題者，不用此令。"⑦即所謂的"物勒工名"，用此辦法來明確製造者責任，以保證兵器的品質。如引人關注的西川兵器銘"定秦"之字樣，其實就是鑄匠之名⑧。此外，在律和令的基礎上，皇帝還可以通過詔敕修改調整律令，如唐太宗針對軍器製造工期急迫，工匠不堪其苦的情況，發出《寬繕治器械功程詔》："申戒作之司，令其寬立功程，務從間逸。少府僚屬，莫不聞知，而營造牟鎧，催督非理，竭人之力，以求己功。"⑨以帝王之詔，修正功程急促的問題，實現"慰彼民心，緩其日用"的效果，也爲兵器製造法令的糾偏防苛預留了制度設計。

三、兵器貯藏法令與管理

兵器貯藏在武庫，但唐代武庫既是專稱，也是類稱。説其是專稱，就指唐政府專

---

① 《唐六典》卷一六《衛尉宗正寺》，第 460—464 頁。

② 《唐六典》卷五《尚書兵部》庫部郎中條，第 164 頁。

③ 《唐六典》卷三〇《三府督護州縣官吏》，第 749 頁。

④ 《唐六典》卷六《尚書刑部》比部郎中條，第 195 頁。

⑤ 《唐律疏議箋解》卷一六《擅興》私有禁兵器條，第 1218 頁。

⑥ 《唐六典》卷二三《將作監》，北京：中華書局，1992 年，第 595 頁。

⑦ 牛來穎：《天聖營繕令復原唐令研究》，《天一閣藏明鈔本天聖令校證（附唐令復原研究）》，第 663—664 頁。

⑧ 《新唐書》卷一五八《韋皋傳》，第 4936 頁。

⑨ 《唐大詔令集》卷一〇七《寬繕治器械功程詔》，北京：中華書局，2008 年，第 553 頁。

門貯藏各類兵器的場所叫武庫，如天寶十載（751 年），因火災而燒毀 47 萬件兵器的武庫，就是專指。説其是類稱，是指武庫多數情況下是指貯存武器的甲仗庫，其名稱因地而異，如在少府監就叫甲弩庫，在宫内叫弓箭庫，在地方諸州稱甲仗庫，在折衝府又叫府庫，行軍作戰還有"甲庫""軍資庫""軍帑"等稱法，不一而足。

不管是專稱，還是類稱，武庫是甲仗器械貯藏之所，屬於國之重地，也必然成爲律令之重地。既然是武庫，儲藏、積蓄、出納就是其重要職能。從儲藏方面看，唐律有《廐庫律》，涉及武庫防盜、防火、防腐朽等方面，所謂疏而不漏。而且唐《軍防令》也有"諸軍器在庫，皆造棚閣安置，色別異所，以時曝凉"之規定，不僅成爲唐朝武庫管理的準繩，也對當時日本法令有直接影響。實際上，唐代各地在執行此令時多有差異，有些地方將兵器"造棚閣安置"之令文變成建甲仗庫貯藏，如唐人姚汝能《安禄山事蹟》記："兵起之後，列郡開甲仗庫，器械朽壞，皆不可執，兵士皆持白棒。所謂天下雖安，忘戰必危。"[①]説明河北道、河南道州郡有甲仗庫。另外，從文獻中也可見劍南道、桂州、吉州、恩州、蔡州、鎮州等地也設甲仗庫，恐怕甲仗庫制度是各地通例。現藏於法國巴黎的一件敦煌文書，編號爲 P.3841v，係開元二十三年（735 年）沙州清點甲仗庫、正庫、州倉等形成的簿歷，真實反映了唐開元年間沙州（甘肅敦煌）甲仗庫分類儲藏甲、頭牟、槍、陌刀、弓、弩等兵器的事實[②]，應該是令文"色別異所"的地方施行現狀。

在大部分州郡把造棚閣變成甲仗庫的時候，有些地方還建成甲仗樓，如唐憲宗元和年間，安南都護張舟於大廳左右起甲仗樓 40 間，每月造成器械 8 千事，4 年收貯 40 萬事[③]。又如唐懿宗咸通中，浙江東道觀察使李縉也有"於甲仗庫創樓，名曰武威，刻石立文曰《序樓文》"[④]。還有被張籍《新起甲仗樓》詩所讚美之謝守甲仗樓："謝守起新樓，西臨城上頭；圖功百仗麗，藏器五兵修。結構榱甍固，虛明户檻幽；魚龍卷旗幟，霜雪積戈矛。暑雨熇蒸隔，凉風宴位留。"[⑤]此謝守爲誰？甲杖樓建在哪裏？都有待考證，但其甲杖樓是爲貯藏五兵而建則毫無疑問。而唐朝用甲仗樓貯藏兵器之法，更影響到五代時吳越錢氏"連樓複閣"之甲仗庫制度[⑥]，以及宋代各地之甲仗庫制度。

① （唐）姚汝能：《安禄山事蹟》卷中，天寶十四載十一月條，北京：中華書局，2006 年，第 95 頁。
② ［日］池田温：《中國古代籍帳研究：概觀録文》，東京：東京大學東洋文化研究所，1979 年，第 371 頁。
③ 《唐會要》卷七三《安南都護府》，第 1321 頁。
④ （宋）錢易：《南部新書》癸，北京：中華書局，2002 年，第 165 頁。
⑤ 《全唐詩》卷三八四，張籍《新城甲仗樓》，北京：中華書局，1960 年，第 4328 頁。
⑥ 賈志剛：《唐代軍費問題研究》，北京：中國社會科學出版社，2006 年，第 92 頁。

　　從積蓄兵器來看，唐令中也有專門規定，如北都軍器監掌繕造甲弩之屬，“辨其名物，審其制度，以時納於武庫”①，俗語有“千日養兵，用在一時”之説法，也適用於武庫之職能。牛來穎復原之唐《營繕令》有：“諸貯庫器仗，有生澀綻斷者，每年一度修理。若經出給破壞者，並隨事料理。諸鎧甲具裝，若有綻斷，應須修理、縫連者，各依本色，不得參雜。”②明確規定在庫之器仗要定時修理。武庫不僅將平時繕造之軍器積蓄起來，也要將丟棄散落之甲仗入庫，如唐律有“即得闌遺（禁兵器），過三十日不送官者，同私有法”。對此，《軍防令》的規定更細緻，“闌得甲仗，皆即輸官。不送輸者，從違令，笞五十。滿五日者，依《雜律》，各以亡失罪論”③。這條規定應是對私有禁兵器的補充，但客觀上也能增加武庫的積蓄。特別是前揭安南都護張舟之例，每月造成甲仗 8 千事，4 年積累 40 萬事，集腋成裘，成就了安南甲仗樓之威武。

　　從兵器之出納來看，武庫有系統的律令規定。出給兵器，唐律規定兵器出庫必須要有憑證，如果“諸戎仗非公文出給而輒出給者，主司徒二年，雖有符牒合給，未判而出給者杖一百”④。出給兵器既要有符牒，又要經主司官長判署。兵器交納，在完成任務後，需及時入庫，唐《雜律》又有事訖停留不輸者，每十日加罪一等之規定⑤。特別是兵器重新入庫時驗收更加嚴格，如唐律規定“若亡失及誤毀傷者”，准分爲罪，依令備償。“其經戰陣而損失者，不坐。儀仗各減二等”⑥。《軍防令》也有相似的規定：“凡從軍甲仗經戰失落者免徵，其損壞者官爲修理。不經戰損失者三分徵二，不因從軍而損失者，皆准損失處當時估價及新造式徵備。”律和令在法理上是一脉相承的，令文區分從軍之經戰陣和不經戰陣二種情況，更切合實際。但不管是律還是令一旦成文，就難免與現實產生滯後性，如何讓其與時俱進，唐人的解決辦法是援敕入令，如前述唐代律令中兵器入庫之文，未考慮到從行之例，到開元十八年（730 年），唐玄宗發敕：“衞内甲仗，經行從者，三年一換；不經行從者，四年一換；非理欠損者，勒陪（賠）。”⑦玄宗以敕令之形式對現存律令加以調整，也就成爲唐人解決滯後性的常行之法，故開元十八年之敕就是唐代武庫律令與時俱進的模式。

---

① 《唐六典》卷二二《少府監》，第 577 頁。
② 牛來穎：《天聖營繕令復原唐令研究》，《天一閣藏明鈔本天聖令校證（附唐令復原研究）》，第 666—667 頁。
③ 《唐律疏議箋解》卷一六《擅興律》，第 1218 頁。
④ 《唐律疏議箋解》卷一六《擅興律》非公文出給戎仗條，第 1204 頁。
⑤ 《唐律疏議箋解》卷二七《雜律》停留請受軍器條，第 1928 頁。
⑥ 《唐律疏議箋解》卷二七《雜律》停留請受軍器條，第 1929 頁。
⑦ 《唐會要》卷五九《尚書省諸司下》庫部員外郎條，第 1033 頁。

四、兵器使用管理與立法

武庫爲兵器而建，兵器爲作戰而用，不論是貯藏積蓄，還是保管出納，其立法都是爲了更高效的使用，讓兵器在戰場上淋漓盡致地發揮威力，同時也對對手形成震攝作用，達到不戰而屈人之兵。

唐代律令對兵器的使用尤爲關切，如兵器的領取須由主將負責，逐級發放，對於甲仗的種類、長短、輕重，"軍司並立爲文案"，如任務完成之後，交回時軍司要據案勘數。發到每位士兵手中後，其弓箭、器仗、衣資，"並令具題本軍營、州縣府衛及己姓名，仍令營官視檢押署，營司鈔取一本，立爲文案，如有破用，隊頭、火長須知用處，即鈔爲文記，五日一申報營司"①。甲仗逐級發放，又依次檢查，確保無機可乘。從無故丟失、毀棄，到作戰中毀損，再到從行損失都納入律令規定，在追責上也對應從課罪、徵賠，到官爲修理，直到免徵不罪，各得其所。這方面最典型的事例是朔方節度使王忠嗣，"每軍出，即各召本將付其兵器，令給士卒，雖一弓一箭，必書其名姓於上以記之，軍罷却納。若遺失，即驗其名罪之，故人人自勸，甲仗充牣矣"②。王忠嗣之所以號稱名將，治軍有方是師出多勝的前提，而兵仗使用得法無疑成就了其治軍有方的美名。

唐朝律令不僅在兵器領取上嚴格管理，在軍隊甲仗配置上也有規定，如按每隊 50人的標準，"六分支甲，八分支頭牟，四分支戟，一分支弩，一分支棒，三分支弓箭，一分支槍，一分支排，八分支佩刀"③。具體規定軍人與兵器的配備比例有助於指揮者的排兵布戰，但可能會遇到不切軍機之問題。法令要爲因地制宜、隨機應變留出空間，唐朝兵器使用之立法於此也有所預案。如唐人李筌《太白陰經》就對上引令文加以調整，他提出的配置方案是：甲六分，戰袍四分，槍十分，牛皮牌二分，弩二分（弦六分，副箭一百分），弓十分（弦三十分，副箭一百五十分），佩刀八分，陌刀二分，棒二分，搭索二分④。從武器發展、戰場形勢等方面看，與時俱進也是唐代律令的一個優勢，這當然得益於立法者見事於前的智慧，也與唐人靈活用法之開放性格有關，如西川節度使牛叢就在因地制宜方面取得成功。咸通中，南蠻入侵西川，節度

---

① （唐）杜佑：《通典》卷一四九《兵典二·雜教令》，北京：中華書局，1988年，第3821頁。
② 《舊唐書》卷一〇三《王忠嗣傳》，北京：中華書局，1975年，第3199頁。
③ 《通典》卷一四八《兵典一》，第3794頁。
④ （唐）李筌：《神機制敵太白陰經》卷四《戰具類》器械篇，石家莊：河北人民出版社，1991年，第49頁。

使牛叢以千人爲軍，十軍爲部，"凡部有强弩二百，鑄斧輔之。勁弓二百，越銀刀輔之。長戈二百，掇刀輔之。短矛二百，連錘輔之"[1]。突出各種甲仗的組合優勢，强調技擊和射擊相輔相成，橫擊與打擊相得益彰，巧擊和重擊相互配合，成功將入侵之南蠻嚇退，達到不戰而屈人之兵的最高境界。

五、武器甲仗社會管理

儘管唐代對武庫甲仗的立法極爲重視，但因武器所牽涉的社會層面極爲複雜，對其管理也就必然要涉及社會各領域。因爲唐朝處於多政權對峙、多民族並存的國際形勢中，武器管理法令不可避免地會觸及這些領域。同時，唐朝也面臨著藩鎮跋扈、邊防危機等問題，兵器立法以更有利於問題解決爲至高境界。

從解決邊防危機的角度看，兵器甲仗立法應防止"以甲資敵"式的武器走私，如唐律規定："越度緣邊關塞，將禁兵器私與化外人者，絞。"[2]不准以禁兵器出緣邊關塞，更禁止交易，甚至和兵器相關的采礦也受到限制，唐《關市令》特別規定了金鐵之物不得與諸蕃互市，不得將度西、北諸關，而《唐六典》記："其西邊、北邊諸州禁人無置鐵冶及采礦。"[3]因爲唐朝經常受到來自西、北兩面的軍事威脅，立法防止武器走私有利於降低邊防成本，但武器走私並未因此而退出邊境貿易之行列，如針對黨項以善馬購鎧，善羊貿弓矢的情況，唐政府三令五申，"禁商人不得以旗幟、甲胄、五兵入部落。告者，舉罪人則畀之"[4]。實際上，從唐德宗到唐宣宗多次下詔，一再申令，還是出現如銀州刺史田穢私造鎧甲，以易市邊馬、布帛的事情。此類既有官員將吏又有商人參加的兵器走私行爲，既是對律令的破壞，也是督促唐朝不斷修正律令的内在動力。

從制約藩鎮坐大方面看，甲仗管理法既適應唐朝兩稅三分的財稅新變化，又滲透著中央制衡藩鎮的政治新思維。唐前期甲仗由中央政府統籌管理，"安史之亂"中，唐玄宗詔令應須兵馬、甲仗、器械、糧賜等，並於本路自供，從此，甲仗庫的管理歸屬藩鎮。甲仗管理變化與唐朝借助藩鎮平叛、治理地方之形勢密不可分，但藩鎮坐大客觀上對唐朝統治構成了威脅，反映在武器管理方面有多種表現，如甲仗製造劃歸藩

---

①　《新唐書》卷二二二《南蠻中》，北京：中華書局，1975 年，第 6289 頁。

②　《唐律疏議箋解》卷八《衛禁律》越度緣邊關塞條，第 670 頁。

③　《唐六典》卷二二《少府監》，第 577 頁。

④　《新唐書》卷二二一《西域傳上》，第 6217 頁。

鎮，各地出現了諸如某道軍器使、器仗將、錦坊使、作坊等名稱，唐政府成功地把繕造軍資器仗的經濟負擔轉移給藩鎮，也給予了藩鎮充分發揮就地取材和順勢而爲的機會，甲仗不但没有出現滑坡，反而多見精工細造之記載，如河東道節度使馬燧造甲分成長短三等，引進量體裁衣之觀念；西川節度使李德裕精選良匠製造兵甲；昭義節度使李抱真繕甲淬兵，昭義步兵冠於諸軍；鎮國軍李元諒就地取材據守潼關等事例，不勝枚舉。

唐政府對諸道兵器甲仗行施調配權和指揮權，這種局面恰與唐朝制衡藩鎮的策略相配套。中唐以後，唐朝推出了食出界糧制度，藩鎮兵應皇帝之命出界作戰，兵器自備，由度支負責出界軍費。如果未出界或駐防本道，則本道自供。形成了在兵器上各道自備，在軍費上禁軍和邊軍出自上供，藩鎮軍費來自留使，州兵費用依靠留州的多級供給制格局。兵器管理變化既與軍費供給制度變化相關聯，也與賦税制度變化相適應，唐朝兩税法下財税三分制爲：“天下之財，限爲三分，一曰上供，二曰留使，三曰留州，皆量出以爲入，定額以給資。”①專財專用之原則要求兵器當道自備，所以兵器自備成爲維持軍費多級供給體制的重要一環。事實上，唐政府並未放棄對諸藩鎮兵器的管理，起初多設置支度使，“凡天下邊軍，有支度使，以計軍資糧仗之用”②。欲借此職行施其對兵器的指揮權，但支度使後來經常由節度使兼任，不能爲唐廷制衡藩鎮服務，故唐朝又努力扮演調配者的角色，如多次接受藩鎮以甲仗、馬匹、器械的貢獻，再轉賜給急需之藩鎮，接受兵器貢獻傳遞信任，賜予兵器更體現籠絡。再有，唐政府也多次敕令雄藩大鎮將兵器支援邊鎮、弱鎮，實現兵器上以富濟貧，進而達到以藩禦藩。

綜上所述，唐朝兵器管理與立法自成體系，主要表現是將兵器製造、貯藏、使用及其社會性納入律令體系，進行規範性的管理。同時，唐朝兵器管理與立法在某些方面形成特色，如兵器立法上所遵循的無器而安、分類而藏、因地制宜、與時俱進、服務現實等原則，帶有一定的時代性，爲探索古代型兵器管理提供了一種唐代模式，值得充分關注。

---

① （唐）元稹：《元稹集》卷三四《錢貨議狀》，北京：中華書局，1982 年，第 396 頁。
② 《舊唐書》卷四三《職官志二》，第 1827 頁。

唐代在室女的家庭教育及其影響

——以唐代士族階層墓誌爲中心*

胡　娜　焦　傑

　　唐代社會文化發達，社會開放，受胡風影響女子的地位較高，那時女子無才便是德的思想還没有出現，受秦漢以來欣賞婦女才學遺風的影響，唐代以詩禮傳家的士族階層非常重視對女兒的教育。教育內容除傳統的"德、言、容、工"外，也包括琴棋書畫和經史詩禮，希望她們婚後不辱家門，做一個賢妻良母，相夫教子，夫貴妻榮。在當時，類似後世的"女學""女塾"等公共教育場所尚未形成，"民間無論貴族仕宦還是庶民百姓人家，婦女教育基本上都是通過家庭教育形式實施的"[1]。關於唐代士族之家的女子教育，《唐代士大夫之家在室女的家庭地位——以唐代在室女墓誌爲中心》[《華南師範大學學報》（社會科學版）2012 年第 6 期]一文進行了初步的探討，但不夠全面系統，本文即以唐代士族階層的墓誌爲核心，從唐代士族之家在室女的受教年齡、教育內容、教育課本、承教方式，以及家庭教育對在室女的影響等方面作進一步的分析和研究。

一、在室女接受教育的年齡及教育內容

　　唐代女子平均出嫁年齡是十五六歲[2]，所以士族之家的女兒在室的時間非常短

　　作者簡介：胡娜，女，陝西師範大學歷史文化學院專門史 2015 屆碩士畢業生，現爲河北定州中學教師；焦傑，女，陝西師範大學歷史文化學院教授。

　　* 基金項目：2012 年國家社科基金一般項目"唐代墓誌中女性資料的整理與研究"（項目批准號：12BZS029）階段性成果。

　　① 高世瑜：《唐代的婦女教育與道德觀》，《浙江學刊》2010 年第 3 期，第 45 頁。

　　② 關於唐代女子婚嫁年齡學術界多有研究，主要參見李志生：《唐人婚齡探析》，《北大史學》2001 年第 8 輯，第 15—28 頁；張國剛、蔣愛花：《唐代男女婚嫁年齡考略》，《中國史研究》2004 年第 2 期，第 65—75 頁；姚平：《唐代婦女的生命歷程》，上海：上海古籍出版社，2004 年，第 10 頁。

暫。按照《禮記·內則》所載"女子十年不出，姆教婉娩聽從"①，她們至遲到十歲起就要接受教育了。但從唐代的墓誌來看，在室女接受教育的時間要早得多，一般從六七歲時開始。比如太子詹事劉府君的夫人范陽郡夫人盧氏，"七歲讀《女誡》《女儀》，一覽便誦"②。睿宗皇帝的王賢妃，"幼而聰明，長而仁柔。六歲能誦詩，十二通《女則》"③。特別聰明的三四歲也有，如河南元氏夫人，"有小女年始五歲，以其惠淑，偏所恩愛，嘗手教書劄，口授《千文》"④。朗州員外司户薛巽的夫人崔氏是中晚唐名家柳宗元的外甥女，"三歲知讓，五歲知戒，七歲能女事"⑤。儘管班昭在《女誡》强調婦德不必才明絶異，婦言不必便口利辭，婦容不必顏色美麗，婦功不必功巧過人，但唐代士族之家還是非常重視對女兒的教育，希望她們在各方面都非常出色。教育內容大體有婦德女工、經史書畫和音律絲竹三種。

婦德和女工是傳統社會對婦女的基本要求，詩詞歌賦可以不會，音律絲竹不會也無妨，但一個女人若是沒有婦德可表，沒有女工可稱，不但她不能被稱之爲好女人，連帶她的父母也會蒙羞。所以，在唐代墓誌中可以看到，婦德和女工是家人爲室女撰寫墓誌時最爲津津樂道的內容，得意之情溢於言表。比如范陽盧鄯的幼女姚婆"年八歲，生而穎悟，髫而秀妙。纔能言而知孝道，纔能行而服規繩，纔能誦而諷女儀，纔能持而秉針組，動有理致，婉而聽順，衣服飲食，生知禮讓，先意承志，不學而能。常期長成，必有操行，芳譽流於親戚之間"⑥。滎陽鄭氏之女"幼和孝睦，有婉娩之姿，夙著成人之量，始免於懷，倉曹矜念過於常等，七歲學織紝，八歲誦詩禮，至於女工女儀之事，悉具備焉，出於隴西李氏"⑦。唐州楊使君第四女"始自齠齔，聰惠特異，凡女工之所尚，刀尺之所制，一經於目，必記於心"⑧。饒州鄱陽縣尉李公的女兒"自强女事，實近生知，體於中和，稟於上善，天假淑慎，學成婉娩。由詩禮後動，惟組紃是工，閨門之中，

---

① （漢）鄭玄注，（唐）孔穎達疏：《禮記正義》卷二八《內則》，中華書局影印阮元十三經注疏本，北京：中華書局，1980 年，第 1471 頁中。

② 毛陽光、余扶危主編：《洛陽流散唐代墓誌彙編》之《唐故太子詹事劉府君故夫人范陽郡夫人盧氏墓誌銘》，北京：國家圖書館出版社，2013 年，第 281 頁。

③ 周紹良、趙超主編：《唐代墓誌彙編續集》天寶 026《大唐睿宗大聖真皇帝賢妃王氏墓誌銘並序》，上海：上海古籍出版社，2001 年，第 599 頁。

④ 趙力光主編：《西安碑林博物館新藏墓誌續編》之《故夫人河南元氏墓誌銘》，西安：陝西師範大學出版社，2014 年，第 385 頁。

⑤ 周紹良、趙超主編：《唐代墓誌彙編續集》元和 075《唐朗州員外司户薛君妻崔氏墓誌》，上海：上海古籍出版社，2001 年，第 853 頁。

⑥ 周紹良主編：《唐代墓誌彙編》大中 077，上海：上海古籍出版社，1992 年，第 2307 頁。

⑦ 趙君平、趙文成編：《河洛墓刻拾零》之《唐故滎陽鄭氏女墓誌》，北京：北京圖書館出版社，2007 年，第 509 頁。

⑧ 周紹良主編：《唐代墓誌彙編》《唐唐州楊使君第四女墓誌銘並序》咸通 090《唐唐州楊使君第四女墓誌銘並序》，上海：上海古籍出版社，1992 年，第 2449 頁。

克擅嘉稱"①。京兆府武功縣令劉洪長女真儀"幼而聰利，樂於貞獨，籩豆俎醢之禮、織紝組紃之事，皆生而□之"②。在他們的描述中，在室女們不但知禮習儀，舉止得中，而且心靈手巧，紡繡縫紉，無所不能，大有無師自通、天生自成的架式。

除了婦德女工外，唐代士族家庭非常重視女兒的文化教育，而這又是他們"以詩禮傳家"的特長。近水樓臺先得月，唐代士族之家的在室女們不但有機會讀書習字，學習經史書畫，而且學得非常好，不少女孩子甚至超過她的兄弟。扶風馬氏從東漢馬融以來便是世家大儒，家中女兒多受薰陶，前文的姚氏（馬氏夫人）讀書內容很廣，而且天賦聰明，"讀論語詩禮浮圖老子書，博觀史傳，皆略通大指。又雜諷諸詩書數百篇。學柳氏書，筆力遒勁。韶齔中，聞人讀陳思王公宴詩，詩叙夜景云：好鳥鳴高枝。發難曰：夜中鳥鳴，詎是善句。聞者驚服其天然慧悟如此"③。裴玩是中唐名相裴度的長女，從小就喜歡讀書，聰穎超過兄弟，"凡子、經、集與文章之選中者，一覽必記，宴居暇日，諸兄內集、則先頌焉。每討論文義，辯難烽起，理若屈者，輒爲其疵評，數折諸兄，往往噴不敢對，雖王氏婦之解圍，不足方也"④。有的室女不但喜讀書，還寫得一手好字，隴西李氏女十七娘處室時"尤好文籍，善筆劄。兄弟讀詩書，一關聽聞，莫不記覽。當代篇什，名人詞藻，皆能手寫"⑤。至於墓誌中描寫在室女"勤於隸學""頗屬文藻，尤工篆隸""學柳氏書，筆力遒勁"也有很多處。

唐代文化包容開放，中外文化交流非常發達，中原傳統清商樂與外來的胡樂碰撞交集，促使了中原地區民衆對音樂的愛好⑥。琴棋書畫本是中土士子的傳統技藝，出身書香門第家庭的女子也有機會掌握這些雅好。唐代的士族人家不但不排斥女兒學習絲竹音律，而且視在這方面有天分的女兒爲極大的榮耀，在誌文中津津樂道地加以誇耀。裴實之女霓卿在幼年表現出很高的音樂天分，"年七歲，言咬啞則知音律，學五弦，甫十歲，更二博士，其聲調繁巧，皆曲盡其妙，故師氏不敢以凡弟子等之"⑦，

① 周紹良主編：《唐代墓誌彙編》天寶 010《唐故饒州鄱陽縣尉李公之女墓誌銘並序》，上海：上海古籍出版社，1992 年，第 1537 頁。

② 胡戟、榮新江主編：《大唐西市博物館藏墓誌》之《唐京兆府武功縣令劉洪長女真儀之墓碣》，北京：北京大學出版社，2012 年，第 977 頁。

③ 喬棟、李獻奇、史家珍編著：《洛陽新獲墓誌續編》之《唐姚氏故夫人扶風馬氏墓誌銘並序》，北京：科學出版社，2008 年，第 499 頁。

④ 趙君平：《唐〈裴玩墓誌〉考釋》，《河洛春秋》1991 年第 3 期，第 27 頁。

⑤ 周紹良、趙超主編：《唐代墓誌彙編續集》大中 061《唐故隴西李氏女十七娘墓誌銘並序》，上海：上海古籍出版社，2001 年，第 1013 頁。

⑥ 焦傑：《唐代姬妾蓄養及其社會地位》，《陝西師範大學學報》（哲學社會科學版）1996 年第 2 期。

⑦ 趙力光主編：《西安碑林博物館新藏墓誌續編》之《唐度支解縣會商場官裴實女霓卿墓誌銘》，西安：陝西師範大學出版社，2014 年，第 634 頁。

小小年紀就换了兩個太學博士教她，她的音樂造旨連老師都不敢小覷。吳興姚氏在琴藝方面的天賦也很高，在室爲女時"芳姿婉麗，秀質穠華，稟内則之令儀，蘊閨門之雅操。尤善琴瑟，其道幽深，造五音之微，窮六律之要，得在纖指，悟於寸心，生而知之，非其學也"①。很多女孩子在學習婦德女工之余，把音律絲竹作爲陶冶性情的一種娱樂手段。中晚唐名家柳宗元的外甥女崔蹈規，嫁與河東薛巽爲妻，她"三歲知讓，五歲知戒，七歲能女事。善筆劄，讀書通古今；其暇則鳴絲桐，諷詩騷以爲娱"②。

當然，畢竟女兒將來要出嫁從夫，主要責任是主中饋、相夫教子，所以儘管唐代在室女家庭教育的内容很多，除婦德女工外，讀書識字、音律絲竹等屬於男子的學問也會接觸，而且有不少在室女學得非常好，但根據墓誌的記載來看，婦德女工相對較多，也最爲普遍，讀書識字爲其次，音律絲竹相對較少。

二、在室女家庭教育的範本

自班昭以後，歷代女教著述頻出，到了有唐一代，女教著作蔚然可觀。據《新唐書·藝文志》載，"凡女訓十七家，二十四部，三百八十三卷"，包括前人劉向《列女傳》十五卷，皇甫謐《列女傳》六卷，綦毋邃《列女傳》七卷，劉熙《列女傳》八卷，趙母《列女傳》七卷，項宗《列女後傳》十卷，曹植《列女傳頌》一卷，孫夫人《列女傳序贊》一卷，杜預《列女傳》十卷，虞通之《后妃記》四卷又《妒記》二卷，諸葛亮《貞潔記》一卷，曹大家《女誡》一卷，辛德源、王劭等《内訓》二十卷，徐湛之《婦人訓解集》十卷，《女訓集》六卷。唐人長孫皇后《女則要録》十卷，魏徵《列女傳略》七卷，武后《列女傳》一百卷又《孝女傳》二十卷、《古今内範》一百卷、《内範要略》十卷、《保傅乳母傳》七卷、《鳳樓新誡》二十卷，王方慶《王氏女記》十卷又《王氏王嬪傳》五卷、《續妒記》五卷，尚宮宋氏《女論語》十篇，薛蒙妻韋氏《續曹大家女訓》十二章，王摶妻楊氏《女誡》一卷。"③

墓誌資料顯示，東漢班昭的《女誡》和晉人張華的《女史箴》是唐代士族之家在室女家庭教育中最受推崇的教育範本，相關的記載隨處可見，很多墓誌往往將兩書相

① 周紹良主編：《唐代墓誌彙編》貞元 018《唐故游擊將軍行蜀州金堤府左果毅都尉張府君夫人吳興姚氏墓誌銘並序》，上海：上海古籍出版社，1992 年，第 1849 頁。

② 周紹良、趙超主編：《唐代墓誌彙編續集》元和 075《唐朗州員外司户薛君妻崔氏墓誌》，上海：上海古籍出版社，2001 年，第 853 頁。

③ 《新唐書》卷五八《藝文志》，北京：中華書局，1975 年，第 1486—1487 頁。

提並論。果州相如縣尉李公的夫人何氏幼年時，“才如天縱，《女箴》《女誡》，七歲即曉深文”①。曹州刺史韋府君的夫人晋原郡君王氏處室時，“曹大家之《女訓》，率由道合；張司空之《史箴》，自然性與”②。司徒公並州都督鄂國公夫人蘇氏，“未笄之歲，游心典則，固留連於曹戒，每反覆於張箴”③。清河郡開國公楊公夫人李氏從小在家也是“覽典訓於母師，研精曹誡，挹義方於女史，覃思張箴”④。至於習《女誡》的記載就多不勝數了。

其次，受推崇的是記載典範女性事迹的傳記，如《列女傳》《女史箴》《女史箴圖》等帶圖之類的女訓著作，相關的表述在墓誌中也很多。田氏夫人自幼在家時“幽閒婉順，志閱女史之圖；閫德淹和，深崇傅母之教。端莊淑慎，令則有儀，爰自待年，言歸柳氏”⑤。詹事府司直孫公夫人隴西李氏自幼在家蒙學，“悦懌圖史，優游組紃，多稟生知，罕從師授”⑥。朝請郎行太子舍人翟府君的夫人纔六七歲時就懂得孝順父母，禮讓家人，愛睦兄弟，她平時“曹氏誡成習在心，《列女傳》未嘗廢手”⑦。右衛率府胄曹參軍裴府君的夫人元氏從小在家就勤學女工，“助奠之際，秉其敬心，待姆而動，舉不逾閾。賞亦閱圖史修組紃”⑧。右庶子韋公夫人鄭氏出自滎陽，其做室女時也是“誦女史，服姆教，修德容功言，箴管綫纊，而咸備有故”⑨。凡此種種，不一而足。

再次，唐代在室女經常學習的女訓著作還有《女儀》和《女則》等。相關的記載有“幼習《女儀》，長有令譽，初笄之歲，匹於陸君”⑩的盧江郡何夫人；“既習《女

①　西安市長安博物館編：《長安新出墓誌》之《大唐前果州相如縣尉趙郡李公故夫人何氏墓誌銘並序》，北京：文物出版社，2011年，第169頁。

②　西安市長安博物館編：《長安新出墓誌》之《大唐故曹州□史韋府君夫人晋原郡君王氏墓誌銘並序》，北京：文物出版社，2011年，第117頁。

③　周紹良主編：《唐代墓誌彙編》顯慶096《大唐故司徒公並州都督上柱國鄂國公夫人蘇氏墓誌銘並序》，上海：上海古籍出版社，1992年，第288頁。

④　胡戟、榮新江主編：《大唐西市博物館藏墓誌》之《大唐尚乘直長上柱國清河郡開國公楊公夫人故李氏墓誌銘並序》，北京：北京大學出版社，2012年，第147頁。

⑤　楊作龍、趙水森：《洛陽新出土墓誌釋録》之《大唐故田夫人墓誌並序》，北京：北京圖書館出版社，2004年，第213頁。

⑥　周紹良主編：《唐代墓誌彙編》貞元022《大唐故詹事府司直孫公夫人隴西李氏墓誌銘並序》，上海：上海古籍出版社，1992年，第1853頁。

⑦　周紹良主編：《唐代墓誌彙編》大中039《唐故朝請郎行太子舍人汝南郡翟府君夫人墓誌》，上海：上海古籍出版社，1992年，第2278頁。

⑧　周紹良、趙超主編：《唐代墓誌彙編續集》貞元049《唐故右衛率府胄曹參軍裴府君夫人河南元氏墓誌銘並序》，上海：上海古籍出版社，2001年，第769頁。

⑨　西安市長安博物館編：《長安新出土墓誌》之《唐右庶子韋公夫人故滎陽縣君鄭氏墓誌銘並序》，北京：文物出版社，2011年，第223頁。

⑩　周紹良主編：《唐代墓誌彙編》會昌044《唐故陸氏盧江郡何夫人墓誌銘並序》，上海：上海古籍出版社，1992年，第2243頁。

儀》，又彰婦道，實資内訓，得如是焉"①的唐州長史兼監察御史彭城劉公之長女；
"貞範天生，柔容玉立。有師氏之訓，正女則之儀"②的左豹韜衛兵曹參軍柳府君夫
人長孫氏。墓誌中記載的《女儀》既有可能是後魏崔浩所撰的《女儀》，也有可能是唐
朝貞元年間元沛妻、劉全白妹劉氏所撰的《女儀》③。而《女則》可能是指初唐長孫
皇后親自撰寫的《女則》，也可能是唐人對女訓教書的一種統稱。比如使持節泉州諸軍
事泉州刺史薛府君的夫人張氏曾"誡諸孫曰：《女儀》、《女誡》及《列女傳》，雖不可
不讀，要於時事未周。吾別令於《曲禮》中撰出數篇，目爲《女則》，其於言行，靡有
不舉，汝等若能行之，子婦之道備矣！"④

　　除了專爲婦女寫定的女訓著作外，唐代士族之家也喜歡選取經學著作中的一些篇
章對在室女進行教育，這些篇章大多與女子教育有關，主要有《詩經》中的《關雎》
《葛覃》《采蘋》《螽斯》等，《禮記》中的《內則》《曲禮》《婚義》等。永寧縣尉博陵
崔佚的妻子王氏出自太原著姓，從小稟承良好的教育，在室未嫁時"其習也，禮專內
則，詩美《螽斯》，玉徽有鸞鶴之音，金縷盡組紃之妙"⑤。左驍衛將軍獨孤公的夫人
出自清河張氏，家教良好，其"生則惠和，長而淑慎，婉娩之教，修法度於《采蘋》；
窈窕之姿，照容華於穠李"⑥。魯郡夫人河南長孫氏"誕自清貴，生知淑哲"，因而
德才兼備，在及笄嫁與趙公之前，所學甚多，"組紃琴瑟之工藝，國史縑緗之詁訓。
《螽斯》蘋藻之德禮，珩璜黼黻之容範。莫不目閱心得，洞如懸解"⑦。裴氏出自河東
著姓，處室時"坤著柔容之德。祇恭傅姆，學禮公宮，專有事於《葛覃》，奠無歸於蘋
藻，黃鳥鳴於權木，淑譽早聞，綵鳳昌於緜詞，言歸李氏"⑧。

① 周紹良主編：《唐代墓誌彙編》元和 074《唐朝請大夫唐州長史兼監察御史彭城劉公故夫人崔氏墓誌銘並序》，
上海：上海古籍出版社，1992 年，第 1999 頁。
② 胡戟、榮新江主編：《大唐西市博物館藏墓誌》之《唐故左豹韜衛兵曹參軍柳府君夫人長孫氏墓誌銘並序》，北
京：北京大學出版社，2012 年，第 475 頁。
③ 關於北魏崔浩所撰《女儀》據朱延祖在《北魏佚書考》中考證："此書《魏書》本傳未載，各史志亦未著錄。
佚文見錄於《初學記》、《白帖》、《歲華紀麗》、《太平御覽》、《賓退錄》諸書者，文字略同。"鄭州：中州古籍出版社，
1985 年，第 72~73 頁。元沛妻、劉全白妹劉氏撰《女儀》的考證參見胡文楷、張宏生合著《歷代婦女著作考（增訂
本）》，上海：上海古籍出版社，2008 年，第 32 頁。
④ 毛陽光、余扶危主編：《洛陽流散唐代墓誌彙編》之《唐故使持節泉州諸軍事泉州刺史上柱國河東薛府君夫人張
氏墓誌銘並序》，北京：國家圖書館出版社，2013 年，第 101 頁。
⑤ 中國社會科學院考古研究所編：《偃師杏園唐墓》之《有唐永寧縣尉博陵崔佚妻太原王氏墓誌銘並序》，北京：
科學出版社，2001 年，第 296 頁。
⑥ 周紹良、趙超主編：《唐代墓誌彙編續集》天寶 058《唐故左驍衛將軍兼羽林將軍獨孤公夫人清河張氏墓誌銘並
序》，上海：上海古籍出版社，2001 年，第 623 頁。
⑦ 趙力光主編：《西安碑林博物館新藏墓誌續編》之《大唐故魯郡夫人河南長孫氏墓誌銘並序》，西安：陝西師範
大學出版社，2014 年，第 409 頁。
⑧ 周紹良主編：《唐代墓誌彙編》太極 001《唐故李夫人裴氏墓誌並序》，上海：上海古籍出版社，1992 年，第
1136 頁。

　　《禮記·內則》記載的是先秦時貴族婦女的家庭生活，主要包括如何侍奉父母舅姑、如何與丈夫相處和主內務掌炊飲之事，作爲經典，一直與漢以來的女訓著作並傳，在唐代家庭教育中起著重要的作用。涇縣尉杜府君的夫人孫氏幼而純孝，"四年彰其孝行，七歲觀其聰穎，《內則》既閑，婦工咸備，年十有七，歸於杜氏"①，賈氏的母親知書達禮，對女兒教育很嚴，賈氏自幼"聰悟明敏，氣態閑和，女弟數人，倬出群表。讀《內則》之記，有肅昏昕；誦《采蘋》之詩，能修法度，此蓋先太夫人之遺訓"②。出身山東著姓的滎陽鄭夫人稟承詩禮之家的傳統，"柔和智識，聰慧莊敬。《內則》之訓，行而闇合；東館之史，聞而輒誦"③。很多父母甚至爲女兒起名"內則"，希望她們能夠成長爲言行符合《內則》規範的好女人。

　　先秦時代沒有專門的婦女教育文本，除了《內則》是講婦女生活規範的外，《儀禮·士婚禮》和《禮記·婚義》也有所涉及，主要是通過各種象徵的儀式對婦女進行婚姻意義的規訓，比如男主內女主外、男主女從、夫妻同體共榮辱、婚姻守貞等，其中最重要的是教於公宮三月的內容。在先秦時代，姬姓的貴族小姐及笄訂婚後要到公室裏接受爲期三個月的教育，培養其德、言、容、工的美德，然後成其"婦順"，嫁入夫家④。戰國秦漢以後，教於公宮三月禮早就不復存在了，但《儀禮·士婚禮》和《禮記·婚義》裏針對婦女的教育內容却被保留下來，在唐代仍然是教育女子的範本。唐代墓誌中常見教於公宮或學於公宮的描述，李公的崔夫人是清河著姓出身，誌文載其"稟柔成性，蘊粹含章，承禮訓於公宮，習威儀於壼則"⑤。黃州刺史高府君的妻子李氏出自隴西郡，在家時"肅恭敬慎之儀，更受公宮之訓，言容婦則之範，復聞師氏之規"⑥。這裏所謂的公宮實際上指的就是《儀禮·士婚禮》和《禮記·婚義》的文本所表達的象徵意義。

　　此外，《論語》和《孝經》也是唐代士族之家在對女兒進行家庭教育中選用的教本。河中觀察支使試秘書省校書郎孫揆的小妹，"弱而敏悟，通何論、毛鄭詩；諸箴

　　① 周紹良主編：《唐代墓誌彙編》長安 059《大周宣州涇縣尉杜府君故夫人孫氏墓誌銘並序》，第 1032 頁。
　　② 周紹良主編：《唐代墓誌彙編》開元 326《大唐懷州司户參軍陳氏故賈夫人墓誌並序》，第 1382 頁。
　　③ 吴鋼主編：《全唐文補遺·千唐志齋新藏專輯千》之《唐故滎陽鄭夫人墓誌銘並序》，西安，三秦出版社，2006年，第 253 頁。
　　④ 焦傑：《附遠厚別 強調成婦 防止亂族——〈儀禮·士婚禮〉與先秦社會婚姻觀念》，《陝西師範大學學報》（哲學社會科學版）2010 年第 4 期。
　　⑤ 周紹良主編：《唐代墓誌彙編》天寶 152《唐故李公崔夫人墓誌》，上海：上海古籍出版社，1992 年，第1638 頁。
　　⑥ 毛陽光、余扶危主編：《洛陽流散唐代墓誌彙編》之《大唐故黃州刺史高府君妻隴郡夫人李氏墓誌銘並序》，北京：國家圖書館出版社，2013 年，第 231 頁。

史賦詠，未嘗輟誦於□"①。清河著姓崔氏"夫人未齓，因心之感，聞於六姻。十歲通何論古詩，工爲裁製之事"②。范陽郡夫人盧氏"九歲授《論語》《孝經》，兼及詩禮，暫經於目，必記於心"③。

不論是女訓著作，還是詩禮中的篇章，所有的内容都與"婦禮"有關，都在向在室女傳達"循禮修德"的主題。在室女們從幼年起就熟讀這些東西，再加上典範女性人物事迹生動形象的示範，隨著心智漸開，自然而然便産生認同感，成年以後便有希望達到父母對她們的理想品行和角色的期許，也就是説成爲賢妻良母，勝任相夫教子的工作。出身於趙郡李氏的中唐文學家李華在《與外孫崔氏二孩書》寫道："婦人亦要讀書文字，知古今情狀，事父母姑舅，然可無咎……《詩》、《禮》、《論語》、《孝經》，此最爲要也。"④毛漢光指出："無論是生而具有，或後天養成；無論是潛移默化，或是出於教育；在室女最被重視的是德，德之項目常被提及者有：禮、孝、仁、愛、誠、敬、莊、慎、婉、穆、淑、和等。在室女時段是生活品德養成階段，其終極目的是'夙著内則，方勤中饋'。"⑤

三、在室女家庭教育的方式

據墓誌文"師氏曰試不踰閑，父義曰動而習禮，母訓曰行成於内，及笄而三者備矣"⑥的描述，在唐代在室女的成長過程中，女師（保姆）、父親、母親都是對在室女進行教育的人選。

（一）女師傅姆之教

女師是先秦時期貴族女子的家庭教師，通常由年齡稍大的婦女擔任，因爲分工不同而有姆、師、傅等不同的稱呼。姆照顧女孩子的日常生活起居，師負責教導禮儀規範，傅擔任女工等技藝指導。雖然分工不同，但都參預女子的教育，當女兒出嫁時，

---

① 周紹良、趙超主編：《唐代墓誌彙編續集》乾符 029《大唐河中觀察支使試秘書省校書郎孫揆季妹墓誌銘》，上海：上海古籍出版社，2001 年，第 1139 頁。

② 周紹良主編：《唐代墓誌彙編》開成 013《唐故崔夫人墓誌》，上海：上海古籍出版社，1992 年，第 2176 頁。

③ 毛陽光、余扶危主編：《洛陽流散唐代墓誌彙編》之《唐故太子詹事劉府君故夫人范陽郡夫人盧氏墓誌銘》，北京：國家圖書館出版社，2013 年，第 281 頁。

④ （宋）姚鉉編，（清）許增校：《唐文粹》卷九〇《與外孫崔氏二孩書》，杭州：浙江人民出版社，1986 年。

⑤ 毛漢光：《唐代婦女家庭角色的幾個重要時段——以墓誌銘爲例》，載鮑家麟編：《中國婦女史論集》第 4 集，臺北：稻香出版社，2005 年，第 145 頁。

⑥ 周紹良主編：《唐代墓誌彙編》聖武 011《大燕贈右贊大夫段公夫人河内郡君温城常氏墓誌銘並序》，上海：上海古籍出版社，1992 年，第 1729 頁。

她們也都會以陪嫁的身份到女子的夫家去①。秦漢以後，女師制度消亡，上層社會女子的教育除父母之外，主要由保姆負責，講究點的家庭也會配備兩三個年長的婦女承擔女兒的教育看護工作。從唐代的墓誌記載來看，唐代很多的士族家庭也沿襲了這種教女制度，女孩子從小就有傅師姆的陪伴和教育。范陽盧氏之女盧静自幼"承母訓於蘭閨，重傅尊師，婉娩十□之教，明詩習禮，遵修四行之規"②。刑部郎中劍南東川租庸使何公的妻子李氏，"爰自歧嶷，言從保傅，不異觀，不游辭，年既及笄，善以禮舉，儀乎婉娩，色必莊正"③。出身於趙郡的李氏夫人在娘家時，"志在幽閑之致，尊敬保傅，情專煩辱之勤"④。河南的元氏夫人爲室女時，"明敏内瑩，妍韶外積，助奠之際，秉其敬心，待姆而動，舉不逾閾"⑤。唐代士族家庭中姆、師、傅承擔了在室女詩書、婦德禮儀與女工等方面的教育工作。

　　雖然唐代社會的士族門閥之家清名很高，但政治經濟實力大不如昔，除了仕途顯達的家庭之外，很多士族都已没落，因而絕大多數家庭不可能配備多名的師保傅，條件稍好的家庭會給女兒配備合適的保姆或乳母而已，因此墓誌中的保傅師之教大多是套語，並不一定是真的施行。杭州紫溪縣令博陵崔府君的夫人河東裴氏是位大家閨秀，"性兼柔惠，識洞詩書。皇鳥嗜嗜而有聞，夭桃子灼灼而自茂。借如師保之訓，生而自知，組紃之功，學而逾博。故不能徧舉也"⑥。出身於關中弘農的楊氏夫人家教也很好，墓誌載其"婉嫷其儀，淑慎其行。十年不出，承訓女師，四德聿修，作嬪君子"⑦。就連非名家大族出身的濮陽吳氏也是"少慧長淑，率性天與，詩書纂組，一不待姆師之訓，懸然自通"⑧。顯然，大多數情況下，保傅師衹是雅致的稱呼罷了。

---

① 焦傑：《先秦女師概述》，《史學月刊》1996 年第 1 期，第 116—117 頁。

② 周紹良主編：《唐代墓誌彙編》長安 043《大唐故蒲州猗氏縣令□府君墓誌銘》，上海：上海古籍出版社，1992年，第 1021 頁。

③ 胡戟、榮新江主編：《大唐西市博物館藏墓誌》之《唐故刑部郎中劍南東川租庸使廬江何公妻隴西李氏夫人墓誌銘並序》，北京：北京大學出版社，2012 年，第 703 頁。

④ 周紹良主編：《唐代墓誌彙編》神龍 046《大唐太原王君故夫人趙郡李氏墓誌銘並序》，上海：上海古籍出版社，1992 年，第 1073 頁。

⑤ 周紹良、趙超主編：《唐代墓誌彙編續集》貞元 049《唐故右衛率府冑曹參軍裴府君夫人河南元氏墓誌銘並序》，上海：上海古籍出版社，2001 年，第 769 頁。

⑥ 胡戟、榮新江主編：《大唐西市博物館藏墓誌》之《唐故朝請郎行杭州紫溪縣令博陵崔府君夫人河東裴氏墓誌》，北京：北京大學出版社，2012 年，第 523 頁。

⑦ 吳鋼主編：《全唐文補遺・千唐志齋新藏專輯》之《唐故冀州刺史姚府君夫人弘農郡楊氏墓誌銘並序》，西安：三秦出版社，2006 年，第 167 頁。

⑧ 周紹良主編：《唐代墓誌彙編》開成 004《唐陝虢都防禦押衙朝議郎試撫州司馬上柱國馮夫人吳氏陰堂志》，上海：上海古籍出版社，1992 年，第 2171 頁。

（二）父母尊長之教

相較傅姆師之教的不普及，唐代士族之家的在室女教育，更多是由在室女的母親、祖母、姑姊等女性長輩來承擔的。其中母親是最主要的教育者。唐代反映母親教育女兒的墓誌大體有兩種措辭和口氣，一是從母親的角度叙述她如何在日常生活中對女兒發生影響，二是從女兒的角度回憶母親如何對自己敦敦教誨，這兩種角度都生動地再現了唐代士族之家庭母親教育女兒的場景。母親對女兒的教育主要是通過日常生活的言傳身教，從而達到潛移默化的效果。右金吾衛倉曹參軍鄭公的夫人李氏婦德出衆，“奉長上以禮，友娣姒以合，恩以撫幼，勤以卹賤，容儀容範，師表中外”，她有一女名觀音，“年始七歲，訓誨教喻，示之禮法，令在左右，使常習見”①。出自京兆大姓的杜夫人“有女一人，綏裙相繫，數十年間，教以三從，示其四德”②。出身於太原著姓的王氏夫人溫文爾雅，知書達禮，出嫁從夫後謹行婦道，“肅恭祭祀，嚴奉晨昏，能循結髮之義，善盡齊眉之敬。持仁孝以和親族，行慈惠以睦閨門……夫人之道也。男就學於外，女乃親訓於內，使動靜合禮，閫則有儀”③。教育的内容除了爲婦之道與女工外，也包括讀書識字。如幼年“承慈母之訓，習女工於刀尺，蘊柔淑於令儀”④的渤海高氏；“有小女年始五歲，以其惠淑，偏所恩愛，嘗手教書劄，口授《千文》”⑤的韋應物的夫人元氏等。

母親教女是唐代士族之家家庭教育的重要傳承方式，受過嚴格教育的女兒長大成人、出嫁從人、生兒育女後，也能稟承母教，將家風傳承下去。柳宗元寫的《先太夫人河東縣太君歸祔誌》詳細記載了母親盧氏的一生，盧氏在室時受過良好的詩禮教育，做了母親後，“以詩禮圖史及剪制縰結授諸女，及長，皆爲名婦”⑥。殿中侍御史李府君第二女廿五娘賢良淑惠，深受夫族愛戴，她的母親出自清河崔氏，“自歸其家，承上撫下，無不合禮。閨門間無長少，未有不稱其賢也。事姑章，敬郎伯，李氏

① 周紹良主編：《唐代墓誌彙編》元和 124《唐右金吾衛倉曹參軍鄭公故夫人隴西李氏墓誌銘並序》，上海：上海古籍出版社，1992 年，第 2036 頁。

② 周紹良主編：《唐代墓誌彙編》大和 023《唐鄭府君故夫人京兆杜氏墓誌銘並序》，上海：上海古籍出版社，1992 年，第 2113 頁。

③ 周紹良主編：《唐代墓誌彙編》咸通 070《唐故□州防禦使太中大夫檢校國子監祭酒御史大夫上柱國李府君夫人太原王氏墓誌銘並序》，上海：上海古籍出版社，1992 年，第 2433 頁。

④ 周紹良主編：《唐代墓誌彙編》開成 019《唐故衛公夫人渤海高氏墓誌銘並序》，上海：上海古籍出版社，1992 年，第 2181 頁。

⑤ 趙力光主編：《西安碑林博物館新藏墓誌續編》之《故夫人河南元氏墓誌》，西安：陝西師範大學出版社，2014 年，第 385 頁。

⑥ （唐）柳宗元：《柳宗元集》，北京：中華書局，1979 年，第 326 頁。

舉族一口談説，廿五娘之賢蓋夙承訓道也"①。蘭陵蕭氏的母親是京兆韋氏，也是深通婦道的賢妻良母，對女兒"韋夫人訓誘以道，莫不先禮教而後女工。是能奉親以孝，動皆迎旨"，後來蕭氏結婚生兒育女，她對在室女兒"盡以所稟閨訓，導以教之"②。

祖母、姑姊等女性長輩也是在室女的家庭教師。唐代社會聚族而居，三代四代同堂、叔伯兄弟同住的很多，家中的女性長輩也不少，日常宴居時也會對在室女言傳身教。吳郡張氏夫人年幼時"嘗侍祖母義豐郡太君，祖母奇其端謹，教誦詩□語日數百言。常謂曰：汝長必能爲大家婦。既習女事，有□閑貞淑之德"③。有的室女幼年喪母，父親會安排她們跟女性長輩生活並學習，比如崔俠的妻子盧氏自幼"與姊及妹而依於姑，組紃以習，工容以修，逮笄歲，適於崔氏"④。而據《唐絳州聞喜縣令楊君故夫人裴氏墓誌銘並序》中"幼辭嚴母之訓，長習仁姊之教，是有令問，光昭六姻，及笄而嫁楊君"⑤的記載，裴氏是在姐姐的教育下長大的。

除母親、祖母和其她女性長輩外，父親和兄長們也會參預在室女的家庭教育。如尚書省比部主事索府君的"夫人彭城劉氏，父諱俊，以《女誡》教之。柔行婦德，光懿六親"⑥。殿中侍御史李府君的第二女廿五娘"言語禮度，皆授於其兄"⑦。尉氏縣尉劉博的妻子孔氏出嫁之前，他的堂兄訓誡她"堂有姑，謹慎從爾姑之言，無落吾之家訓，勤婦道，遵骨肉，間屬爾從夫之意，無忽吾之所制"⑧。

四、家庭教育對在室女的影響

女性在室階段所接受的家庭教育，就她們個人而言，無論是對她在室爲人女階段的家庭生活，還是在婚後爲人妻、爲人母角色的擔當上均有重要的影響。

---

① 中國社會科學院考古研究所編：《偃師杏園唐墓》之《故鹽鐵盧壽院殿中侍御史内供奉賜緋魚袋李府君第二女廿五娘墓誌》，北京：科學出版社，2001 年，第 346 頁。

② 西安市長安博物館編：《長安新出墓誌》之《庚氏妻蘭陵蕭氏墓誌銘並叙》，北京：文物出版社，2011 年，第285 頁。

③ 吳鋼主編：《全唐文補遺·千唐志齋新藏專輯》之《唐河南府源縣尉陸君妻吳郡張氏夫人墓誌中》，西安：三秦出版社，2006 年，第357 頁。

④ 吳鋼主編：《全唐文補遺·千唐志齋新藏專輯》之《崔俠妻盧氏墓誌》，西安：三秦出版社，2006 年，第 294 頁。

⑤ 周紹良主編：《唐代墓誌彙編》貞元 004《楊君故夫人裴氏墓誌》，上海：上海古籍出版社，1992 年，第1840 頁。

⑥ 胡戟、榮新江主編：《大唐西市博物館藏墓誌》之《唐故尚書省比部主事索府君墓誌》，北京：北京大學出版社，2012 年，第 649 頁。

⑦ 中國社會科學院考古研究所編：《偃師杏園唐墓》之《故鹽鐵盧壽院殿中侍御史内供奉賜緋魚袋李府君第二女廿五娘墓誌》，北京：科學出版社，2001 年，第 346 頁。

⑧ 周紹良主編：《唐代墓誌彙編》大中 024《唐前沅州尉氏縣尉劉博妻孔氏墓銘並序》，上海：上海古籍出版社，1992 年，第 2269 頁。

（一）有助於在室女家庭地位的提高

受過良好教育的在室女往往有參預家庭管理的權利。天姿聰穎且受過良好教育的在室女，在與家人相處和接人待物方面往往非常得體，有著不凡的表現，故而雖年紀幼小，却極得家人寵愛，一些重要的家事也會聽取她們的意見。如杭州於潛縣主簿元氏於夫人家教頗好，其在幼年時即"言行而法度有則，聰敏而文字默知，故夫人家族愛而貴之。常曰而歎曰：'唯代有才，次女吾家之寶，惜不爲男也'"①。劍南東川租庸使何公的妻子隴西李氏夫人出身名門，家庭教育很嚴謹，"爰自歧嶷，言從保傅，不異觀，不游辭，年既及笄，善以禮舉，儀乎婉娩，色必莊正。宗人曰：是女也，是爲女範也。其父薊襄公，母郇國夫人，皆器而加慈。必有賓客祭祀之事，嘗或有問，則斂辭氣引《内則》以對，既而父母益所敬念"②。河東裴氏在中古社會的影響雖不及山東五姓，却也是有名的士家大族，中興名相裴度之女裴玩自幼喜歡讀書，接受了很好的教育，故而博學多識，她的家人不僅在一些重要的事情向她請教，而且全家上下都很尊重她，"每吉凶弔賀，中表咸華，禮有疑問，必爲其參祥判正，姑嫂伯仲咸敬而取則焉"③。故而有人認爲唐代士族之家的"家教上存在某種男女平權模式"④。這種提法雖然有點前衛，但也有一定的道理。

受過良好教育、才華出眾的在室女往往獲得家人的尊重。唐人墓誌在描寫在室女的家庭教育時，除了言明家人所授多爲女教著作外，也經常提及室女與她們的兄弟們一同學習，比如嶺南節度使右常侍楊公女子書爲室女時，"諸兄所習史氏經籍子集文選，必從授之，覽不再繹，盡得理義"⑤。許多墓誌還喜歡把在室女和她們的兄弟進行比較，並不諱言在室女比她們的兄弟更聰明、更有才華，相反倒覺得很驕傲。比如越國太妃燕氏是唐太宗的妃子，她強記過人，讀書有過目不忘的本事，小時候在家時，"纂組績其妍心，詩書文其婉袖。兄敬嗣時因稟訓讀上林賦於前，太妃一覽斯文，便誦數紙，太夫人善其聰令，撫而異之"⑥。裴度的女兒裴玩不僅好學，而且善

① 趙力光主編：《西安碑林博物館新藏墓誌續編》之《杭州於潛縣主簿元氏於夫人墓誌銘並序》，西安：陝西師範大學出版社，2014年，第268頁。
② 胡戟、榮新江主編：《大唐西市博物館藏墓誌》之《唐故刑部郎中劍南東川租庸使廬江何公妻隴西李氏夫人墓誌銘並序》，北京：北京大學出版社，2012年，第703頁。
③ 趙君平：《唐〈裴玩墓誌〉考釋》，《河洛春秋》1991年第3期，第27頁。
④ 盧建榮：《從在室女墓誌看唐宋性別意識的演變》，《臺灣師範大學歷史學報》1997年第25期，第21頁。
⑤ 周紹良主編：《唐代墓誌彙編》乾符026《唐故嶺南節度使右常侍楊公女子書墓誌》，上海：上海古籍出版社，1992年，第2491頁。
⑥ 周紹良、趙超主編：《唐代墓誌彙編續集》咸亨012《大唐故越國太妃燕氏墓誌銘並序》，上海：上海古籍出版社，2001年，第192—193頁。

於思考，思維敏捷，能言善辯，"始能言而喜書，纔勝衣而好禮。十歲通女史，及曹大家、李夫人訓女書，凡子、經、集與文章之選中者，一覽必記。宴居暇日，諸兄内集、則先頌焉。每討論文義，辯難烽起，理若屈者，輒爲其疵評，數折諸兄，往往噎不敢對，雖王氏婦之解圍，不足方也"[1]。尚書祠部員外郎裴公夫人滎陽鄭氏文采出衆，每"落紙成文，諸兄慚其筆硯"[2]。有的室女還寫得一手好詩，秘書省秘書郎李君夫人宇文氏幼時即"工五言七言詩，詞皆雅正"[3]。秘書省歐陽正字的夫人謝氏"組紃之暇，雅好詩書，九歲善屬文，嘗賦寓題詩曰：永夜一臺月，高秋千户砧"[4]。這些才華出衆、思維敏捷，出口成章，能文擅詩吟句的在室女很受家人尊重，唐代墓誌中常見"風絮驚謝琰之詞""當謝姬之歲，見雪能詠，慧心紈質，洵美且都""吟白雪於寒庭，名同謝"之語，把她們比作南北朝時期的才女謝道韞。顯然，良好的家庭教育助於提高在室女的家庭地位，而才華出衆的在室女往往獲得更多的尊重。

（二）有利於在室女出嫁後角色的轉變

在室的生活雖然美好，但時間是短暫的。按照《禮記》所載"女子十五許嫁而笄"的傳統，唐代士族之家的室女通常在十五歲前後結婚嫁人，由一個女兒變成一個妻子一個媳婦。這種轉變對一個十四五歲的女孩子來說是相當痛苦的。首先，她要從一個備受寵愛的掌上明珠，變成一個主中饋無攸遂的家庭主婦；其次，她要由一個備受關愛和照顧的女兒，變成一個要關心和照顧家人的媳婦；最後，她要由一個熟悉的活動空間，進入一個陌生的活動空間。但是，這些困難對這些受過良好婦禮教育的唐代士族之家的女兒來說，却不是那麽地難以逾越，她們大都比較順利地渡過這一關，其婚後的表現印證了家庭教育的成功。

首先，士族之家的女兒出嫁以後大都能很好地承擔主中饋之責，她們侍奉翁姑任勞任怨，教育子女盡心盡責，和睦家人處事得體，她們不但獲得了宗族上下内外的一致好評，也贏得大家的尊重。如《庾氏妻蘭陵蕭氏墓誌銘並序》載道：

（蕭氏夫人）生三月而白水捐館。韋夫人訓誘以道，莫不先禮教而後女工。是

---

① 趙君平：《唐〈裴玩墓誌〉考釋》，《河洛春秋》1991 年第 3 期，第 27 頁。

② 周紹良、趙超主編：《唐代墓誌彙編續集》天寶 108《大唐故尚書祠部員外郎裴公夫人滎陽鄭氏墓誌銘並序》，上海：上海古籍出版社，2001 年，第 661 頁。

③ 周紹良主編：《唐代墓誌彙編》咸通 061《唐秘書省秘書郎李君夫人宇文氏墓誌銘並序》，上海：上海古籍出版社，1992 年，第 2426 頁。

④ 周紹良主編：《唐代墓誌彙編》咸通 065《唐秘書省歐陽正字故夫人陳郡謝氏墓誌銘並序》，上海：上海古籍出版社，1992 年，第 2429 頁。

能奉親以孝，動皆迎旨，以貴樂色。睦於諸姊，愛順以友；敬於母兄，謙和以奉。故中稱而表聞焉。凡在宗族，不以邅邅間其倫，皆誠歸由一。故表聞而外談焉。既嬪余室，展敬蒸嘗，事上謹肅，動遵内則，罔不合儀。由是以奉親之孝，果誠事姑之道。接於姻黨，仁惠而處。由是以門内謙和之性，必信敦親之愛。[①]

蕭氏夫人自幼由母親韋氏教導長大。韋氏是京兆大姓，南北朝以來躋身士家大族之列，詩禮傳家數百年。在母親的教導下，蕭氏深通婦道，處事謙和，處理各種關係都游刃有餘。嫁到夫家以後，不論是祭禮祖先，還是侍奉翁姑，乃至與兄弟妯娌、叔伯子侄，及姻親相處，無不舉止有禮，凡事"罔不合儀"，故而得到宗族一致的稱頌。這方墓誌是蕭氏的丈夫所寫，他在行文中沾沾自喜地表達了對妻子的滿意。

像蕭氏這樣婦道出衆的士族之女在墓誌中隨處可見，她們的丈夫對妻子也都是讚賞有加，比如"泹夫人執禮來歸，蕭恭我室。言非正而辭，不出於口；事非可訓，無志於心。秉箴誡以正中閨，垂義方以誨其二子。不嚴而人敬，不戒而家理，蓋其母兄之教而達於禮也"[②]。這又是一位丈夫盛稱讚妻子不但有婦德，知禮法，而且在主持家政方面也很有能力。墓誌毫不諱言地將此歸功於楊氏爲女時的"母兄之教"，由此可見在室階段的教育對女性婚後生活影響是相當重要的。

除了深通婦道，舉止合禮，處理各種問題公允之外，士族之家的女兒們在如何相夫教子、和睦家族方面也高於一籌。如《唐右監門衛胄曹參軍故夫人京兆韋氏墓銘》載道：

> （韋氏夫人）聰雅日成，動合禮範，居膝下以孝愛，奉兄姊以柔順，撫甥侄以慈忠，由是著淑問於宗族姻黨間。年廿五，長慶二年二月歸於我。以卑婉事夫族，以寬正馭群下，以道義扶□龀。予初未仕，夫人解之曰：嘗聞讀小説矣。春秋之時，以棟□□高陋巷無位，非顏子乎？顏子賢乎哉！予嘗屢空。又解之曰：嘗聞讀馬遷書矣。夫子既歿，結駟相上，弊屨不恥，非原憲乎？原憲賢乎哉！予昵於退，宴於道，貧焉不慍，賤焉不慍，非夫人輔焉。[③]

誌主韋氏名楚和，也出自京兆大姓，父親官至宋鄭虢三州刺史。她處室時就知書

① 西安市長安博物館編：《長安新出墓誌》，北京：文物出版社，2011年，第285頁。
② 趙力光主編：《西安碑林博物館新藏墓誌續編》之《唐故夫人弘農楊氏墓誌銘並序》，西安：陝西師範大學出版社，2014年，第468頁。
③ 周紹良、趙超主編：《唐代墓誌彙編續集》長慶016《唐故右監門衛曹參軍故夫人京兆韋氏墓誌銘》，上海：上海古籍出版社，2001年，第868頁。

達禮，奉上以順，撫下以慈，賢惠之稱在宗族姻親很有名。出嫁以後她處事謙和，馭下有恩，更重要的是她成爲丈夫的精神伴侶，引經據典爲丈夫解疑答惑，從精神上給仕途不順的丈夫以支持和安慰，很好地起到了賢内助的作用。

這些士族之家的女兒之所以能成爲丈夫的精神伴侶，自然與她們良好的家庭教育密切相關。如扶風馬氏出自關中儒學世家，豐厚的家學底蘊使馬氏在室爲女時接觸了大量的古典文獻，經史詩禮無所不涉，且“讀論語詩禮浮圖老子書，博觀史傳，皆略通大指”。她的文化功底和經史的造詣，使她的丈夫非常佩服，每當“不通時事，每謀可於夫人，必得其所宜”，因此她的丈夫在行文中毫不諱言地盛稱妻子是自己的“内助”[1]，給予非常高的評價。

在室階段是女性家庭教育的“養成”階段，她們從六歲左右開始由女性長輩居家訓教，到出嫁之前大概有十年的受教時間；教育的内容既包括婦德女工又包括讀書識字，教本不僅有《女誡》《女史箴》《列女傳》《女儀》《女則》等女訓著作，還包括《詩經》《儀禮》《禮記》等經學著作中的部分篇章，這種旨在培養“爲婦之道”的家庭教育對在室女眷婚姻及爲人婦、爲人母的角色擔當上均有重要影響。

“對於今天的婦女史研究者而言，有意義的論題恐怕不在於泛泛的女性‘地位’，而應該以歷史的眼光去認識女性實際社會角色豐富而複雜的内涵”[2]。而教育在每個個體成長過程中起著重要的作用，每個人的社會角色都是教育培養的結果。唐代士族之家的在室女大約從六七歲就開始受教，她們的家庭教育内容非常豐富，除了婦德女工外，祇要條件許可，經史詩禮、琴棋書畫、詩賦音律等無所不學。教育的範本主要是流傳下來的女訓著作，也有儒家經典中與女子教育有關的篇章。承擔教育職責的主要是父母尊長，也有少數的師姆傅。家庭教育對在室女的家庭地位和婚後角色轉變有著積極的影響。天資聰穎且受過良好教育的在室女往往能參預家庭管理，才華出衆、出口成章的在室女極受家人尊重；這些受過良好教育的在室女也能比較很快地適應出嫁從夫、相夫教子、和睦宗親的家庭主婦的生活，爲自己和家族博得良好的聲譽。

---

① 喬棟、李獻奇、史家珍：《洛陽新獲墓誌續編》，北京：科學出版社，2008 年，第 499 頁。
② 鄧小南：《出土資料與唐宋女性研究》，載李貞德主編：《中國史新論·性別史分冊》，臺北：聯經出版事業股份有限公司，2009 年，第 331 頁。

神禾鬱鬱正相望

——隋唐間長安"神和原"與"神禾原"名稱的沿革及其人文地理*

王其禕

嚴家賣藥長安市，種德流芳已三世。孝思獨在神禾原，更築樊川植蘭桂。

亭臺高下春風香，神禾鬱鬱正相望。白雲時負闌干起，翠柏應參雲漢長。

終南山色年年好，富貴榮華似秋草。但能歲活千萬人，對酒看花可終老。

——元·程文海《雪樓集》卷二九《題樊川別墅》

四郊秦漢國，八水帝王都。憑藉自然地貌之形勢，從長安城南的秦嶺終南山北麓到長安城北的渭水流域，因緣水流的浸蝕冲刷以及地勢的高低錯落，在長安城四郊形成了以龍首原爲主體而鱗次櫛比的大小川原，神禾原就是其中的一座。其地理位域，大致在終南山北坡的太乙宫與五臺鎮之北，杜曲、樊川與韋曲之東南，潏水與滈水（御宿川水）之間，東望少陵原，西瞻高陽原，北臨畢原，略呈東南趨西北走向，佛教净土宗祖庭香積寺與創始人善導大師靈塔即爲神禾原上自唐以來最爲顯著的地標①。（圖1）其在隋唐時期的行政管轄，則是東段屬於萬年縣，西段屬於長安縣，分界處大約爲今申店鄉以南沿長安大道直抵五臺鄉一綫。

作者簡介：王其禕，男，西安碑林博物館研究員。

* 基金項目：本文係國家社會科學基金重點課題《新出隋代墓誌銘整理與研究》（14AZS004）關聯成果。

① 參詳史念海《長安城外龍首原上及其鄰近的小原》，《史念海全集》，北京：人民出版社，2013年，第6卷，第157—169頁。《游城南記》曰："復相率濟潏水，陟神禾原，西望香積寺塔。原下有樊川御宿之水交流，謂之交水，西合於澧，北入於渭。"史念海、曹爾琴校注云："神禾原起自終南山北坡，與少陵原同爲東南、西北走向，隔樊川東西對峙。……神禾原也就是神禾原。則神禾原名唐代已有。"（宋）張禮撰，史念海、曹爾琴校注：《游城南記校注》，西安：三秦出版社，2006年，第123—124頁。元代駱天驤《類編長安志》卷之九《勝游·樊川》"潏水"條："一水瓜洲村起梁山堰至申店上神禾原，鑿深五六十尺，謂之坑河，至香積寺西合御宿川交河。"（元）駱天驤撰，黃永年點校《類編長安志》，北京：中華書局，1990年，第273頁。

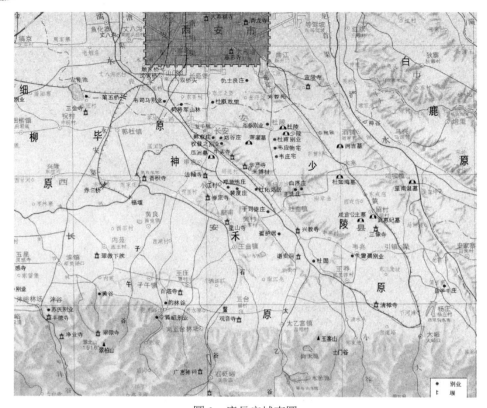

圖 1　唐長安城南圖

（采自史念海主編：《西安歷史地圖集》，西安：西安地圖出版社，1996 年，第 99 頁）

長安四郊的川原以"原"字命名者，除白鹿原在漢代已出現外[①]，餘則大多始自北朝以降，譬如較早的有高陽原、風涼原、新豐原、陰槃原等[②]，其次有"小陵原"（即唐以後改稱的"少陵原"，亦稱杜原、杜陵原）、龍首（山）原、神和（禾）原、高望原、畢原、洪（鴻）固原（實爲少陵原北段）、鳳棲原（亦少陵原北段而與洪固原爲同地異名，又曰棲鳳原）、霸陵原、細柳原、馬祖原等等，皆在西魏北周與隋唐間陸續出現。至於這些川原的得名，則或緣地勢地貌，或緣地名建置，也有附麗於祥瑞傳説而得獲嘉名，唐代神禾原的得名即屬於後面一種，祇是"神禾"的名稱並非最早，其初始的名稱本叫"神和"，故本文的撰作旨趣，就是要梳理出隋唐之間由"神和原"到"神禾原"名稱的嬗變沿革，並對其人文地理給予關照和揭示。

---

①　參詳史念海：《西安地區地形的歷史演變》"二、原的分布及其切割破壞"，《史念海全集》，北京：人民出版社，2013 年，第 6 卷，第 129—143 頁。

②　（後魏）酈道元撰，（清）王先謙校：《合校水經注》卷一九《渭水注》，成都：巴蜀書社，1985 年，第 325—348 頁。2005 年西安南郊神禾原西北側潏水東畔西安外國語大學長安校區出土北魏正光四年（523 年）《杜龍首銘記》刻石曰"葬在高陽南鄉子午道右"，亦可證北魏時期此地確有高陽之名。參詳張全民、徐晶：《北魏〈杜龍首銘記〉考鑒》，載《書法叢刊》2018 年第 4 期，第 24—28 頁。

一

　　以目前所能知見的史料來看，"神和原"之名，最早出現在隋代開皇年間，而
"神禾原"之名，則始見於唐武周時期，以其有先後之別，則亦自有其名稱嬗變之緣
由與其人文歷史之聯繫。

　　史念海先生在《西安地區地形的歷史演變》一文中寫道："是什麽時候纔有神禾
原的？有人說，晋天福六年（941 年），這裏的原上所產的禾，一莖六穗，重六斤，故
以神禾爲原名。這是不符合史實的說法。唐高祖武德六年（623 年），歐陽詢所撰的
《蘇玉華墓誌》就已經說過：葬於京兆之神和原。唐武后長安三年（703 年）《趙智偘
墓誌》和唐睿宗景雲三年（712 年）《蕭思亮墓誌》皆謂葬於長安縣神禾原，唐睿宗景
雲二年（717 年）《裴氏小娘子墓誌》，謂歸葬於長安里御宿川神禾原。神和原當即神
禾原，明確如此，如何能曲於解釋，以晋天福年間充數？"[1]以如今所能見到的更加
豐富的史料來充實史念海先生的認知，無疑將得到一些新的修正。神和原當即神禾原
無疑是正確的，祇是神和原的名稱要更早於初唐，就目前所見史料，至少在隋代開皇
間已經出現，故亦可說明"神和原"作爲原名的形成應不晚於隋代。主要文獻依據
有：隋開皇二十年（600 年）《席淵墓誌》云："以建德四年正月薨於王壁，春秋五十
有六，以開皇廿年八月廿七日葬於大興城神和之原。"[2]（圖 2）誌文言卒所曰"薨於
王壁"，王壁即王城，此指北周國都長安城。"葬於大興城神和之原"即長安城南之
神禾原。史氏文章所舉唐高祖武德六年歐陽詢所撰《蘇玉華墓誌》雖爲僞誌而不足以
取信，但可資依據的唐代墓誌頗不乏舉證焉。如貞觀八年（634 年）《隨故汲縣令大唐
贈瀛洲刺史戴君（龍字承伯）墓誌銘》云："以大業三年三月六日遘疾終於安陽里
第，時年七十三，瘗於汲縣之樂山里。……有詔追贈瀛州諸軍事瀛洲刺史，謚曰良，
禮也。……世子至德，親受顧命，奉崇先旨，以貞觀八年歲次甲午正月甲戌朔廿四日
丁酉遷葬於長安之神和原。南望商山，遵園綺之迹；東瞻華嶽，詠松僑之風。"[3]貞
觀十九年（645 年）《周故使持節驃騎大將軍甘寧二州諸軍事甘寧二州刺史王約墓誌》
云"合葬於神和原之舊塋"[4]。永徽六年（655 年）《韓相國墓誌》云："春秋七十，

　　① 史念海：《西安地區地形的歷史演變》"二、原的分布及其切割破壞"，《史念海全集》，北京：人民出版社，
2013 年，第 6 卷，第 137 頁。
　　② 王其褘、周曉薇編著：《隋代墓誌銘匯考》，北京：綫裝書局，2007 年，第 2 册，第 332 頁。
　　③ 胡戟編：《珍稀墓誌百品》，西安：陝西師範大學出版總社，2016 年，第 48 頁。
　　④ 齊運通編：《洛陽新獲七朝墓誌》，北京：中華書局，2012 年，第 71 頁。

大唐貞觀十二年二月十日終於禪院，粤以永徽六年歲次乙卯二月辛丑朔二日壬寅遷窆
於萬年縣東隅神和之原。"①顯慶四年（659 年）《韋君妻成德縣主李瑶墓誌》云：縣
主"以顯慶四年六月三日薨於永寧里之私第，春秋廿有一"，"粤以其年歲次己未閏
十月甲子朔廿九日壬寅遷厝於萬年縣北山鄉長原里神和之原。"②景雲二年（711 年）
《韋紀妻長孫氏墓誌》云"陪葬遷於舊塋雍州萬年縣北山鄉神和原"③。天寶二年
（743 年）《實際寺故寺主懷惲奉敕贈隆闡大法師碑銘》云："遂於鳳城南神和原崇靈
塔也。其地前終峰之南鎮，後帝城之北里。"④其餘從盛唐至晚唐書寫"神和原"名
稱之文獻案例，實不煩枚舉（參見附録一），可知"神和原"名稱在唐代猶一直沿用，
即便是同時期已經出現了"神禾原"的名稱以後，依然並用而不絕。

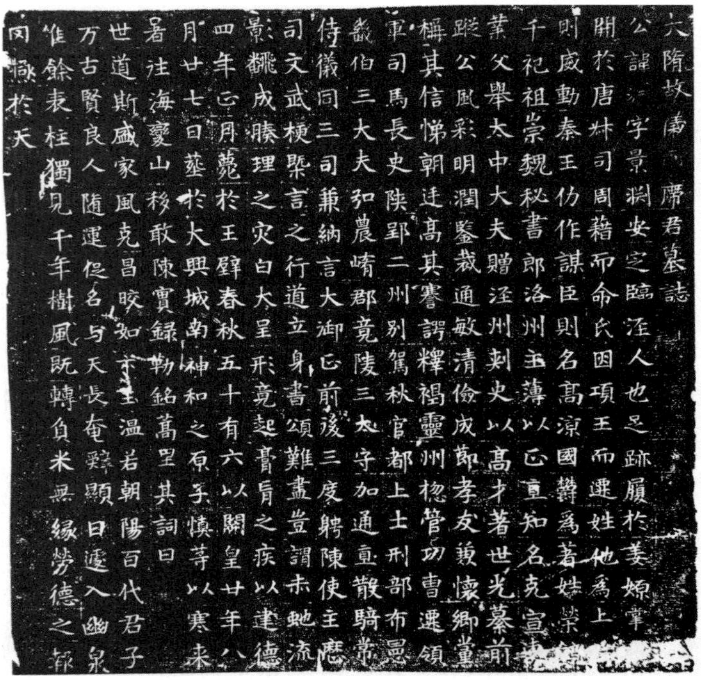

圖2　隋開皇廿年《席淵墓誌》拓本

　　那麼，神和原名稱的出現是緣何而來？或者説有何人文内涵？目前的材料尚未發
現能夠揭示神和原得名的直接理由，所知漢代樊噲墓與隋代史萬歲別業皆在此原上，
然與神和原得名似亦無甚瓜葛。北魏太安二年（456 年）《嵩高靈廟碑》有云"天清地

①　西安市文物稽查隊編：《西安新獲墓誌集萃》，北京：文物出版社，2016 年，第 42 頁。
②　趙君平、趙文成編：《秦晉豫新出墓誌蒐佚》，北京：國家圖書館出版社，2012 年，第 1 册，第 173 頁。
③　齊運通編：《洛陽新獲七朝墓誌》，北京：中華書局，2012 年，第 148 頁。
④　西安碑林博物館藏石。

寧，人神和會"①，唐代張説《爲留守奏嘉禾》又云"天聽自人，神和在德"②，則將
"前終峰之南鎮，後帝城之北里"之間的這座川原取名爲"神和"，推其或許含有受
天之祚，神和四暢之意焉。

<h1 style="text-align:center">二</h1>

目前所見"神禾原"名稱出現最早的材料當是唐武周天授二年（691 年）《梓州飛
烏縣令南陽郡公王九功墓誌》云"歸葬於雍州明堂縣神禾原從祔先塋"③。同年，神
禾原上又有了神禾鄉之設，即天授二年（691 年）《王九言暨妻崔氏墓誌》云："以咸
亨四年歸葬先考及諸父昆弟凡一十一喪於明堂縣之舊塋。明年，有嘉禾廿六莖生於墳
側，縣令元知讓乃改其所居里爲神禾鄉。……以今天授二年十月廿四日合葬於神禾鄉
之舊塋禮也。"④（圖 3）緣此或可推知神禾原名稱的出現緣由，蓋因咸亨五年在原上
發現了廿六莖的神禾巨穗，遂有了神禾鄉之名，同時也理應出現了神禾原的名稱。此
事在兩《唐書》中未見記載，明堂縣令元知讓，史傳亦無其人。然陳子昂撰《周故内
供奉學士懷州河内縣尉陳君碩人墓誌銘》云"開耀元年制舉太子舍人司議郎太府少卿
元知讓應制薦君於朝堂"者⑤，或即斯人。檢讀近年新出唐代墓誌，復有天授三年
（692 年）韋承慶撰《王守真墓誌》云"粵以天授三年歲次壬辰三月一日丁卯朔六日壬
申，遷窆於雍州明堂縣神禾鄉興盛里使君公之舊塋，禮也"⑥。天授三年（692 年）
《潤州刺史王府君夫人李正因墓誌》又云："顯慶四年三月十八日終於崇仁里之私第，
春秋卅二。以天授三年歲次壬辰二月丁酉朔廿四日庚申窆於雍州明堂縣神禾鄉興盛
里，禮也。"⑦墓誌云李正因"年十有七，適琅耶潤州府君"，此王府君者，蓋即王
約，前揭《王守真墓誌》曰"父約，唐太子洗馬、尚書吏部郎中、博州刺史、贈潤州
刺史"，又曰遷葬於"使君公之舊塋"，可知王約所葬亦在雍州明堂縣神禾鄉興盛里
之地，而且王守真比其母李正因祔葬於其父舊塋的時間僅晚几天。另外，景龍三年
（709 年）《法琬法師碑》亦曰"奉敕起塔於雍州長安縣之神禾原禮也"⑧。這些案例無

① 石存河南登封嵩山中嶽廟内。
② （唐）張説：《張燕公集》卷一四，《四庫唐人文集叢刊》，上海：上海古籍出版社，1992 年，第 110 頁。
③ 趙君平、趙文成編：《秦晋豫新出墓誌蒐佚》，北京：國家圖書館出版社，2012 年，第 1 册，第 284 頁。
④ 西安市文物稽查隊編：《西安新獲墓誌集萃》，北京：文物出版社，2016 年，第 96 頁。
⑤ （唐）陳子昂撰、徐鵬校點：《陳子昂集》卷六"誌銘"，上海：上海古籍出版社，2013 年，第 155 頁。
⑥ 胡戟編：《珍稀墓誌百品》，西安：陝西師範大學出版總社，2016 年，第 88 頁。
⑦ 西安市文物稽查隊編：《西安新獲墓誌集萃》，北京：文物出版社，2016 年，第 99 頁。
⑧ 西安碑林博物館藏石。

疑爲神禾鄉與神禾原名稱的出現及其時間提供了有力的佐證。嗣後，直至晚唐，神禾原的名稱在墓誌中的出現漸多漸廣，並最終在視聽上超越了“神和原”而基本成爲約定俗成並影響至今的名稱。不過，實際上在宋代以後，神禾與神和的名稱也還是往往互見的。如范仲淹撰《東染院使種君（士衡）墓誌銘》曰“葬於京兆萬年縣之神和原”[①]，歐陽修撰《尚書比部員外郎陳君墓誌銘》曰“葬於京兆府萬年縣洪固鄉神禾原”[②]。

圖3　武周天授二年《王九言墓誌》拓本

　　從上舉史料來看，神禾原當是緣靈徵而得嘉名。嘉禾爲古代十瑞之一，柳宗元《爲京兆府請復尊號表》三首之第三表云：“黃龍皓兔，甘露慶雲，神禾嘉瓜，祥蓮瑞木，萬物暢遂，百穀茂滋，此天之至靈也。”[③]古來傳説“堯時嘉禾七莖，連三十五穗”[④]，後世遂多有神禾瑞應的美談，所謂“神禾鬱乎浩京，巨穗橫我玄臺”[⑤]，所謂“王者德至於地，則嘉禾生”[⑥]，又所謂“嘉禾者，五穀之長也，王者德茂則

① （宋）范仲淹：《范文正公集》卷一三，商務印書館，1937年，第192頁。

② （宋）歐陽修撰，李之亮箋注：《歐陽修集編年箋注》卷三〇，成都：巴蜀書社，2007年，第503頁。

③ （唐）柳宗元：《柳河東集》卷三七“表”，上海：上海古籍出版社，2008年，下册，第583頁。

④ （宋）李昉等編纂：《太平御覽》卷八七三《休徵部二》“嘉穀”引《詩含神霧》，北京：中華書局，1963年，第3872頁。

⑤ 語出梁陶弘景《真誥》卷一五“闡幽微第一”引蜀漢杜瓊《重思賦》，（梁）陶弘景著，［日］吉川忠夫、麥谷邦夫編，朱越利譯：《真誥校注》卷一五，北京：中國社會科學出版社，2006年，第486頁。

⑥ 韓愈：《奏汴州得嘉禾嘉瓜狀》引《符瑞圖》，（唐）韓愈著，馬其昶校注，馬茂元整理：《韓昌黎文集校注》“遺文”，上海：上海古籍出版社，2014年，第812頁。

生"①，皆以贊喻盛世明君與國泰民安。又見《册府元龜》卷二四《帝王部·符瑞第三》記貞觀二年"六月，長安縣獻嘉禾"②，未詳此次所獻嘉禾是否也生於神禾原上。另外，考察"和"與"禾"的字形字義，可知"禾"字有與"和"字相通的義項，如《吕氏春秋》卷一四《必己》曰："一上一下，以禾爲量。"陳奇猷校釋云："高注：'禾兩三變，故以爲法也。'一曰：'禾，中和。'俞樾曰：'"禾"當作"和"，《莊子·山木篇》"一上一下，以和爲量"，是其證。"禾"即"和"之壞字。'楊樹達曰：'和從禾聲，《説文》謂"禾得時之中和"（《繫傳》本），故謂之禾，知禾本含和義。謂禾當讀爲和可矣，謂"禾"爲誤字則非也。'于省吾先生曰：'禾乃和之借字。'"③又如馬王堆漢墓帛書《戰國縱横家書·蘇秦自趙獻書燕王章》云："今臣欲以齊大〔惡〕而去趙，胃（謂）齊王：趙之禾（和）也，陰外齊，謀齊。齊趙必大惡矣。"④則從"神和"到"神禾"的嬗變，恐非僅僅是緣靈徵而得嘉名的附會，似也有順乎其理的字形字義的借用因素，唐宋之間猶見"神和"與"神禾"參差並用的情形，或亦可資佐證。

三

元代駱天驤《類編長安志》卷之七《原丘·原》載："神禾原：在御宿川北樊川之原，東西三四十里。《劇談録》曰'晋天福六年，生禾一穗，重六斤，故號爲神禾原。'"⑤後此，凡言神禾原得名之由者，皆援引此説。然今本唐駢《劇談録》中並未見此文字，緣故是此書成於唐乾寧二年（895 年），自不可能記載數十年後的後晉天福六年（941 年）事，顯然是駱天驤所記有誤焉。而據前文所考，亦知神禾原名稱早在唐武周時期已出現，並非晚至後晉天福六年。至於"生禾一穗，重六斤"的説法，恐亦爲"嘉禾廿六莖"或一莖六穗之類的訛傳。

梳理史料，從行政地理的角度考察，可以獲知隋唐兩朝在神禾原上有北山（山北）鄉長原里、神禾鄉興盛里、萬春鄉、永壽鄉姜尹村、神禾鄉任王村及不知屬鄉的尹村等四個鄉、兩個里、三個村，而這些鄉、里、村名皆爲《長安志》所未載，

① （唐）權德輿著：《權載之文集》卷四四《中書門下賀恒州華州嘉禾合穗表》引孫柔之《瑞應圖》，《四部叢刊初編》，上海：上海書店，1989 年，第 1036 頁。

② （宋）王欽若等編：《册府元龜》卷二四《帝王部·符瑞第三》北京：中華書局，1960 年影印本，第 1 册，第 254 頁。

③ （戰國）吕不韋著，陳奇猷校釋：《吕氏春秋新校釋》，上海：上海古籍出版社，2002 年，上册，第 840 頁。

④ 馬王堆漢墓帛書《戰國縱横家書》，北京：文物出版社，1976 年，第 1 頁。

⑤ （元）駱天驤撰，黄永年點校：《類編長安志》，北京：中華書局，1990 年，第 209 頁。

案例可參詳文末的附録一與附録二。其中北山（山北）鄉與神禾鄉屬萬年（明堂）縣，萬春鄉與永壽鄉屬長安（乾封）縣，北山鄉方位又當在神禾鄉之南，萬春鄉方位也當在永壽鄉之南，而興盛里應該就是今天的長安區皇甫鄉興盛村所在，長原里約當今杜曲附近，任王村屬神禾鄉，神禾鄉屬萬年縣，則任王村當位於神禾原的東段，尹村祇知屬長安縣，未詳與姜尹村是否爲同一村？且兩村的具體所在皆未能考詳①。《隋書》卷三九《地理上》京兆郡大興縣條小注曰：“開皇三年置，後周舊郡置縣曰萬年，高祖龍潛，封號大興，故至是改焉。有長樂宮。有後魏杜城縣、西霸城縣、西魏山北縣，並後周廢。”②由是知隋唐之北山（山北）鄉蓋緣西魏北周時期的山北縣得名，且依據材料的時段，蓋先有北山鄉之名，大約在唐玄宗朝又改爲山北鄉焉。又，唐麟德二年（665 年）《韋整暨妻杜氏崔氏墓誌》云“合葬於神和原之新城禮也”③，此處的“新城”恐非地名，而應是指新修的塋墓。貞元九年（793年）《盧倕第三女十七娘墓誌》云“葬於萬年縣神禾鄉畢原”④，貞元十七年（801年）《裴匠墓誌》亦云“歸葬於京師萬年縣神禾鄉之畢原”⑤，神禾鄉在神禾原東段的偏北部，故得與滳水北岸的畢原接壤，而如果特別説明葬地在畢原，那麼神禾鄉或有可能還管轄到了滳水以北的畢原（或稱御宿北原、韋曲原），這樣的話，這兩方墓誌的葬地也有可能不在神禾原上，而在偏北的畢原上了。1948 年冬出土於長安縣神禾原賈里村的唐大中四年（850 年）《裴氏小娘子墓誌》云“歸葬於長安里禦（御）宿川神禾原祔先塋之側也”⑥，墓誌出土地賈里村在御宿川南岸的神禾原上，其行政區劃在當時屬長安縣管轄，可知葬地所在的“長安里”即今香積寺東邊的賈里村一帶。

神禾原的地理方位，藉墓誌文獻也可窺其一斑。唐景雲二年（711 年）《蔣義忠墓誌》云：“合葬於京兆神和原禮也，依周公之制，遵孔氏之典，北眺畢陌，南瞻杜原。”⑦畢陌即畢原，又稱韋曲原，方位在神禾原正北面，兩原之間有滳水間隔。杜原即杜陵原，也稱少陵原，方位在神禾原東南，兩原之間有樊川間隔。

　　① 參詳武伯倫：《唐萬年長安縣鄉里考》，載《考古學報》1963 年第 2 期，第 87—99 頁；徐暢：《唐萬年長安縣鄉里村考訂補》，載《唐史論叢》第 21 輯，西安：三秦出版社，2015 年，第 151—172 頁。

　　② 《隋書》卷二九《地理上》，北京：中華書局，1973 年校點本，第 808 頁。

　　③ 齊運通、楊建鋒編：《洛陽新獲墓誌二〇一五》，北京：中華書局，2017 年，第 88 頁。

　　④ 西安市長安博物館編：《長安新出墓誌》，北京：文物出版社，2011 年，第 208 頁。

　　⑤ 賈二強：《唐裴匠墓誌考》，載《唐史論叢》第 18 輯，西安：陝西師範大學出版社，2014 年，第 295 頁。

　　⑥ 吳敏霞主編：《長安碑刻》，西安：陝西人民出版社，2014 年，上冊，第 191 頁。

　　⑦ 周紹良、趙超主編：《唐代墓誌彙編續集》，上海：上海古籍出版社，2001 年，第 443 頁。

四

　　地名的嬗變沿革理當聚現著密切的人地關係，亦即人文社會的影響直接關係了地名的演化。因此，從社會文化地理的視域，人們常常會以“人傑地靈”的歷史人文觀念去關照自然地理的變遷。因此，關於神禾原的人文地理，也確有值得尋繹的累累歷史印迹。所謂關中勝迹繁夥，實以號爲“神京善地”的隋唐都邑之地爲精華所在，而長安勝游之處，則又多萃於城南。“韋曲城南錦繡堆”，展讀宋代張禮的《游城南記》（圖 4）和明代趙崡的《游城南》，無疑最能喚起人們對隋唐長安城南郊以樊川及其兩畔的神禾原與少陵原爲中心的那一片號爲勝游之區的嚮往和追憶，以及對彼時世族顯宦廣置宅園與高僧大德駐錫弘法的聯想和欽羨，當然也會爲那些漸行漸遠的人事代謝與模糊記憶的往來古今而心生留戀和喟歎。也正是因緣這些依稀尚存的轍迹，纔得以長遠地固化著地名與人文的關係，並進而影響著人們的文化觀念與歷史情懷。

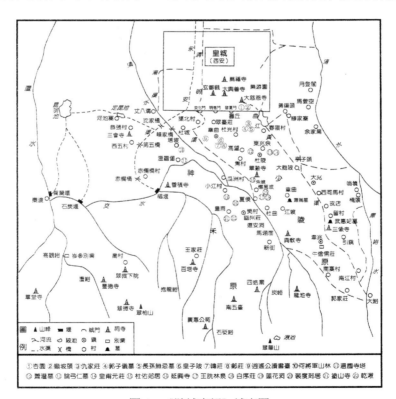

圖 4　《游城南記》城南圖

（圖版采自史念海、曹爾琴校注：《游城南記校注》，西安：三秦出版社，2006 年，第 189 頁）

　　上溯漢代，潏水與滈水之間的神禾原作爲一片洪積平原，雖然已有其獨立的形態，却還没有它專門的名稱。那時的神禾原這一片川原是納入在皇家上林南苑（御宿

苑）範圍裏的，故不得使人往來游觀，也就没有百姓在這裏聚居生息。衹是因爲漢將
軍樊噲被"賜食邑杜之樊鄉"①，這一帶遂有了樊鄉亦曰樊川的名稱，特別是當樊噲
的塋墓葬在了神禾原上②，從此神禾原便有了可以算得上人傑地靈的人文印記，正所
謂"此人既云往，地靈亦以移"③。不過遺憾的是，樊噲墓究竟在神禾原上的什麼地
方，今天已經難以考實。揆諸文獻，降至隋代竟出現了一個與樊噲墓相關的精彩故
事：《太平廣記》卷三二七注出《兩京記》"史萬歲"條曰："長安待賢坊，隋北
（左）領軍大將軍史萬歲宅。其宅初常有鬼怪，居者輒死。萬歲不信，因即居之。夜見
人衣冠甚偉，來就萬歲。萬歲問其由，鬼曰：'我漢將軍樊噲，墓近君居廁，常苦穢
惡，幸移他所，必當厚報。'萬歲許諾。因責殺生人所由，鬼曰：'各自怖而死，非我
殺也。'及掘得骸柩，因爲改葬。後夜又來謝曰：'君當爲將，吾必助君。'後萬歲爲
隋將，每遇賊，便覺鬼兵助己，戰必大捷。"④待賢坊爲隋大興城内朱雀門街西第五街
街西從北第九坊，屬長安縣管轄。據元代李好文《長安志圖》卷中"圖志雜説"之"樊
川"條注曰："本樊噲食邑，故名。人云今其墓在神禾南原上。"⑤元代駱天驤《類編
長安志》卷八"山陵塚墓"亦云："漢樊噲墓在樊川南原上。樊鄉，乃噲食邑。"⑥神
禾原在樊川南，故曰樊川南原。實則當時也有將神禾原稱爲樊川原者。由此推知史萬歲
當時是將樊噲墓從城内的待賢坊改葬到了神禾原的南段，儘管這衹是基於唐人韋述載
録的一則傳聞，但至少説明樊噲墓在隋唐人的認知中已屬於神禾原上的舊迹矣。

　　魏晉北朝時期，神禾原漸漸成爲世家貴族置業宴游與佛門僧侶修行悟道乃至僧俗聚
葬的形勝之地。宋代張禮《游城南記》嘗記其登神禾原，"上道安洞"，並自注曰：
"南行四里至道安洞，今爲尼院。院中起小塔，西倚高崖，東眺樊川之景，舉目可
盡。"⑦元代駱天驤《類編長安志》卷九"勝游"之"道安洞"條又云："樊村之東
南，靠神禾原鑿洞，晉道安和尚所居，東眺樊川之景。洞中塑道安像，前起塔立碑。俗
呼爲憨師控是也。"⑧明代趙崡《石墨鐫華》卷七亦曰："渡潏水，尋道安洞，葬塔半

　　①　《史記》卷九五《樊酈滕灌列傳》，北京：中華書局，1959 年校點本，第 2655 頁。

　　②　（元）李好文《長安志圖》載："樊川：本樊噲食邑，故名。人云：'今其墓在神禾原上'。"辛德勇、郎潔
點校：《長安志 長安志圖》，西安：三秦出版社，2013 年，第 55 頁。

　　③　（明）趙崡：《石墨鐫華》卷八"杜曲"，《石刻史料新編》第 1 輯，臺北：新文豐出版公司，1982 年，第 25
册，第 18660 頁。

　　④　（宋）李昉等編：《太平廣記》，北京：中華書局，1961 年，第 2597—2598 頁。

　　⑤　（宋）宋敏求撰，［元］李好文撰，辛德勇、郎潔點校：《長安志 長安志圖》，西安：三秦出版社，2013 年，第
55 頁。

　　⑥　（元）駱天驤撰，黄永年點校：《類編長安志》，北京：中華書局，1990 年，第 255 頁。

　　⑦　（宋）張禮撰，史念海、曹爾琴校注：《游城南記校注》，西安：三秦出版社，2006 年，第 163 頁。

　　⑧　（元）駱天驤撰，黄永年點校：《類編長安志》，北京：中華書局，1990 年，第 2833 頁。

傾，寺亦寥落。道安事無考，有金人所爲碑，獨叙安生平，而不及洞所始。但至此，‘西倚高崖，東眺樊南之景，舉目可盡’，茂中（張禮）言不虛也。”①道安爲東晋僧人，後被前秦苻堅尊爲國師，在佛門影響廣大，亦被鳩摩羅什譽爲“東方聖人”，《高僧傳》卷五有傳。道安所居洞窟位於神禾原東麓，即今杜曲街道彰儀村的護國道安寺所在。今存道安寺的金代興定二年（1218 年）《大金重修京兆府咸寧縣義安院苻秦國師和尚塔碑記》略云：“府城之南有義安院，寔苻秦國師之遺迹也……國師姓衛氏，諱道安，常山人也……京兆諺曰：學不師安，義不中難……是塔以碑石無存，漫不可考。慶曆中，有尼智悟大師惠修者，斷肱勵志，行業清苦。爲楚國公主所知，出入宮禁，賜予甚厚。悉以所藏，命甄工起二塔，□□□之泗州，竹谷之壽聖院者，而重葺此塔焉。《長安城南記》云：此釋道安棲隱之所，薨瘞於此，信不誣矣！院倚西岡，東望玉山，南眺太一，殿塔宏麗，華木扶疏，真勝境也。”②碑陰刻大定年間《尚書禮部特賜義安院牒》與興定二年（1218 年）《議葬碑陰記》。由此可知義安院即道安洞，又稱國師洞。《游城南記》所説的“今爲尼院”乃建於北宋慶曆間，院主爲尼智悟大師惠修。1935 年，西京籌備委員會曾在義安院遺址上爲“金人所爲碑”建立碑樓，冀以永固焉③。

隋唐時期，長安成爲漸次興起的中國化佛教六大宗派的祖庭之地，其中净土宗的祖庭香積寺及其創始人善導大師的靈塔就建立在神禾原西麓，至今香火鼎盛。《游城南記》張禮自注云：“香積寺，唐永隆二年建，中多石像，塔磚中裂，院中荒涼，人鮮游者。”④明代趙崡也説：“迢迢御宿川，落落香積寺，殿頹塔裂不記年，斷碑猶拂‘開元’字。”⑤香積寺雖然自宋代以後漸趨荒涼頹敗，但是唐代王維《過香積寺》的詩句早已廣爲流傳，“不知香積寺，數里入雲峰。古木無人徑，深山何處鐘。泉聲咽危石，日色冷青松。薄暮空潭曲，安禪制毒龍”的幽深意藴，使得香積寺的名聲不僅在佛門更在世俗社會越千載以下而顯耀古今。除了香積寺的善導塔外，唐代佛家弟子瘞身神禾原者，還有景龍三年（709 年）唐中宗三從姑《法琬法師碑》“奉敕起塔於雍州長安縣之神禾原禮也”⑥，開元十四年（726 年）《唐大薦福寺故大德思恒律師誌文》“葬神禾原塗山寺東名”⑦，開元十七年（729 年）《敬節法師塔銘》“窆於神

①　（明）趙崡：《石墨鐫華》，《石刻史料新編》第 1 輯，臺北：新文豐出版公司，1982 年，第 25 册，第 18653 頁。

②　吴敏霞主編：《長安碑刻》，西安：陝西人民出版社，2014 年，第 238 頁。

③　1935 年西京籌備委員會爲《苻秦國師塔記》建立碑樓的紀念刻石，今存西安碑林博物館。

④　（宋）張禮撰，史念海、曹爾琴校注：《游城南記校注》，西安：三秦出版社，2006 年，第 123 頁。

⑤　（明）趙崡：《石墨鐫華》卷八“宿香積寺”，《石刻史料新編》第 1 輯，臺北：新文豐出版公司，1982 年，第 25 册，第 18661 頁。

⑥　石存西安碑林博物館。

⑦　周紹良主編：《唐代墓誌彙編》，上海：上海古籍出版社，1992 年，下册，第 1321—1322 頁。

和原律也……恐岸成川，起塔崇禮”①，開元十二年（724 年）《大唐龍興大德香積寺主净業法師靈塔銘》“陪窆於神禾原大善導闍梨域内崇靈塔也”②，天寶二年（743 年）《隆闡法師碑》“遂於鳳城南神和原崇靈塔也”③，乾元元年（758 年）《大唐大薦福寺主臨壇大德法振律師墓誌》“門人玄宗等遷神起塔於萬年縣神禾原”④，貞元六年（790 年）《法界寺比丘尼正性墓誌》“遷神於城南神禾原□郎中之塋，從俗禮也”⑤，不勝枚舉。可見神禾原這一片窗外好山、竹間流水的富饒田園，在隋唐之間不僅是世俗官宦吟詠娛樂的勝游之地，也已然成爲了釋門信徒滅罪度亡的寄托之所。

　　神禾原上還有一處叫“蓮花洞”的唐代人文勝迹頗爲著名。宋代張禮《游城南記》“循（神禾）原而東，詣蓮花洞”條張禮自注曰：“自（張）思道之居東行五六里，直樊川之上，倚神禾原，有洞曰蓮花，舊爲村人鄭氏之業。鄭氏遠祖乾耀，尚明皇之女臨晋公主。杜甫詩有《宴鄭駙馬洞中》云‘主家陰洞細煙霧’，疑即此地也。”⑥元代李好文《長安志圖》卷中“圖志雜説”之“樊川”條亦云：“蓮花洞在神禾原，即鄭駙馬之居，所謂主家陰洞者也。”⑦元代駱天驤《類編長安志》卷九“勝游”之“蓮花洞”條所記更詳：“在杜曲南樊村，倚神禾半原，高百尺，鑿數洞，俗呼蓮花窪，亦云鄭駙馬洞。按《唐書》：‘明皇臨晋公主下降鄭虔姪鄭潛曜，臨崖築洞以避暑。’杜甫《鄭駙馬宴洞中》詩曰：‘主家陰洞細煙霧，留客夏簟青琅玕。春酒杯濃琥珀薄，冰漿椀碧瑪瑙寒。誤疑茅堂過江麓，已入風磴霾雲端。自是秦樓厭鄭谷，時聞雜佩聲珊珊。’今爲野僧之居。”⑧明代趙崡《石墨鐫華》又云：“（自道安洞）又東南行，過鄭家莊，唐鄭駙馬乾曜後族尚百人。據《記》，鄭氏居蓮花洞，在道安洞西北，今乃在東南，豈年久遷徙耶？似不可曉。”⑨鄭潛曜，《游城南記》誤作“乾耀”。其人入《新唐書·孝友傳》：“鄭潛曜者，父萬鈞，駙馬都尉、滎陽郡公。母，代國長公主。開元中，主寢疾，潛曜侍左右，造次不去，累三月不靧

① 周紹良主編：《唐代墓誌彙編》，上海：上海古籍出版社，1992 年，下册，第 1356 頁。
② 周紹良主編：《唐代墓誌彙編》，上海：上海古籍出版社，1992 年，上册，第 1296 頁。明代趙崡《石墨鐫華》卷七云：“（香積）寺前壁上有畢彦雄撰《净業禪師塔銘》，書刻健，有登善法。寺僧言是塔上墜落者。”《石刻史料新編》第 1 輯，臺北：新文豐出版公司，1982 年，第 25 册 18655 頁。
③ 石存西安碑林博物館。
④ 胡戟：《珍稀墓誌百品》，西安：陝西師範大學出版總社，2016 年，第 148 頁。
⑤ 周紹良主編：《唐代墓誌彙編》，上海：上海古籍出版社，1992 年，下册，第 1858 頁。
⑥ （宋）張禮撰，史念海、曹爾琴校注：《游城南記校注》，西安：三秦出版社，2006 年，第 163 頁。
⑦ （宋）宋敏求撰，（元）李好文撰，辛德勇、郎潔點校：《長安志 長安志圖》，西安：三秦出版社，2013 年，第 56 頁。
⑧ （元）駱天驤撰，黃永年點校：《類編長安志》，北京：中華書局，1990 年，第 283 頁。
⑨ （明）趙崡：《石墨鐫華》卷七，《石刻史料新編》第 1 輯，臺北：新文豐出版公司，1982 年，第 25 册，第 18653 頁。

面。主疾侵，刺血爲書請諸神，丐以身代。火書，而'神許'二字獨不化。翌日主愈，戒左右無敢言。後尚臨晋長公主，歷太僕、光祿卿。"①杜甫受托於鄭潛曜而撰寫的《唐故德儀贈淑妃皇甫氏神道碑》亦云："有女曰臨晋公主，出降代國長公主子榮陽潛曜，官曰光祿卿，爵曰駙馬都尉。"②可知潛曜爲睿宗外孫，所尚公主爲玄宗第十二女，其所居蓮花洞，在宋代尚爲"村人鄭氏之業"，到元代則已成"野僧之居"，至今更無遺迹可尋，其大體位置約在今神禾原北崖的樊村鄉小江村禪經寺後，誠所謂"昔日最多風景處，今人偏動黍離愁"③。鄭潛曜以其父子兩代皆爲駙馬而著名於時，其父鄭萬鈞在正史無傳，其子嗣亦無載記，所幸新近出土的唐天寶七載（748 年）《鄭鼎（字萬鈞）墓誌》適可稍補遺憾，並可據以見證唐代鄭氏駙馬家族在當時的社會地位與影響④。又，唐獨孤及《毗陵集》卷一七《鄭駙馬孝行記》載鄭潛曜生平甚詳，亦可補《新唐書·孝友傳》之不足。

　　自道安洞南行七八里，在神禾原的最東南首，直抵終南山北麓，還有一道一佛兩大宗教文化遺迹，東邊是漢太乙宮與唐太乙觀遺址，西邊是唐百塔寺遺址。太乙又曰太一，相傳太乙真人嘗於此修煉而立觀祭祀。遺址在西安城南五十里太乙山谷口，傳説漢元封初，南山谷間雲氣融結，陰翳成象，武帝於此建宮。元代駱天驤《類編長安志》卷六"太一山"條引《三秦記》云："在長安東方南八十里太一谷。中有太一元君湫池。漢武帝元封二年，祀太一於此，建太一宮。"⑤然而尤爲世人膾炙於口的則是王維《終南山》"太乙近天都，連山到海隅，白雲回望合，青靄入看無"的詩句，竟將此地渲染成一處勝游之域。王維又有《過太乙觀買生房》詩，知太乙觀在唐代香火頗盛。百塔寺北距長安城約五十里，是隋唐三階教的祖庭所在，創始人爲隋代的信行禪師⑥，後收骨立塔於此，初名至相道場，唐大曆年間，已有小塔累累逾百，遂改名百塔寺。宋代張禮《游城南記》曰："百塔在梗梓谷口，唐信行禪師塔院，今謂之

　　① 《新唐書》卷一九五《孝友·鄭潛曜傳》，北京：中華書局，1975 年校點本，第 5581 頁。
　　② 蕭滌非主編：《杜甫全集校注》卷二二，北京：人民文學出版社，2014 年，第 6349 頁。
　　③ （宋）柴望《多景樓》詩句，傅璇琮等主編：《全宋詩》卷三三三〇，北京：北京大學出版社，1998 年，第 64 冊，第 39908 頁。
　　④ 趙文成、趙君平編：《秦晋豫新出墓誌蒐佚續編》，北京：國家圖書館出版社，2015 年，第 3 冊，第 760 頁。墓誌首題"大唐故銀青光大夫衛尉卿贈工部尚書駙馬都尉上柱國榮陽郡開國公鄭府君墓誌銘"，誌文略云："公諱鼎，字萬鈞，榮陽開封人也。曾祖道援，隨武陵郡守。祖懷節，皇贈使持節衡州諸軍事衡州刺史。父遠思，皇贈使持節博鄭二州諸軍事鄭州刺史太常卿。"又云："嗣子潛曜，尚臨晋公主，銀青光祿大夫、光祿卿、駙馬都尉，榮陽縣開國男；少子諱明，中散大夫、太子洗馬，清平縣開國公。"尾款復云："題蓋大字潛曜書"，可知鄭潛曜亦長於大字榜書。
　　⑤ （元）駱天驤撰，黄永年點校：《類編長安志》，北京：中華書局，1990 年，第 164 頁。
　　⑥ 隋開皇十四年僧法纘撰《信行禪師傳法碑》與唐武后時立越王李貞撰、張廷珪書《信行禪師碑》及唐神龍二年越王李貞撰、薛稷書《信行禪師碑興教碑》皆已不存，僅《興教碑》有拓本傳世。

興教院。唐裴行儉妻庫狄氏嘗讀《信行集録》，及歿，遷窆於終南山鴟號堆信行塔之後，由是異信行者往往歸葬於此。今小塔纍纍相比，因謂之百塔。"①明代趙崡《石墨鐫華》卷七云："又東南五里，爲百塔寺，本信行禪師塔院。山畔，唐裴行儉妻庫狄氏葬塔尚存。餘小塔，《記》所謂'纍纍相比，謂之百塔'者，今止存三五而已。殿前石經幢，無可書，殊絶。"②此外，唐《梁師亮墓誌》也曾存於此寺，而今存西安碑林的傳爲唐代國長公主駙馬鄭萬鈞草書《心經》刻石，亦嘗爲百塔寺舊物。

神禾原皇甫村附近今天還有一處大窪地，當地人皆以爲是唐代著名的自然景觀舊迹——"乾湫"。其傳説大約始於唐代，有韓愈的詩爲證，一曰《題炭谷湫祠堂》，詩中道出了湫池"厭處平地水，巢居插天山"的緣由③。二曰《龍移》："天昏地黑蛟龍移，雷驚電激雄雌隨，清泉百丈化爲土，魚鱉枯死籲可悲。"韓愈又嘗題注云："此詩謂南山湫也。湫初在平地，一日風雷，移居山上。其山下湫，遂化爲土。"④之後長安人遂謂之乾湫。至於湫池的移去之處，當即終南山太乙谷的唐代澄源夫人湫廟所在地，韓愈亦有《南山》"因緣窺其湫，凝湛閟陰獸"與《秋懷》"清曉卷書坐，南山見高稜。其下澄湫水，有蛟寒可罾"詩句爲之寫照⑤。《游城南記》"壬子，渡潏水而南，上原觀乾湫"條張禮注曰："乾湫在神禾原皇甫村之東。"⑥元代駱天驤《類編長安志》卷之九《勝游·御宿川》"乾湫"條云："在神禾原興盛坊。舊有湫池，龍移去，遂涸，謂之乾湫。韓退之詩曰：'天昏地黑蛟龍移，雷驚電擊雌雄隨，清泉百尺化爲土，魚鱉枯死籲可悲。'謂龍移於太一湫池也。"⑦可見自然景觀亦往往有賴於人文底藴而得以張大其形象與影響。

五、餘　論

黍離麥秀，滄海桑田。宋代張禮在《游城南記》結尾的自注中嘗不無惋惜地總結道："城南之景，有聞其名而失其地者，有具其名得其地而不知其所以者，有見於近

①　（宋）張禮撰，史念海、曹爾琴校注：《游城南記校注》，西安：三秦出版社，2006 年，第 154—155 頁。《文苑英華》卷八八三載唐張説《贈太尉裴行儉神道碑》云："夫人深戒榮滿，遠悟真筌，固辭贏儓，超謝塵俗。每讀《信行禪師集録》，永期尊奉。開元五年四月二日歸真京邑，其年八月遷窆之於終南山鴟鳴堆信行禪師靈塔之後。"宋代李復所謂"裴公看盡因緣在，百塔龕前首重回"詩句，亦典出唐裴行儉故事。

②　（明）趙崡：《石墨鐫華》卷七，《石刻史料新編》第 1 輯，臺北：新文豐出版公司，1982 年，第 25 册，第 18655 頁。

③　（清）方世舉著，郝潤華、丁俊麗整理：《韓昌黎詩集編年箋注》卷二，北京：中華書局，2012 年，上册，第 84 頁。

④　（清）方世舉著，郝潤華、丁俊麗整理：《韓昌黎詩集編年箋注》卷二，北京：中華書局，2012 年，上册，第 87 頁。

⑤　（清）方世舉著，郝潤華、丁俊麗整理：《韓昌黎詩集編年箋注》卷四、卷八，北京：中華書局，2012 年，上册，第 202 頁、下册，第 431 頁。

⑥　（宋）張禮撰，史念海、曹爾琴校注：《游城南記校注》，西安：三秦出版社，2006 年，第 154 頁。

⑦　（元）駱天驤撰，黄永年點校：《類編長安志》，北京：中華書局，1990 年，第 290 頁。

世而未著於前代者。若《牛頭寺》碑陰記永清公主莊,《長安志》載沙城鎮、薛據南山別業,羅隱《雜感》詩有景星觀、姚家園、葉家林,聞其名而失其地者也。翠臺莊、高望樓、公主浮圖、溫國塔、朱坡,具其名得其地而不得其所以者也。楊舍人莊、唯釋院、神禾少陵兩原、三清觀、塗山寺、陳氏昆仲報德廬、《劉翔集》之濛溪、劉子衷之樊谿、五臺僧墳院,見於近世而未著於前代者。故皆略之,以俟再考。至於名迹可據,而暴於人之耳目者,皆得以詳書焉。"①其中的"神禾少陵兩原"與"塗山寺"皆是列在"見於近世而未著於前代者",故爲張禮所略之而以俟再考也。然則,神禾原之名實遞嬗,據本文已基本梳理出來,其"見於近世而未著於前代者"之謂可以休矣,亦即唐之"神禾"乃由隋之"神和"而來,且在字形字義的關係上也應有所瓜葛,因豐年祥瑞而得獲嘉名當然也是一個主要緣故。至於"少陵原",其實也已經釐清了其早著於前代的名稱遞嬗,亦即是由周隋時期的"小陵原"到唐代貞觀末年初始改爲"少陵原"焉②。又譬如塗山寺,張禮列之爲"見於近世而未著於前代者",而約爲金元間人的《續注》也只説"塗山寺在皇甫村神禾原之東南"③,今以開元十四年(726年)《唐大薦福寺故大德思恒律師誌文》"葬神禾原塗山寺東"相與印證④,可知塗山寺在唐代已有,且確實在神禾原上,其遺址當在今皇甫村東的東寺附近。又以思恒號爲律師推之,塗山寺或亦爲律宗寺院。

歸納本文的基本內容與觀點:神禾原又稱神和原,是隋唐以來長安城南直抵終南山北麓的一座丘原的名稱。其名稱的沿革,在隋代以前尚不明晰,隋代始稱神和原,唐代武周時期開始出現神禾原的稱謂,並且有了因神禾巨穗的瑞應傳説而得名的人文背景和史料依據。不過,神禾與神和之名迄於唐末猶並用互見,直到唐代以後神禾之名始漸趨普及穩定而約定俗成。神禾原的四至以及史料所見知的鄉里村落,也是值得梳理與關注的行政地理元素。至於神禾原的人文內涵,則十分豐富而不勝枚舉。諸如樊噲墓所昭示的悠久的歷史淵源,道安洞與太乙宮所凸顯的佛教與道教的早期印迹,香積寺與百塔寺所象徵的净土宗與三階教的祖庭標志,蓮花洞所代表的唐代顯宦與文人的宅園勝游之地,以及乾湫這一自然景觀所深深烙印著的唐代文學色彩,等等,皆能傳遞給我們這樣的認知:作爲一種特定的文化象徵,地名無疑烙印著深深的人文色

---

① (宋)張禮撰,史念海、曹爾琴校注:《游城南記校注》,西安:三秦出版社,2003年,第173頁。

② 周曉薇、王其禕:《片石千秋:隋代墓誌銘與隋代歷史文化》第七章第四節"新見《尹彥卿墓誌》並及'小陵原'與'少陵原'的名稱沿革",北京:科學出版社,2014年,第287—292頁。

③ (宋)張禮撰,史念海、曹爾琴校注:《游城南記校注》,西安:三秦出版社,2003年,第154頁。

④ 周紹良主編:《唐代墓誌彙編》,上海:上海古籍出版社,1992年,下冊,第1321—1322頁。

彩，因而它絕不單純是一個指示方位的地理坐標，它必然還蘊含著自然條件、歷史狀況和過往的故事等諸多人文信息。所以説地名的傳承性與穩定性特質，使得古今時空下的人文歷史真實面目得以保存，而這種保存正可以爲人們催生出一種由衷的温情與敬意。從隋唐之間"神和原"到"神禾原"的名稱沿革，從其中的文化意蘊和所載負的承上啓下的人文内涵，正可以透過地名語言及其地理風貌的表象，而感悟到基於民族心理與信仰、觀念與情懷而呈現出來的深厚的歷史積澱和强大的文化定力。

2018 年 8 月修訂於長安城南神禾原畔隋齋

附録一　碑誌所見"神和原"名稱表覽（僅據筆者所見隨手采録而非謂於斯已盡）

年代與名稱	内　容	材料出處
隋開皇二十年（600 年）《席淵墓誌》	以建德四年正月薨於王壁，春秋五十有六，以開皇廿年八月廿七日葬於大興城神和之原	王其禕、周曉薇：《隋代墓誌銘匯考》，綫裝書局，2007 年，第 2 册第 332 頁
唐貞觀八年（634 年）《戴龍墓誌》	以貞觀八年歲次甲午正月甲戌朔廿四日丁酉遷葬於長安之神和原。南望商山，遵園綺之迹；東瞻華嶽，詠松僑之風	胡戟：《珍稀墓誌百品》，陝西師範大學出版總社，2016 年，第 48 頁
唐貞觀十九年（645 年）《王約墓誌》	合葬於神和原之舊塋	齊運通：《洛陽新獲七朝墓誌》，中華書局，2012 年，第 71 頁
唐永徽六年（655 年）《韓相國墓誌》	春秋七十，大唐貞觀十二年二月十日終於禪院，粵以永徽六年歲次乙卯二月辛丑朔二日壬寅遷窆於萬年縣東隅神和之原	《西安新獲墓誌集萃》，文物出版社，2016 年，第 42 頁
唐顯慶四年（659 年）《韋君妻成德縣主李瑶墓誌》	以顯慶四年六月三日薨於永寧里之私第，春秋廿有一。粵以其年歲次己未閏十月甲子朔廿九日壬寅遷厝於萬年縣北山鄉長原里神和之原	趙君平、趙文成：《秦晉豫新出墓誌蒐佚》，國家圖書館出版社，2012 年，第 1 册第 173 頁；趙文成、趙君平：《新出唐墓誌百種》，西泠印社出版社，2010 年，第 20 頁
唐麟德二年（665 年）《房德墓誌》	以麟德二年二月卅日合葬於神和原	《西安新獲墓誌集萃》，文物出版社，2016 年，第 53 頁
唐麟德二年（665 年）《韋整暨妻杜氏崔氏墓誌》	以麟德二年歲次乙丑二月癸酉朔十日壬午合葬於神和原之新城	齊運通、楊建鋒：《洛陽新獲墓誌二○一五》，中華書局，2017 年，第 88 頁
唐聖曆三年（700 年）《戴希晉墓誌》	遷窆於雍州乾封縣神和原之	周紹良、趙超：《唐代墓誌彙編》，上海古籍出版社，1992 年，上册 964 頁
唐景雲二年（711 年）《蕭思亮墓誌》	遷窆於神和原	周紹良、趙超：《唐代墓誌彙編》，上海古籍出版社，1992 年，上册 1122 頁
唐景雲二年（711 年）《蔣義忠墓誌》	合葬於京兆神和原禮也，依周公之制，遵孔氏之典，北眺畢陌，南瞻杜原	周紹良、趙超：《唐代墓誌彙編續集》，上海古籍出版社，2001 年，第 443 頁
唐景雲二年（711 年）《韋紀妻長孫氏墓誌》	陪葬遷於舊塋雍州萬年縣北山鄉神和原	齊運通：《洛陽新獲七朝墓誌》，中華書局，2012 年，第 148 頁
唐開元十五年（727 年）《于士恭墓誌》	權祔於京兆神和原	周紹良、趙超：《唐代墓誌彙編》，上海古籍出版社，1992 年，下册第 1343 頁
唐開元十七年（729 年）《敬節法師塔銘》	窆於神和原律也……恐岸成川，起塔崇禮	周紹良、趙超：《唐代墓誌彙編》，上海古籍出版社，1992 年，下册第 1356 頁
唐開元十七年（729 年）《獨孤昱墓誌》	安窆於萬年縣神和原，祔先塋也	王書欽：《從唐獨孤昱墓誌看北朝隋唐獨孤部史事》，《碑林集刊》第十四輯，陝西人民美術出版社，2009 年，第 34 頁

续表

年代與名稱	內 容	材料出處
唐開元二十九年（741 年）《裴積墓誌》	旋窆於長安萬春鄉神和原	周紹良、趙超：《唐代墓誌彙編》，上海古籍出版社，1992 年，下册第 1515—1516 頁
唐天寶二年（743 年）《隆闡法師碑》	遂於鳳城南神和原崇靈塔也。其地前終峰南鎮，後帝城之北里	原立於神禾原香積寺，清代移藏西安碑林。《長安碑刻》，陝西人民出版社，2014 年，第 108 頁
唐天寶十四載（755 年）《裴公夫人鄭氏墓誌》	（裴公）遷窆於神和之原	周紹良、趙超：《唐代墓誌彙編續集》，上海古籍出版社，2001 年，第 660—661 頁
唐大曆十一年（776 年）《李元琮墓誌》	以大曆丙辰歲子月辛未薨於家，享年七十。右脅而臥，同佛化滅。……丑月己酉，窆於神和原，刜荼毗之制	《西安新獲墓誌集萃》，文物出版社，2016 年，第 156 頁
唐貞元八年（792 年）《獨孤君夫人李氏墓誌》	以貞元八年五月三日寝疾終於上都開元觀之旅舍，春秋廿有七，……以其年八月廿日歸葬於萬年縣神和原從先塋	趙君平、趙文成：《秦晋豫新出墓誌蒐佚》，國家圖書館出版社，2012 年，第 3 册第 822 頁
權載之撰唐元和十年（815 年）《殤孫進馬（權順孫）墓誌》	斂手足形於萬年縣神和原	《新刊權載之文集》，上海古籍出版社，宋蜀刻本唐人集叢刊，2013 年，第 2 册第 261 頁
唐會昌三年（843 年）《李德餘墓誌》	以會昌三年十一月卅日葬於萬年縣神和原祔先塋也	齊運通、楊建鋒：《洛陽新獲墓誌二〇一五》，中華書局，2017 年，第 323 頁
唐會昌四年（844 年）《嚴厚本墓誌》	公不幸暴疾，以會昌四年七月卅日終於昇道里第，享年六十七……歲十月十八日葬公於萬年縣神和原，夫人薛氏合焉	《西安新獲墓誌集萃》，文物出版社，2016 年，第 210 頁
唐大中五年（851 年）《孟氏墓誌》	殯於長安縣神和原權也	周紹良、趙超：《唐代墓誌彙編》，上海古籍出版社，1992 年，下册第 2287 頁
唐大中六年（852 年）《韋君夫人崔氏墓誌》	祔於萬年縣洪原鄉洪濟里少陵原之西、神和原之北、先舅先姑塋之東、夫家外王父外王母塋之西，卜兆之日，勒石之時，其兄乃叩問四封，哭記年月，血筆書甲子日事哀也，書庚午日事禮也	齊運通、楊建鋒：《洛陽新獲墓誌二〇一五》，中華書局，2017 年，第 336 頁
唐咸通十年（869 年）	卜宅於京兆長安縣之尹村神和原，祔於先塋	胡戟、榮新江：《大唐西市博物館藏墓誌》，北京大學出版社，2012 年，下册第 988 頁

附録二　碑誌所見"神禾原"名稱表覽（僅據筆者所見隨手采録而非謂於斯已盡）

年代與名稱	內 容	說 明	材料出處
天授二年（691 年）《王九功墓誌》	歸葬於雍州明堂縣神禾原從祔先塋		趙君平、趙文成：《秦晋豫新出墓誌蒐佚》，國家圖書館出版社，2012 年，第 1 册第 284 頁
天授二年（691 年）《王九言暨妻崔氏墓誌》	以咸亨四年歸葬先考及諸父昆弟凡一十一喪於明堂縣之舊塋。明年，有嘉禾廿六莖生於墳側，縣令元知讓乃改其所居里爲神禾鄉。……以今天授二年十月廿四日合葬於神禾鄉之舊塋	明堂縣即萬年縣，總章元年（668 年）分長安地置乾封縣，分萬年地置明堂縣。長安二年（702 年）廢乾封縣入長安縣，廢明堂縣入萬年縣。可知神禾鄉位於神禾原東段偏北部	《西安新獲墓誌集萃》，文物出版社，2016 年，第 96 頁
天授三年（692 年）韋承慶撰《王守真墓誌》	粵以天授三年歲次壬辰三月一日丁卯朔六日壬申，遷窆於雍州明堂縣神禾鄉興盛里使君公之舊塋	今有興盛村在皇甫鄉北，當即彼時興盛里所在	胡戟：《珍稀墓誌百品》，陝西師範大學出版總社，2016 年，第 88 頁

续表

年代與名稱	内　容	説　明	材料出處
天授三年（692 年）《潤州刺史王府夫人李正因墓誌》	顯慶四年三月十八日終於崇仁里之私第，春秋卅二。以天授三年歲次壬辰二月丁酉朔廿四日庚申窆於雍州明堂縣神禾鄉興盛里	墓誌云李正因"年十有七，適琅耶潤州府君"，此王府君者，蓋即王約，天授三年（692 年）韋承慶撰《王守真墓誌》曰"父約，唐太子洗馬、尚書吏部郎中、博州刺史、贈潤州刺史"，《王守真墓誌》又曰遷葬於"使君公之舊塋"，可知王約所葬亦在雍州明堂縣神禾鄉興盛里之地，而且王守真比其母李正因祔葬於其父舊塋的時間前後相差僅有十六天	《西安新獲墓誌集萃》，文物出版社，2016 年，第 99 頁
長安三年（703 年）《趙智侃墓誌》	合葬窆於長安縣神禾原		周紹良、趙超：《唐代墓誌彙編》，上海古籍出版社，1992 年，上册第 1009—1010 頁
景龍三年（709 年）《法琬法師碑》	奉敕起塔於雍州長安縣之神禾原禮也。崇搆岩嶤，前臨黃嶠之曲；層基固護，却枕青城之隅	原在長安縣賈里村，清代始移藏西安碑林	《長安碑刻》，陝西人民出版社，2014 年，上册第 87 頁
開元三年（715 年）《韋紀墓誌》	合葬於萬年縣山北鄉神禾原夫人之舊塋	韋紀爲隋韋總曾孫、韋匡伯孫、唐韋思齊子。誌文記韋紀"祖匡伯，隨左千牛尚衣奉御襲封鄖國公食江夏户三千"，父思齊，司稼卿，卒於大寧里。《韋匡伯墓誌》已收入《隋代墓誌銘匯考》。山北鄉當在神禾原東段的偏南部	齊運通：《洛陽新獲七朝墓誌》，中華書局，2012 年，第 155 頁
開元十一年（723 年）《王泰墓誌》	卜厝於萬年縣神禾原之舊塋	其父德真，高宗朝宰相。其祖武安，嘗任隋禮泉縣令。王泰又嘗拜昭陵令，奉園寢	胡戟、榮新江：《大唐西市博物館藏墓誌》，北京大學出版社，2012 年，中册第 414 頁
開元十二年（724 年）畢彦雄撰《大唐龍興大德香積寺主浄業法師靈塔銘》	陪窆於神禾原大善導闍梨域内崇靈塔也	原立於長安縣香積寺内，1956 年移藏西安碑林	周紹良、趙超：《唐代墓誌彙編》，上海古籍出版社，1992 年，上册第 1296 頁
開元十四年（726 年）《唐大薦福寺故大德思恒律師誌文》	葬神禾原塗山寺東		周紹良、趙超：《唐代墓誌彙編》，上海古籍出版社，1992 年，下册第 1321—1322 頁
開元十五年（727 年）《于恭墓誌》	開元十五年權祔京兆神禾原		《全唐文補遺》第七輯，三秦出版社，2000 年，第 370 頁
開元十五年（727 年）《杜氏墓誌》	粤以大唐開元十五年九月三日遷葬於京兆之南神禾原，陪先塋		齊運通、楊建鋒：《洛陽新獲墓誌二〇一五》，中華書局，2017 年，第 175 頁
開元十七年（729 年）《李無慮墓誌》	歸葬於萬年縣神禾舊京，陪先塋		周紹良、趙超：《唐代墓誌彙編》，上海古籍出版社，1992 年，下册第 1354—1355 頁

续表

年代與名稱	內　容	説　明	材料出處
開元二十九年（741年）《裴積墓誌》	旋窆於長安萬春鄉神禾原	因轄於長安縣，故萬春鄉當在神禾原西段	周紹良、趙超：《唐代墓誌彙編》，上海古籍出版社，1992年，下册第1515—1516頁
乾元元年（758年）《大唐大薦福寺主臨壇大德法振律師墓誌》	以乾元元年十一月十六日乘□遷神於寺之方丈室，春秋卅有六，僧臘廿有二……門人玄宗等遷神起塔於萬年縣神禾原		胡戟：《珍稀墓誌百品》，陝西師範大學出版總社，2016年，第148頁
乾元二年（759年）《王踐慶墓誌》	以乾元二年歲次己亥十一月甲子朔七日庚午命葬於萬年縣神禾鄉□□□先塋		趙力光：《西安碑林博物館藏墓誌續編》，陝西師範大學出版總社有限公司，2014年，上册第350頁
權德輿撰大曆七年（772年）《裴倩神道碑》	歸全於萬年縣神禾原之大墓		《權載之文集》卷一七，《四部叢刊初編》，上海書店，1989年，第397頁
建中元年（780年）《陸邑墓誌》	葬於長安城南神禾原先塋之側		《長安新出墓誌》，文物出版社，2011年，第200頁
建中元年（780年）《元諫墓誌》	以建中元年秋八月旬有一日厝於神禾原，非先塋也		胡戟：《珍稀墓誌百品》，陝西師範大學出版總社，2016年，第156頁
建中四年（783年）《裴嬰妻崔氏墓誌》	建中四年四月十六日終於長興里第，春秋卅有八。嗚呼哀哉，粵若以八月既望，陪葬於萬年縣神禾原先塋之側		《西安新獲墓誌集萃》，文物出版社，2016年，第163頁
貞元六年（790年）《法界寺比丘尼正性墓誌》	遷神於城南神禾原□郎中之塋，從俗禮也		周紹良、趙超：《唐代墓誌彙編》，上海古籍出版社，一九九二年，下册第1858頁
貞元九年（793年）《盧俌第三女十七娘墓誌》	葬於萬年縣神禾鄉畢原，附依堂伯祖之舊塋	神禾鄉當在神禾原東段的偏北部，故得與畢原接壤	《長安新出墓誌》，文物出版社，2011年，第208頁
貞元十二年（796年）《裴嬰墓誌》	遷祔於京兆府萬年縣神禾原故夫人崔氏之塋		新近出土，據筆者自藏拓本著録
貞元十四年（798年）《李緒墓誌》	以（貞元）十四年十二月廿一日奉公之靈祧祔於長安縣神禾原大塋，報永思也		齊運通、楊建鋒：《洛陽新獲墓誌二〇一五》，中華書局，2017年，第248頁
柳宗元撰貞元十六年（800年）《亡姊前京兆府參軍裴君夫人墓誌》	安厝於長安縣之神禾原，從於先塋，祔於皇姑，宜也		《柳河東集》卷一三"誌"，上海古籍出版社，2008年版，上册第210—212頁
貞元十七年（801年）《裴匠墓誌》	歸葬於京師萬年縣神禾鄉之畢原，從先塋		《唐史論叢》第18輯載賈二强《唐裴匠墓誌考》，陝西師範大學出版總社有限公司，2014年，第295頁
韓愈撰貞元十八年（802年）《施先生墓銘》	縣曰萬年，原曰神禾，高四尺者，先生墓耶		《韓昌黎文集校注》第六卷"碑誌"，上海古籍出版社，2014年，第395頁
元和元年（806年）《獨孤士衡夫人竇氏墓誌》	葬於萬年縣神禾原		胡戟：《珍稀墓誌百品》，陝西師範大學出版總社，2016年，第174頁

续表

年代與名稱	内　容	説　　明	材料出處
元和十二年（817年）《獨孤士衡墓誌》	葬於萬年縣山北鄉神禾原祔先塋		吳振鋒：《字裏千秋：新見碑誌拓片集粹》，陝西師範大學出版總社，2017年，第83頁；《書法叢刊》2011年第5輯載王連龍《新見唐〈獨孤士衡墓誌〉考略》
元和十□年（816—820年）《蕭澈亡女墓誌》	安葬於京兆府萬年縣神禾原		趙力光：《西安碑林博物館藏墓誌續編》，陝西師範大學出版總社，2014年，下册第486頁
長慶二年（822年）《王師正夫人房敬墓誌》	我之先塋居函鎬，帝城南原曰神禾，考時不協，未得歸葬		周紹良、趙超：《唐代墓誌彙編》，上海古籍出版社，1992年，下册2066—2067頁
長慶三年（823年）《武公素墓誌》	從葬先尚書於萬年縣神禾原		趙君平、趙文成：《秦晋豫新出墓誌蒐佚》，國家圖書館出版社，2012年，第4册第913頁
大和元年（827年）《鄭溥墓誌》	歸葬於長安縣永壽鄉姜尹村神禾原		《隋唐五代墓誌彙編》陝西卷第四册，天津古籍出版社，1991年，第96頁
大和四年（830年）《嚴厚本妻薛夫人墓誌》	葬於萬年縣神禾原		《西安新獲墓誌集萃》，文物出版社，2016年，第198頁
大和九年（835年）《蕭遇妻盧夫人墓誌》	權窆於萬年縣神禾原		趙力光：《西安碑林博物館藏墓誌續編》，陝西師範大學出版總社，2014年，下册第534頁
大中四年（850年）《裴氏小娘子墓誌》	歸葬於長安里禦（御）宿川神禾原祔先塋之側也	1948年冬出土於長安縣神禾原賈里村	《長安碑刻》，陝西人民出版社，2014年，上册第191頁
大中七年（853年）《韋瓘墓誌》	唐大中六年十一月廿二日，秘書監京兆韋公薨於位，明年將祔於先塋……即以大中七年正月十八日祔於萬年縣神禾鄉神禾原歸先塋也	韋瓘父即韋正卿，神禾原即北周龍門縣公韋遵一房的家族塋域	吳振鋒：《字裏千秋：新見碑誌拓片集粹》，陝西師範大學出版總社，2017年，第86頁
大中十二年（858年）《高氏墓誌》	窆於京兆府萬年縣神禾鄉神禾原任王村		齊運通、楊建鋒：《洛陽新獲墓誌二○一五》，中華書局，2017年，第346頁
王維撰《故右豹韜衛長史賜丹州刺史任君神道碑》	葬於京兆神禾原		王維著，趙殿成箋注：《王右丞集箋注》卷二三，上海古籍出版社，1961年，第421頁。宋本與述古堂本均作"神和"

唐長安城南郊何將軍山林的園林要素及布局

李令福

　　唐長安城南郊因"京郊形勝"的秀麗景色成爲著名的別墅休閑區。雍正《陝西通志》記載："唐京省入伏，假三日一開印。公卿近郭皆有園池，以致樊杜數十里間，泉石占勝，布滿川路，至今基地尚存。"①何將軍山林在城南園林區中別具一格，相比較其他在文章被記錄下來的已知園林而言，它獨冠以山林這一稱呼，並且與那些因園林主人的名聲而被後人記下的園林情況相反，何將軍何昌其因他的園林而被後人記住。由於時代久遠，戰火波及和人爲毀壞等原因，今天已不能再親睹何將軍山林當年風光。不過值得慶幸的是杜甫在兩次游覽何將軍山林後分別留下的《陪鄭廣文游何將軍山林十首》和《重過何氏五首》詩篇，爲後人提供一窺當年風貌的機會，爲重構當年何將軍山林的園林要素及布局提供了寶貴資料。

一、資料及山林概況

　　杜甫兩次游覽城南何將軍山林，寫下了組詩共 15 首，爲本研究的基本參考資料。特列如下。

　　1.《陪鄭廣文游何將軍山林十首》②

　　其一

　　不識南塘路，今知第五橋。名園依綠水，野竹上青霄。

　　谷口舊相得，濠梁同見招。平生爲幽興，未惜馬蹄遙。

　　作者簡介：李令福，男，陝西師範大學西北歷史環境學經濟社會發展研究中心研究員。

① 雍正《陝西通志》卷九八《拾遺一》。

② 《全唐詩》卷二二四《杜甫》，北京：中華書局，第 2397 頁。

其二

百頃風潭上，千章夏木清。卑枝低結子，接葉暗巢鶯。
鮮鯽銀絲膾，香芹碧澗羹。翻疑柂樓底，晚飯越中行。

其三

萬里戎王子，何年別月支？異花開絕域，滋蔓匝清池。
漢使徒空到，神農竟不知。露翻兼雨打，開坼漸離披。

其四

旁舍連高竹，疏籬帶晚花。碾渦深沒馬，藤蔓曲藏蛇。
詞賦工無益，山林迹未賒。盡撚書籍賣，來問爾東家。

其五

剩水滄江破，殘山碣石開。綠垂風折筍，紅綻雨肥梅。
銀甲彈箏用，金魚換酒來。興移無灑掃，隨意坐莓苔。

其六

風磴吹陰雪，雲門吼瀑泉。酒醒思臥簞，衣冷欲裝綿。
野老來看客，河魚不取錢。祇疑淳樸處，自有一山川。

其七

棘樹寒雲色，茵蔯春藕香。脆添生菜美，陰益食單凉。
野鶴清晨出，山精白日藏。石林蟠水府，百里獨蒼蒼。

其八

憶過楊柳渚，走馬定昆池。醉把青荷葉，狂遺白接䍦。
刺船思郢客，解水乞吳兒。坐對秦山晚，江湖興頗隨。

其九

床上書連屋，階前樹拂雲。將軍不好武，稚子總能文。
醒酒微風入，聽詩靜夜分。絺衣掛蘿薜，凉月白紛紛。

其十

幽意忽不愜，歸期無奈何。出門流水住，回首白雲多。
自笑燈前舞，誰憐醉後歌。祇應與朋好，風雨亦來過。

2.《重過何氏五首》①

其一

問訊東橋竹，將軍有報書。倒衣還命駕，高枕乃吾廬。

花妥鶯捎蝶，溪喧獺趁魚。重來休沐地，真作野人居。

其二

山雨樽仍在，沙沉榻未移。犬迎曾宿客，鴉護落巢兒。

雲薄翠微寺，天清皇子陂。向來幽興極，步屧過東籬。

其三

落日平臺上，春風啜茗時。石欄斜點筆，桐葉坐題詩。

翡翠鳴衣桁，蜻蜓立釣絲。自今幽興熟，來往亦無期。

其四

頗怪朝參懶，應耽野趣長。雨拋金鎖甲，苔臥綠沉槍。

手自移蒲柳，家纏足稻粱。看君用幽意，白日到羲皇。

其五

到此應常宿，相留可判年。蹉跎暮容色，悵望好林泉。

何日沾微祿，歸山買薄田？斯游恐不遂，把酒意茫然。

3. 主人概況

何將軍山林的主人何昌其在歷史資料中留下很少的身世資料記載，因此後人無法對他進行充分的瞭解。僅知道他是唐代一名千牛衛上將軍，曾是郭子儀的偏將。從杜甫"床上書連屋，階前樹拂雲。將軍不好武，稚子總能文"中可以看出，何昌其雖然出身行武，却也是一個喜愛讀書，有雅致的儒將，今傳長安何家營鼓樂的流傳也與其大力收集有關，因此他與文人墨客結交也不足爲怪。杜甫詩中謂何氏"頗怪朝參懶，應耽野趣長"，這可能既是促成何氏修建此山林的原因所在。

何昌其與鄭虔（字廣文）交好，同時鄭虔與杜甫是同鄉好友，因此當何昌其邀請鄭虔的時候，杜甫也"平生爲幽興，未惜馬蹄遥"，陪同鄭虔一起第一次於天寶十二載夏天游覽了山林。第二次於次年春天獨自應邀故地重游②。兩次游覽總共留下詩歌十五首，清代王士禎對這些詩篇評價甚高："何氏十五首遂爲詠園林之冠，爲其人工

---

① 《全唐詩》卷二二四《杜甫》，北京：中華書局，第2398頁。

② （清）仇兆鰲：《杜詩詳注》，北京：中華書局，1979年，第147頁。

之極，更近自然，不淺不深，正好而止。”

4.山林位置

對何將軍山林文獻記載較爲簡略。宋張禮《游城南記》記載當時“尋所謂何將軍山林而不可見”，但在宋敏求《長安志》中說：“塔陂者以有浮屠故名，在韋曲西，何將軍之山林也。”塔陂即塔坡，在今塔坡村。元駱天驤《類編長安志》中“何將軍山林”條記載：“今謂之塔坡。少陵原乃樊川之北原，自司馬村起，至此而盡，其高三百尺，在杜城之東，韋曲之西。山林久廢，上有寺，浮圖亦廢，俗呼爲塔坡。”①明嘉靖《陝西通志》基本引用《類編長安志》所述，也是此觀點②。

由此我們可以判斷唐時何將軍山林大致範圍應爲今塔坡村所在的範圍，即位於當時長安城南明德門外樊川北原，距明德門大約三十里的韋曲西邊。塔坡後依據坡上坡下分爲上、下塔坡兩村，可知當時何將軍山林從原下延伸到原上。唐時此地除有潏水流經外，還有人工開鑿的清明渠穿過，豐富的水源爲園林的創建與經營創造十分有利條件，因此會出現“名園依綠水”景觀。該地區環境優美，距離西北側公共游樂場所的定昆池也不遠，宋之問在《春游宴兵部韋員外韋曲莊序》③寫到：“長安城南有韋莊，京郊之形勝也。”位於韋曲西側的何將軍山林形勝也不會相差太遠。唐時韋杜爲文人墨客聚集之處，文化氣息的濃郁也增加何昌其將自己園林選在此處的興致。

5.何謂山林

何將軍山林具體面積受資料所限無法判斷。然在唐諸多園林中，它獨冠以山林之稱，可以從中找出一些綫索。《漢書·滑稽列傳》記竇太主（館陶公主號竇太主）言：“願陛下時忘萬事，養精游神，從中掖庭回輿，枉路臨妾山林，得獻觴上壽，娛樂左右。”④顏師古引應劭注：“公主園中有山，謙不敢稱第，故托山林也。”明王嗣奭《杜臆》注曰：“山林與園亭異。依山臨水，連村落，包原隰，涵樵漁，王右丞輞川似之，非止一丘一壑之勝而已。”⑤由此可知何將軍山林範圍廣闊，山林之內不僅有亭臺樓閣，還應有山川田地之類。這些在杜甫詩中也有印證“百頃風潭上，千章夏木清”，“石林蟠水府，百里獨蒼蒼”，“手自移蒲柳，家纏足稻梁”風景。雖然“百頃”“千章”和“百里”之詞可能存在一些文學誇張，但也從另一個角度反映莊園目

①　（元）駱天驤：《類編長安志》卷之九《勝游·樊川》。

②　明嘉靖《陝西通志》卷一二《土地·古迹》。

③　《全唐文》卷二四一《宋之問》。

④　《漢書》卷六五《東方朔傳》。

⑤　（明）王嗣奭：《杜臆》，上海：上海古籍出版社，1983年，第20頁。

視範圍之內是廣闊的。"家纏足稻粱"反映出園中有足夠廣大的田地以供園中人的生產生活。"碾渦深没馬"表明游覽時需要要乘馬進行，也從另一個角度説明山林的廣闊。

二、何將軍山林的構成要素

在杜甫詩篇中出現衆多的園林景物，構成一幅優美的山水相映、雞犬相聞的田園風光。正是這美不勝收的風光使得杜甫流連忘返，以致再次游賞，最後還産生"何日沾微禄，歸山買薄田"的想法。到底山林中包含哪些方面的園林要素，下面從各個方面進行分析。

1. 房屋建築及器物

書房

杜甫在詩中直接寫房屋的詩句不多，僅在第一次游覽時夜間留宿在山林，在其第九首詩中寫到"床上書連屋，階前樹拂雲"。可以確定這是何將軍山林中的一處書房。從"聽詩静夜分"和"凉月白紛紛"兩句夜半時候月色照進房間白紛紛一片，可以推斷出該書房是坐北朝南布局，讀書之際，亦可以眺望終南山風景。書房前面既有高聳入雲的樹木，亦有纏繞在樹上牆壁間的蔥蔥郁鬱的女蘿薜荔，使得這裏環境十分清幽淡雅。書房是否和别的房間連接在一起因資料的原因暫時還無法斷定。

水磨

杜甫第四首詩中"碾渦深没馬"一句，後人歷來有不同的見解。清仇兆鼇在《杜詩詳注》裏認爲是"車輪碾轍低陷處，水漩成渦"。恐非，因爲車輪再怎麽向下陷也不會形成"没馬"的漩渦。碾當爲磑碾，即水磨。《唐會要》載："開元九年正月，京兆少尹李元紘奏：疏三輔諸渠，王公之家緣渠立磑，以害水功。一切毁之。"[①]足見因爲當時王公貴族設立磑碾脱穀、製粉以牟取利潤，導致磑碾在水渠旁邊較多，以致影響水利灌溉。何將軍山林靠近清明渠，加上本山林也是"家纏足稻粱"，因此何將軍山林有磑碾也不足爲奇。祇不過磑碾在後來的詔毁中被廢除，留下杜甫所看到的碾渦，即當時爲推動水磨所用流水的水渠。這種水渠仍可以在存水後形成"没馬"的局面。

演武場

在第九首詩中何將軍被杜甫認爲"將軍不好武，稚子總能文"，這裏面有一些杜

---

① 《唐會要》卷八九《疏鑿利人》。

甫的個人感想在裏面，杜甫從自身文人角度出發，有此想法不爲過。第二次游覽何氏山林時，杜甫曾有"雨拋金鎖甲，苔卧綠沉槍"感慨，想以此説明何將軍的重文之志。但是何將軍作爲一介武將，不可能完全放棄武藝。金鎖甲爲精細鎖子甲，綠沉槍爲槍柄被用綠沉色爲漆裝飾的長槍，按常理不應被習武之人隨便丢棄，在此應該是被杜甫用來指代所看到的一般兵器。這些兵器從杜甫用"雨拋""苔卧"的修飾狀況來看應該是陳列於莊園之中房屋之外。因此此地極有可能是何將軍習武所用的演武場。

釣魚臺

杜甫的《重過何氏五首》之中第三首描寫平臺之游："落日平臺上，春風啜茗時。石欄斜點筆，桐葉坐題詩。翡翠鳴衣桁，蜻蜓立釣絲。自今幽興熟，來往亦無期。"這裏應該是風潭邊的一個高臺，被何氏在靠水邊的地方用欄杆裝修，作爲一個釣魚臺使用，同時也可以作爲品茶和觀賞風景的場所。杜甫重游時就傍晚坐在平臺上放下釣魚絲後，在等待時一邊品著香茗，一邊沾著放在欄杆上的墨在梧桐葉上寫下自己的新作。

碧筒飲

第八首詩中"醉把青荷葉"向人展示一種當時流行的用荷葉飲酒的方式。在後面故事中有詳細介紹，這裏不再贅述。

2. 山林的山水

杜甫在第一次游覽山林時有"谷口舊相得，濠梁同見招"之句，運用兩個典故來説明鄭虔和何將軍。"濠梁"一詞源於《莊子·秋水》："莊子與惠子，同游濠梁之上"，《莊子》中"濠"爲古水名，一名石樑河，在今安徽鳳陽縣境内。杜甫用在這裏其實已經傳遞出何將軍山林水體很多的信息，這些水體在詩中也被進一步描寫。

皂河、清明渠

杜甫詩中"名園依綠水"中的"綠水"當爲潏水，在古代一般稱河流爲水，對於人工河流清明渠不會加以水的稱呼。另據張禮《游城南記》記載："清明渠……穿杜牧九曲池，尋坡而西，經牛頭寺下，穿韓符莊，西過韋曲，至渠北村，西北流入京城。"史念海先生的校注云："清明渠西北流經韋曲，韋曲在今西安市長安縣韋曲鎮，清明渠從這裏沿少陵原坡下又西北流向長安城。"從何將軍山林在韋曲西的地理位置及其廣闊的面積來看，明清渠當穿過何將軍山林。這也解釋了山林之中會出現"風磴吹陰雪，雲門吼瀑泉"原因，因爲是清明渠從少陵原上激流而下所造成的景觀。水流向下經過曾經的磑碾，然後流到風潭，後流出山林。從清明渠流出的活水爲山林中的生産生活提供了極大的便利，生活用水和灌溉用水得到滿足，何將軍山林中的稻田生產就有保障。同時也是山林中其他各個水體的源頭，祇要清明渠存在，山林的水面景色就不會消失，風潭依舊會保持"百頃"之廣，瀑泉還是可以飛濺"陰雪"。

風潭

"百頃風潭"是杜甫進入莊園後展現在他面前的第一大景觀，即第二首中所言的"百頃風潭上，千章夏木清"。雖然杜甫的百頃有一些誇張的成分在裏面，不過後來杜甫寫到"翻疑柁樓底，晚飯越中行"。杜甫年輕時在南方游歷曾經見到南方大船尾有柁樓，此時看到風潭想起當年水中行船的情景，足以見得風潭也擁有廣闊水域。"醉把青荷葉"可以説明在風潭裏面種有荷花。在第一次游覽時杜甫提到"鮮鯽銀絲膾"和"野老來看客，河魚不取錢"，在重游時提到"蜻蜓立釣絲"，足以證明在風潭之中有魚的存在。後人在寫景時經常用風潭的典故，如元人奧敦周卿在描寫西湖時曾寫到："西湖煙水茫茫，百頃風潭，十里荷香。宜雨宜晴，宜西施淡抹濃妝。尾尾相銜畫舫，盡歡聲無日不笙簧。春暖花香，歲稔時康。真乃上有天堂，下有蘇杭。"唐代園林中開鑿池潭已是傳統，如白居易洛陽別墅中"有水一池"。

假山

杜甫第五首詩中出現的"剩水滄江破，殘山碣石開"，應該是描寫山林中假山所在。主人在正渠之外穿池壘石，因此大地上會出現剩水殘山，然其氣勢之雄闊，足以破滄江而開碣石。早在漢代在昆明池中已出現牛郎織女的假山石，到唐代貴族園林中大量出現用石之作，比何將軍稍晚一些的白居易、牛僧孺、李德裕等人均在園中布置大量假山，並有撰文傳世。杜甫本人也有衆多假山詩，如《假山》："一匱功盈尺，三峰意出群。望中疑在野，幽處欲生雲。慈竹春陰覆，香爐曉時分。惟南將獻壽，佳氣日氤氳。"園林中假山池水合理布置可以達到拳石藏嶽滴水出海的效果。

瀑泉

杜甫第六首詩中詩中雖出現"風磴吹陰雪，雲門吼瀑泉"的景象，並不是真正的在夏季出現陰雪，而是激流在下降過程中所形成小瀑布上升起的水霧，並且伴隨著響聲。小瀑布應該是清明渠在落下原的時候所形成，不過也應該進行了人爲的整理。由於水汽的上升，在這裏形成一個局部的小氣候。同時在這周圍應該就是在來時所看到的"野竹上青霄"的所在地，會有茂密竹叢，雖然是炎炎夏日，這裏卻十分陰冷，"酒醒思臥簟，衣冷欲裝綿"，可見是一個避暑的好去處。在這裏也應該是生長香芹的碧澗所在。

石林水府

第七首詩中出現的"石林蟠水府，百里獨蒼蒼"，講的是山林中或山林周圍有一片很開闊的地方，在這裏叢石如林，旁邊白水蒼蒼，唯獨不曾有樹木生長。"百里"當爲誇張之詞。

3.山林中動植物

魚

風潭及明清渠中有魚的存在，"鮮鯽銀絲膾""野老來看客，河魚不取錢"，在重游時提到"溪喧獺趁魚""蜻蜓立釣絲"，足以證明在風潭和明清渠中都有魚的存在。可能就是所提到餐桌上"鮮鯽銀絲膾"所用的鯽魚。

鳥

山林中不但看到第二首詩中的"接葉暗巢鶯"，鶯類在桐樹上結巢。還可以從重游第二首一覽"鴉護落巢兒"見鴉類的愛子之情。在重游第三首詩裏面出現的"翡翠鳴衣桁"中"翡"爲赤羽雀，"翠"爲青羽雀，"衣桁"爲晾衣架。"翡翠"或爲何昌其養在籠中的雀鳥，以期聽到美妙的鳥音。還可以看到"野鶴清晨出"到水田覓食的景象。

犬

第二次重游中"犬迎曾宿客"，看到"曾宿客"，連狗都跑出來迎接。

蜻蜓

"蜻蜓立釣絲"，主客閒適釣魚時，連蜻蜓也來湊熱鬧。

蝴蝶、水獺

緣溪行既有美麗的自然風景，也可以看到重游第一首中的"花妥鶯捎蝶，溪喧獺趁魚"有趣情景。

竹林

何將軍山林中存在大片的竹林，這是吸引杜甫第一次不請自來的主要原因。同時第二次"問訊東橋竹，將軍有報書"，這又促成杜甫"重來休沐地"。詩中四次提到竹，是出現次數最多的植物。山林中的竹林高聳茂密，在遠處看"野竹上青霄"。當然有竹林的地方還有竹筍，"綠垂風折筍"，正是描寫竹筍遇風折斷的情況。

泡桐

在杜甫詩篇中提到"百頃風潭上，千章夏木清"，有許多的高樹圍繞在風潭周圍，却沒有提及是何樹。在重游中有"落日平臺上，春風啜茗時。石欄斜點筆，桐葉坐題詩"，詩人在休閒的時刻不會再去遠處撿拾桐葉回到臺上在題詩，應該是春風將桐葉吹落在平臺上，被詩人隨手撿起題詩在上面。由此可見杜甫第一次所見"千章夏木"應該就是泡桐樹。泡桐樹，可高達12米，葉爲掌狀，夏季開花，花小，黃綠色，果實成熟時分裂。樹幹光滑，葉大優美，觀性好，中國古代傳説鳳凰“非梧桐不棲”。因此家中多栽有梧桐樹。桐樹長大後枝葉繁茂，夏季會結出像一串葡萄樣下垂的種子串，與“卑枝低結子”狀況極其相似。另外，桐樹葉極大又重疊茂密，也容易形成“接葉暗巢鶯”的情況。

水芹

詩中第二首詩中與“鮮鯽銀絲膾”相提並論的 “香芹碧澗羹”所用香芹應是水芹菜。《説文》：“楚葵，水芹也，今水中芹菜。一名水英。” 水芹別名水英、細本山芹菜、牛草、楚葵、刀芹、蜀芹、野芹菜等。主要生活在河溝、水田旁，杜甫説香芹生在碧澗中也符合水芹菜生長習性。山林之中水源豐富，爲大面積種植水芹提供可能。

獨活

杜詩第三首詩中所提“萬里戎王子，何年別月支？異花開絶域，滋蔓匝清池”。“戎王子”歷來被人解釋爲獨活，獨活別名胡王使者、獨搖草、獨滑、長生草、川獨活、肉獨活、資歷邱獨活、巴東獨活、香獨活、績獨活、大活、山大活、玉活。因“胡”與“戎”在古代很多時候是通用，所以“胡王使者”和“戎王子”被認爲是同一植物。今采前人説法。唐人園中多有藥圃，杜甫在成都草堂就有藥圃，其在《高楠》中提到“近根開藥圃，接葉製茅亭”。

紅梅

杜甫用“綠垂風折筍，紅綻雨肥梅”來描寫了烹筍摘梅的愜意狀態。中唐時期長安地區温暖濕潤，適合梅子生長，《詩經·秦風》中有：“終南何有？有條有梅”，九世紀時唐皇宮和曲江池還都種有梅樹。核果近球形，有縫合綫，黄色或綠色，被柔毛，味酸，果肉與核不易分離，6—7 月果實成熟，古人經常用來代替醋用作調味品。梅樹可用於園林、綠地、庭園、風景區，可孤植、叢植、群植等；也可屋前、坡上、石際、路邊自然配植。

荷花

風潭之中種有荷花，杜甫在詩中“醉把青荷葉”“茵蔯春藕香”涉及這種植物。後人在文學作品中也常用“百頃風潭，十里荷花”的句子，也可能從杜詩化用。

棘樹

棘樹，又名酸棗樹，是較爲常見的灌木，杜甫在何將軍山林游覽時就見到了“棘樹寒雲色”。

茵蔯蒿

茵蔯蒿經冬不死，春則因陳根而生，故名因陳或茵蔯。至夏其苗則變爲蒿，故亦稱茵陳蒿。據《中國醫典》介紹："茵陳主産於陝西、河北、山西等省。商品通稱綿茵陳，陝西産者稱西茵陳，品質最佳。除供應本省外，並運銷南方諸省。其他種省、區産者，多自産自銷。"中國民間現尚有以米粉做茵陳糕、團的習慣。茵陳做菜，要采嫩苗，老的藥用是茵陳蒿。故有"二月茵陳，五月蒿"的説法。

女蘿、薜荔

女蘿即松蘿。多附生在松樹上，成絲狀下垂。《楚辭·九歌·山鬼》："若有人兮山之阿，被薜荔兮帶女羅。"王逸注："羅，一作蘿"。唐元積《夢游春》詩："朝蕣玉佩迎，高松女蘿附。"薜荔俗稱凉粉果、木饅頭，亦有別名薜、牡贊、木蓮、木蓮藤、過水龍、辟蕁、石壁蓮、木瓜藤、膨泡樹、壁石虎、木壁蓮、爬牆虎、風不動、彭蜂藤、王不留行、石蓮、常春藤、石龍藤、石壁藤、補血王、追骨風、爬岩風、牆脚柱、田螺掩、大鼓藤、攚絡藤、老鴉饅頭藤、凉粉藤、石繃藤、薜荔絡石藤、木隆榖、邦邦老虎藤、乒乓抛藤、爬山虎、巴山虎、乒抛藤、泊壁藤、牆壁藤、有蜂藤、小薜荔、抱樹蓮，爲桑科常緑攀援或匍匐灌木植物，含乳汁。《植物名實圖考》："木蓮即薜荔，自江而南，皆曰木饅頭。俗以其實中子浸汁爲凉粉，以解暑。①"薜荔葉質厚，深緑發亮，寒冬不凋。園林栽培宜將其攀援岩坡、牆垣和樹上，鬱鬱蔥蔥，可增强自然情趣。杜甫所在書房"階前樹拂雲"也爲"絺衣掛蘿薜"創造了有力條件，另外蘿薜也可以攀附在牆壁上。

蒲柳

在重游第四首中"手自移蒲柳"中的蒲柳即水楊，它生長於水邊，質性柔弱且又樹葉早落。山林中有大量水體的存在，爲蒲柳的生長提供了有益的環境。蒲柳也許是文人們最不喜歡的植物。白居易在《自題寫真》詩中説："蒲柳質易朽，麋鹿心難馴。"因此杜甫所提到的"手自移蒲柳"，有可能是將蒲柳剗除掉。不過"手自移蒲柳"還有另一種情況解釋，《爾雅疏》："楊，一名蒲柳，生澤中，可爲箭笴。"笴，即箭杆。從這個角度來説蒲柳可以是何昌其自己親手種植的，以用來爲自己打造箭杆。

水稻

山林中有稻田，"家纔稻粱足"可以看出山林在生産方面能達到自足。《長安志圖》中記載："今其地出美稻，土人謂之塔坡米。"塔坡米或是何將軍山林稻田之傳承。後面有進一步説明。

---

① 《植物名實圖考》卷三三《木類·木蘭》。

4. 食物

膾鮮鯽

剛進山林作者就品嘗到第二首詩中所説的"鮮鯽銀絲膾"，何氏用鮮鯽魚招待鄭杜兩人。"銀絲"點明所作的鮮鯽魚的形狀和顏色。《酉陽雜俎》記載："進士段碩常識南孝廉者，善斫膾絲。薄絲縷輕可吹起。"不知杜甫所見是不是這樣的膾絲。

香芹羹

"香芹碧澗羹"同樣出現在第二首詩所描寫的午飯中。杜甫有"香芹調羹，皆美芹之功"之贊。

茵陳

在游覽到原上時進行的晚餐，有第七首中"茵陳春藕香"一説。茵陳可做菜肴，在中國流傳著"正月茵陳二月蒿，三月拿來當柴燒"的諺語。此時爲夏季，極可能祇是杜甫聽説有此做法，却未曾親自嘗到。

春藕

杜甫在夏季嘗到春藕，在炎炎夏日因此會有"脆添生菜美，陰益食單凉"的感慨。

茶

重游第三首中"落日平臺上，春風啜茗時"描繪出詩人品茶的一種閑適狀態。茶在陸羽《茶經》問世後纔開始普及，之前主要在貴族中流行。

5. 鼓樂

鼓樂雖没有在杜甫詩中出現，但今天何家營鼓樂被認爲是何將軍保留下來，專家稱之爲"活在地面上的兵馬俑""中國古代的交響樂"。何家營鼓樂，是以打擊樂器的鼓爲主，與笛、笙、管等吹奏樂器混合演奏的大型樂種。在師承關係上，鼓樂原分玄和釋兩家。何家營鼓樂樂器的音調和保留曲目近於僧家，但又不斷吸收民間樂調，形成高揚、渾厚、熱烈而奔放的俗家演奏風格，同時又保留了宮廷音樂典雅清幽的色彩。

何家營鼓樂演奏的樂器以鼓、鑼、鐃、鈸、木魚、水鈴、去鑼、方匣子爲主，加以笛、笙、管等吹奏樂器。演奏形式分行樂和坐樂兩大類。行樂是行走時演奏樂曲，所用樂器較爲簡單，多爲單牌子散曲，節奏規律、嚴整；坐樂爲坐著演奏的曲牌，人員衆多，場面壯觀，樂曲舒展激越，頗具將軍風範。

三、何將軍山林的布局

明王嗣奭《杜臆》曰："此十首詩明是一篇游記，有首有尾，中間或賦景或寫情，經緯錯綜曲折變幻。"作者推測杜甫第一次游覽所作的十首詩歌是按先後順序排列的，從"不識南塘路，今知第五橋"開始到"祇應與朋好，風雨亦來過"結束。

　　游覽路綫從南塘路開始，這裏也許曾路過後來所回憶到的"憶過楊柳渚，走馬定昆池"，經過第五橋後，遙遙看見"名園依緑水，野竹上青霄"。

　　第二首詩是進山林後所看到的景色（圖 1），我們從詩中可以推測出進園後該處的大致布局：有一大型風潭，在它周圍種植了大量梧桐樹。從山林所在少陵原的地理範圍和明清渠的流向來看，山林地勢應該是東南高於西北，平臺高於水面，平臺位置應該在風潭的東部和南部之間。杜甫被招待吃飯時，能由風潭想到游覽南方時"翻疑柁樓底，晚飯越中行"情景，那吃飯地點應該距離風潭很近。炎炎夏日不會露天，或爲一廳，或爲房舍。

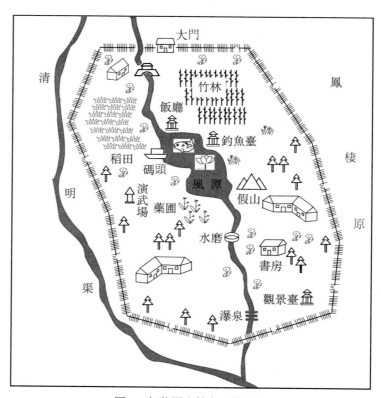

圖 1　何將軍山林布局推測圖

　　從各詩描寫景物來看，能出現"風磴吹陰雪，雲門吼瀑泉"，飯後應是向原上游覽的過程。所經過的第一個地點應該就是第三首詩"萬里戎王子"獨活所在的藥圃。

　　第四首就是繼續往前走出現籬笆外面隱藏在高竹後面的旁舍，可以臨近看到向下面的風潭流去的渠水，這裏還有磴碾拆除後留下的碾渦。另外，第二次所寫到的稻田也應該位於這一地帶。緣溪行能看到第二次游覽時"花妥鶯捎蝶，溪喧獺趁魚"情景，溪水邊有蒲柳。

第五首出現前行中看到假山，假山後面是大片竹林，竹林裏隱藏有竹筍和紅梅。游人曾在這裏坐下休息"興移無灑掃，隨意坐莓苔"，興致所在也就隨意坐下，哪怕是没有打掃的莓苔。這裏已經接近原，因此竹林後面就出現第六首詩裏面渠水從原上冲下所形成的瀑布。

竹林本來就陰凉，又受到撲面而來的水汽影響，造成"酒醒思卧簟，衣冷欲裝綿"。在這裏還看到淳樸的野老在這裏取魚。

第七首就是上原後看到滿叢棘樹，在這裏進行了晚餐，進食的食物中有藕片。站在高處四處張望因此會想到"野鶴清晨出，山精白日藏"，也會看到"石林蟠水府，百里獨蒼蒼"的情況。游覽到這裏應該天色不早，已經到打道回府的時間。

因此第八首再一次出現和風潭有關的詩句"刺船思郢客，解水乞吳兒"，這時已經回到風潭邊休息，也就有了"坐對秦山晚"。

第九首出現夜間住宿的情況，初到生地，雖然已經是"静夜分"，月光透過外面的女蘿薜荔照進房間白紛紛一片。面對上與屋齊的書籍，看著外面高聳入雲的樹木，杜甫依然不能入睡。

第十首就寫到離開時候了"出門流水住，回首白雲多"，並提到"祇應與朋好，風雨亦來過。"

四、何將軍山林的毀壞與故事

1. 毀壞原因與時間

對於何將軍山林的消失，多無資料記載。杜甫兩次游覽何將軍山林是在天寶十二載、十三載，天寶十四載發生"安史之亂"，在"安史之亂"後也不見有山林的出現，據此推測山林可能毀於"安史之亂"。唐至德二載（757 年）安禄山叛軍攻長安，命關西節度使安守忠、李歸仁陳兵於滻河及清明渠兩岸。朝廷命關內、河東副元帥郭子儀率兵征剿，兩軍各守陣地七日，互不相進。叛軍安守忠令軍隊假退誘官兵進攻，以驍騎九千爲長蛇陣，從首尾兩翼夾攻郭子儀軍，官兵大潰，子儀去武功向肅宗請罪降職。同年九月，肅宗於鳳翔設宴慰勞諸將，再次命郭子儀率兵進擊長安叛軍。以廣平王李椒爲元帥，郭子儀爲副帥，率朔方等軍及回紇兵 15 萬，列陣於清明渠兩岸，横亘 15 公里，從香積寺北對叛軍追擊，四面圍剿，戰於杜城南清明渠至茅坡一帶，自午至酉，酣戰半日，斬首不計其數，叛軍大潰，餘衆逃入長安，官軍乘勝追擊，叛軍棄城而逃，長安收復。該戰事持續一段時間，其山林極有可能被叛軍或戰事中毀壞。何家營或爲這一時期何將軍的駐地，或者爲山林被毀後，令遷此地後重建的莊園，祇是規模遠遜於第一個莊園。吕卓民所著《長安韋杜家族》一書認爲何將軍山林可能位於韋曲南部的何家營，就是這個原因①。

2. 濠梁同見招

杜甫第一次游覽何將軍山林是偶然的事情，從這十首詩的總題目《陪鄭廣文游何將軍山林》也可以看出，主要是陪游。杜甫在長安與有"高士""名士"之稱的鄭虔相交比較密切，兩人之間保存下來多首交往的詩作。"安史之亂"後所作的《送鄭十八虔貶臺州司户，傷其臨老陷賊之故，闕爲面别，情見於詩》："鄭公樗散鬢成絲，酒後常稱老畫師。萬里傷心嚴譴日，百年垂死中興時。蒼惶已就長途往，邂逅無端出餞遲。便與先生應永訣，九重泉路盡交期。"②就是杜甫對鄭虔真摯感情的流露。由於這種深厚友誼的存在，鄭虔知道杜甫"平生爲幽意"的個人理想，在游覽何將軍山林時，將杜甫帶著也是情理之中，也就有了杜甫筆下的"谷口舊相得，濠梁同見招"。

當時的杜甫在長安並不得意，在長安經歷了第一次進士第"忤下考功第"和第二次投詩不成的打擊。這一次是在天寶十載終被聖恩蒙幸，"命待制集賢院"，後又"召試文章，送隸有司，參列選序"然未卜何職。因此，他會有："何日沾微禄"之感。在長安的這幾年杜甫已經四十歲，再也沒有第一次落第時"放蕩趙齊間，裘馬頗輕狂"的豪放。

面對何將軍山林的美景，杜甫在欣賞的同時也多有感慨流露。如在第十首中提到"自笑燈前舞，誰憐醉後歌"，未嘗不是自己苦悶心情的寫照。面對山林的美好景色，杜甫也升起對屬於自己莊園的渴望，在詩中甚至大膽的提到"倒衣還命駕，高枕乃吾廬"，將這裏想作是自己園林。"看君用幽意，白日到羲皇"，别人的悠閒生活讓自己不僅有"到此應常宿，相留可判年"念頭，然而自己已經"蹉跎暮容色"，現在還在等待朝廷的官職安排，祇能"悵望好林泉"了。就算自己可以留在這，然而官職安排依舊遥遥無期，"何日沾微禄，歸山買薄田？斯游恐不遂，把酒意茫然"。對未來充滿不可知的迷茫，祇好通過把杯來消遣。

重游後一年即爆發"安史之亂"，杜甫已不能再"問訊東橋竹"，也就沒有再游

---

① 吕卓民：《長安韋杜家族》，西安：西安出版社，2005年，第205頁。
② 《全唐詩》卷二二五《杜甫》。

山林詩歌的出現，杜甫也基本結束了這一段時間的長安困頓生活。何將軍山林可能在戰火中毀壞，杜甫後期詩中也沒再提及。然而杜甫和鄭虔的友誼依舊持續，《送鄭十八虔貶臺州司户，傷其臨老陷賊之故，闕爲面別，情見於詩》就是亂後所作。

3. 寂寞荷葉杯

杜甫在游覽何將軍山林時，曾寫"醉把青荷葉"，明王嗣奭《杜臆》注："青荷葉注云酒杯，誤，荷即池中所産，醉時折而把之。"其實王嗣奭在這裏的注解錯誤，青荷葉作爲酒杯是沒有問題的，其正式的名字應是"碧筒飲"（如圖 2）。古代的文人飲酒尚雅，碧筒飲則是雅中之雅。段成式在《酉陽雜俎》中載：魏晋時，每至炎夏盛暑，齊郡刺史鄭慤喜與幕僚赴濟南北郊蓮子湖（今大明湖）蕩舟消暑，出没於映日荷花、田田蓮葉間。他們玩至盡興，常割下湖中帶梗的荷葉，用髮簪刺穿葉心，使與空心的荷莖通連，再將荷葉梗莖彎成上翹象鼻狀，然後於荷葉中注貯美酒，從曲莖埠徐徐吸飲。這種"酒味雜蓮氣香冷勝於水"的浪漫而富有情調的飲酒方式就是"碧筒飲"。這也是關於碧筒飲的最早記載。

圖 2　寂寞荷葉杯的現代造型

從魏晋以後"碧筒飲"在文人中十分流行，備受推崇。據北宋王讜的《唐語林》記載：唐代宰相"李宗閔暑月以荷爲杯"。説的是文士出身的李宗閔，常常在盛夏晚上，臨池設宴，招待賓僚，用的就是荷葉杯，有正始遺風，傳爲士林佳話。唐詩宋詞中也有吟及荷葉杯與碧筒飲的，如白居易的"疏索柳花怨，寂寞荷葉杯"；戴叔倫的"茶烹松火紅，酒吸荷葉緑"；曹鄴的"乘興挈一壺，折荷以爲盞"；蘇東坡的"碧筒時作象鼻彎，白酒微帶荷心苦"。

古代酒器工匠用金、銀或玉模仿荷杯，製造出了種種雅致有趣的酒杯精品。"碧筒飲"類似有西安出土的唐代雙魚紋銀質荷葉杯，杯身呈卷攏的荷葉杯，杯長 13.6 釐米，高 3.2 釐米，杯口四曲，呈長圓形，有矮圈足；杯内鏨刻荷葉莖脈爲絞飾，造型巧妙而逼真。浙江衢州南宋學者史繩祖墓中出土荷葉杯（有圖爲相似品），杯長 11.5

鰲米，杯體雕成周緣卷攏的荷菜狀，脉絡清晰，玉杯外表雕有形狀各異的蓮花，有的含苞待放，有的飽含蓮子，荷葉莖杯平伸而出，然後彎曲成杯把，杯把之上覆有一張荷葉，生機勃勃，情趣盎然，似有"碧綠情圓舉風荷"的詩意，令人遐思無限。

4.晶潤塔坡米

杜甫在詩中記載何將軍山林："家纔足稻粱"，可見該地是盛産稻米。宋敏求《長安志圖》卷中："塔坡者，以有浮屠故名。在韋曲西何將軍之山林也。今其地出美稻，土人謂之塔坡米。"其後從宋至清，均有記之。據當地百姓描述，塔坡所産之米，色澤晶潤亮潔，飽滿豐腴，較之一般大米品相優勝；而不管蒸煮，熟後自有一縷禾黍之清香，入口甘甜，不黏不澀，有面之筋道而不失米之溫軟。過去窮困時，逢年過節，待客蒸一鍋米飯，那便是極好的享受了。

塔坡，在今西安城南二十里余，韋曲之西北。當地分爲上塔坡和下塔坡，從西安至長安區到航天大道往西，忽如臨淵，清凉寺下便是。皂河自江坡從潏河分出，經韋曲西北從塔坡流向沈家橋，此處原是潏河古道。有充足的水源，因此也就爲稻米生産創造了條件。

唐代高僧移配試探

王蘭蘭

唐代官員流貶問題早已受到中外學界的關注，並取得了大量的成果。與之相似的是，在唐代社會佛教盛行的背景下，佛教高僧也存在被移配的現象。目前尚未有學者就這一問題進行專門研究，故筆者不揣淺陋，試作粗淺探索，以促進該問題研究的深入。

一、唐代高僧移配概述

唐代社會佛教盛行，與此同時，政府對佛教的控制日趨嚴格，僧尼通過試經取得度牒，成爲合法僧人後，並不能隨意選擇想要修行的寺院，而要由政府指定，此即配住制度。有學者研究認爲最早的配住記載見於唐初佛教文獻《法苑珠林》[①]，此後的《續高僧傳》《宋高僧傳》兩部僧傳，集中記載了大量唐代佛教高僧的生平事迹，在衆多傳記中，有"配""配名""配住""隷名""隷"等多種表達方式，字裏行間常常可見配住制度的痕迹。在《大正藏》所收其他佛教資料及敦煌文書中，也有配住制度的實例，在此不一一列舉。政府文書中亦有反映配住制度的內容，最典型的是唐文宗太和四年祠部上奏："謹具起請條件如後：准天寶八年十一月十八日敕，諸州府僧尼籍帳等每十年一造，永爲常式者。……起今以後，諸州府僧尼已得度者，勒本州府具法名、俗姓、鄉貫、户頭、所習經業及配住寺人數，開項分析籍帳送本司以明真僞。"[②]天寶八載的規定是基於此前僧尼已經按照政府安排被配住於相應寺院，此規定在唐中後期被繼續執行也説明配住制度始終行用於有唐一代。唐政府這樣做的原因是要將僧尼剃度、配住與籍帳制度結合起來，對僧尼實行全面管理，使宗教更好地服務於

作者簡介：王蘭蘭，女，西安文理學院長安歷史文化研究中心副研究員。

① 周奇：《唐代宗教管理研究》，復旦大學博士學位論文，2005 年，第 102 頁。

② （清）董誥：《全唐文》卷九六六《請申禁僧尼奏》，北京：中華書局，1983 年，第 10032 頁。

政權。

有配住制度，相應地就會產生配住地點的變更，正常的變更之外，值得研究的是：高僧被政府要求離開原配住寺，改居地理環境與寺院聲望均弱於原居寺的情況。這種情況下的高僧配住地點變更，可稱爲移配。需要説明的是，唐代歷史上有一些有被移配經歷的名僧，例如，僧廣宣，中唐詩僧，“兩入紅樓，得罪譴歸”①，但他並不在佛學方面聞名，未被收入《續高僧傳》《宋高僧傳》或者其他重要佛教文獻；又如“脩睦赴僞吳之辟，與朱瑾同及於禍。齊己附明宗東宫談詩，與官僚高輦善，東宫敗，幾不保首領。”②他生活於唐末五代，被譴謫於五代，也不宜納入考察對象。類似這樣的被移配僧均不在本文研究範圍内。據佛教文獻、唐人文集及石刻資料等，唐代歷史上有記載的曾遭遇移配的高僧有法琳、神會、利涉、良賁、靈澈、貫休等。

初唐高僧法琳，襄陽人，兼通儒道，《續高僧傳》爲他作了長達數千言的傳記，他曾先後住京師濟法寺、終南山龍田寺。高祖、太宗時期，先後著《破邪論》《辯正論》等文，駁斥道教毁佛言論。因其論述中談及道教始祖老子出身低微與李唐皇室的鮮卑血統，被敕徙於益部僧寺，行至百牢關（今陝西勉縣西南）菩提寺，因疾而卒③。

盛唐高僧神會，襄陽人，亦通儒釋道三學，爲禪宗南派惠能弟子，開元八年（720年）敕配住南陽龍興寺，後於洛陽大行禪法。當時神秀、普寂師徒所傳北宗禪盛行，誣神會聚徒不軌，玄宗召見神會後，敕其移往均部，天寶二年又敕徙荆州開元寺般若院居住。“安史之亂”後神會在洛陽主持戒壇度僧事宜，所獲財帛支援國家軍費開支，有功於平叛事業，肅宗皇帝詔入内供養，又下敕爲其在荷澤寺中造禪宇。圓寂後靈塔在洛陽寶應寺，敕謚大師曰真宗，塔號般若④。從初貶南陽到暫安於荆州，期間神會在均州輾轉多次，中唐華嚴五祖圭峰大師宗密記載稱：“天寶十二載，被誣聚衆，敕黜弋陽郡，又移武當郡。至十三載，恩命量移襄州。至七月，又敕移荆州開元寺，皆北宗門下之所致也。”⑤從路綫看，是在逐步南移，遠離政治、宗教中心，體現出移配的特點。

初、盛唐高僧利涉，西域人，中宗特加欽重，開元中於安國寺講華嚴經，座無虚

①　（明）胡震亨：《唐音癸籤》卷二九《談叢五》，上海：上海古籍出版社，1981年，第302頁。

②　《唐音癸籤》卷二九《談叢五》，第302頁。

③　（唐）道宣：《唐終南山龍田寺釋法琳傳》，《續高僧傳》卷二四，北京：中華書局，2014年，第958頁。

④　（宋）贊寧撰，范祥雍點校：《宋高僧傳》卷八《唐洛京荷澤寺神會傳》，北京：中華書局，1987年，第179—180頁。

⑤　（唐）宗密：《圓覺經大疏釋義鈔》卷三下《神會傳》，《卍新修續藏經》第9册，石家莊：河北省佛教協會影印本，2006年，第522頁。

席。大理評事秘校韋玎在三教論議中攻擊佛教，利涉機智應對，護法有功，玄宗敕賜利涉錢絹助造明教寺。但他晚節遭譴謫漢東，尋屬寬宥移徙南陽龍興寺，他曾自述原因是"被門徒朝要連坐於此"。贊寧還記載圓照撰有十卷本《大唐安國寺利涉法師傳》[①]。

中唐高僧良賁，河東人，外通墳典，內善經論。代宗永泰中不空譯《仁王護國般若波羅蜜多經》，良賁爲其證義。代宗請良賁爲菩薩戒師，大曆二年（767 年）又敕令他撰《仁王護國般若波羅蜜多經疏》。良賁耗時約十個月完成了經疏，受到皇命褒揚。但大曆六年（771 年），良賁被徙居集州（治今四川南江），十二年三月十日終於符陽（今四川通江）。良賁累朝供奉應制，辭辯富贍、學問高深，故贊寧歎其"末塗淪躓，同利涉之徙移，若神會之流外"[②]。

中唐高僧靈澈，也是一位名詩僧，與故秘書郎嚴維、劉隋州長卿、前殿中侍御史皇甫曾等交游甚歡，又得到包佶、權德輿等當時名臣的禮遇與賞識[③]，貞元中，"（靈澈）西游京師，名振輦下，緇流嫉之，造飛語激動中貴人，因侵誣得罪，徙汀州（治今福建長汀）"[④]。他有《謫汀州》詩作對移配生活作了生動的描述，詩云："青蠅爲弔客，黃耳寄家書。"[⑤]

晚唐釋貫休，"北謁荆帥成汭，初甚禮焉，於龍興寺安置。時內翰吳融謫官相遇，往來論道論詩。融爲休作集序，則乾寧三年（896 年）也。尋被誣譖於荆帥，黜休於功安。"[⑥]功安即今湖北公安。或言"貫休在荆州幕，爲成汭遞放黔中（治今重慶彭水）"[⑦]。

本文所述六位被移配的高僧，學界研究較多的有唐前期的法琳、神會和唐後期的靈澈、貫休[⑧]，此不贅述，故僅就玄宗朝利涉與代宗朝良賁被移配事稍作展開。

二、利涉移配原因蠡測

利涉自述其移配原因是"被門徒朝要連坐"，但語焉不詳，因何人、何事牽連無

① 《宋高僧傳》卷一七《唐京兆大安國寺利涉傳》，第 421 頁。
② 《宋高僧傳》卷五《唐京師安國寺良賁傳》，第 99—100 頁。
③ 《宋高僧傳》卷一五《唐會稽云門寺靈澈傳》，第 369 頁。
④ （唐）劉禹錫著，卞孝萱校訂：《劉禹錫集》一九《澈上人文集紀》，北京：中華書局，1990 年，第 239 頁。《唐詩紀事》《唐才子傳》亦記此事。
⑤ 《劉禹錫集》一九《澈上人文集紀》，第 240 頁。
⑥ 《宋高僧傳》卷三〇《梁成都府東禪院貫休傳》，第 749 頁。
⑦ 《唐音癸籤》卷二九《談叢五》，第 302 頁。
⑧ 可參看下列研究成果：如湯用形《隋唐佛教史稿》，北京：中華書局，1982 年；胡適：《神會和尚遺集》，上海：亞東圖書館，1931 年；（元）辛文房著，傅璇琮主編：《唐才子傳校箋》卷三、卷一〇，北京：中華書局，1987 年。

從得知，目前資料匱乏，無法確斷，這裏僅試作蠡測。

　　據贊寧記載，“釋利涉者，本西域人也，……欲游震旦，結侶東征，至金梭嶺，遇玄奘三藏，行次相逢，禮求奘度。……中宗最加欽重，朝廷卿相相感義與游。開元中於安國寺講《華嚴經》，四衆赴堂，遲則無容膝之位矣。”①若照此説，利涉經歷了太宗、高宗、武后、中宗、睿宗、玄宗諸位帝王統治時期。玄奘東歸始於貞觀十七年（743 年）五月，成於貞觀十九年（745 年）正月，利涉在東來中土的路上初遇玄奘應在貞觀十七年或十八年，初遇之時，他最少應是一個青年而非少年，姑且以唐代男子二十加冠推測他爲二十歲左右，則其出生年大約在 723—724 年。“開元中”可理解爲開元時期的中期，開元時期爲 713—741 年，則其時段約在 722—731 年之間，但若按照這種理解，利涉春秋在百歲左右，況且“開元中”時，利涉還在長安，此後若干年他被移配漢東、南陽，則他的年齡還要超過百歲，這似不符合當時的歷史狀況，即便在醫療條件發達的當代，百歲老人也並不常見。有學者根據敦煌文獻 P.2165《六門陀羅尼經論並廣釋開訣記》和 S.2679C《奏請僧徒和寺舍依定》研究認爲：贊寧的記載出現了訛誤，利涉不應是大慈恩寺玄奘的弟子，而應該是荆州白馬寺玄奘的弟子，其生年應是高宗龍朔元年（656 年）至顯慶三年（658 年），卒年在 727—740 年之間，他被移配不是像他自述的“被門徒朝要連坐”，而是因爲反對開元十五年（727 年）玄宗所頒拆毀佛堂的敕令，直接觸怒了皇帝②。結合上文指出的不合常理之處，此研究結論中的利涉生卒年與師承似有一定道理，但他自述移配的原因是“被門徒朝要連坐”，此乃托詞還是實情，仍有待商榷。

　　學界一般據《宋高僧傳》認爲是圓照撰寫了《利涉傳》十卷，但此實爲贊寧之誤，圓照《大唐貞元續開元釋教録》原記載爲：“大唐安國大法師釋利涉紀傳十卷，左監門衛左監門衛率府録事參軍趙克勖字譔修，請編入目録。”③該佛教經録另一處作“大唐安國大法師釋利涉紀傳十卷，左監門衛左監門衛率府録事參軍趙充勖字撰修，請編入目録。”④雖趙氏名字在傳抄中出現誤差，但仍可見一個基本事實是圓照申請將趙氏所修十卷本《利涉傳》編入自己所修的佛經目録。他在《利涉傳》之前依次排列了道宣《京師西明寺録》三卷、《釋氏道宣感通記》一卷、《關中創立戒壇圖經》一卷、僧一行《釋氏系録》一卷、《故金剛智三藏行記》一卷和《東京大廣福寺金

---

① 《宋高僧傳》卷一七《唐京兆大安國寺利涉傳》，第 420 頁。
② 李小榮：《〈宋高僧傳・利涉傳〉補正——以敦煌文獻爲中心》，《敦煌佛教與禪宗學術討論會文集》，西安：三秦出版社，2007 年，第 169—179 頁。
③ （唐）圓照：《大唐貞元續開元釋教録》卷中，《大正藏》第 55 册，臺北：佛陀教育基金會，1990 年，第 765 頁。
④ 《大唐貞元續開元釋教録》卷下，《大正藏》第 55 册，第 769 頁。

剛三藏塔銘並序》，道宣、一行、金剛智分別卒於高宗乾封二年（667 年）、玄宗開元十五年（727 年）、開元二十年（732 年），這應是按照作者年代排序，則利涉卒年應晚於開元二十年。也就是説，在開元中期或稍後，趙氏爲利涉撰寫了傳記。翻檢史籍及墓誌碑刻，未發現有關此人的資料，但或許利涉之貶與趙氏家族或趙氏姻親、故舊有關。目力所限，僅提出假説，期待新資料佐證。

三、良賁移配原因試析

諸位高僧被貶原因，以上所引或多或少有所交代，唯獨良賁被移配的原因，未見史料記載，亦需略作考證。

代宗永泰元年（765 年）四月二日，不空請求翻譯《仁王般若護國經》，良賁位列不空奏請的翻經大德第八名，"仍請僧懷感、飛錫、子鄰、建宗、歸性、義崇、道液、良賁、潛真、應真、慧靈、法崇、超悟、慧静、圓寂、道休等，於内道場共翻譯。"①他的請求被皇帝許可，並得到了中書門下祠部牒文，其上署名者有"中書侍郎同平章事杜鴻漸、中書侍郎同平章事元載、黄門侍郎同平章事王縉、檢校侍中李使、檢校右僕射平章事使、檢校左僕射平章事使、中書令郭子儀使。"②同月四日，良賁參與不空譯場，當時他接到令史張濟所頒中書門下牒，牒稱："主事楊獻、郎中崔漪恩旨頒下：爰命京城義學大德良賁等、翰林學士常袞等，於大明宫南桃園詳譯仁王，並校訂密嚴等經，至四月十五日譯畢進上。"③

對此二事，圓照又有一段記載如下：

> 恩旨頒下令譯斯經。爰集京城義學大德應制翻譯。一十七人。三藏大興善寺沙門三藏不空譯梵本。大聖千福法花寺沙門法崇證梵本義。翻經大德青龍寺主沙門良賁筆受兼潤文。……典内侍省内閣、上柱國馬奉獻，判官儒林郎、行内侍省掖庭局宫教博士員外置同正員楊利全，副使特進、右驍衛大將軍、上柱國、東陽郡開國公駱奉仙，駕使開府儀同三司、兼左監門衛大將軍、仍監知處置神策軍兵馬使、知内侍省事、内飛龍廄弓箭等使、上柱國、馮翊郡開國公魚朝恩兼統其事④。

① 《大唐貞元續開元釋教録》卷下，《大正藏》第 55 册，第 751 頁。
② 《大唐貞元續開元釋教録》卷下，《大正藏》第 55 册，第 751 頁。
③ 《大唐貞元續開元釋教録》卷上，《大正藏》第 55 册，第 751 頁。
④ （唐）圓照：《貞元新定釋教目録》卷十五《總集群經録上》，《大正藏》第 55 册，臺北：佛陀教育基金會，1990 年，第 885 頁。

可以看到，良賁的排位已經上升到第三位，同時與唐前期譯場以宰相等高級官員監護不同的新現象，魚朝恩及諸宦官成爲了譯場主要監護人。

此後，代宗同意大安國寺上座乘如的請求，在京師西明、資聖兩寺請百講師設百高座講《仁王經》，九月一日，該經被迎出大明宫，“時觀軍容使、兼處置神策軍兵馬事、開府儀同三司、兼左監門衛大將軍、知内侍省事、内飛龍廄弓箭等使、上柱國、馮翊郡開國公魚朝恩與六軍使陳天龍衆八部鬼神，護送新經出於大内”①。

代宗對以良賁爲首的講經大德予以了表揚：“西明百座大德法師，共赴資聖，奉敕應先西明寺百座法師大德，並赴資聖寺佛殿，爲國傳經行道。其資聖寺百座法師良賁等五十座，依前講説《仁王般若護國》、《密嚴》等經，普及蒼生。”②

永泰二年（766 年）二月十一日起，代宗又命良賁在内於南桃園爲《仁王經》作疏，至十一月八日疏成獻上③。良賁署名青龍寺翻經講論沙門，並在進獻經疏時提到翻經時魚朝恩的總領作用，其詞曰：“觀軍容使開府魚朝恩，兼統其事。”④

良賁在《仁王經》翻譯、宣講過程中擔當重任，又被代宗指定作經疏，是一代名僧，爲何會被突然移配集州？是僧侶之間的内鬥還是被捲入朝廷政爭？目前未見史料記載，但從時間看，大曆五年（770 年），代宗授意下，元載設計捕殺了魚朝恩，次年，良賁被移配集州。魚朝恩在《仁王護國般若波羅蜜多經》翻譯及傳講的過程中，均承擔了監護總責，良賁寫作經疏的過程中，他應也起到了一定的作用，在這一系列活動中，良賁與他應比較熟悉，前述良賁排名的提升是皇帝恩命所致，當時出自宦官的奏請。日本學者山口史恭對魚朝恩與良賁的關係有過具體探討，他指出良賁與魚朝恩相識並交好於魚朝恩在陝州時期，在《護國仁王般若經》翻譯的過程中，良賁與魚朝恩都居於重要地位⑤。魚朝恩被殺後，良賁自然受到波及。利涉、神會之移配皆與朝中官員相關，故贊寧所歎“同利涉之徙移，若神會之流外”當也含有此意，祇是由於時代關係，朝官換成了宦官而已。

反觀良賁被移配時的不空行迹，大曆六年，不空奉旨翻譯《文殊師利佛刹功德莊嚴經》⑥，同年十月二日，代宗誕節，不空進所譯之經表，可見不空未受魚朝恩牽

① 《大唐貞元續開元釋教録》卷一，《大正藏》第 55 册，第 751 頁下—752 頁上。

② 《大唐貞元續開元釋教録》卷一，《大正藏》第 55 册，第 752 頁下。

③ （唐）良賁：《仁王護國般若波羅蜜多經疏》，《大正藏》第 33 册，臺北：佛陀教育基金會，1990 年，第 429 頁。

④ 《大唐貞元續開元釋教録》卷一，《大正藏》第 33 册。

⑤ ［日］山口史恭：《良寅の生涯及ひ不空三藏關係について》，載《智山學報》通號第 53 號，2004 年，第 394—400 頁。轉引自［加］楊增：《不空三藏研究述評：以肅、代兩朝的活動爲中心》，《佛教文化研究》2016 年第 2 期，第 277 頁。

⑥ 《貞元新定釋教目録》卷一五，《大正藏》第 55 册，第 889 頁。

連。再看不空表制集所收自永泰元年翻譯《仁王經》到大曆六年良賁被移配這七年中的表制①，可列表（表 1）觀之：

表 1   《不空表制集》關聯人物表

序號	名稱	關聯人物	時間	出處
1	請依梵夾再譯仁王般若經制書一首	中書侍郎同平章事杜鴻漸，中書侍郎同平章事元載牒	永泰元年四月二日	代宗朝贈司空大辨正廣智三藏和上表制集卷第一
2	杜冕中丞請回封入翻譯經院制書一首	中書侍郎同平章事杜鴻漸，中書侍郎同平章事元載牒	永泰元年六月十八日	
3	謝禦制新仁王經序並賀百座見慶云表一首（並答）	寶應元聖文武皇帝批	永泰元年九月二日	
4	贈故金剛三藏開府兼贈號制書一首	中書令使銀青光祿大夫行中書侍郎平章事上柱國穎川郡開國西元載宣	永泰元年十一月一日	
5	拜不空三藏特進試鴻臚卿兼賜號制書一首	中書令使銀青光祿大夫中書侍郎平章事上柱國穎川郡開國公臣元載宣	永泰元年十一月一日	
6	謝贈故金剛三藏官號等表一首（並答）	寶應元聖文武皇帝批	永泰元年十一月五日	代宗朝贈司空大辨正廣智三藏和上表制集卷第二
7	請舍衣□助僧道環修金閣寺制書一首	中書侍郎平章事元載牒	永泰二年五月一日	
8	請舍衣□同修聖玉華寺制書一首	中書侍郎平章事元載牒	大曆元年十一月二十一日	
9	賀平周智光表一首	寶應元聖文武皇帝	大曆二年正月十四日	
10	請抽化度寺萬菩薩堂三長月念誦僧制一首	中書侍郎平章事元載牒	大曆二年二月十六日	
11	請修臺山金閣玉華寺等巧匠放免追呼制一首	中書侍郎平章事元載已下同七相	大曆二年二月十六日	
12	請臺山五寺度人抽僧制一首	中書侍郎平章事元載牒	大曆二年三月二十六日	
13	請子翻法師化度寺開講制一首	中書侍郎平章事元載七相同上	大曆二年六月二十八日	
14	請降誕日度僧五人制一首	中書侍郎平章事元載牒	大曆二年十月十三日	
15	請度掃灑先師龍門塔所僧制一首	中書令元假	大曆三年六月十三日	
16	請御題先師塔額並設齋度人表一首（並答）	寶應元聖文武皇帝批	大曆三年六月十三日	
17	謝恩命爲先師設遠忌齋並賜茶表一首（並答）	寶應元聖文武皇帝批	大曆三年八月五日	
18	請降誕日度三僧制一首	中書侍郎平章事元載牒	大曆三年十月十三日	
19	請光天寺東塔院充五臺山往來停止院制一首	中書侍郎平章事元載五相同上	大曆四年六月十七日	
20	天下寺食堂中置文殊上座制一首	中書四相同上	大曆四年十二月十九日	
21	大曆五年七月五日於太原設萬人齋制一首（令不空三藏撿校）	中書侍郎平章事元載牒	大曆五年七月五日	
22	同年七月十三日與三藏手詔一首	寶應元聖文武皇帝		

---

① （唐）不空：《代宗朝贈司空大辨正廣智三藏和上表制集》，《大正藏》第 52 冊，第 831—840 頁。

续表

序號	名稱	關聯人物	時間	出處
23	請太原府至德寺置文殊院制一首	中書侍郎平章事元載四相同上	大曆五年七月十三日	代宗朝贈司空大辨正廣智三藏和上表制集卷第二
24	同年九月四日又賜手詔一首	寶應元聖文武皇帝牒		
25	請太原號令堂安像净土院抽僧制一首	中書侍郎平章事元載牒	大曆五年十月一日	
26	請慧林法師於保壽寺講表一首	墨敕依奏	大曆六年二月二日	
27	謝恩賜大興善寺施戒方等並糧料表一首（並答）	寶應元聖文武皇帝答	大曆六年三月二十八日	
28	請廣智三藏登壇祠部告牒一首（並答）	中書侍郎平章事元載牒	大曆六年四月三日	
29	謝恩賜乳牛五頭並犢表一首	寶應元聖文武皇帝批	大曆六年九月二十四日	
30	三朝所翻經論請入目録流行表一首（並答）	寶應元聖文武皇帝批	大曆六年十月十二日	代宗朝贈司空大辨正廣智三藏和上表制集卷第三

從表 1 中可以看到，不空上表未見涉及魚朝恩的內容，却可以發現他與元載有著較多的交集，表制多由時任中書長官的元載簽署。

大曆九年不空圓寂前，曾作《三藏和上遺書》曰："九重萬乘恒觀五智之心。關庭百寮盡持三密之印"，説明他與元載爲代表的朝中官員交往頗多。他圓寂後，擔任中書侍郎同中書門下平章事的元載作《三藏和上葬日元相公祭文一首》，其中有云："凡我四衆雲從道場，次承付囑，仰負津梁。"[①]

除了元載，不空還與一些管理佛教的朝官或宦官關係密切，在其《三藏和上遺書》中，他提到了俗弟子功德使李開府（元琮），"依吾受法三十餘年"，所以他決定將自己的"銀道具五股金剛杵三股獨股鈴並留與開府"。又提到監使李大夫（憲誠）"亦爲護法菩薩"，所以他將自己的"銀羯磨金剛杵四個並輪留與"。[②]

可以看到，曾在同一譯場翻譯《仁王經》的不空和良賁，依附不同的政治勢力，良賁所依附的宦官魚朝恩落敗後，他也受到了移配的處置。

四、唐代高僧移配特點

按照時間順序縱向看，高僧移配原因分爲幾種不同情況。初唐高僧移配主要與李唐統治者崇道抑佛的宗教政策有關，是教權與王權的矛盾反映；盛唐高僧移配或因佛

---

①　《代宗朝贈司空大辨正廣智三藏和上表制集》卷四，《大正藏》第 52 册，第 850 頁。
②　《代宗朝贈司空大辨正廣智三藏和上表制集》卷三，《大正藏》第 52 册，第 844 頁。

教界内部鬥爭而被對方借助朝廷官員之力而移配，或因與官僚隊伍交往密切而招致城門失火殃及池魚；中唐的高僧移配則與宦官專權的歷史大背景緊密相關，有的由於與權閹過從過於緊密而被株連，有的則因僧徒嫉妒並借宦官之權利而逐之；晚唐高僧之移配則與地方藩鎮的節度使産生了關聯，這時的地方藩鎮勢力膨脹，已經無視中央的統一領導。

按照移配地點橫向看，雖然本文祇考察了六位高僧的移配問題，但此樣本乃隨機獲得，且貫通了有唐一代，所以在一定程度上反映唐代佛教繁榮區及移配地所處地理範圍，現據上文所提及的各種史料，試列表（表 2）如下：

表 2　六位高僧所涉地理範圍表

法號	出身或學法處	所處地理範圍	移配地或卒地	所處地理範圍
法琳	襄陽	山南東道	百牢關	山南西道
神會	襄陽	山南東道	南陽、荆州	山南東道
利涉	荆州	山南東道	南陽	山南東道
良賁	河東	河東道	集州	山南西道
靈澈	會稽	江南東道	汀州	江南東道
貫休	荆南	山南東道	黔中	黔中道

以上六位高僧中的法琳、神會本是襄陽人，利涉如前所述，可能出自荆州白馬寺玄奘門下，貫休被貶前居荆南節度使府所在地江陵。此四僧移配前的經歷與山南東道關係密切；法琳被流放益州，但卒於百牢關，神會、利涉被貶南陽，良賁被貶集州，此四僧移配地或卒地均在山南道。總的來看，這六位高僧的早期宗教活動主要在長江流域，以漢水、長江中上游爲主，而山南東道比較突出，移配地在山南東道基礎上還增加了山南西道，但還是以漢水、長江中上游爲主。有學者曾指出唐中宗時比較重視荆州僧團①，其實，荆州僧團爲代表的山南道佛教興盛的時間不僅僅是在中宗時期，包括山南東道在内的山南道及劍南、黔中道都是移配高僧的可選地。

五、結　語

可以看到，高僧移配問題上一以貫之的特點是唐代佛教與政治的密切關係。佛教自傳入中國，首先采取的是自上而下的傳播方式，高僧與皇室、權貴之間有較多的接觸與聯繫，進入唐代，佛教的政治性特點得到進一步强化，且身不由己地携帶著唐代

---

① 孫英剛：《長安與荆州之間：唐中宗與佛教》，榮新江主編：《唐代宗教信仰與社會》，上海：上海辭書出版社，2003 年，第 125—150 頁。

社會的時代特點，宦官專權與藩鎮割據是唐後期的兩大痼疾，在中晚唐的高僧移配問題上，可以清晰地看到宦官勢力與藩鎮勢力的影響，對所謂超凡脱俗的宗教界尚且有如此巨大的影響力，這兩股力量對世俗社會的影響也就可想而知了。翰林學士也是唐後期一支重要的政治力量，因其能夠接近天子，密承詔旨，對政局有一定的影響，故又稱"内相"。有學者指出，靈澈之所以遭宦官嫌惡和移配，和順宗時翰林學士王叔文、王伾主導的"永貞革新"有關，當時參與永貞革新的除了二王，還有劉禹錫、柳宗元、韓泰、吕温等人，而靈澈與他們均過從甚密①，此即僧傳中所謂"西游京師，名振輦下"，正是因爲靈澈捲入了與權宦俱文珍對立的"二王八司馬"集團，纔會導致宦官對他的嫌惡和打擊。唐代不同時期高僧被移配原因存在的差異性，在一定程度上折射出了唐代政治力量的消長轉换。

---

① （元）辛文房著，傅璇琮主編：《唐才子傳校箋》卷三，北京：中華書局，1987 年，第 616 頁。

"黄家日月"：黄齊政權制度考*

胡耀飛

黄齊政權作爲唐朝末年以長安爲政治中心的一個非統一政權，一直以來因其農民政權的身份，以及速亡的歷史命運，而被傳統王朝政治史研究所忽略，也少有學者能夠詳細地考察大齊政權本身的制度建設。此前大多偏重於以農民起義爲視角，其中涉及黄齊政權制度建設且尚有可觀者，有俞兆鵬對黄齊政權禮儀和官員名單的整理，方積六所編製的"大齊政權成員表"對於政權核心成員的揭示，諸葛計對於黄齊政權"戰略相持階段"戰略構想的考察①。本文希望從史料中發掘所有黄齊政權開國後的政治軍事方面的制度設置，以期反映黄巢本人及其部衆對於建立一個王朝的努力和失敗。

一、開 國 考

黄巢部衆自從進入潼關之後，便開始有意識地建立長久的統治，標志之一便是任命華州守將喬鈐。對此，筆者已經對黄齊政權的政區，包括開國前的占領地，進行了梳理②。而政區之外，還有更多制度性的設置值得關注，以下先從黄齊政權開國開始論述。

（一）開國禮儀

中古時期，從西漢王莽開始，幾乎每一個王朝的興起，都會經歷一套禪讓制

作者簡介：胡耀飛，男，陝西師範大學歷史文化學院副教授。

* 基金項目：本文爲國家社科基金重大項目"五代十國歷史文獻的整理與研究"（編號：14ZDB032）、第 10 批中國博士後科學基金特別資助"唐宋之際州級政治演變"（編號：2017T100725）階段性研究成果。

① 俞兆鵬：《黄巢起義史》，南昌：江西人民出版社，1982 年，第 54—60 頁；方積六：《黄巢起義考》，北京：中國社會科學出版社，1983 年，第 137—142 頁；諸葛計：《唐末農民戰爭戰略初探》，天津：天津人民出版社，1985 年，第 175—177 頁。

② 胡耀飛：《黄巢史事與藩鎮格局——從王黄集團（未）占領地到黄齊政權政區的考察》，張達志主編：《中國中古史集刊》第 2 輯，北京：商務印書館，2016 年，第 364—406 頁。

度①，方能達到"革命"的效果，或宣示"革命"的正當性②。作爲一個獨立稱帝，而非承襲自前朝皇帝禪讓的王朝，黃齊政權誕生的正當性無疑受到了挑戰。但是，如果黃巢想通過扶立一位幼小的唐朝宗室先當幾年皇帝，仿效曹操挾天子以令諸侯，等天下基本平定後再改朝換代，也是有條件的，而他却"殺唐宗室在長安者無遺類"③。則黃巢試圖通過自己的努力在"禪讓式"系統之外開闢一種新的開國氣象，可稱之爲"自立式"。在正統性方面，可以通過符讖、年號等予以昭示，至於是否一定要在開國形式上承續唐朝，似不必拘泥。

關於黃齊政權於廣明元年十二月的開國，大致有《舊唐書·僖宗紀》《舊唐書·黃巢傳》《新唐書·黃巢傳》《資治通鑒》四種記載，分別爲：

（1）壬辰，黃巢據大內，僭號大齊，稱年號金統。悉陳文物，據丹鳳門僞赦。④

（2）十三日，賊巢僭位，國號大齊，年稱金統，仍御樓宣赦，且陳符命曰："唐帝知朕起義，改元廣明，以文字言之，唐已無天分矣。'唐'去'丑'、'口'而安'黃'，天意令黃在唐下，乃黃家日月也。土德生金，予以金王，宜改年爲金統。"⑤

（3）巢齋太清宮，卜日舍含元殿，僭即位，號大齊。求袞冕不得，繪弋綈爲之；無金石樂，擊大鼓數百，列長劍大刀爲衛。大赦，建元爲金統。王官三品以上停，四品以下還之。因自陳符命，取"廣明"字，判其文曰："唐去丑口而著黃，明黃當代唐，又黃爲土，金所生，蓋天啓"云。⑥

（4）壬辰，巢即皇帝位於含元殿，畫皁繒爲袞衣，擊戰鼓數百以代金石之樂。登丹鳳樓，下赦書；國號大齊，改元金統。謂廣明之號，去唐下體而著黃家日月，以爲己符瑞。唐官三品以上悉停任，四品以下位如故。⑦

以上四種對於黃齊開國的記載，可以對黃齊開國步驟的過程列表如下（表1）：

---

① 關於先秦時期的禪讓，參見艾蘭（Sarah Allan）:《世襲與禪讓：古代中國的王朝更替傳說》，孫心菲譯本，北京：北京大學出版社，2002 年；余佳譯本，北京：商務印書館，2010 年。關於中古時期的禪讓，參見楊永俊:《禪讓政治研究》，北京：學苑出版社，2005 年；黃曉平:《禪讓制與傳統中國政權危機化解：基於憲法視角的考察》，北京：中國政法大學出版社，2012 年。

② 胡耀飛、謝宇榮曾通過對武周時期杜儒童所撰《隋季革命記》一書的整理，考察了隋末唐初的"革命"問題，參見胡耀飛、謝宇榮:《杜儒童及其〈隋季革命記〉輯考：兼論隋末唐初王統三分問題》，杜文玉主編:《唐史論叢》第18 輯，西安：陝西師範大學出版社，2014 年，第 129—148 頁。

③ 《資治通鑒》卷二五四，唐僖宗廣明元年十二月條，北京：中華書局，1956 年，第 8241 頁。

④ 《舊唐書》卷一九下《僖宗紀》，北京：中華書局，1975 年，第 709 頁。

⑤ 《舊唐書》卷二〇〇下《黃巢傳》，北京：中華書局，1975 年，第 5393 頁。

⑥ 《新唐書》卷二二五下《黃巢傳》，北京：中華書局，1975 年，第 6458 頁。

⑦ 《資治通鑒》卷二五四，唐僖宗廣明元年十二月條，北京：中華書局，1956 年，第 8241 頁。

表 1　黃齊政權開國步驟史料對比表

	《舊·紀》	《舊·傳》	《新·傳》	《資治通鑒》
01.齋			齋太清宮	
02.卜日			卜日	
03.升殿	據大内		舍含元殿	含元殿
04.即位		"僭"位	"僭"即位	即皇帝位
05.國號	"僭"號大齊	國號大齊	號大齊	國號大齊
06.年號	稱年號金統	年稱金統	建元爲金統	改元金統
07.袞冕			求袞冕不得，繪弋綈爲之	畫皁繒爲袞衣
08.金石	悉陳文物		無金石樂，擊大鼓數百	擊戰鼓數百以代金石之樂
09.仗衛			列長劍大刀爲衛	
10.登樓	據丹鳳門	御樓		登丹鳳樓
11.大赦	"僞"赦	宣赦	大赦	下赦書
12.符命		且陳符命曰："唐帝知朕起義，改元廣明，以文字言之，唐已無天分矣。唐去丑、口而安黃，天意令黃在唐下，乃黃家日月也。土德生金，予以金王，宜改年爲金統。"	因自陳符命，取"廣明"字，判其文曰："唐去丑口而著黃，明黃當代唐，又黃爲土，金所生，蓋天啓"云	謂廣明之號，去唐下體而著黃家日月，以爲己符瑞

　　由表 1 可知，四種記載中，以《舊唐書·僖宗紀》最簡單，《新唐書·黃巢傳》最詳細。《舊唐書·僖宗紀》的簡單可以瞭解，因爲畢竟是正史本紀，不可能對於所謂僞政權的開國詳細叙述，《新唐書·僖宗紀》甚至没有記載。而《新唐書·黃巢傳》的詳細，則加入了齋、卜等相對於《舊唐書·黃巢傳》來説的新内容。《資治通鑒》則綜合了前幾種的記載，但又略去了齋、卜和仗衛的内容。

　　總之，雖然史料的叙述順序並不一定代表歷史現場的黃齊政權舉行開國儀式的時間先後，但依然可以看出黃齊政權開國的五大步驟：

　　第一，齋、卜。即《新唐書·黃巢傳》所説"齋太清宮、卜日"。這是開國典禮之前的準備階段，可知黃巢的重視程度。

　　第二，升殿即位。地點在大明宮含元殿，即唐代皇帝舉行外朝朝會的宮殿[1]。但《舊唐書·僖宗紀》所謂"大内"，在唐代一般指太極宮，不過唐代後期皇帝大多數時候居於大明宮，故此處當亦指大明宮。

　　第三，昭示國號和年號，諸書皆以"大齊"爲國號，"金統"爲年號。黃巢以"大齊"爲國號，其來源當是黃巢身爲"曹州冤句人"[2]，古屬齊國，故以"齊"爲

---

[1]　劉思怡、楊希義：《唐大明宮含元殿與外朝聽政》，《陝西師範大學學報》(哲學社會科學版) 2009 年第 1 期，第 42—46 頁；杜文玉：《唐大明宮含元殿與外朝朝會制度》，杜文玉主編：《唐史論叢》第 15 輯，西安：陝西師範大學出版社，2012 年，第 1—25 頁。

[2]　《舊唐書》卷二〇〇下《黃巢傳》，北京：中華書局，1975 年，第 5391 頁；《新唐書》卷二二五下《黃巢傳》，北京：中華書局，1975 年，第 6451 頁；《資治通鑒》卷二五二，唐僖宗乾符二年六月條，北京：中華書局，1956 年，第 8180 頁。

國號，綴以“大”字。至於年號的選定，在陳符命中有揭示。由《舊唐書‧黃巢傳》可知，這一改元的因由來自“五德終始”説之“土生金”，《新唐書‧黃巢傳》更以黃巢之“黃”姓附會於土色。雖然這一關乎王朝革命的政治學説在宋代遭受了儒家學者的道德批判[①]，但在政治分裂的唐末五代，尚且是爲人們普遍接受的原則，五代和十國的政權多以此標榜正統性[②]。

第四，《舊唐書‧僖宗紀》所謂“悉陳文物”，當即《新唐書‧黃巢傳》《資治通鑒》所描述的袞冕、金石、仗衛諸物。但因爲萬事草創，所以用行軍時的戰鼓爲金石，長劍、大刀爲仗衛，又臨時繪製袞冕。這也反映了黃齊政權一方面欲承襲先代帝王文化之制，一方面又很難馬上擺脱濃厚的戰時色彩。

第五，登樓宣赦。諸書皆記登丹鳳樓宣赦，但宣赦內容並不清楚，也許包括了對於唐廷官員的安排，即《新唐書‧黃巢傳》的“王官三品以上停，四品以下還之”，《資治通鑒》的“唐官三品以上悉停任，四品以下位如故”。但這種處理本身並非開國儀式的一部分，故不列入步驟表。

至於陳符命，這是爲了宣示自身的正當性，却不是開國步驟的程式之一。符命的主要內容包括兩點：①“廣明”寓意“黃家日月”；②土生金。此符命《舊唐書‧黃巢傳》的文字似黃巢本人口語，《新唐書‧黃巢傳》的文字似形成文本者，或亦包含於宣赦的赦文中，但諸書在行文過程中並未明示，故別爲列出。可惜的是，黃齊政權失敗的結局，導致我們並未看到相應的祥瑞記載，而多有把黃巢史事視爲兵災的五行之異，在舊、新《唐書》的五行志中隨處可見。

（二）名位制度

以上是黃齊政權開國的步驟，而在開國的同時，圍繞皇帝的各種名位制度也依次展開。以下就皇帝、皇后、皇儲三種皇室家族成員設置，符璽、服色、宮殿三種象徵皇權正統的制度設施，分別進行整理。

1. 皇帝（附尊號）

皇帝自然是黃巢本人。在此之前，黃巢曾於乾符五年（878 年）自稱“黃王”（宋敏求《實録》語）或“衝天大將軍”（《舊唐書‧黃巢傳》《新唐書‧黃巢傳》），建

---

① 劉復生：《宋代“火運”論略——兼談“五德轉移”政治學説的終結》，《歷史研究》1997 年第 3 期，第 91—105 頁；劉浦江：《“五德終始”説之終結——兼論宋代以降傳統政治文化的嬗變》，《中國社會科學》2006 年第 2 期，第 177—190 頁。

② 參見劉浦江：《正統論下的五代史觀》，榮新江主編：《唐研究》第 11 卷，北京：北京大學出版社，2005 年，第 73—94 頁。

元"王霸"（《續寶運録》、宋敏求《實録》、《新唐書·黃巢傳》）[①]。初進入長安城時，尚讓亦有"黃王"[②]之語。但由於一直處於流動作戰的過程中，以姓氏加"王"的隨意方式，或反映這並不是一個正式的名號。

尊號。據《資治通鑑》，廣明二年（881 年）四月，"賊衆上黃巢尊號曰承天應運啓聖睿文宣武皇帝"[③]。始於唐朝的尊號制度，是群臣諛頌皇帝的一種方式[④]，此處黃齊政權對於尊號這一制度的行用，頗可反映對於唐朝制度的繼承。

2. 皇后

黃齊政權的皇后爲曹氏。《新唐書·黃巢傳》曰："以妻曹爲皇后。"[⑤]又據《資治通鑑》廣明元年十二月條："以妻曹氏爲皇后。"《考異》曰："《實録》、《巢傳》，立妻曲氏爲皇后。今從《新·傳》。"[⑥]其中點校本《資治通鑑》以《考異》之"實録巢傳"四字中間斷開並分別標注書名綫，似以《實録》《巢傳》爲二書，然《舊唐書·黃巢傳》並無涉及黃巢皇后，且通觀《考異》，對於《舊唐書·黃巢傳》《新唐書·黃巢傳》的簡稱分別爲"舊傳""新傳"，並無簡稱"巢傳"者，故疑《巢傳》爲《實録》之《巢傳》。若如此，則關於黃巢皇后的記載有《實録·黃巢傳》《新唐書·黃巢傳》《資治通鑑》三種，而後者又采取《新唐書·黃巢傳》的記載，著録爲"曹氏"。唯不知《資治通鑑》的取舍有什麼標準，今暫曲、曹二説並存。

3. 皇儲

諸種史料中，並無黃巢立太子的記載。但黃巢確實有子，《舊唐書·僖宗紀》曰：中和四年（884 年）五月己巳，李克用"得巢幼子，年六歲"[⑦]。《新唐書·黃巢傳》曰：李克用"禽巢愛子"[⑧]。《資治通鑑》中和四年五月條亦曰："獲巢幼子。"[⑨]這是關於黃巢幼子的記載，若按《舊唐書·僖宗紀》的年齡計算，當生於乾符六年（879年），時黃巢尚轉戰於江南和嶺南地區。既有幼子，當有其他比幼子年長的兒子，《舊

① 方積六：《黃巢起義考》，北京：中國社會科學出版社，1983 年，第 58—59 頁。

② 《資治通鑑》卷二五四，唐僖宗廣明元年十二月甲申條，北京：中華書局，1956 年，第 8240 頁。亦見《舊唐書》卷二〇〇下《黃巢傳》，北京：中華書局，1975 年，第 5393 頁；《新唐書》卷二二五下《黃巢傳》，北京：中華書局，1975 年，第 6458 頁。

③ 《資治通鑑》卷二五四，唐僖宗中和元年四月條，北京：中華書局，1956 年，第 8251 頁。

④ 羅新：《從可汗號到皇帝尊號》，榮新江主編：《唐研究》第 10 卷，北京：北京大學出版社，2004 年；收入氏著《中古北族名號研究》，北京：北京大學出版社，2009 年。

⑤ 《新唐書》卷二二五下《黃巢傳》，北京：中華書局，1975 年，第 6458 頁。

⑥ 《資治通鑑》卷二五四，唐僖宗廣明元年十二月條，北京：中華書局，1956 年，第 8241 頁。

⑦ 《舊唐書》卷一九下《僖宗紀》，北京：中華書局，1975 年，第 718 頁。

⑧ 《新唐書》卷二二五下《黃巢傳》，北京：中華書局，1975 年，第 6464 頁。

⑨ 《資治通鑑》卷二五五，唐僖宗中和四年五月條，北京：中華書局，1956 年，第 8305 頁。

唐書·黃巢傳》曰：“林言斬巢及二弟鄴、揆等七人首，並妻子皆送徐州。”[①]《新唐書·黃巢傳》曰：林言“並殺其妻子”[②]。《資治通鑑》中和四年六月條亦曰：“林言斬巢兄弟妻子首。”[③]可知確實有幼子之外的兒子，且據一直跟隨黃巢逃至生命的終點來看，其年齡頗長。但雖然有《新唐書·黃巢傳》所謂“愛子”的記載，可能暗示黃巢對幼子頗爲鍾愛，但並無黃巢立某一子爲太子的記載。

4. 符璽

黃齊政權的符璽，僅有一條記載，即《新唐書·黃巢傳》曰：“徐州小史李師悅得巢僞符璽，上之，拜湖州刺史。”[④]李師悅曾“追黃巢至瑕丘”[⑤]，兩天後，黃巢即爲林言所殺，則所得符璽，當是黃巢隨身携帶，不會有假。唯不知符璽上所刻何字。

5. 服色

關於黃齊政權服色，因政權存在時間短暫，似未形成制度。但縱觀古代史上的民變，從黃巾軍到紅巾軍，無不與一定顏色的服色有關。黃齊政權也是如此，前文即已提及《新唐書·黃巢傳》以黃巢之“黃”姓附會於五行之一的土的顏色，從而由土生金推導出年號金統。此外，據《舊唐書·黃巢傳》載：“先有謠言云：‘金色蝦蟆爭努眼，翻却曹州天下反。’及仙芝盜起，時議畏之。”[⑥]這裏雖然説的是王仙芝，但曹州正是黃巢家鄉所在，謂其指代黃巢亦無不可。可見，黃巢初起時，即有與金（白）有關的符識。不過在此後進軍長安的過程中，黃巢軍隊並未專門以金（白）著名。據《資治通鑑》廣明元年十二月庚辰條：“是日，黃巢前鋒軍抵關下，白旗滿野，不見其際。”[⑦]又據《資治通鑑》廣明元年十二月甲申條：“巢乘金裝肩輿，其徒皆被髮，約以紅繒，衣錦繡，執兵以從。”[⑧]除了“金裝肩輿”之外，黃巢軍隊使用白旗，頭繫紅繒。不過也有可能是黃巢本人使用金色，部下以近於金色之紅色爲尚。

6. 宮殿

黃齊政權進入長安後，根據前文梳理，在含元殿稱帝，在丹鳳門大赦，可知繼承了唐

---

① 《舊唐書》卷二〇〇下《黃巢傳》，北京：中華書局，1975 年，第 5398 頁。

② 《新唐書》卷二二五下《黃巢傳》，北京：中華書局，1975 年，第 6463 頁。

③ 《資治通鑑》卷二五六，唐僖宗中和四年六月條，北京：中華書局，1956 年，第 8311 頁。

④ 《新唐書》卷二二五下《黃巢傳》，北京：中華書局，1975 年，第 6464 頁。據錢儼《吳越備史》卷一《武肅王》，李師悅“以獻黃巢首級功，遂授是郡。”（傅璇琮等主編：《五代史書彙編》第十冊，杭州：杭州出版社，2004 年，第 6189 頁）或蓋言其追繳功。

⑤ 《資治通鑑》卷二五六唐僖宗中和四年六月甲辰條，北京：中華書局，1956 年，第 8311 頁。

⑥ 《舊唐書》卷二〇〇下《黃巢傳》，北京：中華書局，1975 年，第 5391 頁。亦見《新唐書》卷三五《五行二》，北京：中華書局，1975 年，第 920 頁。

⑦ 《資治通鑑》卷二五四，唐僖宗廣明元年十二月庚辰條，北京：中華書局，1956 年，第 8238 頁。

⑧ 《資治通鑑》卷二五四，唐僖宗廣明元年十二月甲申條，北京：中華書局，1956 年，第 8240 頁。

朝的宮殿建築。此後，除了廣明二年四月五日至十日一度因軍事失利敗退至灞上外，黄巢當一直居於長安城中。直到中和三年四月九日，最終退出長安。當時，據《梁太祖編遺錄》、《後唐太祖紀年錄》、宋敏求《實錄》、《資治通鑑》記載，皆謂黄巢焚宮室而去①。但這不排除正統史家對黄巢的誣衊，因爲據《舊唐書·僖宗紀》曰：光啓元年（885年）十二月，"乙亥，沙陀逼京師，田令孜奉僖宗出幸鳳翔。初，黄巢據京師，九衢三内，宮室宛然。及諸道兵破賊，爭貨相攻，縱火焚剽，宮室居市閭里，十焚六七。賊平之後，令京兆尹王徽經年補葺，僅復安堵。至是，亂兵復焚，宮闕蕭條，鞠爲茅草矣"②。可知黄巢時期宮室宛然，迨諸道兵進入長安，方肆行焚剽。《舊唐書·王徽傳》亦曰："時京師收復之後，宮寺焚燒，園陵毁廢，故車駕久而未還，乃以徽爲大明宮留守、京畿撫制置修奉園陵等使。"③可知宮室被焚是在唐軍收復長安之後。此外，黄巢退出關中之後，爲長期圍攻陳州，"營於城北五里，爲宮闕之制，曰八仙營。……賊圍陳郡三百日"④可知即使在後期的流動作戰時期，亦有營帳式宮闕，且持續了將近一年的時間。

二、官　制　考

以上是圍繞皇帝展開的制度設置，此處進一步考證黄齊政權的拜官設職。黄齊政權官制包括中央官制和地方官制。以下分別論述：

（一）中央官制

黄齊政權的中央官制，方積六已有較爲清晰的"大齊政權成員表"予以整理，今在此表基礎上，參考其他學者的考證，進行補充（表2）。

表 2　黄齊政權拜官史料對比表

	《舊·紀》	《舊·傳》	《新·傳》	《資治通鑑》	其他
尚讓	太尉	相	宰相	太尉兼中書令、同平章事	
趙璋⑤	中書令	相	宰相	兼侍中、同平章事	

①　《資治通鑑》卷二五五，唐僖宗中和三年四月條及其《考異》所引《梁太祖編遺錄》、《後唐太祖紀年錄》、宋敏求《實錄》，北京：中華書局，1956年，第8293—8294頁。
②　《舊唐書》卷一九下《僖宗紀》，北京：中華書局，1975年，第722頁。
③　《舊唐書》卷一七八《王徽傳》，北京：中華書局，1975年，第4642頁。
④　《舊唐書》卷二〇〇下《黄巢傳》，北京：中華書局，1975年，第5397頁。
⑤　《舊唐書》卷一九下《僖宗紀》作"趙章"（北京：中華書局，1975年，第709頁），《舊唐書》卷二〇〇下《黄巢傳》亦作"趙章"（北京：中華書局，1975年，第5393頁），《新唐書》卷二二五下《黄巢傳》作"趙璋"（北京：中華書局，1975年，第6458頁），《資治通鑑》卷二五四，唐僖宗廣明元年十二月條作"趙璋"（北京：中華書局，1956年，第8241頁）。方積六《黄巢起義考》（北京：中國社會科學出版社，1983年，第142頁）又據《桂苑筆耕集校注》卷一一《招趙璋書》、《舊唐書》卷一八二《王重榮傳》，確定爲"趙璋"，今從。

续表

	《舊·紀》	《舊·傳》	《新·傳》	《資治通鑒》	其他
崔璆	中書侍郎、平章事	相	宰相	同平章事	
楊希古		相	宰相	同平章事	
柳晦					中書舍人，尋授偽相①
孟楷		左軍中尉	尚書左僕射兼軍容使	左僕射、知左軍事	
蓋洪		右軍中尉	尚書右僕射兼軍容使	右僕射、知右軍事	
費傳古		樞密使	樞密使	樞密使	
李讜					內樞密使②
皮日休	學士		翰林學士	翰林學士	翰林學士③
沈雲翔	學士		翰林學士		
裴渥			翰林學士		
鄭漢璋			御史中丞		
李儔			尚書		
黃諤			尚書		
尚儒			尚書		
方特			諫議大夫		
張直方			檢校左僕射		
馬祥			右散騎常侍		
王璠		京兆尹	京兆尹		
劉允章※					東都留守？
許建		軍庫使	諸將軍、游奕使		
朱實		軍庫使	諸將軍、游奕使		
劉瑭		軍庫使	諸將軍、游奕使		
朱溫		諸衛大將軍、某面游奕使	諸將軍、游奕使		
張言④		諸衛大將軍、某面游奕使	諸將軍、游奕使		吏部尚書、充水運使⑤
彭攢		諸衛大將軍、某面游奕使	諸將軍、游奕使		
季逵		諸衛大將軍、某面游奕使	諸將軍、游奕使		

①　（宋）李昉等編：《太平廣記》卷三一二《柳晦》，北京：中華書局，1961 年，第 2468 頁。方積六《黃巢起義考》（北京：中國社會科學出版社，1983 年，第 141 頁）又舉《新唐書》卷七三上《宰相世系表》關於文州刺史柳晦（第 2852 頁）的記載，謂並非一人，甚。又，《太平廣記》此篇出自《補録記傳》一書，關於此書的輯佚和考訂，參見高晨峰：《〈太平廣記〉夢類型故事文獻考略》，鄭州大學碩士學位論文，2007 年，第 35—37、49—51 頁。

②　《舊五代史》卷一九《李讜傳》，北京：中華書局，1976 年，第 264 頁。

③　（宋）計有功撰，王仲鏞校箋：《唐詩紀事校箋》卷六四，北京：中華書局，2007 年，第 2158 頁。

④　《舊唐書》卷二〇〇下《黃巢傳》作“張言……爲諸衛大將軍、四面游奕使”（北京：中華書局，1975 年，第 5393 頁），《新唐書》卷二二五下《黃巢傳》作“張全……等爲諸將軍游奕使”（北京：中華書局，1975 年，第 6459 頁），方積六《黃巢起義考》（北京：中國社會科學出版社，1983 年，第 142 頁）據“《舊唐書·哀宗紀》天祐二年八月敕文及新、舊《五代史·張全義傳》”確定爲“張全義”，“張言”是原名。然此處既叙其在黃齊政權之履歷，則依然記爲張言。

⑤　《舊五代史》卷六三《張全義傳》，北京：中華書局，1976 年，第 837 頁；《新五代史》卷四五《張全義傳》，北京：中華書局，1974 年，第 489 頁。

续表

	《舊·紀》	《舊·傳》	《新·傳》	《資治通鑒》	其他
林言		功臣軍使	功臣使		僕射①
張歸霸					左番功臣②
華温琪					供奉官都知③
王汀					客省使④

注：※號者爲筆者所增。

對於上表，方積六雖然以人物爲中心，對趙璋、崔璆、楊希古、皮日休、沈雲翔、裴渥、張直方、柳晦這八位唐廷降官進行了考證，但並未對黄齊政權的所有官員和具體的職官制度進行分析。今根據表2，可歸納黄齊政權的官制系統如下。

1. 宰相

黄齊政權建立時，共四位宰相，根據上文，皆以"同平章事"爲銜，以"相""宰相"爲俗稱。其中，據《舊唐書·僖宗紀》《資治通鑒》，尚讓爲太尉，太尉是三公之一，在唐代並無實權，但若加同平章事，則有不同，可知尚讓在黄巢之下、萬人之上的地位。《資治通鑒》又載尚讓兼中書令，當比《舊唐書·僖宗紀》僅載太尉要精確，蓋同平章事僅僅表明有相權，尚需相職相襯。趙璋《舊唐書·僖宗紀》載其中書令，《資治通鑒》載其兼侍中，皆爲唐朝宰相職，品級相同，但若尚讓爲中書令，則趙璋當是侍中。崔璆《舊唐書·僖宗紀》載其中書侍郎、平章事，《資治通鑒》僅曰同平章事，或可據《舊唐書·僖宗紀》補足。楊希古《資治通鑒》載其同平章事，不知本官爲何。以上四人並黄齊政權開國時宰相，而他們身居宰相的方式大多以本官同平章事，與晚唐的中書門下體制⑤並無區別。

至於柳晦的"中書舍人，尋授僞相"，則確如方積六所説爲孤證⑥，但也並非没有可能。

2. 朝臣

尚書系統。唐代後期尚書省系統諸職，更多用作階官。甚爲左、右軍中尉（軍容使）的孟楷、蓋洪所居即尚書左、右僕射，而實爲武將。從唐廷來降的左金吾衛大將軍張直方在黄齊政權不可能繼續領兵，故被授予檢校左僕射這一更閑散的檢校官。至於李儔、黄諤、尚儒所居"尚書"之職，或爲諸部尚書，然不知各爲何部。其中黄

① ［新羅］崔致遠：《桂苑筆耕集校注》卷一《賀殺黄巢表》，北京：中華書局，2007年，第23頁。
② 《舊五代史》卷一六局《張歸霸傳》，北京：中華書局，1976年，第223頁。
③ 《新五代史》卷四七《華温琪傳》，北京：中華書局，1974年，第519頁。
④ 《舊五代史》卷五五《李承嗣傳》，北京：中華書局，1976年，第742頁。
⑤ 劉後濱：《唐代中書門下體制研究》，濟南：齊魯書社，2004年。
⑥ 方積六：《黄巢起義考》，北京：中國社會科學出版社，1983年，第141頁。

謂、尚儒皆不詳其本末。此外，亦有張言所任之吏部尚書，但張言作爲武將，尚有諸衛大將軍、游奕使、水運使等具體職責，則所謂吏部尚書當是其階官。

中書系統。中書系統有中書舍人柳晦，不久即拜相，然生平尚待發覆。又有右散騎常侍馬祥，此人生平亦不詳，右散騎常侍並無實權，或以此安處唐廷降官。

翰苑系統。翰林學士院是唐代後期中樞政治的一大特點，也是唐代文學家薈出的地方，相關文史論著極多①。黃齊政權的三位翰林學士，皮日休、沈雲翔、裴渥，方積六從三人皆爲文學之士或曾中進士，作爲黃齊政權任命他們爲翰林學士的理由②。其中皮日休，更因其盛名之下參加黃巢義軍而爲後人考辨不已③。但從翰林學士在黃齊政權的出現來看，黃齊政權相對於晚唐朝廷的模式沿襲，是一以貫之的。

臺諫系統。黃齊政權的臺諫官包括御史中丞鄭漢璋和諫議大夫方特。其中，根據筆者考證，鄭漢璋是唐宣宗母唐憲宗孝明皇后鄭氏之外甥④，屬於外戚子弟，從小游走於京城官宦之間，用作監察官員，正好合適。

3. 軍事性使職

左、右軍中尉。據《舊唐書·黃巢傳》，孟楷、蓋洪所任爲左、右軍中尉，據《新唐書·黃巢傳》，則爲尚書左、右僕射兼軍容使，據《資治通鑑》則爲左、右僕射兼知左、右軍事。胡三省注曰："黃巢自以其軍分左、右耳。"⑤可知，胡三省雖然指出黃巢以其軍分左右，但似未進一步指出這裏所分的左、右軍當是禁軍，並且仿照唐朝神策軍的左、右軍中尉，以孟楷、蓋洪統帥之，又加尚書左、右僕射這一階官。而《新唐書·黃巢傳》的軍容使，當是黃齊政權並未細分左、右軍中尉與觀軍容使，或以觀軍容使代指左、右軍中尉。作爲唐朝宦官監軍的最高銜，觀軍容使和左、右軍中尉大致相同，但前者又尊於後者，且前者不常置⑥。此外，孟楷爲黃巢愛將，在黃齊政

① ［日］湯淺幸孫：《翰苑校釋》，東京：國書刊行會，1983 年；毛蕾：《唐代翰林學士》，北京：社會科學文獻出版社，2000 年；傅璇琮：《唐翰林學士傳論》，瀋陽：遼海出版社，2005 年；傅璇琮：《唐翰林學士傳（晚唐卷）》，瀋陽：遼海出版社，2007 年。

② 方積六：《黃巢起義考》，北京：中國社會科學出版社，1983 年，第 140—141 頁。

③ 需要指出的是，《全唐詩》中署名皮日休的《題銅官縣壁》一詩，已爲吳松泉證僞，參見吳松泉：《〈題同官縣壁〉非皮日休作》，《南充師院學報》1982 年第 4 期，第 71—75 頁。值得一提的是吳松泉在其文章發表之後，曾給繆鉞寄去一份，不久得到了繆鉞覆函，曰："皮日休《題銅官縣壁》一文，我雖早有懷疑，但因未尋得有力佐證，故不敢遽斷其爲依託。尊文辯證詳審，千年懸案，得以解決，何勝欣快。"從而肯定了吳松泉的觀點，亦即繆鉞本人改變了早年的看法。參見繆鉞 1983 年 4 月 10 日致吳松泉函。轉引自繆元朗致筆者函，2015 年 2 月 3 日。

④ 胡耀飛：《"嘯聚爲盜"：王仙芝、黃巢集團成員考》，朱鋒剛主編：《論道終南（2016—2017 年卷）》，北京：中國社會科學出版社，2018 年，第 147—193 頁。

⑤ 《資治通鑑》卷二五四，唐僖宗廣明元年十二月條，北京：中華書局，1956 年，第 8241 頁。

⑥ 仲亞東：《唐代宦官諸使研究》，福建師範大學碩士学位論文，2003 年，第 54—58 頁。

權後期一直追隨至黃巢退出長安，當被陳州刺史趙犨所所殺時，黃巢甚爲悲惜①，亦可知孟楷所居左軍中尉一職，直比觀軍容使可也。

　　樞密使。唐宋之際的樞密使，從晚唐時期一個内諸司普通的使職，發展爲五代宋掌握兵權的宰相之一，期間變化以唐僖宗時代爲轉折點②。而黃齊政權中出現樞密使，其意義不僅在於承襲了唐朝對於樞密使一職的重視，更首次以非宦官出任樞密使。雖然我們不知道身任黃齊政權樞密使的費傳古的詳細信息，但作爲一個武將占主導的政權，恐怕不可能讓宦官掌握兵權。更何況下面所論的内樞密使也不是宦官擔任，則樞密使更不可能由宦官擔任。

　　内樞密使。黃齊政權以李讜爲内樞密使，又據《舊五代史·李讜傳》案語："《新唐書·黃巢傳》及《通鑒》皆言巢以費傳古爲樞密使，不載李讜，疑與傳古先後授僞官也。"但據正文曰："巢以讜爲内樞密使，蓋讜曾委質於宦者，出入於宮禁間，巢以此用焉。"③可見，黃巢是因爲李讜曾委質於宦者，即可能當過宦官的養子，故以宦官的身份任命其爲内樞密使，故意加上"内"字，表明與樞密使有別。雖然並不清楚費傳古的身份，但樞密使費傳古和内樞密使李讜兩者之間的區別，可能就在於前者與宦官無關，後者與宦官有關。故筆者疑黃齊政權時期，樞密使與内樞密使爲二職，雖然都由武人出任，但以與宦官關係較近的李讜任内樞密使，或許意在控制長安城内的宦官及其掌控的一部分軍隊。

　　軍庫使。在前表中，許建、朱（米）實、劉瑭據《舊唐書·黃巢傳》爲"軍庫使"，在唐朝，有由宦官掌控的軍器使，是宦官掌軍的基礎④。此處黃齊政權的三位軍庫使，在《新唐書·黃巢傳》中記載爲"諸將軍"，則透露出軍庫使也由真正的將領來擔任，並反映了黃齊政權對軍庫之重視。

　　四面游奕使。據《舊唐書·黃巢傳》，朱温、張言、彭攢、季逘，爲"四面游奕使"⑤，可知此四人分別負責東西南北某一面，或一起負責四面。然據《新唐書·黃巢傳》，則以許建、米實、劉瑭、朱温、張言、彭攢、李逘皆爲游奕使，但前三人若有軍庫使之職任，則不當爲游奕使。總之，黃齊政權設置有游奕使，且由於在占據長安的兩年多時間内，黃齊政權一直處於戰爭狀態，所以游奕使十分重要。其中，朱温即

---

　　① 《舊唐書》卷一九下《僖宗紀》，北京：中華書局，1975 年，第 717 頁；《舊唐書》卷二〇〇下《黃巢傳》，北京：中華書局，1975 年，第 5397 頁。

　　② 李全德：《唐宋變革期樞密院研究》，北京：國家圖書館出版社，2009 年，第 103—104 頁。

　　③ 《舊五代史》卷一九《李讜傳》，北京：中華書局，1976 年，第 264 頁。

　　④ 仲亞東：《唐代宦官諸使研究》，福建師範大學碩士學位論文，2003 年，第 47—48 頁。

　　⑤ 《舊唐書》卷二〇〇下《黃巢傳》，北京：中華書局，1975 年，第 5393 頁。

日後之梁太祖，張言即張全義，兩人皆身擠高位，這與他們在黃齊政權時期的游奕使經歷有莫大關係。

水運使。前段提及的張言，在舊、新《五代史》的本傳中，記載爲水運使一職，則或許是在游奕使之外的兼職。黃齊政權因建立後不久即陷入被包圍境地，故若需支持長安城的社會經濟，必須進一步控制漕運。關於張言在水運使任上的細節，有一則材料可窺一二，據《資治通鑒》廣明元年十二月條："巢遣其將朱溫自同州，弟黃鄴自華州，合兵擊河中，重榮與戰，大破之，獲糧仗四十餘船。"①可知在進攻河中時，從華州以水路進擊，糧仗隨行。這應該是水運使的功勞。但是從日後"京師食盡，賊食樹皮"②的記載來看，由於唐廷對漕運的阻截，水運使的職能並未得到有效發揮。不過張言在降唐後投靠河陽節度使諸葛爽，並最終占據洛陽，則或許與其水運使的經歷有關，蓋洛陽爲漕運之終點，張言在水運使期間當曾出入洛陽。

功臣軍使。這是黃齊政權新置的軍事性使職，其内容據《舊唐書·黃巢傳》曰："又選驍勇形體魁梧者五百人，曰功臣。令其甥林言爲軍使，比之控鶴。"③又《新唐書·黃巢傳》曰："取趫偉五百人號'功臣'，以林言爲之使，比控鶴府。"④可知屬於一個新的軍事機構的長官。至於以"功臣"命名這一軍隊，可能與晚唐五代時期的功臣制度有關⑤，但事實上並非同一事物。晚唐五代的功臣是真正有功之臣，此處功臣軍僅僅是一種兵制，即更與控鶴府類似。而作爲功臣之長官的"功臣軍使"或"功臣使"，則屬於使職的一種。之所以由林言出任，則因其黃巢外甥的身份，更便掌控。林言日後追隨黃巢至狼虎谷，在不得已的情況下殺黃巢，可知這支功臣軍很可能是黃巢本人的侍衛親軍。此外，張歸霸的左番功臣，當即功臣軍中又分左右番，而張歸霸在左番，故曰左番功臣。又據第一章對"閹官後冗率功臣馬千匹至華殺（李）詳"的考察，確實有功臣軍的存在。當然，"馬千匹"亦不可解，或"千騎"之誤。

---

① 《資治通鑒》卷二五四，唐僖宗廣明元年十二月條，北京：中華書局，1956 年，第 8244—8245 頁。關於此戰，朱溫並未參加，蓋廣明元年十二月，黃巢纔入京師，朱溫尚未占據同州。據《資治通鑒》卷二五四唐僖宗中和元年五月條："昭義節度使高濬會王重榮攻華州，克之。"（北京：中華書局，1956 年，第 8252 頁）疑中和元年五月即王重榮進攻華州之戰的時間，劉昫等《舊唐書》卷一八二《王重榮傳》亦曰："既而賊將朱溫舟師自同州至，黃鄴之兵自華陰至，數萬攻之。重榮感勵士衆，大敗之，獲其兵仗，軍聲益振。朝廷遂授節鉞，檢校司空。時中和元年夏也。"（北京：中華書局，1975 年，第 4695—4696 頁）惜亦以朱溫預戰。

② 《舊唐書》卷一九下《僖宗紀》，北京：中華書局，1975 年，第 712 頁。

③ 《舊唐書》卷二○○下《黃巢傳》，北京：中華書局，1975 年，第 5393 頁。

④ 《新唐書》卷二二五下《黃巢傳》，北京：中華書局，1975 年，第 6459 頁。

⑤ 關於唐、五代的功臣制度和功臣號研究，參見王苗：《唐代功臣號研究》，中央民族大學碩士論文，2012 年；胡耀飛：《五代十國功臣號研究》，武漢大學三至九世紀研究所編：《魏晉南北朝隋唐史資料》第 27 輯《唐長孺先生百年誕辰紀念專輯》，武漢大學人文社會科學學報編輯部，2011 年，第 424—451 頁。

另外，以閹官殺李詳，反映出在黄齊政權内還是有宦官，但也僅此一例，尚待詳考。

客省使。此職功能爲應接各方來使，或出使各處藩鎮以處理朝廷與藩鎮之間的關係。王汀所任此職，即在中和三年李克用包圍華州時，受黄巢之命前往華州與黄齊政權華州守將黄揆互通消息，可惜爲李克用將李承嗣所擒[①]。此外，黄齊政權初立長安，遣使出使各地藩鎮的使節也應有客省使在内。

供奉官都知。供奉官是唐代一種類似於員外官性質的外朝官，並無具體職任[②]。到唐末五代時，供奉官作爲三班使臣之首，逐漸武官化，並出現等級制度。此處的"供奉官都知"，即負責管理一衆供奉官[③]。且黄齊政權的供奉官都知華温琪本人，即一武將，其任供奉官都知，當即具有軍事性質，負責臨時差遣任務，故歸入使職類。

4. 京府官

京兆尹、東都留守。黄齊政權以長安爲都，又曾於廣明元年十二月至廣明二年三月通過唐朝的東都留守劉允章控制過東都洛陽，"文書盡用金統"[④]，則若謂黄齊政權實行過兩都制，亦無不妥。但對東都洛陽的控制畢竟時間短暫，而且是間接的，所以並不能詳細展開所謂兩都制。但從上表還是能夠得到黄齊政權對於兩京的努力控制，即對京兆尹王璠的任命，以及對東都留守劉允章留任的記載。不過除此之外的京府官，並無記載。

（二）地方官制

上文是關於黄齊政權中央官制的整理，尚需論述的是地方官。黄齊政權的地方官，根據第二章整理，可分節度使、刺史兩類，各有數人，縣令一級因無記載，暫不予討論。此外又有監軍、鎮將等。以下分論之。

1. 節度使、副使

根據筆者整理，黄齊政權時期節度使有以下八位：河陽節度使諸葛爽（廣明元年十二月至廣明二年三月）、河中節度使李都（廣明元年十二月至廣明二年正月）、忠武節度使周岌（廣明元年十二月至廣明二年五月）、鳳翔節度使鄭畋（廣明元年十二月至廣

---

① 《舊五代史》卷五五《李承嗣傳》，北京：中華書局，1976 年，第 742 頁。吴麗娛曾論述晚唐五代客省，但並未涉及此條材料，參見吴麗娛：《試論晚唐五代的客將、客司與客省》，《中國史研究》2002 年第 4 期。

② 張東光：《唐代的内供奉官》，《社會科學輯刊》2005 年第 1 期，第 105—111 頁。

③ 趙雨樂：《唐宋變革期軍政制度史研究（一）——三班官制之演變》，臺北：文史哲出版社，1993 年，第 8—19 頁；趙冬梅：《唐五代供奉官考》，《中國史研究》2000 年第 1 期，第 59—67 頁。王賡武亦引戴何都（Robert des Rotours）的觀點，認爲唐末五代"武階的供奉官變得顯著起來"，見王賡武：《五代時期北方中國的權力結構》，胡耀飛、尹承譯，上海：中西書局，2014 年，第 101—102 頁。

④ 《新唐書》卷一六〇《劉允章傳》，北京：中華書局，1975 年，第 4970 頁。

明二年正月）、邠寧節度使王玫（廣明二年二月至四月）、平盧節度使王敬武（廣明二年十二月至中和元年十月）、奉國節度使秦宗權（中和三年五月至中和四年四月）。此外，又有節度副使一位：河中節度副使王重榮（廣明元年十二月至廣明二年正月）。此數位節度使皆唐朝降官，故保持有很大的獨立性，所治藩鎮，筆者稱之爲"間接政區"。

2. 刺史

根據筆者整理，黃齊政權時期刺史有以下幾位：華州刺史喬鈐（廣明元年十二月至廣明二年四月）、黃鄴（廣明二年四月至五月）、李詳（中和元年八月至中和二年九月）、黃鄴（中和二年九月至十一月）、黃揆（中和三年二月至三月）；同州刺史王溥（廣明元年十二月至廣明二年四月）、朱溫（中和二年二月至九月）；商州刺史宋巖（約廣明元年十二月至廣明二年五月）；鄧州刺史朱溫（廣明二年三月至五月）。其中，黃揆所謂華州刺史，或僅僅是守將而已。而朱溫所謂鄧州刺史，則是以"東南面行營都虞候"[①]或曰"東南面行營先鋒使"[②]的身份攻占鄧州。此數位刺史皆黃巢舊將，故稱之爲"直接政區"。

3. 監軍

監軍是唐朝後期在地方上或行軍中設置的監視地方官或行軍統帥的使職，一般由宦官出任[③]。在黃齊政權中，亦有監軍，但事例較少。

在節度使轄區，有忠武監軍楊復光、鳳翔監軍袁敬柔，二者皆爲唐官留任，又各有不同。楊復光慷慨勸說節度使周岌歸唐，袁敬柔積極負責與黃齊使者的溝通，反倒節度使鄭畋密謀攻齊，皆可見第二章整理。總之，在節度使轄區的監軍，多是唐朝舊有監軍，他們本人的政治態度，及對於節度使政治態度的反應，各有不同[④]。

在刺史轄區，有朱溫在同州刺史任上的監軍，據《資治通鑒》中和二年九月條："九月，丙戌，溫殺其監軍嚴實，舉州降王重榮。"[⑤]可知在黃齊政權，州一級政區亦有監軍。

4. 鎮將

唐末五代時期的鎮將是州一級以下軍事據點"鎮"的將領，相對於州刺史，有較大的獨立性[⑥]。在黃齊政權，亦有鎮將，如廣明二年四月攻殺邠寧節度使王玫的"邠

---

① 《資治通鑒》卷二五四，唐僖宗中和元年三月條，北京：中華書局，1956 年，第 8247 頁。

② 陳尚君：《舊五代史新輯會證》卷一《梁太祖紀一》，上海：復旦大學出版社，2005 年，第 5 頁。

③ 仲亞東：《唐代宦官諸使研究》，福建師範大學碩士學位論文，2003 年，第 51—54 頁。

④ 王慶武認爲黃巢向各個已經屈服的藩鎮派出的"使"就是監軍使（Army Supervisor），然而若如王氏所說，這些"使"被派出的目的在於取代唐朝舊有的監軍。但事實上，這些"使"並無史料可證他們是被派去當監軍的，故本文認定爲一般的使節。參見王慶武：《五代時期北方中國的權力結構》，上海：中西書局，2014 年，第 34 頁。

⑤ 《資治通鑒》卷二五五，唐僖宗中和二年九月條，北京：中華書局，1956 年，第 8274 頁。參見《舊唐書》卷一九下《僖宗紀》，北京：中華書局，1975 年，第 713 頁。

⑥ ［日］日野開三郎：《五代鎮將考》，劉俊生主編：《日本學者研究中國史論著選譯》第五卷《五代宋元》，北京：中華書局，1993 年，第 72—104 頁。

州通塞鎮將朱玟"及其"別將李重古"①。又如"華陰鎮使王遇"，被已故華州刺史李詳舊卒推爲刺史，投降王重榮②。所謂"鎮使"，即鎮將一類。從這兩位鎮將的表現來看，他們或對於黃齊政權並無認同，故能攻殺黃齊守將，或對黃齊政權並不抱有強烈的忠臣度，故能轉投唐廷，從而一定程度上影響了戰爭局勢。

通過上文整理，可就黃齊政權地方人事予以逐月列表（表3）如下：

表 3　黃齊政權地方人事月表

月份 金統	尹 京兆	刺史					留守 東都	節度使						
		華州	同州	商州	鄧州			河中	忠武	鳳翔	河陽	邠寧	平盧	奉國
元十二	王璠	喬鈐	王溥	宋嚴		劉允章	李都	周岌	鄭畋					
二正	二	二	二	二		二	二	二	二	諸葛爽				
二二	三	三	三	三		三		三		二	王玟			
二三	四	四	四	四	朱溫	四		四		三	二			
二四	五	黃鄴	五	五	二			五			三			
二五	六	二		六	三			六						
二六	七													
二七	八													
二八	九	李詳												
二九	十	二												
二十	十一	三											王敬武	
二十一	十二	四												

---

① 《資治通鑒》卷二五四唐僖宗中和元年四月戊寅條，北京：中華書局，1956 年，第 8249 頁。此處雖書朱玟爲通塞鎮將，但他此前一直在河東活動，先隨邠寧節度使李侃徙鎮河東而進入河東幕府，並以河東馬步軍都虞候出刺代州，後與諸葛爽一起南下，約在廣明二年正月入關。或由此時回到邠州，駐守通塞鎮成爲鎮將。需要説明的是，據《新唐書》卷二二四下《朱玟傳》，當邠寧爲王玟所節度時，"方調兵，（朱）玟陽事之，乘間斬王玟，以留後讓李重古，約合兵討巢。"（北京：中華書局，1975 年，第 6404 頁）可知朱玟一定程度上歸屬黃齊政權邠寧藩鎮，但時間並不長。

② 《資治通鑒》卷二五五，唐僖宗中和二年十一月條，北京：中華書局，1956 年，第 8278 頁。

续表

月份 金統	尹 京兆	刺史 華州	同州	商州	鄧州	留守 東都	節度使 河中	忠武	鳳翔	河陽	邠寧	平盧	奉國
二 十二	十三	五											
三 正	十四	六											
三 二	十五	七	朱温										
三 三	十六	八	二										
三 四	十七	九	三										
三 五	十八	十	四										
三 六	十九	十一	五										
三 七	二十	十二	六										
三 閏七	廿一	十三	七										
三 八	廿二	十四	八										
三 九	廿三	黃鄴	九										
三 十	廿四	二											
三 十一	廿五	三											
三 十二	廿六												
四 正	廿七												
四 二	廿八	黃揆		不詳									
四 三		二		二									
四 四				三									
四 五													秦宗權
四 六													二

续表

月份 金統	尹	刺史				留守	節度使						
	京兆	華州	同州	商州	鄧州	東都	河中	忠武	鳳翔	河陽	邠寧	平盧	奉國
四七													三
四八													四
四九													五
四十													六
四十一													七
四十二													八
五正													九
五二													十
五三													十一
五四													十二

三、政 軍 考

通過上文可知，黃齊政權的開國禮儀和官僚制度基本仿照唐朝的故事，也留任了一部分唐廷的官員，故其政治統治方式也沿襲了唐朝的不少內容。此外，就軍事而言，黃齊政權的軍隊在中央大致有功臣軍、左·右軍、諸衛軍等，在地方則有節度使掌控的軍隊、刺史掌控的軍隊、鎮將掌控的軍隊。另需考慮者，在戰爭狀態下，黃齊政權如何控制這些官員和軍隊，以及如何確立政權的有效運轉，都是值得關注的。以下，筆者試圖從文書行政和軍事制度等方面，來揭示黃齊政權的軍政制度。

（一）文書行政

唐宋時期的文書行政研究，如今頗爲興盛，特別是宋史學界。在敦煌、吐魯番文書的支撐下，研究唐五代文書行政的成果也頗爲豐富。本文並不欲贅言此點，僅就黃齊政權的文書行政之實例予以揭示。

1. 赦書

《舊唐書·僖宗紀》曰："爲僞赦書云：'揖讓之儀，廢已久矣；竄遁之迹，良用憮然。朝臣三品已上並停見任，四品已下宜復舊位。'"①此詔在陳尚君《全唐文補編》中被歸入黃巢名下，題《即位赦書》②。但其原作者爲誰，尚難遽斷。此外，前文已經指出，黃齊政權開國時的自陳符命，或已載於赦文中。對此，陳尚君《全唐文補編》別爲一文，其在黃巢名下據《新唐書·黃巢傳》擬題《自陳符命判》③，蓋原文有"判其文曰"四字。但在唐代的判文，多應用於法律文書，且身爲皇帝，亦不可能稱之爲判文④。何況按照唐代改元大赦常繫於一份詔書來看，自陳符命的內容應該也在赦書中，祇是被史家單獨表出以突出之。故筆者認爲此所謂"判文"亦在赦書之內，其文句按《舊唐書·黃巢傳》："唐帝知朕起義，改元廣明，以文字言之，唐已無天分矣。唐去丑、口而安黃，天意令黃在唐下，乃黃家日月也。土德生金，予以金王，宜改年爲金統。"⑤此似黃巢本人口語。若按《新唐書·黃巢傳》："唐去丑口而著黃，明黃當代唐，又黃爲土，金所生，蓋天啓。"⑥此似形成文本者。若以陳尚君意別爲"判文"，當輯《舊唐書·黃巢傳》，而非《新唐書·黃巢傳》。

最後，關於赦書流布情況的一則材料，據《資治通鑑》廣明元年十二月條："會巢使者以赦書至，監軍袁敬柔與將佐序立宣示，代畋草表署名以謝巢。"⑦可知赦書隨著黃齊政權的使者被傳播到了具體的藩鎮。

2. 檄文

前文提及柳晦曾"爲中書舍人，尋授僞相"，而其之所以有如此禮遇，與其在黃齊政權中負責撰寫檄文有關。《太平廣記》引《補錄記傳》載："及黃巢犯闕，求能檄者，或薦（柳）晦，巢乃馳騎迎之，逼使爲檄。檄達行在，僖宗知晦所作，乃曰：'晦自求退，非朕棄遺，何訕謗之甚耶！'賊平，議不赦。"⑧可見當時黃齊政權確實有發布檄文，並傳達至成都唐僖宗行在之所。

黃齊政權檄文的傳統，則可追溯至起事之初，《舊唐書·黃巢傳》曰："巢之起也，人士從而附之。或巢馳檄四方，章奏論列，皆指目朝政之弊，蓋士不逞者之辭也。"⑨不

①　《舊唐書》卷一九下《僖宗紀》，北京：中華書局，1975年，第709頁。
②　陳尚君編：《全唐文補編》卷八七，北京：中華書局，2005年，第1066頁。
③　陳尚君編：《全唐文補編》卷八七，北京：中華書局，2005年，第1066頁。
④　吳承學：《唐代判文文體及源流研究》，《文學遺産》，1999年第6期，第21—33頁。
⑤　《舊唐書》卷二〇〇下《黃巢傳》，北京：中華書局，1975年，第5393頁。
⑥　《新唐書》卷二二五下《黃巢傳》，北京：中華書局，1975年，第6458頁。
⑦　《資治通鑑》卷二五四，唐僖宗廣明元年十二月條，北京：中華書局，1956年，第8242—8243頁。
⑧　（宋）李昉等編：《太平廣記》卷三一二《柳晦》，北京：中華書局，1961年，第2468頁。
⑨　《舊唐書》卷二〇〇下《黃巢傳》，北京：中華書局，1975年，第5392頁。

過《資治通鑑考異》曰："又《續寶運録》云：'王仙芝既叛，自稱天補均平大將軍兼海内諸豪帥都統，傳檄諸道'，其文與此略同，末云：'願垂聽知，謹告，乾符二年正月三日。'此蓋當時不逞之士偽作此文，託於仙芝及巢以譏斥時病，未必二人實有此檄牒也。"①因此事涉及王仙芝起事時間，諸家論述衆多，其中方積六結合諸説，並不認可《考異》的判斷，認爲檄文確有其事②。無論如何，自起事之初，即有檄文行諸四方。

此外，在行軍途中，也有一些檄文片段得以保存，如轉戰淮南時，曾轉牒諸軍，内有"屯軍淮甸，牧馬潁陂"③之句，又如廣明元年（880年）十一月將入洛陽時，黄巢自稱天補大將軍，轉牒諸軍云："各宜守壘，勿犯吾鋒！吾將入東都，即至京邑，自欲問罪，無預衆人。"④進取陝州、虢州後，曾檄關戍曰："吾道淮南，逐高駢如鼠走穴，爾無拒我！"⑤此處關戍或指潼關。

3.書表

赦書和檄文所代表的公文書之效用，源於王仙芝、黄巢集團行軍時對書記之事的重視，下文提及黄巢爲判官即是一例。史料中亦常見王仙芝、黄巢集團的其他一些私人文書，即在黄巢稱帝前，與唐廷及其官員的一些文書互動。這些互動集中於請降行文，大致有三次：一，乾符四年十二月之前，王仙芝曾"表請符節"⑥；二，乾符六年六月，黄巢在嶺南時，曾寫書信給嶺南節度使李巖、浙東觀察使崔璆，使二人向唐廷請求授己爲天平軍節度使，又直接向唐廷上表求嶺南節度使⑦，惜未能流傳全文，僅在《資治通鑑考異》中因引《續寶運録》而殘存數字；三，廣明元年五月，黄巢在信州致書淮南節度使高駢，請求歸降。⑧這些表奏、書信並無文字流傳，但可作爲王仙芝、黄巢集團重視書記作用的證據。

（二）軍事制度

在討論黄齊政權軍事制度之前，需要考察王仙芝、黄巢流動作戰時期的軍隊管理

① 《資治通鑑》卷二五三，唐僖宗廣明元年七月條《考異》，北京：中華書局，1956年，第8230頁。
② 方積六：《黄巢起義考》，北京：中國社會科學出版社，1983年，第1—10頁。
③ 見《唐末見聞録》，轉引自《資治通鑑》卷二五三，唐僖宗廣明元年七月條《考異》，北京：中華書局，1956年，第8230頁。此二句據《唐末見聞録》，來自"廣明二年十二月五日，黄巢傾陷京國，轉牒諸軍"之牒，然司馬光《考異》以此二句内容懷疑牒實在淮南時，非入長安後。
④ 《資治通鑑》卷二五四，唐僖宗廣明元年十一月條，北京：中華書局，1956年，第8236頁。
⑤ 《新唐書》卷二二五下《黄巢傳》，北京：中華書局，1975年，第6457頁。
⑥ 《舊唐書》卷二〇〇下《黄巢傳》，北京：中華書局，1975年，第5391頁。
⑦ 《舊唐書》卷一九下《僖宗紀》，北京：中華書局，1975年，第703頁；《新唐書》卷二二五下《黄巢傳》，北京：中華書局，1975年，第6454頁；《資治通鑑》卷二五三唐僖宗乾符六年六月條，北京：中華書局，1956年，第8215—8216頁。
⑧ 《舊唐書》卷一九下《僖宗紀》，北京：中華書局，1975年，第708頁；《新唐書》卷二二四下《高駢傳》，北京：中華書局，1975年，第6394頁；《資治通鑑》卷二五三，唐僖宗廣明元年五月條，北京：中華書局，1956年，第8225頁。

體制，這是黃齊政權軍事制度的前身。不過鑒於唐廷史官的正統觀念，關於王仙芝、黃巢集團內部的情況並不是記録的重點，唐廷軍隊和將領如何平叛方爲關鍵。因此，相關記載十分稀少，下面先後整理黃齊政權建立之前王仙芝、黃巢集團的軍事體制。

王仙芝。由於古代史臣和後世史家更多關注黃巢，故關於王仙芝的記載並不詳實。《新唐書·黃巢傳》謂"仙芝妄號大將軍"①，但僅有這一記載，他無所見。不過有一則輔助材料可提及，即黃巢曾任王仙芝判官。劉崇遠《金華子雜編》卷下曰："黃巢本王仙芝賊中判官。仙芝既死，賊衆戴之爲首，遂日盛，橫行中原，竟陷京洛。數年方滅。"②此處所書黃巢作爲王仙芝的判官，若確有其事，當在王仙芝、黃巢合兵時期，即乾符四年夏至十月期間。雖然黃巢是作爲一支獨立的部隊進入王仙芝集團，其他史料中也沒有記載黃巢爲判官，但因其文化水準比王仙芝要高，一度作爲曾"妄號大將軍"的王仙芝的判官亦非不可能。

黃巢。黃巢初起時並無自稱，然在進入王仙芝集團後，似一度爲其判官。但終究又離開了王仙芝集團，並在王仙芝死後代統其部衆。據《舊唐書·黃巢傳》："尚讓乃與群盜推巢爲王，號'衝天大將軍'，仍署官屬。"③《新唐書·黃巢傳》大體相同，僅多了"建元王霸"四字，《資治通鑒》取《新唐書·黃巢傳》之説④。可知兩則材料大體相同，唯是否改元成了焦點。整體來看，號稱"衝天大將軍"應該可信，"王霸"年號則尚需佐證。進入嶺南後，黃巢又一次改稱某某都統，如《新唐書·黃巢傳》所載"自號'義軍都統'"以及《資治通鑒考異》所引《續寶運録》所載的黃巢上表，自稱"義軍百萬都統兼韶、廣等州觀察處置等使"⑤。此處可知，黃巢集團的軍事體制，已經完全仿照唐廷的行營體制和藩鎮體制，然後加以糅合。至於黃巢以下的部衆，史料不多，僅有以下兩件：

隊長朱溫。《舊五代史·梁太祖紀一》曰："帝乃辭崇家，與仲兄存俱入巢軍，以力戰屢捷，得補爲隊長。"⑥這段記載出自後梁官方文獻，其中關於朱溫早年在黃巢軍中"得補爲隊長"之事，他處未見，可證黃巢軍中有"隊長"一級。這是采自唐代

①　《新唐書》卷二二五下《黃巢傳》，北京：中華書局，1975年，第6451頁。
②　劉崇遠：《金華子雜編》卷下；亦見錢易撰，梁太濟箋證：《南部新書溯源箋證》卷戊，上海：中西書局，2013年，第196頁。
③　《舊唐書》卷二〇〇下《黃巢傳》，北京：中華書局，1975年，第5391—5392頁。
④　《新唐書》卷二二五下《黃巢傳》，北京：中華書局，1975年，第6453頁；《資治通鑒》卷二五三，唐僖宗乾符五年二月條，北京：中華書局，1956年，第8199—8201頁。
⑤　《新唐書》卷二二五下《黃巢傳》，北京：中華書局，1975年，第6455頁；《資治通鑒》卷二五三，唐僖宗乾符六年六月條《考異》，北京：中華書局，1956年，第8215—8216頁。
⑥　陳尚君：《舊五代史新輯會證》卷一《梁太祖紀一》，上海：復旦大學出版社，2005年，第5頁。

軍隊基層武官的制度，唐前期府兵制中有隊級編制，行軍制度中則有隊正的設置，孫繼民曾據阿斯塔那第 222 號墓所出垂拱四年（688 年）《隊陪牒》文書還原唐代前期行軍中隊的設置[①]。但對於黄巢軍隊而言，其隊的設置形態已不得而知，僅知其隊有隊長統領，與唐代前期行軍中的隊正頗有不同。不過在唐末，隊長普遍出現於唐廷軍隊中，如李茂貞在神策軍之博野軍中"以功自隊長遷軍校"[②]，劉玘在藩鎮宣武軍中"以軍卒補隊長"[③]。可見，無論是中央神策軍，還是地方藩鎮軍，都有隊長的設置。則黄巢軍隊的隊長設置，當從仿效官軍而來。而由隊長一職的設置來看，其餘各個級層的軍將，當亦如之。

平唐大將軍張直方等。《新唐書・黄巢傳》曰："巢以尚讓爲平唐大將軍，蓋洪、費全古副之。賊衆皆被髮錦衣，大抵輜重自東都抵京師，千里相屬。金吾大將軍張直方與群臣迎賊灞上，巢乘黄金輿，衛者皆繡袍、華幘，其黨乘銅輿以從，騎士凡數十萬先後之。"[④]

至於黄齊政權的軍事制度，可以包括軍隊設置和行營制度兩部分：

首先，關於軍隊的設置，前文已經考證中央軍隊統帥與地方軍隊層級的分別設置。此處尚需指出一個很重要的特色，即前文考證的左・右軍中尉、樞密使、内樞密使、軍庫使、四面游奕使、水運使、功臣軍使、客省使、供奉官都知，皆爲唐朝時期由宦官擔任的内諸司使，而在黄齊政權中，除了那位"閹官後冗"外，都是武將出任。亦即，黄齊政權在中央軍隊的控制方面，基本擯棄了唐朝的宦官掌軍特色。這是黄齊政權出自社會下層民衆的發展結果，也在一定程度上是一種全新的執政理念，從而對一直以來厭惡宦官專政的唐朝文官集團造成了吸引力。但另一方面，又導致了唐廷的宦官集團的仇視，正是在田令孜、楊復光等宦官的積極行動下，唐廷最後扭轉了局勢。可以説，黄齊政權爲日後朱梁政權的屠殺宦官開了先聲，但並未取得效果，反而禍及己身。

其次，關於行營制度，屬於軍隊出征在外進行軍事行動的一種涵蓋在此期間所有軍事行爲的制度性設置，北朝後期、隋、唐前期十分盛行的行軍制度就是這樣一種戰時體制[⑤]。唐代後期，唐廷爲了平定各地的藩鎮叛亂，乃至圍剿各處民變，則通過設

---

① 孫繼民：《敦煌吐魯番所出唐代軍事文書初探》，北京：中國社會科學出版社，2000 年，第 142—155 頁。
② 《新五代史》卷四〇《李茂貞傳》，北京：中華書局，1974 年，第 429 頁。
③ 《新五代史》卷四五《劉玘傳》，北京：中華書局，1974 年，第 499 頁。
④ 《新唐書》卷二二五下《黄巢傳》，北京：中華書局，1975 年，第 6458 頁。
⑤ 孫繼民：《唐代行軍制度研究》（增訂本），北京：中國社會科學出版社，2018 年，第 1—15 頁。

置行營來予以鎮壓。筆者已曾探討唐廷鎮壓黄巢之變的行營①。另一方面，黄齊政權也有行營制度。王仙芝、黄巢起事之初，大部分時間都處於流動作戰的境地，因此用兵打仗以機動爲上。但當時並未建立政權，故而尚無規範的行營制度。建立政權之後，由於首都長安附近一直處於戰爭狀態，因此並無出軍遠征的機會，戰事多在長安附近展開，也談不上行營。

唯一的一次行營設置，應該是朱温對鄧州的攻奪。《新唐書·僖宗紀》曰：廣明二年"三月辛亥，黄巢陷鄧州，執刺史趙戎"②。又據《資治通鑒》中和元年三月條："黄巢以朱温爲東南面行營都虞候，將兵攻鄧州；三月，辛亥，陷之，執刺史趙戎，因戍鄧州以扼荆、襄。"③《舊五代史》稱之爲"東南面行營先鋒使"④。可知，黄齊政權出於戰略考慮，命朱温奪取鄧州，作爲抵禦唐廷在荆襄地區的藩鎮軍隊。鄧州在山南東道，位於商州和襄州之間，是關中通往中原地區的要道，且距離長安甚遠。若據《資治通鑒》所載，則朱温所任之"東南面行營都虞候（先鋒使）"爲黄齊政權關於行營制度的唯一記載。此外，據《舊唐書·楊復光傳》曰：楊復光"進攻南陽，賊將朱温、何勤來逆戰，復光敗之，進收鄧州，獻捷行在，中和元年五月也"⑤。則至少與朱温共守鄧州的還有何勤，但不知何勤在進攻鄧州時的東南面行營中任何軍職。

（三）其他政策

除了文書行政和軍事制度，還有一些黄齊政權的零散的政策，亦需歸納。特別是前輩學者多有討論的一些内容，比如人口政策、經濟政策等。

1. 人口政策

關於黄齊政權的政策中，人口政策是討論較多的問題。當然，本文所謂人口政策，並非當下以計劃生育爲中心的人口控制政策，而是指黄齊政權對待被統治者的問題，也就是通常所説的殺人問題。對此，很多以"農民起義"爲出發點的學者，出於肯定黄齊政權爲"農民政權"的目的，對於王黄集團，特別是黄巢集團的殺人現象，基本抱持肯定的觀點。

---

① 胡耀飛：《傳檄天下——唐廷鎮壓黄巢之變的七階段行營都統（招討使）考》，董劭偉、柴冰主編：《中華歷史與傳統文化研究論叢》，第 3 輯，北京：中國社會科學出版社，2017 年，第 53—85 頁。

② 《新唐書》卷九《僖宗紀》，北京：中華書局，1975 年，第 271 頁。

③ 《資治通鑒》卷二五四，唐僖宗中和元年三月條，北京：中華書局，1956 年，第 8247 頁。

④ 陳尚君：《舊五代史新輯會證》卷一《梁太祖紀一》，上海：復旦大學出版社，2005 年，第 5 頁。

⑤ 《舊唐書》卷一八四《楊復光傳》，北京：中華書局，1975 年，第 4773 頁。

如有關黃巢集團在廣州時常被提及的阿拉伯人 Abū Zaid 的記載[①]。韓國磐先生即認爲："都是當時與農民敵對的地主商人的記載，不能置信。他們往往將地主階級軍隊殘害人民的事記在農民軍的賬上，來歪曲歷史。並且，當時國外也有些豪商跟唐朝官僚勾結在一起，掠奪榨取勞動人民，所以義軍入廣州後，很可能殺掉一些和官吏一道剝削人民的外籍豪商，而剝削階級的代表者肆意作過分誇張的記載，歪曲了史實。"[②]不過即便是豪商，也不可能有十二萬豪商，肯定包含很大部分一般的外國人。當然十二萬這個數字畢竟十分誇張，不過會有這樣一個誇張的數字，其原本的史實恐怕相去也不遠，肯定有很大部分外國人被殺。

又如對於在長安的殺人問題，韓國磐先生亦認爲：黃巢集團入長安後，"所殺的也是罪大惡極的大貴族大官僚，如宰相豆盧瑑、崔沆、僕射於琮、金吾大將軍張直方等人。……絕非亂殺一般人民。"[③]不過《新唐書·黃巢傳》確實記載："因大掠，縛笞居人索財，號'淘物'。富家皆跣而驅，賊酋閱甲第以處，爭取人妻女亂之，捕得官吏悉斬之，火廬舍不可貲，宗室侯王屠之無類矣。"[④]而這與殺崔沆等人尚有區別，《舊唐書·黃巢傳》即曰："宰相崔沆、豆盧瑑扈從不及，匿之別墅，所由搜索嚴急，乃微行入永寧里張直方之家。朝貴怙直方之豪，多依之。既而或告賊云：'直方謀反，納亡命。'賊攻其第，直方族誅，沆、瑑數百人皆遇害。自是賊始酷虐，族滅居人。"[⑤]這裏把殺唐朝不肯降齊的大臣和殺"居人"相區別，即唐朝大臣不肯降服導致被殺，從而引發殺人範圍的擴大。而根據《新唐書·黃巢傳》，則把殺人範圍擴大放在殺崔沆等人之前，頗有混淆視聽，讓人誤會黃巢本身即好殺人之嫌[⑥]。但在立都長安不穩的情況下，通過殺人來立威，確實是一種最粗暴、最簡單的方法。因而當中和元年四月黃巢一度出逃灞上又返回長安城後，據《舊唐書·王處存傳》曰"召集兩市丁壯七八萬并殺之"，《新唐書·黃巢傳》亦曰"怒民迎王師，縱擊殺八萬人"[⑦]。這件事兩書皆

---

① 李豪偉：《關於黃巢起義的阿拉伯文史料譯註》，胡耀飛譯，周偉洲主編：《西北民族論叢》第十四輯，北京：社會科學文獻出版社，2016 年，第 285 頁。
② 韓國磐：《隋唐五代史綱》（修訂本），北京：人民出版社，1977 年，第 399 頁。
③ 韓國磐：《隋唐五代史綱》（修訂本），北京：人民出版社，1977 年，第 399 頁。江民繁也基本秉持這一觀點，見江民繁：《黃巢殺人辨》，《歷史知識》1981 年第 6 期。
④ 《新唐書》卷二二五下《黃巢傳》，北京：中華書局，1975 年，第 6458 頁。
⑤ 《舊唐書》卷二〇〇下《黃巢傳》，北京：中華書局，1975 年，第 5394 頁。
⑥ 此外，《新唐書·黃巢傳》還記載了尚讓因有人在尚書省題詩"譏賊"而省官及門卒，《資治通鑒》更謂其"大索城中能爲詩者，盡殺之，識字者給賤役，凡殺三千餘人。"這件事不見於《舊唐書·黃巢傳》，當另有史源，或來自筆記小説，亦可知《新唐書·黃巢傳》的傳聞之辭不可盡信。見《新唐書》卷二二五下《黃巢傳》，北京：中華書局，1975 年，第 6460 頁；《資治通鑒》卷二五四，唐僖宗中和元年三月條，北京：中華書局，1956 年，第 8247 頁。
⑦ 《舊唐書》卷一八二《王處存傳》，北京：中華書局，1975 年，第 4700 頁；《新唐書》卷二二五下《黃巢傳》，北京：中華書局，1975 年，第 6460 頁。

有記載，雖然數字可能也有誇大，但真實性當無從質疑。故而雖然前輩學者的質疑有其道理，但若按《舊唐書·黃巢傳》等記載，黃巢集團確實有過殺人範圍擴大，從唐朝官員波及一般平民的時候。

另一件比較有名的事是黃巢集團退出關中後，在圍攻陳州時的"春磨寨"，這在《舊唐書·僖宗紀》《舊唐書·黃巢傳》《舊五代史·梁太祖紀》《近事會元》《新五代史·趙犨傳》《新唐書·黃巢傳》《資治通鑒》等中皆有記載①。其真實性雖有所誇張，恐不得完全視之爲無中生有。至於方積六所引《舊唐書·僖宗紀》"賊將尚讓屯太康，黃鄴屯西華，稍有芻粟"②的記載，或可視之爲尚讓、黃鄴所部的單獨儲糧，或可視之爲尚讓、黃鄴等上層成員的專門儲糧，就一般下層成員而言，恐怕不可能也有這樣的待遇。當然，關於春磨寨的具體描述，恐與唐廷的宣傳策略有關，但在戰爭年代以人肉代替軍糧，並非孤例。秦宗權集團即有"鹽屍而從"的現象③。

2. 經濟政策

關於黃齊政權的經濟政策，記載不多。被前輩學者經常提及的是"禁刺史殖財產"④和"均平"⑤，前者被賴家度認爲"是在中國農民戰爭史上第一次正式提出了土地問題"⑥，後者經常被作爲北宋王小波、李順"均貧富"口號的先聲⑦。不過黃齊政權在立都長安的短短三年時間内，一直處於戰爭狀態中，其統治地域範圍如第二章所論，頗爲狹小。即便其有心要如入長安前所宣稱的那樣"禁刺史殖財產"和"均平"，事實上也無從下手。雖然前輩學者對"均平"的思想來源和對後世的影響探討

---

① 《舊唐書》卷一九下《僖宗紀》，北京：中華書局，1975 年，第 717 頁；《舊唐書》卷二〇〇下《黃巢傳》，北京：中華書局，1975 年，第 5397 頁；陳尚君：《舊五代史新輯會證》卷一《梁太祖紀一》，上海：復旦大學出版社，2005 年，第 8 頁；李上交：《近事會元》卷三"春磨寨"條；《新五代史》卷四二《趙犨傳》，第 461 頁。《新唐書》卷二二五下《黃巢傳》，北京：中華書局，1975 年，第 6462—6463 頁；《資治通鑒》卷二五五，唐僖宗中和三年六月條，北京：中華書局，1956 年，第 8296 頁。

② 《舊唐書》卷一九下《僖宗紀》，北京：中華書局，1975 年，第 718 頁。參見方積六：《黃巢起義考》，北京：中國社會科學出版社，1983 年，第 246 頁。

③ 《舊唐書》卷二〇〇下《秦宗權傳》，北京：中華書局，1975 年，第 5398—5399 頁。《新唐書》卷二二五下《秦宗權傳》亦曰："官軍追躡，獲鹽屍數十車。"北京：中華書局，1975 年，第 6464—6465 頁。

④ 《新唐書》卷二二五下《黃巢傳》，北京：中華書局，1975 年，第 6455 頁。

⑤ "均平"二字僅見於《續寶運録》所載王仙芝自稱的"天補均平大將軍兼海内諸豪帥都統"這一稱號中，見《資治通鑒》卷二五三，唐僖宗廣明元年七月條，北京：中華書局，1956 年，第 8230 頁。

⑥ 賴家度：《試論黃巢"禁刺史殖財產"》，《歷史教學》1964 年第 9 期，第 36 頁。

⑦ 周寶珠：《黃巢起義的"均平"要求與反儒鬥爭》，《河南大學學報》1974 年第 3 期，第 34—37 頁；宋家鈺：《關於唐末農民起義領袖"天補均平"稱號研究中的幾個問題》，《中國農民戰爭史論叢》第 1 輯，山西人民出版社，1978 年，第 184—215 頁；唐森：《"均平"與黃巢起義》，《暨南大學學報》（哲學社會科學版）1981 年第 1 期，第 82—91 頁；王大華：《論均平在唐末農民戰爭中的經濟内容》，《陝西師範大學學報》（哲學社會科學版）1982 年第 2 期，第 69—79 頁；謝忠明、江湧：《淺議唐末農民起義中"均平"口號的思想來源》，《長沙水電師院學報》（社會科學版）1989 年第 3 期，第 142—144 頁；丁柏傳：《試論黃巢的"均平"思想》，《臨沂師範學院學報》2002 年第 2 期，第 72—75 頁。

得很多，但是否真的成爲了黄齊政權本身的經濟政策，實在難以確認。

另外一個經濟問題，是關於所謂"大齊通寶"的問題。這在錢幣收藏界討論得比較多，相關文章層出不窮。綜合而言，民國及以前學者認爲或爲黄巢所鑄造，直至羅伯昭《大齊通寶考》一文判定爲楊吴權臣徐知誥建立大齊政權時所鑄，始被學者所接受①。近年來又有學者認爲確實爲黄巢的大齊政權所鑄造，但其論述邏輯頗不通順，亦無堅實材料證明黄齊政權鑄錢事實，故不可謂之的論②。事實上，戰爭狀態下的黄齊政權，其真正統治的地域範圍不出潼關，而唐朝的鑄幣機關也不在關中③，故不大可能鑄造"大齊通寶"。且"大齊通寶"通常發現於南方，特别是江西地區，這正是楊吴、南唐統治範圍，正可證"大齊通寶"之爲徐齊所鑄。

四、結　語

本文通過對史料的整理，系統考察了黄巢所建立的大齊政權的開國禮儀、官制和軍政制度。

就開國禮儀和名位制度而言，黄齊政權的開國禮儀明顯不同於自新莽以來的"禪讓式"開國，而是"自立式"開國。但依然有一套仿自前朝的程式，從齋、卜開始，隨後是升殿即位，昭示國號"大齊"和年號"金統"，悉陳文物，最後是登樓宣赦。在赦文中，又對自身的正統性加以符讖式的闡釋，即以"黄家日月"曲解唐廷的"廣明"年號，並以"五德終始"説表明對於唐朝的繼承，從而確定年號。隨之建立的是一套名位制度，包括皇帝、皇后、皇儲（並未明確）三種皇室家族成員設置，符璽、服色、宮殿三種象徵皇權的制度設施。

黄齊政權的官制方面，就中央官制而言，同時設有四位宰相，且以本官同平章事，與晚唐的中書門下體制並無區别。朝臣方面，尚書系統基本作爲階官，中書亦無實權；翰苑系統更多以唐廷的降臣來點綴，臺諫系統則任命了黄巢本人的親信，發揮著其監察百官的職責。黄巢集團成員所占據的大部分職位是軍事性使職，用以取代唐代後期普遍存在的宦官掌軍現象，這些使職包括：左·右軍中尉、樞密使、内樞密

---

① 羅伯昭：《大齊通寶考》，《古泉學》第 1 卷第 2 期，1936 年，第 16—17 頁。感謝湯勤福先生提供資訊！

② 張一農、張蕊：《大齊通寶，物歸原主——正羅伯昭〈大齊通寶考〉之誤》，《河北經貿大學學報》2006 年第 5 期，第 84—86 頁。

③ 根據李錦繡考察，唐朝後期的鑄錢機構分布於商州、揚州、蔚州、宣州、饒州、郴州，見《唐代財政史稿》第五册，北京：社會科學文獻出版社，2007 年，第 195 頁。其中僅有終南山南的商州可算是黄齊政權曾經統治過的地方，但史料並無記載黄齊政權鑄錢之事，且對商州的控制更多出於交通因素。

使、軍庫使、四面游奕使、水運使、功臣軍使、客省使、供奉官都知。京府官方面，則有京兆尹和東都留守，唯東都留守旋又歸唐，所以並不能詳細考察黃齊政權兩都制。就地方官制而言，包括間接政區的節度使、直接政區的刺史，以及監控節度使和刺史的監軍，最後則是最下一級的鎮將。其中節度使監軍和鎮將的向背，頗能影響局勢的發展方向。

最後，黃齊政權的政軍制度，可以通過對文書行政、行軍制度和其他政策的整理窺其一斑。文書行政方面，可考者有赦書、檄文。軍事制度方面，在中央大致有功臣軍、左·右軍、諸衛軍等，在地方則有節度使掌控的軍隊、刺史掌控的軍隊、鎮將掌控的軍隊。這些軍隊擯棄了唐朝後期盛行的宦官掌軍方式，從而遭致了尚且在流離的唐廷中掌權的宦官集團的嫉恨。行營制度方面，則因黃齊政權範圍不出關中，故僅有朱溫進攻鄧州時的一個例子可以證明。最後，黃齊政權對待在它統治下的人民，初期並無濫殺行爲，而祗是針對並不降齊的唐廷官員，祗是當後者拼命反抗之後，特別是在戰爭狀態下，方纔擴大其殺人範圍。這些行爲與其經濟上的“禁刺史殖財産”和“均平”等主張也相悖，故而大大影響了其穩定性，相關經濟政策也未能付諸實施。

中外文化交流

試論唐代的中外飲食文化交流

劉樸兵

　　大唐帝國是當時世界上最爲强大的國家之一，特别是唐代前期，政治清明，經濟繁榮，文化昌盛，對外交流頻繁。衆多的外交使節、商人和宗教僧侶絡繹於途，使這一時期的飲食文化交流比以往任何時候都要活躍。本文初步探討了唐朝向西、向東、向南三個方向的對外飲食文化交流。不足之處，敬請方家指正。

一、向西的中外飲食文化交流

　　向西，唐朝與中亞、西亞、南亞和其他西方國家的飲食文化交流，主要通過陸上絲綢之路進行。唐代飲食文化的輸入和輸出都比較興旺，輸入唐朝的多爲中原内地所無的各種飲食原料，以果品、蔬菜和調味品爲多。各種胡食肴饌及異域的飲食器具對唐代也産生了較大影響。

（一）異域飲食文化的輸入

1. 果品的輸入

　　經絲綢之路引進的果品有千年棗、波斯棗、偏桃、樹鳳梨、齊暾果、胡榛子、金桃、銀桃等，這些果品多是所在國家的使節進貢而來的。其中，千年棗是唐玄宗天寶五載（746 年）閏十月，位於今天里海附近的陁拔斯單國王忽魯汗遣使來獻的[①]；波斯棗又稱海棗，原産西亞地區，"子長二寸，黄白色，有核，熟則子黑，狀類乾棗，味甘如飴，可食"；偏桃又稱扁桃、巴旦杏，原産中亞地區，"狀如桃子而形偏"，"其肉苦澀不可噉，核中仁甘甜，西域諸國並珍之"；樹鳳梨又稱菠蘿蜜，原産南亞

　　作者簡介：劉樸兵，男，安陽師範學歷史與文博學院教授。

　　① （宋）王欽若等：《册府元龜》卷九七一《外臣部·朝貢四》，北京：中華書局，1960 年，第 11412 頁。

地區，“大如冬瓜，有殼裹之，殼上有刺，瓤至甘甜，可食，核大如棗，一實有數百枚，核中仁如栗黄，炒食甚美”；齊暾果，原產地中海地區，“子似楊桃，五月熟。西域人壓爲油，以煮餅果如中國之用巨勝也”；胡榛子，又名阿月渾子、無石子，原產於西亞，“子大如指，長三寸。上有殼，中仁如栗黄，可噉”[①]。偏桃、波斯棗、樹鳳梨、齊暾果、胡榛子均是從波斯引入中國的。金桃、銀桃是從康國引進的，據《新唐書·西域傳》載，唐太宗貞觀五年（631 年），康國“自是歲入貢，致金桃、銀桃，詔令植苑中”。其中，金桃又稱黄桃，《册府元龜》卷九七〇稱：“康國獻黄桃，大如鵝卵，其色黄金，亦呼爲金桃。”

　　2. 蔬菜的輸入

　　經絲綢之路引進的蔬菜有佛土菜、菠菜、酢菜、渾提蔥、苦菜等，同果品一樣，這些蔬菜也是由使節進貢而來的。其中，佛土菜是從健達國引進的，其菜“一莖五葉，花赤，中心正黄，而蕊子紫色”[②]。菠菜又稱波稜，是從泥婆羅國引進的，其菜“葉類紅藍，實如蒺藜，火熟之能益食味”。酢菜，“狀似芹而味香”[③]，這種酢菜就是今天的旱芹，它又稱胡芹，唐人又稱爲醋芹，柳宗元《龍城録》卷上《魏徵嗜醋芹》載：“魏徵嗜醋芹，每食之，欣然稱快”，一次唐太宗召賜食，“有醋芹三杯，公見之，欣喜，翼然，食未竟而芹已盡”。還有稱此菜爲醋菜的，段公路《北户録》卷二《蘺菜》載：“醋菜，狀似慎火，葉闊而長，味如美酢，絶宜人，味極美。”。渾提蔥，“其狀猶蔥而甘辛”[④]。苦菜，“狀如苣，其葉闊，味雖少苦，久食益人”[⑤]。

　　3. 調味品的輸入

　　經絲綢之路，還輸入大量的外來調味品，其中最有名的爲胡椒。蘇恭《唐本草》稱：“胡椒生西戎。形如鼠李子，調食用之，味甚辛辣。”[⑥]段成式更明確地指出：“胡椒，出摩伽陁國，呼爲昧履支。其苗蔓生，極柔弱，葉長寸半，有細條，與葉齊。條上結子，兩兩相對，其葉晨開暮合，合則裹其子於葉中，形似漢椒，至辛辣。六月采，今人作胡盤肉食皆用之。”[⑦]

---

①　（唐）段成式：《酉陽雜俎》卷一八《木篇》，《四部叢刊》本。

②　（宋）李昉等：《太平御覽》卷九七六《菜》，北京：中華書局，1960 年，第 4325 頁。

③　（宋）李昉等：《太平御覽》卷九七六《菜》，北京：中華書局，1960 年，第 4325 頁。

④　（宋）李昉等：《太平御覽》卷九七六《菜》，北京：中華書局，1960 年，第 4325 頁。

⑤　（宋）王溥：《唐會要》卷一百《雜録》，上海：上海古籍出版社，1991 年，第 1796 頁。

⑥　（明）李時珍：《本草綱目》卷三二《胡椒》引，北京：人民衛生出版社，2005 年，第 1858 頁。

⑦　（唐）段成式：《酉陽雜俎》卷一八《木篇》，《四部叢刊》本。

　　由於唐代胡椒的輸入走的是陸路，運輸成本較大，胡椒在唐代是比較昂貴的奢侈消費品，它甚至還和金銀珠玉一樣成爲某些人的保值儲藏品，如元載任宰相多年，家財不可勝計，當他敗落後，朝廷籍没家中財物，"胡椒至八百石，它物稱是"①。

　　蒔蘿子也是唐代引進的一種調味品，李珣《海藥本草》稱蒔蘿"生波斯國"，其子"褐色而輕，主膈氣消食温胃，善滋食味，多食無損"②。

　　唐代經絲綢之路輸入的其他調味品還有鹽、石蜜、胡芥（又稱白芥），如唐玄宗天寶五載（746 年）閏十月，突騎施、石國、史國、米國、罽賓國各遣使來朝，"獻……紅鹽、黑鹽、白戎鹽、余甘子"，十二載（753 年）五月，"火尋國遣使獻紫麞皮、白生、石蜜、黑鹽"③。

4. 製糖及果酒釀造技術的輸入

　　除果品、蔬菜和調味品之外，通過絲綢之路唐朝還引進了製糖、果酒釀造等一些先進的生產技術。唐朝從南亞的摩伽佗國引進了先進的熬糖技術，據王溥《唐會要》卷一〇〇《雜録》載："西番諸國出石蜜，中國貴之。太宗遣使至摩伽佗國取其法，令揚州煎蔗之汁，於中廚自造焉。色味愈於西域所出者。"據釋道宣《續高僧傳》卷四《玄奘傳》記載，唐高宗時又派王玄策等人隨天竺使臣到大夏，"並贈綾帛千有餘段，王及僧侶等各有差，並就菩提寺僧召石蜜匠。乃遣匠二人，僧八人俱到東夏。尋敕往越州，就甘蔗造之。皆得成就"。李治寰認爲，唐太宗派人學習到的"熬糖法"是"石蜜"的製法，而唐高宗派人學習到的則是製造紅沙糖的技術，這種技術的核心是"竹甑漉水"，即利用糖漿自身的重量經過十五天的"分蜜"，漉出不能結晶的"糖蜜"，餘下的糖漿就會結晶爲沙糖。這種沙糖因去除了"糖蜜"又稱爲"分蜜沙糖"，它可以長期貯存，不會溶化④。

　　唐朝還從波斯引進了三勒漿及其釀造方法，李肇《唐國史補》卷下載："三勒漿，類酒，法出波斯。三勒者，謂庵摩勒、毗梨勒、訶梨勒。"韓鄂《四時纂要》稱，三勒漿"味至甘美，飲之醉人，消食、下氣。須是八月合成，非此月不佳矣"⑤。據蘇鶚《杜陽雜編》卷中載，唐朝從西域的烏弋山離國引進了"黑如純漆，飲之令人神爽"的龍膏酒。

　　①　《新唐書》卷一四五《元載傳》，北京：中華書局，1975 年，第 4714 頁。

　　②　（宋）唐慎微：《重修政和證類本草》卷九《蒔蘿》引，《四部叢刊》本。

　　③　（宋）王欽若等：《册府元龜》卷九七一《外臣部·朝貢四》，北京：中華書局，1960 年，第 11412、11414 頁。

　　④　李治寰編著：《中國食糖史稿》，北京：農業出版社，1990 年，第 123—126 頁。

　　⑤　（唐）韓鄂撰，繆啓愉校釋：《四時纂要校釋》"秋之卷·八月"，北京：農業出版社，1981 年，第 195 頁。

5.飲食器具的輸入

不少異域的飲食器具通過絲綢之路也傳入中國，其方式有二：一是使臣貢獻，如鄭獬《觥記注》載："罽賓國獻水晶杯"[1]；二是胡商貿易，如 1970 年陝西西安南郊何家村唐代窖藏出土的鑲金牛首瑪瑙杯。有人估計這件器物，可能是波斯和阿拉伯商人帶入中國的[2]。

異域飲食器具的造型紋飾也對唐代飲食器具的製作產生了重大影響。以金銀器爲例，日本學者梅原末治的《關於中國唐代金銀器》、原田淑人的《東亞古文化研究》、石田茂作的《奈良時代文化雜考》以及德國學者 A.格拉夫·施特拉赫維茨的《唐代金銀器及東西方聯繫》、瑞典學者俞博《唐代金銀器》等，均注意到唐代金銀器受到了波斯薩珊王朝金銀器的影響[3]。

在陝西西安南郊何家村出土的唐代窖藏金銀器中，有部分器具的造型與紋飾，顯然在不同程度上融匯了一些異域風格。如金銀器上的裝飾花紋，往往把傳統的龍、虎、朱雀等紋飾，與外來的葡萄、蓮花以及對稱的花草、鳥銜花帶等紋飾巧妙組合，形成了鮮明生動的藝術特色。

唐代瓷器的造型紋飾亦是如此，如在唐高宗乾封二年（667 年）段伯陽墓中，出土了一件白瓷胡人尊，胡人深目高鼻，前額有一個碩大的白毫相，齊眉的發尖是排聯珠紋，裏襆頭，身穿圓領短袖緊身衣，手腕佩鐲，胸前抱一口袋，袋口紮成荷葉形狀，巧妙地做成尊口。又如初唐的鳳頭壺，壺身堆砌著瑰麗的飾紋，壺蓋塑造成一個高冠、大眼、尖嘴的鳳頭，與壺口恰相吻合，而由口沿至底部連接著生動活潑的龍形柄。

這些飲食器具都是唐代以前所未見到的新型樣式，器物本身既吸收了波斯薩珊王朝的金銀器造型，又融合了中國傳統的風格，以龍鳳紋爲裝飾，頗具特色。其他諸如鳳頭龍柄壺上的力士和卷草紋，還有 1956 年山西太原西郊出土的青瓷人物獅子扁壺上所塑的象頭、獅子和胡人形象等，都是對外域紋飾藝術吸收的結果[4]。

（二）唐朝飲食文化的輸出

通過絲綢之路，唐朝的食物原料、飲食器具、食物加工、飲食方式等，也源源不斷地傳播到廣大的中亞、西亞、南亞和其他西方國家。唐代的飲食文化，尤其是中國

① （元）陶宗儀等編：《説郛三種·説郛一百二十卷》卷九四，上海：上海古籍出版社，1988 年，第 4329 頁。
② 管士光：《唐人大有胡氣——異域文化與風習在唐代的傳播與影響》，北京：農村讀物出版社，1992 年，第 65 頁。
③ 管士光：《唐人大有胡氣——異域文化與風習在唐代的傳播與影響》，北京：農村讀物出版社，1992 年，第 68 頁。
④ 陳偉明：《唐宋飲食文化初探》，北京：中國商業出版社，1993 年，第 62—63 頁。

茶文化的輸入，對當地居民的飲食生活產生了較大影響。在中國的茶葉沿絲綢之路向西傳播的過程中，波斯是一個重要的中轉地，"據有關專家闡釋，凡是從陸路傳播茶的國家，儘管有些國度已離中國較遠，但他們的語音中，仍然保留著中國北方話'茶'的基本音質，這些國家都將'茶'讀清擦音聲母 s、sh 或清塞擦音聲母 c、ch。如俄羅斯語讀茶作 chai，阿拉伯語讀茶作 shai，土耳其語讀茶作 cay，羅馬尼亞語讀茶作 ceai，波蘭語讀茶作 chai。這些發音依據的多是波斯語，而波斯語'茶'的發音則根據中國'茶'的直接音譯。現在的波斯茶一般讀作 chay。據黃時鑒先生考證，阿拉伯—伊斯蘭古文獻最早記述的茶讀 ga，語言學家認爲都是從波斯語借入的"[1]。

有學者認爲，茶是唐代大食商人采購的大宗商品之一，茶已傳到了比波斯還往西的阿拉伯地區[2]。其根據是成書於 851 年的阿拉伯-伊斯蘭文獻《中國印度見聞錄》中提到了中國的茶葉："在各個城市裏，這種甘草葉售價很高，中國人稱這種葉草叫'茶'（Sakh）。此種甘草葉比苜蓿的葉子還多，也略比它香，稍有苦味，用開水沖喝，治百病。"[3]還有學者認爲："土耳其商人在進行邊疆貿易時，也以茶葉爲重要物品。"[4]

但也有學者認爲，目前並沒有找到任何有關唐代茶已西傳至波斯並入阿拉伯國家和地區的實證和依據[5]。

二、向東的中外飲食文化交流

向東，唐朝對外飲食文化交流的對像是朝鮮半島和日本。唐朝對朝鮮半島的飲食文化交流主要通過陸路進行，輸入唐朝的多爲水稻、蔬菜、果品。唐朝對日本的飲食文化交流主要通過海路進行，這一時期日本社會全方位接受唐代飲食文化。茶葉和茶文化的東傳，是唐朝與朝鮮半島、日本飲食文化交流史上的重大事件。

（一）中國與朝鮮半島的飲食文化交流

朝鮮與中國山水相接，一向受中國文化影響至深。唐初，新羅王朝統一了朝鮮半島，統一後的新羅積極吸收大唐的各種文化，與唐朝維持著良好的朝貢關係。據統

① 王賽時：《國際茶文化交流的歷史成就與現代審視》，《飲食文化研究》2006 年第 2 期。
② 納忠：《中世紀中國和阿拉伯的友好關係》，《歷史教學》1979 年第 1 期。
③ 蘇萊曼、哈桑著，穆根來、汶江、黃倬漢譯：《中國印度見聞錄》，北京：中華書局，1983 年，第 17 頁。
④ 徐海榮主編：《中國飲食史》（卷三），北京：華夏出版社，1999 年，第 541 頁。
⑤ 勉衛忠、尚衍斌：《伊朗茶文化的形成及其影響》，《飲食文化研究》2006 年第 2 期。

計，從唐高祖武德元年（618 年）到唐哀帝天祐四年（907 年），新羅以朝貢、獻物、賀正、表謝等名義派往唐朝的使節有 126 次，唐以册封等原因派使新羅 34 次①。因爲出使、留學、求法，或出於戰爭、謀生的原因而滯留中土的朝鮮人也很多，他們對中朝飲食文化交流也作出了積極的貢獻。

與其他國家一樣，從朝鮮輸入唐朝的多是各種食物原料，如水稻、蔬菜、果品等。陳岩《九華詩集》載，新羅有一種黄粒稻，具有芒穎、粒肥、色殷、味香軟等優點，唐德宗時金地藏從新羅輸入此稻，並種植於安徽九華山一帶。從新羅輸入唐代的蔬菜有白茄和石髮，段成式《酉陽雜俎》卷一九《草篇》載："（茄子）有新羅種者，色稍白，形如雞卵。西明寺僧造玄院中有其種。"從這種白色的茄子在寺院中種植的情况來看，它極有可能是由僧人從新羅輸入中國的。石髮是一種水生藻類，中國吳越沿海也有出産，"然以新羅者爲上。彼國呼爲'金毛菜'"②。輸入唐朝的著名朝鮮果品爲松子，陶穀《清異録·百果門》稱："新羅使者，每來，多鬻松子。有數等。玉角香、重堂棗、禦家長、龍牙子，惟玉角香最奇。使者亦自珍之。"③

對朝鮮而言，唐朝飲食文化的輸入也在一定程度上改變了當時朝鮮人民的生活。其中，影響最大的當屬茶文化的輸入。金富軾《三國史記》卷十《新羅本紀》載："茶自善德王有之"，新羅善德王在位的時間爲 632—647 年。可見，最遲 7 世紀前半期，朝鮮已經開始飲茶了。另據日本《東大寺要録》記載，百濟的歸化僧行基（658—749 年）曾爲衆僧種茶。這是百濟的茶傳到日本的記録，可以推測百濟的僧侶在 7 世紀以前就可以喝茶了④。金富軾《三國史記》卷十《新羅本紀》載：興德王三年（唐文宗太和二年，828 年），"冬十二月，遣使入唐朝貢，文宗召對於麟德殿，宴賜有差。入唐回使大廉持茶種子來，王使植於地理山。"地理山又稱智異山。朝鮮史書《東國通鑒》對此事亦有記載："新羅興德王之時，遣唐大使金氏，蒙唐文宗賜予茶籽，始種於全羅道之智異山。"從此以後，茶飲在朝鮮開始大行其道，呈現興盛局面。不過，"飲茶主要在貴族、僧侶和上層社會中傳播並流行，且主要用於宗廟祭禮和佛教茶禮"⑤。

（二）中國與日本的飲食文化交流

唐朝的飲食文化對日本的影響更大。日本大化革新後，對唐朝高度發達的文明非

① 楊昭全：《中韓關係史論文集》，北京：世界知識出版社，1988 年，第 10 頁。
② （宋）陶穀撰，李益民等注釋：《清異録》（飲食部分），北京：中國商業出版社，1985 年，43 頁。
③ （宋）陶穀撰，李益民等注釋：《清異録》（飲食部分），北京：中國商業出版社，1985 年，137 頁。
④ 鄭英善：《韓國茶文化》，首爾：磐石出版社，1990 年，第 71 頁。
⑤ 劉項育：《韓國茶禮及其現代價值》，《飲食文化研究》2006 年第 2 期。

常崇拜，經常派僧人、留學生來唐朝學習，模仿唐朝的一切，近乎全盤唐化。同時，中國的一些僧人也東渡日本傳道，最著名的當屬高僧鑒真。頻繁的中日交往，迎來了兩國飲食文化交流的高潮。與其他國家相比，唐代的中日飲食文化交流的單向性質更爲明顯，即這一時期的中日飲食文化交流幾乎全部表現爲唐朝向日本的輸出。

輸入到日本的唐代飲食文化的内容十分廣泛，從飲食原料到飲食方式，從食品到飲料，應有盡有。據真人元開《唐大和上東征傳》記載，鑒真東渡時，携帶的中國食品就有乾胡餅、乾蒸餅、乾薄餅、番撚頭、落脂紅綠米、甘蔗、蔗糖、石蜜、茶葉等。日本學者雜喉潤認爲，豆腐、黑沙糖和用來吃的味噌（日本式豆醬）都是鑒真傳到日本的①。另據日本《食物傳來史》記載，8 世紀日本從唐朝傳入了餛飩的烹製方法。《倭名類聚鈔》則認爲，日本奈良時代，蘋果及麵條的製作方法也由唐朝傳入了日本②。據陶文台的研究，豆腐、粽子、年糕、生魚片等食物，"箸" "料理" 等名稱，多是唐代傳入日本的③。徐少華認爲："日本於平安朝初期（即中國唐代）引入中國藥酒"，"日本仿效中國元日飲屠蘇酒始於平安朝初期（811 年），直至今日仍有這一習俗，處方與飲用方法也與中國相同。在唐代，中國式宴會已進入日本上層社會。"④

在日本輸入的衆多唐代飲食中，尤其值得一提的就是茶葉了。學者多認爲，茶葉傳入日本的時間可能略晚於朝鮮。茶葉最早是由僧人傳入日本的，據日本《古事根源》及《奧儀抄》二書記載，日本聖開帝於天平元年（729 年）召集僧侶百人，在宮中誦經四天，事畢各賜以茶粉，受賜者感到十分榮幸。

日本開始種茶的歷史也比較早，百濟的歸化僧行基一生在日本建築了不少寺院，寺院中多種有茶樹。9 世紀以後，茶樹的種植在日本發展較快。據《茶葉全書・茶之起源》記載："延曆二十四年高僧最澄由中國研習佛教還日，携回若干茶種，種植於近江阪本村之國臺山麓。現在之池上茶園，相傳即爲當時大師種茶之舊址。次年，即大同元年（806 年），另一僧侶弘法大師又從中國研究佛教歸去，亦對茶樹非常愛好，且見鄰國（即中國）皇宮及寺院中文化發達之情形，深表羨慕，故亟思在其本國内造成同樣或更偉大之地位。彼亦携多量茶籽，分植各地，並將製茶常識傳布國内。"⑤

日本皇室對茶樹種植的推廣和日本茶文化的興起也起到了很大的促進作用，《日本

　　① ［日］雜喉潤：《中國食文化在日本》，蔡毅編譯：《中國傳統文化在日本》，北京：中華書局，2002 年，第229—235 頁。

　　② 劉云主編：《中國箸文化史》，北京：中華書局，2006 年，第250 頁。

　　③ 陶文臺：《中國烹飪史略》，南京：江蘇科學技術出版社，1983 年，第189—190 頁。

　　④ 徐少華：《中日酒文化比較研究》，《中華飲食文化基金會會訊》2007 年第 2 期。

　　⑤ 轉引自徐海榮主編：《中國飲食史》（卷三），北京：華夏出版社，1999 年，第540—541 頁。

紀略》載：弘仁六年（815 年）四月，"嵯峨天皇行幸近江國滋賀韓琦，在梵釋寺停留，大僧都永忠親自煎茶奉獻。天皇飲用後大概很滿意，六月便令畿内、近江、丹波、播磨等國植茶，每年進獻"。"據説從此以後，飲茶之風大盛，有些公卿還在自己的宅院中種植茶樹。在當時的辭彙中已經出現了'茶研'、'茶碾子'等唐代常用飲茶用具的語詞"[1]。不過，日本對唐代茶文化的引進還屬初始階段，多數日本人視茶飲爲保健藥物，飲茶風氣還祇停留在少數上層統治者中間，遠遠沒有普及到日本的下層民衆之中。

三、向南的中外飲食文化交流

向南，通過海上絲綢之路，東南亞諸國和西亞的波斯也與大唐有一定的飲食文化交流。據周達觀《真臘風土記·器用》載，真臘（今柬埔寨）的尋常人家，"盛飯用中國瓦盤或銅盤……往往皆唐人製作也。食品用布罩，國主内中，以銷金縑帛爲之，皆舶商所饋也"。

西亞波斯的陶瓷飲食器也輸入中國，揚州曾出土有翠綠釉大陶壺和青釉綠彩背水扁瓷壺各一件，從釉色、胎質上，特別是造型藝術上看，它們均爲古代波斯的器皿[2]。人們在揚州還曾撿到許多波斯的古代翠綠釉、藍釉和灰藍釉陶片，"從這些碎片的胎釉、胎厚和器形等不同來看，應爲罐、壺、盤等多種器皿。由此可證，當時運來揚州的波斯器數量之多，品種之豐富"[3]。揚州發現的這些古代波斯的陶瓷器均爲商人從海上輸入唐朝的。

唐代的中外飲食文化交流雖然有向西、向東、向南三個方面，但向西的陸上絲綢之路的交流是其主要方向，它深刻影響了唐代飲食文化的面貌，使唐代飲食文化"胡食"特色濃厚，這是唐代飲食文化繁榮的一個重要原因。向東對朝鮮半島、日本的飲食文化交流，是唐代對外飲食文化交流的重要內容，唐朝的飲食文化深刻影響到朝鮮半島、日本居民的生活。由於唐代時海上絲綢之路尚不發達，向南對東南亞諸國和西亞的飲食文化交流較少。

---

[1] 徐海榮主編：《中國飲食史》（卷三），北京：華夏出版社，1999 年，第 541 頁。

[2] 管士光：《唐人大有胡氣——異域文化與風習在唐代的傳播與影響》，北京：農村讀物出版社，1992 年，第 68—70 頁。

[3] 周長源：《揚州出土古代波斯釉陶器》，《考古》1985 年第 2 期。

唐詩見證的中日關係與交流

石雲濤

　　唐代是中日關係和文化交流史上的黃金時期，遣唐使的活動標志著中日文化交流進入高潮。這是之前從未出現過的新氣象，這也給唐代文學帶來新的題材，詩人們留下了不少與日本使節和學問僧的唱和之作或歌詠中日交往的篇章。在日本遣唐使與唐朝中國的交往活動中，詩歌曾發揮了重要作用。唐朝詩人與日本友人之間歌詠中日間的交往活動，送日本友人歸國，與日本友人贈答酬唱，表達對日本友人的情誼和敬重，往往用詩歌作爲工具，唐詩中也有關於日本文化的吟詠。

一、唐代中日交往活動與唐詩

　　唐代中日之間最重要的交往活動便是遣唐使入華，這一重大事件不僅在日本格外重視，在唐朝社會也引起巨大反響。那些奉命入華的使節、留學生和留學僧與唐人交友，唐代詩人留下了與之交往的詩篇。在與日本友人的贈答酬唱中，唐代詩人表達了對日本友人誠摯友情。從這些詩中可以知道，當時活躍在唐代社會與詩人交游的主要是兩類人，一是官方使節，二是學問僧。

　　長安或洛陽是日本遣唐使最終的目的地，也是他們活動的主要空間，離開中國時朋友們送別之地，因此長安和洛陽是這類詩歌創作的中心，許多贈答酬唱和送別的詩在這裏産生。中日之間的交通最初主要通過朝鮮半島陸路進行[①]，至唐時由於中日韓三國關係變化，還有海上航行條件的進步，主要經過海上交通進行。因此唐詩中寫到中日之間的交通，總是寫到大海。煙波浩淼的大海被視爲畏途，詩人借詠大海寄托了

　　作者簡介：石雲濤，男，北京外國語大學中文學院教授。

　　＊　基金項目：北京外國語大學一流學科建設項目結項成果。

　　①　徐蘋芳：《考古學上所見的中國通往日本的絲綢之路》，《文物天地》1993 年第 6 期。

對朋友的擔憂和牽掛。

朋友離別遠行，唐人有寫詩送行的習慣。當日本友人回國之際，唐代詩人也是如此。日本遣唐使、學問僧回國，有時皇帝親自送行，爲之賦詩。藤原清河等遣唐使回國時，唐玄宗詩《送日本使》云：“日下非殊俗，天中嘉會朝。念餘懷義遠，矜爾畏途遥。漲海寬秋月，歸帆駛夕飆。因驚彼君子，王化遠昭昭。”日本人接受中華文明的程度連玄宗都感到意外。據日本《高僧傳》記載：“天平勝寶四年，藤原清河爲遣唐大使，至長安見元（玄）宗。元宗曰：‘聞彼國有賢君，今觀使者趨揖有異，乃號日本爲禮義君子國。’”玄宗命晁衡導引清河等人參觀府庫及三教殿，又圖清河貌納於蕃藏中，及歸賜詩①。不僅皇上賦詩送別，唐代官員文士往往皆有此舉。我們看到唐詩中不少此類作品。劉長卿《同崔載華贈日本聘使》：“憐君異域朝周遠，積水連天何處通。遥指來從初日外，始知更有扶桑東。”②

當時入華的日本人除了朝廷使節和留學僧之外，還有不少留學生。這些人有的在唐朝留學，參加科舉考試，並在唐朝做官。但也未必都能做官，有的祇是以一介布衣漂流中國。他們在中國與唐人交友，臨回國時，朋友們則寫詩送行。林寬的《送人歸日本》：“滄溟西畔望，一望一心摧！地即同正朔，天教阻往來。波翻夜作電，鯨吼晝可雷。門外人參徑，到時花幾開？”③詩中渲染海上波濤兇險，表達了對於歸鄉者旅途的關心。賈島《送褚山人歸日本》云：“懸帆待秋水，去入杳冥間。東海幾年別，中華此日還。岸遥生白髮，波盡露青山。隔水相思在，無書也是閑。”④無可《送樸山人歸日本》云：“海霽晚帆開，應無鄉信催。水從荒外積，人指日邊回。望國乘風久，浮天絕島來。儻因華夏使，書劄轉悠哉。”⑤“人”“山人”云云皆是無官職者。又説他們“歸日本”，則是日本人無異。詩人盼望他們歸國後有書信來互通音問。

在衆多入唐日本人中，晁衡與唐朝詩人的交往成爲中日關係史上一段佳話。晁衡原名阿倍仲麻呂，又寫作安陪仲麻呂，《舊唐書·日本國傳》音譯作“仲滿”。其父名阿倍船守，任中務大輔中級官吏。阿倍從小好學，被選爲入唐留學生。開元五年（日本靈龜二年，717 年）隨第七次遣唐使入唐。大約在開元十五年（727 年）前已完成“國士學”學業，改用中國姓名，以晁衡（又寫作朝衡）之名參加科舉考試，中進

①　［日］上毛河世寧：《全唐詩逸》卷上，《全唐詩》附，北京：中華書局，1960 年，第 10173 頁。
②　《全唐詩》卷一五〇，北京：中華書局，1960 年，第 1558 頁。
③　《全唐詩》卷六〇六，第 7001—7002 頁。
④　（唐）賈島著，李嘉言校：《長江集新校》卷七，上海：上海古籍出版社，1983 年，第 87 頁。
⑤　《全唐詩》卷八一三，第 9150 頁。

士。初任司經局校書，在左春坊爲太子李渙伴讀。他是第一位在唐朝通過科舉途徑取得官職的日本人。開元十九年（731年），又被任命爲左拾遺，後又升任左補闕，掌供奉諷諫。他富於才華，擅長歌詠，深受玄宗賞識。

阿倍在中國時，著名詩人儲光羲、王維、李白、趙驊、包佶等皆與之交游，吟詩酬贈，唐詩中與其相關的作品有七首。儲光羲《洛中貽朝校書衡》："萬國朝天中，東隅道最長。吾（一作朝）生美無度，高駕仕春坊。出入蓬山裏，逍遥伊水傍。伯鸞游太學，中夜一相望。落日懸高殿，秋風入洞房。屢言相去遠，不覺生朝光。"①此詩題注："朝即日本人也。"稱他爲"校書"，説明這是晁衡踏上仕途後不久寫的詩，"吾生"或"朝生"正是對一位年輕人的稱呼。"試春坊"也説明是晁衡任太子伴讀時的作品。其時儲光羲和晁衡都在東都洛陽，故寫晁衡的生活，仕宦則"蓬山裏"，即司經局；休閑時則"逍遥伊水傍"。

天寶十二載（753年）冬，晁衡任秘書監兼衛尉卿，以唐朝使節身份隨日本遣唐使藤原清河等人分乘四船回國。王維、包佶、趙驊等人皆有詩送行。王維《送秘書晁監還日本國（並序）》詩序長達六百餘字，記載了這次送別的情況，先寫唐朝與諸國關係，歌頌唐朝以文治武功之盛吸引了世界上衆多國家入貢臣服：

　　舜覲群後，有苗不服（一作"格"）；禹會諸侯，防風後至。動干戚之舞，興斧鉞之誅，乃貢九牧之金，始頌五瑞之玉。我開元天地大寶聖文神武應道皇帝，大道之行，先天布化；乾元廣運，涵育無垠。苦垂爲東道之標，戴勝爲西門之候，豈甘心於邛杖，非徵貢於苞茅。亦由呼韓來朝，舍於蒲陶之館；卑彌遣使，報以蛟龍之錦。犧牲玉帛，以將厚意；服食器用，不寶遠物。百神受職，五老告期。況乎戴發含齒，得不稽顙屈膝。

又對日本國和晁衡極盡讚美之意：

　　海東國日本爲大，服聖人之訓，有君子之風。正朔本乎夏時，衣裳同乎漢制。歷歲方達，繼舊好於行人；滔天無涯，貢方物於天子。司儀加等，位在王侯之先；掌次改觀，不居蠻夷之邸。我無爾詐，爾無我虞。彼以好來，廢關弛禁；上敷文教，虛至實歸。故人民雜居，往來如市。晁司馬結髮游聖，負笈辭親，問禮於老聃，學詩於子夏。魯借車馬，孔子遂適於宗周；鄭獻縞衣，季劄始通於上國。

---

① 《全唐詩》卷一三八，第1405頁。

這裏除了讚美日本國教化文明，還把晁衡比作孔子、季劄等古代賢者。最後寫晁衡歸國：

> 名成太學，官至客卿。必齊之姜，不歸娶於高國；在楚猶晋，亦何獨於由餘。游宦三年，願以君羹遺母；不居一國，欲其畫錦還鄉。莊舄既顯而思歸，關羽報恩而終去。於是馳首北闕，裹足東轅。篋命賜之衣，懷敬問之詔。金簡玉字，傳道經於絶域之人；方鼎彝樽，致分器於異姓之國。琅邪臺上，回望龍門；碣石館前，戛然鳥逝。鯨魚噴浪，則萬里倒回；鷁首乘雲，則八風却走。扶桑若薺，鬱島如萍。沃白日而籠三山，浮蒼天而吞九域。黄雀之風動地，黑蜃之氣成雲，焱不知其所之，何相思之可寄。嘻！去帝鄉之故舊，謁本朝之君臣。詠七子之詩，佩兩國之印。恢我王度，諭彼蕃臣。三寸猶在，樂毅辭燕而未老；十年在外，信陵歸魏而逾尊。子其行乎，餘贈言者。

詩用五排體，表達了對這位日本朋友的深摯情誼："積水不可極，安知滄海東！九州何處遠？萬里若乘空。向國惟看日，歸帆但信風。鼇身映天黑，魚眼射波紅。鄉樹扶桑外，主人孤島中。別離方異域，音信若爲通。"①詩想象大海的危險，表達了對晁衡旅途的牽掛。因晁衡以秘書監長官身份赴日本，故詩題中稱其爲"秘書晁監"。包佶《送日本國聘賀使晁巨卿東歸》也是當時的送行之作："上才生下國，東海是西鄰。九譯蕃君使，千年聖主臣。野情偏得禮，木性本含真。錦帆乘風轉，金裝照地新。孤城開蜃閣，曉日上朱輪。早識來朝歲，塗山玉帛均。"②晁衡的身份是秘書監長官，九卿之一，是正職，其副職爲少卿，故稱正職爲"巨卿"。詩題揭示了晁衡這次去日本，既擔任唐朝使臣赴日，又將擔任日本聘賀使返唐，又有歸鄉探親之意。包佶在天寶年間曾任秘書監，應該和晁衡是同事，他的詩盼望這位具有雙重身份的晁衡完成使命，能早日返唐，又作爲日本使臣入貢。趙驊《送晁補闕歸日本國》詩："西掖承休浣，東隅返故林。來稱郯子學，歸是越人吟。馬上秋郊遠，舟中曙海陰。知君懷魏闕，萬裏獨摇心。"③晁衡曾擔任左補闕，此次赴日，朝廷纔任命他爲秘書監兼衛尉卿，故詩題中仍稱舊職名。趙驊擔任過秘書少監，和包佶一樣，可能都與晁衡有職務上的關係，故寫詩送行。從包佶、趙驊的身份看，這次送行的活動應當就是秘書監

---

① （唐）王維撰，趙殿成箋注：《王右丞集箋注》卷一二，上海：上海古籍出版社，第219—225頁。
② 《全唐詩》卷二〇五，第2142頁。
③ 《全唐詩》卷一二九，第1320頁。

部門的官員安排的。

晁衡歸國途中遇險，他們的船隻在琉球附近遭遇風暴，與其他船隻失聯，當時誤傳晁衡遇難，朋友們十分震驚。李白《哭晁卿衡》表達悼念之情："日本晁卿辭帝都，征帆一片繞蓬壺。明月不歸沉碧海，白雲愁色滿蒼梧。"①因爲晁衡有衛尉卿的身份，故詩題中稱他爲"晁卿衡"。帝都即長安，蓬壺是傳說中東海中的仙山，代指日本。"明月不歸"比喻溺死海中。蒼梧本指九嶷山，此指傳說中東北海中的鬱州山，傳說鬱州山自蒼梧飛來。晁衡漂流到安南驩州（今越南榮市）一帶，遇海盗，同船死者一百七十餘人，獨晁衡與藤原於天寶十四載（755 年）輾轉回到長安。"安史之亂"發生，他隨玄宗避亂入蜀。公元 760 年，被朝廷任命爲左散騎常侍，尋擢鎮南都護。766 年，任鎮南節度使。770 年去世，終年 73 歲，追贈潞州大都督。日本仁明天皇於承和三年（836 年）追贈他爲正二品。

"安史之亂"曾影響到中外交往，但當唐朝對安史叛軍的戰爭取得一定勝利時，外國使節便又紛紛入唐，日本國也是如此。李白《放後遇恩不沾》："天作雲與雷，霈然德澤開。東風日本至，白雉越裳來。"②就反映了這種國際形勢的變化。與元白同時而稍晚，與張祐年歲相當的詩人徐凝《送日本使還》詩云："絶國將無外，扶桑更有東。來朝逢聖日，歸去及秋風。夜泛潮回際，晨征蒼莽中。鯨波騰水府，蜃氣壯仙宫。天眷何期遠，王文久已同。相望杳不見，離恨托飛鴻。"③反映了"安史之亂"後日本遣唐使入華的史實，也反映了日本使臣歸國時朋友們繼續保持著寫詩送行的傳統。徐凝這首詩還反映了唐人對日本社會的認知，經過遣唐使的努力，日本在接受先進的唐文化的基礎上各方面有了巨大進步，"王文久已同"就反映了這種狀況。

日本遣唐使入唐，唐朝往往遣使報聘，當有人奉命出使日本時，朋友們往往也寫詩相送，表達讚歎、祝願和眷戀之情。錢起《重送陸侍御使日本》詩云："萬里三韓國，行人滿目愁。辭天使星遠，臨水潤霜秋。雲佩迎仙島，虹旌過蜃樓。定知懷魏闕，回首海西頭。"④馬戴《送册東夷王使》："越海傳金册，華夷禮命行。片帆秋色動，萬里信潮生。日映孤舟出，沙連絶島明。翳空翻大鳥，飛雪灑長鯨。舊鬢回應改，遐荒夢易驚。何當理風楫，天外問來程。"⑤赴日本的唐朝使節擔任著册封其國

---

① （唐）李白著，瞿蛻園、朱金城校注：《李白集校注》卷二六，上海：上海古籍出版社，1980 年，第 1503 頁。

② （唐）李白著，瞿蛻園、朱金城校注：《李白集校注》卷二五，第 1461 頁。

③ 《全唐詩》卷四七四，第 5374 頁。

④ 《全唐詩》卷二三七，第 2639 頁。按：此詩題目疑有誤，《全唐詩》卷二三七收入作者《送陸班侍御使新羅》，此詩題目"重送"，似爲同一送行之事。而且此詩首句云："萬里三韓國"，也指新羅國而言。

⑤ 《全唐詩》卷五五六，第 6448 頁。

王的使命。從唐詩中可知，也有非官方使節，而作爲個人遠游日本的。方干《送人游（一作之）日本國》："蒼茫大荒外，風教即難知。連夜揚帆去，經年到岸遲。波濤含（一作吞）左界，星斗定東維。或有歸風便，當爲相見期。"①這樣的詩表達的往往是私人情誼和離情別緒。

二、從唐詩看中日佛教交流

出現在唐詩中的日本人還有來唐朝學習和交流的僧人，當他們要回國時，詩人爲之送行。在這些詩裏，除了一般的友情之外，還有對僧人佛學修養的稱頌。錢起《送僧歸日本》："上國隨緣住，來途若夢行。浮天滄海遠，去世法舟輕。水月通禪觀，魚龍聽梵聲。惟憐一燈影，萬里眼中明。"②方干《送僧歸日本》詩云："四極雖云共二儀，晦明前後即難知。西方尚在星辰下，東域已過寅卯時。大海浪中分國界，扶桑樹底是天涯。滿帆若有歸風便，到岸猶須隔歲期。"③吳融《送僧歸日本國》："滄溟分故國，渺渺泛杯歸。天盡終期到，人生此別稀。無風亦駭浪，未午已斜暉。繫帛何須雁，金烏日日飛。"④韋莊《送日本國僧敬龍歸》："扶桑已在渺茫中，家在扶桑東更東。此去與師誰共到？一船明月一帆風。"⑤貫休《送僧歸日本》："焚香祝海靈，開眼夢中行。得達即便是，無生可作輕。流黄山火著，碇石索雷鳴。想到夷王禮，還爲上寺迎。"⑥劉禹錫《贈日本僧智藏》："浮杯萬裏過滄溟，遍禮名山適性靈。深夜降龍潭水黑，新秋放鶴野田青。身無彼我那懷土，心會真如不讀經。爲問中華學道者，幾人雄猛得寧馨。"⑦詩人寫到入華的日本僧人，往往充滿敬重之意。項斯《日東（一作本）病僧》："雲水絕歸路，來時風送船。不言身後事，猶坐病中禪。深壁藏燈影，空窗出艾煙。已無鄉土信，起塔寺門前。"⑧詩中對那位重病纏身歸鄉無望的日本僧人表達了敬仰之情。司空圖《贈日東鑒禪師》："故國無心度海潮，老禪方丈倚

①　《全唐詩》卷六四九，第 7454 頁。

②　《全唐詩》卷二三七，第 2638 頁。按：此詩異字較多。詩題"日本"一作"日東"。正文："上國隨緣住（一作至，一作去），來（一作東）途若夢行。浮天（一作雲）滄海遠，去世法舟（一作船）輕。水月通禪觀，魚龍聽梵聲。惟憐一（一作慧）燈（一作塔），萬里眼中明。"

③　《全唐詩》卷六五二，第 7495 頁。

④　《全唐詩》卷六八四，第 7861 頁。

⑤　（唐）韋莊：《韋莊集》卷一，北京：人民文學出版社，1958 年，第 5 頁。

⑥　（唐）貫休著，胡大浚箋注：《貫休歌詩繫年箋注》卷一二，北京：中華書局，2011 年，第 590 頁。

⑦　（唐）劉禹錫著，瞿蛻園箋證：《劉禹錫集箋證》卷二九，上海：上海古籍出版社，2009 年，第 962 頁。

⑧　《全唐詩》卷五五四，第 6413 頁。

真贈呈惜別詩的動機所在[①]。鑒真去世後，與鑒真同時的思托有《五言傷大和上傳燈逝日本》詩悼念："上德乘杯渡，金人道已東。戒香餘散馥，慧炬複流風。月隱歸靈鷲，珠逃入梵宫。神飛生死表，遺教法門中。"[②]與鑒真同時的法進作《七言傷大和上》詩："大師慈育契圓空，遠邁傳燈照海東。度物草籌盈石室，散流佛戒紹遺蹤。化畢分身歸净國，娑婆誰復爲驂龍？"[③]唐使高鶴林出使日本，本想拜謁這位名揚中日兩國的高僧，當得知大師已經滅度，不勝唏噓，賦《因使日本願謁鑒真和尚既滅度不覩尊顔嗟而述懷》一詩："上方傳佛燈，名僧號鑒真。懷藏通鄰國，真如轉付民。早嫌居五濁，寂滅離囂塵。禪院從今古，青松繞塔新。斯法留千載，名記萬年春。"[④]這首詩收入日本《鑒真和尚傳》一書，被上毛河世寧輯入《全唐詩逸》一書，並云："鑒真示寂在天平寶字六年，鶴林奉使未詳在何年。""天平寶字"是奈良時代孝謙天皇、淳仁天皇、稱德天皇之年號，時當公元 757 年至 765 年。高鶴林官"都虞侯冠軍大將軍試太常卿上柱國"。詩讚美鑒真大師的佛學修養和對中日兩國人民的貢獻，表達了欽仰和讚歎之情。

日本僧人最澄與唐朝詩人的唱和是詩壇一大盛事。最澄是日本近江國滋賀郡人，少年出家，在鑒真生前弘法的東大寺受具足戒，研習鑒真和思托帶來的天臺宗經籍，唐德宗貞元二十年（804 年）率弟子義真等隨第十二次遣唐副使石川道益入唐。回時於九月二十六日至臺州，謁見刺史陸質，臺州詩人爲之賦詩送行。吳顗《送最澄人還日本國叙》詳叙最澄經歷：

　　過去諸佛爲求法故，或碎身如塵，或捐軀强虎，嘗聞其説，今睹其人沙門最澄，宿植善根，早知幻影，處世界而不著，等虛空而不凝（一作礙爲而證無爲，在煩惱而得解脱。聞中國故大師智顗，傳如來心印於天臺黄金涉巨海，不憚陷（張步雲謂疑'滔'）天之駭浪，不怖映日之驚蜃而身存，思其法而法得。大哉其求法也！以貞元二十九月二十一（臨）海郡，謁太守陸公，獻金十五兩、築紫斐紙二（一作一）百張、管、築紫墨四挺、刀子一、加斑組二、火鐵二、加大（張步雲謂疑木九、水精珠一貫。陸公精孔門之奧旨，蘊經國之宏才，清比冰蘗

① 王勇：《唐詩中的鑒真》，《唐都學刊》2007 年第 4 期。
② 孫望輯録：《全唐詩補逸》卷一八，《全唐詩補編》，第 291 頁。
③ 孫望輯録：《全唐詩補逸》卷一八，《全唐詩補編》，第 291 頁。
④ ［日］上毛河世寧：《全唐詩逸》卷中，《全唐詩》，北京：中華書局，1960 年，第 10

以紙等九物，達於庶使，返金於師。師譯言請貨金貿紙，用書《天臺止觀》。陸公從之，乃命大師門人之裔哲曰道邃，集工寫之，逾月而華，邃公亦開宗指審焉。最澄忻然瞻仰，作禮而去。三月初吉，迺方景濃，酌新茗以餞行，對春風以送遠，上人還國謁奏，知我唐聖君之御宇也。貞元二十一年三月巳日，臺州司馬吳顗叙。

其詩云："重譯越滄溟，來求觀行經。問鄉朝指日，尋路夜看星。得法心念喜，乘杯體自寧。扶桑一念到，風水豈勞形？"[1]陸質《送最澄闍梨還日本詩》："海東國主尊臺教，遣僧來聽《妙法華》。歸來香風滿衣袂，講堂日出映朝霞。"[2]臺州錄事參軍孟光《送最澄上人還日本國》："往歲來求請，新年受法歸。眾香隨貝葉，一雨潤禪衣。素舸輕翻浪，征帆背落暉。遙知到本國，相見道流稀。"[3]臺州臨海縣令毛渙《送最澄上人還日本國》："萬里求文教，王春愴別離。未傳不住相，歸集祖行詩。舉筆論蕃意，焚香問漢儀。莫言滄海闊，杯度自應知。"[4]鄉貢進士崔謨《送最澄上人還日本國》："一葉來自東，路在滄溟中。遠思日邊國，却逐波上風。問法言語異，傳經文字同。何當至本處，定作玄門宗。"[5]廣文館學士全濟時《送最澄上人還日本國》："家與扶桑近，煙波望不窮。來求貝葉偈，遠過海龍宮。流水隨歸處，征帆遠向東。相思渺無畔，應使夢魂通。"[6]行滿《送最澄上人還日本國》："異域鄉音別，觀心法性同。來時求半偈，去罷悟真空。貝葉翻經疏，歸程大海東。何當到本國，繼踵大師風。"[7]行滿，萬州南浦人。早歲辭親受戒，大曆中師荊溪湛然。後至天臺修行，棲華頂下二十餘年。與日僧最澄交誼甚篤[7]許蘭《送最澄上人還日本國》："道高心轉實，德重意唯堅。不懼洪波遠，中華訪法緣。精勤同忍可，廣學等彌天。歸到扶桑國，迎人擁海壖。"[8]日本甲本注："壖，應作煙。"許蘭，貞元間人，自稱"天臺歸真弟子"。天臺僧人幻夢《送最澄上人還日本國》："劫（疑'却'）返扶桑路，還乘舊葉船。上潮看浸日，翻浪欲陷天。求宿寧逾日，雲行詎來年？遠將干竺法，歸去

① 見最澄：《顯戒論緣起》卷上，轉錄自張步雲《唐代逸詩輯存》，參《東南文化》1990 年第 6 期周琦等錄文。陳尚君：《全唐詩續拾》卷一九，《全唐詩補編》，第 943—944 頁。

② 見日本比睿山無量院沙門慈本（1794—1868 年）於文久二年（1862 年）撰《天臺霞標》第四篇第一卷。轉錄自日本戶崎哲彥撰《留傳日本的有關陸質的史料及若干考證》（《中國哲學史研究》1985 年第 1 期）。見陳尚君：《全唐詩續拾》卷一九，《全唐詩補編》，第 942 頁。

③ 見最澄：《顯戒論緣起》卷上，轉錄自張步雲《唐代逸詩輯存》。參《東南文化》1990 年第 6 期周琦等錄文。陳尚君：《全唐詩續拾》卷一九，《全唐詩補編》，第 944 頁。

④ 陳尚君：《全唐詩續拾》卷一九，《全唐詩補編》，第 944 頁。

⑤ 陳尚君：《全唐詩續拾》卷一九，《全唐詩補編》，第 945 頁。

⑥ 陳尚君：《全唐詩續拾》卷一九，《全唐詩補編》，第 945 頁。

⑦ 陳尚君：《全唐詩續拾》卷一九，《全唐詩補編》，第 945—946 頁。

⑧ 陳尚君：《全唐詩續拾》卷一九，《全唐詩補編》，第 946 頁。

化生緣。"①林藴《送最澄上人還日本國》："求獲真乘妙，言歸倍有情。玄關心地得，鄉思日邊生。作梵慈雲布，浮杯漲海清。看看達彼岸，長老散華迎。"②林藴，貞元末前國子明經。此次餞行，臺州名士雲集，隆重爲這位來自日本的高僧送別。

晚唐時日本圓載上人與唐代詩人的交游，也有詩歌傳世。皮日休有兩首送別之作，其《送圓載上人歸日本國》："講殿談餘著賜衣，椰帆却返舊禪扉。貝多紙上經文動，如意瓶中佛爪飛。颶母影邊持戒宿，波神宮裏受齋歸。家山到日將何入，白象新秋十二圍。"③又《重送》："雲濤萬里最東頭，射馬臺深玉署秋。無限屬城爲裸國，幾多分界是亶州。取經海底開龍藏，誦咒空中散蜃樓。不奈此時貧且病，乘桴直欲伴師游。"④從皮日休的詩可知，這位圓載上人曾在宮廷講經，並受到皇上"賜衣"，現在非常榮耀地回國。皮日休的好友陸龜蒙也有兩首詩，其一是與皮日休唱和之作，其《和襲美重送圓載上人歸日本國》："老思東極舊巖扉，却待秋風泛舶歸。曉梵陽烏當石磬，夜禪陰火照田衣。見翻經論多盈篋，親植杉松大幾圍。遥想到時思魏闕，祇應遥拜望斜暉。"⑤另一首《聞圓載上人挾儒書泊釋典歸日本國更作一絕以送》是送別之作："九流三藏一時傾，萬軸光凌渤澥聲。從此遺編東去後，却應荒外有諸生。"⑥兩首詩都讚美圓載上人高深的佛學修養。顏萱《送圓載上人》詩云："師來一世恣經行，却泛滄波問去程。心静已能防渴鹿，聱喧時爲駭長鯨。禪林幾結金桃重，梵室重修鐵瓦輕。料得還鄉無别利，祇應先見日華生。"⑦這首詩自注中，引用了圓載上人的話："師云：'舟人遇鯨，則鳴鼓以恐之。'"又云："日本金桃，一實重一斤。""以鐵爲瓦，輕於陶者"。反映了從圓載上人這裏獲得的日本文化信息。

唐後期日本遣唐使有以高僧充正使，既從事佛教交流，又承擔政府使命的人，如空海。空海上人（774—835 年），俗名佐伯真魚，謚號"弘法大師"。其父是豪族，母親阿刀氏是渡來人後裔。他是日本佛教真言宗開山祖師，被稱爲"遍照金剛"，因書法成就又被稱爲"五筆和尚"。他生活在日本平安朝前期，對佛學以及文學、語言、書法、繪畫均有研究。唐貞元二十年（804 年）至元和元年（806 年），入唐留

---

① 陳尚君：《全唐詩續拾》卷一九，《全唐詩補編》，第 946 頁。
② 陳尚君：《全唐詩續拾》卷一九，《全唐詩補編》，第 947 頁。
③ 《全唐詩》卷六一四，第 7091 頁。
④ 《全唐詩》卷六一四，第 7091 頁。
⑤ 《全唐詩》卷六二六，第 7196 頁。
⑥ 《全唐詩》卷六二九，第 7216 頁。
⑦ 《全唐詩》卷六三一，第 7240 頁。

學，向長安青龍寺高僧惠果學習真言宗與《大日經》，回國後在高野山傳播密宗。作爲書法家，他與嵯峨天皇、橘逸勢共稱"三筆"。日本各地至今有不少紀念他的寺廟和建築。據說四國地區與空海有關係的寺廟多達 88 所，被稱爲"四國八十八個所"，成爲日本佛教朝聖地之一。空海大師擅詩，與唐朝僧徒、詩人互相唱和，鴻漸《奉送日本國使空海上人橘秀才朝獻後却還》："禪客一海隔，鄉路祖州東。到國宣周禮，朝天得僧風。山冥魚梵遠，日正蜃樓空。人至非徐福，何由寄信通。"①從詩題可知空海上人即是僧人，入唐進行佛教交流，同時又擔當日本國使之使命。詩中既説他是"禪客"，又説他的使命是"朝天"。空海的詩和書法受到唐朝詩人的讚賞。馬總《贈日本僧空海離合詩》云："何乃萬里來，可非衒其才。增學助元機，土人如子稀。"據空海《性靈集序》回憶："和尚昔在唐日，作離合詩贈土僧惟上。泉州別駕馬總，一時大才也，覽則驚怪，因贈讀者云。"這首詩不見於中國文獻記載，日本學者上毛河世寧收入《全唐詩逸》②。胡伯崇《贈釋空海歌》："説四句，演毗尼，凡夫聽者盡歸依。天假吾師多伎術，就中草聖最狂逸。"③從此詩可知，空海在書法上還擅長狂草。朱千乘《送日本國三藏空海上人朝宗我唐兼貢方物而歸海東詩並序》序云：

> 滄溟無垠，極不可究。海外僧侶，朝宗我唐，即日本三藏空海上人也。解梵書，工八體，繕俱舍，精三乘。去秋而來，今春而往。反掌雲水，扶桑夢中。他方異人，故國羅漢，蓋乎凡聖不可以測識，亦不可知智。勾踐相遇，對江問程，那堪此情。離思增遠，願珍重珍重！元和元年春姑洗之月聊序。當時，少留詩云。

其詩云："古貌宛休公，談真説苦空。應傳六祖後，遠化島夷中。去歲朝秦闕，今春赴海東。威儀易舊體，文字冠儒宗。留學幽微旨，雲關護法崇。凌波無際礙，振錫路何窮。水宿鳴金磬，雲行侍玉童。承恩見明主，偏沐僧家風。"④朱少端《送空海上人朝謁後歸日本》："禪客祖州來，中華謁帝回。騰空猶振錫，過海來浮杯。佛法逢人授，天書到國開。歸程數萬里，歸國信悠哉。"⑤朱少端，元和初越州鄉貢進士。曇靖《奉送日本國使空海上人橘秀才朝獻後却還》："異國桑門客，乘杯望斗星。來朝漢

---

①　陳尚君輯録：《全唐詩續拾》卷二一，《全唐詩補編》，北京：中華書局，1992 年，第 979 頁。

②　[日]上毛河世寧：《全唐詩逸》卷中，《全唐詩》，北京：中華書局，1960 年，第 10191 頁。

③　[日]上毛河世寧：《全唐詩逸》卷中，《全唐詩》，第 10191 頁。此詩見日僧真濟《遍照發揮性靈集序》，見《日本古典文學大系》七一册空海《性靈集》卷首。

④　陳尚君：《全唐詩續拾》卷二二，《全唐詩補編》，第 977—978 頁。

⑤　陳尚君：《全唐詩續拾》卷二二，《全唐詩補編》，第 978 頁。

天子，歸譯竺干經。萬里洪濤白，三春孤島青。到宮方奏對，圖像列王庭。"①曇靖，元和初沙門。鴻漸《奉送日本國使空海上人橘秀才朝獻後却還》："禪居一海間，鄉路祖州東。到國宣周禮，朝天得僧風。山冥魚梵遠，日正蜃樓空。人至非徐福，何由寄信通。"②鴻漸，元和初沙門。鄭壬《奉送日本國使空海上人橘秀才朝獻後却還》："承化來中國，朝天是外臣。異才誰作侶，孤嶼自爲鄰。鴈塔歸殊域，鯨波涉巨津。他年續僧史，更載一賢人。"③鄭壬，字申甫，元和初人。這些詩裏對空海的佛學修養、詩歌成就、書法藝術和儒學根底進行熱情稱頌。

　　當年從日本遠渡大洋入唐的留學僧，有的並未能歸老故國，而埋屍中土。這些日本人有時留下了遺迹供後人憑弔，繆島雲的詩《仙僧洞》歌詠的就是這樣一處遺迹："先朝曾有日東僧，向此乘龍忽上升。石徑已迷紅樹密，蘿龕猶在紫雲凝。砧盂峰下留丹灶，錫杖前邊隱聖燈。從此舊庵遺迹畔，月樓霜殿一層層。"④繆島雲，晚唐人，少從浮圖，武宗時返俗。所謂"乘龍""上升"云云，不過是死亡的美化的説法。又如勾令玄《敬禮瓦屋和尚塔偈》："大空無盡劫成塵，玄步孤高物外人。日本國來尋彼岸，洞山林下過迷津。流流法乳誰無分，了了教知我最親。一百六十三歲後，方於此塔葬全身。"⑤此詩題注："瓦屋和尚名能光，日本國人。"勾令玄，居士，蜀都人，宗嗣張嶠，著有《火蓮集》《無相寶山論》《法印傳》《况道雜言》百餘篇。日本停派遣唐使之後，那些留在唐朝的日本人無緣歸國，漂流異鄉，有的不得意死去，這兩首詩就反映了他們的不幸命運。

三、唐詩與中日文化交流

　　唐代中日間的交流，不僅讓日本學到了很多中國文化，也讓中國人瞭解到日本文化。日本友人帶來的日本的東西往往引起詩人的興趣。陸龜蒙《襲美見題郊居十首因次韻酬之以伸榮謝》云："倭僧留海紙，山匠製雲床。"⑥這首詩提到的倭僧帶來的"海紙"，應當是日本的特產。像上文提到的"築紫斐紙"，應當也是日本產的紙。《新唐書·日本傳》記載："建中元年，使者真人興能獻百物，真人蓋因官而氏者也，

---

① 《弘法大師全集》第七卷；陳尚君：《全唐詩續拾》卷二二，《全唐詩補編》，第 978 頁。
② 《弘法大師全集》第七卷；陳尚君：《全唐詩續拾》卷二二，《全唐詩補編》，第 979 頁。
③ 《弘法大師全集》第七卷；陳尚君：《全唐詩續拾》卷二二，《全唐詩補編》，第 979 頁。
④ 閔麟嗣：《黃山志定本》卷六，康熙十八年。孫望輯録：《全唐詩補逸》卷一二，《全唐詩補編》，第 227 頁。
⑤ 同上。《全唐詩續補遺》卷一三《十國三》。
⑥ 《全唐詩》卷六二二，第 7161 頁。

興能善書，其紙似繭而澤，人莫識。"①這裏的"海紙"或者"築紫斐紙"大概就是這種"似繭而澤"的日本紙。

晁衡跟當時許多詩人爲好友，曾以日本裘贈給魏萬，被李白寫入詩中。李白《送王屋山人魏萬還王屋》詩云："身著日本裘，昂藏出風塵。"自注："裘則朝卿所贈，日本布爲之。"②《舊唐書·東夷倭國》記載："其訴訟者，匍匐而前。地多女少男。頗有文字，俗敬佛法。並皆跣足，以幅布蔽其前後。貴人戴錦帽，百姓皆椎髻，無冠帶。婦人衣純色裙，長腰襦，束髮於後，佩銀花，長八寸，左右各數枝，以明貴賤等級。衣服之制，頗類新羅。"③李白詩自注云魏萬的"日本裘"是朝（晁）衡所贈④，説明晁衡與魏萬、李白間的深厚友誼。

在唐代舉國上下熱愛詩歌的社會風氣中，士農工商莫不吟詩。商人的詩流傳下來的不多，但在與日本的商業活動中，有兩位中國商人的詩却流傳下來。李達《奉和大德思天臺次韻》："金地爐峰秀氣濃，近離雙澗憶青松。囑泉拄錫净心相，遠傳佛教觀真容。"⑤李達一名處，趙郡人，以經商爲生，與日僧圓珍交厚，有詩唱和。中和四年（884年），隨日僧圓載等同船赴日，遇風傾覆，僥倖脱險。詹景全《次韻二首》其一："大理車回教正濃，乍離金地意思松。滄溟要過流杯送，禪坐依然政法容。"其二："一乘元儀道無迹，居憩觀心静倚松。三界永除幾外想，一誠歸禮釋迦容。"⑥詹景全時稱詹四郎，商人。咸通、中和間多次赴日，與日僧圓珍交厚，有詩唱和。中和四年隨圓載赴日，船遇風傾覆而死。李達奉和之"大德"應該就是日僧圓珍。圓珍有《思天臺詩》，天臺山是佛教天臺宗的祖庭，是佛僧嚮往之地。詹景全詩中有所謂"滄溟要過流杯送"之句，可能就是他漂洋過海赴日本經商的親身體會。李達和詹景全和事迹及其詩作反映了唐代中日之間民間的商業貿易活動。

唐詩還通過入唐日本人傳入日本，他們成爲唐詩傳播的媒介。羅袞《贈羅隱》："平日時風好涕流，讒書雖盛一名休。寰區歎屈瞻天問，夷貊聞詩過海求。"⑦過海求詩的"夷貊"包括日本人在内。在日本文獻中甚至保存著許多中國文獻中没有的唐詩作品。康熙年間《全唐詩》編成，乾隆時日本人上河市寬就編出《全唐詩逸》以作

---

① 《新唐書》卷二二○《東夷日本傳》，北京：中華書局，1975年，第6209頁。
② （唐）李白著，瞿蜕園、朱金城校注：《李白詩集校注》卷一六，第964—965頁
③ 《舊唐書》卷一九九上《東夷倭國傳》，北京：中華書局，1975年，第5340頁。
④ （唐）李白著，瞿蜕園、朱金城校注：《李白詩集校注》卷一六，第964頁
⑤ 陳尚君輯録：《全唐詩續拾》卷三二，《全唐詩補編》，第1172頁。
⑥ 陳尚君輯録：《全唐詩續拾》卷三二，《全唐詩補編》，第1172頁。
⑦ 《全唐詩》卷七三四，第8386頁。

補充。因此没有到過中國的日本人也學會用漢語形式寫詩。長屋王《繡袈裟衣緣》：
"山川異域，風月同天。寄諸佛子，共結來緣。"①遣唐使和留學僧固非爲專習中國
詩歌藝術而來，但他們在入唐學習和求"法"的同時，學習中國詩歌技能並將大量詩
歌帶回本土。日本僧人圓仁入唐求法，歸國時携回其在長安等處得到的佛教經論、章
疏、傳記、詩文集近六百部，其中包括詩集、詩歌理論著作，如《開元詩格》一卷、
《祝無膺詩集》一卷、《杭越唱合詩集》一卷、《杜員外集》二卷、《百家詩集》六卷、
《王昌齡詩集》二卷、《朱書詩》一卷等。

隋唐以來中日兩國音樂文化交往頻繁，日本遣唐使從中國帶回大量唐代樂舞。公
元 702 年，日本設立"雅樂寮"，有樂師專門演奏唐樂。開元年間，吉備真備在唐朝
留學十七年後回國，帶回據説是武則天撰寫的《樂書要録》、方響、銅律管等。至今在
日本還保存一種關於唐樂舞、散樂和雜戲的古圖録，名《信西入道古樂圖》②，也稱
爲《儺圖》《唐儺圖》《唐儺繪》，可能是公元十二世紀前後的作品，是研究唐代樂舞的
珍貴資料。《信西古樂圖》首載唐朝樂器，有腰鼓、簫、筝、横笛、揩鼓、尺八、琵琶
等共 14 種；以下載唐代各種舞樂，共 32 種，茲依次羅列於後（録文依照原字，不作
修改）：①按摩；②皇帝破陣樂；③蘇合香；④秦王破陣樂；⑤打毬樂；⑥柳花苑；
⑦采桑老；⑧返鼻胡童；⑨弄槍；⑩胡飲酒；⑪放鷹樂；⑫案弓字；⑬拔頭；⑭還城
樂；⑮蘇莫者；⑯蘇芳菲；⑰新羅狛；⑱羅陵王；⑲林邑樂；⑳新羅樂；㉑入壺舞；
㉒飲刀子舞；㉓四人重立；㉔柳格倒立；㉕神娃登繩弄玉；㉖弄劍；㉗三童重立；
㉘柳肩倒立；㉙弄玉；㉚卧劍上舞；㉛入馬腹舞；㉜倍臚。唐代樂舞有時伴隨著歌唱，
唱詞則是唐詩名篇，著名的"旗亭畫壁"故事就反映了盛唐高適、王昌齡、王之涣等人
的詩作都被樂舞伶人歌唱。因此唐朝樂舞傳入日本，也伴隨著詩歌作品的傳入。

入唐日本人回國，不僅直接把唐詩作品帶回國内，還把中國古典詩歌寫作理論和
方法介紹到日本。空海的著作在 1910 年日本祖風宣揚會彙編成《弘法大師全集》15
卷，《文鏡秘府論》是他最著名的著作。這本書是空海大師歸國後應日本人學習漢語和
文學的要求，依據帶回的崔融《唐朝新定詩格》、王昌齡《詩格》、元兢《詩髓腦》、皎
然《詩議》等書排比編纂而成，以天、地、東、南、西、北分卷。大部分內容是講述

① ［日］真人元開：《唐大和上東征傳》，北京：中華書局，1979 年，第 40 頁。
② 《信西古樂圖》傳本頗多，間有省略、脱漏，最古的善本係東京美術學校藏本，1927 年正宗敦夫編撰《日本古
典全集》影印了該抄本。首題"舞圖"，卷首題"唐舞繪一卷 寶曆五年歲次乙亥春日摸寫元本滋野井殿藏貞幹印"。説
明此本原名《唐舞繪》，1755 年春據滋野井藏本摹寫。藤井貞幹《好古小録》記載："唐舞畫一卷，即《教訓鈔》及
《續教訓鈔》所載《唐舞繪》者也。此乃樂舞圖中之至寶也。"細察藤井貞幹的印章，發現是手摹，則此流布本非 1755
年原抄本，應該是再抄本。

詩歌的聲律、詞藻、典故、對偶等形式技巧問題。本書還論述創作理論，如地、南兩卷的《十七勢》《六志》《論文意》《論體》《定位》等。這本書存了不少中國古代詩論難得見到的資料，所論"文二十八種病""文筆十病得失"等對研究中國古近體詩格律、詩歌批評理論和修辭學有重要價值。

　　日本的自然山水形象成爲唐代畫家表現的對象，也成爲詩人歌詠的内容。"日本"一名也見於唐詩。日本遠在海外，成爲詩人馳騁想象的地方。杜甫《戲題王宰畫山水圖歌》詩云："十日畫一水，五日畫一石。能事不受相促迫，王宰始肯留真迹。壯哉昆侖方壺圖，掛君高堂之素壁。巴陵洞庭日本東，赤岸水與銀河通，中有雲氣隨飛龍。舟人漁子入浦漵，山木盡亞洪濤風。尤工遠勢古莫比，咫尺應須論萬里。焉得並州快剪刀，翦取吳松半江水。"[①]周朴《福州神光寺塔》："良匠用材爲塔了，神光寺更得高名。風雲會處千尋出，日月中時八面明。海水旋流倭國野，天文方戴福州城。相輪頂上望浮世，塵裏人心應總平。"[②]詩人想象著登上高高的神光寺塔，可以遙望倭國的原野。

　　東海仙山和徐福入海求仙故事是流傳於中日兩國的傳説，唐詩中多詠及此，不勝枚舉。如王維《早朝》："仍聞遣方士，東海訪蓬瀛。"[③]李白《古有所思》："我思仙人乃在碧海之東隅。海寒多天風，白波連山倒蓬壺。"[④]李白《懷仙歌》："一鶴東飛過滄海，放心散漫知何在。仙人浩歌望我來，應攀玉樹長相待。堯舜之事不足驚，自餘囂囂直可輕。巨鼇莫戴三山去，我欲蓬萊頂上行。"[⑤]李白《夢游天姥吟留別》云："海客談瀛洲，煙濤微茫信難求。越人語天姥，雲霓明滅或可睹。"[⑥]李白《雜詩》："白日與明月，晝夜尚不閑。況爾悠悠人，安得久世間。傳聞海水上，乃有蓬萊山。玉樹生緑葉，靈仙每登攀。一食駐玄發，再食留紅顔。吾欲從此去，去之無時還。"[⑦]顧況《行路難三首》其三云："君不見古人燒水銀，變作北邙山上塵。藕絲掛在虛空中，欲落不落愁殺人。睢水英雄多血刃，建章宮闕成煨燼。淮王身死桂樹折，徐福一去音書絶。行路難，行路難，生死皆由天。秦皇漢武遭不脱，汝獨何人學神仙。"[⑧]貫休《了仙謡》："海中紫霧蓬萊島，安期子喬去何早。游戲多騎白麒麟，鬢髮

①　（唐）杜甫著，（清）仇兆鰲注：《杜詩詳注》卷九，北京：中華書局，1979 年，第 754 頁。
②　《全唐詩》卷 673，第 7701 頁。
③　（唐）王維撰，（清）趙殿成箋注：《王右丞集箋注》卷五，第 83 頁。
④　（唐）李白著，瞿蜕園、朱金城校注：《李白集校注》卷四，第 305 頁。
⑤　（唐）李白著，瞿蜕園、朱金城校注：《李白集校注》卷八，第 576 頁。
⑥　（唐）李白著，瞿蜕園、朱金城校注：《李白集校注》卷一五，第 898 頁。
⑦　（唐）李白著，瞿蜕園、朱金城校注：《李白集校注》卷二五，第 1465 頁。
⑧　（唐）顧況著，趙昌平校輯：《顧況詩集》卷二，南昌：江西人民出版社，1983 年，第 38 頁。

如銀未曾老。亦留仙訣在人間，豁鐮終言藥非道。始皇不得此深旨，遠遣徐福生憂惱。紫術黃菁心上苗，大還小還行中寶。若師方術棄心師，浪似雪山何處討。"①徐福故事和海上仙山傳說成爲唐詩中喜歡吟詠的題材，也成爲中日兩國人民共同的文化遺産。

四、唐代日本人寫的詩

優美的唐詩受到日本人的喜愛，入唐的日本人在中國學會了中國古典詩歌形式的寫作，他們的詩也是唐詩的一部分，是中日文化交流的結晶。道慈《在唐奉本國皇太子》詩云："三寶持聖德，百靈扶仙壽。壽共日月長，德與天地久。"②道慈俗姓額田，日本漆下郡人。少小出家，聰敏好學。長安元年入唐留學，學業穎秀，妙通三藏，曾進入宮廷講經。開元六年（718 年）歸日本，拜僧綱律師，晚年受命造成大安寺。日僧辨正《在唐憶本鄉》詩："日邊瞻日本，雲裏望雲端。遠游勞遠國，長恨苦長安。"③又《與朝主人》："鐘鼓沸城闉，戎蕃預國親。神明今漢主，柔遠静胡塵。琴歌馬上怨，楊柳曲中春。唯有關山月，偏迎北塞人。"④辨正俗姓秦，日本人，少年出家，長安年間入唐，學三論宗，曾以善棋入臨淄王李隆基藩邸，後客死於唐。

晁衡在唐朝從一介書生升遷爲封疆大吏，在中國歷史上極其少見。在唐日久，習染華風，善於吟詩。晁衡詩作存於《全唐詩》和日本和歌文獻中，詩與歌各一首。開元二十一年（733 年）第三次遣唐使來唐時，他在唐已近二十年，以親老爲由，上奏玄宗請求回國，玄宗不准。晁衡賦詩表示思親之意："慕義名空在，俞忠孝不全。報恩無有日，歸國定何年。"⑤藤原清河遣唐大使赴唐時，晁衡遷升衛尉少卿。此時晁衡仕唐已三十六年，五十五歲，再次上表請歸，玄宗不忍再挽留，特命以護送使身份回國，晋升一級，任秘書監兼衛尉卿。

中國成爲晁衡的第二故鄉，對友人、對長安，對唐朝留戀難舍。朋友們寫詩餞行，晁衡亦即席賦詩酬答，並解下隨身寶劍贈人留念。其詩《銜命使本國》云："銜名將辭國，非才添侍臣。天中戀明主，海外憶慈親。伏奏違金閼，騑驂去玉津。蓬萊

① （唐）貫休著，胡大浚箋注：《貫休歌詩系年箋注》卷 2，北京：中華書局，2011 年，第 112 頁。

② ［日］淡海三船：《懷風藻》；陳尚君輯録：《全唐詩續拾》卷一〇，《全唐詩補編》，第 789 頁。

③ 陳尚君輯録：《全唐詩續拾》卷一〇，《全唐詩補編》，第 789 頁。

④ 陳尚君輯録：《全唐詩續拾》卷一〇，《全唐詩補編》，第 789—790 頁。

⑤ 《群書類從》卷二八五。《光明日報》1978 年 8 月 20 日王仁波文引《古今和歌集》，按：《古今和歌集》無此詩。張步雲《唐代逸詩輯存》據《阿倍仲麻呂研究》第 157 頁引《國史》録此詩，"報恩"作"報國"。童養年輯録：《全唐詩續補遺》附録，陳尚君輯校《全唐詩補編》，第 558 頁。

鄉路遠，若木故園鄰。西望懷思日，東歸感義辰。平生一寶劍，留贈結交人。"①詩人一邊感激唐天子的恩遇不忍離去，一邊又想念父母不得不歸的矛盾心情。晁衡起程後有人到遣唐使船停泊港口蘇州黃泗浦送行。十一月十五日明月之夜，晁衡與友人在船頭話別，仰望明月，歸心似箭，用日文詠和歌一首，題曰《望月》，譯成漢語曰："翹首望長天，神馳奈良邊。三獎山頂上，想又皓月圓。"②

空海在唐學法期間，有多首題寺詩和與唐僧贈答之作，其《過金山寺》："古貌滿堂塵暗色，新華落地鳥繁聲。經行觀禮自心感，一雨僧人不顯名。"又《青龍寺留別義操闍梨》："同法同門喜遇深，空隨白霧忽歸岑。一生一別難再見，非夢思中數數尋。"又《在唐日觀昶法和尚小山》："看竹看花本國春，人聲鳥哢漢家新。見君庭際小山色，還識君情不染塵。"又《在唐日贈劍南僧惟上離合詩》："磴危人難行，石嶮獸無登。燭暗迷前後，蜀人不得登。"③這些富有才華的日本人寫成的詩歌，放在百花盛開的唐代詩苑裏，與中國詩人的作品相比，一點兒也不遜色。

從本文的論述可知，中日文化交流的史實在唐詩中保存有豐富的資料，唐詩的描寫在某種程度上可補史料之闕。文化交流爲唐詩提供了豐富的素材，唐詩中蘊含著有關中外關係的豐富的歷史信息，其中表現出的思想情感方面的內容更是其他史料不能替代的。在唐代中日文化交流中，詩歌曾起到重要的推動作用。唐詩本就有工具性作用，它是唐人抒情寫意的文學創作，又是重要的社會交際媒介，在社會交往中具有交際功能。日本遣唐使、留學生和留學僧們來到中國，學會了漢語寫作和詩歌創作，借助詩歌唱和，達到了與中國朋友增進友誼和互相瞭解的作用，中國詩人通過詩歌表達了他們對日本友人的真摯情感。優美的唐詩也是唐代高度文明的象徵，受到包括日本人在內的世界各地人們的喜愛，這是唐朝中國在世界上具有崇高威望的原因之一。其時，新羅國、林邑、渤海國等地都有人學會用漢語寫詩，達到很高水準，他們的作品成爲唐詩的一部分，有的被收入《全唐詩》中，在某種意義可以說，唐詩也是東亞各國共同的文化遺産。通過詩歌創作，推動了東亞漢文化圈的形成和發展，因此唐詩也是聯繫東亞各國的紐帶。我們不僅要認識到唐詩的文學價值和藝術水準，也要認識到唐詩作爲交際工具在東亞漢文化圈的文明互動中發揮的重要作用。

---

① 這首詩收入宋李昉主編《文苑英華》卷二九六，作者題爲"胡衡"。北京：中華書局，1966 年，第 1151 頁；收入《全唐詩》卷七三二，題作《銜命還國作》，作者題作"朝衡"，並注："《品匯》作胡衡。"《品匯》即明人高棅編《唐詩品匯》。

② 阿倍仲麻呂紀念碑刻詩，轉引自張碧清《阿部仲麻呂》，《世界知識》1979 年第 23 期，第 16—17 頁。

③ 《經國集》卷一〇，轉錄自《空海全集》卷七《拾遺雜集》。陳尚君：《全唐詩續拾》卷二六，《全唐詩補編》，第 1051—1052 頁。

《陝西經濟通史》樣稿選刊

　　編者按：本組文章是《陝西經濟通史》的前期成果。《陝西經濟通史》是由陝西省政府地方志辦公室委託的陝西省哲學社會科學重大項目（項目批號 13W001），全書共分 5 卷，第一卷原始社會至魏晉南北朝時期，由張維慎研究員主撰；第二卷隋唐至兩宋時期，由穆渭生教授、劉東社教授主撰；第三卷元明清時期，由劉景純教授主撰；第四卷民國時期，由黃正林教授、溫豔教授主撰；第五卷中華人民共和國時期，由岳瓏教授主撰。該項目啓動於 2013 年，經過 5 年的努力，初稿已經完成。借助《長安學研究》平臺，由各撰稿人從自己撰寫的章節中選出一小部分刊登，希望能夠聽到讀者的批評意見和建議，以便作者修改。

論秦漢時期陝西的商業

張維慎

一、秦漢時期的商品種類

（一）秦代的商品種類

據研究，秦市貿易的物品種類很多，“手工業產品最多的是各式各樣的陶器、漆器製品，這些交易大多都有‘市亭’的戳印和烙印。而鐵器、木器、紡織品、化妝品、日用雜貨僅次於陶、漆，也是手工業產品中的重要物品。農產品有禾、黍、稷、麥、稻、荅（小豆）、菽（大豆）、棠、粱、麻等；家畜有馬、牛、豬、羊、雞、鴨等；畜產品有肉、皮、筋、角、脂、膠等（雲夢秦簡之《廄苑律》《倉律》《司空律》等）。土特產有巵（即梔，可制胭脂）、畺（薑）、丹砂（朱砂）、石、玉、銅、鐵等原料，及竹、木、棗、栗等山貨（《史記·貨殖列傳》）。商品之中除了私人商品外，官營商品也占相當比例，雲夢秦簡《關市律》中對官府貿易收取現金和存放均有明文規定，足見官府商業活動也很頻繁。”[①]其說有理。

《史記》卷五三《蕭相國世家》曰：“召平者，故秦東陵侯。秦破，爲布衣，貧，種瓜於長安城東，瓜美，故世俗謂之‘東陵瓜’，從召平以爲名也。”[②]作爲故秦東陵侯的召平，在秦亡後因貧窮成了長安城郊的瓜農，他種的瓜因“瓜美”而被譽爲“東陵瓜”，說明此瓜不僅成了商品，而且成了名牌產品。

（二）兩漢時期的商品種類

在秦代的基礎上，兩漢時期商品的種類更加豐富。農產品、畜牧產品、經濟作

---

① 王學理、尚志儒、呼林貴等著：《秦物質文化史》，西安：三秦出版社，1994 年，第 126 頁。
② 《史記》卷五三《蕭相國世家》，北京：中華書局，1982 年，第 2017 頁。

物、手工產品應有盡有。

商品生產中的最大項目是鹽鐵和紡織品，"鹽是人民生活中不可缺少的調味物品，鐵器更是農民的命脈"[①]，不無道理。

司馬遷在《史記·貨殖列傳》爲我們描述了當時專業化商品生產的衆多門類：

> 今有無秩祿之奉，爵邑至入，而樂與之比者，命曰"素封"。封者食租税，歲率户二百。千户之君則二十萬，朝覲聘享出其中。庶民農工商賈，率亦歲萬息二千，百萬之家則二十萬，而更徭租賦出其中。衣食之欲，恣所好美矣。故曰陸地牧馬二百蹄，牛蹄角千，千足羊，澤中千足彘，水居千石魚陂，山居千章之材。安邑千樹棗；燕、秦千樹栗；蜀、漢、江陵千樹橘；淮北、常山已南，河濟之間千樹萩；陳、夏千畝漆；齊、魯千畝桑麻；渭川千畝竹；及名國萬家之城，帶郭千畝畝鍾之田，若千畝卮茜，千畦薑韭，此其人皆與千户侯等。

據此可知，馬、牛、羊、彘放牧，魚類養殖，木材經營，糧食作物及經濟作物棗、栗、桔、萩、漆、桑麻、竹、卮茜、薑韭等種植，都是成規模的，其產品顯然是要進入流通流域而成爲商品的，而"渭川千畝竹"無疑就是陝西人的產品。

有專家認爲："大規模的、專業化的商品生產，是秦漢商業發達的一個特徵，也是秦漢商業區別於前代商業的一個重要標志。這種商品生產，其目的單一明確，就是供交換和他人消費，並在流通過程中獲取利潤。"[②]其說有理，這從司馬遷的上述描述即可得到證明。

而漢代還從西域引進了園圃作物，主要有黃瓜、大蒜、苜蓿、胡荽、石榴、葡萄、胡桃等等[③]。崔寔《四民月令》記載了東漢地主田莊種植的各式各樣的經濟作物，其中有苴麻、牡麻、蘭、大豆、小豆、稗豆、葵花子、胡麻（芝麻）等食用及油料作物，還有術、艾、烏頭（附子）、冬葵、葶藶等藥用植物以及蔬菜瓜、瓠、韭、薑、蔥、蒜、芥、蓼、笋、蕪菁（蘆菔），等等。雖然它們主要供田莊內部享用，但也有一些經濟作物充當商品出售[④]。

具體到陝西來說，由於秦、漢王朝定都關中，不僅吸引了四方商人來陝貿易，而且也刺激了陝西的商品生產。以農牧產品來說，我們舉兩例來說明之。秦漢之際，宣

① 何兹全：《中國古代社會及其向中世社會的過渡》，北京：商務印書館，2013 年，第 275 頁。
② 林甘泉主編：《中國經濟通史·秦漢（下）》，北京：經濟日報出版社，2007 年，第 370 頁。
③ 冷鵬飛：《中國古代社會商品經濟形態研究》，北京：中華書局，2002 年，第 102—103 頁。
④ 冷鵬飛：《中國古代社會商品經濟形態研究》，北京：中華書局，2002 年，第 103 頁。

曲富豪任氏"力田畜。田畜人爭取賤賈，任氏獨取貴善。富者數世"①。宣曲在長安西南，可見，宣曲任氏因擅長農牧業纔成爲富豪的。武帝時的丞相田蚡"治宅甲諸第，田園極膏腴"②，成帝時的張禹富貴後多買田至四百餘頃，"皆涇、渭漑灌，極膏腴上賈"③。不論是田蚡還是張禹，他們擁有大量的"極膏腴"田地，自是"帶郭千畝畝鍾之田"，糧食的畝產是當時最高的，生產的糧食自然自己吃不完，無疑是要進入流通流域而成爲商品的。再如東漢時的梁鴻，曾"牧豕於上林苑中"，也從一個側面反映了關中畜牧經濟的發展。

二、秦漢時期的商業貿易

秦漢時期，求富已成爲人們的普遍追求，所謂"夫用貧求富農不如工，工不如商，刺繡文不如倚市門"④正是當時觀念的反映。致富的方式有三類，即本富、末富、奸富。⑤而致富速度快且合法的致富途徑是末富，也就是經商。

有專家指出："秦漢時代，商品交易和流通有著各種方式，集市貿易和販運業就是兩種較爲主要的方式。"⑥下面，我們就從販運業與集市貿易兩個方面來加以闡述。

（一）販運業

我國封建社會前期，販運貿易一直處於商品貿易的主導地位⑦。此言不虛。

秦代，國家的"重農抑商"政策，對商人壓制較大。兩漢時期，國家雖采取"重農抑商"政策，要麽時間短暫，要麽力度不夠。

西漢前期，隨著社會生產的恢復和發展，借助於秦代大規模興建起來的水陸交通之便，又乘封建政權"開關梁，馳山澤之禁"的大好時機，販運貿易普遍發展起來，"是以富商大賈周流天下，交易之物莫不通，得其所欲"⑧正是當時情況的真實反映。

《漢書·貢禹傳》載："商賈求利，東西南北各用其智。"行賈對丈夫來說雖是賤

① 《史記》卷一二九《貨殖列傳》，第3280頁。
② 《漢書》卷五二《田蚡傳》，第2380頁。
③ 《漢書》卷八一《張禹傳》，第3349頁。
④ 《史記》卷一二九《貨殖列傳》，第3274頁。
⑤ 《史記》卷一二九《貨殖列傳》，第3272頁。
⑥ 林甘泉主編：《中國經濟通史·秦漢（下）》，第376頁。
⑦ 冷鵬飛：《中國古代社會商品經濟形態研究》，第204頁。
⑧ 《史記》卷一二九《貨殖列傳》，第3261頁。

行，但雍（今陝西）人樂成却因此而致富①。所以官僚貴族也不能脱俗，他們"身寵而載高位，家温而食厚禄，因乘富貴之資力，以與民争利於下"②，如武帝時的丞相田蚡"市買郡縣器物相屬於道"，因而"諸奏珍物狗馬玩好，不可勝數"③，這説明貴爲丞相的田蚡也兼營販運業。而京師長安所在的關中地區，由於"四方輻湊並至而會，地小人衆"，故"玩巧而事末"④越發成爲吏民的時尚。昭宣時期的大官僚張安世雖"尊爲公侯，食邑萬户"，但也有"家童七百人，皆有手技作事"，同時"内治産業，累積纖微"，是以"能殖其貨，富於大將軍光"⑤。由此可見，位居公侯的張安世，之所以比大將軍霍光富有，除了夫人帶領家童紡織外，還依靠"内治産業"。這"内治産業"，除了出賣手工産品外，可能還包括長途販運。而其目的，除滿足自身消費外，也是爲了殖貨致富。

東漢時期，販運貿易仍未衰退，所謂"船車賈販，周於四方"⑥正是當時情況的反映。當時貴戚官僚和豪强地主，"占有大量土地，依靠奴婢和徒附從事農副業生産，然後將剩餘産品從水路或陸路運往四方貿利，或屯積居奇，牟取暴利。由於生産力水平的提高，生産管理技術的提高和剥削手段的强化，官僚、地主有更多剩餘産品進入流通領域，成爲商品。"⑦而對於廣大農民來説，他們向國家交算賦、更賦時須用貨幣，購買鹽和鐵農具時也要用貨幣，所以他們必須出賣自己多餘的農産品，來換取自己生活的必須品，難怪"廣大農民把一部分生活必需的産品轉化爲商品，是秦漢乃至整個封建社會商品經濟的特點"⑧。

概括來説，"秦漢時代，相當多的專業化的商品生産部門，主要是爲了滿足高層次的消費。也就是説，真正意義上的商品生産並没有覆蓋國民經濟的所有主要部門，以男耕女織、自給性生産爲特徵的自然經濟，仍主導著當時國民經濟。"⑨此説有理。

（二）都市貿易

由於經濟的發展和歷史傳統的影響，在西漢時全國已形成五個經濟區——關中地

---

① 《史記》卷一二九《貨殖列傳》，第 3282 頁。
② 《漢書》卷五六《董仲舒傳》，第 2520 頁。
③ 《漢書》卷五二《田蚡傳》，北京：中華書局，1962 年，第 2380 頁。
④ 《史記》卷一二九《貨殖列傳》，第 3261 頁。
⑤ 《漢書》卷五九《張湯傳附子張安世傳》，第 2652 頁。
⑥ 《後漢書》卷四九《王充王符仲長統列傳》引仲長統《昌言》之《理亂篇》，北京：中華書局，1965 年，第 1648 頁。
⑦ 林甘泉主編：《中國經濟通史·秦漢（下）》，第 373 頁。
⑧ 林甘泉主編：《中國經濟通史·秦漢（下）》，第 373 頁。
⑨ 林甘泉主編：《中國經濟通史·秦漢（下）》，第 375 頁。

區、三河地區、燕趙地區、齊魯梁宋地區、楚越地區。以京師長安爲中心的關中地區（今陝西）是商業最繁盛的地方，連同巴蜀隴右之地（附屬於關中經濟區）面積僅占全國的 1/3，人口也不過 3/10，但全國 3/5 的財富都集中在這裏。過去由六國統治的黃河流域的三河地區（河東、河南、河内）以及燕趙、齊魯梁宋地區繁華僅次於關中。①

秦代和漢代，"市"作爲固定的商品貿易場所，可以説已經遍及全國各地。依其性質和規模，大致可以分爲三種類型：一種是國都的市，如咸陽、長安和洛陽的市；再一種是郡邑的市，即郡治和諸侯王國所在，地區經濟中心的市也可歸入此類；第三種是鄉聚的市。②

1. 國都的市

秦獻公七年（前 378 年）"初行爲市"③，這是秦國開始在都城設置固定的"市"。《睡虎地秦墓竹簡·金布律》載："賈市居列者及官府之吏，毋敢擇行錢、布；擇行錢、布者，列伍長弗告，吏循之不謹，皆有罪。"④可見，當時市肆中的店鋪是要排列整齊的，而官府對市肆的管理也是十分嚴格的。秦始皇統一全國後，"徙天下豪富於咸陽十二萬户"，以每户 5 人計，達 60 萬人，使咸陽成爲富豪大賈的聚居之所，咸陽也因此成了全國最大的商業都會。

西漢長安既是全國的政治中心和文化中心，又是當時的商業中心，其居民絶大多數是消費人口，所以市場不止一處。

漢長安城最初是圍繞宮殿建築群建造起來的。受地形影響，除東面較直外，南北西三面均有曲折，略呈一斗形，因而又稱"斗城"。據考古實測，漢長安城東城牆長 6000 米，西城牆長 4900 米，南城牆長 7600 米，北城牆長 7200 米，全城周長 25700 米⑤，總面積約 973 頃（約合 36 平方千米）。史載，漢長安城牆高三丈五尺（約 8.5 米），强基厚一丈五尺（約 3.5 米），而實測牆基厚 19 米（約合漢代的七丈），顯然比史料記載的要厚得多。

在西漢統治的 200 餘年裏，漢長安城一直是中國政治、經濟和文化中心，同時也是亞洲最大的經濟文化交流中心。漢長安城面積爲 36 平方千米，漢長安城的面積比當時西方的古羅馬城還大兩倍多，是中國歷史上第一座規模宏大的都城。

---

① 吴慧：《中國古代商業》，北京：商務印書館，1998 年，第 35 頁。
② 林甘泉主編：《中國經濟通史·秦漢（下）》，第 377 頁。
③ 《史記》卷一二九《貨殖列傳》。
④ 睡虎地秦墓竹簡整理小組：《睡虎地秦墓竹簡·秦律十八種》，北京：文物出版社，1978 年，第 57 頁。
⑤ 劉慶柱：《漢長安城的考古發現及相關問題研究——紀念漢長安城考古工作四十年》，《考古》1996 年第 10 期。

漢長安城共有 12 座城門，每面 3 座城門。漢長安城的 12 座城門之中，除了與宮城宮門相對的 4 座城門之外，其餘 8 座城門各與城内一條大街相連。長安城的八條大街將城内分爲 11 個 "區"，11 個區中，未央宮（包括武庫）、長樂宮（包括高廟）、桂宮、北宮、明光宮和東市、西市各占 1 個區，里居共占 4 個區。

漢長安城的市場，分爲城内市場與城外市場兩大類。《三輔黃圖》卷二《長安九市》載："《廟記》云長安市有九，各方二百六十六步，六市在道西，三市在道東，凡四里爲一市。" 城内市場就是《三輔黃圖》《長安志》等文獻所説的 "九市"。所謂 "九市"，實際上是指位於長安城内西北隅的東市與西市。這兩大市場在雍門以東，雍門大街以北，横門以南，並以横門大街爲界，街西設有六市，合稱 "西市"；街東設有三市，合稱 "東市"。經考古發掘，東、西兩市遺址的面積分别爲 0.526 平方千米和 0.2457 平方千米，位於城内西北部，長樂宮、未央宮、明光宮等構成的宮殿區位於城的南部和中部。這種宮殿在前（南）、市場在後（北）的城市布局規劃，與《周禮·考工記》所説的 "面朝後市" 完全相同[①]。

城外市場包括位於城南的槐市、城西的柳市、城北的直市、交門市和交道亭市等。下面分别加以闡述。

（1）柳市。《三輔黃圖》引《郡國志》説："長安大俠萬子夏居柳市。" 宋敏求《長安志》卷五載："長安中豪俠萬家在城西柳市，師古曰：'細柳倉有柳市'。"《漢書·游俠傳》顏師古注引《漢宮闕疏》云："細柳倉有柳市。" 柳市的得名大概與它位於細柳倉附近有關。

（2）交門市。在渭橋北頭，見《漢宮殿疏》。《長安志》卷五：交門市在渭橋之北。可知這個市場在渭河以北，靠近河岸處。漢時，渭河在長安城北不遠處流過，因此交門市應位於長安城北不遠處。

（3）交道亭市。在便橋東，見《漢宮殿疏》。據《長安志》卷五，交道亭市在便橋以東。便橋或稱 "便門橋"，是跨越渭河的大橋。據《雍録》《元和郡縣圖志》等書記載，便門橋位於長安城西北[②]，約在今西安市未央區三橋一帶。

（4）直市。直市始建於秦文公時，因爲這個市場裏物無二價，故以直市爲名。在富平津西南，見《三輔黃圖》卷二《市》。據《長安志》卷五説：直市 "在渭橋北，秦文公造。直市平准物價，故曰直市。" 由長安城横門北行約三里即可抵達渭河，越過

① 薛平拴：《長安商業》，西安：西安出版社，2005 年，第 21 頁。
② （宋）程大昌：《雍録》卷六《三渭橋·便橋》，西安：陝西師範大學出版社，1996 年，第 124 頁。

渭河向北行不遠就是直市，其位置大約在今西安市草灘農場西南。這裏是長安通往西域的交通要道，來往商旅絡繹不絕，因而形成一個交易繁忙的商業市場。

（5）槐市。《太平御覽》卷八二八引《三輔黃圖》載："元始四年，起明堂、辟雍、長安城南北爲會市，列槐樹數百行爲隧，無牆屋，諸生朔望會此市，各持其郡所出貨物及經書、傳記、笙磬、器物，相與買賣"。位於長安城南太學之北的槐樹林下，故稱槐市。槐市中有數百行槐樹，四周沒有圍牆，市中也沒有房屋和固定的店鋪等建築。每逢初一、十五兩日開市，參加交易者主要是太學的學生，他們各自携帶家鄉的土特產及經書傳記、笙磬器物等文化用品以及樂器，來到這裏相互交易。前來槐市交易的人"雍容揖讓，或議論槐下"，顯示出獨具一格的市場風氣。這是一個集市性的小市場，規模有限，商品交易的品種也以各地的土特產和文化用品爲主。這個市場雖是自發形成的，但可見文化人商品意識之强，亦可見當時商品經濟發展之一斑。

據專家研究，漢長安還有"高市"。陳直先生在《三輔黃圖校証》中說："漢城九市，今可考者，有柳市、東市、西市、直市、交門市、孝里市、交道亭市七市之名。此外尚有高市。漢城曾出土有'高市'陶瓶，爲余所得，後贈於蘭州圖書館。"[①]孝里市。《太平御覽》引《漢宮殿疏》載："孝里市在雍門之東。"據《漢書・外戚傳上》載，鉤弋趙婕妤之父"坐法宮刑，爲中黃門，死長安，葬雍門。"顏師古注曰："雍門在長安西北孝里，西南去長安三十里。"這裏的"西南"應爲"東南"之訛。孝里在雍門。雍門在今咸陽市東的塔兒坡附近，其地東臨秦杜郵亭故地，杜郵亭又名孝里或孝里亭。孝里市"當因孝里或孝里亭而得名，孝里市應在孝里或孝里亭附近，即在今咸陽市東郊塔兒坡東鄰杜郵故址一帶，根本不在渭河南岸的漢長安城中。"[②]此說有理。

在漢長安城，商業區的"市"與居民區的"里" 截然分開。因而，漢長安城的商業活動一般祇能在固定的區域——市內進行。每個市場的四周均設有圍牆，每面牆長266 步，平面呈正方形，東、西、南、北四面均有市門，市門看守人爲"監門市卒"，按時開啓或關閉市門。張衡《西京賦》載："廓開九市，通闤帶闠。"崔豹《古今注》說："市牆曰闤，市門曰闠。"可見，"闤"指的是市場圍牆，"闠"指的是市門。商人入市從事交易必先登記而領取執照。進入市場後，據"肆"售物，肆就是攤位。爲了便於顧客行走，市內均設有人行道，稱爲"隧"，中間的"隧"最寬，

---

① 陳直：《三輔黃圖校証》，西安：陝西人民出版社，1980 年，第 31 頁。
② 劉慶柱：《再論漢長安城布局結構及其相關問題——答楊寬先生》，《考古》1992 年第 7 期。

呈十字形。爲了便於顧客購買與官府檢查和管理，店鋪售貨攤位要按商品種類分別排列，經營同類商品者要集中在一起，各自排成行列，這在文獻中被稱爲"市列""列肆""市肆""列""肆"。同類商品陳列在同一行列内爲一"肆"，如凡是賣酒的都集中在一個地方，排成一行則可稱爲"酒肆"。班固《兩都賦》描述漢長安城的市場時説："九市開場，貨別隧分。"即是説，九市中的商品分類排列，並以人行道相互隔開。班固《兩都賦》又載，長安市場内人來人往，車不得旋，交易繁忙，"旁流百廛"。唐人李善注曰："廛，市物邸舍也。"可見，市列裏除交易的商品外，大批貨物儲存於"廛"（邸舍）之中。市内還建有"市亭"，又稱"旗亭""市樓"，即駐有市場管理人員的機構。《史記·三代世家》褚先生曰："臣爲郎時，與方士考功會旗亭下。"注云："旗亭，市樓皆重屋"。張衡《西京賦》也説"旗亭五重，俯察百隧"，薛綜注："旗亭，市樓也，立旗於上。故取名焉。"《三輔黄圖》引《廟記》云長安九市"夾横橋大道，市樓皆重屋"。可見，長安九市的旗亭都是氣派的樓房。正因爲旗亭皆爲重屋，市場管理人員可居高臨下，市場各處的交易自然都在其監視之下。

在國都長安，東、西兩市均設有市令。市令的職責是"察商賈貨物貿易之事"，即監督、檢查商人出售的貨物和交易事務。市令之下設有都尉、市吏、市掾、市嗇夫，協助市令管理市政。商業貿易需要安定的環境，首都治安非常重要，因而有時就以三輔都尉兼領長安市，有時則以督鑄錢掾領長安市。如京兆長陵人第五倫，因在做鄉嗇夫時"平徭賦，理怨結"而得人歡心，後被鮮於褒推薦給京兆尹閻興，閻興即召第五倫爲主簿，"時長安鑄錢多奸巧，乃署倫爲督鑄錢掾，領長安市。倫平銓衡，正斗斛，市無阿枉，百姓悦服"[①]。正是因爲第五倫"督鑄錢掾，領長安市"而舉措得當，長安城的貿易環境纔令百姓悦服。在漢代，市租的收入歸皇帝所有。齊臨淄的市租收入是一年千金，也就是一千萬錢，作爲國都長安的市租收入肯定要比臨淄的市租收入高很多。

作爲商品交換的媒介——貨幣，既有銅錢，又有黄金。漢代流行的銅錢是五銖錢，自武帝時始造，到唐高祖武德四年（621 年）下詔廢除，一共流行了 700 多年，是中國古代使用時間最久的主要貨幣之一。郭彦崗先生指出："西漢交易中盛用黄金，凡是價值大的和收支數額大的均以黄金結算，關係重大的種種活動，如賞賜、進貢、助祭、平賈、算賦、買賣官爵、對外往來、窖藏等等，也多用黄金。"[②]看來，

---

① 《後漢書》卷四一《第五鍾離宋寒列傳》，第 1396 頁。

② 郭彦崗：《中國歷代貨幣》，北京：商務印書館，1998 年，第 20 頁。

黃金貨幣在漢代社會的使用也很普遍。黃金貨幣與銅錢的比價大約爲 "黃金一斤，直錢萬"，即一斤黃金，值一萬枚銅錢。麟趾金（圖 1）和馬蹄金（圖 2）是漢代使用最廣泛的金幣。從考古資料看，麟趾金一般底面爲圓形，正面中空，周壁向上斜收，口小底大，形似圓足獸蹄，重 240.5—268.2 克。馬蹄金一般正面凹入，底呈橢圓形，口小底大，內中空，重 265—462.5 克。這兩種金幣都刻有表示重量、方位、天干地支等的銘文。漢使出使西域各國，除帶有貨物外，價值高的上幣金幣是必帶品，絲路貿易的繁盛可見一斑。

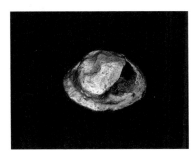

圖 1　漢麟趾金
直徑 4.6 釐米，重 261.9 克
（西安市閻家巷出土，現藏陝西歷史博物館）

圖 2　漢馬蹄金
高 4 釐米，長 5.3 釐米，重 246.4 克
（1974 年西安魚化寨北石橋出土，現藏陝西歷史博物館）

漢代的中國，與周邊地區的國家都建立了友好的交往關係，日本、朝鮮、越南、柬埔寨、泰國、斯里蘭卡、老撾、印度、伊朗以及阿富汗、土庫曼斯坦等古代國家經常有使節和商隊來到長安，中外經濟、文化的交流達到了前所未有的高潮[①]，長安城成爲名符其實的國際大都市。

2. 郡縣的市

漢王朝爲了安置從關東遷來的富豪和官僚，在長安周邊專門設立陵縣，歸太常管轄。處於咸陽原上的高祖長陵、惠帝安陵、武帝茂陵等都被作爲陵縣來設置，因 "長安諸陵，四方輻湊並至而會，地小人衆"，故 "其民益玩巧而事末也"[②]，即經商，因而使這些陵縣商業發達，經濟繁榮，咸陽原因此被稱爲五陵原。

漢代開國皇帝劉邦的長陵，首設陵縣。據《漢書·高后紀》載，高后六年 "六月，城長陵"。張晏注： "起縣邑，故築城也。" 長陵故城在高祖長陵北，即今咸陽市怡魏村，南距長陵 350 米。故城遺址保存著南、北、西三面城墙部分遺迹，不見東

① 周天游主編：《秦漢雄風：雄風振采的歷史畫卷》，杭州：浙江人民美術出版社，1999 年，第 47 頁。
② 《史記》卷一二九《貨殖列傳》，第 3261 頁。

牆①，這與文獻所載 "長陵城有南、北、西三面，東面無城"②是一致的。

長陵縣户口繁盛時達 17 萬多，這裏有商貿的 "長陵小市" 自不待言，如武帝即位初車駕自往 "長陵小市"③迎其同母姊可證。

惠帝安陵，同樣設縣。史載安陵 "北有安陵縣故城"。故城在陵北 900 米，現屬咸陽市白廟村。東西 1548 米、南北 445 米④。《關中秦漢陶録》卷二收有惠帝安陵附近出土的 "安邑琍柱" 瓦當。

文帝霸陵，同樣設縣。據《咸寧縣志》載，霸陵故城在灞橋鎮一帶。

景帝陽陵，同樣設縣。據《漢書·景帝紀》，景帝 "五年春正月，作陽陵邑"。

武帝茂陵，同樣設有陵縣。據《漢書·武帝紀》，建元二年，武帝 "初置茂陵邑"。《水經注》載：成國故渠 "東逕漢武帝茂陵南……故渠又東逕茂陵縣故城南"。《長安志》載：茂陵故城 "在縣（興平縣）東北一十九里"。在茂陵東南的興平市西吴鎮豆馬村北和渭惠渠南發現成國故渠遺迹，陵邑則在南位鎮道常村東窑匠溝以西，南到渭惠渠，北至茂陵至霍去病墓東西路以南範圍内，東西 1500 米、南北 700 米⑤。茂陵人口繁盛時達 20 多萬，因而它不僅有市，可能還不止一處，如王莽時茂陵名豪原涉的家奴 "至市買肉"⑥與屠争言而仗勢斫傷屠夫可證。由此推測，漢代的陵縣均設有市，這是百姓生活不能缺乏的。

宣帝在杜東原上 "爲初陵" 而置杜陵邑後，杜縣徙之。原來杜縣故城較杜陵邑地勢低下，因而俗稱 "下杜城"。《三輔黄圖》引《廟記》云："旗亭樓在杜門大道南。" 杜門大道爲南北向道路，此道南達杜縣，杜縣附近有大的商業市場，西安南郊杜縣故址附近所出 "杜市" "杜亭" 陶文可證。劉慶柱先生認爲："《廟記》所記載的杜門大道以南以 '旗亭樓' 爲主體建築物的市場應在漢長安城南郊的杜縣（後稱下杜城）附近，即西漢時代仍在使用的 '杜市' 或 '杜亭'（即杜縣市亭）。"⑦此説有理。

關中的富豪，除長安城外，多聚居於各陵縣，正如史籍所載："關中富商大賈，大抵盡諸田，田嗇、田蘭。韋家栗氏，安陵、杜杜氏，亦巨萬。"⑧《集解》徐廣

① 劉慶柱：《西漢諸陵調查與研究》，原載《文物資料叢刊》（6），北京：文物出版社，1982 年；又收入氏著《古代都城與帝陵考古學研究》，北京：科學出版社，2000 年，第 207 頁。

② 《長安志》卷一三引《關中記》。

③ 《漢書》卷九七上《外戚傳》，第 3947 頁。

④ 劉慶柱：《西漢諸陵調查與研究》，載氏著《古代都城與帝陵考古學研究》，北京：科學出版社，2000 年，第 211 頁。

⑤ 劉慶柱：《西漢諸陵調查與研究》，載氏著《古代都城與帝陵考古學研究》，北京：科學出版社，2000 年，第 215 頁。

⑥ 《漢書》卷九二《游俠傳》，第 3717 頁。

⑦ 劉慶柱：《漢長安城布局結構辨析——與楊寬先生商榷》，《考古》1987 年第 10 期。

⑧ 《史記》卷一二九《貨殖列傳》，第 3281 頁。

云：“安陵及杜，二縣名，各有杜姓也。宣帝以杜爲杜陵。”看來，關中富商大賈除田嗇、田蘭、韋家栗氏、新豐富人祁太伯外，還有安陵、杜陵的杜氏。

五陵原上不少豪富的子弟，鬥雞走馬，誇豪鬥富，滋擾治安，博得了一個“五陵少年”的專名，也就是紈絝子弟的別稱。

3.鄉聚的市

史載：“楷（字公超）家貧無以爲業，常乘驢車至縣賣藥，足給食者，輒還鄉里。司隸舉茂才，除長陵令，不至官。隱居弘農山中，學者隨之，所居成市，後華陰山南遂有公超市。”[1]據此可知，張楷字公超，因其“隱居弘農山中，學者隨之，所居成市”，後來華陰山南便有了“公超市”，這應該就是鄉聚的市，而且是自發形成的。

① 《後漢書》卷三六《張霸傳附張楷傳》，第1243頁。

唐朝後期關中農田水利建設事功述論

穆渭生

隋、唐帝國皆一統天下，其京城（政治中心）長安坐落在關中。京畿爲人口密集之區，長安人衆號稱百萬，糧食消費不可一日有缺。而關中雖"號稱沃野，然其土地狹，所出不足以給京師，備水旱，故常轉漕東南之粟。"[①]一遇水旱災害，就會發生糧食短缺，供不應求，百姓流徙四方，嚴重影響生產和社會安定[②]。相比較而言，關東、江淮地區由於自然環境條件優越，潛力深厚巨大，經濟發展呈現後來居上之勢，即全國經濟重心在逐漸地東移南遷。於是，"漕運"關東、江淮糧米物資，增加京城供給和儲備勢不可免。對於長安朝廷來說，"漕運"就是其經濟生命綫。

一、唐代長安"漕運"叙要

俗謂"一日不再食（吃兩頓飯）則饑"。從消費經濟（各類物資需求與供給）角度來看，偌大的西京長安城就是一架龐大的消費機器，運轉不休。僅全城人口一日食用，就需要近百萬斤糧米；此外，還有數萬馬匹（廐馬、軍馬、私馬等）和其他牲畜（如運輸用牛、驢、騾等）所需穀物飼料（今關中俗謂"硬料"）供給。誠可謂"絕非等閑之事"[③]。

而隋唐大運河漫長數千里，所連接的各條自然江河的水文情況又各不相同，漕船

作者簡介：穆渭生，男，陝西學前師範學院歷史文化與旅游系教授，西安文理學院長安歷史文化研究中心特邀研究員。

① 《新唐書》卷五三《食貨三》，第 1365 頁。

② 在唐前期（618—755 年），關中地區先後發生旱災 23 次，平均 6 年多 1 次。又據《新唐書·五行志》等記載，在唐前期，關中地區發生的饑饉就有 10 餘次。

③ 據王朝中《唐朝漕糧定量分析》：唐開元時，長安城每年用糧約 340 餘萬石；但關中的年租稅糧和糴糧共計約有 235 萬石。不足的 100 多萬石則通過漕運來彌補。見《中國史研究》1988 年第 3 期。

在途中必須停留以待水情適合（候水），是故不能連續通航；再加陝洛黄河段爲了避開三門峽谷之險，采用陸路轉運（陸脚）等，漕運關東、江淮糧米物資，遥遠而艱辛，實非易事①。漕運之艱難，對於關中地區的草民百姓來説，也是一大困擾。唐代宗時，負責漕運事務的宰相劉晏曾有指論：

> 京師三輔百姓，唯苦税畝傷多。若使每年得江湖二三十萬石，即徭賦頓減，歌舞皇澤……②

1. "漕糧" 需求逐漸增長

唐朝前期自高宗以後，朝廷開支漸廣，長安的糧食供給常有短缺。高宗前後七次東幸洛陽，在位時間約有一半駐於洛陽，最後也駕崩於此。武則天改洛陽爲"神都"，並長期居留。至玄宗開元二十一年（733 年）時，漕運數量已經數倍於前，仍嫌不足，遂一再東幸洛陽以"就食"。

> （唐）高祖、太宗之時，用物有節而易贍，水陸漕運，歲不過二十萬石，故漕事簡。自高宗已後，歲益增多，而功利繁興，民亦罹其弊矣。③
>
> （唐高宗）咸亨三年，關中饑（穀不熟曰饑，菜不熟曰饉），監察御史王師順奏請運（河東）晋、絳州倉粟以贍之，上委以運職。河、渭之間，舟楫相繼，會於渭南，自師順始之也。④
>
> （唐中宗景龍三年）是歲，關中饑，米斗百錢。運山東、江、淮穀輸京師，牛死什八九。群臣多請車駕復幸東都，韋后家本杜陵，不樂東遷，乃使巫覡彭君卿等説上云："今歲不利東行。"後復有言者，上怒曰："豈有逐糧天子邪！"乃止。⑤
>
> 每歲自都（洛陽）轉米一百萬石，以禄百官及供諸司；若駕幸東都，則減或罷之。⑥

---

① 隋唐長安以東的"漕路"爲逆流而上，且有兩段"瓶頸"：一是潼關至長安的渭河航道，河流曲折而沙深水淺，通航不暢。二是潼關以東黄河的陝州至洛陽段，穿行於峽谷之中，岸高水險；尤其是三門峽谷一段，石島峙立，暗礁阻船，水流湍急，漕舟逆流而上極爲困難。這種自然地理形勢（基於我國宏觀地貌形態的西高東低，而東部大多江河曲折東流入海），就是自唐朝滅亡之後訖於今日，關中喪失國家都城地位的"宿命"因素之一。

② 《唐會要》卷八七《轉運鹽鐵總叙》，上海：上海古籍出版社，1991 年，第 1883 頁。

③ 《新唐書》卷五三《食貨志三》，第 1365 頁。

④ 《舊唐書》卷四九《食貨志下》，第 2113 頁。

⑤ 《資治通鑒》卷二〇九，第 6639 頁。

⑥ 《唐六典》卷一九《司農寺》，第 525 頁。

　　玄宗之世爲李唐帝國鼎盛時期，而長安的經濟供給問題比前代尤爲嚴重（每年需要"漕糧"約一百萬石）。在開元二十五年（737 年）以前，玄宗先後五次東行。皇駕東幸西返，朝廷百司扈從，"兩都往來，甚覺勞弊，（玄宗）欲久住關内"①。於是，調整（改革）漕運管理體制，增廣入京運量，使倉廩常有儲存，便成爲當務之急。盛唐時期的漕運，常采取水陸轉運方法。

　　據《通典》卷十《食貨十·漕運》：開元初年，河南尹李傑兼任陸運使，爲避開三門峽谷之險，從洛陽到陝州（今河南三門峽市西）采用牛車分段陸運（每四十里設一遞場，共有八個遞場），利用冬閑兩個月時間，年運量爲八十萬石；後來增加到一百萬石。至天寶七載（748 年），滿二百五十萬石；自九月至正月運畢，使用牛車多達 1800 輛。但是，陸運使用牛車，一則其運量受到限制，二則耗費巨大且妨礙農事。而對於改善洛陽至關中之間漕路、增加轉運數量，作出較大成效者，有裴耀卿和韋堅。至天寶二年（743 年），運到關中的糧食達四百萬石，爲唐代漕運量的最高紀錄。

　　2. "漕運"水路的延伸

　　在"安史之亂"（755—763 年）爆發以前，黄河下游南北直至海濱，是盛産糧食的富庶地區。西京長安所需的漕糧，大半取之於這裏。但經過八年的戰亂，這裏受害最甚，人煙蕭條，殘破不堪。此後又有藩鎮割據，抗命中央朝廷，不申户口，不納賦税。

　　而江淮以及長江下游地區，自隋代以來就有長足發展。如洞庭湖和太湖流域爲水鄉澤國，自然條件優越，再加之興修水利，生産效率較高，尤爲富庶。唐中期以後，租賦之所出，以江淮居多。"軍國費用，取資江淮"②唐憲宗時，"每歲賦入倚辦，止於浙江東（治越州。今浙江紹興）西（治潤州。今江蘇鎮江）、宣歙（治宣州。今安徽宣州）、淮南（治揚州。今江蘇揚州）、江西（治洪州。今江西南昌）、鄂岳（治鄂州。今湖北武昌）、福建（治福州。今福建福州）、湖南（治潭州。今湖南長沙）等八道，合四十九州"③。江淮地區躍升爲長安朝廷的經濟支柱，但漕運更爲艱難不易④。

　　隨著長安漕糧主要供給地向東南轉移，也使得漕運綫路更爲延長，而汴河（通濟渠。連接黄河與淮河）尤爲要害。中唐以降，强横藩鎮從中阻撓，争奪汴河控制權，

　　① （唐）郭湜《高力士外傳》，丁如明輯校《開元天寶遺事十種》，上海：上海古籍出版社，1985 年。按：長安至洛陽八百三十五里，皇駕及扈從隊伍龐大，往返頗費"折騰"，單程（不計惡劣天氣影響）就需半個多月。

　　② 《全唐文》卷六三《憲宗元和十四年七月二十三日上尊號敕》，上海：上海古籍出版社，1990 年，第 293—295 頁。

　　③ 《舊唐書》卷一四《憲宗本紀》，第 424 頁。

　　④ 參看白壽彝總主編，史念海主編：《中國通史·中古時代·隋唐時期》（第六卷上册），上海、南昌：上海人民出版社、江西教育出版社，2013 年（第二版），第 447—459 頁。

時有斷漕發生。

> 肅宗末年，史朝義兵分出宋州（今河南商丘），淮運於是阻絕，租庸鹽鐵泝漢
> 江而上。河南尹劉晏爲户部侍郎，兼勾當度支、轉運、鹽鐵、鑄錢使，江淮粟
> 帛、由襄（襄州。今湖北襄樊）、漢（漢江）越商於（今陝南商洛及河南、湖北境
> 地丹江中、下游）以輸京師。①

德宗建中四年（783 年）十二月，淮西節度使李希烈反叛，攻陷汴州（今河南開
封），致漕路梗阻，長安糧倉因此告急，天子憂心如焚。

> 關中倉廩竭，禁軍或自脱巾呼於道曰：“拘吾於軍而不給糧，吾罪人也！”
> 上（德宗）憂之甚，會韓滉（鎮海軍節度使。駐今江蘇鎮江）運米三萬斛至陝
> （州），李泌（陝州水陸運使）即奏之。上喜，遽（急忙）至東宮，謂太子曰：
> “米已至陝，吾父子得生矣。”時禁中不釀（酒），命於坊市取酒爲樂。又遣中使
> 諭神策六軍，軍士皆呼萬歲。（胡注曰：“唐都關中，仰給東南之餫。德宗於兵荒
> 之餘，其窘乏有不可言。”）②

到了晚唐時期，持續百餘年來的藩鎮割據已演爲軍閥争戰。唐昭宗時（889—904
年在位），淮南節度使（治所揚州。今江蘇揚州市）楊行密爲占據淮甸，爲了自保其地
盤，決開汴河，斷絕了漕路。汴梁節度使朱温（852—912 年。投降唐朝的黄巢義軍大
將）占據汴州之地，憑藉這裏的平原富庶和汴河的交通便利，兵强勢盛，最終控制並滅
亡了唐朝。而漕路失控、漕運萎縮癱瘓，正是唐朝崩潰和滅亡的重要原因之一。

二、唐前期關中農田水利概况

古代中原王朝“以農立國”，因而水利事業具有國家經濟命脉之性質意義，其工
役依賴國家的財力投入。凡大型灌渠和人工運河的修築，必舉一方州郡或天下民衆財
力，是名副其實的“國家行爲”。秦漢與隋唐大一統帝國時代遂成爲歷史上水利（灌
溉和航運）事業發展的兩個高潮時期。這四個王朝皆以陝西關中爲都城所在，而京畿
之地的水利事功歷來備受重視。

---

① 《新唐書》卷五三《食貨三》，第 1368 頁。
② 《資治通鑒》卷二三二，第 7589—7590 頁。

關中盆地屬於黃河流域的渭河水系，水利資源豐富，渭河橫貫其中，北部有涇、洛諸水，南部有秦嶺北麓數十條峪谷河流；黃河流經東部邊緣。關中土地平衍肥沃，農耕歷史悠久。歷代的水利（灌溉、漕運）工程皆以涇、洛、渭、黃河爲水源，續興功役而日臻完善[①]。其水利系統和灌區規模，早在秦漢時代就已奠定。漢代關中水利工程系統見下引示意圖（圖1）。

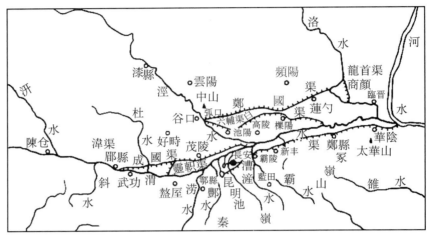

圖1　漢代關中水利工程示意圖

隋開皇九年（589年）統一南北之後，重整"天下秩序"。隋文帝號稱節儉，煬帝好大喜功，然皆致力於開渠興漕，交通全國，其工程規模之巨大，堪稱空前，其利便經濟遺澤後世，至今猶在。雖濫用民力遭歷代詬病，但客觀功效亦當肯定，所謂不仁而有功也[②]。隋史簡略，有關今陝西境地農田水利興修事迹，不獲其詳，僅能知其概況[③]。

據《隋書》卷一《高祖本紀上》：隋文帝開皇二年（582年）三月，開渠，引杜陽水於三畤原。據同書卷四六《元暉傳》："開皇初，拜都官尚書，兼領太僕。奏請決杜

① 參看冀朝鼎：《中國歷史上的基本經濟區與水利事業的發展》，北京：中國社會科學出版社，1981年；史念海：《中國的運河》，西安：陝西人民出版社，1988年；陝西省地方志編纂委員會編：《陝西省水利志》，西安：陝西人民出版社，1999年；李令福：《關中水利開發與環境》，北京：人民出版社，2004年。

② 晚唐詩人皮日休《汴河懷古》（二）詠云："盡道隋亡爲此河，至今千里賴通波。若無水殿龍舟事，共禹論功不較多。"堪稱古人評價隋煬帝大運河的精闢之論。

③ 按：楊隋新朝能夠最終（589年）統一天下，乃是上承西魏、北周經營關隴，滅北齊統一北方之基業。在西魏、北周兩朝，關中的水利工程有：（1）西魏大統十三年（547年）正月，開白渠以灌田（《北史》卷5《魏本紀第五·西魏文帝》）。（2）同年，復開成國渠以漑田；置六斗門（六門堰）以節水。（3）十六年（550年），"以涇渭漑灌之處，渠堰廢毀，乃令（大將軍賀蘭）祥修造富平堰（今富平縣石川河上），開渠引水，東注於洛。功用既畢，人獲其利。"（《北史》卷六一《賀蘭祥列傳》（4）北周武帝（宇文邕）保定二年（562年）正月，同州（今大荔縣）開龍首渠，以廣灌漑（《周書》卷5《武帝本紀》）。

陽水灌三時原，漑潟鹵（鹽鹼）之地數千頃，民賴其利。"按：以上兩條史料所記，爲同一件史事。據《隋書》卷二九《地理志上》：京兆郡（雍州）武功縣有永豐渠、普濟渠。《隋書·地理志上》又載：京兆郡（雍州）涇陽縣有茂農渠，華陰縣有白渠；馮翊郡（同州）下邽縣有金氏陂（引涇白渠蓄水灌田）。

在唐朝前期，對關中引涇水的鄭白渠系統、引渭水的成國渠，皆進行過多次疏通整修。到唐後期，鄭國渠首段已經失效廢棄，其下游的冶、清、濁、漆、沮諸水各自形成獨立的灌渠系統；而白渠系統發展爲三白渠（南、北、中三條幹渠）和彭城堰以下諸支渠。

1. 引涇水灌渠系統

（1）據《新唐書》卷三七《地理志一》：唐高祖武德二年（619 年），引白渠水灌華州下邽縣（今渭南市臨渭區下吉鎮）金氏二陂（東陂、月陂），以置監屯。金氏陂在縣東南二十里。唐太宗貞觀三年（629 年），在金氏陂側置金氏監；十二年（638 年），此監廢，其田賜王公（《太平寰宇記》卷二九《關西道五》華州下邽縣）。

（2）唐高宗永徽六年（655 年），鄭、白渠上因私人競造碾磑，渠流梗澀，灌漑止一萬許頃。皆毀之，以通灌漑（《通典》卷二《食貨二·水利田》）。

（3）唐玄宗開元九年（721 年），拆毀鄭、白渠上的權貴私家碾磑，以通暢灌漑農田。是年正月，京兆少尹李元紘奏疏三輔諸渠。王公之家，緣渠立碾磑，以害水功，一切毀之，百姓大獲其利（《唐會要》卷八九《碾磑》）。

2. 引渭水灌漑（與通漕）系統

（1）唐朝前期，曾多次疏通成國渠。唐太宗、高宗、武則天時，多次重修六門堰。漢代"成國渠"引渭灌田，從郿縣東北九里（今縣常興鎮孫家西南）引渭水，經扶風、武功、興平、咸陽等縣復入於渭，全長 200 餘里。三國曹魏時，又"開成國渠自陳倉至槐里"，即向上自陳倉（今寶雞虢鎮西北）引汧水（渭水北支流），東至槐里（今興平縣附近）入於渭。西魏時，在武功縣西面的漳水與漆水合流處（三江口）、築置閘門六座（六門堰），以控制匯入成國渠的水量。

（2）京兆府華原縣（今耀縣）有"強公渠"。據《新唐書》卷一〇〇《強循傳》：開元初年，任雍州司士參軍。"華原無泉，人畜多暍（中暑）死。循教人渠水（修渠引水）以浸田，一方利之，號強公渠。"又據《長安志》卷一九《華原縣》：境內有清水、漆水、沮水、澗谷河水、濁水等。

3. 引黃河灌田工程

（1）唐高祖武德七年（624 年）四月，同州（今大荔縣）治中雲得臣，自龍門

（今韓城市東北）引黃河水，灌田六千（？）餘頃。（《唐會要》卷 89《疏鑿利人》）①

（2）同州河西縣（今合陽縣）黃河岸邊有瀵水，在唐代之前就已用之灌田。唐開元《水部式》（殘卷）規定：自正月一日至七月三十日以前，聽百姓用水，仍令分水入朝邑縣通靈陂（今大荔縣朝邑鎮東黃河老崖下）。

（3）唐玄宗開元七年（719 年），同州刺史姜師度堰黃河水入通靈陂、並引洛河水，灌朝邑（今大荔縣東部）、河西兩縣田二千餘頃；置屯十餘所（《元和郡縣圖志》卷二）。

4. 引秦嶺諸峪谷水灌田等工程

（1）唐高祖武德六年（623 年），寧民縣（今藍田縣）令顏旭開渠，引南山水入京城，至石門谷（今藍田縣西南滻水上源湯峪河），有溫泉湧出。（《冊府元龜》卷四九七《邦計部十五·河渠二》）據《新唐書》卷三七《地理志一》"京兆府藍田縣"條："武德二年析置白鹿縣，三年更名寧民……六年，寧民令顏昶（旭）引南山水入京城。"

又據開元《水部式》（殘卷）："藍田新開渠，每斗門置長一人，有水槽處置二人，恒令巡行。若渠、堰破壞，即用隨近人修理；公私材木，並聽運下。百姓須溉田處，令造斗門節用，勿令廢運。其藍田以東，先有水磑者，仰磑主作節水斗門，使通水過。"

按：由此可見，這條唐初的"藍田新開渠"引南山水入京城，兼有灌溉、運材木之雙重功用；其百姓灌溉引水，"令造斗門節用"。又稱"其藍田以東，先有水磑者"——即有舊渠道，或爲隋朝所修（但史載不詳）。而所謂"仰磑主作節水斗門"，應指私人碾磑。

（2）武德七年（624 年），渭南縣修杜化渠。據《長安志》卷一七《渭南縣》：杜化谷水，出縣西南；在縣西一十三里，有杜化驛。

（3）開元二年（714 年），修華陰縣（今華陰市）西二十四里的敷水渠，以泄水害。五年復鑿之，使通渭漕（洪水泄入漕渠、渭河增大水量）（《新唐書》卷三七《地理志一·華州華陰縣》）。

開元四年（716 年），鄭縣（今華縣）西南二十三里有利俗渠，引喬谷水；東南十五里有羅文渠，引小敷谷水，支分溉田。詔陝州刺史姜師度疏故渠，又立隄以捍水害。

按：以上叙列，頭緒紛繁，不易明其要領，故再從時間、工役上撮要而言之。

---

① 據韓城市志編纂委員會《韓城市志》農業志第六章云："唐武德七年，西韓州治中雲得臣自龍門引河灌田 60 頃（合今 5226 畝）。"西安：三秦出版社，1991 年。

①在唐朝前期，關中的農田水利工役，以整修舊渠者居多（如多次整修成國渠"六門堰"）、清理整頓渠道上的私家碾磑居多；而新建、擴建性質的工程規模都不太大。②在唐後期，却屢有大規模工程興建，與前期形成明顯對比。這其中的經濟社會原因，很有必要進行分析歸納。

三、唐後期重大灌渠工役叙要

衆所周知，"安史之亂"（755—763 年）是導致唐朝"綜合國力"由盛轉衰的重大歷史事件，也使中華帝國在東亞和中亞地緣政治格局中喪失了"强權地位"。唐後期中央政府大力整修關中農田水利，其中原因可依時間順序作扼要梳理：①唐初爲"天下大亂"之後的經濟社會秩序恢復時期，水利工程多爲整修，易於明瞭。②唐高宗、武則天執政時期，長期居於東都洛陽，漕轉江淮租賦相對比較近便；而關中水利也就不爲朝廷特別重視。③唐玄宗於開元二十五年（737 年）之前，曾經五次東行洛陽"就食"。之後長住關中，遂花費很大功夫整修關中、陝州（治今河南三門峽市西）漕運水道和陸路。④自安史亂後，河南、河北與江淮地區，演變成爲戰亂、藩鎮割據之地，關東漕運時常"被梗阻"，肅、代、德宗三朝最爲嚴重；憲宗朝因打擊藩鎮卓有成效，故有所改觀；此後則每况愈下。所以，唐後期關中農田水利之"振興"，可謂具有中央朝廷"經濟自救"之色彩和功效。下文叙其重要（典型）工程，以窺唐代關中農田灌渠系統之演變。

1. 代宗朝"復白渠秦漢故道"

隋唐兩代對關中引涇灌渠進行過多次修復、改建與擴建①。唐開元《水部式》（殘卷）條文中，涉及白渠的内容較多，可據之瞭解唐前期涇渠渠系的基本情況（參見圖1）。

唐代宗、德宗兩朝，正是吐蕃王國不斷侵占隴右之地，其大軍（以騎兵爲主）越過六盤山，頻繁侵寇關中的狂潮時期，京師長安"戒嚴"司空見慣。唐朝在京西北地方設置軍鎮，調駐兵馬，頑强抗禦（時稱"防秋"）；而諸軍鎮的糧秣供給，遂成爲朝廷當務之急（直接影響到前綫將士的戰鬥力）。一方面是諸軍鎮就地屯田；一方面就是整修關中農田水利，多產糧食，就近供應諸軍鎮。

---

① 李令福指出：唐代對鄭白渠有兩次重大修整，一爲大曆十二年（777 年）修鄭白二水支渠，復秦漢水道；二爲劉仁師修高陵渠堰並全面改造三白渠。經過唐後期的多次修復、改建與擴建，形成爲南北中三條幹渠的灌溉體系，設三限閘、彭城堰，幹支斗渠配套，灌溉範圍擴大，奠定了宋元明清乃至今日引涇灌溉渠系的規制。見其著《關中水利開發與環境》，北京：人民出版社，2004 年，第176—177 頁。

綜合考察代宗朝的關中農田水利事功，可以歸納出三個要點。

（1）大曆四年（769 年）五月十五日敕："涇堰監（渠堰管理機構）先廢，宜令却置。"據史料判斷，這是恢復唐初的水利職官設置舊規（興成、五門、六門、龍首、涇堰、滋隄六堰）。亦即強化對農田水利的管理制度，以增加田畝產量。

（2）對白渠上權貴和寺觀等碾磑過多，擁隔渠流、浪費水資源這一"頑疾"，進行了幾次清除整頓，以廣水田之利。據《舊唐書·代宗本紀》云：大曆十三年（778年）正月，"壞白渠碾磑八十餘所"。時任涇陽縣令的韓紳卿，"破豪家水磑，利民田頃凡百萬"①。

（3）據《册府元龜》卷四九七《邦計部河渠二》：大曆十二年（777 年），京兆少尹黎幹奏"請決開鄭白支渠，復秦漢水道，以溉陸田，收數倍之利。"同時，奏請整修引渭水的成國渠六門堰，亦詔許之。即這一次興役包括兩項工程，規模可觀。

按：這次疏決白渠的詳情，缺乏直接史料可稽。但從清除掉八十餘所私家碾磑、"復秦漢故道"之語推測，規模應該是比較大的。再從其整頓農田水利的"三部曲"——恢復涇堰監、廢拆私家碾磑、修復白渠故道來看，第三部（步）纔可謂"刀下見菜"，豈能草草了事。更何況當時隴右之地盡陷於吐蕃，關中國防形勢之嚴峻，空前未有——敵寇兵馬強盛銳利，不僅"兵臨城下"，而且在廣德元年（763 年）十月，曾一度攻占長安城半個月、代宗倉皇東走陝州避難。

2. 德宗朝修白渠"三限口"②

據史載：貞元（785—804 年）初年，以京兆少尹郭隆充渠堰使，於涇陽縣眾善寺置"使院"，配備強幹官吏，往來勾當（主持工作）。貞元四年（788 年）六月二十六日，京兆尹鄭叔則奏，涇陽縣三白渠限口："六縣分水之處，實爲要害，請准諸堰例，置監及丁夫守當。"敕旨依准。

按：德宗時整修白渠之詳情，亦缺乏直接史料。故祇能依據事理邏輯和間接記載

---

① 《全唐文》卷五六四韓愈《虢州司户韓府君墓誌銘》，上海：上海古籍出版社，1990 年，第 2529 頁。

② 歷代史家所稱之"鄭白渠"，概念比較籠統；實則"鄭渠"與"白渠"既有關聯也有區別。（1）西漢武帝元鼎六年（前 111 年）興修的"六輔渠"，爲鄭國渠的輔助灌溉工程，其時間在鄭國渠之後 136 年。但其位於鄭國渠南岸或是北岸，歷代記載、後世研究者的觀點却存有分歧。李令福認爲是在南岸（今涇陽、三原兩縣北部地方），"引鄭渠水向南澆灌鄭渠未曾淤灌或曾經淤灌改造成農田的地方"；唐代以後鄭渠渠系解體後，六輔渠各渠自成體系，引水渠口也向上游發展，遂成爲不相連屬的冶、清、濁諸川引水灌溉工程的基礎。見其著《關中水利開發與環境》，北京：人民出版社，2004 年，第 91—93 頁。（2）西漢武帝太始二年（前 95 年）興修的"白渠"，在秦鄭國渠之後 150 餘年。其時，鄭國渠日漸埋塞（因渠綫長而緩，且地勢較高），灌溉不暢。而白渠在鄭國渠渠口之上（北面）引涇、渠綫經其南而地勢較低，遂取代鄭國渠成爲引涇灌溉主幹渠（但其灌溉面積則有明顯縮小），並持續千餘年之久。參看李儀祉：《陝西的灌溉事業》，《陝西水利季報》1936 年第 1 卷第 1 期；葉遇春：《從鄭國渠到涇惠渠》，《人民黄河》1991 年第 4 期；吕卓民：《古代關中鄭國渠、白渠與六輔渠研究管見》，《中國歷史地理論叢》1998 年增刊及史念海主編：《漢唐長安與黄土高原》（中日歷史地理合作研究論文集第一輯）。又據《水經注·渭水》記載，北魏時白渠已有主幹白渠、白渠枝瀆和白渠枝渠三條渠綫。

來推論。

（1）興役時間。應爲貞元三年至四年（787—788年）期間。

（2）工程地點。涇陽縣三白渠限口（堤堰閘門）——"六縣分水之處，實爲要害"。可見這是具有總控性質的樞紐工程，掌握著整個渠系的水量調節與分配。據《長安志》卷一七《涇陽縣》："白渠，在縣西北六十里，堰涇水入焉。…… 三限口，在縣東北。分南北三渠處。"

（3）六縣。指雲陽、涇陽、三原、高陵、櫟陽、下邽縣。

（4）設"渠堰使"專責其事、置"使院"於涇陽縣衆善寺。在"使職"之下，一般設有副使、判官以及相應的吏員（人數不等），組成"使院"（臨時性工作班子）。

（5）在三限口，"請准諸堰例（成規），置監（三限口堰閘監）及丁夫守當。"這說明"三限口監"是新置；也説明諸堰在此前皆已（於代宗大曆四年五月）設置"渠堰監"（管理機構）。

（6）杜佑（京兆府萬年縣人）所撰《通典》成書於貞元十七年（801年），其卷一七三《州郡三·京兆府涇陽縣》云："有涇水、大白渠、中白渠、南白渠。"然過於簡略。

（7）在德宗朝之後的憲宗元和八年（813年），宰臣李吉甫修成《元和郡縣圖志》一書。前後相距25年。其卷二《京兆府涇陽縣》所載較詳，可據之瞭解"三限口"工役之後的渠道情況：

> 涇水，西北自池陽縣界流入，經縣南七里，又東南入高陵縣界……太白渠（《水部式》稱北白渠），在縣東北十里。中白渠，首受太白渠，東流入高陵縣界。南白渠，首受中白渠水，東南流，亦入高陵縣界。

按：德宗時的白渠三限口工役，是在代宗朝工役基礎上的深化和優化。在渠系結構和管理上形成了新的格局。而這次興役之際的經濟社會背景，比之代宗時則更爲嚴峻。以下僅列叙其工役之前、興役期間的自然災害，以及京師缺糧的嚴重程度等情況。

據《舊唐書》卷三七《五行志》、《資治通鑑》卷二三二所載：興元元年（784年）秋天，關輔發生大蝗災，田稼被食盡，百姓饑餓，捕蝗蟲而食之。次年（貞元元年）夏天，蝗災尤甚。自東海西盡河、隴，群飛蔽天，旬日不息。經行之處，草木牛畜毛，靡有孑遺。關輔以東，穀價大貴，饑饉枕道。……旱甚，瀰水將竭，井皆無水。有司奏國用纔可支七旬。德宗減膳，不御正殿。百司不急之費，皆減之。貞元二年（786 年）四月，關中倉廩竭，德宗憂之甚，會有三萬斛米運至陝州（今河南三門峽市西），消息報來，德宗驚喜，遽至東宮告太子曰："米已至陝，吾父子得生矣！"是年夏麥熟（豐收），人乍飽食，死者（撐死）伍之一。時比歲饑饉，兵民率皆瘦黑，經數月後，人膚色乃復故。貞元三年（787 年）十一月己卯夜，京師長安地震，是夕者三，巢鳥皆驚，人多去室（離開房屋）。東都、蒲州、陝州也發生地震。四年（788 年）正月朔日（初一），大明宮含元殿殿階及欄檻三十餘間無故自壞（應爲地震引起），壓死甲士十餘人。其夜、二日、三日、十八日至二十五日，又連續發生地震。而在古代的"天命"觀念中，地震被視爲"天譴"——君主不修仁德善政，上天通過降下災異以示譴責和警告[①]。

3. 高陵縣劉公渠與彭城堰

自"安史之亂"以降，三白渠的管理鬆懈不嚴，管道上的私家碾磑屢禁不止。涇陽縣居灌溉上游，遂有權勢、豪强之家欲獨占全渠之利，私開管道引水。而高陵縣處於下游，百姓之田既缺水澆灌，還要照章交納賦稅，可謂"兩頭受害"。60 年後，劉仁師上任高陵縣令，其人公明愛民，嫉惡如仇，不畏權貴，據法（《水部式》、相關詔令）力爭，爲民請願，並奏請整修渠道。劉禹錫所撰《高陵令劉君（仁師）遺愛碑》，對此次工程有詳細敘述。

涇水東行注白渠，釃而爲三（分爲三白渠），以沃關中，故秦人常得善歲。案《水部式》：決泄有時，畎澮有度，居上游者不得擁泉而顓其腴。每歲（京兆）少尹一人行視之，以誅不式（處置違法）。兵興以還，寖失根本。涇陽人果擁而顓之，公取全流，浸原爲畦，私開四竇（渠），澤不及下（游）。涇田獨肥，他邑爲枯。地力既移，地徵如初。人或赴訴，泣迎尹馬。而上涇之腴皆權幸家，榮勢足以破理，訴者復得罪。繇是咋舌不敢言，吞冤含忍，家視孫子。

（穆宗）長慶三年，高陵令劉君（劉仁師）勵精吏治，視人之瘼如癃疽在身，不忘決去。乃修故事，考式文暨前後詔條。又以新意請更水道入於我里（高陵縣）。請杜私竇，使無棄流；請遵田令，使無越制。別白纖悉，列上便宜。掾吏依違不決。居二歲，距（敬宗）寶曆元年，端士鄭覃爲京兆（尹），秋九月，始具以聞。事下丞相、御史。御史屬元（員）谷實司察視，持詔書詣白渠上，盡得利

① 按：終唐德宗一朝，京西北地方抗禦吐蕃侵寇的軍事形勢依然嚴峻。德宗即位之初，急於求治，一是進行賦稅改革，在建中元年（780 年）實施"兩稅法"（其成效顯著）。二是打擊"不臣"藩鎮，於建中二年（781 年）發動討伐四鎮（淄青、成德、魏博和山南東道）戰爭。但却因爲操之過急，財力、兵力準備不足，結果引發了"涇師之變""朱泚稱帝"與"李懷光之叛"等連鎖惡性事變，直至貞元二年（786 年），道場亂局纔告平息。

病，還奏青規中。上（敬宗）以谷奉使有狀，乃俾太常撰日，京兆下其符。司録姚康，士曹掾李紹實成之，縣主簿談孺直實董之。冬十月，百衆雲奔，憤與喜並，口謠手運，不屑鼕鼓（大鼓。用於奏樂或役事）。

揆功什七八（工程進行大半），而涇陽人以奇計賂術士上言：白渠下，高祖故塋在焉，子孫當恭敬，不宜以舂鍤近阡陌。上聞，命京兆立止絶。君（劉仁師）馳詣府控告，具發其以賂致前事。又謁丞相，請以額血污車茵。丞相彭原公斂容謝曰："明府真愛人，陛下視元元（黎民）無所恡，第未周知情僞耳。"即入言上前。翌日，果有詔許訖役。

仲冬，新渠成。涉季冬（臘月）二日，新堰成。駛流渾渾，如脉宣氣。蒿荒漚冒，迎耜釋釋。開塞分寸，皆如詔條。有秋之期，投鍤前定。

孺直告已事（竣工），君率其寮躬勞俫之，蒸徒（百姓）歡呼，奮襫襏（蓑衣）而舞，咸曰：吞恨六十年，明府雪之。撻奸犯豪，卒就施爲。嗚呼！成功之難也如是。請名渠曰劉公，而名堰曰彭城。按股引而東千七百步，其廣四尋（寬約10米）而深半之（約5米），兩涯夾植杞柳萬本，下垂根以作固，上生材以備用。仍歲旱，而渠下田獨有秋。

渠成之明年（太和元年），涇陽、三原二邑中，又擁其沖爲七堰以折水勢，使下流不厚。君詣京兆索言之，府命從事蘇特至水濱，盡撤不當擁者。繇是邑人享其長利，生子以劉名之。

……既有績於高陵，轉昭應令，俄兼檢校水曹外郎，充渠堰副使，且錫朱衣銀章……理人爲循吏，理財爲能臣，一出於清白故也。[1]

按：這次工程爲高陵一縣之役（由縣主簿談孺直具體負責），規模並不大，歷時兩月，渠、堰竣工。高陵百姓心懷感戴，請以"劉公渠""彭城堰"爲名。而劉仁師因此名垂青史。

4. 文宗朝整修十縣渠堰斗門[2]

據前引史料，這次工役涉及十個縣：雲陽、涇陽、三原、高陵、櫟陽、下邽、富

---

[1]　《全唐文》卷六〇九劉禹錫《高陵令劉君（仁師）遺愛碑》，上海：上海古籍出版社，1990年，第2725—2726頁。其文云："君諱仁師，字行輿，彭城人。""大和四年，高陵人李仕清等六十三人思前令劉君之德，詣縣請金石刻之。縣令以狀申於府，府以狀考於明法吏，吏上言：謹按天寶詔書，凡以政績將立碑者，其具所紀之文上尚書考功。有司考其詞宜有紀者，乃奏。明年八月庚午，詔曰：可。令書其章，明有以結人心者，揭於道周云。"

[2]　按："斗門"（進水口門），是設於幹渠以下各級管道的渠首，用於控制分水流量的閘門。今專指灌溉系統（幹、支渠）上斗渠進水口的啓閉設施，用以調節進入斗渠的水量。古代，在堤、堰上設置放水閘門，或橫截河渠設置閘門來壅高水位。

平、醴泉、咸陽、興平，是關中最爲富庶之地，歷時兩年，規模很大。其工役時序和概況如下。

太和元年（827）六月，修高陵縣白渠斗門。十一月，京兆府奏：修醴泉、富平等十縣渠堰斗門（引水閘門）等，以京兆少尹韋文恪充任渠堰使，准貞元時舊例，於涇陽縣衆善寺置院，往來勾當；令自揀擇清强官三人（作爲助手），專令巡檢修造。

太和二年（828）二月，以昭應縣（今臨潼縣）令、兼檢校水曹外郎劉仁師充修渠堰副使。三月，內出水車樣（圖紙），令京兆府造作，散給沿鄭白渠百姓，以漑水田。

按：這次興役，以整修諸渠上的"斗門"爲主。這既是灌渠系統的重要設施，也是管理上的重要"抓手"。開元《水部式》（殘卷）針對渠堰斗門管理的條文較多、且很具體。擇要言之：

①白渠及諸大渠用水漑灌之處皆安斗門，累石爲基，安裝木傍壁，務要牢固。②其斗門皆須州、縣官司檢行安置，不得私造。③京兆府高陵縣界清、白二渠交口著斗門，堰清水。④涇水南白渠（首受中白渠水）、中白渠，南渠水口初分欲入中白渠、隅南渠處，各著斗門堰。⑤藍田縣新開渠每斗門置長一人，有水槽處置二人；百姓須漑田處，令造斗門節用；其藍田以東先有水磑者，仰磑主作節水斗門，使通水過。⑥龍首（渠引滻水）、涇堰，五門、六門、升原（渠引渭水）等堰，令隨近縣官專知檢校，於州縣差中男、工匠分番看守，開閉節水，若有損壞隨即修理。

據《長安志》卷一七《涇陽縣》引《十道志》云：

> 太白、中白、南白，謂之三白渠也。渠上斗門四十八。……三限口，在縣東北，分南北三渠處。限上十巡，管斗門十一。限上下八巡，管斗門八，南限，管斗門十三。中限，管斗門十二。北限，管斗門三。

按：《十道志》爲唐中宗時（705—710 年）梁再言所撰，所云三白渠上"斗門四十八"，應爲當時的實際資料；正可與唐玄宗開元二十五年（737 年）頒布的《水部式》相互補充，反映唐前期涇渠系統所置"斗門"的基本情况。

唐後期高陵縣彭城堰以下管道情况，據《長安志》卷一七《高陵縣》所記：

> 白渠，自涇陽縣界三限下中限爲一渠，流至縣界彭城堰下分爲四渠，並漑民田。……中南渠，東西長三十五里。高望渠，東西長三十五里。耦南渠，東西長四十五里。中白渠，東西長三十里。四渠下流併入櫟陽縣界。

按：隨著灌渠綫路的擴展，引水斗門也要相應增設。但其具體情況無唐代直接史料可稽，僅有間接文獻爲之佐證。據《宋史》卷九四《河渠志四》：北宋至道三年（995 年）正月，大理寺丞皇甫選、光禄寺丞何亮奉詔實地考察之後，匯報當時情況曰："其三白渠溉涇陽、櫟陽、高陵、雲陽、三原、富平六縣田三千八百五十餘頃，此渠衣食之源也，望令增築堤堰，以固護之。舊設節水斗門一百七十有六，皆壞，請悉繕完。"

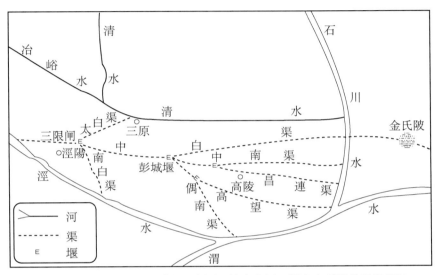

圖 2　中、晚唐時期涇渠系統示意圖（據李令福《關中水利開發與環境》）

唐文宗時對三白渠灌溉系統的大規模整修，影響最爲深遠，至今基本没有大的改變①。於是要問：唐文宗時何以會有如此大規模的農田水利工役？史載唐文宗即位之初，勵精求治，懲前朝之弊政，去奢從儉，遣放宮女 3000 人，減省教坊、翰林、總監等冗員 1200 餘人；敬宗時每月視朝不過一二次，文宗始復舊制，每奇（單）日視朝……據《舊唐書》卷一七上《文宗本紀上》：

　　帝在藩邸，知兩朝（穆宗、敬宗）之弊，此時釐革（即位之初放宮女、裁冗員、省費用、倡節儉、恤百姓、斥左道等），並出宸衷，士民相慶，喜理道之復興矣。②

---

① 李令福：《關中水利開發與環境》，北京：人民出版社，2004 年，第 179 頁。

② 《資治通鑒》卷二四三唐敬宗寶曆二年（826 年）十二月所載略同；其胡注云："欲治之主不世出，人君初政，倘有一二足以新民視聽，天下之所望重矣。然卒無以副天下之望者，魏高貴鄉公、晉懷帝、唐德宗、文宗是也。"按：太和八年（834 年）十一月，文宗欲圖剷除宦官勢力的計劃失敗（史稱"甘露之變"），反被宦官軟禁，形同傀儡，抑鬱成疾，於開成五年（840 年）駕崩，年僅 32 歲。

由是以觀，這次大規模農田水利工役，乃是文宗初政、致力於發展關中農業經濟的重大舉措。

5. 懿宗朝"六門堰"清淤

（1）興役時間：咸通十一年（870 年）秋至十三年（872 年）四月。

（2）工程地點：成國渠咽喉工程六門堰。位於武功縣（今武功縣武功鎮）西面的湋水與漆水合流處（三江口），西魏文帝大統十三年（547 年），築置六斗門節水（控制匯入成國渠的水量）。

在唐前期，曾經多次整修六門堰。《長安志》卷一四《興平縣》引唐《李石記》："貞觀中，役九州夫匠，沉鐵牛、鐵劍以禦魍魅，始就其功。永徽四年，左僕射于志寧治之。尋次聖曆中，敕穊州刺史張知謇修焉，始引武安水。久視元年，副西京留守雍州長史薛季昶得許公稚者，縛土牛以殺水勢，春官郎中薛稷刻石叙之。"

（3）工役過程和作用。據上引《長安志》：

咸通十一年七月，咸陽縣民薄逵等上言："六門淤塞，緣渠之地，二十年不得水耕耨，而其官歲以水籍爲稅。請假（借貸）錢二萬八千九百八十貫，以爲修堰工作之費，候水通流，追利戶錢（連本帶利每戶出錢）以還。"京兆府爲之奏，乃詔借內藏錢以充，命中使董其事，又令本縣官專之。既訖役，凡用萬七千緡云。……十三年四月戊子，京兆府奏修六門堰畢，其渠合韋川、莫谷、香谷、武安四水，溉武功、興平、咸陽、高陵等縣田二萬餘頃，俗號"渭白渠"，言其利與涇白相上下。

按：這次清淤修復的成效巨大，一是擴大了全渠水源，二是增大了灌溉面積。通過瞭解六門堰控制的灌區情況，對此可認識得更具體一些。渭水流經武功、興平、咸陽、高陵、櫟陽等縣界；成國渠，流經武功、興平、咸陽等縣界。據《元和郡縣圖志》，《長安志》卷一三、一四、一七等：

武功縣。成國渠，注渭水，在縣境。白渠，在縣南一十三里，西魏大統十三年置，入興平縣……五泉渠，西自岐州扶風縣界流入，東流經縣西南，去縣十二里，又東合成國渠。

興平縣。渭水，南去縣二十九里，自武功縣界來，澇水注之，入咸陽縣界……成國渠，在縣北一里，西自武功縣界流入縣界，凡六十里，溉田二百四十餘頃，東流入咸陽縣界……升原渠，在縣南一十五里，西自武功縣流入縣界，凡六十里，溉田七十餘頃，東流入咸陽；其原（源）出汧水，自鳳翔虢縣城西北原，流至武亭，合流數里，西南至六門堰東成國渠，合流西南出縣界，以其升原而流，故名之；唐垂拱初運岐隴木……普濟渠，在縣南十里，自武功縣流入縣界，凡六十里，溉田七十餘頃，東流入咸陽……清渠在縣南二里，東流入咸陽縣界。

咸陽縣。渭水，南去縣三里。興城渠（即漕渠），在縣西十八里。

高陵縣。涇水，西南來自涇陽縣界，合渭水。渭水，在縣西南二十里，來自咸陽縣，流入櫟陽界。白渠，自涇陽縣界三限下中限為一渠，流至縣界彭城堰下分為四渠（中南渠、高望渠、耦南渠、中白渠），並溉民田……四渠下流併入櫟陽縣界。

按：唐懿宗在位 14 年（860—873 年），不僅乏善可稱，其驕奢淫逸，疏於理政，寵信宦官，沉湎聲色，游宴無度，奢侈靡費，尤其是奉迎法門寺佛骨，可謂腐敗至極、腐朽透頂。但是，却緣何會有這樣一次整修農田水利的"大動作"？究其原因，就是咸通九年（868 年）七月爆發、持續近三年的"龐勛起義"，阻斷了江淮漕路——長安朝廷的"經濟生命綫"，難以再苟延維持[1]。換言之，這是一場"被動性"的水利工役，却解決了拖延 20 年的"民生問題"，其客觀成效甚佳。

四、農田水利建設的經濟社會效益

古代歷朝的水利建設事業，前後承繼，其功效涉及農灌、漕運、防災、供水等多個方面，其中以漕運工程之規模為最大，如隋煬帝開鑿大運河；而以農田灌渠的數量為最多，如唐代的水利工程有 323 項，其中僅農灌工程就有 255 項（占將近 80%）。以下僅就隋唐時代關中"農田水利"的經濟社會功效作概略歸納。

1. 擴大水澆田畝，提高糧食單產和總產量

民以食為天。隨著人口的繁衍增多，需要消費更多的糧食。古代歷朝的應對方策，主要是擴大墾辟以增加土地，即空間外延式發展，猶如"攤大餅"。農作物的生

---

① 龐勛起義（桂林戍卒起義）。咸通九年（868 年）七月，戍守桂州（今廣西桂林）的 800 名徐、泗（今江蘇徐州、安徽泗縣）戍卒，因"超期服役"（原定三年，已服六年）、歸鄉無望，憤而起事，推舉糧料判官龐勛為首，嘩變北還，經湖南、湖北、安徽、浙江、江蘇，抵達徐州，演為起義；次年十月失敗。其餘部活動到十一年（870 年）夏。《新唐書》卷二二二中《南詔傳》指論曰："唐亡於黃巢，而禍基於桂林。"即揭開了唐末農民大起義的序幕。

長成熟離不開水——自然降雨和人工灌溉（尤其是適時澆灌），所以說"水利是農業的命脉"。興修農田水利是提高糧食畝產量、增加總產量的"撑杆"（具有外延與内涵發展雙重功效）。

北方傳統旱地栽培農作物（如粟、麥等）在生長成熟的各個需水期，若能及時得到澆灌，產量增加就獲得了保證。至於在北方種植水稻，首先需要充足的水源，其次需要對灌溉、排水等進行精細管理。換言之，在北方沒有水利灌溉就沒有水稻種植。古代如此，當代亦如此。

晚近學者研究唐代糧食畝產量，有七八斗至二石等不同觀點。下文徵引相關史料並作粗淺"解讀"，說明唐代關中畝產量的基本情況（比較旱地、水澆田的生產效益）[1]。

（1）唐代一般每畝地（合今 0.783 市畝）出產（"平收"）一石粟[2]；折合今 81 市斤，其畝產合今一市畝 103 市斤。據《新唐書》卷五四《食貨志四》：唐玄宗天寶以來，"田以高下肥瘠豐耗爲率（按一定的標準計算），一頃出米五十餘斛"。唐代通常"每米六升折粟一斗"；一頃出米五十餘斛（折粟 83.3 餘斛），即每畝產粟八九斗以上[3]。

（2）據杜佑（735—812）《通典》卷一七四《州郡四·風俗》：

> ……按周制，步百爲畝（合今 0.2857 市畝），畝百給一夫，即一頃也。商鞅佐秦……改制二百四十步爲畝（合今 0.6856 市畝），百畝給一夫矣……又秦開鄭渠，溉田四萬頃。漢開白渠，復溉田四千五百餘頃。關中沃衍，實在於斯。聖唐永徽（650—655 年）中，兩渠所溉，唯萬許頃。洎（代宗）大曆初，又減至六千二百餘頃，比於漢代，減三萬八九千頃。每畝所減石餘，即僅校四五百萬石矣……

按：杜佑所云"每畝所減石餘"，亦即"每畝所產石餘"。按其所云"四五百萬石"計算，即畝產爲 1.02—1.27 石。但未明言是指"粟"還是"米"——若指"米"（六升米折粟一斗），則每畝產"粟"爲 1.7—2.12 石。再者，杜佑是說當時關中的水澆田產量，由此推論，上條所說畝產"平收"粟一石左右，顯然是指旱田。而水澆田的畝產量比旱田高 0.5—1 倍以上——歷代王朝大力興修農田水利，若不能產生顯著的經

① 參看寧可主編：《中國經濟通史·隋唐五代》，北京：經濟日報出版社，2007 年。
② 據《唐會要》卷八五《逃户》所載開元十八年（730 年）裴耀卿上疏。
③ 參看胡戟：《唐代糧食畝產量》，《胡戟文存·隋唐歷史卷》，北京：中國社會科學出版社，2000 年。

濟社會效益，豈不是瞎湊熱鬧、"花錢賺吆喝"！

（3）與杜佑同時代的陸贄（754—805 年）在唐德宗貞元十年（794 年）的上疏中，說到京畿地區的"私家收租，殆有畝至一石者……降及中等，租猶半之"①。而私租通常按產量對半分成，即畝產量爲二石。按：杜佑與陸贄所論，正可互爲比證。

（4）再證之以其他地區的事例。唐太宗時，河中府龍門縣（今山西河津縣）"東南二十三里有十石壚渠，（貞觀）二十三年（649 年），縣令長孫恕鑿，溉田良沃，畝收十石"②。

按：此"十石壚渠"之得名，正是因爲"溉田良沃，畝收十石"。若以粟折算，合今 810 市斤，應爲當時最高的畝產量，堪稱奇迹。但粟（穀子）的畝產量要低於水稻（一般畝收 3 石左右），這"畝收十石"應是種稻之收。

閆守成指出：唐代的畝產量以粟（穀子）計算，當以 1.5 石（合今 121.5 市斤）爲宜；折合爲今 1 市畝產量 154 斤。漢代 1 市畝產粟爲 140 斤，唐代畝產量較漢代高出 14 斤③。

2. 改良土壤，促進農業生產可持續發展

此項功效，存續在關中大地（經濟社會歷史延續）；見於歷代文獻記載、學者研究，並經過當代科學實驗驗證。堪稱"關中農田水利史話"中最具有區域性經濟特色的重要篇章。

關中盆地的灌溉水源大多爲黃河各級支流，其泥沙含量都比較大（見表 1 所示）。引之灌溉農田，還具有沖刷鹽鹼、淤高地面，改良土壤之特使功效。據《漢書》卷二九《溝洫志》：西漢時引涇水的白渠修成後，溉田四千五百餘頃，民得其饒（其水停淤泥，可以當糞），歌之曰："涇河一石，其泥數斗。且溉且糞，長我禾黍。衣食京師，億萬之口。"

而這項引灌泥沙河水改良土壤的技術——基於古代先民的生產實踐經驗，始於秦鄭國渠；降至隋唐時期，仍方興未艾。唐高宗時，太尉長孫無忌曾云："白渠水帶泥淤，灌田益其肥美。"④

① 《全唐文》卷四六五陸贄《均節賦稅恤百姓六條》，上海：上海古籍出版社，1990 年，第 2108 頁。
② 《新唐書》卷三九《地理志三》，第 1000—1001 頁。
③ 寧可主編：《中國經濟通史·隋唐五代》，北京：經濟日報出版社，2007 年，第 25 頁。
④ 《通典》卷二《食貨典二·水利田》，第 39 頁。

表 1　關中主要河流泥沙特徵均值表（1958—1968 年）①

河流名	站名	輸沙量（萬噸）	輸沙量模數（噸/平方千米）	含沙量（千克/立方米）
涇河	張家山	30900	7150	141
北洛河	洑頭	11300	4500	112
渭河	咸陽	21000	4480	33.3
灞河	馬渡王	338	2110	5.58

　　史念海先生指出：鄭國渠所經過的地區本是一片鹽鹼土地，是不適於種植農作物的。由於鄭國渠的開鑿成功，鹽鹼土地得到渠水的冲洗，過去荒蕪的原野變成稼禾茂盛的沃土②。李令福指出：秦鄭國渠非一般灌溉工程，而是具有特殊的淤灌壓鹼性質，《史記·河渠書》與《漢書·溝洫志》皆言："溉澤（瀉）鹵之地"，即引涇河淤濁之水灌注鹼鹵之田，更令肥美③。

　　按：這也就是黃土地的"神秘"之所在——黃土與水分相結合之後所呈現的特殊的化學物理性質。黃土之吸水性很強，猶如海綿，其高空隙性和強毛細管吸引力，就使得蘊藏在深層土壤中的無機質能上升到頂層，從而爲農作物的根部所攝取，黃土也就具有了"自行肥效"的能力。不言而喻，衹有在水分充足的條件下，纔能産生這種作用。由於黃土中含有豐富的苛性鉀、磷與石灰等，一旦加入適當的水分，它就成了非常肥沃的土壤。因爲中國的黃土有著很高的石灰成分，而且其肥效是絶然無疑的，所以，水分的供應就成了必不可少的因素。在黃土高原地區，伴隨著每一次大的降雨過程，就會有數千上萬噸肥饒的淤泥隨著從山上泄下來的洪水，被衝入大小河流（泥沙含量爲 14%—22%）。引之灌田，即使在古代不補充無機肥料的情況下，黃土地的"自行肥效"能力也可以發揮出來④。

　　直到 1960 年代以後，在今大荔縣（唐代同州治所）有一項農田水利實驗成果——"高含沙引洪淤灌"⑤，得到廣泛推廣；並在國際學術會議上進行交流。斯可謂前紹後續，相映生輝。

　　① 聶樹人：《陝西自然地理》，西安：陝西人民出版社，1981 年，第 193 頁。
　　② 史念海：《河山集·古代的關中》，北京：生活·讀書·新知三聯書店，1963 年，第 52—54 頁。
　　③ 李令福：《關中水利開發與環境》，北京：人民出版社，2004 年，第 18—21 頁。
　　④ 冀朝鼎：《中國歷史上的基本經濟區與水利事業的發展》，北京：中國社會科學出版社，1981 年，第 16—18、24—25 頁。
　　⑤ 據大荔縣志編纂委員會《大荔縣志》："高含沙引洪淤灌"技術，主要是在洛河汛期，引用含沙量 15% 以上的洪水，淤灌棄耕的鹽鹼地，連續三年，即可種植荏荏。經過 20 餘年實踐，累計淤灌棄耕鹽鹼地 2.1 萬畝，改良鹽鹼地 5 萬餘畝，一些低窪地被淤灌成爲平地。西安：陝西人民出版社，1994 年，第 257 頁。

3. 支撐長安朝廷運祚的經濟柱石

歷代史家盛稱："昔秦以區區關中，滅六強國。"地處西陲的秦國強勢崛起，與其大型農田水利工程鄭國渠直接相關，自然地理條件良好加上人爲舉措"給力"，由此多樹雄兵，卒滅六國。杜佑論曰："秦開鄭國渠，溉田四萬頃。漢開白渠，復溉田四千五百餘頃。關中沃衍，實在於斯……秦川是天下之上腴，關中爲海内之雄地。巨唐受命，本在於兹。"[①]

隋唐兩代上承秦漢，仍定都關中。而長安城龐大的統治集團的物質需求，却超出了關中平原的經濟承載能力。於是，長安朝廷的兩大經濟支柱，一爲京畿關中，二爲東南江淮地區（在唐後期已經趕超北方）。但是，漕轉東南財賦依賴大運河系統，水陸運道漫長、輾轉數千里，艱難程度和耗費巨大，不言而喻。而且，"聖唐（高宗）永徽中，兩渠（鄭渠、白渠）所溉，唯萬餘頃。洎（代宗）大曆初，又減至六千二百餘頃。比於漢代，減三萬八九千頃。每畝所減石餘，即僅校四五百萬石矣。地利減耗既如此，人力散分又如彼，欲求強富，其可得乎"。

按：杜佑所説"地利減耗"，可謂切中關鍵。長安朝廷的一大經濟支柱發生"疲軟"。而唐後期政治、經濟和軍事局勢發生巨變，漕運之路常被中原割據抗命之藩鎮"梗阻"（已見上述）。如此一來，長安朝廷的"精氣神"每況愈下，無由振作。到了唐朝滅亡前後，關中除了李茂貞據有鳳翔鎮（治所今鳳翔縣）尚苟延殘喘外，竟無其他割據勢力留在這裏。五代各朝先後選擇洛陽、汴梁爲都城，於長安則不過問，是關中更不如中原了[②]。

中國歷史上大型水利工程的興建，與王朝國家的政治、經濟密切相聯。前文指出，興修農田灌溉、排水工程並進行有效管理，是古代王朝國家重要的經濟職能。無論是統一王朝或是割據政權，皆須建立其賴以立足生存的"政治中心"和"經濟重心"（主要農耕區）[③]。而興建大型農灌工程，就是其經濟重心的鞏固和拓展——富庶的農耕區與灌溉水源"形影相隨"。換言之，經濟重心是王朝國家的物質基礎，水利灌溉是發展提升農業經濟效益的必要保證。

① 《通典》卷一七四《州郡四·風俗》，第 4563—4565 頁。
② 參看史念海：《中國歷史地理綱要》下册，太原：山西人民出版社，1992 年，第 324—325 頁。
③ （1）經濟學家冀朝鼎先生（1903—1963 年）在 1934 年代，通過對我國古代水利事業發展過程的闡釋，提出了"基本經濟區"的重要概念（見上引書）。（2）著名歷史地理學家史念海先生（1912—2001 年）使用"富庶的農業地區"概念（見其著《中國歷史地理綱要》下册，太原：山西人民出版社，1992 年）。（3）韓茂莉使用了"主要農耕區"概念（見其著《中國歷史農業地理》，北京：北京大學出版社，2012 年）。（4）歷史地理學界長期使用的是"經濟重心"概念。（5）歸納而言之，以上概念（是思維的基本形式之一，反映客觀事物的一般的、本質的特徵）皆包含有地理區域、農業經濟、相對發達、地位重要等實質性意義。

　　由此可見，農田水利的興建與管理，是一事之兩面，相得益彰。農業經濟的穩定發展，需要安定的社會環境；農田灌渠功效的持續發揮，需要官府的管理和後續投入。而晚唐時期關中以及中原等地的戰亂動蕩，長安皇帝被操弄於宦官、强藩之手，四方幅裂，國將不國，百姓流離，灌渠系統失修萎縮勢所難免。據《宋史》卷九四《河渠志四》記載：降至北宋之初，三白渠灌溉的田畝已不足二千頃，"灌溉之利，絕少於古"。

　　自李唐王朝運終國亡之後，長安恒不爲都。而關中農灌水利事業的衰落，是其重要原因之一。

明代陝西民間手工業的發展

劉景純

明代以來，伴隨著城鄉社會商品經濟日益發展，農業生產領域商品性經濟作物和糧食等的商品化伴隨著時代的需要而日漸放開，並在實際的歷史運行過程中，在一些行業形成規模。商品交換較爲普遍的發展加速了手工業行業的專門化，並且不斷地催生小手工業從業者的不斷產生。這一時期，除了官營手工業以外，基於民間基本生產、生活用具需要的生產，以及基於國家徵收的手工業製品需求的發展，都以不同的形式和力量不同程度地加速了各種形式的民間手工業的發展。陝西地區除過陝北部分地區以外，絕大部分屬於傳統的農業耕種區。民間手工業主要承擔本地區民衆日常的農業生產用具和生活用具的生產，生產類型多樣，但由於文獻記載缺漏甚多，我們不能一一加以詳細的說明。下面僅就一些主要行業及其發展的基本情況加以簡要論述，以期對於這一時期陝西民間手工業的發展有一個粗略的認識。

一、造 紙 業

明代紙的使用已比較普遍，除了士人的日用書寫外，刻本書籍印製也復不少。明人陸容説："今所在書版，日增月益，天下古文之衆愈隆於前已"[1]。明政府根據各地傳統的造紙業發展情況，規定"產紙地方分派造解額數"，各省分派情況如下：陝西 15 萬張，湖廣 17 萬張，山西 10 萬張，山東 5.5 萬張，福建 4 萬張，北平 10 萬張，浙江 25 萬張，江西 20 萬張，河南 5.5 萬張，直隸 38 萬張[2]。從這 10 個地區造解

作者簡介：劉景純，男，陝西師範大學西北歷史環境與經濟社會發展研究院教授。

[1]　（明）陸容：《菽園雜記》卷一〇，北京：中華書局，1985 年，第 129 頁。
[2]　《皇明制書》第二冊，北京：社會科學文獻出版社，2013 年，第 626 頁。

額數看，陝西地區爲 15 萬張，在 10 個地區中排在第五位。這説明陝西在當時是産紙大省，或者説重要的産紙地區之一。當然，這裏的陝西包括了現在的甘肅省和寧夏、青海部分地區。儘管如此，今陝西省境内的造紙業還是具有一定規模的。華州是當時造紙比較活躍的地區之一。地志記載，華州"水莊之北爲羅汶橋，（橋）南村居千家，民以山楮搗作小山紙給用。然地隘民貧，日日爲人傭役焉"①。"羅汶"即今羅紋鎮，"水莊"當在該鎮以南不遠處，因"水莊作山紙"而聞名於當時②。羅紋鎮是少華山"小敷峪"（今稱小夫峪）北出少華山之峪口，常年有溪水自峪口流出，向北流入羅紋河，該峪口也是當地人進入少華山的主要通道之一。"山楮"，就是這一帶山裏生長的楮樹，今稱構樹，屬落葉喬木，樹皮是造紙的原料。很早以來，人們就認識到構樹皮造紙的原料價值。北魏賈思勰説，其"煮剝賣皮者，雖勞而利大。……自能造紙，其利又多。種三十畝者，歲斫十畝，三年一遍，歲收絹百匹③。隨後，歷代都以此作爲重要的造紙原料，直到明代，羅紋橋南的造紙村就是利用這一工藝造紙的延續。這裏又有一紙坊村，有"民數家，掛楮爲小紙需養"④，也是這一環境下的産物。在秦嶺北麓中段的盩厔縣也有一些重要的造紙業分布點。據説在明代，位於今九峰鄉的起良村 90%的家庭都從事手工造紙。清代乾隆年間所編地志稱當地物産有"紙"，並説"舊志，爲紙則有構楮"⑤。在一定程度上印證了這一點。當地民間手工造紙的原料也用的是構樹皮等，與東部華州一帶是一樣的。富平縣美原鎮老廟一帶也有一些造紙作坊，主要生産火紙、燒紙和仿紙等。蒲城興鎮、蘇坊等地村户則生産白麻紙、書寫紙、東昌紙⑥。這些當是渭北黄土臺原地帶傳統紙業的代表。當然，明代陝西造紙的地方不只只有這幾處，像西部的隴州，東面的韓城縣，特别是陝北、陝南一些地方可能也都有一些作坊在不同程度地生産一些民間用紙，因爲當地也不乏類似的造紙原料，祇是文獻缺載，難以詳知而已。

---

① （明）李可久修，張光孝纂：《隆慶華州志》卷二《地理志》，《中國地方志集成·陝西府州縣志輯》（23），南京：鳳凰出版社，2007 年，第 16 頁。

② （明）李可久修，張光孝纂：《隆慶華州志》卷九《物産述》，《中國地方志集成·陝西府州縣志輯》（23），第 43 頁。

③ （北魏）賈思勰：《齊民要術》卷五《種穀楮第四十八》，石聲漢譯注，石定枎、譚光萬補注，北京：中華書局，2015 年。

④ （明）李可久修，張光孝纂：《隆慶華州志》卷二《地理志》，《中國地方志集成·陝西府州縣志輯》（23），第 19 頁。

⑤ （清）楊儀修，王開沃纂：乾隆《盩厔縣志》卷一〇《物産》，《中國地方志集成·陝西府州縣志輯》（9），第 135 頁。

⑥ 渭南市地方誌編纂委員會：《渭南地區志》，西安：三秦出版社，1996 年，第 492 頁。

二、陶瓷器燒造業

陝西瓷器燒造以耀州而聞名天下。耀州窰唐宋時期已頗具規模，初產地在今黃堡鎮，至元代末年，黃堡鎮因迭經破壞和原料坩土耗盡，到了明代，其燒造中心已轉移至同官縣陳爐鎮，即今銅川市東南 15 千米處。嘉靖地志記載："黃堡（鎮）在金元時尤爲重鎮，《地理志》載焉。鎮故有陶場，居人建紫極宮，祀其土神。宋熙寧中，知州閻作奏以鎮土山神封德應侯，以陶冶著靈應故也。祀以晋人栢林配享，林蓋傳居人陶術者。今其地不陶，陶於陳爐。陳爐復廟祀德應侯如黃堡云。"①明朝的陳爐鎮發展很快，規模也很大，大約在明代末年其居民有 8000 家②，絕大多數人家都從事瓷器燒造行業。這樣規模的手工業城鎮在當時的陝西是很少見的，就是在當時的北方地區也不多見。另據考古資料，該鎮出土金、元、明、清陶瓷地 30 餘處，燒造窰爐 40 餘座。應該説這裏是陝西省境內規模最大的日用瓷器燒造中心。陳爐瓷器繼承了黃堡鎮瓷器的燒製技術和藝術風格，主要燒造青瓷，包括日用甕、罐、碗、碟、壺和部分建築材料。明秦王府興建時，所用琉璃瓦等建築材料就是陳爐鎮燒製的。另有澄城縣堯頭鎮的黑瓷器，地志記載，"爨者資石炭，器用資黑磁。石炭、黑磁，搖頭鎮特產"③。此"黑磁"當是黑色瓷器的意思。搖頭鎮也就是現在的堯頭鎮，自唐代以來就是關中地區重要的民窰燒製中心之一。其生產的瓷器以"黑磁"聞名於世。搖頭鎮的黑瓷燒造技術，使用的是土法手工製作，原料采自當地坩土，生產過程包括和泥漿、製坯、施釉、煅燒四道工序。其中和漿泥，是先取坩土粉碎，然後投入水池浸泡數日，最後攪拌成漿，再分池沉澱，然後根據泥的粗細，分別製成粗大器如甕、盆等器皿和細緻器如碗、碟、罐等器皿。這些瓷器製品行銷陝西等不少地方，爲當地社會提供了基本的日用生活資料。

三、刀劍、鐵器等日用品生產和礦冶業

地志記載，隆慶時期，華州"柳子鎮，民聚數千家，饒於都城之民，不好耕讀，專事鍛冶，爲刀劍，聞於四方"④。又載，"柳子鎮有千家鐵匠，作刀劍、剪斧之

① （明）李廷寶修，喬世寧纂：嘉靖《耀州志》卷二《地理》，臺北：成文出版社有限公司，1976 年，第 76 頁。
② （清）袁文觀纂修：乾隆《同官縣志》卷一〇《雜記》，臺北：成文出版社有限公司，1969 年，第 389 頁。
③ （明）石道立纂修：《澄城縣志》卷一《物產》，《中國西北文獻叢書·西北稀見方志文獻》第十四卷，第 646 頁。
④ （明）李可久修，張光孝纂：《隆慶華州志》卷二《地理志》，《中國地方志集成·陝西府州縣志輯》(23)，第 16 頁。

用，天下士大夫所共索，以爲轉相贈予者"①。隆慶時期，華州柳子鎮居民有數千家，是一個規模巨大的地方市鎮，其中僅鐵匠就有一千家，專作"刀劍、剪斧之用"，是專業化很强的手工業城鎮。其所作刀劍，"天下士大夫所共索，以爲轉相贈予者"，可見其著名和影響是很大的。除了刀劍等日用産品外，農具的製作也是當時民間手工業作坊經常的生産項目。主要工具包括耕犁之鐵鐸、鐵鋤、鐵鐮、鐵鍬、鐵鐝頭之類。至於礦冶，則主要集中在秦嶺山中。如華州，"郡之南山川麓，立數百爐，以煉銀砂、銅砂、錫砂，嘯聚千萬人作事"②。其"南山川麓，立數百爐"，已是有了相當大的規模，至於説"嘯聚千萬人作事"，雖然有所誇張，但有數千人生産其中應當是没有疑問的。除此之外，陝南商縣的銀鐵礦也爲當時所稱道。地志記載，"本縣鳳凰山舊有銀坑八所，乞令所司核實定額開煎。從之"③。明中葉以後，陝北軍士屯田日益敗壞，不少逃亡軍士往往逃入南山，從事開礦冶煉，大概就是在其中一些地方從事采礦和冶煉工作。明人倪嶽説："臣又聞，比歲用兵，薦饑饉，延綏之民逃竄終南，或開私礦以采銀，或販私茶以賈利。"④而雒南縣當時礦冶開采更是較爲普遍。該縣多山，出産金、銅、鐵等礦，主要地點包括縣城以東的"頁山洞嶺""黃龍山""王家庵""白花嶺"等。由於開采管理不當，礦難、礦盗事件屢屢發生。地志記載：一，"明初開采石青，置廠於邑東頁山之洞嶺，鑿徹洛河泗湧上溢，數百人溺死其中，每夜陰雨，鬼哭聲不絶，後建雷神廟鎮之"。"石青"，今稱藍銅礦，是一種鹼性銅碳酸鹽礦物，常與孔雀石一起産於銅礦床的氧化帶中。石青可作爲銅礦石來提煉銅，也用作藍顏料，品質好的還可以製作成工藝品。二，"嘉靖八年，黃龍山礦盗發，極爲民害，主簿童誠同防守指揮戴龍驅礦徒填礦口，民賴以安"。三，"嘉靖二十九年，王家庵礦盗猖獗"，後被緝捕"杖殺"。四，"嘉靖末年，土人何恕等聚衆白花嶺盗礦，至萬有餘人，且十年不可得制，後請於朝，會兵始圍剿平"。五，"隆慶間，白花嶺礦盗大閧"。六，"萬曆中，采權四出，幾遍郡邑，盧（氏）、靈（寶）悍徒往來，日事攻奪"⑤。當時礦冶徵收有定額，由於環境較差和"邑中奸惡鑽營，總甲牟利"，致使不少人家"破家亡身"。所以，礦冶給當地社會造成了相當大的災難。對此，地志引"舊論"説："礦之爲害秦中，在在有之，而雒（南）爲甚。東臨

①　（明）李可久修，張光孝纂：《隆慶華州志》卷九《物産述》，《中國地方志集成·陝西府州縣志輯》（23），第43頁。
②　（明）李可久修，張光孝纂：《隆慶華州志》卷九《物産述》，《中國地方志集成·陝西府州縣志輯》（23），第43頁。
③　《明太宗實録》卷一四，洪武三十五年十一月庚寅，臺北："中央研究院"歷史語言研究所校印本，1962年。
④　（明）倪嶽：《論西北備邊事宜疏》，《明經世文編》，北京：中華書局，1987年，第674頁。
⑤　（清）范啓源修纂：乾隆《雒南縣志》卷一〇《礦冶》，《中國地方志集成·陝西府州縣志輯》（30）。

嵩盧，北接蒲（州）、解（縣），諸奸宄環向窺伺，而邑中大猾復陰爲之主，故其徒最易聚難散。往年白花嶺之亂，烏合幾萬餘人，而爲之魁者，大抵皆土宄也。"[1]另一方面，也正因爲秦嶺出産金、銀、銅、鐵等礦，所在州縣往往有一些家庭鐵貨農具或日用生活用具的生産，甚至在山麓部分城鎮形成一些手工業中心。

四、土 法 製 鹽

土法製鹽在我國有著悠久的傳統。古代雖然實行鹽鐵專營，但民間鹽業和製堿也不時地在政策的夾縫中存在，並在一定程度上影響著一方百姓的日常生活。明代陝西地區的鹽鹼地主要集中在關中東部富平、蒲城、朝邑和陝北部分地區。富平、蒲城一帶，早在戰國時期就有一定數量的鹽鹼地存在。這裏是當時鄭國渠經過的地方，而鄭國渠所"經過的地區本是一片鹽鹼土地，是不適於種植農作物的。由於鄭國渠的開鑿成功，鹽鹼土地得到渠水的沖洗，過去荒蕪的原野變成稼禾茂盛的沃土"[2]。這片鹽鹼地面積廣大，雖然經鄭國渠泥水的沖洗或淤積，相當一部分變爲"稼禾茂盛的沃土"，但也有一些地方沒有從根本上得到改善，或者在以後的河水變動中依然形成鹽鹼灘地。明清時代，這裏仍然有不少的水泉、灘池，如蒲城縣有"東鹵池"（安豐灘）、"甘池"、"八公灘"、"高春渚"，"浩泉"、"平路泉"、"白馬泉"、"常樂泉"等[3]。這樣的灘池，往往是製作鹽鹼的資源。地志記載，蒲城縣"東鹵池"，"即安豐灘，唐大曆十二年，東池生瑞鹽，後敕禁斷，鹽不復生"[4]。就是說，這些灘地在唐代就不同程度地由民間開發，生産土鹽，祇是由於唐代實行鹽鐵專營政策，禁止民間經營鹽業生産，所以被禁止。明代雖然還實行的是鹽鐵專營政策，但這種不成規模的土鹽，很難納入政府經營和管理的範圍內，所以民間就私下進行开采。地志記載，明代富平縣屬鹵泊灘、臧村灘就已經從事這樣的生産，所謂："鹵泊灘，即明水灘，一曰東灘。冬夏不涸，可以煮鹽。又西二十里爲臧村灘，歲旱時，土亦可煎，即西灘地也。利皆微，兩灘水一斛，鹽不二三斤。"[5]就生産技術而言，這

---

① （清）范啓源修纂：乾隆《雒南縣志》卷一〇《礦冶》。按：唐宋以來，秦嶺南麓，特別是商州地區逐漸發展爲產礦名區，明代以後逐漸衰落。這些采礦，有些是官方組織，招商經營；有些是設官廠經營的。如留壩地區產銀，"前明嘉靖時開爲官廠，旋封禁"（《留壩鄉土志》第九節《礦物類》）；有些是私人盜采。

② 史念海：《古代的關中》，《史念海全集》第三卷，北京：人民出版社，2013 年，第 38 頁。

③ （清）張心鏡纂修：《蒲城縣志》卷二《地理》，臺北：成文出版社有限公司，1976 年，第 47 頁。

④ （清）張心鏡纂修：乾隆《蒲城縣志》卷二《地理》，臺北：成文出版社有限公司，1976 年，第 47 頁。

⑤ （明）吳六鼇等修：萬曆《富平縣志》卷二《山川》，清乾隆四十三年刻本複印本。

兩處地方都是采用鹵水或鹽鹼土“煮鹽”而進行製鹽的。而“鹵泊灘”的範圍，“東起原任鄉村北，西至富平施家鎮西之西湖村，東西長約二十華里，南北寬約三、四華里。在蒲城境内約占四分之三”①。既然鹵泊灘在蒲城縣境内占四分之三的面積，明代亦如富平，也進行一定的土鹽製作。地志記載，蒲城縣“東鹵池、西鹵池、白鹵泄渠俱生鹽花，民有禁，不敢取鹽花利”②。上圖是光緒《蒲城縣志》全境圖的一部分，其中“鹵泊灘”除西部一部分位於富平縣境外，其餘大部分分布於蒲城縣域内。這裏雖然說是“民有禁，不敢取鹽花利”，但從富平的情況來看，這些地方也當在一定時期私下進行一些土鹽製作。朝邑縣，“東有咸灘，西有鹽池凹”③。苦泉鎮“南二十里爲小鹽池，鍾水一區，阜乾之極，煮水成鹽，惟一二無賴竊以肩負，苟延殘喘。設天作淫雨，萬無一成。旁爲窑子頭宼，左有小伏坡，右至故現鎮，縱橫二十餘里，大抵斥鹵，不生黍稷。產有蓬蒿，貧乏者采以爲食。頃者有司關白，欲一起課，即蓬蒿之微，以欲扭汁成鹽。嗚呼！是欲蒸沙而飯之也，豈不難哉！”④“小鹽池”自是產鹽之地，“窑子頭宼”縱橫二十餘里，也當有不同程度的土法製鹽。當時該縣賦稅有“鹽鈔十有七萬六千八百四十貫”⑤，正是其反映。祇是由於社會環境不良，製鹽或爲“無賴”竊據，或者政府課稅太重，加上時有禁斷，恐怕也難有多少成績而言。

陝北亦有一些土鹽生產，故《延綏鎮志》說，“榆鎮如延、慶，未嘗不產鹽，然牢盆之利，菫菫麽麽，未若東南煮海之富饒也”⑥。其主要產地，在榆林鎮有“碎金驛鹽”和“馬湖峪鹽”，在延安府有甘泉縣。碎金驛和馬湖峪兩處鹽池，在明代“魚河堡碎金驛康家灣以南”。其中，碎金驛在今鎮川鎮北15千米，馬湖峪在今米脂縣北20千米。漢代這兩處鹽池就得以開發，明代“其鹽以人力煎熬，以軍屯地無課，隸魚河堡，計鹽鍋起稅。每熬鹽鍋一口，歲徵鹽十二斤，共鍋八百二十八面，共該鹽九千九百三十六斤，徵解榆林衛收，聽賞夫匠支用。鹽地每畝稅銀九釐，共地一百五十四頃五十七畝六分，共該稅銀一百三十九兩一錢一分九釐，徵解榆林監收，通判衙門

---

① 陝西省蒲城縣文史資料研究委員會：《蒲城文史資料》1989年第4輯，第132頁。
② （明）李可久修，張光孝纂：《隆慶華州志》卷三《地理志》，《中國地方志集成·陝西府縣志輯》（23），第22頁。按：當時蒲城縣屬於華州管轄。
③ （明）王道修，韓邦靖纂：《正德朝邑縣志》卷二《名宦第五》，《中國地方志集成·陝西府縣志輯》（21），第8頁。
④ （明）郭寶修，王學謨纂：萬曆《續朝邑縣志》卷一《地形志》，《中國地方志集成·陝西府縣志輯》（21），第27頁。
⑤ （明）郭寶修，王學謨纂：萬曆《續朝邑縣志》卷四《食貨志》，第38頁。
⑥ （明）鄭汝璧等纂修：《延綏鎮志》卷二《鹽策》，上海：上海古籍出版社，2011年，第163頁。

收，聽榆林衛儒學廩生季給饌糧支用"。"碎金驛、馬湖峪鹽近供鎮城，中、東二路
營堡，並附近州縣。解禁少弛，亦間逾河，爲嵐、石諸州商販爲私便"①。延安府甘
泉縣土産有"鹽"一目②，其産土鹽自是没有問題。又，《明實錄》記載，洪武二十九
年（1396 年），陝西行都指揮使司指揮馮溥言，"各處鹽池常以私鹽侵鬻，故官鹽沮
遏不行，請禁之。上命户部遣人封閉延安、綏德、慶陽三郡鹽池，仍令軍士巡邏察罕
腦兒一十三池之地，有以私鹽出境者罪之"③。則延安、綏德以及察罕腦兒一十三池
之地均不同程度地有"私鹽"生産和販賣活動。這也印證了上述《延綏鎮》的記述，
祗不過其禁封前後有所變化。

《延綏鎮志》没有記述定邊所及其鹽場堡一帶的土鹽生産，大概是因爲這裏出産鹽
量大並且主要是官鹽的原因。從今天來看，分布於定邊縣境内的"花麻池"（即花馬
池）、"苟池"、"敖包池"、"濫泥池"、"蓮花池"、"紅崖池"等④，在明代多
已不同程度地得到開發，尤其是鹽場堡一帶是花馬池鹽（大鹽池）的一部分。花馬池
"明初隸寧夏衛，嘉靖九年改屬定邊衛。池周十六里許，南風至即水成鹽，自然凝
結。……鹽場堡每年二月間於池内開治壩畦，引水入池灌畦，風起波生，日曬成
鹽，用力極易"⑤。明人《皇明九邊考》記載，"定邊營牆外二十里地名鍋底湖者，
一名舊花馬池，所産鹽視内大鹽池尤美。嘉靖九年（1530 年），虜一枝設營帳於彼住
牧，諸虜來取鹽者，皆依之。其賊每於高處望見内大鹽池商販牛車行走，即拆牆馳
入剽掠。是以大鹽池積課二十余萬，商人不敢支"⑥。後來這支蒙古人被趕走，鹽池
商支較爲正常。這則故事表明，鹽池堡附近諸多鹽池在明代已經不同程度地得以開
發。其生産技術主要是"引水灌畦，風起波生，日曬成鹽"，比東部煮鹽要容易
得多。

明代陝西土鹽製作在政府控制和禁止的夾縫中時斷時續地存在，雖然在地區民眾
生活中難以發揮非常重要的影響。但民間製鹽，却在一定程度上彌補了一定地區尤其
是下層社會食鹽困難的實際情況，對於政府行鹽也是一種補充。

---

① （明）鄭汝璧等纂修：《延綏鎮志》卷二《鹽策》，第 164—165 頁。

② （明）李延壽主修：弘治《延安府志》卷四《土産》，西安：陝西人民出版社，2012 年，第 137 頁。

③ 《明太祖實錄》卷二四七，洪武二十九年九月庚午。

④ 陝西省革命委員會民政測繪局編製：《陝西省地圖集》，1976 年，第 126 頁。

⑤ （清）黄沛修，江廷球纂，宋謙增輯：嘉慶《定邊縣志》卷五《鹽法》，《中國地方志集成·陝西府縣志輯》
（39），第 42 頁。

⑥ （明）魏焕：《皇明九邊考》卷七《榆林鎮》，《中國西北文獻叢書·西北史地文獻》第四卷，蘭州：蘭州古籍書
店影印出版，1990 年，第 319—320 頁。

圖 1　《商城縣新志・全境圖》

五、絲棉等紡織手工業

　　《農政全書》引丘濬《大學衍義補》云："宋元之間，（木棉）始傳入中國。關陝、閩、廣首得其利。蓋此物出外夷，閩、廣海通舶商，關陝壤接西域故也。……至我國朝，其種乃遍布天下，地無南北皆宜之，人無貧富皆賴之，其利視絲枲蓋百倍焉。"①就是說，至少從元代以來，陝西關中地方就已經種植木棉並且從事木棉的紡織利用了。到了明代，陝西不少地方都已經種植棉花，棉紡織業以家庭手工業爲主也普遍發展起來。明代陝西棉花、棉布需求量很大，這除了當地人民日常的基本生活需要外，主要是陝西四鎮軍人的生活需求巨大。洪武初年以後，北方邊地（今陝西、甘肅、寧夏與内蒙古交界沿綫）所駐守的邊防軍（以衛所爲單位）無時不需棉布、棉襖、棉鞋、棉被等物。洪武九年（1376 年）朝廷"賜陝西各衛軍士戰衣八萬餘領"②。十二年（1379 年）先後"給陝西都指揮使司並護衛兵十九萬六千七百餘人，綿布五十四萬餘匹，綿花十萬三千三百餘斤"③。"給陝西西安等二十三衛、鳳翔等

---

　　①　（明）徐光啓：《農政全書》下册，陳焕良、羅文華校注，長沙：嶽麓書社，2002 年，第 565 頁。
　　②　《明太祖實録》卷一〇六，洪武九年五月乙卯。
　　③　《明太祖實録》卷一二五，洪武十二年閏五月甲申。

五千户所軍士十一萬八千一百餘人帛布、綿花有差"①。這些"給予"主要來自本地徵賦的棉花、棉布甚至棉衣（見表 1）。爲了滿足當地駐軍的需要，政府甚至在一些時候利用當地鹽課來貿易當地棉花、棉布。洪武四年（1371 年）三月，中書省臣建言，"山東、山西、陝西等處歲辦鹽課，請於本處貿易綿布，以備軍裝，庶省轉運之勞"。這一建議被朝廷采納②。因此，本地區巨大的軍需消費勢必促進當地的棉花種植和棉紡織業的發展。

嘉靖年間陝西"田賦""取於民者八：曰夏税，曰農桑絹，曰絲綿，曰秋糧，曰綿花，曰綿布，曰馬草，曰牛馬驢站"③。其中農桑絹、絲綿、棉花、棉布占到八項賦税的一半，説明當時陝西大部分地方（除軍屯分布地以外）都不同程度的種植棉花，植桑養蠶和從事絲棉紡織業生産。表 1 是嘉靖時期陝西布政司每年徵收的税額數。

表 1　嘉靖年間陝西布政司年徵收絲絹棉布等賦税表

		農桑絹	布	絲棉	棉花
西 安 府	西安府	6773 匹 8 尺 9 寸	116060 匹 1 丈 8 尺 8 寸	161 斤 15 兩 5 錢	15431 斤 12 兩 7 錢
	長安縣	76 匹 2 丈 2 尺 5 寸	524 匹 1 丈 9 尺 8 寸		
	咸寧縣	49 匹 2 丈 4 尺 9 寸	469 匹 2 丈 4 尺 9 寸		
	咸陽縣	67 匹 2 丈 2 尺 5 寸	1042 匹 2 丈 6 尺 4 寸		
	臨潼縣	172 匹 1 丈 7 尺 5 寸	3563 匹 2 丈 7 尺 2 寸	14 斤 13 兩	2493 斤
	興平縣	57 匹 3 寸	1834 匹 5 尺 1 寸		
	高陵縣	80 匹 9 尺 1 寸	2203 匹 1 尺 5 寸		
	鄠　縣	305 匹 2 丈 1 尺	1746 匹 1 尺		
	藍田縣	214 匹 1 丈 3 尺	590 匹 2 丈 7 尺		
	涇陽縣	424 匹 2 丈 8 尺	23445 匹 1 丈 1 尺 5 寸		
	盩厔縣	150 匹 1 丈 1 尺 6 寸	2238 匹 7 尺 8 寸	11 斤	17 斤 8 兩
	三原縣	97 匹 2 丈 7 尺 8 寸	6940 匹 6 寸		
	商　州	60 匹 3 尺 3 寸	24 匹 8 尺 2 寸		
	鎮安縣	9 尺 1 寸			
	洛南縣	63 匹		2 斤 2 兩	
	山陽縣	10 匹 2 丈 2 尺 1 寸			
	商南縣	7 匹 8 尺 3 寸	72 匹 2 丈 1 尺		
	同　州	132 匹 4 尺 1 寸	7426 匹 1 丈 6 尺 8 寸		1785 斤
	朝邑縣	182 匹 1 丈 8 尺 3 寸	9733 匹 2 丈 7 尺	6 斤 11 兩	2083 斤 3 兩
	郃陽縣	259 匹 2 丈 5 寸	11564 匹 2 丈 8 尺 4 寸	14 斤 14 兩	4553 斤 4 兩
	澄城縣	295 匹 2 丈 6 尺 6 寸	182 匹 7 尺 2 寸		37 斤 8 兩
	白水縣	169 匹 1 丈 4 尺 2 寸	395 匹 1 丈 2 尺	6 斤 3 兩	305 斤 10 兩
	韓城縣	483 匹 1 丈 2 尺 5 寸	2165 匹 1 丈	19 斤 10 兩	591 斤
	華　州	287 匹 2 丈 9 尺 1 寸	12556 匹 2 丈 5 尺 1 寸	10 斤 15 兩	1866 斤 9 兩
	華陰縣	235 匹 1 尺 6 寸	3625 匹 1 丈 2 尺	6 斤 9 兩	644 斤 4 兩
	渭南縣	231 匹 1 尺 6 寸	9376 匹 4 尺 4 寸		
	蒲城縣	267 匹 2 丈 4 尺 1 寸	5066 匹 1 丈 5 尺	5 斤 11 兩	1035 斤 8 兩

①　《明太祖實録》卷一二八，洪武十二年十二月丙子。

②　《明太祖實録》卷六二，洪武四年三月辛丑。

③　嘉靖《陝西通志》卷三四《民物二・田賦》，董健橋等校注，西安：三秦出版社，2006 年，第 1849 頁。

续表

		農桑絹	布	絲棉	棉花
西安府	耀　州	67 匹 2 丈 5 尺 8 寸	31 匹 1 丈 8 尺		
	同官縣	112 匹 1 丈 1 尺		2 斤 14 兩	
	富平縣	654 匹 1 丈 8 寸	3969 匹 2 尺 3 寸		
	乾　州	96 匹 1 丈 3 尺 3 寸	1052 匹 2 丈 2 尺 4 寸	13 斤 5 兩	19 斤
	醴泉縣	180 匹	1588 匹 1 丈 2 尺 1 寸		
	武功縣	191 匹 2 丈 4 尺 1 寸	1350 匹 2 丈 4 尺	23 斤	
	永壽縣	78 匹 2 丈 5 尺 8 寸	46 匹 6 尺		
	邠　州	127 匹 1 丈 8 尺 3 寸		219 斤 11 兩	
	淳化縣	123 匹 2 丈 4 尺 1 寸		3 斤 14 兩	
	三水縣	143 匹 1 丈 1 尺 6 寸			
鳳翔府	鳳翔府	716 匹 3 尺 9 寸	13437 匹 1 尺 7 寸	37 斤 6 兩	1776 斤 4 兩
	鳳翔縣	48 匹 1 丈 2 尺 5 寸	388 匹 2 丈 7 尺	7 斤 7 兩	140 斤 4 兩
	岐山縣	76 匹 1 丈 5 尺 7 寸	1512 匹 8 尺 4 寸	1 斤 10 兩	106 斤 8 兩
	寶雞縣	111 匹 1 丈 8 尺 7 寸	4672 匹 9 尺 9 寸	3 斤 12 兩	472 斤 12 兩
	扶風縣	260 匹 6 尺	3265 匹 6 尺 6 寸	17 斤 7 兩	944 斤 4 兩
	郿　縣	54 匹 2 丈 2 尺	3598 匹 1 丈 3 尺 8 寸	12 兩	112 斤 8 兩
	麟游縣	52 匹 8 尺 2 寸		5 斤 12 兩	
	隴　州	79 匹 1 丈 5 尺		9 兩	
	汧陽縣	33 匹 3 尺			
漢中府	漢中府	378 匹 1 丈 5 寸	606 匹 1 丈 3 尺 2 寸		
	南鄭縣	15 匹 2 丈 4 尺 7 寸	39 匹 4 尺 4 寸		
	襃城縣	10 匹 6 尺	15 匹 2 丈 1 尺		
	城固縣	60 匹 1 丈 8 尺	146 匹 1 丈 5 尺		
	洋　縣	138 匹 1 丈 2 尺	245 匹 2 丈 1 尺		
	西鄉縣	18 匹 1 丈 1 尺 3 寸	17 匹 1 丈 8 寸		
	鳳　縣	26 匹 1 丈 5 尺 7 寸			
	寧羌州	1 匹 1 丈 5 尺			
	沔　縣	10 匹 1 丈 5 尺	27 匹 1 丈 2 尺		
	略陽縣	13 匹 7 尺 5 寸			
	金　州	29 匹 6 尺			
	平利縣	5 匹 4 尺 5 寸	3 匹 1 丈 5 尺		
	石泉縣	6 匹 1 丈 5 尺 5 寸	6 匹 2 丈 4 尺		
	洵陽縣	18 匹 1 丈 2 尺 7 寸	28 匹 1 尺 2 寸		
	漢陰縣	10 匹 2 丈 1 尺	6 匹 3 尺		
	白河縣	7 尺 5 寸	9 尺 8 寸		
	紫陽縣	5 匹 3 丈 2 尺 2 寸	10 匹		
延安府	延安府	1139 匹 2 丈 2 尺 7 寸			
	膚施縣	53 匹 1 丈 5 尺 7 寸			
	安塞縣	20 匹 9 尺			
	甘泉縣	41 匹 1 丈 4 尺			
	安定縣	77 匹 3 尺			
	保安縣	13 匹 1 丈 8 尺 7 寸			
	宜川縣	102 匹 2 丈 7 尺			
	延川縣	102 匹 2 丈 2 尺 5 寸			
	延長縣	43 匹 3 尺			
	清澗縣	58 匹 3 尺 6 寸			
	鄜　州	88 匹 2 丈 2 尺 5 寸			
	洛川縣	182 匹 1 丈 5 尺 7 寸			
	中部縣	54 匹 1 丈 5 尺 7 寸			

续表

		農桑絹	布	絲棉	棉花
延安府	宜君縣	35 匹 2 丈 2 尺 5 寸			
	綏德州	80 匹 2 丈 4 尺 4 寸			
	米脂縣	68 匹 1 丈 3 尺			
	葭 州	42 匹 2 丈 5 尺 5 寸			
	吳堡縣	39 匹 6 尺 7 寸			
	神木縣	20 匹 5 尺 2 寸			
	府谷縣	13 匹 9 尺			

資料來源：嘉靖《陝西通志》卷三四《民物二·田賦》

從表 1 看，明代陝西西安府，除南部山區鎮安、洛南和山陽 3 縣，北部山區邠州、淳化、三水和同官 4 縣，合計 7 縣以外，其餘 29 個州縣都有棉布或棉花的徵收。鳳翔府除麟游、隴州和汧陽 3 州縣外，其餘 5 州縣俱有棉布和棉花的徵收。漢中府除鳳縣、寧羌州、略陽縣和金州 4 州縣外，其他 12 個縣都有"綿布"稅收。據此，除了南北二山區部分州縣以外，關中、陝南大部分地區都不同程度地種植有棉花。這一點在一些地方志中也得到印證。明《高陵縣志》記載，該縣種植棉花地 180 頃 47 畝，稅布 2203 匹 1 丈 5 寸[1]。嘉靖《耀州志》載，耀州"木綿地一頃五十八畝，徵布三十一疋一丈八尺"。又"夏秋舊額大小折布八千疋，今存夏折布六百四十一疋二丈一尺，秋折布六百九十五疋五尺三寸八分"。《志》輯者云，"按耀舊額折布八千疋，無迺以其地瘠之故也"[2]。而富平縣"產木綿，織布轉生息"[3]。因此，棉花在以上三府普遍都有種植，且不少州縣有專門的棉花地，與此相應，棉紡織業也普遍發展，就是地瘠民貧的耀州亦有"夜行或聞紡車聲"[4]的情況，於此可見一斑。當然嘉靖《耀州志》亦有"今耀州人專務稼穡，不紡織，不習商賈"[5]之說，其主要原因是"弘治間糧價輕鮮，而布脚頗粗重，同知李憲無深思，乃申耀不產木綿，而有力之州縣乘隙奪之，不復矣！"[6]就是說自此以後，將原額 8000 疋失去，僅存 31 疋 1 丈 8 尺，但不能據此理解該地一點也沒有。

當時棉紡業生產主要有二途，一是官營雜造局的手工生產，二是民間家庭男耕女織的家庭副業。雜造局設於一些府州縣官府，徵用民間工匠專事生產，主要供衛所軍士棉衣、棉被等，這裏不必涉及。各州縣所徵賦稅總量較大，其中棉布主要是來源於

① （明）呂柟纂修：《高陵縣志》卷二《户租志第四》，臺北：成文出版社有限公司，1976 年，第 106 頁。
② （明）張璉輯：嘉靖《耀州志》卷上《田賦志第三》，《天一閣藏明代方志選刊續編》（72），上海：上海書店，1990 年，第 50 頁。
③ （明）李廷寶修，喬世寧纂：嘉靖《耀州志》卷四《田賦》，臺北：成文出版社有限公司，1976 年，第 124 頁。
④ （明）張璉輯：嘉靖《耀州志》卷上《地理志第一》，《天一閣藏明代方志選刊續編》（72），第 20 頁。
⑤ （明）李廷寶修，喬世寧纂：嘉靖《耀州志》卷四《風俗》，第 125 頁。
⑥ （明）張璉輯：嘉靖《耀州志》卷上《田賦志第三》，《天一閣藏明代方志選刊續編》（72），第 50—51 頁。

農家一家一户的家庭生産，官府徵收上來後也主要是供給軍用。

關於陝西棉紡織手工業生産工具、技術及其操作過程，文獻没有記載。各種涉及這一時代棉紡織業的研究也多講的是江南特别是三吳地區和河南、山東等地的情況，很少關注陝西植棉和紡織業的進展。所以我們很難獲得一個準確而清晰的有關陝西棉紡織手工業生産的認識。不過，考慮到：一，當時國家層面不時賞賜陝西沿邊軍衛將士大量棉衣、棉布、棉鞋等用物；二，河南、山東、江南等地這一時期不時也有糧餉或茶、布等供給西北軍備，棉産地之間的交通、交流應該是比較廣泛的。所以，江南地區基本的棉紡織技術應該是比較容易地傳播至陝西地區的。若此分析不差，則《農政全書》所記載“木棉”加工織布的工具和操作過程可能在陝西地區也比較普遍地得以應用，祇是有些工具和操作略有變更而已。其基本流程是：一，棉花采摘回來後，曬乾收儲，稱作籽棉。利用時的第一道工序是“去籽”，關中地區稱“軋棉花”。使用工具是“碾軸”或“木綿攪車”。前者較爲原始，可能普遍使用於一般農户家庭，後者較爲先進，大户或可有之。二，取籽後的棉花，稱生花，然後需用彈弓彈熟。彈弓“以竹爲之，長可四尺許。上一截，頗長而彎；下一截，稍短而勁。控以繩弦。用彈綿英，如彈氈毛法。務使結者開，實者虚”。彈熟的棉花實際上就可以使用了，如用於棉被、棉衣、棉鞋等。至於織布，則還要經過紡綫、織布的程式。三，紡綫的第一道工序是“搓撚子”（關中俗語），就是用徐光啓所説的“木棉卷筳”，實際上就是一筆直且祇有數十釐米長的細棍，將棉花搓成一個個小“綿筒”，然後上紡綫車上紡成綫。紡綫車即徐光啓所謂“木綿紡車”，上述耀州“夜行或聞紡車聲”，就是利用紡車紡綫的寫照。四，待綫紡成後，然後通過織布機織成布。除此而外，《農政全書》還列有“木綿撥車”“木綿軠床”和“木綿綫架”[①]，這些大概是南方紡織業發達地區的常見工具，但在陝西地區落後的家庭手工業生産中恐怕還難以普遍使用這樣的工具。

絲織手工業在明代陝西絶大部分州縣都有分布，據史念海先生研究，“從明朝初年起，陝西地區的人們已經負荷起政府所規定絲綿税收了”，弘治十五年（1502 年）和萬曆六年（1578 年）全國兩次税收調整，陝西省的負擔順序“已超過了山西、福建、四川、廣東、廣西諸省而居於第六位了”[②]。就是説，在明代，陝西省蠶桑種植絲織手工業生産是較爲普遍的，農桑絹的數量及其所反映的蠶桑業的經營規模在全國

① 以上參見（明）徐光啓：《農政全書》下册，陳焕良、羅文華校注，長沙：嶽麓書社，2002 年，第 570—573 頁。
② 史念海：《陝西地區桑蠶事業盛衰的變遷》，《史念海全集》第三卷，北京：人民出版社，2013 年，第 717 頁。

都是排在前列的。上表 1 顯示，陝西省幾乎所有州縣都有"農桑絹"一項賦稅可以清楚地證明這一點。同時，根據該表，我們發現，年徵收"農桑絹"400—700 匹的縣有三個，即西安府富平縣（654 匹）、韓城縣（483 匹）和涇陽縣（424 匹）。200—300 匹的州縣，西安府有鄠縣、藍田縣、郃陽縣、澄城縣、華州、華陰縣、渭南縣、蒲城縣等 8 個縣，鳳翔府有扶風 1 個縣。100—200 匹的州縣，西安府有臨潼縣、盩厔縣、同州、朝邑縣、白水縣、同官縣、醴泉縣、武功縣、邠州、淳化縣、三水縣等 11 個州縣，鳳翔府有寶雞 1 個縣，漢中府有洋縣 1 個縣，延安府有宜川、延川和洛川 3 個縣。而 100 匹以下的州縣，西安府除了鎮安縣 9 尺，商南縣 7 匹以外，其餘都在 49 匹及其以上。

六、結　論

以上從五個方面論述了明代陝西民間手工業發展的基本表現，其中所涉及的都是一般社會基本的生產、生活所需地幾個行業，雖然並不全面，但據此可以推知，基層社會需要的基本的生產、生活必需品在當地都有生產。造紙業雖然不是最為迫切的行業，但在華州、盩厔、富平、蒲城一帶都已形成有一定影響的集中生產。不但如此，當時的生產規模也已經相當可觀，這從明代征派的數額中陝西省位列全國第五位的情況大致可以想見。瓷器製造以同官縣陳爐鎮規模最大，那裏是聞名遐邇的"瓷都"，聲名遠播三秦大地。至於澄城縣的"黑瓷"，其規模、品質雖然難以與陳爐瓷器相媲美，但也頗具地方特色。土鹽製作在官鹽政策的夾縫中存在和發展，國家政策時禁時開，民間製作或隱或現，甚至不惜以"盜"作的形式出現。在生產分布上，陝北榆林、延安一帶較多，關中地區則以富平、蒲城、朝邑等地的"鹵泊灘"最為突出。在鐵器包括刀、劍、農業生產工具、生活用具生產中，以秦嶺南北山地為主，華州柳子鎮鎮的刀劍製作名聞天下，影響最大。而陝南商縣、雒南縣等礦冶較為普遍，且礦難不時發生，"為害地方甚烈"。桑綿手工業以關中、陝南為中心，陝南蠶絲業最為集中，關中棉紡業最為普遍，而陝北部分地區也在推廣棉織方面有一定發展。就地域分布而言，雖然頗不平衡，但由於政府對棉紡織品的巨大需求，在地方政府的推動和推廣下，不少地方多有種植，就是一些不大從事紡織的地區，諸如耀州等地也都相繼有所紡織了。因此，明代是陝西民間手工業發展較為迅速的時期，在較為全面地發展中，除了滿足於地方日常生產、生活需要的生產外，也形成了一些較大地區性影響乃至於全國性影響的手工業生產中心，這是值得稱道的。

北洋時期陝西的農業與農村經濟

黄正林

一、農政機關及其職能

北洋政府時期，中央政府主管經濟的行政主管部門是農商、財政、交通等部。農商部下設礦政、農林、工商、漁牧四司，主管全國農林、水產、畜牧、工商、礦等事務[①]。財政部的職責執掌中央政府財政、管理會計、出納、租稅、國債、貨幣、政府專賣、儲金、保管物及銀行事務[②]。交通部管理路政、郵政、電政、航政、監督水陸運輸及關於電氣事業，規劃全國路、郵、航、電等事業[③]。

根據中央政府經濟管理機構，各省設立相應的經濟管理機構。民國初，陝西省所屬機構改名爲司，其中負責掌管與經濟建設相關的機構是實業、內務、財政等司。其中實業司的職責包括：農業改良與試驗場，蠶絲業改良和檢查，地方水利和耕地整理，自然災害、蟲害預防與善後，農會與農業講習，農林漁牧各團體，畜牧改良、種畜檢查和獸醫，公私有林的監督、保護魚獎勵，苗圃和林業試驗，狩獵監察，水產試驗、講習和水產業的監督、保護、獎勵，勸業會和經營工業，度量衡之檢查和推廣，模範工廠、工業補助、工業試驗所、工業調查，工廠監督和檢查、工人教育和保護，輸出品獎勵與商品陳列，保險業及其他商業監督，工商業團體，礦區調查、礦業監督、礦夫保護、礦稅稽核等。1918 年，省政府所屬司改廳，根據《各省實業廳暫行條例》的規定，受中央農商部與省政府雙重領導與監督，主管全省實業行政事務。根據《陝西實業廳處務細則》規定，第二科執掌涉農事宜，包括：一，農業改良；二，農事

作者簡介：黄正林，男，陝西師範大學歷史文化學院教授。

[①]　《修正農商部官制》1914 年 7 月 10 日，《時事彙報》1914 年第 7 期，第 105—107 頁。
[②]　《財政部官制二次修正草案》，《國民經濟雜志》1912 年第 2 期，第 36 頁。
[③]　蔡鴻源主編：《民國法規集成》第 7 册，合肥：黄山書社，1999 年，第 360 頁。

試驗；三，蠶絲改良及檢查；四，地方水利及耕地整理；五，天災、蟲害之預防善後；六，農會及農林魚牧各團體；七，公有、私有各林監督、保護獎勵；八，林業試驗及苗圃；九，畜牧改良及獸疫防治；十，水陸狩獵；十一，農林魚牧檢查等職責。[①]

農事試驗場。農事試驗提倡於清末，到民國初一些縣繼續舉辦該項實業。如橫山縣農事試驗場設在縣城西關，"毗連溝渠，就河水灌溉，占地約四畝……理念試種桑棉，成績頗佳"[②]。岐山縣在晚清時在周公廟附近開辦農事試驗場，但因經費無著落而中止。1912 年，該縣紳士段維屨在此基礎上勘定地勢，分段開辦，常年經費 1500 兩[③]。縣級農事試驗場像岐山縣的模式並不多。1922 年 6 月，陝西省實業廳因"陝省農業之日漸退化，非籌設提倡改良機關，殊難期其發展"，於是在原省立樹桑公社舊址上創辦陝西農業試驗場，因財政拮据、政局動蕩等原因，業績平平。據記載："當時以財政困難，所試驗者，僅屬桑棉兩項。年餘後，改由党榮慶接辦，二年有餘，仍因財政支絀，亦無若何成績，僅試驗食用、特用兩項作物而已。"[④]1924 年，楊恒蔚接任後，力圖改進，曾在申請農業試驗場開辦費 879.8 元[⑤]。但終因"時局不靖，財力艱窘，兼之十五年西安被圍八月，所有一切設施器具，完全損失，無形停頓"[⑥]。可見，北洋時期陝西省農事試驗場，幾乎沒有作爲。

勸業所是北洋政府時期各縣主持辦理實業的主要機構。《勸業所章程》規定："各縣設勸業所，隸屬於實業廳，秉承縣知事辦理全縣實業行政及籌畫一切進行事宜。"[⑦]勸業成績也成爲考核縣知事的主要依據，《縣知事勸業考成條例》規定，縣知事在倡辦實業有成績給予獎勵，獎勵的方式分爲頒給勛章、記名或進等、進級或加俸、給予農商部頒定獎章、記大功或記功；對於創辦實業不力者，給予降等、減俸和記大過或記過等處分[⑧]。該項政策對實業發展起到了一定的作用。如岐山縣"自辛亥後，兵燹迭乘，迄無寧日。去歲（指 1922 年——引者注），龐前知事文中收拾殘局，秩序漸復，而對於厚利民生之實業，尤能極力提倡。鑿井浚渠，栽植樹木，並立農會、勸業所、苗圃等，成效雖未甚著，而根基已立，著官紳協力提倡，則該縣農林當可日

① 《陝西實業廳處務細則》，《陝西實業雜志》1924 年第 9 期。
② 劉濟南等修，曹子正等纂：《橫山縣志》卷二《建置志》，1929 年石印本。
③ 《陝西岐山農業》，《申報》1912 年 12 月 7 日。
④ 《陝西農林行政機關之沿革》，《陝西建設周報》第 3 卷第 21 期，1931 年 10 月 3 日。
⑤ 《陝西實業廳公函第六三號》，《陝西實業雜志》1924 年第 15 期。
⑥ 《陝西農林行政機關之沿革》，《中國建設》第 6 卷第 4 期，1932 年 10 月，第 13 頁。
⑦ 《勸業所章程》，《實業月刊》1920 年第 1 期，第 36 頁。
⑧ 蔡鴻源主編：《民國法規集成》第 7 冊，合肥：黃山書社，1999 年，第 477—478 頁。

見發達”①。

1922 年 12 月，陝西省頒布了《陝西各縣勸業所章程》及《陝西各縣勸業所章程實行細則》，勸業所的宗旨爲“發展地方實業”，各縣勸業所隸屬於實業廳，受所在縣行政指導與監督②。根據勸業所章程，實業廳對勸業所實施方案、人員組成及經費等問題做了如下規定：

一、就全省各縣現時之狀況，劃作三期。長安等縣爲第一期，以三月爲限；鳳翔等縣爲第二期，以六月爲限；同官等縣爲第三期，以九月爲限，各縣均以期成立。勸業所呈報開辦，責成各縣知事辦理，並由本廳派員抽查其辦理情形，督促進行，如有先期成立，□理妥協者，或視爲具文敷衍塞責者，分別呈請獎懲。

二、各縣勸業所所有勸業員，依照章程應由各縣知事遴選合格人員，呈請本廳核委，但師長得選二三人，勸業員得選五六人，呈由本廳調查考詢，擇優加委，以期得人，各縣不得□備缺額，致無選擇之餘地。

三、各縣勸業所經費，均由各縣地方稅款項下籌給，並就各地方財政情形，分期自行規定，呈請立案。但大縣至多每月不得逾二百元，中縣不得逾一百六十元，小縣不得逾一百二十元。

四、現在各縣元氣未復，財政困難，如有確實萬分爲難者，設立勸業所暫與農會或商會合設一處，以期撙節，但農會係公共法定團體，勸業所係實業行政機關，性質既不大同，内容自難轄屬，惟人員薪公開支，兼併一處，借資節省，執行事件，仍與獨立者同。此爲一時權宜之計，以俟實業發展，財力稍裕，仍得另行分設。

五、遇有重要繁富地方，設一勸業所不足盡行政之務，得則其適當地點，設勸業分所，其章程仍適行勸業所單行章程。③

依照勸業所章程和實業廳規定，次年 3 月，實業廳要求全省各縣照章辦理，根據縣等將全省各縣分爲三期，建立勸業所。實業廳曾發布訓令，督促成立勸業所：“設立勸業所，原爲補助縣署實業行政之不及，關係之巨，並非空設機關，徒增人民負擔者可比。陝省連年災患，以致生産日少，財力日絀，民之顛連困苦者日益增多。是非

①　《陝西各縣政治視察彙刊》卷二《岐山縣》，1924 年印行，第 97 頁 a。
②　《陝西各縣勸業所章程》，《湖北省農會農報》1924 年第 2 期，第 107—110 頁。
③　《陝西實業新計劃，各縣設立勸業所》，《申報》1923 年 1 月 16 日。

加意提倡，認真進行，無以裕財源而利民用。查陝省地方地力未辟，工藝未興，舉凡農田水利、礦山、森林、畜牧、棉絲、竹木、皮革之利，蘊藏者曷可勝數，待興者所在多有。本廳司全省實業之責，亟當隨時督促，認真進行，以期逐漸開拓美利利民，自宜博采□知，以定進行之次第。凡各縣勸業所亦職責所在，正應切實就近調查各該縣實業現狀，條陳進行方法，以備采擇。庶本廳可收效於指臂，而各該所等亦不至受虛設之誚。"①由於實業廳的督促，1923—1924 年先後分三期有 57 縣成立勸業所。如表 1 所示。

表 1　1923—1924 年陝西省勸業所成立簡明統計表

期限	數量	成立勸業所縣名（實業廳核准時間）
第一期	28	1923 年成立 21 縣：臨潼（7 月 12 日）、盩厔（5 月 20 日）、大荔（6 月 11 日）、郃陽（12 月 5 日）、咸陽（9 月 6 日）、三原（3 月）、華縣（11 月 23 日）、乾縣（12 月 28 日）、興平（11 月 17 日）、醴泉（9 月 6 日）、朝邑（7 月 7 日）、武功（11 月 25 日）、韓城（10 月 25 日）、南鄭（7 月 24 日）、安康（6 月 6 日）、榆林（11 月 22 日）、鄜縣（8 月 21 日）、綏德（8 月 16 日）、岐山（8 月 22 日）、西鄉（11 月 12 日）、膚施（7 月 21 日）。 1924 年成立 7 縣：鄠縣（3 月 18 日）、富平（3 月）、商縣（3 月 29 日）、涇陽（3 月 18 日）、扶風（4 月 14 日）、米脂（3 月）、藍田（4 月）
第二期	14	1923 年成立 8 縣：洛南（11 月 12 日）、寧羌（11 月 29 日）、褒成（11 月 22 日）、石泉（12 月 30 日）、葭縣（11 月 12 日）、洛川（11 月 12 日）、宜君（9 月 1 日）、延長（11 月 12 日）。 1924 年成立 6 縣：隴縣（1 月 21 日）、邠縣（3 月 13 日）、紫陽（x 月 21 日）、鎮巴（3 月 31 日）、寧陝（3 月）、神木（3 月）
第三期	15	1923 年成立 6 縣：永壽（11 月 12 日）、鳳縣（11 月 22 日）、嵐皋（11 月 22 日）、安塞（12 月 21 日）、清澗（11 月 12 日）、延川（11 月 16 日）。 1924 年成立 9 縣：同官（4 月 17 日）、淳化（3 月 29 日）、佛坪（4 月 17 日）、保安（3 月）、橫山（1 月 17 日）、安定（1 月 17 日）、宜川（4 月）、靖邊（4 月 17 日）、栒邑

資料來源：《陝西實業廳長呈報考核各縣籌辦勸業所情形請鑒核再行嚴令未辦各縣迅速成立文》，《陝西實業雜志》1924 年第 4 期，第 4—10 頁

從 1923 年 3 月到 1924 年前季，陝西分三期共有 57 個縣成立勸業所，占當時實有縣數的 63.3%。這些勸業所大部分是專設，個別是"與其他縣立機關合設，以節經費"②，如岐山、膚施、平利等縣附設在農會，渭南附設在勸學所內。實業廳按照《縣知事勸業考成條例》，對成立勸業所的縣知事記功一次，對未成立勸業所的縣知事記大過一次③。經此次通報後，又有一些縣成立勸業所，截至 1924 年 6 月，成立勸業所的縣"已達六十餘處"④。但突擊成立的勸業所多出於應付之舉，難以有業績可言。如 1924 年 7 月，興平縣勸業所成立，"所長及勸業員悉由農會職員兼充，因另外

---

①　《陝西實業廳訓令第一零六號》，《陝西實業雜志》1923 年第 5 期，第 7 頁。

②　《陝西實業廳長呈報考核各縣籌辦勸業所情形請鑒核再行嚴令未辦各縣迅速成立文》，《陝西實業雜志》1924 年第 4 期，第 2 頁。

③　《陝西實業廳長呈報考核各縣籌辦勸業所情形請鑒核再行嚴令未辦各縣迅速成立文》，《陝西實業雜志》1924 年第 4 期，第 2 頁。

④　宋紹正：《商南縣勸業所組織合法》，《陝西實業雜志》1924 年第 8 期，第 2 頁。

別無經費，且成立日期不多，故無成績可言"①。可以看出，這種勸業所祇是應付了事，很難在實業上有所建樹。

影響各縣勸業所成立與舉辦實業主要是經費。未成立勸業所的縣份主要是經費不足與認識不到位。富平縣"勸業所應於第一期成立，迄今逾限已久，因款項無著，尚未籌備"②；扶風縣自辛亥以來，"迭遭兵燹，元氣損失過甚。近年來，官紳又疲忙於籌款事宜，故對於他種事項幾無暇顧及。全邑既乏主張實業之機關，又無絲毫辦理實業之經費"③。即便成立勸業所各縣，經費也十分有限。如臨潼縣"由差徭項下劃分現銀六百兩，作爲勸業所常年經費"④；咸陽縣勸業所常年經費"由留支差徭劃出四千餘串充之"⑤；醴泉縣勸業所經費"由留支差徭中劃出四分之一撥充，但十三年（1924 年）差徭已經挪用，十四年（1925 年）尚未徵收"⑥；韓城縣勸業所"月支經費四十餘元，殊嫌不足，調查無費進行，頗爲困難"⑦；岐山縣勸業所全年經費 896元，平均每月僅 74.7 元，"辦理實業動需款項，該所經費殊覺太少"⑧。邠縣勸業所經費"據稱留支差徭項下年撥錢一千五百串文，充作實業的款，於十三年一月開始付給"⑨。在 1923 年對陝西各縣縣情的調查中，沒有一個縣舉辦實業的經費是充足的，各縣勸業所普遍面臨經費不足，難以支撐的局面。

部分縣勸業所頒布了舉辦實業大綱，製定出較爲詳細的舉辦實業計劃。永壽縣實業大綱規定："第一，森林、畜牧、水利及預計規劃之諸言：一、實業區域圖（附說明）；二、在森林、畜牧、水利之情形；三、將來森林、畜牧、水利之計劃。第二，調查羊毛、土壤之計略：一、土壤調查表（附說明）；二、各區形勢土壤之概況；三、各羊毛產額及銷售之情狀。第三，天然煤礦之諸言：一、調查煤礦現在之情形；二、預計進行煤礦之規劃。"⑩榆林勸業所做了舉辦實業計劃：①附設毛織傳習所；②附設染色及造紙廠；③附設鐵工廠；④附設物品郵銷處；⑤在歸德堡設第二農事試驗場及桑園、苗圃；⑥擴充種畜試驗場；⑦組織勸業講習團；⑧組織工讀學校。⑪安康勸業

---

① 《陝西各縣政治視察彙刊》卷二《興平縣》，第 44 頁 a。
② 《陝西各縣政治視察彙刊》卷一《富平縣》，第 27 頁 b。
③ 《陝西各縣政治視察彙刊》卷一《扶風縣》，第 58 頁 b。
④ 《陝西各縣政治視察彙刊》卷一《臨潼縣》，第 11 頁 b。
⑤ 《陝西各縣政治視察彙刊》卷二《咸陽縣》，第 7 頁 b。
⑥ 《陝西各縣政治視察彙刊》卷二《醴泉縣》，第 51 頁 b。
⑦ 《陝西各縣政治視察彙刊》卷二《韓城縣》，第 82 頁 a—b。
⑧ 《陝西各縣政治視察彙刊》卷二《韓城縣》，第 97 頁 a。
⑨ 《陝西各縣政治視察彙刊》卷三《邠縣》，第 27 頁 b。
⑩ 王伯平：《勸業消息：永壽勸業所舉辦實業大綱》，《陝西實業雜志》1924 年第 15 期，第 2 頁。
⑪ 劉智：《榆林勸業所舉辦實業之計劃》，《陝西實業雜志》1924 年第 15 期，第 3—4 頁。

所主要職責是："（一）改良農業；（二）提倡工藝；（三）苗圃之管理；（四）棉業試驗場之進行；（五）調查農工商之統計；（六）辦理植樹事宜；（七）管理蠶業事宜；（八）辦理水利、畜牧及漁業事項"。並將全縣劃分爲 5 個實業區，各區實業規劃是：①中區位於城關，地勢平坦，人煙稠密，俟經費充足。擬在城內設立蠶業傳習所與工業傳習所，招生實習，並於關外設立農棉試驗場各一處，將舊有苗圃、桑園與各造林場一并管理；②東區黃洋、磨溝兩鋪，地面寬闊，山林樹木濃密，多產木耳，擬再栽植桑苗，以發展蠶業。其他地方地瘠民貧，但盛產龍鬚草，鼓勵當地居民發展草繩、草鞋等業。另在漢水兩岸，提倡漁業和棉業；③西區所屬之地，蠶桑發達，居民大多以織綢爲業。除改良桑蠶外，勸導民眾注重推廣植棉，發展水利；④南區所屬之地地理環境較差，土質多沙，山地居多。擬勸民保護原有樹木，並鼓勵多栽植漆、桐樹木，擇地興植茶樹；⑤北區所屬之地居民以務農爲主，除了進行農業改良外，擬勸農植桑、種棉、栽植桐樹與茶樹。①從這些大綱和計劃中看出，各縣舉辦實業一是以農業爲主，發展水利、種植、森林及園藝等業爲主；二是從本地實際出發，發展鄉村手工業爲主。

實業廳也給勸業所發展實業提一些指導性建議。渭南爲產小麥的地方，民間向來有製草帽的習慣。實業廳要求該縣勸業所"令一般人民將所編製草帽照新式改良製造，或籌撥款項，設立製帽工廠，或聘請省立帽辦傳習所之優等畢業生，設立傳習所，教育子女，以期普及改良。將不但可爲該邑開一極大利源，且可抵制外貨"②。鎮巴縣注重當地白蠟、木耳、桐樹、漆樹的開發，勸民眾"實力種植，加意講求"；實業廳鑒於鎮巴森林茂密，礦產豐富，一方面要求該縣"宜訂立規則，認真保護，務使全縣人民群知利益所在，自然趨赴，爭先恐後，則該縣森林當無不辟矣"；一方面要求該縣派學生到各專門學校學習技術，設立模範鐵廠、瓷器廠和製紙試驗場。③

部分勸業所爲推動實業發展，取得了一定的成績。安康勸業所成立後，"提倡各項實業不遺餘力，所內職員亦均認真做事。即就植桑一端言之，該所每年所育之桑不下數萬株"，該所培育的桑苗經縣政府批准栽植在大堤和空地上，大約 4 萬餘株④。略陽勸業所以提倡植棉爲己任，縣知事提倡推廣美棉，從實業廳領取美棉種子數斤，"以便試驗種植"⑤。渭南勸業所"謀發展地方實業，勸民植棉，導民植樹，均屬認真"⑥。興

① 《令安康縣知事呈一件呈齊勸業所辦事細則及全年經費表請鑒核由》，《陝西實業雜志》1925 年第 17 期。
② 《渭南勸業所宜注意》，《陝西實業雜志》1925 年第 17 期，第 2 頁。
③ 《令鎮巴縣知事呈一件呈齊該縣勸業所所長張立浩條陳實業事項改良意見書由》，《陝西實業雜志》1924 年第 12 期。
④ 《安康勸業所之提倡蠶桑》，《陝西實業雜志》1924 年第 11 期。
⑤ 《略陽勸業所請發棉種》，《陝西實業雜志》1924 年第 12 期。
⑥ 《渭南勸業所宜注意》，《陝西實業雜志》1925 年第 17 期。

平縣勸業所長巨懷德辦理實業，"頗著成效"，由省實業廳呈報農商部，由總統給以四等獎章①。因此，在北洋政府時期，勸業所成爲推動各縣實業發展的主要機構，也發揮了一些作用。

但各縣勸業所參差不齊，有的幾乎不發揮作用。如大荔縣勸業所長及勸業員經實業廳加委，但並未正式組織機關②。乾縣農會牌虛懸於自治籌備處，勸業所牌虛懸於勸學所，"兩機關雖云成立，實等於無。經費未籌分文，又無負責任者爲之主持"③。同官縣勸業所"雖云開辦，不過懸一木牌，並未籌畫應盡事宜"④。洵陽縣勸業所無經費、無會址，"徒具虛名而已"。⑤

除了勸業所，還有農林會，這種機構係爲保護農林而設的自由組織。如鄠縣未設勸業所，但設有農林會，會長由縣知事兼任，會員由參事會人員兼任，均係義務職務。⑥

二、農會及其職能

農會是民初最主要的農業團體，全國農會分爲四個層次，即全國農會聯合會、省農會、府縣農會和市鄉農會，農會是"以圖農事之改良發達爲主旨"⑦。全國聯合農會"以謀全國農業改良發達，令各省農界代表周知全國農業情形，交換各地農業知識"爲主旨⑧。1913 年 2 月，全國農業聯合在北京召開第一次會議，陝西省實業司代表陳非、實業團體代表王恒普參加會議，並做了《陝西省農業情形》的報告⑨。目前還沒有看到陝西省農會比較系統的資料，祇能從零星資料中得知省農會的一些情況。如有資料記載，1912 年，華縣人郭蘊生任陝西省農會會長⑩，說明至少在民國初年，陝西省就有農會。根據《陝西省農會簡章》規定，農會設會長 1 人，副會長 1 人，評議長 1 人，評議員 9 人，調查長 1 人，調查員 8 人，文牘、會計、庶務各 1 人⑪。據1915 年統計，省農會的經常常年經費 2312 元，臨時經費 2767 元，共計 5079 元⑫。省

---

① 《興平勸業所長獲獎》，《陝西實業雜志》1925 年第 17 期。
② 《陝西各縣政治視察彙刊》卷 1《大荔縣》，1924 年印行，第 30 頁 b。
③ 《陝西各縣政治視察彙刊》卷 1《乾縣》，1924 年印行，第 79 頁 b。
④ 《陝西各縣政治視察彙刊》卷 3《同官縣》，第 33 頁 a。
⑤ 《陝西各縣政治視察彙刊》卷 5《洵陽縣》，第 18 頁 a。
⑥ 《陝西各縣政治視察彙刊》卷 2《鄠縣》，1924 年印行，第 26 頁 b。
⑦ 《農會暫行規程》，《山西實業報》1912 年第 19 期，第 12 頁。
⑧ 《全國農會聯合會章程草案》，《全國農業聯合會第一次紀事》，1913 年 5 月印行，第 7 頁。
⑨ 《全國農會聯合會章程草案》，《全國農業聯合會第一次紀事》，1913 年 5 月印行，第 97—101 頁。
⑩ 華縣地方志編纂委員會：《華縣志》，西安：陝西人民出版社，1992 年，第 641 頁。
⑪ 《陝西省農會簡章》，《陝西勸農淺說》1922 年第 1 期，第 26 頁。
⑫ 農商部總務廳統計科：《中華民國四年第四次農商統計表》，1917 年 12 月刊行，第 782 頁。

農會設有農業調查員[①]，1914 年 1 月，創辦了《陝西省農會》月刊，1922 年出版了《陝西省勸農淺説》，舉辦勸農淺説的宗旨是"啓發農民知識，改良農林作物，增進農林生産"[②]。1924 年 9 月，北洋政府召開全國事業代表會議，陝西省農會派代表當榮慶參加了會議，並參與提出了發展陝西與西北經濟的提案。

北洋政府時期，陝西省部分縣、鄉（市）也有農會成立，據 1923 年統計，全省成立農會的縣有 44 個[③]，占全省總縣數的 48.9%。僅將筆者所見農會統計如表 2 所示。

表 2　陝西省各縣農會狀況統計表

縣名	成立時間	經費及來源	紀　事
安塞[①]	1913 年		民國 2 年 6 月，知事安慶豐設
商縣[②]	1914 年	以置産捐爲經常費	1913 年縣知事陳汝瑜立，1917 年縣知事蔣鎮南奉令裁撤，1919 年冬縣知事羅傳銘重設，正、副會長各 1 名
長安	1920 年 1 月	每月由縣署支洋 80 元	成立四年，毫無成績。勸業所附設於農會
鳳翔	1923 年 7 月	每年經費 600 元	農會會長缺乏農林知識，任職年余，尚無若何成績
乾縣		差徭項下撥歸實業二成	
醴泉	1913 年		1913 年立，1916 年廢；1923 年又立，1927 年再廢
咸陽	1913 年		1913 年立，1916 年廢；1923 年又立，1927 年再廢
藍田		常年經費 600 串	除常平倉、棉業試驗場 3.9 畝外，有寶泉山一座
興平	1924 年 4 月	以每年炭秤捐錢 3600 串全數充給	
耀縣			未照章組成，係由該縣乙種實業學校長兼辦。因校長管理校務，無暇顧及
岐山	1923 年 1 月		以勸業所職員兼任
隴縣	1920 年 1 月	全年經費 500 元，由縣地方款項下劃撥	有會長、副會長、書記各 1 人，聘請士紳三五人爲會員
武功	1922 年 5 月	由學款項下補助 300 元	該縣農會因經費拮据停辦。此次是再次成立
邠縣			農會有名無實
山陽	1922 年 4 月		會務諸多停頓，毫無成績可言
洵陽	1915 年		會址附設在財政局内，機構健全，歷年會務無成績
白河			現任會長缺乏農林學知識，故任職二年毫無成績
紫陽			農會會長係日本蠶桑學校畢業
平利			農會與勸業所設在一起，房屋尚可足用
商南	1919 年	置産捐 690 元爲常年費	桑園 2 處共 13 畝，兼辦蠶桑傳習所 1 處

資料來源：①安慶豐、郭永清纂修：《安塞縣志》卷二《建置志》，1925 年鉛印本；②羅傳銘修，路炳文纂：《商南縣志》卷 3《公所》，1919 年鉛印本。其餘各縣散見於《陝西各縣政治視察彙刊》卷 1—6，1924 年印行

---

① 如興平縣人師子和（1880—1966 年）於 1912—1913 年任陝西省農會調查員（申炳南：《師子和先生小傳》，《興平文史資料》第 10 輯，1991 年印行，第 19 頁）。

② 見《陝西勸農淺説》雜志封四。

③ 《陝西實業廳長呈報考核各縣籌辦勸業所情形請鑒核再行嚴令未辦各縣迅速成立文》，《陝西實業雜志》1924 年第 4 期，第 6 頁。

從現有資料來看，祇有少部分農會做了己所能及的改進農業的事情。岐山縣農會成立後，對於農林事項"尚屬極力提倡，該縣可開渠灌田之處，多已享得水利，境内植樹亦多"[①]。隴縣農會提倡農林"辦法尚屬妥當，惟所有職員無一具農林學識者，故辦理多年，成績仍無甚可觀"[②]。大部分農會基本上不做事，祇是填表格、收上級公文。如鳳翔縣農會會長"缺乏農林知識，任職年余，尚無若何成績"[③]。商縣農會會長張殿華"常住家中，永不視事"；副會長賀永貞"一味敷衍，填造二部各表，多係塞責了事，虛無頗多……雖各區設有專員，徒有其名，毫無成績"[④]。耀縣農會"雖未停辦，而無款無人，應進事宜，不能舉行"[⑤]。武功縣農會經費不足，也無會址，會長二人僅由勸學所供給飲食，祇是"應付關於實業各項之來往公文"[⑥]。究其原因：一是人才缺乏，農會祇有少數會長畢業於專門學校，其餘大多數會的長現代農學知識不足，不具備做會長的資質，不知農業改良從何做起；二是政府投資不足，農會經費困難，在推動農業生産方面難以有所作爲；三是從縣知事到普通農民，對農業進步認識不足，對農業改良難以引起重視。

三、糧食作物種植

陝西氣候從陝南到陝北變化比較大，對糧食作物種植影響甚大。據民國初年記載："西安、同州、鳳翔等屬，平曠無山，土脈深厚，農家以種麥爲大宗，種雜糧者，僅十之二三。水田則惟咸寧、長安、鄠縣、盩厔等縣有之。南段風土，興安一代，類乎湖北；漢中一帶，類乎四川，水田多於旱地。農家以種稻爲大宗。近山多雨澤，復得漢江水利，豐年屢慶。産米多而且佳，而香稻一種，尤屬該地特産。北段延安、榆林等處，邊境荒寒，人民少而土地薄，多種雜糧。農産之豐富，遠不逮乎中南兩段。"[⑦]北洋時期延續了這種農作物種植格局與傳統。以 1920 年糧食作物種植爲例，如表 3 所示。

---

① 《陝西各縣政治視察彙刊》卷二《岐山縣》，第 97 頁 a。
② 《陝西各縣政治視察彙刊》卷三《隴縣》，第 6 頁 a。
③ 《陝西各縣政治視察彙刊》卷一《鳳翔縣》，第 46 頁 b。
④ 《陝西各縣政治視察彙刊》卷一《商縣》，第 69b—70a 頁。
⑤ 《陝西各縣政治視察彙刊》卷二《耀縣》，第 64 頁 b。
⑥ 《陝西各縣政治視察彙刊》卷三《武功縣》，第 19 頁 b。
⑦ 《陝西省農業情形》，《全國農業聯合會第一次紀事》，第 97 頁。

表3　1920 年陝西主要糧食作物種植面積及產量統計表

項目	粳米	糯米	小麥	大麥	稷	粟	黍	玉米	豆類	合計
面積（萬畝）	159.7	78.0	1587.8	61.0	11.1	145.7	98.7	150.5	566.6	2859.1
百分比	5.6%	2.7%	55.5%	2.1%	0.4%	5.1%	3.5%	5.3%	19.8%	
產量（萬石）	127.7	70.2	793.9	48.8	5.0	87.4	69.1	90.3	222.2	1514.6
百分比	8.4%	4.6%	52.4%	3.2%	0.3%	5.8%	4.6%	6.0%	14.7%	

資料來源：農商部總務廳統計科《中華民國九年第九次農商統計表》，第 58—68 頁

　　從表 3 來看，陝西糧食作物以小麥爲主，種植面積和產量分別占全省其他作物的半數以上，其次是豆類，種植面積接近 20%，產量占約 15%；水稻種植面積占 8.3%，產量占 13%；糜子、穀子、玉米種植面積占 13.9%，產量占 16.4%。表 4 是北洋時期商縣農產物的調查。

表4　商縣農產物調查表

作物	大麥	小麥	水稻	玉蜀黍	穀子	黍	豌豆	黃豆	蕎麥	小豆
耕作畝數	38000	46700	6000	60000	1800	18500	3800	13067	40067	5300
畝產量（石）	0.8	0.65	1.3	0.8	0.6	0.7	0.50	0.9	0.6	0.5
總產額（石）	30400	30355	7800	48000	1080	12950	1900	11670.3	24140	2650

資料來源：《陝西省商縣農產物調查表》，《農會雜志》第 2 期，第 1—2 頁

　　商縣位於陝南地區，以山坡地爲主，糧食作物以大麥、小麥、玉米、蕎麥、黍爲主，復種指數比較高，"每年麥禾收穫之後，原地復種秋禾，歲值豐稔，尚供本境度用"[①]。在山區，有的地方種植以雜糧作物爲主，如寧羌縣各種農作物種植面積稻穀 5890 畝，玉米 3780 畝，小麥 6200 畝，豌豆 85340 畝，小豆 76150 畝，黃豆 93945 畝，菜豆 11290 畝，蠶豆 15310 畝，蕎麥 5400 畝，燕麥 3510 畝。[②]因豆類是主要農作物，該縣豆腐、粉條等家庭手工業比較發達。

　　我們再來看北洋時期陝西主要農作物產量問題。如表 5 所示。

表5　1914—1921 年陝西省主要糧食作物產量統計表

名稱	項目	1914 年	1915 年	1916 年	1917 年	1918 年	1920 年	1921 年
水稻	種植面積（畝）	1220645	1877777	1877897	1992802	2042345	2376650	2487856
	總產量（石）	688705	1412311	1380369	1556682	1700198	1979332	997142
	畝產量（石）	0.564	0.75	0.69	0.78	0.83	0.83	0.4
大麥	種植面積（畝）	2486194	3031028	3031263	3032373	711221	610122	857421
	總產量（石）	1988955	2546063	1940008	2365251	675659	488097	342968
	畝產量（石）	0.8	0.84	0.64	0.78	0.95	0.8	0.4
小麥	種植面積（畝）	15554175	16729400	16729850	16734850	14837833	15877851	15930614
	總產量（石）	8710338	9703052	7528432	—	11870266	7938925	4779184
	畝產量（石）	0.5	0.58	0.45	—	0.8	0.5	0.3

---

　　① 《陝西省商縣農產物調查表》，《農會雜志》第 2 期，第 2 頁。
　　② 《寧羌縣農業情形》，《農會雜志》第 6 期，第 62 頁。

续表

名稱	項目	1914 年	1915 年	1916 年	1917 年	1918 年	1920 年	1921 年
豆類	種植面積（畝）	3466951	3584184	6515044	3622122	2735217	5666417	6419484
	總產量（石）	1647541	1614018	1335610	1613793	1388669	2221673	2453134
	畝產量（石）	0.475	0.45	0.21	0.478	0.5	0.397	0.382
黍	種植面積（畝）	865076	908214	906014	799314	656114	987371	1045736
	總產量（石）	432538	454107	362405	575506	426474	691159	627442
	畝產量（石）	0.5	0.5	0.4	0.72	0.65	0.701	0.6
稷	種植面積（畝）	—	—	—	34823	94321	111301	131894
	總產量（石）	—	—	—	11839	42444	50085	659470
	畝產量（石）	—	—	—	0.34	0.45	0.45	0.3
粟	種植面積（畝）	—	—	—	—	1031271	1457142	1536714
	總產量（石）					670326	874285	922028
	畝產量（石）	—	—	—	—	0.65	0.6	0.6
玉蜀黍	種植面積（畝）	1470075	1701323	1696263	1757231	1315211	1505262	1753841
	總產量（石）	882045	1361058	1017757	1089483	920647	903157	1052305
	畝產量（石）	0.6	0.8	0.6	0.62	0.7	0.6	0.6
高粱	種植面積（畝）	477575	477582	475082	549715	391711	632225	74367
	總產量（石）	210133	200584	190032	326820	235025	442557	37183
	畝產量（石）	0.44	0.42	0.4	0.59	0.6	0.7	0.5

資料來源：農商部總務廳統計科：《中華民國三年第三次農商統計表》，上海：中華書局，1916 年 12 月刊行，第 2—11 頁；《中華民國四年第四次農商統計表》，上海：中華書局，1917 年 12 月刊行，第 56—93 頁；《中華民國五年第五次農商統計表》，上海：中華書局，1919 年 2 月刊行，第 44—57 頁；《中華民國六年第六次農商統計表》，上海：中華書局，1920 年 8 月刊行，第 98—110 頁；《中華民國七年第七次農商統計表》，上海：中華書局，1922 年 2 月刊行，第 94—106 頁；《中華民國九年第九次農商統計表（附第十次農商統計表）》，1924 年 6 月刊行，第 59—70 頁；第十次第 31—34 頁

表 5 反映了北洋時期陝西糧食種植面積、總產量和畝產量的變化狀況。糧食作物種植面積 1914 年 2554.1 萬畝，1915 年 2831 萬畝，1916 年 3123.1 萬畝，1917 年 2852.3 萬畝，1918 年 2381.5 萬畝，1920 年 2922.4 萬畝，1921 年 3023.8 萬畝。據不完全統計，從 1914 年到 1921 年陝西糧食作物種植面積增加了 469.7 萬畝。但糧食產量不穩定，1914 年 1456 萬石，1915 年 1729.1 萬石，1916 年 1374.5 萬石，1917 年僅有 753.9 萬石，1918 年 1793 萬石，1920 年 1558.9 萬石，1921 年 1187.1 萬石。是什麼原因導致糧食產量不穩定？一是戰亂不休，對農業生產產生了巨大的影響。自辛亥以降至 20 年代，陝西一直處於戰亂狀態，尤其是關中地區軍閥混戰與革命戰爭交織在一起，給農業生產帶來了巨大的影響。二是鴉片種植，影響了糧食作物種植。陸建章督陝時開了鴉片種植的惡例，此後陳樹藩、劉鎮華無一不是依靠種植鴉片養活軍隊和中飽私囊，導致糧食作物種植面積減少。三是災荒影響了糧食作物收成。民國初年直至民國十八年年饉發生，陝西幾乎是無年不災，以旱災為例，1915 年 "夏收全無，秋田顆粒未登，災情之大，全省皆然"；1920 年 "陝西少雨，麥收歉薄，入夏後數月不雨，棉花盡為枯槁"；1921 年 "陝西復遭旱魃，災情最為殘酷，災區七十二縣"。①

---

① 溫克剛主編：《中國氣象災害大典·陝西卷》，北京：氣象出版社，2005 年，第 25—26 頁。

因此，北洋時期，戰爭、鴉片種植和災害是影響本省農業發展的主要因素。

四、棉花的種植及改良

陝西不僅是西北地方的主要植棉區，也是全國的重要植棉區。所謂"華棉之主產地，首推江蘇湖北二省……又有陝西、山西之棉，此二省產棉之區，爲黃河兩岸，及陝西之渭、洛二水流域"[①]。一是說明北洋時期，陝西是中國產棉的主要省份；二是反應出陝西棉花產地主要分布在黃河岸邊以及渭河、洛河流域。但陝西棉花品種老化，"陝西原有華棉，韌力與拉力頗强，色澤亦尚潔白，惟纖維粗短，不及美棉遠甚"。同時，陝西棉農"不知育種之要緊，往往取各色棉種雜植一區，其結果不但開花結蒴，不能一致而品種雜糅，每致品質日趨於變劣"[②]。即便美棉傳入陝西，棉農種植也不得法，如渭南"農民亦有種美棉者，惟於選種及栽植諸法墨守舊規，不知改良，以致反形退化"[③]。大荔是陝西棉花重要產地，但農民對於植棉"素不講究，所用種子並不精選，且多爲劣變者。故每畝之收量甚少"[④]。華陰農民不僅不知植棉之利，且"對於植棉之法，曾未從事講求，故種植既屬無多，收成已復歉薄"[⑤]。品種不純與老化，影響棉花產量。據統計陝西棉花畝產量，1914 年平均爲 29.4 斤，1915 年平均爲 30 斤。比鄰省湖北畝產量平均低 56.4 斤[⑥]（1914 年棉花平均畝產量爲 85.8 斤）。據中國整理棉業籌備處調查，陝西棉業種地多產出棉少，每畝收穫量平均五六十斤，究其原因"半由於種法之未善，半由於雨澤之愆期"[⑦]。洋棉與土棉比較，畝產量也有很大差距，如臨潼植洋棉約占 1/3，植土棉約占 2/3，洋棉每畝收净棉 40 餘斤，土棉每畝收净棉斤 20 餘斤，相差成倍[⑧]。因此，陝西棉品種花亟待改良。

棉花種植與推廣是北洋時期一項重要的實業政策。1913 年 9 月，北洋政府任命著名實業家張謇爲農商總長，實行"棉鐵政策"，頒布《植棉製糖牧羊獎勵條例》，獎勵植棉。我國也開始進行改良棉花工作，"有人由美國介紹進來數十種棉籽，在南京金陵大學試驗。所得結果，以愛字棉與脱字棉在中國爲最有希望。後來，金陵大學、東

---

① 張宗芳：《論中國棉業》，《實業月報》1920 年第 2 册，第戊 6—戊 7 頁。

② 《陝西之棉業》，《中外經濟周刊》第 139 號，1925 年 11 月 21 日，第 2、3 頁。

③ 《陝西各縣政治視察彙刊》卷一·《渭南縣》，第 15 頁 a。

④ 《陝西各縣政治視察彙刊》卷一·《大荔縣》，第 32 頁 a。

⑤ 《陝西各縣政治視察彙刊》卷二·《華陰縣》，第 70 頁 a。

⑥ 根據農商部總務廳統計科《中華民國四年第四次農商統計表》（1917 年刊行）第 100 頁植棉畝數與棉花產量計算。

⑦ 《中國棉業調查録》，整理棉業籌備處印行，1922 年 5 月。

⑧ 《陝西各縣政治視察彙刊》卷一·《臨潼縣》，第 12 頁 a。

南大學兩校，就用此二種棉做育種工作。到民國十年前後，就有現在所謂的純種的愛字棉、脱字棉産生。二者之中，愛字棉適宜江南種植，脱字棉適宜江北及黄河流域種植"①。在農商部的宣導與推動下，1920 年成立整理全國棉業處，在陝西省主要産棉縣份設立委託試驗場 6 處，每場面積定爲 30 畝，每年由該處發給棉籽 180 斤，種植費 100 元，又發給種植淺説、各項日記、表册②。1921 年 3 月，農商部訓令各省實業廳：中國各省氣候大半宜棉，"經於七年二月間，訂定推廣美棉辦法，通行産棉省份，籌備照辦；並於八年春間，檢發美棉種子，另飭轉發試種，各在案。比年以來，國内紗廠逐漸擴充，而美棉産量，仍未增進，亟應設法推廣，通飭各縣，切實勸種，以應原料之需求"③。1923 年 3 月，陝西省成立棉業試驗場，由督軍署在省城西郭外撥給軍田 150 畝 "作爲植棉之地"，由省署撥給開辦費 1000 元④。棉業試驗場 "以改良植棉，發達棉業爲宗旨"。試驗事業包括："一、關於棉種選育及配布事項；二、關於棉作栽培及收穫事項；三、關於土壤、肥料、氣候測驗事項；四、病蟲害驅除預防事項；五、關於纖維檢查及製作標本陳列事項；六、其他棉業改良事項。"⑤1924年開始，主要實驗内容包括品種、覆土、浸種、距離、中耕、施肥期、摘心、除蘗、摘花等 9 個方面，並播種脱里斯棉 30 畝，專備選擇優良單本棉株。"曾在附近棉場各農村，宣傳演講，植棉之利益，俾一般農人，皆知植棉之必要"。1925 年進行試驗的内容除上述 9 種外，還增加土壤、播種期、施肥量、灌溉次數的試驗，共計試驗 13 種 50 區，在與衆、農具、推廣等方面也做了不少工作。1926 年四五月間，陝西發生戰事，"是年之改進計劃，或正在進行，或尚未著手，比及戰事告終，數年之成績，遂歸烏有"⑥。

　　一些適宜植棉的縣，也成立了棉業試驗場。1917 年陝西省開辦實業學堂，邠縣李象賢學成回來時帶了棉花種子，在本縣早飯頭、景村、斷涇等村莊試種，隨後推廣到新民、永樂、北極、義門一帶，"所種之小陽花品種，畝産二三十斤，均屬小片種植。雖爲數不多，但對人民還是有相當的補益"⑦。長安縣在農業試驗場内，由農場劃地 12 畝作爲棉業試驗場，種植美國脱字棉、愛字棉及長絨棉三種，試驗結果衹有脱字棉適合種植⑧。隴縣棉業試驗場設在縣城東 30 里的西坡村，有官地五六畝，種植美

① 李國楨：《本廳發散棉籽的經過與希望》，《陝西建設周報》第 3 卷第 1 期，1931 年 5 月 16 日。
② 馬天叙：《陝棉之過去現在與將來》，《新陝西》第 1 卷第 2 期，1931 年 5 月 1 日。
③ 《1921 年 3 月 9 日農商部給各省實業廳的訓令》，《農商公報》第 81 期，1921 年 4 月，政事第 10 頁。
④ 王伯平：《棉業試驗場業經成立》，《陝西實業雜志》1923 年第 5 期，第 1—2 頁。
⑤ 《陝西省棉業試驗場章程》，《陝西實業雜志》1924 年第 6 期，第 4 頁。
⑥ 馬天叙：《陝棉之過去現在與將來》，《新陝西》第 1 卷第 2 期，1931 年 5 月 1 日。
⑦ 王正之：《彬縣解放前的種棉與養蠶情況》，《邠縣文史資料》第 4 輯，1997 年 9 月，第 62 頁。
⑧ 《陝西各縣政治視察彙刊》卷一《長安縣》，第 4 頁 a。

棉，"雖系雇工經營，而收穫尚不大劣"①。一些縣推廣植棉責任由農會或勸業所承擔，如略陽、紫陽等縣，勸業所在推廣美棉起到了積極作用。同時，因日本人在內地辦紗廠較多，而且棉花出口量增加，"棉花的需要既多，人民爭趨其利"②。民間也有推廣植棉，如商縣龍駒寨（今屬丹鳳縣）小學校長陳伊家試種美棉數畝，成績頗佳，每畝收穫量達百斤，每株結桃 80 餘枚③。耀縣南部毗鄰三原，"鄉民感受植棉利益，試種者年益加多，棉種均由涇陽購來"④。

經過政府鼓勵與推廣後，陝西棉業已有一些變化。第一，植棉區域不斷擴大，棉花產量有所提高。陝西的傳統植棉區域在東部臨潼、渭南、華縣、華陰以及渭河北部的三原、高陵、富平等縣。隨著植棉推廣，1919 年調查西部的咸陽、醴泉、鄠縣、岐山、鳳翔等縣"亦間有種者"⑤。但兩三年後的調查表明，上述西部各縣"植棉者亦漸次增加"⑥。另據陝西省實業廳的一份調查，有 55 縣種植棉花⑦，占全省總縣數61%。據 1920 年調查，種植面積超過 10 萬畝的縣包括：華陰縣種植 20 萬畝，產皮棉 4 萬餘擔；華縣 13.3 萬畝，因春旱僅產皮棉 1.2 萬餘擔；渭南縣因春旱棉田大減，仍有 24.2 萬畝，約產皮棉 4 萬擔；臨潼縣 20 萬畝，產皮棉 2.7 萬擔；長安縣 26.4 萬畝，產皮棉 8.76 萬擔。植棉 1 萬—10 萬畝的縣包括：三原縣 8.9 萬畝，產皮棉 1.47 萬擔；盩厔縣 1 萬餘畝，產品皮棉 1700 擔⑧。這些縣成爲陝西的主要產棉區。關於本省棉花植棉畝數和產量沒有詳細的統計，1915 年產額約爲 30 萬擔；1917 年因"秋霜爲災"，產額減少爲 20.8 萬擔；1917—1918 年，日本農商務省派員調查中國各省棉花產量，估計本省棉花產量約 50 萬擔⑨。1919 年後，華商紗廠聯合會開始調查全國各省棉產狀況，本省植棉面積及產額纔有統計。如表 6 所示。

表 6　1919—1924 年陝省棉產統計表

年度	1919 年	1920 年	1921 年	1922 年	1923 年	1924 年
面積（萬畝）	—	128.4	240.6	186.7	164.2	164.2
產額（萬擔）	35.5	29.4	43.0	47.7	46.2	46.8

資料來源：《陝棉之過去現在與將來》，《新陝西》第 1 卷第 2 期，1931 年 5 月 1 日

① 《陝西各縣政治視察彙刊》卷三《隴縣》，第 6 頁 b。
② 楊鐘健：《北四省災區視察記》，《東方雜志》第 17 卷第 19 號，1920 年 10 月，第 117 頁。
③ 《陝西各縣政治視察彙刊》卷一《商南縣》，第 69 頁 b。
④ 《陝西各縣政治視察彙刊》卷二《耀縣》，第 63 頁 a。
⑤ 《民國八年棉產調查報告》，《華商紗廠聯合會季刊》1920 年第 2 期，第 229 頁。
⑥ 《陝西之棉業情形》，《錢業月報》1922 年第 10 期，第 5 頁。
⑦ 段子光：《最近陝省各縣棉花產額調查表》，《陝西實業雜志》1924 年第 7 期，第 63—69 頁。
⑧ 《民國九年各省棉產概況》，《華商紗廠聯合會季刊》1921 年第 3 期，第 230—232 頁。
⑨ 馬天叙：《陝棉之過去現在與將來》，《新陝西》第 1 卷第 2 期，1931 年 5 月 1 日。

從表 6 的調查來看，1920—1924 年陝省棉花產量基本上處於上升狀態，説明當時政府推廣植棉起到了一些作用，同時也看出棉花產量不是很穩定。

第二，棉田占農田比例逐漸增多。如據調查，"三原縣棉業較前數年甚屬發達，前每百畝只種二三畝，現約增至三四十畝，栽培方法精益求精，每畝收量亦較前增加"[①]。該縣棉花占全部耕地從 2%—3%達到了 30%—40%。涇陽縣自民初以來，棉花種植面積逐漸增加，據 1923 年調查，約占農地的 30%。該縣温豐、甘延、清流、金圭等區種植尤廣，而且棉質比他處所產潔白、細長而有彈性，在漢口、上海等市場 "最爲馳名"[②]。朝邑縣植棉 1180 餘頃，產棉 231.1 萬斤；棉田約占耕地面積的 40%，每年約輸往漢口的棉花不下 200 萬斤[③]。據農商部 1919 年調查，陝西省植棉面積有 681.8 萬畝[④]，當時全省耕地面積爲 2922.8 萬畝（1914 年）[⑤]，棉田占到 23.3%。

第三，棉美棉得到了較好的普及。陝西傳統棉花品種是華棉，包括兩種：一種是繭棉，一種是紫棉。甲午戰後，美棉品種逐漸輸入陝西，"以其產品之良，價值之昂，需要之繁，民間遂自行擴充，廣爲種植，而華棉乃日即衰微"。到了北洋時期，尤其是陝西省棉業試驗場成立後，"購備美棉種子，分發各縣種植，以期該省棉業之改良"[⑥]。1925 年至 1926 年，陝西商人購買靈寶德字棉種到關中棉區試種獲得成功[⑦]，對取代土棉起了重要作用。如 1922 年以前調查時，陝西 "各縣之棉種，多係土種"[⑧]，但到 1925 年時陝西 "所種之洋棉，其數以多於華棉"[⑨]。説明美棉推廣速度比較快。又據同時期調查，長安、三原、涇陽、寶雞、華縣、鄠縣、蒲城、漢陰、醴泉、興平等縣已無華棉種植。仍有部分縣華棉與美棉同時種植，如 1923 年調查，咸陽植棉 14.3 萬畝，其中華棉 2.9 萬畝，祇占 20.3%；臨潼植棉 3.8 萬畝，其中華棉 300 畝，僅占 0.8%；盩厔植棉 1.6 萬畝，其中華棉 0.5 萬畝，占 31.3%；盩厔植棉 9700 畝，華棉 1900 畝，占 19.6%；大荔植棉 6.2 萬畝，其中華棉 1.2 萬畝，占 19.4%；高陵植棉 11 萬畝，其中華棉 3.3 萬畝，占 30%；郃陽植棉 35 萬畝，其中華棉 5 萬畝，

---

① 《陝西各縣政治視察彙刊》卷二《三原縣》，第 14 頁 a。

② 《陝西各縣政治視察彙刊》卷二《涇陽縣》，第 20 頁 b。

③ 朝邑縣知事：《朝邑勸業所進行計劃報告書》，《陝西實業雜志》1923 年第 5 期。

④ 《陝西之棉業》，《中外經濟周刊》第 139 號，1925 年 11 月 21 日，第 8 頁。

⑤ 許道夫：《中國近代農業生產及貿易統計資料》，上海：上海人民出版社，1983 年，第 9 頁。

⑥ 《陝西之棉業》，《中外經濟周刊》第 139 號，1925 年 11 月 21 日，第 1 頁。

⑦ 嚴中平：《中國棉紡織業史稿》，北京：商務印書館，2011 年，第 407 頁。

⑧ 《陝西之棉業情形》，《錢業月報》1922 年第 10 期，第 5 頁。

⑨ 《陝西之棉業》，《中外經濟周刊》第 139 號，1925 年 11 月 21 日，第 2 頁。

占 14.3%。祇有少數縣，華棉所占比重較大，如朝邑植棉 13.2 萬畝，其中土棉 10.5 萬畝，占 795%；沔縣、扶風等縣尚無美棉種植。儘管有些縣依然以種植華棉爲主，但在調查 25 縣中，有 10 個縣全部種植美棉，占 40%；有 11 個縣華棉種植數量低於美棉種植數量，占 44%；其餘 4 縣以種植華棉爲主，祇占 16%[①]。北洋政府時期，美棉在陝西得到了較好的普及。

第四，棉花的商品化程度提高了。"陝棉既種於關中道渭河兩岸肥沃之區，故其市集亦多在產棉最富之地。除長安原爲省會，每年產棉亦不少，自有華商經營買賣外，其他如渭南、華縣、華陰各縣，亦均有花店，爲棉產之貿易……陝棉之輸出外省者，多關中道各縣所產之洋棉，若華棉及漢中所產之棉，多由人民自用"[②]。説明美棉推廣成爲植棉商品化的主要原因之一。據 1923 年調查，長安縣產棉 79437 擔，外銷 23630 擔，占 29.7%；三原產棉 16033 擔，外銷 14670 擔，占 91.5%；咸陽產棉 41391 擔，外銷 30000 擔，占 72.5%；涇陽產棉 40060 擔，外銷 30000 擔，占 74.9%；朝邑產棉 47960 擔，外銷 27468 擔，占 57.3%；寶雞產棉 15570 擔，外銷 4579 擔，占 29.4%；華縣產棉 5100 擔，外銷 4000 擔，占 78.4%；臨潼產棉 6780 擔，外銷 3390 擔，占 50%；高陵產棉 22140 擔，外銷 20328 擔，占 91.8%。[③]通過此次調查來看，凡是美棉推廣較好的縣，棉花商品化程度比較高，祇有少數縣商品化程度較低。

儘管北洋時期陝西棉業發生了上述變化，但種植面積與產量並不穩定。"全省棉田自民六年後逐見增加，至民十三年而有一百六十余萬畝，自後以時局不定，捐稅苛雜，甚且改種毒物，棉田布減，十四年減百分之二十，十五年則減百分之六十四，去年則減百分之四十八，其減額亦可謂巨"[④]。如表 7 所示。

表 7　1924—1927 年陝西棉業統計表

年份	1924 年	1925 年	1926 年	1927 年
棉田面積（畝）	1643288	1316260	1056585	807347
每畝收皮棉（斤）	29	32	30	26
總產量（擔）	476888	428772	220970	211637

資料來源：《陝西棉產退化之前因後果》，《商業月報》1928 年第 3 期，第 7 頁；又見《申報》1928 年 2 月 20 日

是什麼原因導致陝西棉業衰退與棉花減產？一是鴉片種植面積擴大，導致植棉面積減少。自陳樹藩督陝以來，陝西開始強迫民衆種植鴉片，到劉鎮華時期有過之而無

---

① 馬柔西：《陝西省十二年度各縣棉業調查表》，《陝西實業雜志》1924 年第 8 期，第 1—7 頁。

② 《陝西之棉業》，《中外經濟周刊》第 139 號，1925 年 11 月 21 日，第 11 頁。

③ 馬柔西：《陝西省十二年度各縣棉業調查表》，《陝西實業雜志》1924 年第 8 期，第 1—7 頁。

④ 《陝西棉產退化之前因後果》，《商業月報》1928 年第 3 期，第 7 頁；又見《申報》1928 年 2 月 20 日。

不及。如調查者所言："一九一四年後，農民多由鴉片而改植棉花的趨向。一九二〇年煙禁開放後，又有由棉花改種鴉片的趨向。"[1] 陳樹藩、劉鎮華爲了保住陝西地盤，巧立名目，向居民徵收"煙稅"。劉鎮華時期"平均陝西之煙稅約多出田賦三四倍。劉鎮華督陝時，直接管轄尚不過十數縣，每年煙稅總收入在 1500 萬元以上，這個數目已超過了全陝田賦一倍有餘"[2]。政府強徵"煙稅"，農民不得不種煙，"大約每縣自八百畝至二千畝不等"[3]。又如醴泉縣"一九二五年所種的鴉片比民國以來任何一年都要多。往年人們祇是把不適於種糧食的土地用來種鴉片，但是現在不是這樣了。農民需要土地種植糧食，但是他們却種著鴉片"[4]。由於大面積種植鴉片，導致棉田逐年減少。

二是種植棉花成本高，入不敷出。據 1926 年調查，陝西農民種植 1 畝棉花，土地租金需 3 元，肥料、人工、種子需要 5.5 元，捐稅、預徵 1.5 元，總計每畝支出爲10 元。但每畝祇能收穫棉花 26 斤，以當時面價每擔 15 元計，26 斤棉花售價不過3.9 元[5]。以此計算，農民種植棉花每畝虧本 6.1 元。農民寧願種植鴉片，也不願種植棉花。因此，軍閥統治，社會動蕩，民不聊生，是陝西棉業衰退的主要原因。

三是自然災害。如 1925 年八九月間，發生蟲災，"將棉葉多半食盡，甚有傷及嫩芽者，爲害之烈，向所未聞"[6]。蟲災導致當年棉花減産。

五、耕地、地權與租佃關係

北洋時期陝西農户、耕地資料不多，僅有的資料又相差較大。就筆者所見資料，對相關問題進行討論。表 8 是民國初年陝西農户與耕面積的統計。

表 8　民國初年陝西農户與耕地面積統計表

年份	農家户數	耕地（畝）				農地與園圃比例（％）	
		農地	户均	園圃	合計	農地	園圃
1914 年[1]	1971874	30800806	15.62	899991	31700797	97.16	2.84
1915 年[1]	1301808	31176763	23.95	844895	32021658	93.36	2.64
1916 年[1]	1516473	31622720	20.85	1065377	32688097	96.74	3.26
1917 年[2]	1335176	31533725	23.62	1193987	32727712	96.35	3.65
1918 年[3]	1308132	27642674	21.13	846087	28488761	97.03	2.97

---

① 陳翰笙：《崩潰中的關中的小農經濟》，《申報月刊》第 1 卷第 6 期，1932 年 12 月 15 日，第 15 頁。

② 武陵：《反奉戰爭期間陝西各方面之情况》，《嚮導》第 145 期，1926 年 2 月，第 1341 頁。

③ 羅運炎：《中國鴉片問題》，協和書局，1929 年，第 186 頁。

④ 羅運炎：《中國鴉片問題》，第 214 頁。

⑤ 《陝西棉産退化之前因後果》，《商業月報》1928 年第 3 期，第 7 頁。

⑥ 馬天叙：《陝棉之過去現在與將來》，《新陝西》第 1 卷第 2 期，1931 年 5 月 1 日。

续表

年份	農家户數	耕地（畝）				農地與園圃比例（%）	
		農地	户均	園圃	合計	農地	園圃
1919 年④	1306336	30033918	22.99	566983	30600901	98.14	1.86
1920 年⑤	1440001	30399122	21.11	580823	30979943	98.12	1.88
1921 年⑥	1637295	31917822		484869	32402691		

資料來源：①農商部總務廳統計科：《第五次農商統計表》，1919 年 2 月刊行，第 2 頁；②農商部總務廳統計科：《第六次農商統計表》，第 2 頁；③農商部總務廳統計科：《第七次農商統計表》，1922 年 2 月刊行，第 2 頁；④農商部總務廳統計科：《第八次農商統計表》，1923 年 5 月刊行，第 2 頁；⑤農商部總務廳統計科：《第九次農商統計表》，1924 年 6 月刊行，第 2 頁；⑥農商部總務廳統計科：《第九次農商統計表》（附第十次統計），1924 年 6 月刊行，第 19—20 頁

表 8 是對 1914—1916 年農户與耕地的統計。從該項統計來看，農家户數變化比較大，1914 年陝西農户爲 197 萬户，1915 年突然降低到 130 萬户，減少了 67 萬户。這種情形的出現，説明 1914 年的統計不準確，農户資料不可靠，所得出的户均耕地也缺乏可靠性。從 1915 年至 1920 年陝西農户維持在 130.2 萬—1511.6 萬户之間；農業耕地維持在 2700 萬—3160 萬畝之間，在全部耕地中，農地占 97%以上，園圃占地面積很少；户均耕地基本上維持在 20—24 畝之間。在當時的耕作技術條件下，户均耕地顯然不足。陝西灌溉農業主要分布在關中和陝南地區，其他地區灌溉較少，以 1921 年統計爲例，全省耕地總面積爲 3191.8 萬畝，其中旱地 2982.5 萬畝，占 93.4%；水地 209.2 萬畝，僅占 6.6%①。陝西是一個以旱農爲主的省份。

關於北洋時期陝西省地權分配，北洋時期資料較少，祇能根據官方公布的資料和少量的調查資料進行分析。根據北洋農商部 1920 年調查，陝西農户總數爲 1637295 户，其中自耕農 1014544 户，占 62%；租種户 338842 户，占 20.7%；半自耕農 283909 户，17.3%。從這組資料來看，陝西省是一個自耕農社會，但也有 38%的農民耕地不足，祇有依賴租種土地維持生計。因此，在陝西的耕地中，有 781.6 萬畝出租，占全部土地的 24.5%②，出租土地幾占全部耕地 1/4。另有 1919 年的調查表明，"陝西十畝以下的自耕小農占到百分之六十以上，而這許多小農因爲耕地不足，必然地要向地主租佃自種，因之陝西非但租佃農在北部六省中居了首位，而自耕兼佃農的成分也比較最多"③。説明在某些地方地權存在嚴重的不均衡問題。

北洋時期，陝西省農會等機構對某些縣農户分配也進行了調查。位於漢中盆地中心地帶的南鄭縣，有農户 21110 户，耕地 165300 畝。其中自耕農 2360 户，耕地 21300 畝，分別占 11.2%和 12.9%；佃農 11490 户，租地 98670 畝，分別占 54.4%和

---

① 農商部總務廳統計科：《第九次農商統計表》（附第十次統計），1924 年 6 月刊行，第 19—20 頁。
② 農商部總務廳統計科：《第九次農商統計表》（附第十次統計），1924 年 6 月刊行，第 34—35 頁。
③ 石筍：《陝西災後的土地問題和農村新恐慌的展開》，《新創造》第 2 卷第 1—2 期合刊，1932 年 7 月 22 日。

59.7%；半自耕農（自種兼租種户）7260 户，耕地 45330 畝，分別占 34.4%和 27.4%①。南鄭地權分配嚴重不足，佃農占到全部農户的 54%以上，租種土地約占全部土地的 60%。商縣農户 48377 户，耕地 96316 畝。其中自耕農 44682 户，耕地 81534 畝，分別占 92.4%和 84.7%；佃農 2645 户，耕地 9576 畝，分別占 5.5%和 9.9%；半自耕農（自種兼租種户）1051 户，耕地 5206 畝，分別占 2.2%和 5.4%②。商縣是陝西省耕地比較缺乏的縣份，地權分配相對比較分散。

我們通過不同農户所占比例來看陝北的地權分配狀況。先看 1920 年北洋政府第九次農商調查的情形，如表 9 所示。

表 9　陝北各種農户統計表

縣份	農户總數	自耕農		佃農		自耕農兼佃農	
		户數	比例	户數	比例	户數	比例
榆林	4733	2215	46.8%	1440	30.4%	1078	22.8%
神木	9110	6512	71.5%	2012	22.1%	586	6.4%
府谷	11702	7417	63.4%	2221	19.0%	2064	17.6%
横山	3870	1272	32.9%	1252	32.4%	1346	34.8%
葭縣	21620	8129	37.6%	7160	33.1%	6331	29.3%
膚施（延安）	3707	1707	46.0%	955	25.8%	1045	28.2%
安塞	3792	1441	38.0%	748	19.7%	1603	42.3%
甘泉	2322	1113	47.9%	438	18.9%	771	33.2%
保安	2229	1304	58.5%	434	19.5%	491	22.0%
安定	2858	1687	59.0%	972	34.0%	199	7.0%
延長	3707	1707	46.0%	955	25.8%	1045	28.2%
延川	3851	2390	62.1%	795	20.6%	666	12.3%
定邊	3552	3532	99.4%	20	0.6%	—	—
靖邊	3868	3479	89.9%	263	6.8%	126	3.3%
綏德	23952	6807	28.4%	9193	38.4%	7952	33.2%
米脂	16725	5884	35.2%	3282	19.6%	7559	45.2%
清澗	11612	3631	31.3%	4725	40.7%	3256	28.0%
吳堡	4277	2353	55.0%	938	21.9%	986	23.1%
富縣	6268	3828	61.1%	1588	25.3%	852	13.6%
洛川	6498	3429	52.8%	1718	26.4%	1351	20.8%
中部	2684	1548	57.7%	583	21.7%	553	20.8%
宜君	4907	1521	31.0%	1811	36.9%	1575	32.1%
宜川	4944	2128	43.0%	1804	36.5%	1012	20.5%
合計	162788	75034	46.1%	45307	27.8%	42447	26.1%

説明：百分比由筆者計算

資料來源：農商部總務廳統計科《中華民國九年第九次農商統計表（附第十次農商統計表）》，第 34 頁

通過表 9 來看，陝北地區地權分配相對比較集中，自耕農祇占農户總數的 46.1%，佃農占 27.8%，半自耕農占 26.1%。在統計的 23 縣中，有的縣地權比較分散，有的縣

---

① 《陝西南鄭縣農業制度調查表》，《陝西省農會雜志》第 3 年第 2 期，1915 年 6 月 20 日。

② 《陝西商縣農業制度調查表》，《陝西省農會雜志》第 3 年第 2 期，1915 年 6 月 20 日。

比較集中，大致分兩種情形：一是條件比較好的縣地權比較集中，如東部的葭縣、綏德、米脂、清澗、宜君等縣地權比較集中，佃耕農占有很高的比例。二是自然條件比較差的地方，地權相對比較分散，如富縣有農户 4088 户，耕地 220948 畝。其中自耕農 3455 户，占 84.5%；自耕地 209038 畝，占 94.6%。佃農 471 户，占 11.5%；佃耕地 7644 畝，占 3.5%；半自耕農 162 户，占 4%，有土地 4266 畝，占 1.9%[①]。又如定邊基本上全部是自耕農，靖邊 90% 是自耕農。

　　關於關中地區的地權狀况又有所不同。根據 1920 年北洋政府第九次農商統計，在有統計資料的關中 34 縣中，農户總數為 813273 户，其中佃農 146909 户，占 18.1%，低於陝西平均數。從整體來看，關中佃農平均比例比陝北少了 8 個百分點，説明關中地權相對比較分散。但在關中並不是所有縣地權都比較分散，其中佃農比例在 5% 以下的祇有 7 縣，即咸陽 2.7%，鄠縣 4.4%，朝邑縣 2.8%，白水縣 4.5%，潼關縣 1.8%，華縣 1.3%，栒邑縣 2.8%；佃農比例在 5%—10% 的縣有 4 縣，即鄜縣 6.1%，麟游縣 8.8%，永壽縣 6.9%，領先 9.9%；佃農比例在 11%—20% 的有 5 縣，即長安縣 11.3%，鼇屋縣 19.4%，醴泉縣 14%，韓城縣 12.3%，岐山縣 16.6%，佃農比例在 20%—30% 的有 15 縣，即興平縣 22.8%，藍田縣 26.3%，渭南縣 23.1%，大荔縣 26.7%，華陰縣 23.3%，蒲城縣 26.1%，鳳翔縣 20.2%，寶雞縣 21%，扶風縣 24.1%，汧陽縣 23.8%，邠縣 26.6%，淳化縣 28.9%，武功縣 28%，長武縣 21.4%，乾縣 20.4%；佃農占 30 以上的有 3 縣，即臨潼縣 35%，澄城縣 32%，郃陽縣 30.4%。[②]從上資料看出，關中地權比較分散的祇是少數縣，大部分縣的地權相對比較集中。有學者提出了"關中無地主"與"關中無租佃"的説法[③]，也就是説關中地權比較分散，事實上不可一概而論。

　　北洋時期陝西地權變化情况如何？先看表 10。

表 10　1917—1920 年陝西省農家耕地占有比較表

年份	10 畝以下	10 畝以上	30 畝以上	50 畝以上	百畝以上	合計
1917 年	615848	368777	188529	98038	63984	1335176
1918 年	496053	443652	214131	98537	55759	1308132
1919 年	397897	451610	252510	146786	57533	1306336
1920 年	379633	451964	363342	189931	55131	1440001
1921 年	319093	467773	645128	164770	40431	1637195

資料來源：農商部總務廳統計科：《中華民國九年第九次農商統計表（附第十次農商統計表）》，第 30、39 頁

---

　　① 《陝西富縣農業制度調查表》，《陝西省農會雜志》第 3 年第 2 期，1915 年 6 月 20 日。
　　② 農商部總務廳統計科：《中華民國九年第九次農商統計表（附第十次農商統計表）》，1924 年 6 月刊行，第 34—35 頁。
　　③ 秦暉：《封建社會的"關中模式"——土改前關中農村經濟研析之一》，《中國經濟史研究》1993 年第 1 期。

從表 10 來看，10 畝以下的農户和百畝以上的都呈減少趨勢，而 10 畝以上至 100 畝之間的農户呈增加趨勢，説明 1917 年至 1921 年陝西省地權呈分散趨勢。但整體分散並不是説没有土地兼并，陝北楊家溝馬家大地主在此期間兼并了不少土地。陝北楊家溝有著名的馬家地主集團，其創始人是馬嘉樂，堂號"光裕堂"，主要通過放高利貸的方式兼併土地，有"買地"與"典地"兩個途徑[①]。因分家析産，到北洋時期"光裕堂"已分化爲大地主、中地主和小地主。馬維新是"光裕堂"第三代，從祖上繼承的土地最初由 103.5 坰。馬維新從宣統元年到 1917 年一直在米脂和山西吉鎮之間做糧食生意，1917 年開始買地和"典地"，當時土地價格是 1 坰 6 兩銀子，1924 年至 1928 年共買進土地 71 坰；據調查，宣統三年（1911 年）前馬維新有典地 897.7 坰，被出典人贖去的有 586.5 坰，由"典地"轉爲"買地"的，有 235.5 五坰。這就是説，在變化著的典地中，有 26%的典地變成了買地。同樣的比例，在 1912 年至 1921 年爲 23.63%，在 1922 年至 1931 年上升爲 49.63%[②]。足見，在北洋政府時期，陝北馬家地主主要通過放高利貸兼并土地。就全省而言，土地兼併頁比較嚴重。也有學者考察，從晚清到 1920 年代陝西地權在集中。"在陝西的貢税、徵發、戰争和土匪使著農民的土地價格已低落到平均從五十元到十八元一畝。富豪無代價的購買土地，而農民耕作這些土地却成爲負債者佃户的性質。十五年至二十年以前在陝西曾是自足的農民經濟所統治，而租佃曾是極少的現象。現在在陝西的中部約計百分之四十至五十的農民係軍閥、官僚、商人和將領們的佃户。英國的牧師巴荷拿一八八〇年在陝西偶爾遇到幾個佃户，而現在整個農民經濟的百分之八十都成了對於高利貸者的債務者，約計整個農民的百分之二十都成了佃户"[③]。從上述文獻來看，晚清時期陝西佃農數量比較少，到 1927 年佃農比例占到了全部農户的 20%。

土地集中，佃農比例增加，租佃關係也顯得比較複雜。表 11 是馬維新出租土地及租額變化情况。

表 11　馬維新出租土地及租額變化統計表（1984—1927 年）　（單位：斗）

年份	每坰原租額	變化指數	每坰實交租額	變化指數	占原租額比	備考
1884 年	1.67	100	0.43	100	25.7%	
1912 年	2.3	137.7	3.02	180.8	131.3%	
1913 年	2.3	137.7	2.54	152.1	110.4%	
1914 年	2.51	150.3	3.04	182.0	121.1%	

---

　　① 所謂"典地"就是放高利貸典押土地，尚未"買死"，出典的人，如還清債務時，還可贖回，但真正能贖回的很少；所謂"買地"就是通過買賣關係土地所有權完全歸買主所有。（延安農村工作調查團：《米脂縣楊家溝調查》，北京：人民出版社，1980 年，第 2—3 頁）

　　② 延安農村工作調查團：《米脂縣楊家溝調查》，第 30、40 頁。

　　③ 馬紮亞爾：《中國農村經濟研究》，神州國光社，1934 年，第 261 頁。

年份	每垧原租額	變化指數	每垧實交租額	變化指數	占原租額比	備考
1915 年	2.76	165.3	3.05	122.8	74.3%	
1916 年	2.76	165.3	0.68	40.7	24.6%	今年旱災
1917 年	2.72	162.9	4.04	242.0	128.2%	今年豐稔
1918 年	2.75	164.7	4.57	273.6	166.2%	豐稔，加租
1919 年	2.84	170.1	3.04	182.0	107.0%	今年加租
1920 年	2.84	170.1	1.47	88.0	51.8%	
1921 年	2.84	170.0	3.44	206.0	121.1%	
1922 年	2.97	177.8	3.66	219.2	123.2%	今年加租
1923 年	3.01	180.2	3.43	205.4	113.9%	
1924 年	3.14	188.1	1.42	85.0	45.3%	
1925 年	3.14	188.1	4.0	239.5	137.0%	今年豐稔
1925 年	3.14	188.1	3.71	222.1	118.2%	
1927 年	3.15	189.8	3.98	238.3	125.6%	

資料來源：延安農村工作調查團：《米脂縣楊家溝調查》，第 89—91 頁

　　從表 11 來看，民國時期的地租比晚清時期增長了 3 倍有餘，從民國初建到 1927 年，地租增長了 1.37 倍；地主對佃户的剝削率也發生了較大的變化，1884 年地租率每垧地租 0.43 斗，北洋時期豐年和常年每垧實交地租均在 3—4 斗，均超過原地租額，從 1912—1927 年的 16 年中，超過原租額的年份 12 年，占 75%。説明在陝北地主對農民的剝削是十分沉重的。

南京國民政府時期陝西的水利（1927—1937）

温　豔

一、水利管理機構與水利法規

陝西省 1927 年設水利分局，南京國民政府成立後，歸併建設廳。1932 年 8 月從建設廳獨立建制，隸屬陝西省政府，李儀祉[①]爲獨設後的首任水利局長，"從此興辦水利，有專司機關"[②]，下設水政、水工、總務 3 科。水利局的職能包括："（一）關於興辦各項水利工程事項；（二）關於管理已建成水利工程事項；（三）關於處理非民事訴訟之水利爭議事項；（四）調查研究全省水文事項；（五）關於協助民辦水利事業等事項。"[③]1934 年 8 月，經過修正後的《統一水利行政及事業辦法綱要》規定：各省水利行政，由建設廳主管；各縣水利行政，由縣政府主管，受中央水利總機關之指揮監督[④]。根據該規定，當時全國各省水利大多屬於建設廳管理，唯獨陝西省水利局直屬省政府，足見本省對水利事業的重視。

隨著水利事業的擴展，隸屬於水利局的各種水利管理局、處、所等各種基層水利機構相繼成立。1933 年 5 月，將全國經濟委員會在大荔縣的引洛工程處改爲涇洛工程局，主辦洛惠渠工程[⑤]。1934 年，經水利局長李儀祉建議省政府設立漢南水利局，管理南鄭、城固、洋縣、西鄉、褒城、沔縣、留壩等 7 縣水利事業，除管理現有渠堰

作者簡介：温豔，女，陝西師範大學歷史文化學院教授。

①　李儀祉（1882—1938 年），陝西省蒲城縣人，著名水利學家和教育家，我國現代水利建設的先驅。1915 年畢業於德國丹澤工業大學，1922—1927 年任陝西省水利局局長，兼任陝西省教育廳廳長和西北大學校長。1930 年任陝西省建設廳長，全國救濟水災委員會委員兼總工程師，中國水利工程學會會長。1932—1936 年任陝西省水利局局長，黃河水利委員會委員長兼總工程師，全國經濟委員會常務委員。

②　《陝西省水利局於前月成立》，《陝西建設週報》第 4 卷第 21 期，1932 年 9 月 24 日。

③　陝西省編制委員會、陝西省檔案館：《民國時期陝西省行政機構沿革（1927—1949）》，第 214 頁。

④　《統一水利行政及事業辦法綱要》，《實業公報》第 189—190 期合刊，1934 年 9 月 1 日。

⑤　陝西省人民政府農林廳水利局：《陝西省農田水利概況》，西安：西北人民出版社，1951 年，第 20 頁。

外，又兼及研究新興水利，調處水利爭議、防汛、防災等，比以往水利機關管理範圍大且周詳①。具體職能是："（一）整理各渠水利並清理註册登記；（二）管理各縣廢渠之修理及使用；（三）調處各縣人民水利爭議；（四）調查各縣水利，研究其改良擴充方法。"②1934 年 1 月，原渭北水利工程處改爲涇惠渠管理局，負責該灌溉渠一切事務，包括灌區用水糾紛、水權註册、編造統計、灌溉地畝薄册編造、各種閘門斗口的開閉、水利養護與修理、灌區經濟與水文研究等③。爲方便管理，該局還在張家山、社樹、劉解、漢堤洞、涇陽、三原、磨子橋、仁村、高陵等處設管理處，常駐管理人員④。使涇惠渠形成了比較完善的管理系統。

除省屬水利行政機關外，還有各種水利委員會與協會等，爲水利管理的輔助機構。

1. 水利經費保管委員會

爲籌措和使用水利經費，1933 年，陝西省成立了水利經費保管委員會，由省水利局長、財政廳長、省教育會、省商會、省政府認可的團體機關以及與水利有關的省民衆團體代表組成。其職責是："一、關於水利經費之籌劃及保管事項；二、關於水利經費用途之監督事項；三、關於水利經費預決算之審核事項。"⑤該委員會下設文書、事務兩股，文書股主要職責是撰擬文電、典守印信、核校電文、記錄會議、繕寫簽稿；事務股的職責是編製各項預決算；登記及保管各項賬簿與各種單據；出納款項及保管存摺、現金；購置及保管本會應用物品；保管案卷與收發檔等⑥。該委員會每月 6 日開會，報告和討論與水利有關事項，在必要時邀請相關人員列席會議⑦。該會成立後，建立比較嚴密的水利經費使用與管理制度，規定"水利主管機關，向本會領取經常費時，應依照核准預算數目，填具領單，連同公文由本會查核；如係臨時經費，應先編造預算，經本會核准後，再填具領單"；"每月六日前，出納員將上月一切收支數目，善具對照表，先由本會審核，俟審核後再呈省府備查，並張貼本會門首，俾衆周知而示公開"⑧。做到支付合理與帳目公開。

2. 農田水利委員會

1935 年 1 月，在李儀祉的建議下，陝西省政府會議決定成立陝西省農田水利委員

---

① 陳靖：《管理漢中水利一年來之回顧》，《水利月刊》第 7 卷第 4 期，1934 年 10 月。
② 《修正陝西省漢南水利局組織規程》，《陝西財政旬報》1935 年 6 月下旬。
③ 《修正陝西省涇惠渠管理局暫行組織規程》，《陝西水利季報》第 3 卷第 1 期，1938 年 3 月。
④ 《涇惠渠管理概況》，《陝西水利季報》第 10 卷第 1 期，1948 年 3 月。
⑤ 《省水利經費保管委員會組織章程》，《陝西水利月刊》第 1 卷第 12 期，1933 年 12 月。
⑥ 《陝西省水利經費保管委員會辦事細則》，《陝西水利月刊》第 1 卷第 12 期，1933 年 12 月。
⑦ 《陝西省水利經費保管委員會會議規則》，《陝西水利月刊》第 1 卷第 12 期，1933 年 12 月。
⑧ 《修正陝西省水利經費保管委員會保管支付細則》，《陝西水利月刊》第 2 卷第 1 期，1934 年 2 月。

會，其職能是"甲、討論關於農田水利之提案；乙、審查關於農田水利之規章；丙、督促農田水利建設之進行；丁、籌畫農田水利建設之經費"[①]。該委員會成立後，成爲籌劃陝西農田水利的主要機構。如同年 7 月 4 日開始關中多地連續降暴雨，造成沿秦嶺各河流暴漲，灃河決口。該委員會召開第四次會議，討論對策。通過議決包括：①本省河流疏於防治，易致水災，擬請主管機關分別勘定修理計劃，督飭人民限期完成，以保農田安全；②准陝西水利局函送整理渭南、華陰間諸峪水道，以利農田；准陝西水利局函送整理澇河、黑河，以增進農田水利；准陝西水利局函送灃、壩、滻諸河根本治導方案。議決後，函告水利局"根據此方案，擬詳細計劃"[②]。

　　3. 水利協會

　　水利協會是興辦水利及預防水患"有共同關係之土地所有者"組織的民間組織[③]。隨著陝西水利事業的發展，陝西省水利局號召"凡有水利的地方，來組織水利協會。就是深知道舊有和新興水利的管理、修護、處息，一切事情，很關重要，並痛念人民爭水鬥毆，訴訟的大害處，所以纔來指導協會，好將你們大家共同享受，或合力辦成功的水利事業，指導你們大家來成（立）一個健全團體，確守法令規約，一方面可以給他負擔經營、管理、保護的責任；一方面並可隨時公平處息一向爭水的糾葛，這樣水利的利益，便自然可永久享受了"[④]。爲規範水利協會運作，1933 年 7 月，頒布了《陝西省水利協會暫行組織大綱》，規定"引用同一水源，其利害互相有關聯者，應組織'水利協會'"；成立水利協會應呈報該地縣政府，轉呈省水利局備案。水利協會會長具備的資格爲："1. 年高有德，在該會該區域內，有相當土地，以農爲業者；2. 熟悉當地水利情形者；3. 非現任官吏及軍人；4. 未受褫奪公權之處分者。"職責包括："1. 召集全體會員或代表大會，並執行其決議；2. 平處各分會或會員間之糾紛；3. 監督並指揮各分會長或會員履行職務；4. 指揮各分會或會員對於各項工程之養護及修理"。協會或分會會員代表大會的職責包括"審核預算決算，及工程費"；"各項工程歲修、或新修之計劃"；"各項工程所需物、力役及費用之分擔"[⑤]。該大綱頒布後，各主要灌溉區和河流成立了水利協會，據調查，抗戰前水利局與會縣督導成立協會 25 處，共轄分會 135 處，"每年春秋二季由局派員視察加以指導，各渠堰中復有

　　① 《陝西省農田水利委員會暫行組織規程》，《陝西水利月刊》第 3 卷第 1 期，1935 年 2 月。
　　② 《省農田水利會舉行四次會議》，《陝西水利月刊》第 3 卷第 7 期，1935 年 8 月。
　　③ 《水利協會章程》，《陝西建設周報》第 2 卷第 1 期，1930 年 5 月 24 日。
　　④ 《本局爲組織水利協會告民衆書》，《陝西水利月刊》第 3 卷第 4 期，1935 年 5 月。
　　⑤ 《陝西省水利協會暫行組織大綱》，《陝西水利月刊》第 3 卷第 8 期，1933 年 8 月。

因情形特殊，袛組分會，不設協會，直接歸陝南水利管理局節制者計三十九處”。

4. 河流堤防協會

爲建立河堤防護系統，陝西省建設廳要求組織各河流堤防協會。組織辦法是：①同一河流各堤利害互有關聯者應組織一協會，兩岸及上下游得設分會管理；②河流較大因山脉或高原天然分爲區段，呈請省水利局後可以分段組織協會。③河堤協會由省水利局指導該管縣政府指導人民組織，涉及兩縣以上應有該管縣政府會同辦理。協會成立後應備報省水利局和縣政府事項是：①協會或分會名稱、辦公地址；②協會或分會所有堤及該段河道平面圖、橫斷面與關係區域圖；③協會或分會區域内的土地、人口表册；④協會或分會規約及會員總數、職員名册。協會與分會會長的資格是：①私德完備，在該區域内有相當土地及正當職業者；②對於堤工有相當經驗者；③非現任官吏及軍人；④未受褫奪公權的處分者。[①]

總之，南京國民政府建立後，陝西省形成了以國家爲指導和比較完善的省、縣水利行政機關逐步建立與健全，形成了以農田灌溉和防洪爲中心的水利管理系統。

5. 水利法規

隨著水利成爲陝西省經濟建設的主要内容和水利建設日益正規化，省政府還頒布了一些水利法規，以規範水利建設和水的利用。

1930 年 5 月，陝西省政府頒布了《陝西水利通則》。第一，水資源權屬的規定。“凡陝西省區域内一切地上、地下流動（如河川）、静止（如泉湖）之水均爲國有及省有”，私人與團體取得用水權必需符合民法物權法的相關規定進行註册，未經註册的用水權按照習慣及原有約定參考本通則使用。第二，農田水利的規定。“凡河渠壩堰，其平時水量僅敷原有管道灌田之用者，在同一水源之上游不准再開新渠，但所開新渠賺爲引山洪灌田或築壩蓄水”除外；“凡遇亢旱時期，水量不足之管道，灌溉渠内既不准增種需水過多之農作物”，如稻、蓮、菜蔬等；“凡引水工程（農田工業均屬之）經過村莊、堡寨時，其附近居民不得以風水、迷信而阻撓”；“凡開渠、築堰時，遇房屋、墳墓或他種建築物等，務須設法繞開，其無法繞避者得令其主拆卸遷移，但須受水人付以相當之費用，其給費之多寡，由該縣建設局公平估計，呈由縣長核辦。如工程較大，索費過昂得按照土地徵收法辦理”；“凡開渠、築堰、修堤建壩及蓄水等工程，有占用人民之土地者，得按時價購買”；“凡由省或數縣合辦較大之水利工程，其包含在内之小水利事業無論其已成未成均得合併辦理”；“凡工業用水

---

① 《陝西省各河堤防協會暫行組織大綱》1933 年 7 月 29 日，《陝西建設公報》第 10 期，1933 年 9 月 5 日。

如有妨礙農田灌溉且其利益不及灌溉利益之大者，無論已成未成均得停止”。[①]該通則規範了水資源權屬、農田水利興修及獎勵等制度與辦法。

爲加强河堤保護，1933 年 6 月，頒布了《陝西省各河堤修護防汛章程》，規定：河堤修護防汛由該河堤受益居民擔任；建立河堤巡查制度，在春夏秋三汛前各巡查 1 次，每次巡查要在河堤堆積石塊、土牛等，發現問題及時處理；各段堤保須隨時督促村長派村民輪流沿堤稽查，發現下列情形“（一）私行焚毀、割伐樹株、草坡、蘆蕩者；（二）沿堤縱放牲畜或攤釀肥料者；（三）搜捕熏灌狐、鼠、鱔、蟹等動物穿穴成洞而不即時築補完固者；（四）在堤頂安置引水器械或移用土石者；（五）在堤頂、堤坡及距堤脚四公尺以內耕種者；（六）在距堤脚二十公尺以內取土成溝者”等，及時報告水利協會；每年汛期，各段河堤村長率領村民搭建窩棚，派人晝夜巡視，發現水漲或有漫溢之虞，立即鳴鑼召集民衆搶修。[②]基層建立了防汛組織機構，從制度上保障了防汛機構的運行。

二、農田水利的興修

1. 傳統灌溉與小型水利

1928 年至 1930 年的大旱期間，地方士紳與政府認識到水利對於防災、減災有重要意義。在陝西建設廳的引導下，全省新修了一些小型水利工程，如 1928 年，澄城縣利用大峪河修建了民生渠，可灌田 200 畝；1929 年，同官縣利用小溝集水和漆河，修建了民生、共和、民益、自治 4 渠，共計灌田 325 畝[③]。這些小渠灌田面積小，祇能應付一村或一戶之需，難以解決較大灌溉問題。

經歷大旱災後，陝西省建設廳把興修水利當作防旱主要途徑，“居今日而言救濟，惟有努力於防旱工作，爲報本切要之圖。本廳兩年以來，日夜所焦思設計者，亦爲興水利之是務”。一是“開渠蓄水引導灌田”，二是“提倡普鑿灌田水井”。[④]地方也開始製定興修水利計劃，如漢中“一面督飭各縣修浚渠堰，一面調查各縣渠堰河道”，計劃對沔縣的白馬堰、洋縣的鐵椿堰、褒城的山河堰進行“詳細勘察，精密設計”[⑤]。地方小型水利工程興修，主要有以下幾種情形。一是有的縣開明士紳階層與

---

① 《陝西水利通則》，《陝西建設周報》第 2 卷第 1 期，1930 年 5 月 24 日。

② 《陝西省各河堤修護防汛章程》，《陝西建設公報》第 5 期，1933 年 6 月 20 日。

③ 傅安華：《西北的水利事業》，《西北資源》第 2 卷第 1 期，1941 年 4 月 10 日。

④ 《陝西省防旱計劃》，《陝西省建設周報》第 4 卷第 15 期，1932 年 8 月 6 日。

⑤ 《訂定陝南建設計劃方案》，《陝西建設周報》第 3 卷第 27 期，1931 年 11 月 14 日。

地方政府合作興建水利。如扶風縣北美水爲漳水最大支流，該縣建設局欲引渠灌溉，因資金問題未能動工。士紳齊景嶽等人出資發起引美水灌田，由縣建設局勘測，1932年5月25日動工，6月28日竣工，日可灌田15畝，灌溉面積能達到370餘畝[①]。盩厔縣士紳蔣安社組織森林河堤護持委員會，組織當地民衆在裕盛灘修築管道可灌田1000畝以上[②]。二是以工代賑修築小型水利。如沔縣天慶堰是在該縣建設局組織下修建，可灌田1200餘畝。開渠築堰工作由本村貧民擔任，每人每日由水利會發米1斤8兩，由義倉借用；另給工錢400文，由灌溉地主攤派，每畝出洋2元[③]。1930年至1931年夏，長安縣山洪暴發，曹家堡霸河數處決堤，淹沒農田20餘頃。6月9日，劉家堡堡水利公會上報修復決堤需15320元，若“以工代賑或可減少工費十之一二”。省政府諮請華洋義賑會“酌撥款項，以工代賑修築”[④]。從現有的資料來看，小型水利工程修築成效並不顯著。

這期間，陝西小型水利灌溉主要利用舊有的管道爲主。關中傳統灌溉水利分爲渭河南北兩系，有灌渠185條，可灌溉農田147541畝[⑤]。陝南保留了許多傳統農業灌溉設施——渠堰，據全面抗戰前統計，陝南有一定規模的各種傳統渠堰145條，可灌溉面積爲37.8萬畝[⑥]。另外，在山溝河流岸邊的渠堰，“或數十畝，或數百畝，有水利之實而無完備工程正式組織者，幾到處皆是，不勝枚舉”[⑦]。陝北地區，居民利用“山泉開渠引水以溉局部之田，或沿河開渠、堆石做堰以灌河道兩旁之地”。據統計，共有小渠堰44條，可灌田16272畝[⑧]。根據上述粗略統計，全面抗戰前本省舊有小型管道374條，灌田面積不足70萬畝，比北洋時期灌溉面積少近20萬畝，説明災荒之後有因耕地荒蕪，一部分管道也被廢棄了。

2. 大型水利工程

李儀祉在陝西省水利局長任上，做了《陝西水利工程十年計劃綱要》，計劃從1935年至1945年修建鄜惠、龍惠、豐惠、渭惠、耀惠、千惠、濾惠等水利工程，“期此十年內，使農田水利，普及全省成一模範農田水利區”[⑨]。在李儀祉宣導和設

① 《洋縣築橋扶風修渠兩工紀實》，《陝西建設周報》第4卷第13期，1932年7月23日。

② 《盩厔紳民開渠植樹獲獎》，《陝西建設公報》第1期，1933年4月15日。

③ 《沔縣新修天慶堰工竣》，《陝西建設周報》第2卷第1期，1930年5月24日。

④ 《呈省政府爲據委員查復勘驗長安縣曹家堡里壩堤決口及估工情形轉諮華洋義賑會撥款以工代賑修築由》1930年6月13日，《陝西建設週報》第2卷第5期，1930年6月21日。

⑤ 全國經濟委員會水利處編：《陝西省水利概況》，1937年8月，第136頁。

⑥ 全國經濟委員會水利處編：《陝西省水利概況》，1937年8月，第214頁。

⑦ 全國經濟委員會水利處編：《陝西省水利概況》，1937年8月，第215頁。

⑧ 全國經濟委員會水利處編：《陝西省水利概況》，1937年8月，第218、222頁。

⑨ 李儀祉：《陝西水利工程十年計劃綱要》，《陝西水利月刊》第3卷第1期，1935年2月。

計大型水利工程中，全面抗戰前動工修建的有涇惠、渭惠、洛惠和梅惠渠，完成涇惠、渭惠兩渠。

（1）涇惠渠

涇惠渠是楊虎城主政陝西時期修建的最大農田水利灌溉工程。引涇灌溉歷史悠久，但至晚清以降，灌溉工程年久失修，"龍洞渠之水量，僅足溉地六千畝而已，祇當白公渠百一而强。灌溉之利，實有名無實"。1928 年，陝西發生大旱災，"顆粒無收者三年，釀成千古未有之奇災，餓死人民至二百萬至衆……災區之内，不但人民逃亡殆盡，即房舍已拆毀過半。因此，災情之重大，乃引起世界之注目，雖經中外官紳極力賑濟，而杯水車薪，終難收效，莫不以引涇灌溉爲根本之計"①。1930 年，華洋義賑會賑務主任貝克爾駐西安，調查陝災與賑災工作。貝克巡視陝西被災各縣後，"認定本年秋季應治本之計，完全注重工賑，俾災民可以因工得食，各項建設事業，亦得此舉辦，以資防災於永久"。貝克、朱慶瀾等慈善界人士均主張陝西舉辦最有價值應當爲水利事業②。7 月 1 日，貝克爾前往渭北辦理工賑，勘察龍洞渠上游管道，並開始整修，歷時半月，挖浚渠身 4450 丈，使上下游渠身平坦，水行暢通③。9 月初，貝克爾等決定再次勘測興修涇河水利工程。

涇惠渠工程由陝西省政府與華洋義賑會共同興修。省政府方面由李儀祉擔任總工程師，孫紹宗爲副總工程師；華洋義賑會方面塔德爲總工程師，安立森爲副總工程師。1931 年夏，爲了協調雙方工作，成立了渭北水利工程委員會，由省政府與義賑會各派委員 1 人組成④。工程預算須款 100 萬元，由華洋義賑會賑款 40 萬元，檀香山華僑捐助 15 萬元，陝西省政府財政撥款 40 萬元，朱慶瀾捐洋灰 2 萬袋⑤。第二期工程款共計 421091 元，其中陝西省政府 37268 元，北平華洋義賑會 89523 元，上海華洋義賑會 46000 元，全國經濟委員會 248300 元⑥。

引涇工程由華洋義賑會與陝西省建設廳共同承擔，華洋義賑會承擔自進水口至西石橋，全長 7.8 千米⑦。進水隧洞長 359 公尺，底寬 5 公尺，高 3.5 公尺，底平無坡度。進洞閘門 3 個，以鋼鐵製成，關閉操作自如。進水門欄標高爲 442.5 公尺，高出

---

① 《引涇工程計劃及工程進度》，《陝西建設週報》，第 3 卷第 26 期，1931 年 11 月 7 日。
② 《華洋義賑會主辦陝甘工程，最有價值工程當屬灌溉》，《益世報》1930 年 8 月 27 日。
③ 《三原浚渠修路——華洋義賑會以工賑辦理》，《陝西建設週報》第 2 卷第 15 期，1930 年 8 月 30 日。
④ 《渭北水利工程委員會組織規程》，《陝西建設週報》第 3 卷第 12 期，1931 年 8 月 1 日。
⑤ 《最近二十年水利行政概况》，《水利》第 6 卷第 3 期，1934 年 3 月。
⑥ 《涇惠渠報告書》，陝西省涇惠渠管理局 1934 年 12 月印行，第 17—18 頁。
⑦ 孫紹宗：《陝西渭北引涇水利工程簡略説明書》，《陝西建設週報》第 4 卷第 11 期，1932 年 7 月 2 日。

涇河低水位 2.5 公尺。在進水門之下，築水泥堰（取名火奴魯魯堰，紀念旅檀香山華僑捐款），堰頂標高爲 446 公尺，堰成水自入渠。如果水渠不需水或涇河洪漲，携帶泥沙過多時，即關閉閘門，水由堰頂滾下。隧洞之下爲石渠，長 1416 公尺，底寬 6 公尺，渠底傾斜度爲 1/2133。石渠與野狐橋土渠連接，係整理舊龍洞渠的土渠，直達西石橋，底寬 6 公尺，水深 2 公尺。舊渠彎曲過多，此次修築裁灣取直，距離涇河較遠，這樣河岸既有傾塌，也不會危及水渠。爲了洩洪，此段還修築橋樑 12 座[①]。1930年 11 月，華洋義賑會負責地段開工修建。

自西石橋以下所有工程由省建設廳負責，具體承擔的是渭北水利工程處。由西石橋至社樹堡村北爲總幹渠，長 3400 公尺，主要是整理龍洞渠舊渠，渠底寬 6 公尺，水深 2 公尺，渠水流量 16 立方米/秒。在社樹堡分爲南北兩道幹渠，北幹渠係整理龍洞舊渠，直抵三原縣境內，注入清峪，全長 60 餘里，計劃灌溉 15 萬畝。南幹渠爲新修水渠，有社樹堡分水閘起，東經涇陽縣城北，至高陵縣境內，南下注入渭河，全長 90里，計劃灌溉面積 35 萬畝。在設計管道的同時，還劃定了灌溉面積，醴泉縣 3500畝，約占 0.7%；涇陽縣 10 萬畝，約占 36%；三原縣 10.5 萬畝，約占 27.3%；臨潼 7.5萬畝，約占 15%。[②]

從 1930 年 11 月動工到 1932 年夏天，第一期工程完成，包括上部引水工程及總幹渠、南幹渠、北幹渠及第三支渠。6 月，經省政府會議決議，定名爲"涇惠渠"。涇惠渠的土方工程主要是招募農民工完成。涇惠渠在修築期間，規定"除橋樑、涵洞、閘壩等技術工程外，其餘一切挖渠、築堤、土方工程，均以徵工任之"[③]；徵工對象只"限於强壯之農民"；普通工具如扁擔、鐵鍬、鋼鑿等由民工自備，其他如坡度尺、米尺、土車、滑車、木夯、土籃、土框等由工程處提供；工價工具完成土方量計算[④]。1931 年，"每日工作人千餘名，此因入秋農事緊張，人工欠缺之故。待初冬屆後，即可招工至七八千人，或萬餘人"[⑤]。農民工在涇惠渠的修建中發揮了重要作用。

完成後的涇惠渠，總幹渠長 3430 米，約合 6 華里弱；南幹渠長 44480 米，合 77華里強；北幹渠長 38317 米，合 67 華里；中白渠長 24005 米，合 42 華里弱；4 條幹渠總長度 110232 米，合 190 余華里。各幹渠建築物橋 112 座（其中雙洞磚拱橋 36

①　《引涇工程計劃及工程進度》，《中國建設》第 6 卷第 4 期，1932 年 10 月。
②　《引涇工程計劃及工程進度》，《中國建設》第 6 卷第 4 期，1932 年 10 月。
③　《陝西渭北水利工程委員會引涇徵工規程》，《陝西建設周報》，第 3 卷第 26 期，1931 年 11 月 7 日。
④　《陝西渭北水利工程委員會徵工細則》，《陝西建設周報》，第 3 卷第 26 期，1931 年 11 月 7 日。
⑤　《引涇近況》，《陝西建設周報》第 3 卷第 20 期，1931 年 9 月 26 日。

座，雙洞石拱橋 1 座，雙洞木板橋 3 座，單洞磚拱橋 44 座，單洞木板橋 28 座），分水
閘 3 座，斗口 51 個，跌水 17 個，水泥渡槽 2 座，涵洞 7 座，橙槽 3 座等①。涇惠渠
即將竣工放水前夕，陝西省政府給渭北水利工程處全體職員進行嘉獎②。

　　1932 年 6 月 20 日，涇惠渠舉行放水典禮。參加的各方代表有：中央代表吳敬
恒，國民政府代表諸輔成，中央委員劉盥訓，內政部代表徐世大，鐵道部代表朱兆
奎、谷正鼎，京振會代表寇遐，隴海鐵路局代表陶碧，華洋義賑會會長艾德敷，華北
慈善聯合會會長朱慶瀾，委員李晉，開封綏靖主任劉峙，鐵甲車司令蔣鋤歐，華洋義
賑會總工程師塔德，工程師貝克，檀香山中華商會代表陳福田，第七軍軍長馮欽哉，
以及陝西省政府委員、各廳廳長，中外來賓 1000 餘人。"民眾之自動參加者，漫山遍
野，滿坑滿谷，不可勝數"。陝西省建設廳長李儀祉擔任大會主席。典禮大會以陝西
省政府主席楊虎城名義發表涇惠渠放水宣言。儘管省政府主席楊虎城因故未能參加放
水典禮，他的致辭印刷後在會場散發。他説："涇惠渠之完成，是我們興辦水利的開
步走，是我們走向經濟建設的第一聲，也是我們挽救農業危機，繁榮陝西，鞏固國本
的開端。我們要依據我們的建設計劃，努力完成其他水利工作，如千水、渭水、漢
水、洛水等，凡在陝西境內的水，就要使他成了發展農業的要素。"③

　　涇惠渠灌溉面積隨著灌區工程的完善也不斷增加。1932 年 6 月，涇惠渠放水後，
因工程設計問題，"實際受益之田畝，約五百頃。秋冬以降，各支渠逐漸擴充，計至
年終，約澆麥田八百餘頃。冬令將盡，各渠下游均須多量渠水，以救濟麥苗，故將上
游各斗，暫停用水，俾水利較爲普遍。冬季以降，一月下來下游受水益之麥苗，計增
加四百餘頃。是以春間施水，不但成就灌溉事業，且可直接視之爲救濟工作"④。
1933 年秋，涇惠渠開始興修第二期工程，由上海華洋義賑會協助賑款 4600 元，完成
北幹渠第第四、第六支渠；北平華洋義賑會協助賑款 89000 元，完成南幹渠第八支渠
和北幹渠第二、第五支渠土方工程。涇惠渠管理局整理各管道與各斗門及新工程的推
進，到 1933 年冬季"灌溉面積達四千餘頃"。經過這年冬季的整理，各小支渠得以擴
充，加之農民得到水利實惠，"將小支渠分配均勻，使易灌溉"⑤。1934 年夏季第二
期工程完成 10 道大支渠，總長度約 300 里，同時，完成澆地小支渠約 500 道，"由農

　　① 《引涇新渠定名爲涇惠渠》，《陝西建設周報》第 4 卷第 3 期，1932 年 5 月 7 日；《陝西省建設廳渭北水利工程
處第一期成工概況》，《陝西建設周報》第 4 卷第 4 期，1932 年 5 月 14 日。
　　② 《省府嘉獎涇惠渠工程全體職員》，《陝西建設周報》第 4 卷第 11 期，1932 年 7 月 2 日。
　　③ 《涇惠渠舉行放水典禮記》，《陝西建設周報》第 4 卷第 12 期，1932 年 7 月 9 日。
　　④ 《涇惠渠報告書》，陝西省涇惠渠管理局 1934 年 12 月印行，第 21 頁。
　　⑤ 《涇惠渠報告書》，陝西省涇惠渠管理局 1934 年 12 月印行，第 21 頁。

民自修，工程處負測量設計，監督指導之責"①。另據報導，該渠部分管道 1933 年被
山洪冲毀後，由省政府商請全國經濟委員會並成立涇惠渠管理局進行修復，撥付經費
24 萬元，1934 年 5 月至次年 3 月竣工。通過這次修復，不僅"可以防禦山洪，並可使
管道無淤塞之患，且灌田面積，可增至五十萬畝"②。又據 1936 年 10 月調查，各渠
可灌溉面積達到 63 餘畝，如表 1 所示。

表 1　涇惠渠 1934 年各渠容量斗門數目及灌溉面積統計表

渠名（起止地點）	渠口水量（立方米）	斗門數	渠長（千米）	灌溉面積（畝）
總幹渠（張家山引水口至社樹分水閘）	16	7	11.23	12718.0
南幹渠（社樹分水閘至彭李）	11	51	38.0	127816.9
北幹渠（社樹分水閘至漢堤洞）	5	50	17.2	28083.0
第一支渠	1.5	27	21.3	30915.3
第二支渠	1.5	13	12.88	24083.8
第三支渠	3.5	37	24.05	112368.3
第四支渠	2.5	23	20.55	81854.6
第五支渠	5.0	1	38.5	84005.0
第六支渠	2.5	31	22.97	34717.6
第七支渠	2.5	9	6.48	12767.0
第八支渠	2.5	44	34.6	81484.1
總計		293	247.76	630813.6

資料來源：董文琦：《參觀涇洛渭渠工紀要》，《揚子江水利委員會季刊》第 1 卷第 3 期，1936 年 11 月

截至 1936 年 10 月，涇惠渠總幹渠和支渠長度爲 247.76 千米，灌溉面積 63 萬餘
畝。涇惠渠的完成，對當地社會經濟產生了巨大的影響。涇惠渠灌區在醴泉、涇陽、
三原、高陵、臨潼 5 縣境內，在利益分配方面，預計醴泉灌溉 3500 畝，涇陽 18 萬
畝，三原 10 萬畝，高陵 13.6 萬畝，臨潼 7.5 萬畝③。使其成爲陝西最主要的糧棉產
區，以棉花爲例，涇惠渠完成前，5 縣的最高植棉記錄是 50.4 萬畝，1933 年 34.4 萬
畝，1934 年 88.9 萬畝，1935 年 112.3 萬畝④。1936 年，涇惠渠全區註册灌溉地畝爲
6464 頃 55 畝，其中"或因未修引水管道，或地畝硝城，或因地未平整與他項原因"
未能灌溉外，實際 6289 頃 31 畝⑤。農村經濟有所恢復，地價增長，市場也開始活躍
起來，"逃荒的老鄉纔慢慢回來，重理田園，地價慢慢提高，至抗戰前爲止，每畝可
值四十元。農村經濟潛力慢慢增加，涇陽、三原、高陵等縣城鎮逐漸繁榮，棉商聚

---

① 孫紹宗：《陝西渭北引涇水利工程簡略說明》，《陝西建設周報》第 4 卷第 11 期，1932 年 7 月 2 日。
② 《陝築渠工程近況》，天津《益世報》1936 年 8 月 6 日，第 4 版。
③ 《關中水利——涇惠渠告成》，《西北言論》創刊號，1932 年 8 月 25 日。
④ 《涇惠渠區域十年來棉田棉產比較表》，《陝西棉訊》第 2 卷第 2 期，1936 年 1 月 7 日。
⑤ 張光廷：《陝西涇惠渠二十五年灌溉情況》，《水利月刊》第 12 卷第 2 期，1937 年 2 月。

集，商業繁盛"[1]。1934 年年底，國際聯合會交通運輸組組長哈斯考察涇惠渠後指出："涇惠渠之完成，不僅爲技術上之成功，且收經濟上之裨助，蓋引水灌溉，改良土地，政府得以徵收'地價增益稅'，至農人墾荒植棉，獲利較豐，亦樂於順從。此項計劃，如果能實施於他省，對於興建水利工程及籌措款項，實大有裨益也。"[2]涇惠渠開通後，上海銀行界也在涇惠渠灌區"向農民投資，改進棉業，創辦合作社發展農村經濟，各種事業，進行勿輟，故目前涇原富庶狀況，較之昔日，真不可同日而語焉"[3]。因涇惠渠給當地農民帶來了豐厚的利益，出現了讚美涇惠渠的民間歌謠：

> 涇渠好，涇渠好，涇渠棉花賽白寶；
> 涇渠好，涇渠好，涇渠區域能種稻；
> 涇渠好，涇渠好，涇渠麥子收成早；
> 涇渠好，涇渠好，涇渠福利實不少。
> 涇渠良，涇渠良，涇渠棉花出產強；
> 涇渠良，涇渠良，涇渠麥穗特別長；
> 涇渠良，涇渠良，涇渠樹木能蓋房；
> 涇渠良，涇渠良，涇渠工業正發祥。[4]

足見，涇惠渠的修建對促進當地經濟與社會變遷起了重要作用。

（2）渭惠渠

渭河發源於甘肅渭源縣，在陝西省隴縣與寶雞縣交界處進入陝西，流淌在隴山峽谷中。到寶雞太寅村以東渭河開始寬闊，於秦嶺平行，距秦嶺山麓二三十里至七八十里不等，至潼關匯入黃河，在陝西境內約 800 里。"南岸支流多至十餘，源皆來自秦嶺，其較著者爲清水河、湯峪河、里河、澇河、灃河、灞河，皆有灌溉之利。但未致力蓄水，僅恃天然來源以爲供給，引水用水又不得法，故受益區域不廣"。北岸支流有金陵河、千河、武河、涇河、石川河、洛河，"除涇洛以外，灌溉之利，均未發展"[5]。

爲灌溉渭河上流區域土地，黃河水利委員會開始測量和籌劃引渭工程，爲便利工程實施與管理，1935 年 3 月，成立渭惠渠工程處，由陝西省水利局長兼任處長。規定

---

①　陝西省人民政府農林廳水利局：《陝西省農田水利概況》，西安：西北人民出版社，1951 年，第 16 頁。
②　《國際聯合會會交通運輸組組長哈斯來華考察技術合作報告》，《全國經濟委員會報告彙編》第 9 集，1936 年 1 月印行，第 12 頁。
③　王樹滋：《西北水利鳥瞰》，《建國月刊》第 14 卷第 2 期，1936 年 2 月 20 日。
④　《涇陽西北鄉社樹村農謠》，《中農月刊》第 2 卷第 12 期，1941 年 12 月 30 日。
⑤　全國經濟委員會：《民國二十四年全國水利建設報告》，1937 年印行，第 242 頁。

渭惠渠工程，由陝西省政府督飭水利局主辦，黃河水利委員會導渭工程處協辦[①]。渭惠渠工程款由陝西省籌集，交陝西省水利經費保管委員管理。爲興建陝西水利，在全國經濟委員會宋子文和陝西綏靖公署主任楊虎城的倡議下，陝西省建設廳雷寶華赴上海與中央、交通、中國、金城、上海等銀行協商，簽訂渭惠渠工程貸款合同，總計貸款 150 萬元，"指定爲引渭工程所用"，並指定陝省涇惠渠及洛惠渠"沿綫所灌溉地畝收入之水捐"爲償還本息的擔保[②]，最終"以長安等縣營業稅收及涇渠水費爲擔保"[③]。8 月下旬測量、購買土地完成後，即開工興建，1936 年冬第一期工程完工，預計可灌田 17 萬畝；1937 年春，第二期工程興工，當年冬季竣工，"共用工款二百一十九萬元，全數由省庫負擔"。1938 年春，渭惠渠管理局成立後，"一面放水灌溉，一面督導農民開挖農渠，預計灌溉面積可達六十萬畝"[④]。灌溉區域具體情形如表 2 所示。

表 2　渭惠渠灌溉統計表

水渠	水渠概況機設施	灌溉面積	受益村莊
第一渠	自郿縣魏家堡至武功金鐵寨，全長 53 公里，農渠長度 507.35 公里，橋樑 51 座，跌水 14 座，排洪閘、退水閘各 1 座，渡槽 1 座，斗門 42 座	857.3 頃	112 個
第二渠	自金鐵寨分水閘起，分第一渠 5.45 立方米/秒之水，穿過隴海鐵路，至興平縣西吳鎮，全長 20.29 公里，農渠長度 225.12 公里，橋樑 35 座，跌水 11 座，分水閘 1 座，穿鐵路涵洞 2 座，渠尾退水閘 1 座，斗門 30 座	632.54 頃	57 村
第三渠	自金鐵寨分水閘，分第一渠 11.6 立方米/秒之水，沿隴海鐵路東行，至咸陽西郊退入渭河，流經武功、興平、咸陽 3 縣，是全灌區灌溉面積最大之渠，全長 41.09 公里，農渠 376.35 公里，橋樑 42 座，跌水 18 座，斗門 43 座	1113.94 頃	85
第四渠	自周村分水閘分第三渠 5.8 立方米/秒之水，沿渭河北岸，經興平至咸陽古渡，退入渭河，長 27.45 公里，農渠長 285.05 公里，橋樑 32 座，跌水 6 座，分水閘 1 座，退水閘 1 座，斗門 36 座	721.12 頃	74 村

資料來源：陝西省渭惠渠管理局編印：《陝西水利季報》（渭惠渠專號）第 7 卷第 2 期，1942 年 12 月

渭惠渠灌溉的扶風、郿縣、武功縣是 1928 年至 1930 年大旱災的重災區，農民逃亡者甚多，加之爲鴉片種植，導致農民貧困，村莊稀疏，殘垣斷壁，風雨未遮。該渠開通後，"農村經濟較爲活躍，放水灌田後，麥苗得以不枯，今春逐漸茂盛，收穫較豐，是以農村得以安居耕耘，鄉村秩序得賴以安。現時地價上漲，有田數十畝者，則全家終日在田勤勞，無形中已現活躍之象"[⑤]。渭惠渠灌溉區域，農作物以小麥、玉米爲主，其次爲棉花、豆類，水渠完成後改變了農業耕作制度，據調查，"在渭惠渠

①　《渭惠渠工程實施綱要》，《陝西水利月刊》第 3 卷第 1 期，1935 年 2 月。
②　《陝省府與滬銀行商妥引渭借款》，《申報》1934 年 11 月 4 日，第 2 版。
③　全國經濟委員會水利處編：《陝西省水利概況》，1937 年 8 月，第 245 頁。
④　黎小蘇：《陝西渭惠渠概述》，《西北研究》第 5 卷第 8 期，1942 年 8 月 15 日。
⑤　傅健：《陝西渭惠渠第一渠放水及灌溉》，《水利月刊》第 13 卷第 3 期，1937 年 9 月。

未完成以前，灌區農田，每年僅播種小麥貨棉花一次，收穫量要看雨量的多寡。自渭惠渠完成後，不特農産豐收有了保障，而且在小麥收穫以後，還可以再播種夏禾一次，一年兩收。所以，渭惠渠灌溉渠農村經濟，日趨繁榮，樹木密生，綠野一片，各項民間工業也跟上日趨發展，再不是以前荒凉的景象了"①。

（3）洛惠渠

洛河發源於陝北定邊縣白玉山，上流經保安、安塞、甘泉、富縣、中部、洛川級宜君等縣，上游多行於山谷之間，其下游流經白水、蒲城、澄城、大荔、朝邑等縣，在三河口匯入黃河，長 900 余華里②。洛河行至段渠以下，河流漸寬，約二三十公尺，坡度漸緩約爲千分之一，兩岸平原寬七八裏至數十里不等。有船舍渡至三河口，河幅寬約 30 公尺，坡度爲千分之一點五。洛河下游兩岸農産豐富，爲關東主要農業區，如能引洛灌溉，則兩岸"數千頃瘠薄之田，一變而爲膏腴……往日長流蕩蕩之河流，一越而爲富國利民之益水，災荒相仍之旱區一變而爲足食足衣之鄉"③。該流域內，有朝邑、大荔 2 處縣城，村莊 170 餘個，"爲同朝兩邑之精華，亦爲關中最上之沃野"④。爲開發洛水，1933 年 3 月，引洛工程處成立，5 月，改爲涇洛工程局，主持洛惠渠水利工程建設。陝西省水利局工程師孫紹宗擬具修建洛惠渠農田水利計劃，11 月設計完成。根據設計，若完成第一期工程，可灌溉黃河、洛河之間大荔、朝邑兩縣耕地六七千頃；第二期工程完成可灌溉洛河以西蒲城、臨潼、渭南 3 縣耕地 3000 頃⑤。

根據全國經濟委員會關於統一水利行政有關辦法，洛惠渠由全國經濟委員會和陝西省政府共同修建，工程款預算爲 146.66 萬元，其中全國經濟委員會承擔 98.66 萬元，陝西省政府承擔 48 萬元，以上金額於 1936 年 6 月以前"全部領到位元"⑥。1934 年 5 月，全國經濟委員會成立涇洛工程局，"積極實施"⑦。3 月開工，攔河大壩選址在澄城縣，1935 年 6 月中旬，攔河大壩完成，零星工程同年 10 月底全部完成。中、東、西 3 幹渠 8 月開工，中東、中西 2 幹渠 1936 年 2 月開工⑧。其中主幹渠長約 21 千米，地形極爲複雜，按照設計規劃，"凡挖土深度超過二十五公尺以上時，應修建隧洞"。因此，在主幹渠經過處，有 5 個隧洞，1 號隧洞長 264 公尺，2 號隧洞

---

① 陝西省人民政府農林廳水利局：《陝西省農田水利概況》，第 41 頁。

② 楊一鳴：《洛惠渠建築顛末紀要》，《陝政》第 9 卷第 3—4 期合刊，1947 年 12 月 31 日。

③ 傅建哉：《洛河下游概況》，《陝西水利月刊》第 1 卷第 4 期，

④ 孫紹宗：《洛惠渠工程計劃》，《水利月刊》第 8 卷第 2 期，1935 年 2 月。

⑤ 《水利局之引洛計劃》，《陝西建設周報》第 4 卷第 44 期，1933 年 3 月 21 日。

⑥ 全國經濟委員會水利處編：《陝西省水利概況》，1937 年 8 月，第 243 頁。

⑦ 《全國經濟委員會報告彙編》第 8 集，1935 年 12 月印行，第 83 頁。

⑧ 《洛惠渠工程紀略》，《水利》第 12 卷第 1 期，1937 年 1 月。

長 777 公尺，3 號隧洞長 577 公尺，4 號隧洞長 185 公尺，5 號隧洞長 3037 公尺，第
1—4 號隧洞均在 1936 年 8 月以前完成。唯獨 5 號隧洞北口在蒲城縣王武村西，南口
在大荔縣義井村北，工程量和技術難度都很大，該隧洞采取南北推進，1935 年 2 月、
5 月兩端先後開工，但 "北端已鑿通二四二四公尺，約成五分之四，剩餘六三〇公尺
一段，地下水旺盛不易排水，改由南段推進，發現水土泥合泥漿，施工異常困
難" ①，不得不改變施工方法。因此，抗戰前該工程沒有按照預期計劃完成。

　　除以上各渠外，全面抗戰前動工興建的大型水利工程還有關中的梅惠渠、陝北的
織女渠等，均在抗戰時期完成。

　　3. 鑿井灌溉

　　爲了解決農業灌溉和飲水問題，1931 年 8 月，陝西省建設廳成立了鑿井隊。根據
《陝西省建設廳鑿井隊進行暨考核辦法》規定：鑿井隊以 "供給農田鑿井灌溉，增加生
產，防禦旱災" 爲宗旨；每隊一般由 12 人組成，即隊長 1 人，助手 1 人，隊工 10
人；鑿井隊成立時，先在省城附近開鑿，"俟成效已睹，再行派往各縣，爲人民提倡
鑿井"；凡請求鑿井者，須先向建設廳提出申請核准後，分別進行。鑿井隊成立後，9
月，在長安縣南鄉鑿井 1 口，"水自湧出，成績殊佳" ②。鑿井事業逐漸爲各縣民眾
所認可。

　　爲培養鑿井技術人員，省建設廳舉辦鑿井技工訓練班。1932 年，建設廳先後舉辦
兩期鑿井訓練班，第一期 3 月 8 日開班，學期期限 3 個月，學員 29 人，來自長安等
14 縣③。第一期結束後，因關中各縣 "需要新式灌田水井者，爲數尚多。亟應繼續選
集訓練，以資推廣"。因此，建設廳決定舉辦第二期鑿井訓練班，辦法是：①由鳳
翔、扶風、武功、興平、咸陽、邠縣、永壽、乾縣、醴泉、涇陽、三原、高陵、蒲
城、白水、澄城、韓城、郃陽、朝邑 等 18 縣，各選送 2 人進入訓練班學習。②要求選
送學員 "思想活躍，略通文字，身體強健，能耐勞苦"，年齡在 20—35 歲之間；③每
月膳食等費用爲 15 元，由各縣政府籌付本人備用。④學習期限 4 個月。本期於 9 月開
課④，每日學習 2 小時，實習鑿井 6 小時。實習期間在省會西關林業試驗場內鑿井 1
口，井深 30 丈 4 尺。經過 4 個月的學習，12 月 28 日畢業⑤。1933 年 2 月 15 日，第

---

① 《陝西洛惠渠工程》，《本行通訊》第 93 期，1944 年 11 月 15 日。
② 《鑿井隊成立於最近鑿井之成績》，《陝西建設周報》第 3 卷第 22 期，1931 年 10 月 10 日。
③ 《鑿井技工訓練班已畢業》，《陝西建設周報》第 4 卷第 12 期，1932 年 7 月 9 日。
④ 《鑿井技工訓練班第二期已開課》，《陝西建設周報》第 4 卷第 23 期，1932 年 10 月 8 日。
⑤ 《第二期鑿井技工畢業》，《陝西建設周報》第 4 卷第 37 期，1933 年 1 月 21 日。

三期鑿井訓練班開始，學員44人。來源於兩個途徑，一是各縣就建設局技術人員或縣政府職員中選送1至3人，來自19縣24人；一是由建設人員訓練班招收20人①。本期訓練班最終有37名學員順利畢業，在學習期間，曾在市內鑿井3口，1口在省政府內，深13丈5寸；1口在省公安局內，深27丈；1口在建國公園內，鑿至7丈2尺，水源暢旺，但"爲增加技工經驗"，繼續深鑿，到32丈停止②。訓練班除了鑿井技術培訓外，還學習西式鑿井法、溝洫大意、水文測量學、農田耕種法、工業衛生學及公牘等課程，培養出一批不僅懂得現代鑿井技術的工人，而且使他們還掌握了地質、農業等現代科學知識。

自鑿井隊成立後，一年多來工鑿井10數眼，其中自流井2口，"成績殊佳"。說明鑿井技術逐漸成熟，而且頗有前景。於是，1932年10月，省建設廳製定比較龐大的關中地區10年鑿井規劃：

> 渭河以南各縣，地接終南北麓，水源之壓力較大，水面距地面亦淺，開鑿既易爲力，尤有多獲自流井之可能。擬限期五年內，完成井利。渭北各縣，土層較厚，水距地面較深，區域亦較渭南爲寬。擬限期十年內，完成井利。計渭南各縣，共擬鑿井十四萬五千餘眼；渭北各縣，共擬鑿井四十二萬一千餘眼；合關中全區，共擬鑿井五十六萬餘眼。將來十年期滿，井工完成，每年可增收農產一千二百數十萬石，於國計民生，殊有補益。茲擬請由省政府撥付建設廳款洋三萬元，購置鑿井用具二百付，以無代價發給關中區三十三縣，每縣各六付，使其組織鑿井隊六隊，宣導開鑿。其技工即由建設廳鑿井技工訓練班陸續訓練，陸續派發。人民一見井利至溥，即不難使其自出資財，踴躍舉辦。一面再由建設廳安定辦法，督促各縣政府建設局、區鄉公所等，分別負責辦理。縣政府再按年於地方款項下，撥付六隊補充，材料費洋五百元，資其擴充用具，以利進行。③

該計劃由建設廳長趙守鈺作爲提案提交省政府討論，並得以通過④。1933年春，爲了加快鑿井步伐，建設廳決定：將"現有井隊工二十四名，鑿井器具十二付"，爲擴充鑿井隊，將24名技工2人1組，組成12各井隊，每組招工人6名。鑿井地點以渭河

---

① 《第三期鑿井技工班略志》，《陝西建設公報》第1期，1933年4月15日。
② 《第三期各縣鑿井技工已畢業》，《陝西建設公報》第5期，1933年6月20日。
③ 《普鑿關中灌溉水井》，《陝西建設週報》第4卷第25期，1932年10月22日。
④ 《陝西省建設廳訓令：令關中區各縣縣長》1932年10月22日，《陝西建設週報》第4卷第26期，1932年10月29日。

北的武功及富平縣，或渭河南的蒲城"爲模範鑿井區，儘先開鑿，次及鄰縣"①。在1933 年初製定的建設規劃中，鑿井灌溉是重要的部分，從本年起至 1935 年完成鑿井規劃是：①渭南地區包括長安、藍田、臨潼、渭南、華陰、潼關、鄠縣、盩厔、寶雞等 11 縣鑿井 6240 口；②渭河以北鳳翔、扶風、岐山、武功、興平、咸陽、醴泉、永壽、乾縣、邠縣、涇陽、三原、高陵、蒲城、白水、富平、澄城、大荔、朝邑、郃陽、韓城、平民等 22 縣，計劃鑿井 1240 口②。

爲使鑿井灌溉形成規模，在農田水利和居民生活用水中發揮作用，1933 年 6 月，陝西省將武功縣確定爲"模範經濟鑿井區"，計劃在 1 年之内，"普鑿武境水井，以救農村，並由此漸次擴大，以求井利普遍全省"。並製定《開鑿武功縣灌田水井進行辦法》。規定：①建設鑿井隊.建設廳已有 3 個鑿井隊完成承擔的任務後，赴該縣鑿井。新成立 2 個鑿井隊，每隊 12 人，共 24 人，分成 3 組進行鑿井工作；②選擇鑿井區。武功南境内地勢平坦，鑿井灌溉面積約 20 萬畝左右；③每年鑿井 64 口；④經費先由省財政墊付，鑿井灌溉後，"按所灌農田，平均攤收"。③爲推廣鑿井，1935 年夏，建設廳決定組織鑿井隊若干分赴各縣辦理鑿井適宜，主要職能包括："（一）指導各鄉村開鑿土井並新式井；（二）指導並解決鑿井技術上各項問題；（三）辦理井底穿泉事項。"④等並督促各縣農村自動組織鑿井班，以實現省政府的"鑿井救荒政策"⑤。1934 年時，全省已有鑿井隊 10 隊，120 人，但因財政拮据，祇保留 4 隊，其餘裁撤⑥，對鑿井進度影響很大。除新井外，還對舊有水井進行掏浚。1934 年，在長安縣鐵鎖等村莊用機器掏浚舊井 9 口，"水源暢旺，足資灌溉農田之用"。於是省建設廳對於掏浚舊井"極力提倡，以資普遍灌溉"⑦。

爲解決鑿井經費不足與進一步推動鑿井灌溉，1937 年陝西省政府製定了《陝西省貸款鑿井及開修塘堰實施計劃》，決定先以長安、藍田、臨潼、渭南、華陰、華縣爲鑿井貸款區域，第一期貸款總額爲 50 萬元，其中長安 12 萬元，臨潼、渭南各 10 萬元，其餘各 6 萬元。辦法一是督促人民貸款自鑿淺井，二是由政府組織鑿井隊 50 隊，代人

———

① 《陝西省建設廳救濟災荒廣鑿井灌田水井辦法》，《陝西建設周報》第 4 卷第 48 期，1933 年 4 月 8 日。

② 《陝西省建設廳中華民國廿二年至廿四年三年行政計劃（上）》，《陝西建設周報》第 4 卷第 37 期，1933 年 1 月 21 日。

③ 《爲積極開鑿武功灌田水井並於省垣開鑿飲用水井請准撥款以資進行案》，《陝西建設公報》第 6 期，1933 年 7 月 5 日。

④ 《陝西省建設廳推廣鑿井實施辦法》，《陝西建設月刊》第 7 期，1935 年 8 月。

⑤ 《陝西省督促各縣農村自動組織鑿井班辦法》，《陝西建設月刊》第 7 期，1935 年 8 月。

⑥ 《本廳最近建設事業進行概況》，《陝西建設月刊》第 10 期，1935 年 11 月。

⑦ 《本廳鑿井隊最近之工作》，《陝西建設月刊》第 1 期，1935 年 2 月。

民開鑿管井；計劃鑿管井 500 口，土井 2000 口①。

隨著各項計劃、政策的製定，鑿井工作逐步展開，並取得了一定績效。1935 年 3 月至 7 月底，在省城打包廠、上海銀行、馬神廟巷、楊家花園、九道巷及涇陽斗口村農事試驗長鑿成引用水井 9 口；在長安未央區、南寨、高堡子等村莊鑿成灌田水井 17 口②。自 1932 年至 1935 年 8 月，鑿井隊在興平、郃陽、長安 3 縣開鑿自流井 9 口，在長安等關中 11 縣鑿灌田井 134 口，在朝邑鑿成鹽井 8 口，在西安市内和潼關縣城開鑿飲用水井 42 口③，總計鑿井 193 口。在棉產合作社的支持下，未央合作社鑿井取得了應有的成績，據報載：該社"借用本省建設廳鑿井隊……鑿竣五十余井，試驗結果，均稱良佳"④。截至 1936 年 6 月，全省打井 225 口，分布在關中 16 縣和西安市，其中長安縣 101 口，西安市 59 口，鄠縣 23 口，其餘各縣有 1 口至數口不等⑤。

隨著管井開鑿，開始使用抽水機。1932 年，建設廳購置六馬力抽水機 1 臺，在省城附近試驗結果，很有效力，但需用柴油甚多，而"柴油係舶來品，既覺利權外溢，亦殊礙農村經濟，仍嫌難以普及"。爲了解決這個問題，建設廳尋找可替代品。1932 年 9 月初，建設廳決定用湯仲明"新發明用於發動汽車之木炭代油爐，安置於本廳農田吸水機，藉以發動吸水灌田，成效甚大"。9 月 2 日，用木炭代替柴油發動抽水機在建國公園重新試驗，參觀者約數千人⑥。次年，陝西機器局生產出人力抽水機，每臺每小時可灌田 1 畝，該廠每月可生產 10 臺⑦。在此基礎上，機器局又進行改良，使其更適合農民利用。經改造之後的雙人抽水機增高揚程，即斜坡在 45 度以内的河渠，可以將水提升至 5 丈長的坡頂，每小時可灌溉農田 1 畝；單人力間接吸水機可用於 2—5 丈深的水井，每 3 小時灌溉 2 畝⑧。抽水機在陝西還是新生事物，灌溉效率還不是很高。

總之，南京國民政府 10 年，是陝西水利現代化建設的起步階段，主要表現在水利制度建設和現代化水利工程的實施，爲日後本省農田水利建設奠定了基礎。

① 《陝西省貸款鑿井及開修塘堰實施計劃》，《陝西水利季報》第 2 卷第 2 期，1937 年 6 月。

② 《呈省政府呈報本廳鑿井隊爲各處鑿成飲用、灌田水井各情形請鑒核備查由》1935 年 8 月 9 日，《陝西建設月刊》第 8 期，1935 年 9 月。

③ 《本廳最近建設事業進行概況》，《陝西建設月刊》第 10 期，1935 年 11 月。

④ 《陝各棉產合作社鑿井工作卓著》，天津《益世報》1935 年 7 月 22 日，第 4 版。

⑤ 雷寶華：《陝西省十年來之建設》，《實業部月刊》第 2 卷第 1 期，1937 年 1 月 10 日。

⑥ 《仲明代油爐之試驗》，《陝西建設周報》第 4 卷第 19 期，1932 年 9 月 10 日。

⑦ 《機器局製造農用抽水機略志》，《陝西建設公報》第 5 期，1933 年 6 月 20 日。

⑧ 《機器局製造抽水機又加改良》，《陝西建設公報》第 10 期，1933 年 9 月 5 日。